◎ 主编简介

肖建国：中国人民大学法学院教授、博士研究生导师，国际商事争端预防与解决研究院执行院长、人民法院纠纷解决研究基地主任。 兼任中国法学会民事诉讼法学研究会副会长、中国行为法学会执行行为专业委员会副会长、最高人民法院特邀咨询员、最高人民检察院专家咨询委员会委员、最高人民法院案例指导工作专家委员会委员、最高人民法院环境资源审判咨询专家、最高人民法院强制执行咨询专家、最高人民检察院民事行政诉讼监督案件专家咨询委员。 荣获第七届"全国十大杰出青年法学家"，入选教育部新世纪优秀人才。主要从事民事诉讼法、仲裁法、证据法、强制执行法等研究。 著有《民事诉讼程序价值论》等 40 多部，在《中国法学》《法学研究》等刊物发表学术论文百余篇。

黄忠顺：华南理工大学法学院教授、博士研究生导师，民事执行法研究中心主任。 兼任中国法学会民事诉讼法学研究会理事、中国行为法学会执行行为专业委员会常务理事、中国法学会检察学研究会公益诉讼检察专业委员会理事、人民法院纠纷解决研究基地研究员等职。 荣获教育部高等学校科学研究优秀成果奖（人文社会科学）青年成果奖、广东省哲学社会科学优秀成果奖二等奖、全国中青年民事诉讼法学优秀科研成果论文一等奖等奖励。 主要从事民事诉讼法、强制执行法研究。 出版《程序法视野下的审执关系研究》等独著 3 部，在《中国法学》等刊物发表学术论文百余篇。

编写说明

本书是法学核心课程系列辅助教材中的一种,旨在为学习民事诉讼法课程的学生提供辅导,帮助学生更好地理解和掌握民事诉讼法学核心知识,提高学生综合运用民事诉讼法学理论及制度解决实务问题的能力。通过本书的补充学习,可以为学生参加期末考试、国家统一法律职业资格考试、研究生入学考试等奠定更加牢固的基础。

本书由来自中国人民大学等十五所高校的十六名长期从事民事诉讼法学教学与研究工作的学者联袂编写。本书的编写思路为:(1)通过图表直观展示各章节的核心知识点;(2)通过"基本理论与概念""疑难点解析"两个栏目向学生深入讲解核心知识点中的重要疑难问题;(3)通过真实的案例分析提升学生综合运用民事诉讼法学核心知识点解决实际问题的能力;(4)通过同步练习强化学生的学习效果,为学生参加各类考试打下基础。

除了致力于辅导学生学好民事诉讼法学课程,本书也力图为民事诉讼法学教师备课提供帮助。

本书作者的编写分工如下:

肖建国（中国人民大学法学院教授、博士研究生导师）:导论、第二章。

刘　东（华东政法大学法律学院副教授、法学博士）:第一、四章。

赵志超（山东大学法学院副研究员、法学博士）:第二章。

毋爱斌（西南政法大学法学院教授、博士研究生导师）:第三章。

李晓倩（吉林大学法学院教授、博士研究生导师）:第五章。

宋春龙（中国海洋大学法学院副教授、博士研究生导师）:第六、二十二章。

袁中华（中南财经政法大学法学院教授、博士研究生导师）:第七、八章。

胡玉荣（呼和浩特民族学院法学院教授、法学博士）:第九章。

王　慧（天津师范大学法学院副教授、法学博士）:第十、十七章。

曹云吉（天津大学法学院副教授、法学博士）:第十一、十二章。

黄忠顺（华南理工大学法学院教授、博士研究生导师）:第十三章。

罗恬漩（同济大学法学院副教授、法学博士）:第十四章。

吴　俊（苏州大学王健法学院副教授、法学博士）:第十五章。

魏沁怡（中国人民大学法学院博士后研究人员、法学博士）:第十六、十八章。

庄诗岳（中国政法大学民商经济法学院副教授、法学博士）：第十九、二十章。

刘文勇（中国民航大学法学院讲师、法学博士）：第二十一章。

全书由肖建国统稿，黄忠顺协助统稿。刘宏林、赵佳诺、骆晓岚参加了部分章节的校对工作。

由于水平所限，本书在内容及文字表达上缺点和错误在所难免，欢迎读者诸君批评指正，有关的意见和建议请发邮件到 zhongshunhuang@vip. 163. com。

编者

2025 年 3 月 1 日

缩略语

法律、法规、立法解释、司法解释及公约等的名称	缩略语
• 法律、行政法规	
《中华人民共和国民事诉讼法》（2023 年）	《民诉法》
《中华人民共和国海事诉讼特别程序法》（1999 年）	《海诉法》
《中华人民共和国仲裁法》（2017 年）	《仲裁法》
《中华人民共和国企业破产法》（2006 年）	《破产法》
《中华人民共和国劳动争议调解仲裁法》（2007 年）	《劳动调解仲裁法》
《中华人民共和国人民调解法》（2010 年）	《人民调解法》
《中华人民共和国人民法院组织法》（2018 年）	《法院组织法》
《中华人民共和国人民检察院组织法》（2018 年）	《检察院组织法》
《中华人民共和国检察官法》（2019 年）	《检察官法》
《中华人民共和国行政诉讼法》（2017 年）	《行诉法》
《中华人民共和国民法典》（2020 年）	《民法典》
《中华人民共和国著作权法》（2020 年）	《著作权法》
《中华人民共和国专利法》（2020 年）	《专利法》
《中华人民共和国商标法》（2019 年）	《商标法》
《中华人民共和国公司法》（2023 年）	《公司法》
《中华人民共和国证券法》（2019 年）	《证券法》
《中华人民共和国票据法》（2004 年）	《票据法》
《中华人民共和国海商法》（1992 年）	《海商法》
《中华人民共和国食品安全法》（2021 年）	《食安法》
《中华人民共和国产品质量法》（2018 年）	《产品质量法》
《中华人民共和国军人地位和权益保障法》（2021 年）	《军保法》
《中华人民共和国英雄烈士保护法》（2018 年）	《英保法》
《中华人民共和国未成年人保护法》（2024 年）	《未保法》
《中华人民共和国环境保护法》（2014 年）	《环保法》
《中华人民共和国反家庭暴力法》（2015 年）	《反家暴法》

《中华人民共和国消费者权益保护法》（2013 年）　　　　　　　　　　《消费者法》
《中华人民共和国工会法》（2021 年）　　　　　　　　　　　　　　　《工会法》
《中华人民共和国劳动法》（2018 年）　　　　　　　　　　　　　　　《劳动法》
《中华人民共和国劳动合同法》（2012 年）　　　　　　　　　　　　《劳动合同法》
《中华人民共和国国家赔偿法》（2012 年）　　　　　　　　　　　　《国家赔偿法》
《中华人民共和国个人信息保护法》（2021 年）　　　　　　　　《个人信息保护法》
《中华人民共和国安全生产法》（2021 年）　　　　　　　　　　　　《安全生产法》
《中华人民共和国无障碍环境建设法》（2023 年）　　　　　　《无障碍环境建设法》
《中华人民共和国妇女权益保障法》（2022 年）　　　　　　　　《妇女权益保障法》
《中华人民共和国反电信网络诈骗法》（2022 年）　　　　　　《反电信网络诈骗法》
《中华人民共和国反垄断法》（2022 年）　　　　　　　　　　　　　《反垄断法》
《诉讼费用交纳办法》（2006 年）　　　　　　　　　　　　　　　　《交费办法》

• 司法解释和其他规范性文件

最高人民法院《关于适用〈中华人民共和国民事诉讼法〉的解释》（2022 年）　　　　　　　　　　　　　　　　　　　《民诉解释》
《民事案件案由规定》（2020 年）　　　　　　　　　　　　　　　　《案由规定》
最高人民法院《关于建立健全诉讼与非诉讼相衔接的矛盾纠纷解决机制的若干意见》（2009 年）　　　　　　　　　　　《衔接意见》
最高人民法院《关于人民调解协议司法确认程序的若干规定》（2011 年）　　　　　　　　　　　　　　　　　　　《司法确认规定》
最高人民法院《关于人民法院进一步深化多元化纠纷解决机制改革的意见》（2016 年）　　　　　　　　　　　《多元纠纷解决意见》
最高人民法院《关于审理生态环境侵权责任纠纷案件适用法律若干问题的解释》（2023 年）　　　　　　　　《生态环境侵权解释》
最高人民法院《关于审理生态环境损害赔偿案件的若干规定（试行）》（2020 年）　　　　　　　　　　《生态环境损害赔偿规定》
最高人民法院《关于审理环境民事公益诉讼案件适用法律若干问题的解释》（2020 年）　　　　　　　　《环境公益诉讼解释》
最高人民法院《关于审理消费民事公益诉讼案件适用法律若干问题的解释》（2020 年）　　　　　　　　《消费公益诉讼解释》
最高人民法院《关于审理民事案件适用诉讼时效制度若干问题的规定》（2020 年）　　　　　　　　　　《诉讼时效规定》
最高人民法院《关于审理票据纠纷案件若干问题的规定》（2020 年）　　　　　　　　　　　　　　　　《票据规定》
最高人民法院《关于审理证券市场虚假陈述侵权民事赔偿案件的若干规定》（2022 年）　　　　　　《虚假陈述赔偿规定》
最高人民法院《关于适用〈中华人民共和国民法典〉总则编若干问题的解释》（2022 年）　　　　　　《总则编解释》

最高人民法院《关于适用〈中华人民共和国民法典〉物权编的解释（一）》（2020 年） 　　　　《物权编解释一》

最高人民法院《关于适用〈中华人民共和国民法典〉有关担保制度的解释》（2020 年） 　　　　《担保制度解释》

最高人民法院《关于适用〈中华人民共和国民法典〉婚姻家庭编的解释（一）》（2020 年） 　　　　《婚姻家庭编解释一》

最高人民法院《关于互联网法院审理案件若干问题的规定》（2018 年） 　　　　《互联网法院规定》

最高人民法院《关于审理民事级别管辖异议案件若干问题的规定》（2020 年） 　　　　《级别管辖异议规定》

最高人民法院《关于调整中级人民法院管辖第一审民事案件标准的通知》（2021 年） 　　　　《中院管辖标准》

最高人民法院《关于严格执行公开审判制度的若干规定》（1999 年） 　　　　《公开审判规定》

最高人民法院《关于人民法院庭审录音录像的若干规定》（2017 年） 　　　　《庭审录音录像规定》

最高人民法院《关于严格规范民商事案件延长审限和延期开庭问题的规定》（2019 年） 　　　　《延长审限规定》

最高人民法院《关于人民法院民事调解工作若干问题的规定》（2020 年） 　　　　《法院调解规定》

最高人民法院《关于人民法院办理财产保全案件若干问题的规定》（2020 年） 　　　　《财产保全规定》

最高人民法院《关于审查知识产权纠纷行为保全案件适用法律若干问题的规定》（2018 年） 　　　　《知产行为保全规定》

最高人民法院《关于生态环境侵权案件适用禁止令保全措施的若干规定》（2021 年） 　　　　《环境侵权禁止令规定》

最高人民法院《关于当事人申请财产保全错误造成案外人损失应否承担赔偿责任问题的解释》（2005 年） 　　　　《保全赔偿解释》

最高人民法院《关于民事诉讼证据的若干规定》（2019 年） 　　　　《证据规定》

最高人民法院《关于知识产权民事诉讼证据的若干规定》（2020 年） 　　　　《知产证据规定》

最高人民法院《关于以法院专递方式邮寄送达民事诉讼文书的若干规定》（2004 年） 　　　　《专递送达规定》

最高人民法院《关于适用简易程序审理民事案件的若干规定》（2020 年） 　　　　《简易规定》

最高人民法院《关于民事审判监督程序严格依法适用指令再审和发回重审若干问题的规定》（2015 年） 　　　　《重审规定》

最高人民法院《关于规范人民法院再审立案的若干意见（试行）》（2002 年） 　　　　《再审立案意见》

最高人民法院《关于适用〈中华人民共和国民事诉讼法〉审判监督程序若干问题的解释》（2020 年） 　　　　　　《审监解释》

最高人民法院《关于受理审查民事申请再审案件的若干意见》（2009 年） 　　　　　　　　　　　　　　《再审审查意见》

《人民检察院民事诉讼监督规则》（2021 年） 　　　　　　　　《检察监督规则》

最高人民法院《关于审理企业破产案件若干问题的规定》（2002 年） 　　　　　　　　　　　　　　　　　《破产规定》

最高人民法院《关于适用〈中华人民共和国企业破产法〉若干问题的规定（一）》（2011 年） 　　　　　　《破产法解释（一）》

最高人民法院《关于人民法院执行工作若干问题的规定（试行）》（2020 年） 　　　　　　　　　　　　　《执行规定》

最高人民法院《关于适用〈中华人民共和国民事诉讼法〉执行程序若干问题的解释》（2020 年） 　　　　　《执行解释》

最高人民法院《关于人民法院民事执行中查封、扣押、冻结财产的规定》（2020 年） 　　　　　　　　　《查封规定》

最高人民法院《关于人民法院网络司法拍卖若干问题的规定》（2016 年） 　　　　　　　　　　　　　　《网拍规定》

最高人民法院《关于民事执行中变更、追加当事人若干问题的规定》（2020 年） 　　　　　　　　　　　《变更追加规定》

最高人民法院《关于执行和解若干问题的规定》（2020 年） 　　《执行和解规定》

最高人民法院《关于限制被执行人高消费及有关消费的若干规定》（2015 年） 　　　　　　　　　　　　《限制高消费规定》

最高人民法院《关于审理环境公益诉讼案件的工作规范（试行）》（2017 年） 　　　　　　　　　　　　《环境公益诉讼规范》

最高人民法院《关于审理民事、行政诉讼中司法赔偿案件适用法律若干问题的解释》（2016 年） 　　　《民事行政司法赔偿解释》

《全国法院民商事审判工作会议纪要》（2019 年） 　　　　　《九民纪要》

最高人民法院《关于贯彻执行〈中华人民共和国民法通则〉若干问题的意见（试行）》（1988 年） 　　　《民通意见》

最高人民法院《关于进一步推进案件繁简分流优化司法资源配置的若干意见》（2016 年） 　　　　　　《优化司法资源配置意见》

- **国际公约**

《关于向国外送达民事或商事司法文书和司法外文书》（1991 年加入） 　　　　　　　　　　　　　　　《海牙送达公约》

《关于从国外调取民事或商事证据的公约》（1997 年加入） 　《海牙取证公约》

《承认及执行外国仲裁裁决公约》（1986 年加入） 　　　　　　《纽约公约》

《关于向国外送达民事或商事司法文书和司法外文书公约》（1991 年加入） 　　　　　　　　　　　　　《送达公约》

目　录

导　论　民事诉讼法学的研习方法

在"重实体、轻程序"的学习氛围下，民事诉讼法通常被初学者误认为"手续法"，其重要性被严重低估。民事诉讼法旨在规范民事权益判定及实现程序。如果没有深厚的民法学知识储备和对民事权益保护方法、手段、途径多样化的洞悉与感悟，就不可能学好民事诉讼法学。初学者在认真对待民事诉讼法学后，就会感受到民事诉讼法学研习之难。民事诉讼法学使用一套不同于日常用语的专业话语体系，解决日常生活中不存在的诸多民事诉讼程序问题，这使民事诉讼法学成为既难理解又乏味的科目，因而，在日本，学生往往将民事诉讼法学戏称为"眠诉"（催眠之诉）、"眠素"（催眠的元素）。由于缺乏近距离的观察，学生通常仅满足于对静态诉讼规则的记忆，但仍普遍感受到在民事诉讼法学的研习中难以抓住重点，难以厘清各个制度、规则之间的关系。对静态诉讼规则的记忆，即使可以让学生在期末考试中取得理想成绩，也难以保证学生在国家统一法律职业资格考试及研究生入学考试中取得理想的成绩，更难以让学生具备符合用人单位预期的法律运用能力。

因而，学习民事诉讼法学，态度要端正，方法要得当，否则会停留在表面、皮毛却还沾沾自喜。研习民事诉讼法学的目的在于理解与运用，不能仅满足于对静态规则的记忆。能够运用民事诉讼法学的理论、制度来分析、透视权利保护案例，或者能够对民事权益司法保护程序存在的纵深问题展开理论与实践融为一体、实体与程序融会贯通的研究，才算是真正进入了民事诉讼法学的殿堂。概言之，民事诉讼法学的真正"入门"，必须掌握程序法理论、洞悉实体法精髓，对司法实践有近距离的观察和体验后，才有可能实现。

一、多元化纠纷解决机制中的民事诉讼法学

纠纷，是指特定的主体基于利益冲突而产生的一种双边（或多边）的对抗行为。纠纷不仅是个人之间的行为，还是一种社会现象。纠纷是与秩序相对应的范畴，纠纷的发生意味着一定范围内的协调均衡状态或秩序被打破。[1] 纠纷的形成通常需要经历"发生社会关系""发现纠纷原因""内心不满与博弈""不满外化与冲突"等四个阶段。在民事纠纷形成后，当事人就享有纠纷管理权，可以通过协商和解、调解、中立评估[2]、仲裁、诉

---

[1] 范愉. 纠纷解决的理论与实践. 北京：清华大学出版社，2007：70.

[2] 早在 2009 年，北京仲裁委员会就施行《北京仲裁委员会建设工程争议评审规则》，以中立评估为蓝本在建设工程领域推行"争议评审"机制。2016 年，最高人民法院出台的《多元纠纷解决意见》第 22 条明确要求探索民商事纠纷中立评估机制。2022 年 3 月 28 日通过的《深圳经济特区矛盾纠纷多元化解条例》第 64 条在全国首次以立法形式对民商事纠纷的中立评估机制予以确认，规定当事人可以委托中立第三方就争议事实认定、法律适用及处理结果进行中立评估，中立第三方评估机构的评估报告可以作为当事人和解、调解的参考。

讼等方式解决纠纷。由于"我国国情决定了我们不能成为'诉讼大国'","把非诉讼纠纷解决机制挺在前面"的重要性不言而喻。民事诉讼法学的研习应当注重多元化纠纷解决机制,不仅要掌握民事纠纷解决原理,而且要辨析各种民事纠纷解决方式在理念、理论、制度上存在的区别,还应当深入研习民事诉讼对诉讼外纠纷解决机制的保障、监督、支持的原理及其规则。如果不掌握民事纠纷解决原理、民事诉讼和诉讼外纠纷解决机制的区别与联系,民事诉讼法学的研习就会出现"只见树木,不见森林"的问题。

二、实体法与程序法交叉下的民事诉讼法学

民诉法与民法,犹如车之两轮、鸟之双翼,二者密不可分。基于民法的裁判规范性质和权利保护的诉讼目的观,在学习和研究民事诉讼法时,应当奉行"民事法学一体化研究方法"。民事法学一体化表现为民法与民事诉讼法的相互依赖:一方面,民事诉讼法可以强化民法规则的正当性论证,强化民法的裁判规范,对民事权利起着保存、扩张和强化的作用;另一方面,民法请求权基础之于诉讼标的、案由的确定,责任构成之于证明责任的分配,民事债务类型之于当事人适格的判断,合同履行地之于合同诉讼管辖连接点的确定,以及物权公示原则、权利外观主义之于执行标的的实体权属的判断,等等,都具有决定性意义。

在民事诉讼法学研习中,学生应当注意以下几点:

(1) 程序法与实体法在术语上的差异。民事诉讼法旨在通过判定及实现民事权益的方式为人民群众的合法权益提供民事司法保护,因此,其不自觉地直接借用民法的用语。但是,伴随着民事诉讼法学的独立发展,民事诉讼法学逐渐形成了自己的一套学术话语体系。比如,民法上的"请求""连带责任""合同履行地"与民事诉讼法上的"请求""连带责任""合同履行地"等,实际上在不同的意义上使用,因而造成了民事诉讼中确定诉讼标的、必要共同诉讼人、合同诉讼管辖连结点的履行地时,奉行不同的标准。因而,民事诉讼法学应当以民法学为先修课,在全面掌握民法学的基本原理及概念体系的基础上,才能准确理解民事诉讼法学的相关术语。

(2) 程序法与实体法的交错。一方面,民事实体法中存在大量的民事诉讼程序规范,比如,我国民事证明责任规范主要由民事实体法律确立,如果不对民事实体责任构成要件进行深入分析,就无法确定待证事实及其证明责任。另一方面,民事程序法中也存在一些涉及民事实体法律制度的规范,比如,人民法院向作为债务人的被告送达起诉状副本的行为,可以产生诉讼时效中断的实体法效果。又如,终结本次执行的裁定具有使给付请求权不受申请执行时效限制的实体法效果。此外,民事诉讼法上还存在程序法与实体法交错适用的制度,如诉讼抵销、执行和解、执行担保等。可见,民法学的研习可以脱离民事诉讼法学,但民事诉讼法学的研习绝对不能脱离民法学。

(3) 程序法的实体基准性。民事诉讼学的发展和完善,始终与其在私权保护、解决私权纠纷方面的实际效果密切相关。民事诉讼法完善与否,根本上取决于它到底在何种程度上保护民事权益及解决民事纠纷。但是,民事诉讼法的解释、适用,有不同于实体法之处。民法的解释、适用,有就具体的个案寻求妥当解决的倾向;而民事诉讼法的解释、适用的目的,在于寻求程序的划一、安定,寻求一般化的解释标准,原则上不在个案中作便宜行事的解释。不过,民法上的利益衡量理论对诉讼法学有逐渐影响的趋势,

民事诉讼法上也出现了以利益衡量理论来思考诉讼现象、诉讼运作的研究方法，但这只能作为适用民事诉讼法一般原则的修正和补充。

三、理论、制度、实践并重的民事诉讼法学

民事诉讼法学是高度专业化的法学二级学科，拥有价值论、目的论、诉权论、诉讼标的论、法律关系论、既判力论等基础理论。由于民事诉讼制度建立在前述基础理论之上，故只有深入学习民事诉讼法学基础理论，才能洞悉民事诉讼制度的运行原理，对民事诉讼规范的构建及适用进行学理评价。与此同时，民事诉讼实践既可能违反基础理论与具体制度，也可能通过试点新诉讼制度的方式丰富和发展民事诉讼法学基础理论，因而，无论是理论研究者还是实务操作者，都应当在研习民事诉讼法学时坚持"理论、制度、实践三位一体研究方法"。

民事诉讼法学基础理论的研习，以精读民事诉讼法学教科书为主。如果能够真正读懂《德国民事诉讼法》（［德］罗森贝克等著，中国法制出版社 2007 年版）、《德国强制执行法》（［德］弗里茨·鲍尔等著，法律出版社 2019/2020 年版）、《新民事诉讼法》（［日］新堂幸司著，法律出版社 2008 年版）、《重点讲义民事诉讼法》（［日］高桥宏志著，法律出版社 2007 年版）、《民事诉讼法——制度与理论的深层分析》（［日］高桥宏志著，法律出版社 2003 年版）、《民事诉讼法》（［日］伊藤真著，北京大学出版社 2019 年版）等德日经典民事诉讼法学教材的原版或中译本，那么基本上就可以扎实地掌握民事诉讼法学基础理论。在时间有限的情形下，学习本课程的学生至少应当精读一本国内较为经典的民事诉讼法学教材（最新版本），如新编 21 世纪法学系列教材之《民事诉讼法》（江伟、肖建国主编，中国人民大学出版社 2023 年版）、普通高等教育"十一五"国家级规划教材之《民事诉讼法》（张卫平著，法律出版社 2023 年版）。

在研习民事诉讼法律规范时，应当注意民事诉讼法存在形式与实质之分。形式上的民事诉讼法仅指《民诉法》，而实质上的民事诉讼法还包括其他法律及司法解释中有关民事诉讼的规定。在过去的近三十年中，我国法院系统展开了一场如火如荼的民事司法改革，人民法院的司法能动作用大大加强，民事诉讼司法解释相继出台，其范围之广、容量之大、内容之丰富实属罕见，有的司法解释甚至有创制规则、弥补漏洞、司法立法的作用。毫不夸张地说，如果把实质上的民事诉讼法律规范加以归纳、整理，可以在我国编纂一部比较完善的民事诉讼法典。因此，民事诉讼法律规范的研习，不仅要注重学习 2023 年修正的《民诉法》，还要全面了解和掌握实质意义上的民事诉讼法。

民事诉讼法并不是一堆毫无生命力的程序规则，单纯地记忆程序规则并不能代替对于规则背后的丰富多彩的社会背景的理解，因此，探求规则的来龙去脉，运用历史解释方法学习规则，能够实现法律与历史和现实社会的有机结合。此外，还要用好、用足类型化分析方法：民事诉讼法的法条所涵括的实践类型可能多种多样，学习时需要有意识地系统梳理和归纳规则所涵摄的各种具体情形，而不要像一般初学者那样仅停留在语义分析之上。只有这样，法条的学习才会更有深度。具体的途径既可以是社会调查、法院调研，也可以是搜集相关案例或判决书。

民事诉讼法学既是一门理论法学，也是一门实践法学。在掌握民事诉讼法学基本范畴、体系的前提下，还要注重民事诉讼法的应用价值，可以通过旁听法庭审判、参与法

院执行程序、模拟法庭教学、接受诊所式教育、利用暑期到法院或律师事务所实习、到法院调研等各种形式了解实践。通过这种理论联系实际的方法，一方面可以用学习和掌握的民事诉讼法学基础知识分析解决实际问题，另一方面可以通过实际案例分析加深对民事诉讼法学理论的理解。重视司法实践、推崇案例描述，还可以使我们精确地丈量书本中的法律与行动中的法律之间的距离，了解法律实施过程中不同利益主体之间的博弈，发掘法律背后的逻辑和法律实践过程中的"隐秘"。

民事诉讼法是行动中的法，是将文本中的权利切实兑现的法律，具有合目的性、动态性、立体性、技术性的特点。学习民事诉讼法，不仅要知道民事诉讼法是什么，包括"书本中的民事诉讼法"和"行动中的民事诉讼法"，还要清楚为什么制定这样的程序规则，深刻把握"理论上的民事诉讼法"，否则就会陷入诉讼规则的丛林而不能自拔。

第一章　民事诉讼法概述

本章知识点速览

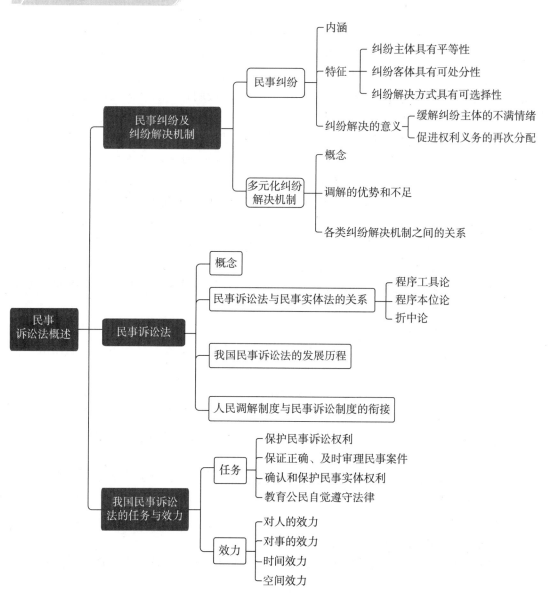

- 民事诉讼法概述
  - 民事纠纷及纠纷解决机制
    - 民事纠纷
      - 内涵
      - 特征
        - 纠纷主体具有平等性
        - 纠纷客体具有可处分性
        - 纠纷解决方式具有可选择性
      - 纠纷解决的意义
        - 缓解纠纷主体的不满情绪
        - 促进权利义务的再次分配
    - 多元化纠纷解决机制
      - 概念
      - 调解的优势和不足
      - 各类纠纷解决机制之间的关系
  - 民事诉讼法
    - 概念
    - 民事诉讼法与民事实体法的关系
      - 程序工具论
      - 程序本位论
      - 折中论
    - 我国民事诉讼法的发展历程
    - 人民调解制度与民事诉讼制度的衔接
  - 我国民事诉讼法的任务与效力
    - 任务
      - 保护民事诉讼权利
      - 保证正确、及时审理民事案件
      - 确认和保护民事实体权利
      - 教育公民自觉遵守法律
    - 效力
      - 对人的效力
      - 对事的效力
      - 时间效力
      - 空间效力

▶▶ 本章核心知识点解析

第一节　民事纠纷及纠纷解决机制

一、民事纠纷的内涵及特征

（一）难度与热度
难度：☆☆　热度：☆☆

（二）基本理论与概念

在现代法治社会中，诸多领域的社会关系都会受到法律的调整，社会平等主体之间的法律关系往往由民法等实体法进行规范。人们依据这些规则进行生产生活，最终形成了一定的私法秩序。但人们由于主观意识的差异和所处客观环境的影响，不可避免地在民事活动中产生各种纠纷，这些民事领域的纠纷直接或间接地表现为财产关系和人身关系的变动，构成了民事法律规范所调整的对象。因此，民事纠纷是指平等主体之间发生的、以民事权利义务为内容的社会纠纷。民事纠纷是法律纠纷的一种，法律纠纷还包括刑事纠纷、行政纠纷。区分这三种纠纷的关键在于纠纷主体的法律地位而不是部门法的不同。因此，围绕这一基本的划分标准，民事纠纷的外延也就十分的广泛，如环境侵权纠纷、劳资纠纷、股权纠纷等也属于民事纠纷的范畴。[1] 随着我国经济的不断发展，越来越多的现代型纠纷，如消费者权益保护纠纷、垄断纠纷、债权纠纷、P2P 纠纷等也进入了民事纠纷的范围。现代型纠纷的显著特征在于：首先，相较于传统的民事纠纷，现代型纠纷的主体一方或双方在数量上呈现出多数；其次，其主体性质上也不限于自然人，公共团体或大企业也成为纠纷主体的一方；最后，在诉讼请求上，现代型民事纠纷的诉求多表现为预防救济。

应当掌握民事纠纷的以下特征：

（1）纠纷主体具有平等性。民事纠纷主体即民事权利义务关系的主体，在民事活动中法律地位平等，不存在管理与被管理、服从与被服从的关系。

（2）纠纷客体具有可处分性。民事纠纷的内容是民事权利义务关系争议，其属于民事实体法调整的对象。基于民事实体法的私法自治原则，民事纠纷主体对其民事权利同样享有自由处分的权利，即在纠纷解决的过程中承认或放弃全部或部分自己或对方的民事权利，即向对方作出让步的自由。

（3）纠纷解决方式具有可选择性。经过长期的实践，人类社会形成了多种多样的解决民事纠纷的方式，发生纠纷的主体可以从中自由地选择特定的纠纷解决方式。

（三）疑难点解析

1. 有效解决民事纠纷有哪些重要的意义

纠纷是社会发展中必然伴随出现的现象，民事纠纷也是如此。纠纷的高效率解决与

---

[1]　洪冬英主编. 调解程序概述. 北京：法律出版社，2020：11.

公正化解可以促进社会的稳定发展。人类社会始终是在纠纷解决过程中动态发展的，其意义具体包括以下几个方面：

（1）缓解纠纷主体的不满情绪。在民事纠纷解决的过程中往往需要纠纷主体进行权利的主张和否认，而多元纠纷解决机制为纠纷主体创造了对话的可能，极大地缓解了纠纷主体不满的情绪，从而在一定程度上缓和了社会成员之间的矛盾。

（2）促进权利义务的再次分配。民事纠纷的内容往往涉及纠纷主体平等的人身权利和财产权利，这属于法律关系中的权利和义务的范畴。一个纠纷的化解，往往会重新界定权利义务。从这个角度来看，民事纠纷的解决促成了社会资源的重新分配。

2. 对纠纷性质的中性理解

在社会发展的不同时期，纠纷总是与人们的社会生活密切相关。值得注意的是，纠纷一般表现为社会成员之间的物质或精神利益的冲突。与之相对应的另一个概念是秩序，美国法学家博登海默认为，秩序指的是自然进程和社会进程的一致性、连续性和确定性。然而，在一般人的观念中，人们总会倾向于将纠纷视为贬义，纠纷的含义似乎总与纠纷主体违反既定的社会秩序和主流道德相伴随，人们甚至会认为作为纠纷解决的方式之一的诉讼是一种"道德败坏的结果和表现"[1]，从而忽视了民事诉讼在纠纷解决中发挥的基础性功能。对于纠纷持贬义的观点一般隐含着三个前提：第一，仅把秩序看作是一种和谐、均衡的静态；第二，仅把纠纷看作是一种显在的冲突或对抗的"事件"；第三，总是有意或无意地倾向于"秩序等同于善""纠纷等同于恶"的价值判断。本书认为上述三个前提存在问题。

首先，秩序是一种和谐和均衡不断在达成，也不断在打破的动态。我们应当对秩序作新的理解，即它是一定范围内社会主体之间恒常的关系或习以为常、反复从事的行为及交往方式的整体。从这个角度出发，人们在遵循既定的规则与相互的预期下所做的行为，就被称为静态的秩序。相反，当人们行事与他人的预期相违背，并采取一种影响较小或未公开交涉的方式处理的时候，如忍受、回避等，就形成了动态的秩序。这样的情形也十分常见，在一定程度上构成了秩序中的一环。可见，秩序是一个包含静态和动态的过程，而非恒定的静态。

其次，纠纷是一个并不局限于明显或公开冲突状态的社会过程。事实上，纠纷包含着不同的阶段。在先前的阶段并不存在双方的冲突，有学者将其称为"前冲突阶段"。在这一阶段，当事人意识到自己受到了侵害，往往会采取一些单向性的行动，如容忍、回避和谴责等。若此时对方改变自己的行为，那么纠纷就化解在了"前冲突"之阶段；相反，若双方针锋相对，则可能进入"冲突阶段"。不过在此阶段也存在双方相互妥协的可能，双方通过"交涉"或"说服"的方式化解纠纷。只有当纠纷仍然无法调和，纠纷之外的第三方主体介入时，纠纷才进一步被置于广阔的公共空间内，此时纠纷才上升为一种公开的、显在的冲突事件。

最后，秩序与纠纷并不是绝对的善恶相对的概念，纠纷仍然有其正面的作用。易言之，我们至少应当提出以下质疑，即旧有秩序和既得利益的存在是否完全具有正当性和合理性，如果得出了否定的结论，那么纠纷在一定程度上就发挥着对不当秩序的矫正作

---

[1]　江伟主编. 民事诉讼专论. 中国人民大学出版社，2005：3.

用。此外，纠纷往往意味着权利关系被侵犯，或者权利归属不明。从这个角度而言，纠纷具有对权利加以确定的功能。如果上述的不稳定状态不能得到及时的解决，恐怕会引发社会风险。可见，纠纷是一种中性的存在，是人类社会的常态。

二、多元化纠纷解决机制

（一）难度与热度
难度：☆☆　热度：☆☆

（二）基本理论与概念

纠纷解决机制是指一个社会为解决纠纷而建立的由规则、制度、程序、机构及活动构成的系统。狭义的纠纷解决机制，主要是指国家通过相关法律、法规建构或界定的，由各种正式与非正式的制度或程序构成的综合性解纷系统；广义的纠纷解决机制，还包括非制度化的临时性、个别性纠纷解决活动，以及民间自发形成的各种私力或自力救济。[①] 我国大部分学者根据制度和方法的不同将民事纠纷解决机制分为自力救济、社会救济、公力救济三种形式来论述民事纠纷的处理机制。[②]

自力救济，是指当事人依据私人力量解决纠纷，以达到维护自己合法权益的目的，包括自决与和解。自决是纠纷主体一方凭借自己的力量使对方服从，和解指的是纠纷双方相互妥协和让步。自力救济最大的特点是无须依靠第三者的参与，也不受任何规范的制约，凭借自己的力量解决纠纷。

社会救济，是依靠社会力量处理民事纠纷的一种纠纷解决机制，包括调解和仲裁。调解是指第三者依据一定的道德和法律，通过晓以对方利害使双方相互谅解与让步，最终解决纠纷的一种活动。仲裁是指纠纷主体根据有关规定或者双方的协议，将争议提交给一定的机构，以第三者居中裁判的方式解决纠纷。二者的共同特点是第三者对于纠纷的解决产生了一定的作用。

公力救济，主要是指诉讼和行政裁决。行政裁决是指行政机关基于法律规定处理民事纠纷的制度。诉讼是由国家设置的专门机关代表国家行使审判权，通过法定的程序，对纠纷各方的实体权利和义务关系作出终局性裁判的一种活动。民事诉讼具有法定性、正当性、强制性和终局性等特征。

西方国家近些年形成了一种在法院进行但不由法院行使审判权解决纠纷的机制，如法院委托律师或者法官主导、律师参与的纠纷调解，被称为法院附设 ADR。总之，民事纠纷的解决机制是多元的，每一种纠纷解决机制都具有独特优势。

（三）疑难点解析

1. 调解的优势和不足

调解制度相较于其他纠纷机制有诸多优势，体现为其自愿性、和解性、开放性和保密性。[③]

调解的自愿性体现在双方当事人均同意后才可以启动调解程序，任何一方当事人在

[①] 洪冬英主编. 调解程序概述. 北京：法律出版社，2020：19.

[②] 江伟主编. 民事诉讼法学. 上海：复旦大学出版社，2002：4-5.

[③] 李浩. 调解的比较优势与法院调解制度的改革. 南京师大学报（社会科学版），2002（4）.

调解的过程中退出，调解即告终止。调解的自愿性还体现在内容上，位于调解一方的第三人提出的调解方案并非可以完全约束当事人，换言之，双方当事人需要一致认同方案才可产生效力。与诉讼对比，调解启动的自愿性不同于起诉，调解的自愿性相较于诉讼的启动集中体现在当事人意愿的灵活表达，这种灵活性无须受起诉条件的严格限制。

调解的和解性是相较于诉讼的另一大优势，其主要体现在当事人双方的对抗性大大减弱，不至于引起双方当事人的人际关系的紧张。调解主持人通过道德教育，使当事人在互谅互让的基础上达成协议。

调解的开放性指的是在争议解决的过程中，当事人的主张不同于诉讼中的权利主张必须围绕要件事实提出证据，甚至在真伪不明的情况下，主张权利一方承担败诉的不利风险，调解中的当事人可以将生活事实引入纠纷解决的全过程。例如，在侵权案件的审理中，侵权人在调解中可以承诺额外的金钱弥补来消除双方的紧张关系，这往往比诉讼中严格的侵权要件的证成更为开放。

调解的保密性指的是调解不公开进行，双方当事人在调解过程中作出的自认并不会成为裁判的依据，这是调解或和解中当事人对事实的认可不得作为对其不利规则的体现。[1] 特别是涉及个人或家庭事务、商务活动纠纷时，纠纷主体一般不愿意通过公开的方式进行审理，调解能够保护好当事人的隐私或商业秘密。

此外，调解还有简易性和高效率等其他特点，其中，简易性就体现在其脱离了诉讼程序中严格的证据制度和线性化的程序，而采用自由证明制度，这样极大缩短了解决纠纷的时间。

根据以上种种特征可以得出初步的结论，即调解作为纠纷解决机制的重要一环有着极大的优势。但是调解也存在一定的不足，这主要表现在调解中的调审合一和调解效力欠缺两个方面。

首先，在庭前调解的过程中，因为主持的主体不同，庭前调解通常分为以下两种情形：第一，审判法官或合议庭主持。此种情形被称为调审合一。第二，合议庭以外的法官或法官助理主持。此种情形被称为调审分离。需要明确的是，无论哪一阶段的法院调解都不能将当事人自认的事实作为判决的定案依据。然而，在调审合一的模式下，当事人在调解中对事实的陈述和承认，因为主持调解和裁判的主体具有同一性，会对法官的自由心证和最终的裁判产生影响，因此，法院调解中的调审合一一直以来备受诟病。

其次，对于法院调解，由于存在着法官的参与，因而在制度性效力的要求上与判决是基本一致的。但在程序保障的方面，审判过程明显优于调解过程，调解过程中当事人的程序权利并没有得到如同审判程序中一样的充分保护，因此，从既判力的角度而言，诉讼调解应当具备某种程度的既判力，但绝不至于具有与判决完全等同的效力。有学者将这种部分的既判力定义为终结诉讼程序的效力，而且认为该效力不能产生预决效力。[2] 可见，相较于诉讼，调解难以具备如同确定判决一样的形式效力和实质效力。

① 《民诉解释》第107条规定："在诉讼中，当事人为达成调解协议或者和解协议作出妥协而认可的事实，不得在后续的诉讼中作为对其不利的根据，但法律另有规定或者当事人均同意的除外。"
② 廖永安，胡军辉. 论法院调解的既判力. 烟台大学学报（哲学社会科学版），2009（1）.

2. 各类纠纷解决机制之间的关系

上述各类纠纷解决机制的法律效力各不相同，各有自己的优势与劣势。纠纷主体在化解纠纷的同时必然会考虑不同纠纷解决机制的特点，因此，有必要考察不同的纠纷解决机制之间的关系。

各类纠纷解决机制的关系可以概括为：相互独立、可选择性、相互转化和相互统一。① 其中，相互独立指的是它们各有自己的优势和不足，可以单独作为化解纠纷的途径；可选择性指的是它们之间并没有优劣之分，当事人可以进行任意的选择；相互转化指的是民事纠纷的动态性会导致解决纠纷的方式之间的转化；相互统一即各纠纷机制共同构成了民事纠纷解决的有机整体。在上述多元化的纠纷解决机制中，民事诉讼具有基础性作用。具言之，民事诉讼具有支撑、维持其他纠纷解决方式的作用。这主要体现在：首先，当事人通常会根据诉讼成本和对诉讼公正裁判的结果预测，选择不同的非诉方式来解决纠纷；其次，民事诉讼为诉外纠纷解决机制提供了保障②，如确认调解协议的非诉程序，即未经法院确认的调解协议仅具有民事合同的性质和效力，不具有与法院判决相同的效力，而调解协议一旦经过上述程序的确认转化为特定的法律文书，就具有了与法院判决相同的既判力、执行力。可见，民事诉讼为诉外纠纷解决机制提供了充分的保障。

第二节　民事诉讼法

一、民事诉讼法及其与民事实体法的关系

（一）难度与热度

难度：☆☆　热度：☆☆

（二）基本理论与概念

民事诉讼法，是指国家制定或者认可的，规范民事诉讼活动和调整民事诉讼法律关系的法律规范的总和。民事诉讼法与民事诉讼在概念上略有不同，民事诉讼是民事诉讼法的调整对象，民事诉讼法是调整民事诉讼的法律规范。民事诉讼法是法院审判民事案件的准则，也是当事人和其他诉讼参与人进行诉讼活动的准则。

民事诉讼法具有以下三个特征：首先，民事诉讼法是基本法律，民事诉讼法由国家最高权力机关制定与修改，是其他民事程序法制定的依据；其次，民事诉讼法是公法。法院与当事人之间产生的民事诉讼法律关系是公法关系，法院行使的审判权和强制执行权属于公权，法院裁判具有的确定力、执行力和形成力等效力是公法上的效力；最后，民事诉讼法是程序法，民事诉讼法是法院和当事人等进行民事诉讼所必须遵循的程序性规范，以程序和技术层面的事项为主要内容，追求以理性、科学的程序审理民事案件、解决纠纷。

民事诉讼法有狭义和广义之分。狭义的民事诉讼法，又称形式意义上的民事诉讼法，在我国是指 1991 年 4 月 9 日颁布实施、2023 年 9 月 1 日第五次修正的《民诉法》。广义

---

① 柯阳友，高玉珍. 诉讼内外纠纷解决机制的分流、协调与整合. 河北法学，2006（8）.
② 江伟，肖建国主编. 民事诉讼法. 8 版. 北京：中国人民大学出版社，2018：19.

的民事诉讼法，又称实质意义上的民事诉讼法，除《民诉法》之外，还包括《宪法》，其他法律法规，我国参加的国际条约和国际公约中有关民事诉讼的规定，最高人民法院、最高人民检察院以及最高人民法院与其他有关机关联合发布的关于民事诉讼的司法解释。

（三）疑难点解析

如何理解程序法与实体法的关系？

程序法与实体法的关系，一直是国内外民事诉讼理论界比较关注的问题。基于学者所处的历史背景、法系国家以及价值选择的不同，产生了以下三种学说。

1. 程序工具论

程序工具论是大陆法系国家对程序法与实体法的传统认识，也是我国 20 世纪 90 年代以前的主流观点。该观点认为，程序法是发现案件真实、保护当事人合法权利的途径，是保障实体公正的工具，所以程序法只要保证实体法的内容得到实现即完成使命。程序工具论又可细分为绝对工具主义论和相对工具主义论。绝对工具主义论又称"结果本位主义"，支持该观点的学者认为，民事诉讼法仅作为实体法的工具而具有价值，没有任何自身的独立价值。诚如功利主义哲学家边沁所言，"程序法的最终有用性要取决于实体法的有用性，除非实体法能够实现社会的最大幸福，否则程序法就无法实现这一目的"。这种极端的程序工具论已逐渐遭到摒弃。相对工具主义论来源于自由主义哲学，在坚持程序工具论的立场上，认为追求程序工具性价值的同时，应当兼顾一些独立的价值目标。

2. 程序本位论

该学说认为，由于案件客观真实的难以确定性，法院的审判只要遵守正当程序，便能够直接决定裁判结果的公正性，而不论裁判结果是否符合实体公正的要求。程序法存在不依附于实体法的自身独立价值，即法律程序自身作为目的的价值。因此，程序本位论强调诉讼主体的独立地位，受判决结果影响的诉讼各方应当参与到审判活动中来，成为程序的主导者而非诉讼客体。对程序本位论的认可逐渐由英美法系国家传播到大陆法系国家。

3. 折中论

程序工具论与程序本位论的对立，归根结底是对法律程序是否具有独立价值，以及程序公正与结果公正哪个更符合现代社会的需要作出的探讨。支持折中论的学者试图在实体法与程序法之间达成一种平衡，认为实体法的抽象性、稳定性与社会生活的具体性、多变性存在矛盾，而程序法恰能起到协调与弥补的作用。程序法与实体法不存在主次关系，诉讼活动要兼顾程序公正和实体公正。折中论的观点得到了我国等相当一部分国家的肯定。

传统法学依内容与职能的不同，将法律区分为实体法与程序法两大类。实体法是确定权利义务发生、变更与消灭的法，程序法则被理解为实现实体法内容的手段性规范，即通过民事诉讼维持民法典所预定的私法秩序。程序工具论甚嚣尘上之时，就有学者提出"程序法乃实体法之母"的论断，强调程序法对实体法发展完善的推动作用。首先，早在原始社会，广义的诉讼以及诉讼法便已存在，基于人们对自然力量的敬畏以及图腾崇拜产生了神判制度，被用作解决纠纷的程序，彼时还没有实体法的观念。英美法和大陆法历史的早期阶段，如英国早期的"令状制度"、罗马法的"诉权制度"，同样侧重于以类型化的诉讼形式或诉权应对社会发展带来的新事态，不具有实体法上权利的意义。

由此可见，程序法先于实体法产生。其次，实体权利的存在与否，归根结底是依靠判决的既判力来确定的。"在就该权利的存在与否做出最终判断的权限由国家，即法院所独占之制度下，通过判决来确认判决之前就已经存在的权利的想法其实并不正确，倒不如说权利是由判决创造出来的更符合逻辑。"① 在这种论断下，程序法产生权利，实体法则为法官作出判决提供了判断基准，对权利的产生起辅助作用。最后，"实体法上所规定的权利义务如果不经过具体的判决就只不过是一种主张或'权利义务的假象'，只是在一定程序过程产生出来的确定性判决中，权利义务才得以实现真正意义上的实体化或实定化"②。因此，程序法不应简单地被认为是实现实体法内容的辅助工具，诉讼过程或具体程序深刻影响着实体法律关系的存在方式以及诉讼的实际结果。例如，主张和举证属于诉讼法上的问题，只有双方当事人进行积极的事实主张及举证活动，法官才能作出事实判断。若当事人无法为其主张的权利举证，实体法上规定的权利义务便无实际意义。

二、我国民事诉讼法的发展历程

（一）难度与热度
难度：☆☆　热度：☆

（二）基本理论与概念

1982 年 3 月 8 日，第五届全国人民代表大会常务委员会第二十二次会议通过了《中华人民共和国民事诉讼法（试行）》（以下简称"1982 年《民诉法》"），在移植和借鉴大陆法系国家诉讼制度以及苏联民事诉讼法部分制度的基础上，立足于中国国情和实际，创设性地规定了基本原则和基本诉讼制度，为此后民事诉讼法的制定奠定了基本框架。经过广泛的讨论和研究，民事诉讼法草案最终于 1991 年 4 月提交第七届全国人民代表大会第四次会议审议通过，由此诞生了新中国成立后第一部正式的民事诉讼法。

为了回应经济社会的新发展，民事诉讼法修改再次被提上全国人大常委会立法议程。2007 年的第一次修正主要围绕审判监督程序和执行程序两部分内容进行；2012 年进行大范围的修改，包括增设诚实信用原则、完善调解与诉讼的衔接制度、进一步保障当事人的诉讼权利等内容；2017 年的第三次修正在已有的民事公益诉讼制度基础上，增加检察机关提起民事公益诉讼的规定。2021 年 12 月 24 日，第十三届全国人民代表大会常务委员会第三十二次会议作出《关于修改〈中华人民共和国民事诉讼法〉的决定》，并于 2022 年 1 月 1 日实施。此次修法，13 处修改是为了与《民法典》相关规定的表述衔接一致，另外 20 处属于针对民事诉讼程序繁简分流改革试点工作所作的专项修改，涉及司法确认、小额诉讼、简易程序、独任审理和在线诉讼等内容。2023 年 9 月 1 日，第十四届全国人民代表大会常务委员会第五次会议作出了《关于修改〈中华人民共和国民事诉讼法〉的决定》。此次修法着重对涉外民事诉讼程序制度进行完善，并于 2024 年 1 月 1 日实施。

与民事实体法相比，一国的民事诉讼制度受到政治制度、司法体制、民族传统、文化习俗等方面的影响，更具鲜明的本国特色。我国现行《民诉法》自 1991 年颁布以来，历经多次修正，在基本原则、制度和具体程序方面都日益完善，形成了中国特色，

① ［日］谷口安平. 程序的正义与诉讼. 王亚新，刘荣军，译. 北京：中国政法大学出版社，1996：66.
② ［日］谷口安平. 程序的正义与诉讼. 王亚新，刘荣军，译. 北京：中国政法大学出版社，1996：7.

主要包括方便当事人参加诉讼、重视调解以及强化对民事诉讼的监督。例如，我国的调解制度便带有深厚的历史和文化底蕴。1982 年《民诉法》将"着重进行调解"作为民事诉讼的基本原则，1991 年《民诉法》将"自愿和合法"作为调解原则的基础，2012 年《民诉法》继续将调解作为重要的纠纷解决方式，对调解制度作了进一步的丰富、完善。

（三）疑难点解析

如何把握人民调解制度与民事诉讼制度的衔接？

人民调解制度是我国重要的替代性纠纷解决方式，由《人民调解法》规范。该制度是指在人民调解委员会主持下，以国家的法律、法规、政策和社会公德为依据，对民间纠纷当事人进行说服教育、规劝疏导，促使纠纷各方当事人互谅互让、平等协商、自愿达成协议并消除纷争的一种群众自治活动。其便民性、程序的灵活性以及诉讼成本低等优势，不仅有利于矛盾就地解决、减轻当事人诉累，也为缓解基层法院案多人少的矛盾作出了重大贡献。民事诉讼法与人民调解法之间的关系是程序基本法与一般法的关系，二者在性质、原则以及效力等方面均有所不同，具体表现为以下几个方面。

1. 人民调解不是民事诉讼的前置程序

人民调解以自愿为原则，对于调解委员会主动进行调解的，当事人可以拒绝。当事人不接受调解或者调解不成的，可以直接向法院提起诉讼，即不得阻碍当事人诉权的行使。

2. 人民调解协议不具有强制执行力

负责调解的人民调解委员会是群众性自治组织，经人民调解委员会调解达成的调解协议具有法律约束力，当事人应当按照约定履行。但是，调解协议不具有强制执行力，当事人无法通过动用国家权力强制实现其约定内容。若当事人之间就调解协议的履行或者调解协议的内容发生争议，一方当事人可以向法院提起诉讼。

3. 《人民调解法》和民事诉讼法通过规定司法确认程序，赋予人民调解协议以执行力

经人民调解委员会调解达成调解协议后，双方当事人认为有必要的，可以自调解协议生效之日起 30 日内共同向法院申请司法确认，法院应当及时对调解协议进行审查，依法确认调解协议的效力。由此可见，调解协议通过这一非讼程序能够得到司法机关的确认。若调解协议有效，一方当事人拒绝履行或者未全部履行的，对方当事人可以向法院申请强制执行；若调解协议无效，当事人可以通过人民调解方式变更原调解协议或者达成新的调解协议，也可以向法院提起诉讼。

第三节 我国民事诉讼法的任务与效力

一、民事诉讼法的任务

（一）难度与热度

难度：☆☆ 热度：☆☆

（二）基本理论与概念

1. 保护民事诉讼权利

诉讼权利是当事人维护实体权益的重要手段，因此，保护诉讼权利是民事诉讼法的首要任务。第一，民事诉讼法规定了当事人及其他诉讼参与人在诉讼过程中享有诉讼权利。第二，民事诉讼法规定了当事人在民事诉讼中享有平等的诉讼权利。第三，在民事诉讼过程中，法院应当严守中立地位，保障和便利当事人平等地行使诉讼权利，不能为当事人行使诉讼权利设置障碍。

2. 保证正确、及时审理民事案件

民事诉讼的目的在于解决民事纠纷。正确、及时地审理民事案件，是公正、高效、权威地解决民事纠纷的重要内容。因此，保证法院正确、及时地审理民事案件是民事诉讼法的又一基本任务。正确、及时审理民事案件，就是要求法院在查明事实、分清是非的基础上，正确适用法律，及时对民事案件作出裁判，从而确保让人民群众在每一个司法案件中感受到公平正义。

3. 确认和保护民事实体权利

民事纠纷是当事人之间因民事权利义务关系发生的争议，审理民事案件、解决民事纠纷必然以确认民事权利为基础，确认民事权利的最终目的在于保护民事权利。作为规范民事诉讼行为的基本法律，民事诉讼法的任务之一是确认和保护民事实体权利，进而维护国家法律制度的权威。

4. 教育公民自觉遵守法律

在解决纠纷的同时，民事诉讼还具有教育功能：通过当事人亲自参与民事案件的审理过程并实际承受裁判的结果，使其深刻体会法律的权威与尊严，从而教育当事人自觉遵守法律；通过公开审理过程和裁判结果，使社会公众认识到守法受褒扬与违法受制裁的后果，从而教育社会公众自觉遵守法律。在作为法院和当事人的诉讼行为准则的同时，民事诉讼法也将落实民事诉讼的教育功能作为基本任务。因此，教育公民自觉遵守法律是民事诉讼法的任务之一。

二、民事诉讼法的效力

（一）难度与热度

难度：☆☆　　热度：☆☆

（二）基本理论与概念

民事诉讼法的效力，是指民事诉讼法对事、对人在什么时间和空间范围内发生作用，包括对人的效力、对事的效力、时间效力和空间效力。对人的效力，是指民事诉讼法适用的人，我国民事诉讼法对在我国领域内进行民事诉讼活动的一切人都具有约束力。对事的效力，是指法院适用民事诉讼法审理案件的范围，即法院主管民事诉讼案件的范围。我国能够依照民事诉讼法规定的程序进行审理的案件，主要包括平等主体之间因民事法律关系发生的争议以及法律规定的其他案件。时间效力，是指民事诉讼法适用的时间范围，包括生效时间、失效时间以及是否具有溯及力的问题。需要注意的是，与实体法不溯及既往的原则不同，程序法因其一般不涉及双方当事人的实体权利义务问题，故原则上可溯及既往。空间效力，是指民事诉讼法适用的空间范围，即在什么空间范围内发生效力。我国民事诉讼法生效的空间范围是整个中国领域。

（三）疑难点解析

如何理解民事诉讼法原则上溯及既往？

法的溯及力又称法的溯及既往的效力，是指新法对它生效前发生的行为和事件可否适用的效力。新法生效前系属于人民法院的民事案件，在生效后是否适用新法，即民事诉讼法是否具有溯及既往的效力？法不溯及既往原则的基础之一是信赖利益保护，而信赖利益一般是基于实体法而形成的。法律规定是信赖利益的基础，人们基于信赖法律规定的稳定性而实施行为，并因此获得或预期获得利益（包括财产权益和人身权益）。要保护信赖利益，就不能改变信赖利益产生的基础，即不能以事后法来约束基于信赖利益而产生的先前事件和行为，所以法律不得溯及既往。但是，与创造、确定和规范实体权利义务内容的实体法不同，程序法不创设新的实体权利义务关系，只是在程序上提供法律救济和实现权利的方法和途径。[1] 因而，实体法溯及既往会影响法的稳定性和人民对于旧法的信赖利益，而程序法并不会有此影响，原则上可以溯及既往。故人民法院在新民事诉讼法施行前审理的案件，已按旧法进行的诉讼活动仍然有效；尚未审结的案件，则应按照新民事诉讼法规定的程序审理。此外，新法实施后尚未结束的具体的诉讼行为或者事件，如果尚未发生法律效果，一般也应适用新法予以评价。不过，考虑到程序的稳定性以及诉讼经济问题，程序法上的溯及既往存在例外情况，以管辖为例：未结案件符合修改前的民事诉讼法或者修改后的民事诉讼法管辖规定的，人民法院对该案件继续审理。换言之，在新法修订之前确定的管辖法院，如果符合旧法规定、不符合新法规定，应根据法不溯及既往原则继续管辖，以保障诉讼程序的稳步推进。

本章实务案例研习

一、胡某等与北京某有限公司教育培训纠纷案[2]

案例考点：多元调解与民事诉讼的关系

（一）案情简介

家住北京市的胡某等家长联名向某区市场监督管理局投诉称：其在某培训公司为孩子报名参加橄榄球培训班，交付的学费从几千元到上万元不等。之后，因为资金链断裂，该培训机构的各校区一直未开课。胡某等学生家长与公司协商未果，诉至法院请求该公司退还培训费。

（二）调解结果

因为本案涉及的人数众多，需要退还的费用数额较大且涉诉公司入不敷出，为圆满解决纠纷，市场监督管理局经过多次沟通，促使该公司与家长初步达成退款的意见。为

---

[1] 杨登峰. 新旧法的适用原理与规则. 北京：法律出版社，2008：88-89.

[2] 北京发布多元调解"十大典型案例"近七成民事纠纷快速化解. [2021-01-13]. http://www.thepaper.cn/news Detail_forward_10770336.

全面履行，市场监督管理局引导双方当事人通过法院建立的消费者领域纠纷调解协议"一站式"司法确认机制解决纠纷，双方当事人签署调解协议，并由法院当场进行司法确认。次日，家长就收到了首期退款。

（三）学理分析

近年来受多种因素的影响，很多教育培训机构、运动健身场馆陆续倒闭，大量预付费消费者面临"退费难"的困境。相应的产生了消费者退费难的现象。首先，这种案件一般都具有涉及纠纷的人数较多、赔款金额数额较大、涉及消费者纠纷等显著特点。其次，处理好此类案件离不开市场监管部门的介入，如何处理好调解与诉讼衔接的问题，对消费者达成的行政调解协议未来获得履行的可能具有重要的意义。从这个层面来说，法院创新纠纷调解的"一站式"司法确认极大地促进了纠纷的及时化解。相较于诉讼的模式，"多元调解＋一站式确认"的司法工作流程避免了群体性诉讼纠纷中的多数当事人之确定，极大地缩短了案件的周期；调解的多元性与开放性更利于从源头化解矛盾，保护消费者的合法权益。

二、廖某基起诉承包土地确认登记不予受理案①

案例考点：非平等民事主体之间的民事法律关系不属于人民法院受理民事诉讼的范围

（一）案情简介

1999 年 1 月 1 日，闽侯县人民政府颁发给廖某基 070155 号"土地承包经营权证"，载明原告承包集体耕地共 9.19 亩；2012 年其因与廖某钦发生承包纠纷而向闽侯县人民法院提起行政诉讼，经几次诉讼，2016 年 1 月 6 日，闽侯县人民政府侯政文（2016）3 号决定，撤销了廖某基 070155 号"土地承包经营权证"，廖某基不服，向福州市中级人民法院提出行政诉讼，要求撤销闽侯县人民政府的决定。2016 年 8 月 8 日，福州市中级人民法院作出了（2016）闽 01 行初 63 号行政判决书，驳回了廖某基的诉讼请求，同时在该判决书中确认廖某基"自 1997 年 1 月 1 日起至 2006 年 12 月 31 日止，分田人口 4 人，承包集体耕地 7.11 亩，承包地段：祥垱尾发英 2 亩，其滔门尾里路其宝垅田 0.33 亩，坑头端梅 1.32 亩，厝地 0.8 亩"。该判决早已生效。随后各村都开始对承包耕地进行确认登记，廖某基要求闽侯县荆溪镇埔前村委会按福州市中级人民法院上述判决书确认的廖某基承包耕地 7.11 亩进行确认登记，但闽侯县荆溪镇埔前村委会以各种借口刁难，不给廖某基确权登记。廖某基无奈，只好向法院起诉，请求法院依法判决，以维护其合法权益。法院判决后廖某基不服福州市中级人民法院（2017）闽 01 民终 181 号不予受理民事裁定，向福建省高级人民法院申请再审。廖某基申请再审称，按照正常程序，应由村委会先确认村民承包了多少耕地，然后上报乡、镇人民政府，乡、镇人民政府再统一上报县人民政府，县人民政府才发放村民"土地承包经营权证"，可是本案中闽侯县荆溪镇埔前村委会故意刁难申请人，拒不给其确认承包面积、位置等，拒不上报镇、县人民政府，县人民政府如何能给申请人发证，而裁定书先后倒置，是错误的，因此请求撤销一、二审裁定，指令一审法院立案受理。

---

① 案例来源：福建省高级人民法院（2017）闽民申 1577 号民事判决书。

（二）法院判决

福建省高级人民法院经审查认为：根据《民诉法》第 3 条的规定①，民事诉讼是公民之间、法人之间、其他组织之间以及他们相互之间因财产关系和人身关系而提起的诉讼。因农村土地经营权承包登记系有权登记的机关依法对承包耕地权属进行登记的行政确认行为，相关单位和组织在登记过程中产生的权利义务关系，不属于平等民事主体之间的民事法律关系，起诉人据此提起的诉讼，不属于人民法院受理民事诉讼的范围。原审裁定认定本案不属于民事诉讼受案范围，并裁定不予受理并无不当。遂裁定驳回廖某基的再审申请。

（三）学理分析

民事诉讼法调整的是平等主体的公民之间、法人之间、其他组织之间以及它们相互之间因财产关系和人身关系提起的民事诉讼，非平等主体间因财产关系提起的诉讼，不属于人民法院受理民事诉讼的范围。本案中，农村土地经营权承包登记系有权登记的机关依法对承包耕地权属进行登记的行政确认行为，根据 2017 年《民诉法》第 124 条（2023 年《民诉法》第 127 条）的规定，"人民法院对下列起诉，分别情形，予以处理：（一）依照行政诉讼法的规定，属于行政诉讼受案范围的，告知原告提起行政诉讼……"。可见，该行政确认行为不属于人民法院受理民事诉讼的范围，故本案中，人民法院应当驳回廖某基的再审申请。

》》 本章同步练习

一、选择题

1. 依据诉讼法理论，仲裁属于哪种纠纷处理机制？（　　）

A. 公力救济
B. 自力救济
C. 社会救济
D. 司法救助

2. 民事诉讼与民商事仲裁都是解决民事纠纷的有效方式，但两者在制度上有所区别。下列哪些选项是正确的？（　　）

A. 民事诉讼可以解决各类民事纠纷，仲裁不适用于与身份关系有关的民事纠纷
B. 民事诉讼实行两审终审，仲裁实行一裁终局
C. 民事诉讼判决书需要审理案件的全体审判人员签署，仲裁裁决可由部分仲裁庭成员签署
D. 民事诉讼中财产保全由法院负责执行，而仲裁机构不介入任何财产保全活动

3. 2015 年 4 月，居住在 B 市（直辖市）东城区的林某与居住在 B 市西城区的钟某（二人系位于 B 市北城区正和钢铁厂的同事）签订了一份借款合同，约定：钟某向林某借款 20 万元，月息 1%，2017 年 1 月 20 日前连本带息一并返还。合同还约定，如因合同履行发生争议可向 B 市东城区仲裁委员会申请仲裁。至 2017 年 2 月，钟某未能按时履

---

① 在本书研习的案例中，原裁判文书援引修改前的《民诉法》《民诉解释》相关条文，但该条文的序号及其内容与现行《民诉法》《民诉解释》完全相同的，本书不再注明其与现行《民诉法》《民诉解释》的关系。

约。2017年3月，二人到正和钢铁厂人民调解委员会（以下简称调解委员会）请求调解。调解委员会委派了三位调解员主持该纠纷的调解。如调解委员会调解失败，解决的办法有：（　　　）。

    A. 双方自行协商达成和解协议

    B. 在双方均同意的情况下，要求林某居住地的街道居委会的人民调解委员会组织调解

    C. 依据借款合同的约定通过仲裁的方式解决

    D. 通过诉讼方式解决

4. 关于民事诉讼法的性质，下列哪一说法是正确的？（　　　）

    A. 根据其调整的社会关系，民事诉讼法是程序法

    B. 根据其在法律体系中的地位，民事诉讼法是程序法

    C. 根据其规定的内容，民事诉讼法是程序法

    D. 根据公法与私法的划分标准，民事诉讼法是程序法

二、案例分析题

2017年1月28日早8时左右，在北京市朝阳区某路口，郝某驾驶的汽车与王某驾驶的汽车相撞。二人因责任认定和赔偿问题发生纠纷。

    （1）该纠纷是不是民事纠纷？

    （2）该纠纷可通过哪些途径解决？

    （3）若二人向法院提起诉讼，本案的民事诉讼法律关系主体有哪些？

三、论述题

1. 试述关于民事诉讼目的的主要学说及其发展变迁，并谈谈研究民事诉讼的目的有何价值。

2. 试论民事诉讼法与民事实体法的关系。

参考答案

一、选择题

1. C

解析：依据纠纷处理的制度和方法的不同，民事纠纷的处理机制可以分为三类，即自力救济、社会救济与公力救济。其中，自力救济包括自决与和解，社会救济包括诉讼外调解和仲裁，公力救济是指诉讼。

2. ABC

解析：《仲裁法》第3条规定了不能仲裁的事项范围，包括：（1）婚姻、收养、监护、扶养、继承纠纷；（2）依法应当由行政机关处理的行政争议。所以A项是正确的。B项的表述也是正确的：民事诉讼以两审终审为原则，仲裁实行一裁终局。《民诉法》第155条第2款规定："判决书由审判人员、书记员署名，加盖人民法院印章。"《仲裁法》

第 54 条则规定："……裁决书由仲裁员签名，加盖仲裁委员会印章。对裁决持不同意见的仲裁员，可以签名，也可以不签名。"所以 C 项也是正确的。D 项的前半句是正确的，但是后半句错误。《仲裁法》第 28 条第 1 款和第 2 款规定："一方当事人因另一方当事人的行为或者其他原因，可能使裁决不能执行或者难以执行的，可以申请财产保全。当事人申请财产保全的，仲裁委员会应当将当事人的申请依照民事诉讼法的有关规定提交人民法院。"所以，仲裁程序中也是可以申请财产保全的，仲裁委员会应当依法向人民法院提交当事人的申请。因此，不能说仲裁机构不介入任何财产保全活动。

3. ABD

解析：在纠纷发生后的任何阶段当事人都享有自行和解的权利，选项 A 正确。只要双方当事人同意，诉讼外调解并无时间、次数、程序等限制。虽然调解委员调解失败，但双方还可以请求其他人民调解委员会进行调解。选项 B 正确。根据《仲裁法》第 10 条第 1 款的规定，仲裁委员会可以在直辖市和省、自治区人民政府所在地的市设立，也可以根据需要在其他设区的市设立，不按行政区划层层设立。本案中，双方约定由 B 市东城区仲裁委员会仲裁，但 B 市东城区仲裁委员会根本不存在，视为仲裁协议没有约定仲裁委员会，仲裁协议无效。选项 C 错误。人民调解委员会调解失败，当事人有权向法院提起诉讼。选项 D 正确。

4. C

解析：根据民事诉讼法调整的社会关系，民事诉讼法调整的民事诉讼关系是社会关系中具有自身特点的一类社会关系，民事诉讼法属于部门法。选项 A 错误。根据民事诉讼法在法律体系中的地位，民事诉讼法地位仅次于宪法，属于基本法。选项 B 错误。根据民事诉讼法的内容，其调整的主要是程序问题，属于程序法。程序法对应的概念是实体法。选项 C 正确。从公法与私法的划分来看，民事诉讼法规范的是法院和当事人之间的关系，涉及国家审判权的行使，属于公法调整的范围。选项 D 错误。

二、案例分析题

（1）该纠纷为民事纠纷。郝某与王某二人为平等主体，驾驶汽车相撞后因责任认定和赔偿问题发生的纠纷属于民事纠纷范畴。

（2）该纠纷可通过和解、调解、仲裁以及诉讼的方式解决。

（3）本案民事诉讼法律关系主体有人民法院、郝某和王某。民事诉讼法律关系的主体，是指在民事诉讼中依法享有诉讼权利和承担诉讼义务的人民法院、人民检察院、当事人和其他诉讼参与人。

三、论述题

1. 民事诉讼的目的是一个统领全局的概念，目的论的形成关乎诉讼标的理论以及基本诉权理论的构建。德国和日本形成了完整学说体系。以日本为例，民事诉讼目的学说主要分为权利保护说、私法秩序维持说和纠纷解决说三种，每种学说有不同的主导者。三个学说都分别揭示了对方的不足。之后更有新堂幸司教授主张的目的论多元说，强调不能用唯一之目的来概括整个民事诉讼制度构建。事实上,对于民事诉讼的目的从来就没有形成过统一的认识,也不可能形成统一的认识,每一种目的论无非都是特定语境、特定历史背景的产物。

权利保护说是自由资本主义时代的产物,与当时奉行的"个人主义"理念相一致;维护私法秩序说是垄断资本主义时代的产物,与当时奉行的"社会本位主义"理念相适应;纠纷解决说反映了现代资本主义社会加强民事诉讼解决纠纷功能的需要;程序保障说则反映了宪制国家对宪法所规定的基本人权的关注。

虽然有不同的理解,但是研究并不断探讨民事诉讼目的论对于我国民事诉讼制度的构建和进一步发展有着十分重要的作用。在多元目的论中,将纠纷解决中的"纠纷"作不同深度之理解将会产生不同的制度构造效果。如果只将其理解为原告提出的作为诉讼标的的有关权利义务关系存在与否之争议,就侧面认可了诉讼标的学说采纳实体请求权或法律关系(旧实体法说);如果将"纠纷"理解为在权利关系之外,还包括生活事实,就会得出新的诉讼标的学说(诉讼法说)。一般来说,后者诉讼法说极大程度上弥补了旧实体法说不能一次性解决纠纷的弊端,从而使一个判决尽可能在更大范围发挥定分止争的作用。[1] 由此可见探讨目的论的重要性。

2. 民事诉讼法与民事实体法既相互联系又有区别。民事诉讼法是民事实体法内容实现的程序,离开民事诉讼法,民事实体法将难以发挥实效;民事诉讼法也离不开民事实体法,民法典的相关规定往往决定了民事诉讼法具体制度的构成。因此,民事诉讼法应当与民事实体法保持契合,在法律概念、具体制度等规定上保持一致,避免矛盾和冲突。但是,民事诉讼法和民事实体法又存在适用上的不同。例如,民事实体法的适用不溯及既往,但民事诉讼法可以溯及既往;在外国法的适用上,民事诉讼法采用法院地法的原则,民事实体法需要根据情况确定,按照准据法可能适用国外的民事实体法;民事诉讼法没有规定的,司法活动无法进行,但民事实体法对于没有明确规定的可以依据原则和原理进行裁判;等等。学说上,针对民事诉讼法与民事实体法的关系,存在程序工具论、程序本位论和折中论三种观点。从总体来看,民事诉讼法在程序上为民事实体法提供法律救济和实现权利的方法和途径,但并不能据此认为民事诉讼法从属于民事实体法,民事诉讼法亦具有其独立性。无论是民事实体法还是民事诉讼法,都是法院进行民事诉讼并作出裁判时依循的规范,二者应该是协调发展的。但是,两者毕竟有着不同的调整对象和调整方法,有着各自的运行机制和发展规律,所以不存在也不应该存在一个谁主谁次的说法。

---

[1] 洪冬英主编. 调解程序概述. 北京:法律出版社,2020:19.

第二章　民事诉讼的基础理论

本章知识点速览

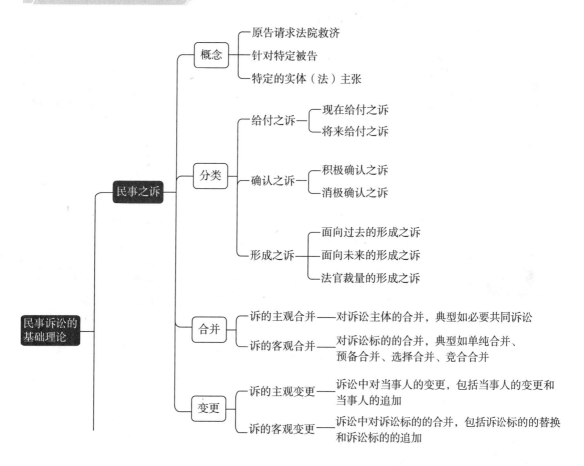

民事诉讼的基础理论 —— 民事之诉
- 概念
  - 原告请求法院救济
  - 针对特定被告
  - 特定的实体（法）主张
- 分类
  - 给付之诉
    - 现在给付之诉
    - 将来给付之诉
  - 确认之诉
    - 积极确认之诉
    - 消极确认之诉
  - 形成之诉
    - 面向过去的形成之诉
    - 面向未来的形成之诉
    - 法官裁量的形成之诉
- 合并
  - 诉的主观合并——对诉讼主体的合并，典型如必要共同诉讼
  - 诉的客观合并——对诉讼标的的合并，典型如单纯合并、预备合并、选择合并、竞合合并
- 变更
  - 诉的主观变更——诉讼中对当事人的变更，包括当事人的变更和当事人的追加
  - 诉的客观变更——诉讼中对诉讼标的的合并，包括诉讼标的的替换和诉讼标的的追加

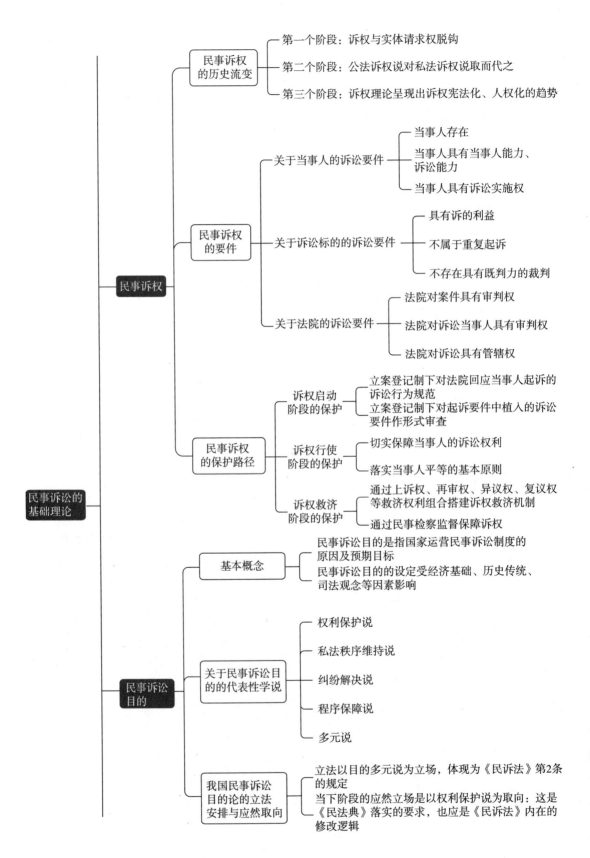

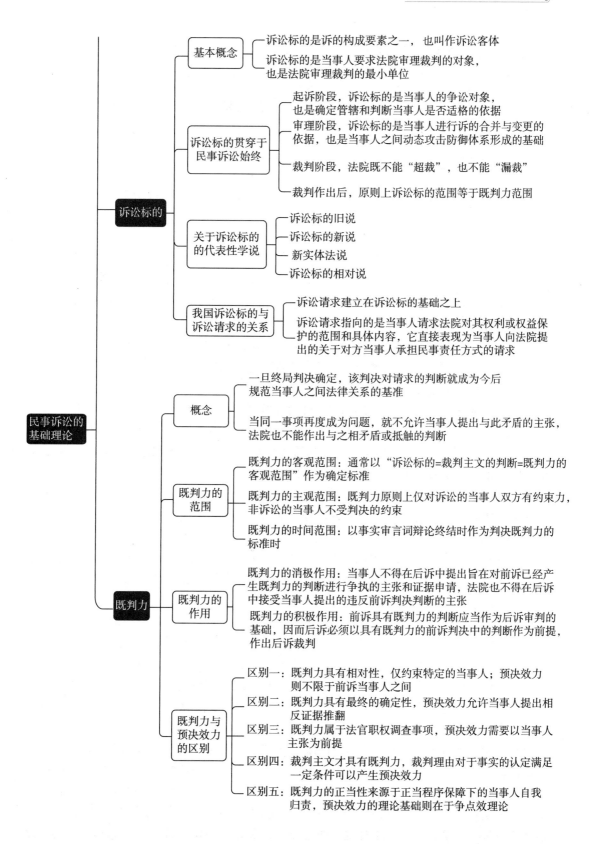

民事诉讼的基础理论

诉讼标的

基本概念
- 诉讼标的是诉的构成要素之一，也叫作诉讼客体
- 诉讼标的是当事人要求法院审理裁判的对象，也是法院审理裁判的最小单位

诉讼标的贯穿于民事诉讼始终
- 起诉阶段，诉讼标的是当事人的争讼对象，也是确定管辖和判断当事人是否适格的依据
- 审理阶段，诉讼标的是当事人进行诉的合并与变更的依据，也是当事人之间动态攻击防御体系形成的基础
- 裁判阶段，法院既不能"超裁"，也不能"漏裁"
- 裁判作出后，原则上诉讼标的的范围等于既判力范围

关于诉讼标的的代表性学说
- 诉讼标的旧说
- 诉讼标的新说
- 新实体法说
- 诉讼标的相对说

我国诉讼标的与诉讼请求的关系
- 诉讼请求建立在诉讼标的的基础之上
- 诉讼请求指向的是当事人请求法院对其权利或权益保护的范围和具体内容，它直接表现为当事人向法院提出的关于对方当事人承担民事责任方式的请求

既判力

概念
- 一旦终局判决确定，该判决对请求的判断就成为今后规范当事人之间法律关系的基准
- 当同一事项再度成为问题，就不允许当事人提出与此矛盾的主张，法院也不能作出与之相矛盾或抵触的判断

既判力的范围
- 既判力的客观范围：通常以"诉讼标的=裁判主文的判断=既判力的客观范围"作为确定标准
- 既判力的主观范围：既判力原则上仅对诉讼的当事人双方有约束力，非诉讼的当事人不受判决的约束
- 既判力的时间范围：以事实审言词辩论终结时作为判决既判力的标准时

既判力的作用
- 既判力的消极作用：当事人不得在后诉中提出旨在对前诉已经产生既判力的判断进行争执的主张和证据申请，法院也不得在后诉中接受当事人提出的违反前诉判决判断的主张
- 既判力的积极作用：前诉具有既判力的判断应当作为后诉审判的基础，因而后诉必须以具有既判力的前诉判决中的判断作为前提，作出后诉裁判

既判力与预决效力的区别
- 区别一：既判力具有相对性，仅约束特定的当事人；预决效力则不限于前诉当事人之间
- 区别二：既判力具有最终的确定性，预决效力允许当事人提出相反证据推翻
- 区别三：既判力属于法官职权调查事项，预决效力需要以当事人主张为前提
- 区别四：裁判主文才具有既判力，裁判理由对于事实的认定满足一定条件可以产生预决效力
- 区别五：既判力的正当性来源于正当程序保障下的当事人自我归责，预决效力的理论基础则在于争点效理论

本章核心知识点解析

第一节　民事之诉

一、民事之诉的概念

（一）难度与热度
难度：☆☆☆☆　热度：☆☆☆

（二）基本理论与概念
民事之诉是特定原告对特定被告向法院提出的审判特定的实体（法）主张的请求，可以从三方面予以阐释：（1）民事之诉依其本质来看，是原告请求法院给予诉讼救济；（2）民事之诉是特定原告对特定被告提起的；（3）特定的实体（法）主张构成了诉讼标的和诉讼请求的实体内容。

一个完整的诉由三个要素构成：诉的主体、诉的客体和诉的原因（或称诉的原因事实）。诉的主体指的是原告与被告，诉的客体指的是诉讼标的，而诉的原因指的是权利发生事实。诉的要素是构成诉必不可少的内容，缺乏任一要素，诉便不能成立。此外，诉的要素还能够使诉特定化，通过诉的要素内容的识别可以明确此诉与彼诉的界限。

根据当事人向法院提出的不同的权利保护要求，民事之诉可以划分为给付之诉、确认之诉、形成之诉三种诉的类型。人民法院需要根据当事人提出的给付、确认、形成请求，作出相应的裁判，并产生不同的裁判效力。

（三）疑难点解析
给付之诉、确认之诉和形成之诉，分别对应实体法上的请求权、支配权和形成权。这三种诉的类型都有各自独立的诉讼构造，需要一一说明。

给付之诉，是指原告请求被告履行一定给付义务之诉。原告所主张的给付，包括被告的金钱给付、物之给付及行为给付（包括作为和不作为）。给付之诉包括现在给付之诉和将来给付之诉。现在给付之诉是指在法庭最后辩论终结之前或之时，原告请求履行期限届满的给付之诉。将来给付之诉是指在法庭最后辩论终结之时，原告请求履行期未届满的给付之诉。在诉的利益判断上，对于现在给付之诉，一般以清偿期届满，被告没有履行债务作为确定诉的利益的标准；对于将来给付之诉，一般认为只有被告存在将来不履行的危险而原告有预先提出请求的必要时，才能认为其具有诉的利益。

确认之诉，是指原告请求法院确认其主张的民事法律关系（或民事权益）或者特定的法律事实是否存在或者是否合法有效之诉。确认之诉可以分为积极确认之诉和消极确认之诉。积极确认之诉，即原告请求法院确认其主张的法律关系（或民事权益）或者特定的法律事实存在或者合法有效之诉，比如原告请求法院确认其与被告之间存在收养关系等。消极确认之诉，即原告请求法院确认其主张的法律关系（或民事权益）或者特定的法律事实不存在、不合法或无效之诉，比如原告请求法院确认合同无效、婚姻无效、收养无效等。当事人通常只能对现在的民事法律关系（或民事权益）提起确认之诉，理由是，过去的民事法律关系可能发生了变动，没有必要对其作出确认判决；对将来的民事法律关系作出确认判决，可能会阻碍将来的民事法律关系的合理变动。另外，当事人一般不得就事实或事实状态提起确认之诉，其深层原因在于确认之诉、确认请求是一种防御性救济，不能实质性化解当事人之间的民商事纠纷。而且，民事之诉的提起，需要耗费国家司法资源，涉及国家司法权行使与其他公权力或公共管理职权之间的协调。对于单纯的事实之确认，通常交由其他国家机构或公共管理机构履行事实确认的职能（如学位证、死亡证明书等），例外情况下可以允许对证书真伪等事实问题进行确认。

形成之诉，是指原告请求法院运用判决变动已成立或既存的民事法律关系（或民事权益）之诉。就请求法院运用判决变动民事法律关系（或民事权益）的形成之诉而言，其实体法基础是原告所主张的形成权，其诉讼标的是具体的民事法律关系或原告拥有的形成权。形成之诉及其判决效力可以分为三种类型：第一，面向未来发生效力的形成判决，比如离婚判决、解除收养关系协议判决；第二，具有面向过去追溯效力的形成判决，比如民事行为或者合同被变更或被撤销判决；第三，法官自由裁量的形成判决，比如法官对违约金的调整。[1]

二、诉的合并与诉的变更

（一）难度与热度
难度：☆☆☆　热度：☆☆

（二）基本理论与概念
诉的合并包括两种基本形态，诉的主观合并和诉的客观合并。诉的主观合并指的是在诉讼标的同一的前提下诉讼主体的合并，比如必要共同诉讼。诉的客观合并指的是在当事人同一的前提下诉讼标的的合并。允许诉的合并的理由在于，在一个诉讼程序中同时解决多数人之间的纠纷或者多个纠纷或案件，既能够满足诉讼效率的基本要求，增强诉讼制度解决纠纷的基本功能，又能够在一定程度上减少矛盾判决。

诉的变更也包括两种基本形态：一是诉的主观变更，二是诉的客观变更。诉的主观变更，包括当事人的变更和当事人的追加：前者是指在当事人确定错误时，由第三人作为新的当事人代替原当事人继续进行诉讼程序；后者是指当事人在诉讼程序中追加其他当事人参与诉讼，或者法院发现其他当事人必须一同诉讼和判决而追加其他当事人进入诉讼，比如固有的必要共同诉讼。诉的客观变更也包括两种：一种是在同一诉讼程序中，同一原告对同一被告，以新的诉讼标的替换原诉的诉讼标的，从而将原诉替换为新诉，请求法院审判新诉而不再审判原诉；另一种是在诉讼程序中，同一原告对同一被告提出了新的诉请，实质上构成了另外的诉讼标的，形成了诉讼标的的追加。

（三）疑难点解析
狭义的诉的合并与变更，仅指诉的客观合并与诉的客观变更。尽管二者具有诉讼经济和一次性解决纠纷的优点，但是也会产生若干问题。例如，诉的客观合并如果不加限制，可能会因为审理事项的增多而造成审理混乱和裁判迟延；诉的变更会给被告带来明

---

[1]　曹志勋. 论我国法上确认之诉的认定. 法学，2018 (11).

显的防御困难，使其在诉讼中疲于应对。因此，诉的合并与变更应当具有一定的条件。理论上，诉讼要件旨在排除不适法的诉讼，避免作出不必要的判决。当事人提起的诉讼，除应当具备当事人适格、当事人能力、诉的利益、法院具有管辖权等一般的诉讼要件外，在诉的合并与变更情形下还应当具有特殊的诉讼要件，即诉的合并与变更要件，这是为二者作为合并之诉的合法性所施加的限制条件。

关于诉的客观合并，其合并要件包括：（1）同一原告对同一被告提出数个诉讼标的；（2）数诉应当适用同一诉讼程序；（3）法院对合并的数诉之一具有管辖权。此外，从学理和实践肯认的诉的客观合并来看，一般还要求诉讼标的之间存在一定的关联性，比如诉讼标的之间存在经济和法律利害关系的数诉可以成立单纯合并，诉讼标的不能并立的可以成立预备合并等。倘若数诉各自独立，证据资料和诉讼资料缺乏共通之处，那么承认诉的客观合并意义十分有限。

关于诉的客观变更，除变更之诉与原诉适用同一诉讼程序，法院对变更之诉也具有管辖权等要件之外，当事人还须在言辞辩论终结前进行诉之变更。另外，出于被告防御利益和诉讼经济的考虑，变更的诉讼与原诉应在很大程度上基于相同事实或证据相通，如此法院还可以适用原诉的诉讼资料，不必就变更之诉做太多的证据调查就可以作出裁判，从而不会显著地妨碍被告的诉讼利益以及诉讼程序的正常运行。

第二节　民事诉权

一、民事诉权的历史流变

（一）难度与热度
难度：☆☆☆　　热度：☆☆☆

（二）基本理论与概念

民事诉权是当事人享有的请求国家给予民事诉讼保护的权利，亦即当民事权益受到侵害或就民事法律关系发生争议时，当事人请求国家法院行使司法权来保护其民事权益或者解决民事纠纷的权利。

现代意义上的诉权的内涵经历了三个阶段的革新与拓展：第一个阶段的主要任务是重塑民事诉讼法与民法之间的关系，将诉权与实体请求权脱钩；第二个阶段的主要任务是民事诉讼法学内部的体系化；第三个阶段的主要任务是用人权和宪法权利赋予诉权以新的内涵。[①]

（三）疑难点解析

民事诉权具有鲜明的历史演进特征，其内涵与外延是不断发展的。只有掌握民事诉权概念的历史流变，才能准确把握民事诉权的性质。

1. 第一阶段

在第一个阶段，诉权与实体请求权脱钩。诉权概念起源于罗马法中的actio，但是直

---

① ［德］康拉德·赫尔维格. 诉权与诉的可能性：当代民事诉讼基本问题研究. 任重，译，北京：法律出版社，2018：14 - 18.

到 19 世纪上半叶才产生了最早的诉权学说——私法诉权说。私法诉权说的代表学者是萨维尼,其核心观点为诉权是实体法上的权利被侵害后转换而成的权利,是实体权利的变形。为私法诉权说带来革新的是温特沙伊德,其主张私法权利是第一位的,通过诉讼程序实现私法权利的可能性是第二位的,诉讼程序的任务在于当实体权利受到侵害时,通过诉讼程序确认这个权利并使其实现。[①]温特沙伊德的请求权概念具有程序特征,从而宣告了诉权相对于实体请求权的独立地位。但由于温特沙伊德依然强调诉权是诉讼系属时从属于实体请求权的权利,因而其诉权理论还是处于私法诉权说的阵营。

2. 第二阶段

在第二个阶段,公法诉权说对私法诉权说取而代之。19 世纪下半叶,随着法治国思想的勃兴,公法诉权说登上历史舞台。该说试图将个体针对国家的公权观念与诉权相结合,以使诉权从私法权利中彻底独立出来。公法诉权说的核心观点认为诉权是当事人对国家的公法上的请求权,法院与当事人之间也是公法关系。在公法诉权说阵营中,相继出现了"抽象诉权说""法律保护请求权说""本案判决请求权说""司法行为请求说"等学说。在诸多公法诉权说中,以赫尔维格为代表的"法律保护请求权说"影响最大,成为德国在"二战"前诉权理论的通说。"法律保护请求权说"认为诉权必须具备实体和程序要件,实体要件是原告主张的私法权利关系,程序要件是指诉讼权利的保护要件,具体内容指向作为诉讼要件的权利保护的资格和利益。

3. 第三阶段

在第三个阶段,诉权理论呈现出诉权宪法化、人权化的趋势。在公法诉权说中,"司法行为请求说"被认为是诉权宪法化的开端,该说认为诉权是任何人请求国家司法机关依实体法或程序法审理及裁判的权利。基于对二战的反思和基本法的发展,以德国联邦最高法院的判例为契机,诉权具有了新的内涵。宪法诉权说认为,宪法保障民众接受裁判的权利。通过对各国宪法规范的解释,学者为宪法诉权说找到了容身之处,例如,《日本宪法》第 32 条、《意大利宪法》第 24 条等都构成了宪法诉权说的实证法依据。此外,诉权的人权属性也逐渐被肯定,诉权人权说认为"诉权是民事主体作为人当然享有的权利之一,是当事人维护自身独立人格和意志自由所必然拥有的权利"[②]。《公民权利和政治权利国际公约》第 14 条第 1 款、《欧洲公约》第 6 条第 1 款,以及《世界人权宣言》第8、10 条都肯定了诉权的人权属性。这一阶段的诉权宪法化、人权化以程序公正为核心内容,通过基本法的法治国家原则、公平程序原则和法定听审权原则加以落实。

在纷繁复杂、不断蝶变和演进的诉权理论中,各个学说都存在一定的缺陷,甚至因此催生了诉权否定说。从诉权理论的历史流变来看,尽管各个诉权学说之间存在着相互攻击与批驳,但伴随着诉权理论的深化发展,诉权概念也凝聚了相当的共识性要素。这些共识性要素包括以下几个方面:(1)诉权是一项公法权利;(2)诉权是一项程序权利;(3)诉权是一项第二性的救济权利;(4)诉权是一项贯穿诉讼过程始终的权利;(5)诉权具有人权属性。[③]

---

① [德]卡尔·拉伦茨. 德国民法通论. 王晓晔,邵建东,程建英,等译. 北京:法律出版社,2013:323.
② 吴英姿. 论诉权的人权属性:以历史演进为视角. 中国社会科学,2015(6).
③ 梁君瑜. 诉权概念的历史溯源与现代扩张. 西部法学评论,2018(1).

二、民事诉权的要件

(一) 难度与热度

难度：☆☆☆☆　热度：☆☆☆

(二) 基本理论与概念

民事诉权是关于"民事之诉"的权利，是向法院提出的权利保护请求主张。按照诉的效力位阶理论，诉的效力评价一般分为三个阶段，包括诉是否成立、诉是否合法、诉是否合理，三个评价位阶呈现层层递进的关系，只有具备前一个要件才能进入后一阶段的评价。[①] 这三个阶段分别对应：起诉阶段，诉只有具备成立要件才能成立；诉讼审理阶段，诉只有具备诉讼要件才能被认为合法；本案审理阶段，诉只有具备本案要件才能被认为合理。成立要件考察的是原告是否在被告和法院之间建立起了诉讼法律关系；诉讼要件则是指当事人提起的诉必须符合法律的程序性要件，不满足的不能进入审理，属于不适法的诉讼，应当尽早排除。[②] 由于诉讼要件是诉权行使的前提要件，诉讼要件也被认为等同于诉权要件。也有观点认为，诉权要件除了要满足一般的诉讼要件，还需要满足权利保护要件，即具有权利保护的利益等。

(三) 疑难点解析

根据涉及的内容不同，可以将诉讼要件类型化为三种，具体为关于当事人的诉讼要件、关于诉讼标的的诉讼要件和关于法院的诉讼要件。

1. 关于当事人的诉讼要件

关于当事人的诉讼要件包括当事人及其代理人进行诉讼的能力和资格，具体包括：(1) 当事人存在；(2) 当事人具有当事人能力、诉讼能力，没有诉讼能力的当事人需要由法定代理人代理；(3) 当事人必须具有诉讼实施权，也即当事人适格。

2. 关于诉讼标的的诉讼要件

关于诉讼标的的诉讼要件包括：(1) 诉必须具有诉的利益，即诉讼的提起必须具有纠纷解决的必要性和实效性；(2) 不属于重复起诉；(3) 不存在具有既判力的裁判。

3. 关于法院的诉讼要件

关于法院的诉讼要件包括：(1) 法院对案件及纠纷当事人具有审判权；(2) 法院对诉讼具有管辖权。

三、民事诉权的保护路径

(一) 难度与热度

难度：☆☆☆　热度：☆☆☆

(二) 基本理论与概念

诉权的人权属性决定了，如果其得不到保障，其他基本权利在很大程度上就是停留在"自然状态"下的道德性权利。诉权的保障是其他权利制度化保障的基础，也是其他权利能为主体所现实拥有的前提。民事诉权是民事诉讼程序运行的逻辑起点和核心，既

---

① 杨会新. 从诉之效力位阶看民事案件受理制度. 比较法研究, 2016 (3).
② 唐力. 民事诉讼立审程序结构再认识：基于立案登记制改革下的思考. 法学评论, 2017 (3).

28

体现了重要的实体性人权保障功能，又是独立的程序性人权。以民事诉权行使环节为主线，诉权的保护路径可以分为三个诉讼阶段展开，分别是诉权启动阶段的保护、诉权行使阶段的保护、诉权救济阶段的保护。[①]

（三）疑难点解析

民事诉权在三个阶段的保护内容是不断丰富和发展的，分三个流程阶段展开诉权保护的论述，可以将现有的诉权保护方案置于一个总体框架中予以阐释，有助于诉权保护路径的完善。

1. 诉权启动阶段的保护

诉权启动阶段的保护主要体现为我国立案登记制改革。我国立案程序经历了立案审查制到立案登记制的变革，在立案审查制下，诉的提起合法与诉的本身合法合二为一，形成了我国诉讼"高阶化"的现象，抬高了当事人"接近司法"的门槛，具体而言，诉的成立要件与诉讼要件一并置于起诉条件中（《民诉法》第122条），导致人民法院本该在诉讼审理阶段对诉是否合法（诉讼要件）进行审理并决定是否驳回起诉的阶段化审理安排，被提前至立案阶段，而立案阶段本应只就诉是否成立进行评价。诉讼要件在我国被植入起诉条件之中，带来的直接后果就是那些本该在诉讼审理阶段才被筛选和过滤掉的诉讼，在立案阶段就被提前筛查。在立案审查制时期，起诉"高阶化"难题还伴随着法院对当事人起诉缺乏回应的不规范现象，比如法院不收当事人的诉状，或者不作出不予受理的裁定。党的十八届四中全会通过的《中共中央关于全面推进依法治国若干重大问题的决定》提出，"改革法院案件受理制度，变立案审查制为立案登记制，对人民法院依法应该受理的案件，做到有案必立、有诉必理，保障当事人诉权"。2015年，最高人民法院印发《关于人民法院推行立案登记制改革的意见》，宣告了立案审查制向立案登记制的转变，立案秩序发生重大变化。立案登记制的最大亮点在于，其在当事人提交诉状、法院作出是否受理决定的两个关键节点，对当事人行为给予明确回应，通过增进法院行为的回应性激发立案程序的活性[②]，并且要求对起诉条件中植入的诉讼要件（诸如被告明确、诉讼属于法院受案范围等）作形式审查。尽管民事诉讼对于起诉条件还没有作一定的修正，但立案登记制改革在很大程度上消除了立案不规范的现象，极大地提高了案件的当场立案率，向着实现人民法院"有案必立、有诉必理"的诉权保护目标，迈出了坚实有力的一步。

2. 诉权行使阶段的保护

在诉权行使阶段，人民法院对于诉权的保护主要集中于尊重当事人的处分权，并切实保障当事人的诉讼权利，比如，保障当事人申请审判人员回避、举证质证、法庭辩论等程序权利。诉讼权利的落实有助于对审判权的行使发挥制约和监督作用，从而防止审判权的恣意行使。只有落实当事人的诉讼权利，尊重当事人的程序意愿，才能使诉权保护实在化。在审判阶段，诉权保护还要求对当事人进行平等的保护，主要体现为当事人平等原则，不仅赋予当事人平等的诉讼地位，更要平等地保障当事人行使诉讼权利。

---

① 李燕，胡月. 我国民事诉权司法保障的实证考察与完善路径. 人权，2021（5）.

② 唐力，高翔. 我国民事诉讼程序事项二阶化审理构造论：兼论民事立案登记制的中国化改革. 法律科学（西北政法大学学报），2016（5）.

3. 诉权救济阶段的保护

当事人的诉权遭受侵害时，应当赋予其相应的救济权利。民事诉讼已经通过上诉权、再审权、异议权、复议权等救济权利组合，搭建了民事诉权的救济机制。相应地，人民法院就应当在把控再审范围、落实异议和复议权利等处着力，以切实保护当事人的诉权。此外，检察院还应当通过民事检察监督的方式落实和保障诉权。

第三节　民事诉讼目的

一、关于民事诉讼目的的各种学说

（一）难度与热度

难度：☆☆☆　热度：☆☆☆

（二）基本理论与概念

民事诉讼目的是指国家运营民事诉讼制度的原因及预期目标，由于其具有对民事诉讼立法、司法和理论研究的基础作用，也被视为民事诉讼的元问题。关于各国民事诉讼目的因其固有的经济基础、历史传统、司法观念等因素不同，具有不同的主张，主要包括：（1）权利保护说；（2）私法秩序维持说；（3）纠纷解决说；（4）程序保障说；（5）目的多元说。研究民事诉讼目的的实益在于，它将作为民事诉讼的最高行为取向，对现行法的立法论安排和解释论作业进行指引。

（三）疑难点解析

如何理解民事诉讼目的论的各种学说主张？

1. 权利保护说

权利保护说是自由资本主义时期的产物，也是学界最早的通说，在当下也具有非常重要的地位。这一学说主张，作为国家禁止私力救济的补偿，在个体权利遭受侵犯之际，其可以向国家主张对权利的保护和确认。民事诉讼是实现权利保护的权能，它内涵于实体权利之中。这种学说以实体法规范的实现为着眼点，强调国家实行民事诉讼的目的就在于保护实体权利。

2. 私法秩序维持说

随着自由资本主义无序竞争的缺陷愈加明显，伴随着国家干预的强化，资本主义逐步迈入垄断资本主义时期。社会转型对民事诉讼目的论的发展，体现为私法秩序维持说对权利保护说的修正。这一学说首先由德国学者标罗提出，其认为仅靠民事法律条文无法沟通抽象规范和具体生活，民事实体法规范也不具备建构完整私法秩序的功能。因此，民事诉讼法律制度的总体任务并不在于保护民事权利，而是国家对于完整的和有生命力的私法秩序进行持续性的维护。[①] 与其说民事诉讼是对民事实体法规范中权利的保护和确认，毋宁说民事诉讼旨在通过诉讼的进行对权利进行创造、发展和完善。这种转变使得民事诉讼目的超越了对实体法规范中既存权利的保护，转而着眼于权利的创造、发展和

---

① ［德］康拉德·赫尔维格. 诉权与诉的可能性：当代民事诉讼基本问题研究. 任重，译. 北京：法律出版社，2018：202-207.

完善，通过裁判来缔造稳定的私法秩序。

3. 纠纷解决说

这是"二战"后，日本学者兼子一提出的目的论学说。该说认为，即使在私法尚不发达的时代，以裁判解决纠纷的诉讼和审判制度也已存在，所以私法实际上是以通过裁判解决纠纷的诉讼和审判制度的存在为基础，裁判方式是在合理解决纠纷的过程中逐渐发展形成的，将民事诉讼目的视为维护私权或私法秩序实际是本末倒置。民事诉讼也如仲裁、调解一样是解决民事纠纷的一种方式，其目的不是从既存的实体权利和民事利益出发来确认和保护原有的权利义务关系。因此，民事诉讼的目的应为纠纷的强制解决。

4. 程序保障说

这种学说在英美学者的著述中十分流行，在日本得到了以井上治典教授为代表的一部分学者的支持。该说认为，国家设立民事诉讼制度，是为了确保当事人双方在程序过程中法律地位平等，并在诉讼构造中平等使用攻防武器，各自拥有主张、举证的机会。该说以程序保障为起点，进一步认为，法院不应该把诉讼的审理过程作为为了达到判决或和解而必需的准备阶段，而应把这一过程本身作为诉讼应有的目的来把握，只有正当的程序才是判决或和解获得正当性的源泉。因此，法院应从"以判决为中心"转向"以诉讼的过程本身为中心"。

5. 目的多元说

该说认为，对于诉讼目的的认识，应站在作为制度设置、运作者的国家和作为制度利用者的国民的双重立场上进行。按此观点，纠纷的解决、法律秩序的维护及权利的保障都应当被视为民事诉讼制度的目的。上述几种相互对立、相互排斥的价值，可依照实体情况的不同，而随时在立法、解释及司法运作上进行衡平并有所侧重。

二、我国民事诉讼目的论的历史性和当下的应然取向

（一）难度与热度
难度：☆☆☆　热度：☆☆

（二）基本理论与概念

过去关于我国民事诉讼目的的观点，多数研究根据民事诉讼目的学说的国际潮流发展，将其归纳为"权利保护说（私权保护说）→私法秩序维持说→纠纷解决说→程序保障说"的发展历程。[①] 然而，我们不能简单地以历史演进的视角来归纳和设定我国的民事诉讼目的，原因在于，民事诉讼目的受制于特定历史时期的法治资源、观念认识、司法能力等因素。

（三）疑难点解析

当下我国民事诉讼对于其目的论的设定，在各种论点中如何择取是一个现实的问题。《民诉法》第2条规定："中华人民共和国民事诉讼法的任务，是保护当事人行使诉讼权利，保证人民法院查明事实，分清是非，正确适用法律，及时审理民事案件，确认民事权利义务关系，制裁民事违法行为，保护当事人的合法权益，教育公民自觉遵守法律，维护社会秩序、经济秩序，保障社会主义建设事业顺利进行。"从规范表达来看，我国民

---

① 章武生，吴泽勇. 论民事诉讼的目的. 中国法学，1998（6）.

事诉讼似乎采取了目的多元说的观点，民事诉讼目的包含"查明事实、分清是非""制裁民事违法行为""保护当事人的合法权益"等多重目的。但目的多元说存在的根本缺陷在于，目的多元说的内涵全靠其他学说填充，它没有办法整合民事诉讼的其他理论，也无法提示立法的前进方向，更没有办法在解释论上有所作为，它为了解决自身多重目的间的冲突就已经耗尽了全部力量。由此可见，有必要对我国民事诉讼目的作进一步的思考。

2021 年，《民法典》正式施行，其对新中国成立 70 多年以来所形成的民事法律规范进行了系统的汇编和整合，对民事权利进行了方方面面的规定，从而成为民事权利的宣言书和保障书。但是徒法不足以自行，《民法典》的实施需要民事诉讼的落地实现，来承担好权利实现"最后一公里"的任务，因此，以《民法典》的实施为背景，要重新审视当下阶段我国民事诉讼的目的。另外，我国《民诉法》近年来几经修改，可以说是"一改再改"，在修法过程中同样需要保持对民事诉讼目的的清醒认识，这是民事诉讼法修改的元问题，是民事诉讼制度设立和修缮的逻辑起点。只有在民事诉讼目的论的认识下，对民事诉讼法修改后的规范进行目的阐释和把握，才能不偏离修法的初心，因此，民事诉讼法的一再修改，也需要对民事诉讼目的进行反思和凝聚共识。以上两点，构成当下我国民事诉讼目的的设定最为重要的考量因素。以此作为逻辑起点，权利保护说与其他学说相比较，在当下具有显著的优势。一方面，"《民法典》赋予当事人的实体权利能够以最低成本和最有效率的方式被认定和实现，是故，权利保护说显然是实施好《民法典》的最优方案"[1]。另一方面，民事诉讼法的修改变化也体现了对权利保护说的侧重，比如2023 年 9 月 1 日作出修订的《民诉法》新增加指定遗产管理人案件作为第十五章"特别程序"中新的适用特别程序审理的类型案件。这不仅与《民法典》第 1145～1149 条的规范创制对应，更体现了民事诉讼对私权保护的回应。相较之下，其他民事诉讼目的学说存在的一些固有缺陷，在我国当下容易被放大，比如，纠纷解决说放弃了对纠纷解决在质量上的追求，仅满足于当下个案的解决，缺乏其他视角的考量，它没有考虑优质的纠纷解决可能具有的连带效果。[2] 而当下人民群众对公平正义审判呼声愈高，审判质效提升就愈受期待，纠纷解决说显然不合时宜。

第四节　诉讼标的

一、诉讼标的的基本概念

（一）难度与热度

难度：☆☆☆☆　热度：☆☆☆

（二）基本理论与概念

诉讼标的是诉的构成要素之一，也叫作诉讼客体。对于诉的构成要素，"两要素说"认为包括诉讼主体和诉讼标的。诉讼主体界定了诉的当事人的范围，只有原告对明确的被告提起诉讼，法院才会予以受理。与之相对应，诉讼客体则界定了法院的审理裁判范

① 任重. 民法典的实施与民事诉讼目的之重塑. 河北法学，2021（10）.
② 严仁群. 平衡论抑或目的论？：民事诉讼法修改中的元问题. 法治研究，2022（4）.

围。诉讼标的既为当事人争讼的内容，也是其声请法院予以裁判的事项。因此，从当事人角度观察，它是当事人提出的要求法院审理裁判的对象，从法院角度观察，它是法院审理裁判的最小单位。

（三）疑难点解析

诉讼标的是民事诉讼最为基础和重要的理论之一，它的重要性体现在，诉讼标的贯穿于民事诉讼的始终，在诉讼的全流程都发挥了基础性作用。

1. 在起诉阶段

诉讼标的是当事人讼争的对象，它反映了当事人诉讼的目的和性质，也是确定纠纷管辖法院以及判断当事人是否适格最为重要的依据。此外，诉讼标的在一定程度上与诉讼费用挂钩，也决定了解决纠纷采用的诉讼程序类型。比如，对于家事纠纷，就应当通过家事审判程序进行审理裁判。

2. 在审理阶段

对于当事人而言，诉讼标的在审理过程中是其进行诉的合并和诉的变更的依据。原则上，法院仅受理和裁判当事人在诉讼中提出的唯一的诉讼标的。但是有时为防止矛盾判决或实现诉讼经济目的，可以例外地允许当事人合并或变更诉讼标的。因此，诉讼标的也成为诉的合并、变更的重要依据。

另外，在审理阶段，诉讼标的将成为当事人攻击防御的工具和对象。比如，在给付之诉中，诉讼标的是一方当事人提出的请求权，对方当事人可以据此针对性地提出抗辩，另一方当事人可以针对抗辩提出再抗辩，从而形成"请求—抗辩—再抗辩—再再抗辩……"的动态攻击防御体系。

3. 在裁判阶段

诉讼标的划定了法院的裁判范围：一方面，法院要恪守"不告不理"原则，不能超出诉讼标的的范围作出裁判，这是处分权主义的要求。另一方面，法院要准确把握诉讼标的的内涵与外延，不能遗漏建立在诉讼标的的基础上的当事人的诉讼请求。简而言之，法院既不能"超裁"，也不能"漏裁"。

4. 在裁判作出后

诉讼标的将划定既判力的客观范围，一般认为，诉讼标的的范围与既判力的客观范围相等。换言之，法院裁判的事项，将产生既判力，不允许当事人对此再进行争执，提出矛盾的诉讼请求，也不允许法院再受理当事人针对这些事项提起的诉讼。

二、关于诉讼标的的各种代表性学说

（一）难度与热度

难度：☆☆☆☆☆　　热度：☆☆☆

（二）基本理论与概念

诉讼标的是识别此诉与彼诉的标准，在不同的标准下，诉讼标的具有不同的内涵与外延，以当事人不当得利请求权与侵权请求权竞合为例：按照诉讼标的的旧说，此时当事人可主张两个不同的诉讼标的，只要其在实体法上不构成双重给付即可。但是按照诉讼标的的新说，此时当事人仅有唯一的诉讼标的，那就是其主张的一次性给付地位。无论是不当得利请求权还是侵权请求权，都只构成不同的诉讼理由。

（三）疑难点解析

关于诉讼标的的学说众多，考虑的因素包括实体法律关系、实体请求权、权利保护形式、诉讼请求、原因事实等。

1. 诉讼标的旧说

大陆法系国家或地区的诉讼标的旧说认为，实体法上的请求权是诉讼法上诉讼标的的识别基准，诉讼标的的判断要依实体权利而定。但与实体法的权利不同的是，诉讼标的指的是原告在诉讼中提出的权利主张，而不是权利本身。毕竟，在原告败诉的情形下，当事人提起的诉讼依然具有诉讼标的。但倘若以请求权本身指代诉讼标的，在原告败诉的情形下只能得出诉讼标的不存在的结论。这显然与诉讼标的的概念具有审理裁判的功能性意义在逻辑上是背离的。

2. 诉讼标的新说

诉讼标的旧说固然具有易于确定审理范围、便于当事人攻击防御以及确定既判力客观范围等优点，但是，它无法解决请求权竞合情形下一个事件可能经过数次审判和产生多个给付请求权的问题。以违约与侵权竞合为例，当事人经由两次诉讼可能获得双重给付，这就与民法的损害填补原则不符。为克服这一缺陷，诉讼标的新说应运而生，代表性的诉讼标的新说包括二分肢说和一分肢说。前者是指，以"生活事实＋诉的声明"作为识别诉讼标的的基准，后者则是指诉讼标的仅依原告诉的声明而定。在二分肢说下，以违约与侵权竞合的情形为例，其生活事实同一，诉的声明同一，因而只能肯认其存在唯一的给付请求权。因循此理，一分肢说同样可以解决多重给付的问题。但是，诉讼标的新说也有自身固有的缺陷。比如二分肢说对诉讼标的的识别不适用于对基于票据关系和原因关系而产生一个给付目的的情形，一分肢说在相同当事人间请求给付金钱或种类物的诉讼中判断前诉与后诉的关系时也会失灵。[①]

3. 新实体法说

新实体法说认为，传统认识下实体请求权的竞合不过是请求权基础的竞合，它并不影响实体请求权的唯一性。[②] 在请求权竞合的情形下，有且只有唯一的请求权，只不过是存在多个请求权基础加以支撑，这些请求权基础都可以归入实体法律理由的范畴。以违约与侵权竞合为例，违约与侵权都只是损害赔偿请求权的实体法律理由，损害赔偿请求权唯一，诉讼标的也就唯一。新实体法说试图重新解释实体法上的请求权，以解决诉讼法上的诉讼标的的识别问题。

4. 诉讼标的相对说

诉讼标的相对说认为，统一的诉讼标的的概念并不能适用于程序的各个阶段。无论诉讼标的旧说，还是诉讼标的新说，都企图以统一的诉讼标的理论贯穿于民事诉讼制度的始终，覆盖从起诉、受理、判决到判决后效力的各个环节，并在诉的客观合并、诉的变更追加、重复系属禁止以及既判力客观范围等制度节点起到决定性作用。然而，统一的诉讼标的的概念在民事诉讼各个制度环节并不能总是得出妥适的结论，应当摒弃体系性的研究范式，着眼于具体的诉讼场景进而在民事诉讼各个制度节点中寻求结果的妥适性。

---

① 江伟，段厚省. 请求权竞合与诉讼标的理论之关系重述. 法学家，2003（4）.
② 曹志勋. 民事诉讼诉讼标的基础论. 苏州大学学报（法学版），2023（1）.

按照诉讼标的相对说的观点，在诉讼标的的确定上，除了考虑原告对诉讼请求的处分权因素，还要兼顾被告无须重复应诉之利益，尽可能一次性、集约化解决纠纷，防止突袭裁判、矛盾裁判的公共利益等因素的影响。但在不同的诉讼场景，各个因素在确定诉讼标的的过程中发挥作用的权重不同。[①]

三、我国关于诉讼标的的基本立场

（一）难度与热度

难度：☆☆☆☆☆　　热度：☆☆☆☆☆

（二）基本理论与概念

在我国立法上和实务中，诉讼标的是指民事当事人之间发生争议后请求法院审判的民事实体法律关系或者民事实体权利。具体而言，当事人之间发生争议后，一方当事人根据存在的民事实体法律关系或者其所有的民事实体权利提出主张，向法院请求审判和保护。以上民事纠纷的形成和当事人诉讼依据的民事实体法律关系或实体权利，就是诉讼标的的识别基准。

（三）疑难点解析

《民诉解释》第247条为认识诉讼标的的内涵与外延提供了规范基准，该条规定："当事人就已经提起诉讼的事项在诉讼过程中或者裁判生效后再次起诉，同时符合下列条件的，构成重复起诉：（一）后诉与前诉的当事人相同；（二）后诉与前诉的诉讼标的相同；（三）后诉与前诉的诉讼请求相同，或者后诉的诉讼请求实质上否定前诉裁判结果。当事人重复起诉的，裁定不予受理；已经受理的，裁定驳回起诉，但法律、司法解释另有规定的除外。"根据最高人民法院的官方释义，在我国，对诉讼标的应当按照诉讼标的的旧说加以理解，这也与我国诉讼实践中长期以来对审判对象的认识是吻合的，即将诉讼标的理解为当事人在实体法上的权利义务或者法律关系。[②]

不过，需要注意的是，依诉讼标的旧说诉讼标的在不同的权利保护形式下具有不同的内涵，具言之：在给付之诉，其诉讼标的为原告主张的实体法上请求权；在确认之诉，诉讼标的为原告请求确认的法律关系或作为法律关系的基础事实；在形成之诉，诉讼标的为原告主张的实体法上（或诉讼法上）的形成权。[③]

四、我国诉讼标的与诉讼请求的关系

（一）难度与热度

难度：☆☆☆　　热度：☆☆☆

（二）基本理论与概念

诉讼请求是原告请求法院通过审判予以确认或保护自己合法权益的范围与内容。关于诉讼请求，实务部门一般将其理解为当事人所欲达到的具体的法律上的效果，可以说

---

①　陈杭平. 诉讼标的理论的新范式："相对化"与我国民事审判实务. 法学研究，2016（4）.

②　最高人民法院民法典贯彻实施工作领导小组办公室编著. 最高人民法院新民事诉讼法司法解释理解与适用. 北京：人民法院出版社，2022：518.

③　杨建华. 民事诉讼法要论. 增订版. 郑杰规，增订. 北京：北京大学出版社，2013：192.

是具体的救济方式。① 但以上只是一种通常意义上的理解，在很多时候它与诉讼标的概念的联结会使得二者区分困难，比如：当事人起诉提出返还房屋的诉讼请求，诉讼中又增加诉讼请求，请求对方支付租赁费用。此际，当事人增加的不仅是诉讼请求，诉讼标的除原来的房屋返还请求权外，又增加了租赁费给付请求权。如此，诉讼请求与诉讼标的在很大程度上趋于一致，它们都包含了"谁向谁"以及"请求什么"的内容。

（三）疑难点解析

由于诉讼标的概念在理论和实务中具有一定的浮动性，因而其与诉讼请求的关系有些扑朔迷离的朦胧感。但在诉讼标的旧说下，诉讼请求指向的应当是当事人请求法院对其权利或权益保护的范围和具体内容，它直接表现为当事人向法院提出的关于对方当事人承担民事责任方式的请求。② 按照现代大陆法系民法思想，民事责任与民事权利、民事义务一样，都是民事法律关系的构成要素，发挥着保障权利和实现义务的作用。③ 从《民法典》第179条的规定看，我国在民事权利的保护上形成了完整的"权利—义务—责任"体系。按照诉讼标的旧说的观点，诉讼标的的确定要根据实体权利的个数来进行区分，而不是根据民事责任承担请求的个数予以识别，而诉讼请求发挥的作用就是其承担起了民事责任对外请求的重任，是当事人主张的请求权欲达成的法律效果的具象化表征。通过诉讼请求这一概念，诉讼标的从权利人视角（权利人主张权利）转化为义务人视角（义务人承担责任），从而有机地将"权利—义务—责任"串联为一个整体。

第五节　既判力

一、既判力的概念及范围

（一）难度与热度

难度：☆☆☆☆　　热度：☆☆☆

（二）基本理论与概念

大陆法系国家或地区的既判力是指，一旦终局判决确定，该判决对于请求的判断就成为今后规范当事人之间法律关系的基准，当同一事项再度成为问题时，不允许当事人提出与此矛盾的主张，法院也不能作出与之相矛盾或抵触的判断。终局判决是当事人已经穷尽了所有的不服申请后，法院对当事人之间的纠纷作出的最终判断。判决对纠纷解决的终局性作用必须得到尊重，否则纠纷将没有尽头地持续下去，基于确定判决产生的既判力，纠纷才得以终局性的、强制性的解决。

---

① 江伟，段厚省. 请求权竞合与诉讼标的理论之关系重述. 法学家，2003（4）.
② 《民法典》第179条规定："承担民事责任的方式主要有：（一）停止侵害；（二）排除妨碍；（三）消除危险；（四）返还财产；（五）恢复原状；（六）修理、重作、更换；（七）继续履行；（八）赔偿损失；（九）支付违约金；（十）消除影响、恢复名誉；（十一）赔礼道歉。法律规定惩罚性赔偿的，依照其规定。本条规定的承担民事责任的方式，可以单独适用，也可以合并适用。"
③ 梁慧星. 民法总论. 5版. 北京：法律出版社，2017：84.

既判力的正当性在于正当程序保障下的当事人自我归责。[①] 诉讼程序中当事人具有平等的诉讼地位，在诉讼权利义务对等的基础上，当事人就原告主张的权利义务关系是否成立展开攻击防御。经过足够充分的正当的程序保障，当事人本可以通过积极的攻击防御方法阻却终局判决的形成，却因可归责于己的原因没有及时攻击防御的，就应当最终承受确定判决带来的结果，这也是国家强制力获得正当化的根据。

（三）疑难点解析

既判力的范围涵盖三个维度，包括对事的效力（客观范围）、对人的效力（主观范围）和时间效力（时间范围）。

1. 既判力的客观范围

既判力的客观范围，是指裁判作出后，就哪些争议事项或法律关系产生约束力。既判力客观范围要解决的问题是，从诉讼对象的视角出发，确定判决内容应在多大范围内产生遮断或覆盖纠纷的作用，进而将该作用范围内的纠纷予以终局性的了断。[②] 一般认为，裁判主文确定的法律关系或实体权利才具有既判力，而裁判理由中的判断不能产生既判力。对于既判力客观范围的界定，通常以"诉讼标的＝裁判主文的判断＝既判力的客观范围"作为确定标准。

2. 既判力的主观范围

既判力的主观范围，是指裁判作出后对哪些主体发生既判力。根据既判力相对性原则，既判力原则上仅对诉讼的当事人双方有约束力，非诉讼的当事人不受判决的约束。如果当事人以外的第三人就该诉讼（前诉）争议的事项与他人（包括该诉讼的原告或被告）发生争议，可以向法院提起诉讼要求其对争议事项作出判断，法院对此不能拒绝作出裁判或判断。[③] 这是因为，后诉的争议事项是不同主体的争议，因为诉讼标的本身就包含了"谁向谁请求""请求什么"的内涵，那么主体不同，争议事项当然不同。既然后诉的争议事项未经法院作出判断，后诉的当事人也没有参与前诉的诉讼程序，没有行使诉讼权利和经受程序保障，就没有当事人自我归责的基础。因此，前诉的判断就不能对后诉的当事人（除前诉当事人以外的第三人）产生约束力。

3. 既判力的时间范围

既判力是一个具有时间维度的概念。既判力的时间范围，是指生效判决的既判力在哪一时间范围内发挥效力。确定判决对当事人权利义务关系作出了判断，但当事人之间权利义务的关系是处于不断变化之中的，故确定判决只能对特定时点当事人之间权利义务关系状态作出判断。大陆法系国家或地区一般以事实审言词辩论终结时作为判决既判力的标准时，标准时之前发生的所有事实都属于判决作用的范围，受到裁判效力的约束，即便在前诉中没有明确提及，当事人也不可以再行起诉，也不能就此再为任何攻击防御。而对于那些标准时之后发生的事实，当事人可以提起新的诉讼。

在实证法层面，《民诉解释》第 247 条对重复诉讼通过"三要件"说进行识别，包括：（1）当事人相同；（2）诉讼标的相同；（3）前诉与后诉的诉讼请求相同或后诉诉讼

---

① 黄忠顺. 执行力的正当性基础及其制度展开. 国家检察官学院学报，2016（4）.

② 林剑峰. 民事判决既判力客观范围研究. 厦门：厦门大学出版社，2006：48.

③ 张卫平. 既判力相对性原则：根据、例外与制度化. 法学研究，2015（1）.

请求实质上否定前诉的裁判结果。其中，条件（1）是关于既判力主观范围的限定，条件（2）与条件（3）是关于既判力客观范围的限定，都体现了既判力的相对化。[①] 另外，《民诉解释》第 248 条规定："裁判发生法律效力后，发生新的事实，当事人再次提起诉讼的，人民法院应当依法受理。"这显然是对既判力时间范围的规定，法院对当事人争议法律关系或状态的确认仅及于裁判发生效力之前而不及于之后。

二、既判力的作用

（一）难度与热度

难度：☆☆☆☆　热度：☆☆☆

（二）基本理论与概念

既判力的直接作用体现在两个方面：当事人不得在后诉中提出旨在对前诉已经产生既判力的判断进行争执的主张和证据申请，法院不得在后诉中接受当事人提出的违反前诉判决判断的主张。既判力的这一作用是使当事人和法院在后诉中不作为，因此被称为消极作用。与此相对，既判力的积极作用，是指前诉具有既判力的判断应当作为后诉审判的基础，后诉必须以具有既判力的前诉判决中的判断作为前提，作出后诉裁判。[②] 这两个方面的作用构成了既判力的主要作用。

（三）疑难点解析

从实证法角度看，我国目前规范层面仅是对既判力的消极作用有所触及，但未对既判力的积极作用有所规定。

《民诉解释》第 247 条规定，前后诉当事人相同、诉讼标的相同、诉讼请求相同或后诉请求实质否定前诉裁判结果的，构成重复起诉。以上规定体现了既判力的消极作用，法院对于当事人提起的与前诉已经产生既判力的判断相矛盾的事项（当事人相同、诉讼标的相同、诉讼请求相同），应当裁定驳回起诉。同时，第 247 条还规定后诉请求实质上否定前诉裁判结果的也视为重复起诉。但是，后诉请求实质否定前诉裁判结果，意味着前诉与后诉之间存在着先决关系，这显然属于既判力积极作用的范畴。这就表明，当前诉构成后诉的先决条件时，后诉应当以前诉判断作为后诉的审判基础，那么，在后诉之诉讼请求实质否定前诉的裁判结果时，法院应当判决驳回诉讼请求，而不是裁定驳回起诉。二者的区别在于，前者是以实体判决来回应实体矛盾关系，与后诉之请求有关的其他要件事实（前诉中未获审理）和可能存在的既判力基准时后产生的新事由就有获得回应的机会，就其所作出的实体判决将更为妥当。[③]

三、既判力与预决效力的区别

（一）难度与热度

难度：☆☆☆☆　热度：☆☆☆

（二）基本理论与概念

预决效力，是指对于为生效法律文书（包括法院裁判和仲裁裁决）所确认的事实，

① 林剑峰. 既判力相对性原则在我国制度化的现状与障碍. 现代法学，2016（1）.

② ［日］高桥宏志. 重点讲义民事诉讼法：上. 东京：有斐阁，2011.

③ 陈晓彤. 既判力理论的本土化路径. 清华法学，2019（4）.

法院可以直接认定，无须当事人举证证明的事实认定规则。其属于证据规则上的免证规则之一。[①] 在规范层面上，《民诉解释》第93条规定了对于"已为人民法院发生法律效力的裁判所确认的事实"和"已为仲裁机构生效裁决所确认的事实"，当事人无须举证证明，仅在当事人有相反证据足以推翻的情形除外。从预决效力理论发挥的作用来看，其属于"前诉裁判对后诉的影响"这个概念中的一部分[②]，可以视其为判决效力理论中与既判力理论并列的理论。

（三）疑难点解析

预决效力与既判力不同，对二者的区别需要仔细地辨明。

第一，既判力具有相对性，除例外情形，既判力仅在判决当事人的主观范围内具有约束力。但预决效力不受前诉当事人范围的限制，只要该事实是前诉中的主要争点，当事人已经作了充分的攻击防御，法院给出了实质性的结论，那么该事实就可在后诉中发挥免证作用。

第二，按照既判力理论的要求，一旦前诉判决作出，当事人之间的争议事项就具有最终的确定性，不允许当事人进行争执，也不允许法院对此审理。与之不同，前诉事实产生的预决效力并不排斥后诉的提起，也不排斥当事人进行争执，当事人可以对此反驳，提出相反的证据来推翻预决事实。

第三，既判力应当属于法官的职权调查事项，但预决效力的发挥则要以当事人主张为前提。

第四，只有裁判主文才具有既判力，而裁判理由部分的事实认定也具有预决效力。

第五，预决效力的理论基础与既判力不同。既判力的正当性来源于正当程序保障下的当事人自我归责，但预决效力的理论基础则在于争点效理论。

》 本章实务案例研习

一、某机械加工公司与某光电公司技术服务合同纠纷[③]

案例考点：重复诉讼的判断标准

（一）案情简介

2017年2月19日，某光电公司作为甲方与作为乙方的某机械加工公司签订涉案合同，约定乙方将涉案合同项下设备及蓝宝石生产工艺的完全自主知识产权许可甲方在从乙方购买的设备上永久无偿使用，并负责培训、提供技术骨干等，某光电公司向某机械加工公司支付货款，配合安装调试等。涉案合同第11条约定："本合同未经对方同意，甲乙双方不得向第三方公开对方信息及相关技术秘密。乙方拥有CMB－X型设备及相关技术的专利，未经乙方授权，甲方不得自行复制。若乙方违反保密约定，由此造成另一

[①]　吴英姿. 预决事实无需证明的法理基础与适用规则. 法律科学（西北政法大学学报），2017（2）.

[②]　王亚新，陈晓彤. 前诉裁判对后诉的影响：《民诉法解释》第93条和第247条解析. 华东政法大学学报，2015（6）.

[③]　案例来源：最高人民法院（2022）最高法知民终1765号民事裁定书。

方损失，则受损方有权提出索赔要求。若甲方私自复制乙方设备，或向第三方泄露设备及相关技术秘密，造成乙方损失，则甲方应向乙方支付 2 000 万元赔偿金。"

某机械加工公司曾以某光电公司违反涉案合同的保密约定，未经某机械加工公司同意私自将从某机械加工公司处购买的设备进行拆解复制，侵犯其知识产权和技术秘密为由向原审法院起诉某光电公司侵害实用新型专利权和技术秘密，请求判令某光电公司向某机械加工公司支付 2 000 万元赔偿金。原审法院于 2019 年 8 月 16 日立案受理，于 2020 年 7 月 20 日作出（2019）鲁 01 民初 3018 号民事判决，驳回某机械加工公司的全部诉讼请求。后某机械加工公司再次向法院起诉，要求某光电公司依据合同约定支付违约金。

（二）法院判决

最高人民法院认为，本案审查的重点是后诉与前诉是否构成重复诉讼。《民诉解释》第 247 条规定，当事人就已经提起诉讼的事项在诉讼过程中或者裁判生效后再次起诉，同时符合下列条件的，构成重复起诉：（1）后诉与前诉的当事人相同；（2）后诉与前诉的诉讼标的相同；（3）后诉与前诉的诉讼请求相同，或者后诉的诉讼请求实质上否定前诉裁判结果。当事人重复起诉的，裁定不予受理；已经受理的，裁定驳回起诉。

就本案而言，首先，本案当事人与（2019）鲁 01 民初 3018 号案件的当事人相同。

其次，本案的诉讼标的与（2019）鲁 01 民初 3018 号案件的相关诉讼标的具有同一性。某机械加工公司主张本案诉讼标的系其提起的技术服务合同纠纷，而（2019）鲁 01 民初 3018 号案件诉讼标的为侵害实用新型专利权和技术秘密纠纷。本院认为，民事诉讼实务中对诉讼标的的识别以实体法律关系为一般标准，但在给付之诉中，如果不同的实体法律关系基于同一事实，当事人基于此提出了数个实体请求权，就发生了请求权竞合。《合同法》第 122 条（《民法典》第 186 条）规定：因当事人一方的违约行为，侵害对方人身、财产权益的，受损害方有权选择依照本法要求其承担违约责任或者依照其他法律要求其承担侵权责任。在此情形下，当事人以一个请求权提起诉讼即意味着通过诉讼程序吸附了其他的请求权，在人民法院对已提出的请求权作出实体判决后，不能再以另外的请求权提起诉讼。某机械加工公司以某光电公司未经其同意将涉案合同项下设备拆解复制等为由，依侵害实用新型专利权和技术秘密请求权提起了（2019）鲁 01 民初 3018 号案件，后基于同一事实和理由又以技术服务合同法律请求权作为诉讼请求的具体理由，提起本案诉讼，前后两案诉讼标的具有同一性。

最后，某机械加工公司本案中的诉讼请求涵盖于（2019）鲁 01 民初 3018 号案件中的相关诉讼请求。某机械加工公司本案诉讼请求与（2019）鲁 01 民初 3018 号案件的诉讼请求系基于同一法律事实或法律行为产生。经查，某机械加工公司基于同一事实和理由在先提起了侵害实用新型专利权和技术秘密纠纷，已经人民法院作出生效判决。某机械加工公司又以同一法律事实、不同法律关系性质提起本案诉讼，因某机械加工公司本案诉讼请求实质上否定前诉裁判结果，应当认定本案与前案构成重复诉讼。某机械加工公司另以在侵害实用新型专利权和技术秘密纠纷中，其请求权未获满足，进而主张本案起诉不构成重复起诉，于法无据，本院不予支持。原审法院认定某机械加工公司本案起诉构成重复诉讼并据此裁定予以驳回，并无不当。

（三）学理分析

在一般情况下，我国诉讼标的以诉讼标的旧说为立场，指向的是实体法律关系，但根据案件的具体情形，诉讼标的还有可能在生活事实、诉讼类型、请求权、法定事由等意义上使用。[①] 本案中，法院在诉讼标的的识别上脱离了诉讼标的旧说，转而在请求权竞合问题上以诉讼标的新说为基准。原告前诉提起的是侵权之诉，后诉提起的是违约之诉，二者虽然属于不同的请求权，但确有相同的权利保护目标，属于请求权竞合。在法院视角下，请求权竞合的情形中，不同的请求权都指向同一给付目的，这就与诉讼标的新说主张的给付之诉的诉讼标的是当事人主张的一次性给付法律地位耦合。至于前诉的侵权请求权和后诉的违约请求权，不过是同一诉讼标的下不同的法律理由，都是支撑诉讼标的的法律观点。而且，由于前诉与后诉具有相同的给付目的，原告提出的诉讼请求基本一致。在前诉之诉讼请求被判决驳回的前提下，后诉当事人又提出相同的诉讼请求——指向同一给付，此时法院认为后诉的诉讼请求实质上否定前诉的诉讼请求，从而满足了重复诉讼认定的"三要件"中的诉讼标的要件和诉讼请求要件，加之本案的当事人在前诉与后诉中又未发生变化，那么在"三要件"满足的情况下，驳回原告的起诉也就不足为奇。

在请求权竞合问题上采诉讼标的新说的好处是，法院通过在一次诉讼程序中对唯一的诉讼标的进行裁判，当事人只可能获得唯一的给付判决，既避免了双重给付的困境，又可以利用一次诉讼彻底解决纠纷。质言之，诉讼标的新说通过对请求权从诉讼标的到攻击防御方法的降格，解决了二者并存的难题。但是诉讼标的新说也存在一定弊端，在请求权竞合情形中最为显著的是诉讼标的与既判力结合会扩大遮断效的范围，即当事人前诉中若未主张复数请求权而遭败诉，那么其依据未获审理的其他竞合请求权再提起后诉会因重复诉讼而被驳回起诉。

归纳来看，实践中对于请求权竞合问题采取了"择一消灭"的保护策略，当事人可以择一请求权起诉，一诉不成后则其余请求权归于消灭。但实际上，这一实践观点与请求权竞合的本质构造并不相容。因为竞合的请求权只是不能导出双重给付，只要法院作出唯一的给付判决，就不会有双重给付的危险。由于前诉仅对侵权请求权进行审理而对违约请求权未作关注，后诉直接驳回原告起诉有扩大既判力客观范围的问题，不利于权利人的权利保护。

二、某煤矿与罗某合伙协议纠纷[②]

案例考点：具有执行力的判决类型

（一）案情简介

罗某与某煤矿合伙财产份额确认纠纷一案，贵州省毕节市中级人民法院（本章简称"毕节中院"）于2016年9月2日作出（2014）黔毕中民初字第8号民事判决，判决主文为："一、原告罗某享有被告某煤矿12.54%的财产份额和相应的采矿权及其他财产权利；二、驳回原告罗某的其他诉讼请求……"判决送达后，双方均向贵州省高级人民法

---

① 王亚新. 诉讼程序中的实体形成. 当代法学，2014（6）.
② 案例来源：贵州省高级人民法院（2019）黔执复13号执行裁定书。

院提出上诉。贵州省高级人民法院于 2017 年 8 月 7 日作出（2016）黔民终 783 号民事判决，判决主文为："一、变更贵州省毕节市中级人民法院（2014）黔毕中民初字第 8 号民事判决第一项为：上诉人罗某享有被告某煤矿 50％的财产份额和相应的采矿权及其他财产权利；二、驳回上诉人罗某的其余上诉请求……"二审判决生效后，申请执行人罗某于 2017 年 9 月 12 日向毕节中院提出强制执行申请，请求法院强制执行贵州省高级人民法院（2016）黔民终 783 号民事判决书，法院须立即向贵州省工商行政管理局发出协助执行通知，变更罗某在某煤矿的持股比例为 50％。毕节中院在执行过程中认为，本案的执行依据——贵州省高级人民法院作出的（2016）黔民终 783 号民事判决的案由为合伙财产份额确认纠纷，其案件性质为确认之诉，该判决主文第一项为"罗某享有某煤矿 50％的财产份额和相应的采矿权及其他财产权利"，该判决内容仅明确申请执行人享有的财产份额，并无给付内容。2017 年 10 月 27 日，毕节中院作出（2017）黔 05 执 125 号执行裁定，裁定驳回申请执行人罗某变更某煤矿的持股比例的执行申请。异议人罗某不服该执行裁定，向毕节中院提出执行异议。

毕节中院认为：申请执行人罗某与被执行人某煤矿合伙企业财产份额确认纠纷一案，在执行过程中未综合考虑案件的实际情况，未充分征询相关部门意见的情况下，径直驳回当事人的申请，存在不当。本案虽为确认之诉，但有明确的财产内容和登记内容，在相关法律法规及司法解释尚未明确规定此类情况需当事人另诉解决的情况下，为及时妥善保护当事人的合法权益得到实现，应当依法予以执行。

某煤矿不服毕节中院（2019）黔 05 执异 1 号执行裁定，向贵州省高级人民法院申请复议，请求撤销毕节中院（2019）黔 05 执异 1 号裁定，并依法裁定驳回罗某的执行异议申请。其主要理由如下：第一，罗某申请执行的执行依据系贵州省高级人民法院作出的（2016）黔民终 783 号民事判决，该判决案由为合伙财产份额确认纠纷，案件性质为确认之诉，该判决是典型的确认型判决，并无给付判决内容，不具备可执行性，罗某申请执行不符合法律法规规定的执行案件受理条件，应当予以驳回。罗某就此提出的执行异议理由亦不能成立。第二，毕节中院（2019）黔 05 执异 1 号裁定中称"本案虽为确认之诉，但有明确的财产内容和登记内容，在相关法律法规及司法解释尚未明确规定此类情况需当事人另诉解决的情况下，为及时妥善保护当事人合法权益得到实现，应当依法予以执行"。该理由属于适用法律错误。法律法规和司法解释中，均明确规定了执行案件的受理条件为"需依据有给付内容的生效法律文书"，而"财产和登记内容"和"给付内容"在法律上是完全不同的两个概念，毕节中院将财产内容和给付内容混为一谈，认为具备执行条件，是对法律法规的扩大解释和错误适用。第三，即便罗某需要行政登记行为来确保自身权益实现，也不代表本案具备执行内容。罗某并未提供登记机关贵州省工商行政管理局表示需要人民法院提供协助执行通知方可进行股权变更的证据，法律法规也从未规定相应的行政登记内容需要人民法院强制实施。罗某提出的强制执行申请不但不具备执行受理条件，而且是对司法强制执行力的错用和滥用，法院应予驳回。

（二）法院判决

贵州省高级人民法院认为：本案为合伙财产份额确认纠纷，本案执行依据本院（2016）黔民终 783 号民事判决是确权判决。根据本案生效判决确认，罗某享有被告某煤矿 50％的财产份额和相应的采矿权及其他财产权利，这必须以一方履行某种行为并进行变更登记为前提和基础。罗某的诉讼目的不仅是明确财产权益比例，还必然包括这一权益比例在登记主管机关得到登记。因此，本院（2016）黔民终 783 号民事判决虽为确权判决，但从解决实际问题出发，允许该判决进入执行程序，让生效法律文书确定的权利人通过执行程序完成权属变更登记，有利于完成诉讼定纷止争的目的，有利于及时兑现当事人的合法权益。因此，毕节中院应当受理罗某关于向贵州省工商行政管理局发出协助执行通知，变更某煤矿的持股比例为罗某 50% 的申请。毕节中院（2017）黔 05 执 125 号执行裁定认定罗某请求事项不符合受理条件，进而裁定驳回罗某的异议申请，结果不当，应予纠正。

（三）学理分析

因确权判决裁判主文没有载明给付义务，民事强制执行法学理论认为其缺乏充当执行名义的必备要素，但实务部门以某份法律文书可能兼具确权判决与给付判决为由，反对法院仅以判决主文没有载明给付内容为由拒绝执行。实际上，确权请求获得支持不意味着给付请求同样应当获得支持，这是因为不能成功抗辩确权请求的当事人可能存在可以成功对抗给付请求的防御事由，而对抗给付请求的防御事由不属于确权之诉的审理对象。由于确权之诉没有审理给付请求的抗辩事由，即使强行将确权判决或确权裁决作为执行名义，充其量也只能作为没有既判力的执行名义来理解，理应允许债务人通过异议之诉的方式提出对抗给付请求的实体抗辩事由。但我国尚未确立债务人异议之诉制度，以确权判决作为执行名义实质上变相剥夺了当事人对给付请求进行实体抗辩的权利。即使未来民事强制执行法确立债务人异议之诉，允许确权判决直接进入执行程序，原本应当直接提出给付请求的原告也可以仅提出确权请求并以确权判决申请执行，以此迫使被告只能在执行程序中通过债务人异议之诉寻求事后救济。[①] 此举剥夺了被告在诉讼程序中即可主张的抗辩权，无疑变相贬损和迟滞了对债务人的权利救济。

从规范出发，确认判决也不具有给付内容，不能成为执行名义。根据 2015 年《民诉解释》第 463 条（2022 年《民诉解释》第 461 条）的规定，当事人申请人民法院执行的生效法律文书应当具备权利义务主体明确、给付内容明确两个条件，法律文书确定继续履行合同的，应当明确继续履行的具体内容。"给付内容明确"意味着执行名义不仅应当载有给付内容，其载明的给付内容还应当明确。显而易见，确权判决的裁判主文没有要求债务人向债权人履行给付义务，不符合 2015 年《民诉解释》第 463 条（2022 年《民诉解释》第 461 条）的规定，通常被认为缺乏可执行性。

本案中，法院认为确权判决具有给付内容包含了实用主义的考量。法院的论证思路在于以原告提起诉讼的真实意图作为判断标准，实质性地考察原告的诉讼目的在于其主张的权益比例能够在登记主管机关得到登记。然而，根据审执分离原理及执行形式化原则，执行法院只能根据判决书的具体表述对其类型进行审查，而不能以原告提起确权之诉的真实意图为依据，将确权判决强行解释为给付判决。另外，法院也不能以现实必要性代替制度可行性，即以原告另行提起给付之诉徒增双方诉讼负担和浪费司法资源为由，主张确权判决与确权裁决可以直接充当执行名义。法院的以上考量并不在现有的制度框架之内，是一种司法职能的错位与越位，值得警醒。

---

① 黄忠顺. 确权判决与确权裁决的可执行性问题研究. 广西社会科学，2022 (1).

本章同步练习

一、选择题

1. 甲向乙借款 100 万元，约定利息为每年 5 万元，乙逾期拒不归还借款及利息，甲起诉乙要求清偿欠款 100 万元，支付利息 5 万元，并要求判令乙支付逾期还款期间的罚息 10 万元。请问：本案有几个诉讼标的？（　　）

A. 本案有返还本息和支付罚息两个诉讼标的

B. 本案有本金返还和支付利息、罚息两个诉讼标的

C. 本案只有一个诉讼标的

D. 本案有三个诉讼标的

2. 张三因李四久拖房租不付，向法院起诉，要求李四支付半年房租 9 000 元。在案件开庭审理前，甲提出书面材料，表示时间已过去 1 个月，李四应将房租增至 10 500 元。关于法院对张三增加房租的要求的处理，下列哪一选项是正确的？（　　）

A. 作为新的诉讼受理，合并审理

B. 作为诉讼标的变更，另案审理

C. 作为诉讼请求增加，继续审理

D. 不予受理，告知甲可以另行起诉

3. A 公司起诉 B 公司请求解除合同，同时追究 B 公司的违约责任，在一审开庭时，A 主张请求确认合同无效，如果法院实在不能确认合同无效就解除合同同时追究 B 公司的违约责任。对此，法院应当如何处理？（　　）

A. 要求 A 公司明确诉讼请求

B. 法院裁定不予受理，因为两个诉讼请求矛盾

C. 告知 A 公司另行起诉，因为是两个独立的诉讼请求

D. 本案构成诉的预备合并，法院对两个诉讼请求应当按顺序审理

4. A 公司起诉 B 公司要求其交付货物，B 公司辩称自己的供货商 C 公司因为外部环境变化已经停产停工 3 个月，自己无法向 A 公司交付货物。法院经审理认为 B 公司的主张成立，判决驳回 A 公司的诉讼请求，当事人均没有上诉。1 个月后，A 公司发现 C 公司已经全面复产复工，B 公司仍未履行合同。A 公司再次起诉 B 公司要求履行合同。下列表述正确的是（　　）。

A. A 公司的起诉构成重复起诉，法院不予受理

B. 由于发生新的事实，A 公司可以再次起诉 B 公司

C. 受原判决既判力约束，A 公司不能再次起诉 B 公司

D. C 公司复产复工的事实不受原判决既判力的约束，A 公司可以再次起诉

5. 甲起诉乙要求其归还借款 10 万元，法院经过审理后认为甲的诉讼请求成立，但是甲和乙之间的借款总金额为 100 万元。法官询问甲是否将诉讼请求变更为要求归还借款 100 万元，甲拒绝变更。关于本案表述正确的是（　　）。

A. 法院应当就该 10 万元的诉讼请求作出判决，该判决仅对该 10 万元债权有既判

力，甲可以就其余 90 万元债权再次提起诉讼

    B. 法院应当就该 10 万元的诉讼请求作出判决，该判决既判力对全部 100 万元债权有既判力，甲不可以就剩余 90 万元债权再次提起诉讼

    C. 为了防止甲将诉讼请求无限切割，法院应当就 100 万元债权作出判决

    D. 法院应当征求乙的意见后决定是否就全部 100 万元债权进行审理，并作出判决

  6. 甲公司起诉乙公司合同纠纷一案，该案经某市中级人民法院两审终审判决乙公司败诉。后乙公司与丙公司合并成立了丁公司，丁公司的财务总监在审查乙公司的资料时发现一份重要证据可能对前述案件事实认定产生重大影响。关于本案表述正确的是？（　　）

    A. 本案应当由丁公司申请再审并参加诉讼

    B. 本案应当由乙公司申请再审并参加诉讼

    C. 法院对甲、乙公司合同纠纷案所作的判决对丁公司有既判力

    D. 法院对甲、乙公司合同纠纷案所作的判决对丁公司没有既判力

二、材料分析题

  2014 年 10 月 23 日《中共中央关于全面推进依法治国若干重大问题的决定》指出："改革法院案件受理制度，变立案审查制为立案登记制，对人民法院依法应该受理的案件，做到有案必立、有诉必理，保障当事人诉权。"2015 年 4 月 1 日，中央全面深化改革领导小组通过的《关于人民法院推行立案登记制改革的意见》指出："为充分保障当事人诉权，切实解决人民群众反映的'立案难'"问题，改革法院案件受理制度，变立案审查制为立案登记制……"2015 年 5 月 1 日起施行的最高人民法院《关于人民法院登记立案若干问题的规定》第 1 条规定："人民法院对依法应该受理的一审民事起诉……实行立案登记制。"第 14 条规定："为方便当事人行使诉权，人民法院提供网上立案、预约立案、巡回立案等诉讼服务。"

  自 2016 年起，最高人民法院院长周强在每年 3 月份举行的全国人民代表大会会议上所作的工作报告，都将立案登记制改革作为人民法院深化司法改革的重要举措之一。2016 年《最高人民法院工作报告》提出"全面实施立案登记制改革，解决立案难问题"。2017 年《最高人民法院工作报告》强调："深化立案登记制改革，进一步解决立案难问题。加大改革督察力度，坚决制止立案登记制实施后另设条件限制立案做法，确保有案必立、有诉必理。"2018 年最高人民法院工作报告在总结过去五年人民法院深化司法体制改革、促进审判体系和审判能力现代化的阶段性成就时指出："全面实施立案登记制改革。从 2015 年 5 月 1 日起全面实行立案登记制，变审查立案为登记立案，对依法应当受理的案件，做到有案必立、有诉必理，当场登记立案率超过 95%。加强监督，杜绝有案不立、拖延立案问题……在福建、宁夏等法院开展跨域立案试点，构建当场立案、网上立案、自助立案、跨域立案相结合的立案新格局，让长期以来老百姓反映强烈的'告状难'问题真正成为历史。"

  结合以上材料以及相关民事诉讼法学理论，试分析回答以下问题：

  （1）民事诉讼法上的立案登记制与立案审查制的区别何在？

  （2）立案登记制与民事诉讼起诉条件、诉讼要件之间是何关系？

三、案例分析题

王甲、王乙系姐弟关系，二人父母王某贵、张某于 2020 年 1 月 23 日在新西兰遇车祸死亡。2022 年 6 月 1 日，王甲发现系争 50 万元的招商银行电汇凭证，凭证记载日期为 2016 年 8 月 15 日，汇款人为王乙，收款人为张某斌，汇款用途为"往来款"。王乙向招商银行查询得知，该账户系 2018 年 12 月 1 日，由王乙之父为王乙申请开立，开户手续全部由王乙之父办理。上述汇款也系王乙之父办理。为此，王乙向张某斌询问汇款事由引发争议。

第一次起诉：2022 年 12 月，王乙以借款给张某斌为由，向上海某区法院起诉，请求返还借款。该案一审胜诉，二审以王乙"不能提供书面借款合同"为由，撤销一审判决，改判驳回王乙诉讼请求。

第二次起诉：2023 年 7 月，王乙又以张某斌不当得利（标的为 50 万元）为由提起诉讼。该案一审二审法院均以未有证据证明张某斌取得 50 万元无合法依据为由，判决驳回王乙诉请。

第三次起诉：2023 年 12 月 11 日，王乙、王甲又以张某斌构成侵权行为为由，提起财产损害赔偿诉讼，一审法院判决驳回诉请；二审法院释明该案为返还原物纠纷，原告二审中变更诉讼请求，要求被告返还原物，二审法院改判支持王乙、王甲诉请。

请问：原告王乙（第三次起诉还有王甲）先后三次以张某斌为被告提起的给付之诉是否因具有同一性而违反了禁止重复起诉原则？

参考答案

一、选择题

1. C

在我国，诉讼标的是指当事人之间发生争议并请求法院作出裁判的实体法律关系。诉讼请求是建立在诉讼标的基础上的当事人请求法院对其权利或权益保护的范围和具体内容。甲对乙主张的 100 万元本金、5 万元利息以及 10 万元逾期罚息，都是建立在甲乙之间的借贷法律关系基础之上的，诉讼标的只有甲乙之间存在的借贷法律关系。甲请求乙支付的本金、利息、逾期罚息都只是诉讼请求。

2. C

从诉讼标的来看，张三对李四主张的给付请求建立在租赁合同法律关系之上，也即租赁合同法律关系是本案的诉讼标的。张三主张的诉讼请求金额从 9 000 元增至 10 500 元，租赁合同法律关系未变，诉讼标的未变，变化的仅仅是诉讼请求。《民诉解释》第 232 条规定："在案件受理后，法庭辩论结束前，原告增加诉讼请求，被告提出反诉，第三人提出与本案有关的诉讼请求，可以合并审理的，人民法院应当合并审理。"张三增加的诉讼请求，并不会致被告防御困难，因而法院应当继续审理。

3. D

诉的客观合并，指的是作为诉讼客体的诉讼标的的合并，具体包括单纯合并、预备合并、重叠合并、选择合并等合并形态。单纯合并是指，无论当事人提出的诉讼标的存在牵连关系或不存在牵连关系，法院一同审理并加以裁判。预备合并是指，当事人提出的诉讼标的存在顺序性，并且诉讼标的之间的关系是不能共存。法院必须就先位请求进行裁判，如果先位请求成立就无须对后位请求进行裁判，反之，先位请求不成立则法院需要就后位请求进行审理裁判。选择合并，是指原告于同一诉讼程序中上主张两个以上不同的诉讼标的，委诸法院审理后由法院选择，只要法院认为其中一个有理由，即不得再就另一诉讼标的的再为裁判。重叠合并，是指同一原告对同一被告为同一目的主张数个诉讼标的，请求法院依其单一之声明而为判决的诉的客观合并形态。很明显，当事人A公司向法院提出了顺序性的请求，先由法院就合同是否无效进行确认，如果合同有效，则主张解除合同。因为合同无效与合同解除不可能并存，因此当事人的主张符合预备合并的诉讼构造，应当选D。

4. BD

《民诉解释》第248条规定："裁判发生法律效力后，发生新的事实，当事人再次提起诉讼的，人民法院应当依法受理。"既判力的时间效力——判决仅仅对标准时前的法律关系具有既判力，判决生效后，发生新的事实，不受既判力约束，当事人可以再次起诉。原判决生效后，C公司已经全面复工复产，这不为原判决既判力所及。因为其不符合既判力相对性的要求，其既不是A与B之间的事实，也不是判决生效前的事实。由于发生了新的事实，B公司已经没有可以抗辩A公司主张的事由，A公司可以再次起诉B公司。

5. B

本题考察的是既判力客观范围。通常而言，既判力的范围等于诉讼标的的范围。甲乙之间的诉讼标的是甲乙之间的借贷法律关系。诉讼请求建立在诉讼标的的基础之上，在当事人提出部分请求的情形中，既判力客观范围是否覆盖全部的诉讼标的的内容，是问题所在。一般来说，部分请求产生的既判力将及于剩余请求，这是为了防止当事人切割诉讼，造成司法资源浪费，而且当事人本就有机会通过一次诉讼彻底解决纠纷。因此，甲的10万元诉讼请求固应被支持，但若其再就剩余的90万元诉讼请求提起诉讼，诉讼标的同一，后诉应为既判力所及，不可再次提起诉讼。由于法院已经释明原告变更诉讼请求，原告拒绝变更，为尊重当事人的处分权，法院不得就100万元债权整体进行审理裁判。因此，本题选B。

6. AC

关于既判力的主观范围，一般认为，判决只对诉讼当事人发生既判力，但也存在扩张的情形，主要涉及权利义务的继受人、诉讼担当之利益归属人、诉讼请求标的物持有人。乙公司与丙公司合并成立丁公司，丁公司就成为乙公司权利义务的继受者，那么甲公司和乙公司之间的合同纠纷判决应对丁公司产生约束力。丁公司如果发现新证据可能对前案产生影响，应当亲自申请再审并参加诉讼。因此，本题选AC。

二、材料分析题

（1）在立案审查制下，原告向法院起诉后，立案庭不仅要就诉的成立要件（当事人的身份信息等）进行审查，还要实质性地审查当事人的起诉条件。《民诉法》第122条规定："起诉必须符合下列条件：（一）原告是与本案有直接利害关系的公民、法人和其他组织；（二）有明确的被告；（三）有具体的诉讼请求和事实、理由；（四）属于人民法院受理民事诉讼的范围和受诉人民法院管辖。"另外，法院还可能基于法政策、法院解纷能力等因素决定是否受理案件。对于那些满足起诉条件但法院排斥的案件，法院还可通过作出不予受理裁定的方式，拒绝对当事人的起诉进行救济。由此可见，立案审查制下不仅审查较为严格，非规范化的考量因素也较多。

但在立案审查制转向立案登记制后，不仅显著降低了当事人的起诉门槛，也提高了立案受理的规范化水平。降低当事人的起诉门槛体现在，只要当事人提交了符合要求的诉状，法院就应当场立案登记，并向被告进行送达。在起诉条件的审查上，法院不应进行实质审查，仅为形式审查即可。以"有明确的被告"条件为例：其审查要点应是被告满足特定化的标准，即原告提供的信息足以使被告与他人相区别。至于当事人是否适格，不在立案登记的审查范畴之内。立案登记制的施行也在相当程度上提高了立案受理的规范化水平，表现在当事人提交诉状、法院作出是否受理决定的两个关键节点，对当事人行为给予明确回应，改变了过去司法实践中不收诉状、不出裁定的现象。

（2）诉的阶段性评价包括三个阶段，包括诉是否成立、诉是否合法以及诉是否有理由。其中，起诉条件对应诉的成立，诉讼要件对应诉的合法性评价。大陆法系国家或地区基本上仅规定了诉提起的形式条件，包括：一是提交诉状并记载法定事项，二是交纳诉讼费用。而诉讼要件是指，当事人所提起之诉符合法律规定，进而法院可以就案件进行审理并作出判决的条件。它主要包括三类诉讼要件：关于当事人的诉讼要件、关于诉讼标的的诉讼要件以及关于法院的诉讼要件。与起诉条件审查不同的是，所有的诉讼要件均后置于审理程序，以言辞辩论方式由法官进行审理，不存在起诉受理阶段对诉适法的要件进行实质性审查的情形。

但目前来看，我国起诉条件的设置实际上混杂了大陆法系国家或地区的起诉条件和诉讼要件，导致了诉讼要件不当前置在起诉条件之中，造成了起诉的"高阶化"现象。比如，《民诉法》第122条规定的原告与本案有直接利害关系、属于法院受理民事诉讼范围和受诉法院管辖以及《民诉法》第127条关于消极起诉条件的规定，实质上都归属于诉讼要件的范畴，这是案件获得实体审理的必要的程序性前提条件。

在立案登记制下，程序阶段形式上的分立没能有效解决立案与审判在内容上的实质分离问题。因为，诉讼要件前置于起诉条件的规范现状并没有得到真正的转变，导致需要在案件受理后才加以审理的诉讼要件，在起诉的审查程序阶段就已经被判断。不过立案登记制相较于之前的立案审查制仍有优势，表现在起诉流程的优化、对起诉行为回应性的增强以及凸显了立案程序对于当事人诉权的保障性功能。比如，法院在7日之内不能判定起诉是否合法的，应先行立案。这是对当事人提起之诉适法的一种权利推定，能最大限度保护当事人的诉权。

三、案例分析题

《民诉解释》第 247 条规定："当事人就已经提起诉讼的事项在诉讼过程中或者裁判生效后再次起诉，同时符合下列条件的，构成重复起诉：（一）后诉与前诉的当事人相同；（二）后诉与前诉的诉讼标的相同；（三）后诉与前诉的诉讼请求相同，或者后诉的诉讼请求实质上否定前诉裁判结果。当事人重复起诉的，裁定不予受理；已经受理的，裁定驳回起诉，但法律、司法解释另有规定的除外。"由此可见，禁止重复起诉对于诉的同一性判断包含当事人、诉讼标的、诉讼请求三个要件。只要有一个要件不同，前诉与后诉即不属于重复起诉。

第一次诉讼中，当事人是王乙与张某斌，诉讼标的为借贷法律关系，诉讼请求为返还借款 50 万元。

第二次诉讼中，当事人是王乙与张某斌，前诉与后诉当事人同一。但在诉讼标的方面，后诉诉讼标的为不当得利法律关系，与前诉的借贷法律关系不同，因此，前诉与后诉诉讼标的不同，后诉的提起不受重复起诉规则的限制。

第三次诉讼中，原告为王乙与王甲，被告为张某斌，前诉与后诉当事人不同，不满足当事人的同一性要求，因而后诉不构成重复起诉。另外，后诉的返还原物法律关系也与前诉的借贷法律关系不同，前诉与后诉同样不满足诉讼标的同一的要件，后诉不应被认定为重复起诉。

第三章　民事诉讼法的基本原则

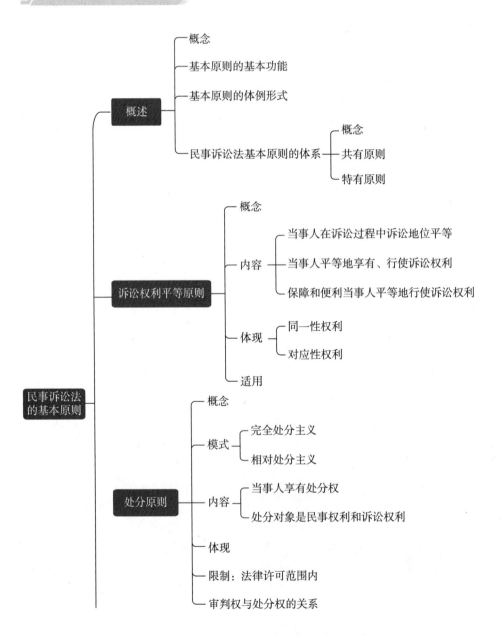

民事诉讼法的基本原则

- 概述
  - 概念
  - 基本原则的基本功能
  - 基本原则的体例形式
  - 民事诉讼法基本原则的体系
    - 概念
    - 共有原则
    - 特有原则

- 诉讼权利平等原则
  - 概念
  - 内容
    - 当事人在诉讼过程中诉讼地位平等
    - 当事人平等地享有、行使诉讼权利
    - 保障和便利当事人平等地行使诉讼权利
  - 体现
    - 同一性权利
    - 对应性权利
  - 适用

- 处分原则
  - 概念
  - 模式
    - 完全处分主义
    - 相对处分主义
  - 内容
    - 当事人享有处分权
    - 处分对象是民事权利和诉讼权利
  - 体现
  - 限制：法律许可范围内
  - 审判权与处分权的关系

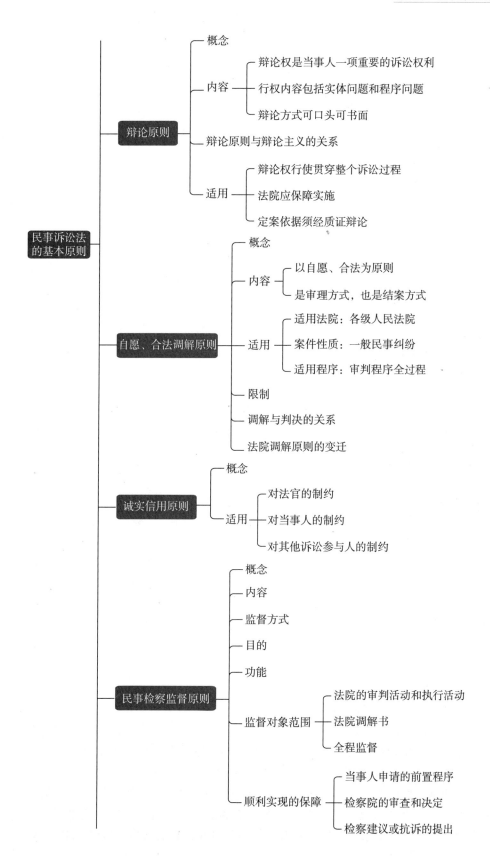

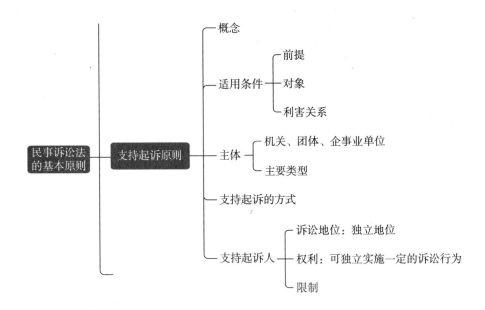

第一节　民事诉讼法基本原则概述

一、民事诉讼法的基本原则

（一）难度与热度

难度：☆　热度：☆☆☆

（二）基本理论与概念

民事诉讼法基本原则，是指贯穿于民事诉讼的整个过程或重要的诉讼阶段，对人民法院、当事人以及诉讼参与人和整个诉讼活动起指导作用的根本性准则。民事诉讼法的基本原则是以宪法为根据，从我国实际情况出发，按照社会主义法治的要求，结合民事诉讼法的特点而集中加以规定的。它反映了民事诉讼的基本原理和内在规律，是制定、适用、解释民事诉讼法的依据，也是法院、检察院、当事人以及其他诉讼参与人进行民事诉讼活动必须遵循的根本规则。

（三）疑难点解析

1. 何谓"基本原则的基本功能"

基本原则是一个法律部门的基本原理和基本规则，它集中体现了该法律部门的精神实质和立法指导思想，具有基础性、概括性、导向性和稳定性等特征。民事诉讼法基本原则具有三个功能：第一，民事诉讼立法准则功能。民事诉讼具体制度和程序的设置，必须以民事诉讼法基本原则为根本前提或出发点。第二，诉讼行为准则功能。民事诉讼法基本原则是法官、当事人以及其他诉讼参与人实施诉讼行为的基本准则，这是民事诉讼法基本原则导向性特征的要求。第三，具有法律本身自我完善的功能。"法官们常常也会遇到诉讼程序规则的立法供给不足的情形。因此有必要以法律原则为出发点，在司法过程中创造性地适用法律，以弥补法律规则因素的不足。"①

2. 何谓"基本原则的体例形式"

民事诉讼法基本原则是民事诉讼这一法律部门精神实质的高度抽象，体现了本法律部门的价值追求。目前，民事诉讼法基本原则有三种体例形式：第一，立法明示体例，是指以单独或一定的章节、具体的条文来宣示该民事诉讼法采取哪些原则或基本原则；第二，制度融入体例，是指不设专章对基本原则加以明文宣示，而是将基本原则的内容、精神和要求融入具体制度设计之中；第三，判例归结体例，是指通过司法判例来具体确立民事诉讼法的基本原则。② 我国民事诉讼法的基本原则，采取第一种体例形式。

二、民事诉讼法基本原则的体系

（一）难度与热度

难度：☆　热度：☆☆

（二）基本理论与概念

我国《民诉法》第一章"任务、适用范围和基本原则"中对民事诉讼的基本原则以具体条文予以明确规定，但民事诉讼法学界对民事诉讼法究竟规定了多少个基本原则认识并不一致。不过，从立法条文来看，具体规定了以下原则：诉讼权利对等原则（第5条），民事审判权由人民法院统一行使原则（第6条第1款），人民法院独立进行审判原则（第6条第2款），以事实为根据、以法律为准绳原则（第7条），当事人平等原则（第8条），法院调解原则（第9条），合议原则（第10条），回避原则（第10条），公开审判原则（第10条），两审终审原则（第10条），使用本民族语言、文字进行诉讼原则（第11条），辩论原则（第12条），诚实信用原则（第13条第1款），处分原则（第13条第2款），检察监督原则（第14条），支持起诉原则（第15条），在线诉讼原则（第16条），变通原则（第17条）。

但是，上述民事诉讼法中的基本原则体系受到了学者的普遍质疑，通行观点认为目前立法中的大多数原则实际上不符合民事诉讼法基本原则的要求，应当从原则体系中将其剔除。因此，不少学者对基本原则体系进行重构，例如：有学者认为民事诉讼法基本原则包括当事人诉讼权利平等原则、辩论原则、处分原则、法院调解原则、诚实信用原则③，有学者认为民事诉讼法基本原则包括当事人诉讼权利平等原则、法院调解原则、辩论原则、诚实信用原则、处分原则④，有学者将基本原则归纳为诉讼当事人平等原则、辩论原则、处分原则和诚实信用原则。⑤

对此，根据确立我国民事诉讼法基本原则的法律依据和基本原则的适用范围不同，

---

① 王福华. 民事诉讼诚信原则的可适用性. 中国法学，2013（5）.

② 廖中洪. 民事诉讼基本原则立法体例之比较研究. 法学评论，2002（6）；胡亚球. 从中外比较看我国民事诉讼法基本原则//江伟主编. 比较民事诉讼法国际研讨会论文集，北京：中国政法大学出版社，2004：443－444；陈桂明，李仕春. 诉讼法典要不要规定基本原则：以现行《民事诉讼法》为分析对象. 现代法学，2005（6）.

③ 田平安主编. 民事诉讼法原理. 7版. 厦门：厦门大学出版社，2022：74.

④ 江伟主编. 民事诉讼法. 5版. 北京：高等教育出版社，2016：30－37.

⑤ 张卫平. 民事诉讼法教程. 北京：法律出版社，2008：43－50.

本书主张民事诉讼法规定的基本原则可分为两类，即共有原则和特有原则。

（三）疑难点解析

1. 何谓共有原则

共有原则，是指根据宪法，参照法院组织法有关规定制定的基本原则。这类基本原则的特点是不仅适用于民事诉讼，也适用于刑事诉讼和行政诉讼，具体包括：（1）审判权由法院行使的原则；（2）法院独立审判案件的原则；（3）以事实为根据、以法律为准绳的原则；（4）当事人在适用法律上一律平等的原则；（5）使用本民族语言、文字进行诉讼的原则；（6）民族自治地方制定变通或者补充规定的原则。

2. 何谓特有原则

特有原则，是指根据民事诉讼自身特点规定并只适用于民事诉讼活动的原则。这类基本原则包括：（1）诉讼权利平等原则；（2）当事人平等原则；（3）自愿、合法调解原则；（4）辩论原则；（5）诚实信用原则；（6）处分原则；（7）支持起诉原则；（8）民事检察监督原则。

第二节　诉讼权利平等原则

（一）难度与热度

难度：☆　热度：☆☆☆

（二）基本理论与概念

诉讼权利平等原则，是指双方当事人在民事诉讼进行过程中平等地享有和行使诉讼权利。《民诉法》第8条规定："民事诉讼当事人有平等的诉讼权利。人民法院审理民事案件，应当保障和便利当事人行使诉讼权利，对当事人在适用法律上一律平等，"民事诉讼法中确立当事人诉讼权利平等原则是宪法规定的"公民在法律面前一律平等"原则在民事诉讼中的贯彻和体现，也是民事纠纷中当事人实体法律地位在民事诉讼程序中的延伸。

根据立法和民事诉讼原理，诉讼权利平等原则包括三个方面的内容：（1）当事人在诉讼过程中诉讼地位平等。当事人诉讼地位平等是立法中明确规定的一种静态的、应然的状态。在民事诉讼中，当事人不论性别、民族、宗教、社会地位、文化程度等有何差异，在诉讼上的地位一律平等，既没有诉讼地位的高低之分，也不存在任何诉讼上的特权。在民事诉讼中，尽管有原告、被告、第三人等不同的称谓，但诉讼当事人在诉讼过程中的诉讼地位是平等的，没有优劣高低之分。双方当事人都平等地享有诉讼权利，平等地承担诉讼义务。（2）当事人平等地享有、行使诉讼权利。当事人平等地享有、行使诉讼权利，是从动态、实然的角度考察的。双方当事人在诉讼中享有平等的诉讼地位，是通过当事人在诉讼中享有、行使平等的诉讼权利加以体现和实现的，而当事人诉讼权利的享有和行使集中体现在双方当事人在诉讼过程中的"诉讼进攻"和"诉讼防御"。（3）保障和便利当事人平等地行使诉讼权利。当事人平等地享有、行使诉讼权利离不开立法和司法的保障。立法对当事人享有平等的诉讼权利的保障是前提，由法院在司法过程中加以贯彻，保障和便利当事人平等地享有和行使诉讼权利。

（三）疑难点解析

1. 何谓平等的诉讼权利

当事人平等的诉讼权利可从两个方面体现：第一，同一性权利，是指为双方当事人规定了内容相同的诉讼权利，如委托诉讼代理人、申请回避、收集与提供证据、质证辩论、提起上诉等；第二，对应性权利，是指双方当事人享有的具有"对抗"性质的、内容相向的诉讼权利，如原告有起诉权，被告有答辩权，原告可以放弃或变更诉讼请求，被告可以承认或反驳诉讼请求。当事人诉讼权利的平等性不仅是指当事人双方享有完全相同的诉讼权利，更为重要的是原告和被告享有的不同的诉讼权利之间具有相互对应性。这种相互对应性保证了彼此之间攻击与抗辩的对等性，维系了攻守力量的平衡，从而体现出诉讼权利的平等性。

2. 诉讼权利平等原则的具体适用

民事诉讼法通过具体条文的规定落实诉讼权利平等原则的基本要求，但是，仍离不开司法实践对该原则的具体适用。首先，人民法院应当树立诉讼平等的观念。宪法和民事诉讼法对诉讼权利平等原则作出了规定，但关键是司法人员在执法过程中需要牢固树立平等的观念，能够及时、准确告知当事人诉讼权利，在诉讼过程中适时、恰当地指导当事人行使权利。其次，应当明确诉讼权利平等原则的适用范围。诉讼权利平等原则的适用范围包括两个方面：一是对人的适用，根据同等原则，适用于中国公民、法人或者其他组织，也适用于在中国进行民事诉讼的外国人、无国籍人、外国企业和组织。但是，根据对等原则，外国法院对我国公民、法人和其他组织的民事诉讼权利加以限制的，我国法院对该国公民、企业和组织的民事诉讼权利加以同样的限制。二是适用的程序，在民事纠纷案件的诉讼中，双方当事人享有平等的诉讼权利和承担相应的诉讼义务。除特别程序、公示催告程序等非诉程序外，其他诉讼程序都适用该项原则。

3. 何谓法院便利当事人行权

"便利"当事人行使诉讼权利，就是在诉讼过程中，法院应当尽量为当事人行使诉讼权利提供方便，尤其是在一方当事人行使诉讼权利遇有障碍和困难时，应当帮助当事人消除障碍和克服困难，以实现诉讼权利行使上的真正平等，例如，立法时，应当考虑当事人收集证据能力的有限性，规定法院辅助收集证据的条件。

4. 如何理解"平等保障不否定符合立法目的的差别对待"？

由于当事人双方的文化素质、法律素质等差异，有时他们不能真正平等地行使诉讼权利，此时法院可以适当予以释明，对明显处于弱势的一方当事人提供必要的帮助，包括减免诉讼费用、支持起诉等，使之与强势一方形成实质上的平等。

第三节　处分原则

（一）难度与热度

难度：☆☆　　热度：☆☆☆☆

（二）基本理论与概念

处分原则，是指民事诉讼当事人有权在法律规定的范围内，自由处分自己的民事权利和诉讼权利。《民诉法》第13条第2款规定："当事人有权在法律规定的范围内处分自己的民事权利和诉讼权利。"

处分原则贯穿于民事诉讼的全过程，当事人的处分权对诉讼的开始、诉讼的继续和诉讼的终结都有着重要的影响。在现代社会，几乎所有国家的民事诉讼制度都采用了处分原则，但在总体模式上有两种不同的选择：一种是完全的处分主义，另一种是相对的处分主义。我国民事诉讼法选择的是相对的处分主义。根据《民诉法》第13条第2款，处分原则包括以下内容：（1）当事人享有处分权。处分权的主体只限于民事诉讼当事人，不包括其他诉讼参与人。其他诉讼参与人只是辅助法官和当事人推动诉讼程序的进行。处分权虽然是当事人的权利，但可由诉讼代理人代为行使。法定代理人享有类似当事人的诉讼地位，可以在法律许可的范围内直接代理当事人处分民事权利和诉讼权利。委托代理人只能在当事人授权的范围内行使处分权。（2）当事人处分的对象是民事权利和诉讼权利。

（三）疑难点解析

1. 当事人处分权的表现形式

当事人的处分权主要体现在两个方面，即民事权利和诉讼权利。民事权利的处分与诉讼权利的处分往往具有同步性，对民事权利的处分，一般通过对诉讼权利的处分实现。

当事人对民事权利的处分体现为：第一，当事人享有实体保护选择权。在起诉时，原告可自由确定诉讼请求、确立权利救济的范围和选择救济的方式。第二，诉讼过程中，原告可以变更其实体请求，被告可以承认原告的诉讼请求，例如，原告可以撤回一部分请求或全部请求、可以扩大或缩小请求的范围、可以将此请求变更为彼请求，但此种变更应考虑对方当事人的利益，应符合一定条件，被告可以部分承认或者全部承认原告的实体请求，也可以拒绝并予以反驳。第三，在诉讼过程中，双方当事人可在审判人员的主持下达成调解协议，也可以自行和解；判决执行前，双方当事人可以就实体权利义务自行和解。

当事人对诉讼权利的处分体现为：第一，程序启动的选择权。是否启动民事诉讼程序，完全由当事人决定。在任何情形下，没有当事人的起诉，法院均不得依职权发动诉讼。第二，攻击防御手段的选择权。在诉讼过程中，当事人可以选择采取何种诉讼策略、手段。第三，程序终结选择权。当事人可以选择以撤回诉讼的方式使诉讼宣告终结，也可以以调解或和解方式终结诉讼，还可以要求法院以判决方式结案。第四，后续程序选择权。一审判决后，是否提起上诉、是否申请再审、是否申请强制执行，由当事人决定。

2. 如何限制当事人的处分权

当事人处分民事权利和诉讼权利，都必须在法律许可的范围内，并接受法院的审查和监督。如果当事人的处分权超出了法律规定的范围，损害国家利益、社会公共利益或他人的民事权益，该处分行为无效。比如，在具有特殊性的有关身份关系的诉讼中，法院应当对当事人之间的权利处分进行干预。但是，我国民事诉讼法在某些方面对当事人处分权的限制值得思考，例如，再审程序、执行程序的启动并未完全尊重当事人的意愿，协议管辖适用范围的限制，当事人撤诉必须经过法院的同意，无独立请求权第三人被追加到诉讼中等。①　除此之外，法定代理人享有类似当事人的诉讼地位，可以在法律许可的范围内直接代理当事人处分民事权利和诉讼权利。委托代理人只能在当事人授权的范围内行使处分权。

3. 正确处理审判权与处分权的关系

一方面，处分权与审判权之间是合理制约关系。处分权决定了审判权的起点、范围，影响个案审判的终结。相对的，审判权对处分权的行使具有审查监督的作用，以此防止处分权的不当扩张和滥用，保证处分权在法律规定的范围内行使。另一方面，审判权对处分权的行使具有指导作用。实践中，存在当事人不会正确运用处分权的情况，此时法官应当做适当的指导，以便当事人能够在正确认识下行使处分权，实现处分权的功效。但是，民事诉讼运作中，法官利用审判权干预或限制当事人处分权的行使的现象普遍存在，并且具有随意性②，如强制当事人撤诉、强迫调解等。这就需要我们除在立法层面加强保障当事人处分权之外，还应当重视审判人员的观念转变。

第四节　辩论原则

（一）难度与热度

难度：☆☆☆　　热度：☆☆☆☆☆

（二）基本理论与概念

辩论原则，通常是指在法院的主持下，当事人双方有权就案件事实和适用法律等有争议的问题，各自陈述自己的主张和根据，相互进行反驳和答辩，以说服法院支持自己的主张。在该过程中当事人行使的是辩论权。我国《民诉法》第12条规定："人民法院审理民事案件时，当事人有权进行辩论。"

辩论原则的主要内容包括以下几个方面：（1）辩论权是当事人一项重要的诉讼权利。辩论原则是建立在当事人诉讼权利平等基础上的。在诉讼过程中，当事人平等地行使辩论权是诉讼权利平等的要求，也是对当事人诉讼地位平等的反映。当事人以辩论权的行使，进行攻击和防御，为法官审理和裁判提供诉讼资料，形成原告、被告和法官之间的互动关系。辩论权是该互动过程中重要的支撑。（2）当事人行使辩论权针对的内容包括实体问题和程序问题。在我国民事诉讼中，当事人辩论的内容非常广泛，涵盖了所有可能产生争议的问题，具体包括实体问题和程序问题。实体问题又细分为案件事实问题和适用实体法律问题，如原、被告对涉案实体法律关系的争论、就案件事实可适用实体法律规范的争论。程序问题包括当事人对法院有无管辖权、当事人是否适格、代理行为是否合法等的争论。在这两者中，实体问题是辩论的核心，程序问题的辩论是为了保证实体问题的公正解决。（3）当事人辩论的方式既可以是口头的又可以是书面的。当事人口头辩论是主要辩论形式，集中体现在法庭审理阶段。书面辩论主要适用于其他诉讼阶段，

---

① 我国民事诉讼中当事人处分权的行使对法院的约束力在很大程度上具有相对性，当事人的处分行为要经过法院审查同意后才具有效力，因而有学者认为这不是真正意义上的处分原则的内涵。王次宝. 民事诉讼处分原则研究. 上海：上海人民出版社，2020：146-164.

② 张卫平. 民事诉讼处分原则重述. 现代法学，2001（6）.

如原告提交诉状、被告提交答辩状。两种方式的采用体现出言词主义和书面主义互补的精神，一方面体现言词方式的灵活性和直接性，另一方面发挥书面方式便于保存的优势。

（三）疑难点解析

1. 辩论原则与辩论主义的关系

我国辩论原则与大陆法系的辩论主义不同。辩论主义是与职权探知主义相对的一种立法指导准则，是指只有当事人在诉讼中提出的事实，经过辩论，才能作为法院判决依据的一项诉讼制度和基本原则。反之，当事人没有在诉讼中提出的事实就不能作为法院裁判的依据。[①] 其内容包括：第一，当事人没有主张的主要事实不能作为判决的依据；第二，当事人之间无争议的事实应作为法院裁判的依据；第三，法院对证据的调查只限于当事人在辩论中提出的证据。即使法院可以依职权主动收集调查证据，也只能限定在当事人主张的范围之内。[②] 辩论主义与处分主义共同反映出当事人诉权与法官审判权之间的关系，也界定了当事人与法院在诉讼中的地位和作用。由此可以看出，我国民事诉讼法中规定的辩论原则与大陆法系的辩论主义不同，我国辩论原则仅停留在当事人进行辩论的行为层面，而没有通过立法明确当事人的辩论结果对法院裁判的约束，因而有学者将这种形式上的辩论原则称为"非约束性辩论原则"[③]。

不过，《证据规定》对自认、收集证据、质证辩论规则的明确，使得我国民事诉讼中的辩论原则更接近于大陆法系国家的辩论主义。当事人和法院在民事诉讼中的作用分担已变得较为明确，从而使得民事诉讼构造更加合理。但是，我们在向辩论主义靠近的过程中，也不能矫枉过正。因为辩论主义是以当事人自我责任为基础的责任分担规则，在我国没有给当事人充分的证据收集权利的时候，不能过分强调法官收集证据的消极被动性。同时，辩论主义的内容与要求具有流变性和开放性的特征。目前，从大陆法系国家民事诉讼法的发展趋势来看，法官职权在不断加强。与此同时，辩论主义作为民事诉讼法理的基础地位受到了一定的挑战，出现了"协同主义"、辩论主义缓和、辩论主义修正等观点。[④] 因而，我国在辩论原则的立法完善上，要坚持和当前司法环境相适应。

2. 辩论原则的适用

（1）当事人辩论权的行使贯穿整个诉讼过程。除特别程序外，在第一审程序、第二审程序和审判监督程序中，都应当贯彻辩论原则。但是，应当将法庭辩论阶段与辩论原则的适用阶段区分开来。法庭辩论阶段仅仅是当事人行使辩论权的重要体现，最集中地反映了辩论原则的主要精神，但辩论原则不局限于法庭辩论，还贯穿当事人从起诉到诉讼终结的整个过程，比如开庭审理前原告的起诉以及被告的答辩也是当事人

---

① 张卫平. 诉讼构架与程式：民事诉讼的法理分析. 北京：清华大学出版社，2000：153；许可. 论当事人主义诉讼模式在我国法上的新进展. 当代法学，2016（3）.

② [日] 兼子一，竹下守夫. 民事诉讼法：新版. 白绿铉，译. 北京：法律出版社，1995：495；冯珂. 从权利保障到权力制约：论我国民事诉讼模式转换的趋向. 当代法学，2016（3）.

③ 张卫平. 我国民事诉讼辩论原则重述. 法学研究，1996（6）；段文波. 我国民事庭审阶段化构造再认识. 中国法学，2015（2）.

④ 姜世明. 民事诉讼法基础论. 台北：元照出版有限公司，2006；任重. 民事诉讼协同主义的风险及批判：兼论当代德国民事诉讼基本走向. 当代法学，2014（4）；许可. 论当事人主义诉讼模式在我国法上的新进展. 当代法学，2016（3）；杨严炎. 论民事诉讼中的协同主义. 中国法学，2020（5）；翁晓斌，周翠. 辩论原则下的法官实质指挥诉讼与收集证据的义务. 现代法学，2011（4）.

辩论权的行使。

（2）法院应当保障辩论原则的实施。法院对当事人辩论原则的保证贯穿整个诉讼程序。在诉讼过程中，法官要发挥其主持、指挥和引导作用，为双方当事人提供均等的辩论机会，正确行使其诉讼指挥权，认真听取当事人的陈述、质证辩论，在此基础上对争议事实作出公正的裁判。

（3）定案的依据必须经过质证辩论。定案依据必须经过质证辩论是辩论原则的核心，也是当事人程序保障法理的具体要求。根据民事诉讼法及相关司法解释的规定，用于证明待证事实的证据材料，不经当事人庭审辩论，不能作为裁判的依据。

第五节 自愿合法调解原则

（一）难度与热度
难度：☆☆ 热度：☆☆☆

（二）基本理论与概念

自愿、合法调解原则，又称法院调解原则，是指在法院的主持下，双方当事人自愿就其民事权益争议平等协商，达成协议，解决其民事纠纷的活动。法院调解是与审判活动并列的诉讼活动，也是法院解决民事纠纷的重要形式。

我国《民诉法》第9条规定："人民法院审理民事案件，应当根据自愿和合法的原则进行调解；调解不成的，应当及时判决。"其具体包含以下内容：（1）以自愿、合法为原则。法院调解应当建立在当事人自愿和合法的基础上。自愿指的是调解程序的开始必须经过当事人的同意，调解协议的达成也必须建立在当事人合意的基础上。法官在调解过程中不能利用其裁判者的身份强迫当事人接受调解。合法指的是调解活动在程序上必须符合民事诉讼法的规定，在结果上不得违反民事实体法的规定，或损害国家、社会和第三人合法权益。此外，《民诉法》第96条规定，人民法院审理民事案件，必须在事实清楚、分清是非的基础上进行调解。因此，学界将"事实清楚、分清是非"作为法院调解应当遵循的另一个原则。（2）调解既是一种审理方式，又是一种结案方式。法院在审理民事案件时，应当根据需要和可能，对双方当事人进行调解，促使双方相互谅解，消除分歧，达成协议。这是与审判并列的一种处理方式。同时，当达成调解协议时，将产生终结调解程序和终结整个审判程序的效力。调解协议书具有与民事判决同向的法律效力。因此，调解又是一种结案方式。

（三）疑难点解析

1. 如何确定法院调解的适用范围及启动

法院调解原则适用的范围相当广泛：从适用的法院来看，各级人民法院在审理民事案件的过程中都可适用调解来解决纠纷；从案件性质来看，一般民事纠纷都可适用调解解决；从适用程序来看，法院调解可适用于解决民事纠纷的审判程序的全过程，包括一审程序、二审程序以及审判监督程序。一审程序中无论是普通程序还是简易程序都可适用调解。但是，调解原则的适用也有一定的限制。对适用特别程序、督促程序、公示催告程序、破产还债程序的案件，婚姻关系、身份关系确认案件，以及其他依案件性质不能进行调解的民事案件，人民法院不予调解。同时，执行程序中也不适用法院调解。

首先，调解的开始。在民事审理过程中，当事人可以申请法院调解，法院也可以在征得当事人同意的基础上开始调解。法院调解的时间具有灵活性，只要条件许可，审判程序开始后到判决作出前的任何阶段都可以开始调解。

其次，调解的进行。调解的进行是法院审判人员主持调解、说服教育，当事人自愿协商达成调解协议的过程。其中，调解主持者通常是本案承办法官，不过法官也可以根据情况，邀请有关单位代表或个人协助法院进行调解。原则上，双方当事人应当出庭，特殊情况下可以经特别授权的代理人代为调解。

最后，调解的结束。法院调解以达成调解协议或调解失败而终结。达成调解协议将终结整个审判程序，调解失败则继续进行审判程序。

2. 如何正确处理调解与判决的关系

调解与判决是法院行使审判权解决民事纠纷的两种方式。从法院调解原则变迁的过程来看，其始终是围绕着调解与判决关系来展开的。总体而言，"调解为主"、"着重调解"和"调解优先"具有一致性，都是强调调解优先于判决。这与诉讼活动的本质是相背离的。1991年《民诉法》提出的"自愿合法调解"，是对调解和判决关系的正确定位。一方面，突出调解自愿，将选择权赋予当事人，这是法院调解正当性的基石；另一方面又肯定了判决在民事诉讼中的重要地位和作用。因而，在法院审判实践中，应当恪守自愿合法调解原则，并注意以下几点：一是调解不是人民法院审理民事案件的必经程序，人民法院可不经调解，在查明事实的前提下直接作出判决；二是即使当事人愿意进行调解的民事案件，人民法院也不能久调不决，调解不成或调解书送达前当事人反悔的，人民法院应当及时作出判决。[1]

3. 法院调解原则的变迁

法院调解原则是在我国长期历史发展过程中演变而来的一项诉讼原则，其内涵也在不断发生变化，大致经历了"调解为主→着重调解→自愿合法调解→调解优先"几个阶段。在民主革命时期，"调解为主，审判为辅"作为处理民事纠纷的基本方针，之后在革命根据地和解放区司法机关得到普遍推行。新中国成立后，作为对各边区和革命根据地审判经验总结的"马锡五审判方式"成为当时民事审判工作的基本指南。1956年最高人民法院提出"调查研究、就地解决、调解为主"的"十二字"方针，使得"调解为主"成为民事审判的基本原则。1982年《民诉法》将"调解为主"改为"着重调解"原则，在一定程度上淡化了调解在民事审判中的主导地位，但仍然保持着调解优先于审判的基本格局。[2] 1991年《民诉法》将"着重调解"改为"自愿合法调解"，基本上奉行"能调则调、当判则判"的精神。2009年最高人民法院提出"调解优先，调判结合"的方针，从政策上对1991年《民诉法》中的调解原则予以调整。2012年修订《民诉法》时，将法院调解原则予以强化，增加立案调解与庭前调解，使得法院调解原则在民事诉讼中得到全面贯彻。2017年、2021年修订《民诉法》时对调解原则予以延续。

[1] 田平安主编. 民事诉讼法原理. 7版. 厦门：厦门大学出版社，2022：85.
[2] 江伟主编. 民事诉讼法学. 3版. 上海：复旦大学出版社，2016：106.

第六节　诚实信用原则

（一）难度与热度

难度：☆☆　热度：☆☆☆

（二）基本理论与概念

民事诉讼中的诚实信用原则，又称诚信原则，"是指法院、当事人以及其他诉讼参与人在审理民事案件时，必须公正、诚实和善意"[①]。诚实信用原则原是民法中的一项基本原则，其主要立法目的是排除一切非道德的、不正当的行为，维护商品经济和市民社会生活的正常秩序和安全。民事诉讼法学者对诚实信用原则适用的关注也是最近十多年的事情。在国外，民事诉讼领域是否适用诚实信用原则存在"肯定说"和"否定说"[②]。1985 年，奥地利民事诉讼法规定了真实义务，基本上确立了诚实信用原则。后来匈牙利、德国、日本等国相继在其民事诉讼法中确立真实义务，诚实信用原则作为民事诉讼法的一个基本原则的存在价值已经越来越受到重视。在我国，认为民事诉讼中应当确立诚实信用原则的观点占据主导地位。[③] 2012 年《民诉法》确立诚实信用原则，对我国民事司法制度产生了深远影响。2021 年《民诉法》对诚实信用原则作适当修改，第 13 条第 1 款修改为"民事诉讼应当遵循诚信原则"。

（三）疑难点解析

诚实信用原则如何具体适用？

诚实信用原则作为规制民事诉讼主体行为的重要原则，尽管已被条文化，但其具体适用有待进一步的明确。

1. 诚实信用原则对法官的制约

诚实信用原则对于法院而言，就是要求法院审理和裁判民事案件时应当公正合理。第一，禁止法官滥用审判权。禁止法官滥用审判权，就是要求法官在对实体问题和程序问题进行自由裁量时，立足于案件事实，在法律许可的范围内忠实地行使裁量权。如果法官滥用自由裁量权，当事人可以通过上诉或再审予以救济。第二，禁止突袭裁判。禁止突袭裁判是程序保障的基本要求。在审理过程中，要保障当事人享有充分的攻击和防御的机会，法官也应当根据具体案情、当事人诉讼能力等因素及时恰当地进行释明，在发现真实、促进诉讼和法律适用上都保障当事人诉讼主体地位，杜绝突袭行为。[④]

---

① 张卫平. 民事诉讼法. 5 版. 北京：法律出版社，2019：50.

② 对民事诉讼领域是否应当确立诚实信用原则的有关争论，详见唐力. 论民事诉讼中诚实信用原则之确立. 首都师范大学学报（社会科学版），2006（6）；[日] 谷口安平. 程序的正义与诉讼. 增补本. 王亚新，刘荣军，译. 北京：中国政法大学出版社，2002：167-169；张卫平. 民事诉讼中的诚实信用原则. 法律科学（西北政法大学学报），2012（6）；陶婷. 民事诉讼诚实信用原则的法理基础及其适用范围. 河北法学，2014（10）；李峣. 诚信原则进入到民事诉讼法的理论述评：兼论对我国民事诉讼模式发展与走势的影响. 甘肃理论学刊，2013（6）；陈文曲. 我国民事诉讼基本原则的内在沟通逻辑. 法律科学（西北政法大学学报），2022（4）。

③ 不过，有学者对此持不同的观点，详见韩波. 错觉抑或幻象：民事诉讼法诚信原则再省思. 暨南学报（哲学社会科学版），2014（3）。

④ 田平安主编. 民事诉讼法原理. 7 版. 厦门：厦门大学出版社，2022：88.

2. 诚实信用原则对当事人的制约

一是禁止滥用诉讼权利，即当事人不得滥用诉讼权利以获取对自己有利的状态，例如，滥用管辖异议权、回避请求权等，影响诉讼的顺利进行。二是禁止虚假陈述。禁止虚假陈述或提供虚假证据，即要求当事人在诉讼过程中不得违背真实义务，对案件事实做虚假陈述或提交伪证。三是禁反言，即当事人在诉讼中不得故意作相互矛盾的陈述。四是禁止诉讼突袭。实施诉讼突袭被普遍认为是违反了民事诉讼程序性、公正性，有悖于诚实信用原则的不当诉讼行为。

3. 诚实信用原则对其他诉讼参与人的制约

对其他诉讼参与人，诚实信用原则要求其实施诉讼行为时必须接受诚实信用道德准则的约束。具体的要求应当包括：一是诉讼代理人不得在诉讼中滥用和超越代理权，要在代理权限内进行诉讼代理行为，对委托人和法院要诚实；二是证人不得提供虚假证词，在我国目前当事人自带证人到庭的情况下，有必要建立证人宣誓制度，强调证人的真实义务和协助义务；三是鉴定人不得作与事实不符的鉴定结论；四是翻译人员不得故意作与诉讼主体陈述或书写原意不符的翻译。[①]

第七节　民事检察监督原则

（一）难度与热度

难度：☆☆　热度：☆

（二）基本理论与概念

民事检察监督原则，是指检察院对于法院行使民事审判权和执行权行为的合法性进行监督的原则，包括合法性原则、居中监督原则以及谦抑性原则等三个具体原则。《民诉法》第14条规定："人民检察院有权对民事诉讼实行法律监督。"第246条规定："人民检察院有权对民事执行活动实行法律监督"。检察机关监督民事诉讼，对于维护法制的统一，保障法院正确行使审判权和执行权，维护当事人的合法权益，都具有重要的意义。检察院可以通过抗诉和提出检察建议的方式进行民事检察监督。民事检察监督有利于维护纯洁司法环境、保障诉讼秩序、维护司法公正。作为实现目的之手段，民事检察监督的功能应当定位于补充性、辅助性、第二性，在传统民事诉讼程序缺乏自我矫正的能力或者丧失自我修复与自净的能力之时发挥作用。民事检察监督不是削弱法院的司法公信力，而是支持和帮助法院做好审判执行工作，排除外界对法院司法的干预，保障法院依法独立公正行使审判权和执行权。

（三）疑难点解析

1. 民事检察监督的对象范围

2012年修订后的《民诉法》全面强化了检察机关对民事诉讼的法律监督，扩大了监督范围，构建了一个从审判到执行、从过程到结果的全方位的检察监督体系，具体包括如下几个方面的内容。

[①]　王福华. 民事诉讼诚实信用原则论. 法商研究（中南政法学院学报），1999（4）；张卫平. 民事诉讼法. 5版. 北京：法律出版社，2019：54.

（1）民事检察的对象包括法院的审判活动和执行活动。检察监督关系应当理解为权力—权力关系，即检察权与审判权、执行权的关系，因此，检察监督的对象，限于法院审判权和执行权的行使。《民诉法》第 14 条中的"民事诉讼"一词，应当作限缩解释，仅指法院的审判权和执行权。而当事人诉讼行为的合法性及程序效果均应接受《民诉法》的调整以及法官的具体判断，不属于检察监督的范围。

当然，对于法院审判权和执行权的监督，要进一步区分法院的一般程序违法行为和严重程序违法行为，将《民诉法》第 177 条第 1 款第 4 项、第 211 条第 7~11 项等严重程序违法行为作为检察监督重点。同时，还要区分审判权和执行权的消极行使和积极行使。法院怠于行使审判权和执行权的，比如法院不受理案件也不下裁定书，或者被执行人有可供执行而执行法院迟迟不采取相应执行措施的消极执行等行为，由于消极司法的证据确凿，侵害的是当事人的起诉权和强制执行请求权等重要程序权利，因此其应作为民事检察监督的重点。对于法院滥用审判权和执行权的积极行为，要视该行为的违法程度、对当事人程序权利和实体权利侵害的程度，来确定民事检察监督的重点。例如，在民事执行行为侵害了被执行人、相关程序参与人的人格权、自由权、生存权等基本人权时，检察机关应介入执行程序，及时监督，以保障人权。

（2）应将法院调解书纳入民事检察监督的范围。检察院发现调解书损害国家利益、社会公共利益的，应当提出抗诉或再审检察建议。

（3）由原来的事后监督扩展为全程监督。除了对生效裁判提起抗诉监督，检察院还可以提出检察建议，对审判与执行中的违法行为进行监督。

2. 如何确保民事检察监督程序的顺利实现

（1）当事人申请检察监督的程序前置。《民诉法》第 220 条第 1 款明确规定了当事人的再审申请优先于检察监督。有下列情形之一的，当事人可以向检察院申请检察建议或者抗诉：法院驳回再审申请的，法院逾期未对再审申请作出裁定的；再审判决、裁定有明显错误的。

（2）检察院对申请的审查和决定。检察院对当事人的申请应当在 3 个月内进行审查，作出提出或者不予提出检察建议或者抗诉的决定。当事人不得再次向检察院申请检察建议或者抗诉。

（3）检察建议或抗诉的提出。地方各级检察院对同级法院已经发生法律效力的判决、裁定，发现有《民诉法》第 211 条规定情形之一的，或者发现调解书损害国家利益、社会公共利益的，可以向同级法院提出检察建议，并报上级检察院备案，也可以提请上级检察院向同级法院提出抗诉。经过审查，作出提出检察建议或者抗诉决定的，最高人民检察院对各级法院已经发生法律效力的判决、裁定、调解书，上级检察院对下级法院已经生效的判决、裁定、调解书，经审查作出提出抗诉决定的，可以提出抗诉；地方各级检察院对同级法院已生效的判决、裁定、调解书，不得直接提出抗诉，只能提请上级检察院提出抗诉。

第八节 支持起诉原则

（一）难度与热度

难度：☆ 热度：☆

（二）基本理论与概念

支持起诉原则，是指对于损害国家、集体或个人民事权益的行为，受损的单位或个人不敢、无力或不便提起诉讼的，机关、社会团体、企业事业单位可以支持其向法院起诉的一项法律制度。我国最早规定支持起诉制度的法律条文是 1982 年《民诉法》第 13 条。《民诉法》第 15 条规定："机关、社会团体、企业事业单位对损害国家、集体或者个人民事权益的行为，可以支持受损害的单位或者个人向人民法院起诉。"支持起诉原则建立在私人权益与社会利益一致的基础上，对于维护国家、集体和他人利益，动员社会力量与民事违法行为作斗争，扶正祛邪，保护弱者，伸张正义，具有重要意义。

支持起诉的适用条件包括以下方面：（1）支持起诉的前提是加害人的行为侵犯了国家、集体或个人的民事权益；支持起诉的主体，只能是机关、团体和企业事业单位，不能是公民个人。（2）支持起诉的对象限于受害人且必须受害人还没有起诉。（3）支持起诉人必须与案件没有利害关系。如果支持起诉人与本案有法律上的利害关系，应以当事人或无独立请求权的第三人的身份参加诉讼。

（三）疑难点解析

1. 支持起诉原则的主体为何

支持起诉的主体，只能是机关、团体和企业事业单位，不能是公民个人。

支持起诉既是这些单位的权利，也是职责。如果允许个人支持起诉，容易发生包揽诉讼的流弊，因此排除个人行使支持起诉权。法律不要求支持起诉人与被支持者之间存在组织关系或隶属关系。

支持起诉的主体主要有以下几类：（1）消费者协会。《消费者法》第 37 条规定："消费者协会履行下列公益性职责：……（七）就损害消费者合法权益的行为，支持受损害的消费者提起诉讼……"（2）工会。《劳动法》第 30 条中规定，劳动者申请仲裁、提起诉讼的，工会依法给予支持和帮助。《工会法》第 22 条第 3 款规定："职工认为用人单位侵犯其劳动权益而申请劳动争议仲裁或者向人民法院提起诉讼的，工会应当给予支持和帮助。"（3）环境保护主管部门和有关社会团体。《水污染防治法》第 99 条第 2 款规定："环境保护主管部门和有关社会团体可以依法支持因水污染受到损害的当事人向人民法院提起诉讼。"（4）妇联。《妇女权益保障法》第 73 条第 2 款规定："受害妇女进行诉讼需要帮助的，妇女联合会应当给予支持和帮助。"（5）对未成年人和老年人负有保护职责的机构和社会组织。《未保法》第 6 条、第 7 条，《老年人权益保障法》第 7 条，对此有相关规定。（6）检察机关。依据《民诉法》对支持起诉的规定，检察机关长期以来通过支持起诉制度帮助特殊群体起诉维权。2021 年 12 月，最高人民检察院发布了以民事支持起诉为主题的第三十一批指导性案例，主要涉及财产损害赔偿、追索赡养费、追索劳动报酬、享受社会保险待遇、家庭暴力受害人权益保障等类型。目前，检察机关在特殊群体保护和社会公共利益保护方面通过支持起诉，已经取得了积极的成果，维护了社会公平正义，促进了社会和谐前行。

2. 支持起诉的方式有哪些

支持起诉的方式很多，但支持起诉人并不享有任何特权，诉讼过程中仍然应当遵循当事人地位平等原则。

（1）从精神上、道义上、舆论上支持受害人提起诉讼，解除其思想顾虑，鼓励其向法院起诉。

（2）帮助受害人收集提供证据，协助法院发现事实真相。

（3）提供法律的、科学知识方面的、技术方面的支持。在环境污染侵权诉讼中，环保部门和社会团体可以利用自身的优势，为受害人提供科学技术方面的支持。

（4）支持受害人参与法庭辩论。

（5）为受害人提供物质上的支持。

3. 支持起诉人的诉讼地位如何认定？

在各地法院的判决书中，普遍将支持起诉的主体列为支持起诉人。实务界已经认可支持起诉人在民事诉讼中的独立地位，允许其独立实施一定的诉讼行为，具体表现在：支持起诉人可以向法院揭露案件的事实真相，收集和提供有关的证据，表明自己对案件的看法，支持受害人参与法庭辩论。与此同时，支持起诉人还应充分尊重当事人的处分权。支持起诉人的诉讼活动同当事人的意志相违背的，对其行为应当认定无效。支持起诉人并非当事人，因而没有独立的起诉权，也没有独立提起上诉、管辖权异议、申请回避等由当事人享有的诉讼权利。

本章实务案例研习

一、彭某东与南昌大学第四附属医院劳动争议案[①]

案例考点：民事诉讼中处分原则对法院的约束

（一）案情简介

彭某东于 2004 年 11 月 15 日入职南大四附院担任司机一职。双方于 2015 年 4 月 27 日解除劳动关系。后彭某东向江西省劳动人事争议仲裁委员会申请仲裁，要求南大四附院为其补交社会保险及向其支付晚班补贴、行车补贴金、差额工资补偿款、月奖和年终奖等，其中要求南大四附院支付经济补偿金 21 600 元。后江西省劳动人事争议仲裁委员会作出裁决，支持了彭某东部分请求，其中包括南大四附院支付彭某东解除劳动关系的经济补偿金 21 600 元。彭某东因部分请求未得到支持，对仲裁裁决不服，诉至一审法院，要求：（1）判决被告向原告支付晚班补贴 10 080 元；（2）判决被告向原告支付行车补贴 25 920 元；（3）判决被告向原告支付月奖和年终奖 69 200 元；（4）本案诉讼费由被

---

① 案例来源：江西省南昌市中级人民法院（2016）赣 01 民终 1897 号民事判决书、江西省南昌市西湖区人民法院（2015）西民初字第 1948 号民事判决书。

告承担。对仲裁裁决的社会保险、工资差额、解除劳动合同经济补偿金没有异议。一审法院判决中，针对没有异议的经济补偿金作了判决，金额为 18 900 元。彭某东不服一审判决，向中院提起上诉，请求：（1）维持一审法院民事判决第一项；（2）撤销一审法院民事判决第二、三项，改判南大四附院向彭某东支付解除劳动关系经济补偿金 21 600 元、晚班补贴 10 080 元、行车补贴 25 920 元、月奖和年终奖 69 200 元；（3）一、二审诉讼费用由南大四附院承担。中院判决变更经济补偿金为 21 600 元。

南大四附院辩称：其不应支付经济补偿金，即使支付也应从 2008 年开始计算，《劳动合同法》规定支付经济补偿金是从 2008 开始的，2008 年之前双方的劳动合同已经期满，按当时的规定其不应支付经济补偿金。2004 年至 2014 年彭某东的工资表于一审已提交，2008 年之后彭某东几乎没有晚班，即使有，南大四附院也已支付了补贴。至于行车补贴，彭某东入职时南大四附院已经取消该项补贴，故不应支付。另外，彭某东主张月奖和年终奖无事实和法律依据。

（二）法院意见

一审法院认为，关于解除劳动关系的经济补偿金，南大四附院系口头通知彭某东办理工作交接，双方于 2015 年 4 月 27 日解除劳动关系，南大四附院应当按彭某东的工作年限支付其经济补偿金。彭某东主张其银行工资账户开户时间为 2003 年 5 月 28 日，即为其入职时间，但提交的工资账户未显示 2003 年 5 月之后工资的发放情况，不能证明工资账户开户时间即为入职时间，且根据双方提交的证据显示，双方签订第一份聘用合同的时间为 2004 年 11 月 15 日，故将彭某东的入职时间确认为 2004 年 11 月 15 日。南大四附院应当支付彭某东的经济补偿金为 18 900 元（1 800 元/月×10.5 个月）。

二审法院认为，彭某东申请仲裁的事项有：补缴社保、支付晚班补贴、行车补贴、月奖、年终奖、最低工资差额、解除劳动合同经济补偿金。仲裁裁决作出后，彭某东向一审法院起诉，要求南大四附院向其支付晚班补贴、行车补贴、月奖和年终奖，并明确表示对仲裁裁决南大四附院为其补缴社保、向其支付经济补偿金 21 600 元、最低工资差额 2 970 元无异议。因补缴社保的争议不属民事诉讼受案范围，一审判决围绕晚班补贴、行车补贴、月奖、年终奖、最低工资差额、解除劳动合同经济补偿金的争议事项进行审理并无错误，但在解除劳动合同经济补偿金的处理结果上，违反了民事诉讼的处分原则。仲裁中彭某东主张经济补偿金 21 600 元，仲裁亦裁决了 21 600 元，彭某东向一审法院起诉时明确了对此金额无异议，即主张的金额还是 21 600 元，而南大四附院若对仲裁裁决的 21 600 元不服，应在法定期限内依法定程序向一审法院起诉，明确主张其权利。现南大四附院未提交充分证据证明其曾依法定程序起诉，因此只能认定其未起诉，对仲裁裁决的金额是认可的，此系其对自身权利的处分。处分原则是民事诉讼的基本原则，本案中解除劳动合同经济补偿金的金额，应结合双方当事人主张权利的程序、仲裁裁决的金额和起诉一方的具体诉请判决 21 600 元，不应因为一方起诉、另一方未起诉反而作出对起诉一方更为不利的判决，故一审法院判决南大四附院向彭某东支付解除劳动合同经济补偿金 18 900 元，有悖于民事诉讼处分原则。

（三）法理分析

处分原则，是指民事诉讼当事人有权在法律规定的范围内，自由处分自己的民事权利和诉讼权利。在实践中，不告不理是处分原则的具体体现，不告不理，是指没有原告的起诉，法院就不能进行审判。其具体包括两层含义：一是没有原告的起诉，法院不得启动审判程序，即原告的起诉是法院启动审判程序的先决条件；二是法院审判的范围应与原告起诉的范围一致，法院不得对原告未提出诉讼请求的事项进行审判。

本案中，一审法院违背的正是不告不理的第二层含义，即超出了原告起诉范围的事项作出了更加不利于原告的判决。在劳动争议案件中，因存在仲裁前置程序，且仲裁裁决作出后，只要有一方当事人向法院起诉，仲裁裁决即不发生法律效力。此情形下，即使当事人仅对部分裁决内容有异议而起诉，法院仍应对其无异议的部分一同审理并作出判决，即一审法院应在民事诉讼的受案范围内围绕申请人在仲裁中的申请事项进行全案审理，否则当事人对仲裁裁决无异议的部分将处于悬而未决的状态，无最终处理结果。然而，全案审理是指将当事人的民事争议事项全部纳入一审争议焦点进行审理，这并不意味着任何一方当事人不经法定程序提出具体主张，法院即可自行对其未主张的内容主动作出有利判决。本案一审法院实际上是在双方当事人对于仲裁裁决的经济补偿金无异议的情况下进行改判的，其行为有违处分原则，二审法院予以纠正具有法律依据。

二、深圳歌力思服饰股份有限公司（以下简称"歌力思公司"）、王某永与杭州银泰世纪百货有限公司（以下简称"杭州银泰公司"）侵害商标权纠纷案①

案例考点：民事诉讼中诚实信用原则对当事人的要求

（一）案情简介

歌力思公司通过受让方式取得第 1348583 号"歌力思"商标，该商标核定使用于第 25 类的服装等商品之上，核准注册于 1999 年 12 月。2009 年 11 月 19 日，该商标经核准续展注册，有效期自 2009 年 12 月 28 日至 2019 年 12 月 27 日。歌力思公司还是第 4225104 号"ELLASSAY"商标的注册人，注册有效期限自 2008 年 4 月 14 日至 2018 年 4 月 13 日。

王某永于 2011 年 6 月申请注册了第 7925873 号"歌力思"商标，该商标核定使用商品为第 18 类的钱包、手提包等。王某永还曾于 2004 年 7 月 7 日申请注册第 4157840 号"歌力思及图"商标。其后，歌力思公司向国家工商行政管理总局商标局（以下简称商标局）提出异议与复审，但商标局均裁定被异议商标予以核准注册。歌力思公司不服裁定并提起诉讼，北京市第一中级人民法院作出（2013）一中知行初字第 3609 号行政判决，认定"不应予以核准注册"。王某永提起上诉，最终北京市高级人民法院于 2014 年 4 月 2 日作出二审判决，认定该商标损害了歌力思公司的关联企业歌力思投资管理有限公司的在先字号权，因此不应予以核准注册。

自 2011 年 9 月起，王某永先后在杭州等地的"ELLASSAY"专柜，通过公证程序购买了带有"品牌中文名：歌力思，品牌英文名：ELLASSAY"字样吊牌的皮包。2012 年 3 月 7 日，王某永以歌力思公司及杭州银泰公司生产、销售上述皮包的行为构成对王

---

① 案例来源：浙江省杭州市中级人民法院（2012）浙杭知初字第 362 号民事判决书、浙江省高级人民法院（2013）浙知终字第 222 号民事判决书、最高人民法院（2014）民提字第 24 号民事判决书。

某永拥有的"歌力思"商标、"歌力思及图"商标权的侵害为由，提起诉讼。一审判决，歌力思公司、杭州银泰公司停止侵权，赔偿王某永相应损失。后歌力思公司不服一审判决，向浙江省高级人民法院提起上诉，二审法院判决驳回上诉，维持原判。歌力思公司向最高人民法院申请再审，在再审审查案件过程中，歌力思公司为证明第4157840号商标权利状况及歌力思公司的经营情况和品牌知名度，向最高人民法院补充提交了三组共10份证据。王某永为证明其实际经营情况、商标注册情况等，当庭向最高人民法院提交了九组共23份证据（该组证据存在延期举证情况，且没有在一审、二审期间提交）。最高人民法院认为一审、二审判决认定事实和适用法律均有错误，歌力思公司再审申请的理由成立，予以支持，并判决撤销一审民事判决和二审民事判决，驳回王某永的全部诉讼请求。

（二）法院意见

最高人民法院再审认为，对于王某永提交的九组证据，根据2008年《证据规定》第34条（该规定已被2019年《证据规定》修改）的规定，当事人应当在举证期限内向人民法院提交证据材料，当事人在举证期限内不提交的，视为放弃举证权利。此外，2008年《审监解释》第10条（已被2020年《审监解释》删除）规定，再审程序中的新证据是指原审庭审结束前已客观存在、庭审结束后新发现的证据，或者原审庭审结束前已经发现，但因客观原因无法取得或在规定的期限内不能提供的证据。[①] 当事人在民事诉讼活动中应当遵循诚实信用原则，善意、审慎地行使自己的诉讼权利。王某永当庭提交的上述23份证据，均属于由其自行保存或经简单查询即可获得的资料，且上述证据在形式上记载的形成时间多远远早于一审判决的作出时间。作为提起本案诉讼的原告，王某永既不在一审、二审法院审理期间提交，亦未在本院明确指定的举证期限内提交上述证据，而是在庭审当日进行证据突袭，根据上述司法解释的规定，法院对于这种违反诚实信用原则、滥用诉讼权利的行为，不予支持。

关于歌力思公司、杭州银泰公司的行为是否侵害第7925873号商标权的问题。最高人民法院认为，诚实信用原则是一切市场活动参与者应遵循的基本准则。一方面，它鼓励和支持人们通过诚实劳动积累社会财富和创造社会价值，并保护在此基础上形成的财产性权益，以及基于合法、正当的目的支配该财产性权益的自由和权利；另一方面，它又要求人们在市场活动中讲究信用、诚实不欺，在不损害他人合法利益、社会公共利益

---

① 本案所依据的法律在司法解释中虽被删除，但《民诉法》第68条仍保留了相关的规定，即"当事人对自己提出的主张应当及时提供证据。人民法院根据当事人的主张和案件审理情况，确定当事人应当提供的证据及其期限。当事人在该期限内提供证据确有困难的，可以向人民法院申请延长期限，人民法院根据当事人的申请适当延长。当事人逾期提供证据的，人民法院应当责令其说明理由；拒不说明理由或者理由不成立的，人民法院根据不同情形可以不予采纳该证据，或者采纳该证据但予以训诫、罚款"。《民诉解释》第101条规定，"当事人逾期提供证据的，人民法院应当责令其说明理由，必要时可以要求其提供相应的证据。当事人因客观原因逾期提供证据，或者对方当事人对逾期提供证据未提出异议的，视为未逾期"。第102条规定，"当事人因故意或者重大过失逾期提供的证据，人民法院不予采纳。但该证据与案件基本事实有关的，人民法院应当采纳，并依照民事诉讼法第六十八条、第一百一十八条第一款的规定予以训诫、罚款。当事人非因故意或者重大过失逾期提供的证据，人民法院应当采纳，并对当事人予以训诫。当事人一方要求另一方赔偿因逾期提供证据致使其增加的交通、住宿、就餐、误工、证人出庭作证等必要费用的，人民法院可予支持"。可见，诉讼突袭仍可以被认定为违反诚实信用原则、滥用诉讼权利的行为。

和市场秩序的前提下追求自己的利益。民事诉讼活动同样应当遵循诚实信用原则，一方面，它保障当事人有权在法律规定的范围内行使和处分自己的民事权利和诉讼权利；另一方面，它又要求当事人在不损害他人和社会公共利益的前提下，善意、审慎地行使自己的权利。任何违背法律目的和精神，以损害他人正当权益为目的，恶意取得并行使权利、扰乱市场正当竞争秩序的行为均属于权利滥用，其相关权利主张不应得到法律的保护和支持。歌力思公司拥有合法的在先权利基础。歌力思公司在本案中的使用行为系基于合法的权利基础，使用方式和行为性质均具有正当性。王某永取得和行使"歌力思"商标权的行为难谓正当。王某永以非善意取得的商标权对歌力思公司的正当使用行为提起的侵权之诉，构成权利滥用。

（四）法理分析

诚实信用原则不仅是实体法的基本原则，也是民事诉讼法的基本原则，无论是法院还是当事人或者其他诉讼参与人都应当严格遵循诚信原则。其中，对于当事人而言，具体有四方面要求：第一，禁止滥用诉讼权利，即当事人不得滥用诉讼权利以获取对自己有利的状态。例如，滥用管辖异议权、回避请求权等，影响诉讼的顺利进行。第二，禁止虚假陈述或提供虚假证据。要求当事人在诉讼过程中不得违背真实义务，对案件事实作虚假陈述或提交伪证。第三，禁反言，即当事人在诉讼中不得故意作相互矛盾的陈述。第四，禁止当事人诉讼突袭。实施诉讼突袭被普遍认为是违反民事诉讼程序性公正性，有悖于诚实信用原则的不当诉讼行为。

本案中，王某永的行为不仅违背了实体法的诚实信用原则，也违背了程序法的诚实信用原则，其在再审中实施了诉讼突袭行为。当事人本应在举证期限内向人民法院提交证据材料，但王某永未在规定期限内提交证据，并且王某永当庭提交的23份证据，均属于由其自行保存或经简单查询即可获得的资料，证据在形式上记载的形成时间远远早于一审判决的作出时间，因此也不符合再审新证据的情形。其实施证据突袭行为，违背了诚实信用原则，滥用诉讼权利，当然不能得到法院的支持。

三、夏某诉徐某民间借贷案①

案例考点：违反诚实信用原则的具体情形之一——虚假诉讼

（一）案情简介

被告徐某向原告夏某出具一张借条，借条载明被告徐某累计向原告借款总计382万元，上述款项于2009年2月5日之前还清，如届时被告未予偿还，原告可向上海市虹口区人民法院起诉，之前双方之间的借条作废，时间落款为2008年9月15日。2009年2月5日之后，被告未偿还原告上述借款及利息，原告遂起诉至法院。

2007年10月30日，案外人康某民以同居关系析产为案由向上海市静安区人民法院起诉徐某，请求分割与徐某共有的房屋1及车位；请求徐某归还出售房屋2所得款40万元和康某民垫付的车辆按揭贷款7.5万元；请求徐某归还借款50万元，支付利息1万元，并按每月1万元标准支付自2005年7月16日至实际支付之日期间的利息。该案经

① 案例来源：上海市虹口区人民法院（2009）虹民一（民）初字第699号民事判决书、上海市第二中级人民法院（2009）沪二中民一（民）终字第3436号民事判决书。

过一审和二审，二审法院作出判决：第一，房屋1产权及车位产权归徐某所有。康某民应于判决生效之日起十日内配合徐某办理上述房屋产权和车位产权的过户手续，过户费用由徐某承担。第二，徐某应于判决生效之日起十日内支付康某民房屋1及车位的补偿款198.1万元。第三，徐某应于判决生效之日起十日内支付康某民出售房屋2的收益款35.5万元。第四，康某民要求徐某归还其垫付的车辆按揭贷款7.5万元的诉讼请求不予支持。判决后，徐某不履行判决，康某民于2009年1月15日向静安区人民法院申请强制执行，法院受理后及时向徐某送达了限期执行生效判决通知书，2009年2月16日，徐某表示愿意将系争房产出售后用所得价款履行判决，并要求给予两三个月宽限期以便寻找买家出售房屋。之后徐某又称无法将系争房屋出售，该案至今未予执行。

（二）法院意见

一审法院认为：原告虽持有被告书写的借条，但在借款金额、资金来源、出借方式等方面均与日常交易习惯不符，二者的借款关系存在诸多疑点，原告提供的证据尚不足以形成完整的证据链对借款关系的真实性予以证明，故确信原告与被告之间不存在真实的借贷法律关系。既然原、被告之间不存在真实借贷法律关系，双方的诉讼行为就有悖诚实信用原则，且对案外人合法财产权益构成损害，故对原告诉请不予支持。

二审法院认为：民间借贷合同具有实践性特征。合同的成立，不仅要有当事人的合意，还要有交付钱款的事实。本案中，涉案借款本金327万元，根据夏某所称，全部系现金给付，其为此提供了银行取款凭证证明其自2006年3月至2008年9月在银行陆续取款共计3 666 207元的事实，并称其中327万元借给了徐某。本院认为，夏某提供的银行取款证明仅能够证实夏某自其名下的银行卡账户内取款的事实，但不能印证夏某所称的借款给付事实。况且，夏某自己确认习惯用现金，因此，夏某提供的银行取款证明不排除是其个人所用的款项。在夏某所称的多次借款共计327万元的过程中，无一次通过银行转账，有悖借款交易习惯。综合原审法院根据夏某、徐某双方所陈述及承认之事实、所提供之证据，依据一般生活经验及逻辑法则，进行综合分析，有理由认为，夏某在本案中提供的证据尚不足以证明其所称的借款事实。原审认定事实清楚，判决并无不当。夏某的上诉请求，缺乏依据，不予支持。

（三）学理分析

本案正确诠释了民事诉讼当事人应当遵守的诚信义务，运用诚实信用原则果断下判。虚假诉讼案件的处理结果需要正确理解民事诉讼法上的意思自治原则以及由此派生出的当事人辩论原则、处分原则及上述原则对法院的拘束力。意思自治原则是整个私法体系的基本原则，可以称得上是私法体系的基石。民事诉讼法中的当事人辩论原则、处分原则均是基于此基本原则而产生，而根据辩论原则与处分原则，民事诉讼中一方当事人对另一方当事人主张的于其不利的事实或诉讼请求直接予以承认的，免除另一方当事人的举证责任，其自认的事实视为真实，其承认的诉请应予以支持，除双方当事人外，法院亦受其承认的拘束并不得作出与其自认相反的事实认定或实体裁判，这些要求都最大限度地体现了民事法律对当事人自由意志的充分尊重和保障。但是在案件涉嫌虚假诉讼特别是涉嫌损害案外人合法权益从而构成诉讼欺诈时，上述原则是否还能够予以坚持则不无疑义。这就涉及私法体系中的另一个基本原则即诚实信用原则。

民事诉讼活动应依诚实信用原则进行。诚实信用是现代社会生活应当遵循的一项基本道德规范。法律是对社会生活的反映与规范，为促进社会整体利益、维护社会公平正义，在法律生活中亦应确立诚实信用原则的基础地位。我国民事实体法已经明确确立了诚实信用原则的基本原则地位，亦即民事法律主体在从事民事实体法律活动中应依诚实信用原则为之，一切与诚实信用原则相违背的行为都应获得法律的否定性评价。而民事诉讼法与民事实体法之间是存在密切联系的，从历史上看，无论在英美法早期还是在古罗马法时期，民事实体权利要得到法律保护都必须以程序法上存在相应的固定的"程序"或"令状"即相应的诉讼权利为前提的，如不存在相应的诉讼权利也就不存在相应的实体权利，即在法律发展的早期，实体权利是寓于程序性权利中的，民事实体法与诉讼法之间的界线是分不清的。虽然在当代法律体系中，因为法律体系的科学化与精细化，实体法与程序法无论在理论上还是在立法上都有了较为明确的划分，但二者之间仍然存在密切联系，双方的一些基本精神、原则、制度安排都是共通的，民事诉讼活动是民事实体法律活动的延续，二者相互配合，以民事权利的完全实现为最终目的。而诚实信用原则的确立正是以促使义务人诚实信用地履行义务来保障权利人的民事权利得到完全的、圆满的实现，所以诚实信用原则当然亦是民事诉讼活动应遵循的一项基本原则。

　　根据诚实信用原则，民事诉讼当事人及其他诉讼参与人应真实、完全、准确地陈述案件事实，不得故意编造案件、陈述虚假事实、伪造证据进行虚假诉讼。虚假诉讼损害法律尊严和司法权威，破坏社会公序良俗，与人们一般、朴素的法律观念相违背，自为法律所不允许，不应受法律保护。

》 本章同步练习

一、选择题

1. 关于《民诉法》基本原则在民事诉讼中的具体体现，下列哪一说法是正确的？
（　　）

A. 当事人有权决定是否委托代理人代为进行诉讼，是诉讼权利平等原则的体现

B. 当事人均有权委托代理人代为进行诉讼，是处分原则的体现

C. 原告与被告在诉讼中有一些不同但相对等的权利，是同等原则的体现

D. 当事人达成调解协议不仅要自愿，内容也不得违法，是自愿合法调解原则的体现

2. 关于辩论原则的表述，下列哪些选项是正确的？（　　）

A. 当事人辩论权的行使仅局限于一审程序中开庭审理的法庭调查和法庭辩论阶段

B. 当事人向法院提出起诉状和答辩状是其行使辩论权的一种表现

C. 证人出庭陈述证言是证人行使辩论权的一种表现

D. 督促程序不适用辩论原则

3. 甲向法院起诉，要求判令乙返还借款本金 2 万元。在案件审理中，借款事实得到认定，同时，法院还查明乙逾期履行还款义务近 1 年。法院遂根据银行同期定期存款利息，判令乙还甲借款本金 2 万元，利息 520 元。关于法院对该案判决的评论，下列哪一选项是正确的？（　　）

A. 该判决符合法律规定，实事求是，全面保护了权利人的合法权益

B. 该判决不符合法律规定，违反了民事诉讼的处分原则

C. 该判决不符合法律规定，违反了民事诉讼的辩论原则

D. 该判决不符合法律规定，违反了民事诉讼的平等原则

4. 根据《民诉法》规定的诚实信用原则的基本精神，下列哪一选项符合诚实信用原则？（　　）

A. 当事人以欺骗的方法形成不正当诉讼状态

B. 证人故意提供虚假证言

C. 法院根据案件审理情况对当事人提供的证据不予采信

D. 法院对当事人提出的证据任意进行取舍或否定

5. 关于民事诉讼中的法院调解与诉讼和解的区别，下列哪些选项是正确的？（　　）

A. 法院调解是法院行使审判权的一种方式，诉讼和解是当事人对自己的实体权利和诉讼权利进行处分的一种方式

B. 法院调解的主体包括双方当事人和审理该案的审判人员，诉讼和解的主体只有双方当事人

C. 法院调解以《民诉法》为依据，具有程序上的要求，诉讼和解没有严格的程序要求

D. 经过法院调解达成的调解协议生效后如有给付内容则具有强制执行力，经过诉讼和解达成的和解协议即使有给付内容也不具有强制执行力

二、案例分析题

A 与 B 同居后，B 产下一女婴。B 将女婴交给其姐姐抚养，自己与 A 外出旅游时遇交通事故双双身亡。A 遗有私房一栋，存款、家具及其他生活用品若干。A 之弟 C1、C2 因争夺该遗产发生诉讼。法院审理过程中查明 A 有一非婚生女的事实。不待法院作出判决，C1 表示愿意互作让步，协商解决遗产分割问题，并提出书面撤诉申请。法院裁定驳回 C1 的撤诉申请。C1、C2 向法院纪检部门投诉，认为起诉是他们的权利，法院不能强迫他们诉讼。

问题：法院驳回 C1 的撤诉申请是否合法？

三、论述题

论民事诉讼中的诚实信用原则。

参考答案

一、选择题

1. D

解析：A 选项中当事人是否选择委托代理人代为进行诉讼，是当事人的诉讼权利，具体而言是一种程序性权利，是处分原则的体现。B 选项中说当事人均有权委托，是指当事人的权利相同，不区分对待，是平等原则的体现。C 选项中要注意，平等原则并不

仅指权利完全相同，平等原则包括同一性权利和对应性权利，此处指的是对应性权利，如原告的起诉权和被告的答辩权。当事人诉讼权利的平等性不仅是指当事人双方享有完全相同的诉讼权利，更为重要的是原告和被告享有的不同的诉讼权利之间的相互对应性。这种相互对应性保证了彼此之间攻击与抗辩的对等性，维系了攻守力量的平衡，从而体现出诉讼权利的平等性。D选项中法院调解应当建立在当事人自愿和合法的基础上。自愿指的是调解程序的开始必须经过当事人同意，调解协议的达成也必须建立在当事人合意的基础上。法官在调解过程中不能利用其裁判者的身份强迫当事人接受调解。合法指的是调解活动在程序上必须符合民事诉讼法的规定，在结果上不得违反民事实体法的规定，或损害国家、社会和第三人合法权益。

2.BD

解析：A选项中当事人辩论权的行使贯穿整个诉讼过程，除特别程序外，在第一审程序、第二审程序和审判监督程序中，都应当贯彻辩论原则。B选项正确，考点在于当事人辩论的方式既可以是口头的又可以是书面的，当事人口头辩论是主要辩论形式，集中体现在法庭审理阶段。书面辩论主要适用于其他诉讼阶段，如原告提交诉状、被告提交答辩状。两种方式的采用体现出言词主义和书面主义互补的精神，一方面体现了言词方式的灵活性和直接性，另一方面发挥了书面方式便于保存的优势。C选项中应注意辩论权的主体是当事人，证人没有辩论权，只能如实作证。D选项正确，辩论原则只适用于诉讼程序，不适用于非讼程序，督促程序属于非讼程序，没有争议，不存在辩论的空间。

3.B

A、B两项中，处分原则是指民事诉讼当事人有权在法律规定的范围内，处分自己的民事权利和诉讼权利。在案件审理过程中，人民法院只能就当事人请求裁判的事项进行裁判，对于当事人没有请求的事项，说明原告已经进行了处分（放弃），如果法院仍然对原告没有主张的权利作出判决，则侵犯了原告对自己权利的处分。本题中，法院就当事人未提出的事项——利息问题进行裁判，不符合法律规定，违反了民事诉讼的处分原则。B选项正确，A选项错误。

至于本案是否违反辩论原则，本案中法院依据的是"银行同期定期存款利息"计算出520元的法定利息，没有额外的要件事实需要主张及证明，所以法院的裁判没有超出当事人主张的事实，并不违反辩论原则。如果案件中在合同中约定了需支付利息，此时在原告只要求归还本金的前提下，法院要求被告支付本金和利息的裁判才可能导致违反辩论原则。因此C选项错误。

另外，本案中并不涉及平等原则，因此D选项错误。

4.C

解析：本题考查诚实信用原则。诚实信用原则适用于所有参与民事诉讼的主体，包括法院、当事人、诉讼参与人，故A、B、D选项均违背了诚实信用原则。而C选项中法院根据案件的审理情况决定对当事人提供的证据不予采信，并未违背诚实信用原则。其中C、D选项的区别在于C选项是"根据案件审理情况"而作出的取舍，是法院行使裁判权的体现，而 D 选项则是"任意"取舍，显然违背诚实信用原则。

5. ABCD

解析：本题考查民事诉讼中法院调解与诉讼和解的区别。法院调解，又称诉讼中调解，是指民事诉讼中双方当事人在法院审判人员的主持和协调下，就案件争议的问题进行协商，从而解决纠纷所进行的活动。诉讼和解是指当事人在诉讼过程中通过自行协商，就案件争议问题达成协议，并共同向法院陈述协议的内容，要求结束诉讼从而终结诉讼的制度。法院调解与诉讼和解相比，有以下几点区别：（1）性质不同。前者含有人民法院行使审判权的性质，后者则是当事人在诉讼中对自己诉讼权利和实体权利的处分。因此，A 项正确。（2）参加主体不同。前者有人民法院和双方当事人共同参加，后者只有双方当事人自己参加。因此，B 项正确。（3）效力不同。根据法院调解达成协议制作的调解书生效后，诉讼归于终结，有给付内容的调解书具有执行力；当事人在诉讼中和解的，则由原告申请撤诉，经法院裁定准许后结束诉讼，和解协议不具有执行力。因此，D 项正确。另外，诉讼中的法院调解要遵循一定的法律原则和程序。在我国，根据民事诉讼法的规定，法院调解要遵循自愿合法调解原则，且法院在组织调解时还需要有一定的程序；而诉讼和解则没有相关的程序性规定和要求。因此，C 项正确。

二、案例分析题

答案：法院驳回 C1 的撤诉申请合法，理由如下：《民诉法》第 148 条第 1 款规定，"宣判前，原告申请撤诉的，是否准许，由人民法院裁定"。《民诉解释》第 238 条规定："当事人申请撤诉或者依法可以按撤诉处理的案件，如果当事人有违反法律的行为需要依法处理的，人民法院可以不准许撤诉或者不按撤诉处理。法庭辩论终结后原告申请撤诉，被告不同意的，人民法院可以不予准许。"可见，根据法律规定，是否准予撤诉由人民法院审查后裁定。

该案中，C1 是第二顺位继承人，在有第一顺位继承人（本案为被继承人的非婚生女）的情况下不能继承遗产，C1 撤诉是为了侵犯原本属于第一顺位继承人的合法权益，有非法的目的，法院据此驳回其撤诉申请是合法的。

该问题涉及处分原则的适用问题，诉讼权利当然是当事人处分的对象，其中就包括程序终结选择权，即当事人可以选择以撤回诉讼的方式使诉讼宣告终结，也可以以调解或和解方式终结诉讼，还可以要求法院以判决方式结案。但是处分权并不是绝对的，当事人处分民事权利和诉讼权利，都必须在法律许可的范围内进行，并接受法院的审查和监督。如果当事人的处分权超出了法律规定的范围，损害国家利益、社会公共利益或他人的民事权益，该处分行为无效。在具有特殊性的有关身份关系的诉讼中，法院应当对当事人之间的权利处分进行干预。

三、论述题

答案：民事诉讼中的诚实信用原则，是指法院、当事人以及其他诉讼参与人，在审理民事案件时必须公正、诚实、善意。我国《民诉法》第 13 条第 1 款规定："民事诉讼应当遵循诚信原则。"诚实信用原则是我国民事诉讼法规定的一项基本原则，贯穿民事诉讼全过程，对民事诉讼法律关系主体和整个民事诉讼活动起指导作用，是民事诉讼立法的准则，是规范民事诉讼活动和民事诉讼参与人的诉讼行为准则。

1. 诚实信用原则对当事人的适用

诚实信用原则首先表现为对当事人在诉讼中意思自治的限制，具体表现在以下五个方面：（1）禁止反悔以及矛盾行为，即禁止反言，它是指任何人不能反悔其先前的行为或者做出与自己先前行为相矛盾的行为。禁止反悔及矛盾行为重在保障对方当事人的利益，不允许一方当事人事后反悔或采取矛盾的行为来损害对方当事人的正当利益。（2）禁止以不正当的方法或手段骗取有利于自己的诉讼状态。比如以不正当手段骗取案件的诉讼管辖，或以不正当的理由获取财产保全、证据保全、先予执行等，根据诚实信用原则的要求，采取不正当手段获取对自己有利的诉讼状态，其诉讼行为应当视为无效。（3）禁止滥用诉讼权利，故意拖延诉讼。滥用诉讼权利是指违背权利设置的目的，专门以损害对方当事人或者国家、集体利益为目的的行使权利的行为，在诉讼中，当事人享有广泛的诉讼权利，同时也承担相应的义务，其行使权利必须依法进行，不能故意拖延诉讼。（4）禁止在诉讼中作虚假陈述，影响法院对案件事实的判断。这是诚实信用原则最初的表现形态，是对当事人真实义务的要求，也是对辩论主义的补充。当事人所作的虚假陈述对法院不具有约束力，即法院将不承认自认事实的效力（作为判案基础的效力）。如果对当事人所作的虚假陈述法院也要认定的话，必然会违反诉讼形式上的公正以及实体上的公正。（5）诉讼上的权利丧失。当事人一方长时间不行使诉讼上的权利，为了保护另一方当事人，基于对其有理由不行使权利的信任为与这一权利有关联的其他诉讼行为时，可以不允许前一当事人行使该权利妨碍对方当事人的利益。

2. 诚实信用原则对法院的适用

（1）禁止滥用自由裁量权。诚实信用原则要求法官在处理程序问题和实体问题时，应当以事实为依据，以法律为准绳，在需要实施自由裁量权时，应当根据具体情况本着诚实善意的心态作出决定。（2）尊重当事人的程序权利，为当事人创造平等的诉讼条件。法官在诉讼中应当诚实地对待双方当事人，与双方当事人保持同等的"诉讼距离"，并为双方当事人提供平等的行使诉讼权利的机会；在证据的评价方面，法官应当一视同仁，只要是真实、合法的证据都应当加以认定；在案件事实的认定上，更是应当适用诚实信用原则的要求予以裁判。（3）尊重当事人程序主体地位，禁止实施突袭性裁判。以辩论主义、处分权主义为核心原则构筑的诉讼体制，要求法院在民事诉讼中不过分介入当事人之间的纠纷，体现了对当事人主体地位的尊重。诚实信用原则，在这一方面的要求是法官在诉讼中应当尊重当事人的选择（违反诚实信用原则的除外），不得实施突袭性裁判行为。

3. 诚实信用原则对其他诉讼参与人的适用

其他诉讼参与人包括诉讼代理人、证人、鉴定人、勘验人以及翻译人员。诚实信用原则，要求其他诉讼参与人在诉讼中应当本着诚实、善意原则实施诉讼行为。具体的要求应当包括：一是诉讼代理人不得在诉讼中滥用和超越代理权，要在代理权限内进行诉讼代理行为，对委托人和法院要诚实；二是证人不得作虚假证词，尤其在我国目前当事人自带证人到庭的情况下，有必要建立证人宣誓制度，强调证人的真实义务和协助义务；三是鉴定人不得作与事实不符的鉴定结论；四是翻译人员不得故意作与诉讼主体陈述或书写原意不符的翻译。

第四章　民事审判的基本制度

本章知识点速览

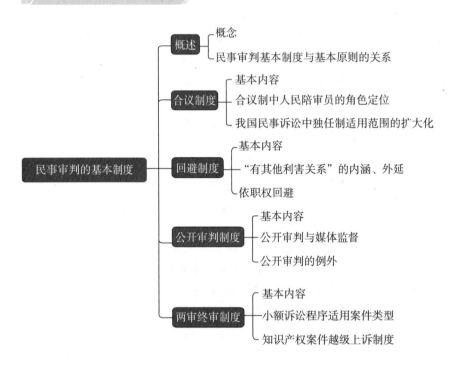

本章核心知识点解析

第一节　审判制度概述

（一）难度与热度

难度：☆☆　热度：☆☆

（二）基本理论与概念

民事审判基本制度，是指法院在审判案件时必须遵循的基本操作规程。它对于案件公开、公正审判，保障法院依法行使审判权，维护当事人的合法权益具有重要的作用。民事审判的基本制度不同于民事诉讼的其他基本制度。民事审判的基本制度是从法院审判的角度，要求法院在审判民事案件的重要阶段必须遵循的审判基本规程，体现了民事审判活动的基本精神和特征。民事诉讼的其他基本制度，如管辖制度、当事人制度、证据制度、期间制度、送达制度、保全制度、反诉制度、诉讼代理制度和司法协助制度等，主要是规范民事诉讼某个领域或某个方面的具体制度，在地位、功能和适用范围上，与民事审判的基本制度存在较大区别。

（三）疑难点解析

民事审判基本制度和基本原则的关系。

民事诉讼法的基本原则，是指在民事诉讼的全过程或者在民事诉讼的重要阶段起指导作用的行为准则。它集中体现了我国民事诉讼法的精神实质和立法目的，为法院的审判活动和诉讼参与人的诉讼活动指明了方向。民事诉讼法的基本原则是以宪法为根据，从我国实际情况出发，按照社会主义法治的要求，结合民事诉讼法的特点而集中加以规定的。它反映了民事诉讼的基本原理和内在规律，是制定、适用、解释民事诉讼法的依据，也是法院、检察院、当事人以及其他诉讼参与人进行民事诉讼活动必须遵循的根本规则。其与基本制度存在诸多区别。

民事审判基本制度和基本原则属于两个层面上的不同概念，具言之：（1）前者是从法院的角度出发，规范的内容为法院的审判行为，包括合议制度、回避制度、公开审判制度、两审终审制度等；而后者所拘束的主体更为广泛，包括当事人和法院，如辩论原则的贯彻：一方面，法院要充分保障当事人的辩论权；另一方面，当事人可以采取口头或书面的方式在开庭审理阶段进行辩论。（2）前者相比较于后者属于具体操作规程，后者属于民事诉讼基本原理的抽象概括，并不能具体化为诉讼中的具体阶段和步骤。（3）前者的效力涉及整个民事审判领域，后者的效力贯彻民事诉讼的始终，如辩论原则贯彻适用于第一审程序、第二审程序和再审程序，在开庭阶段包括从起诉、受理、审理前准备到开庭审理。

第二节 合议制度

（一）难度与热度

难度：☆☆　热度：☆☆

（二）基本理论与概念

合议制度，是指由三名以上的审判人员组成审判集体，代表人民法院行使审判权，对案件进行审理并作出裁判的制度。合议制度不同于独任制，后者指由一名审判员对案件进行审理并作出裁判的制度。合议制旨在从制度和组织上保障对案件正确审判，发挥审判人员的集体智慧，减少或避免个人的裁判能力不足导致案件的错误裁判。

合议庭的组成人数必须是单数，作为法院审理民事案件基本的审判组织，合议庭组成形式在不同审理程序中有所不同：

（1）第一审合议庭。根据《民诉法》第40条的规定，第一审合议庭的组成形式有两种。1）由审判员和人民陪审员共同组成合议庭，合议庭的人数为单数。人民陪审员在法院执行职务期间，除不能担任审判长之外，与审判员有同等的权利和义务。2）由审判员组成合议庭。在普通程序中，可以由审判员组成合议庭；在特别程序中，审理选民资格案件和重大、疑难的案件时应当由审判员组成合议庭。

(2) 第二审合议庭。根据《民诉法》第41条第1款的规定，第二审合议庭由审判员组成，不吸收人民陪审员参加。第二审是上诉审，不仅要对当事人之间的争议进行审理，还要对一审法院的审判活动实行监督，第二审的性质和任务决定了第二审不宜由人民陪审员参加。

(3) 重审合议庭。根据《民诉法》第41条第3款的规定，第二审法院发回重审的案件，原审法院应当按照第一审程序另行组成合议庭。

(4) 再审合议庭。根据《民诉法》第41条第4款的规定，审理再审案件，原来是第一审的，按照第一审程序另行组成合议庭；原来是第二审的或者是上级法院提审的，按照第二审程序另行组成合议庭。无论是二审发回重审的案件还是再审案件，都涉及另行组成合议庭的问题。另行组成合议庭是指原来审判该案的审判人员，一律不得参加发回重审和再审案件的合议庭。

(5) 非讼案件合议庭。在特别程序中，审理选民资格案件、重大或疑难的非讼案件时，必须由审判员组成合议庭；公示催告程序中作出除权判决的，应当组成合议庭。合议庭的审判长由院长或者庭长指定审判员一人担任；院长或者庭长参加审判的，由院长或者庭长担任。人民陪审员不能担任审判长。

（三）疑难点解析

1. 合议制中人民陪审员的角色定位

(1) 发展。

1949年中华人民共和国成立之后继续实行人民陪审员制度，中央人民政府委员会于1951年颁布的《人民法院暂行组织条例》第6条对此作出规定，当时的人民陪审员主要是法院根据案件性质从有关方面或团体邀请的临时代表。1954年第一部《宪法》把人民陪审员参与案件审判工作的做法规定在了宪法原则中。1954年公布的《法院组织法》、1979年公布的《刑事诉讼法》、1982年公布的《民诉法》等均再次明确规定了人民陪审员制度。这就基本确定了合议制度在第一审案件中的基本制度的地位。从发展的过程看，新中国的人民陪审员制度基本上是按照苏联陪审制度的模式建立起来的，同时也受到了大陆法系国家的影响。[①]

(2) 功能定位。

通说认为合议制度是我国民事诉讼法中的一项基本制度，而第一审案件中采用陪审制度更是落实民众参与司法的基本民主思想的体现。具体而言，陪审制度的功能体现在以下几个方面：

第一，陪审制度有利于司法公正。司法公正是司法制度改革中的重要目标，这一目标的实现当然离不开陪审制度的构建。陪审员因社会职业的不同，参与司法案件的审理可以帮助法官从不同的角度分析案情。

第二，陪审制度有利于司法民主。公民参与审判活动是世界各国的普遍做法，不同背景的国家陪审制度不同，但是其深层次蕴含的基本理念是一致的，即在司法决策中防止法官独断专行。我国的人民陪审制度是司法吸收人民群众参与国家审判的重要形式。

---

① 何家弘. 陪审制度纵横论. 法学家，1999 (3).

人民陪审员来自社会各界，可以在司法裁判中建言献策，有效地防止司法决策过程中的主观片面和独断专行。

第三，陪审制度有利于司法独立。法官在办案中不应当受到来自外界的干扰。基于舆论对司法的影响，吸收人民陪审员参与审判，可以有效地抑制来自外部环境的干扰，有利于司法裁决过程的独立。

第四，陪审制度有利于普法教育。公民亲自参加审判活动，便于具体了解案件审判、裁决的过程，对于公民法律知识和法律意识的提高有直接的益处。

（3）现状及存在问题。

目前我国人民陪审制度还存在两个问题：

第一，人民陪审员参审案件数量不均且存在"陪审专业户"。陪审制度是贯彻人民参与司法最直接的方式，符合最朴素的民主观念。首先，实践中存在着职业化的"陪审专业户"，几名人民陪审员多年从事陪审工作，随着其对法庭工作流程的熟悉，法庭也无意进行更换。从这个角度看，这是法院为了精简办案、提升办案效率的做法，但极大地背离了合议制度设立之初衷——民众广泛参与司法的理念。

第二，人民陪审员参与审判"陪而不审"现象突出。司法实践中，人民陪审员往往在法庭评议中不发表意见，只要在评议笔录上签名即可。这里需要探讨，人民陪审员庭审上不发言是否属于"陪而不审"。根据我国《民诉法》第 40 条第 3 款的规定，人民陪审员在执行陪审职务时，与审判员有同等的权利义务。从这一角度来看，人民陪审员至少需要"审"，这就体现为合议庭的评议，如果不独立发表意见，制度就存在着形式化的风险。

2. 如何理解我国民事诉讼法中"独任制适用范围的扩大化"？

2021 年修订后的《民诉法》扩大了独任制适用的范围，具体体现在以下内容中：（1）将原第 39 条改为第 40 条，将第 2 款改为："适用简易程序审理的民事案件，由审判员一人独任审理。基层人民法院审理的基本事实清楚、权利义务关系明确的第一审民事案件，可以由审判员一人适用普通程序独任审理。"（2）将原第 40 条改为第 41 条并增加一款："中级人民法院对第一审适用简易程序审结或者不服裁定提起上诉的第二审民事案件，事实清楚、权利义务关系明确的，经双方当事人同意，可以由审判员一人独任审理。"总体而言，依修订前的民事诉讼法独任制被限定在事实清楚、当事人争议不大的适用简易程序的案件中。本次修订扩大了独任制的适用范围，独任制的适用范围从适用简易程序的案件调整为事实清楚、权利义务关系明确的一审案件和对简易程序不服而提起上诉的二审民事案件。

此外，本次修法还直接明确规定了不适用独任制的情形：

（1）涉及国家利益、社会公共利益的案件。

（2）涉及群体性纠纷，可能影响社会稳定的案件。

（3）人民群众广泛关注或者其他社会影响较大的案件。

（4）属于新类型或者疑难复杂的案件。

（5）法律规定应当组成合议庭审理的案件。

对于扩大独任制适用范围的立法，实务界和理论界存在着不同的考量。从司法的角度讲，扩大独任制适用范围是为了解决目前在简易程序审理过程中出现的"形合实独"的问题。在实务审判中，简易程序转为普通程序并不是单纯地因为案件的性质复杂或争议大，通常是因为案件在法定的三个月内无法审结，最终被迫转为由合议庭进行审理。但因案件的争议不大，虽然法官在普通程序审理中组成合议庭，但实质上最终审理的效果与独任制审理并无区别，从而形成一种"名为合议制度，实为独任制的现象"。为了解决这一问题，2021年修法从源头上直接将案件事实清楚、权利义务争议不大的第一审案件交由独任制法官审理。关于简易程序审结不服和上诉的事实清楚、权利义务争议不大的案件，亦具有上述司法顾虑，因此，立法转而追求司法案件的审结效率并因此扩大独任制。但是，从民事诉讼基本理论的角度进行评价就存在不同的观点。有学者认为，独任制与简易程序的"解绑"，在尚未阐明独任制扩张的内部逻辑之前，容易导致其与合议制转换不顺畅、错误地赋予法院适用独任制任意裁量权的风险。另有学者从教义学角度出发，认为此次修法使占比四成的民事一审案件通过突破合议制度来榨取司法资源，存在本末倒置的倾向与问题。相反，解决问题正确的出路应当是重新配置审判资源到第一审案件中去。[①] 民事诉讼法理论界一致认为：合议制是我国民事诉讼审判的基本组织形式，亦为基本制度。独任制的适用属于例外，应当只针对简单的民事案件。这样理解的本质在于独任制无法落实司法民主的基本诉讼法理念。从这一角度出发，独任制适用范围的扩大难免会潜伏着一种危险的思路和逻辑——只要某个程序或制度存在着不能实际落实，徒有形式的问题时，就应当被取代或淘汰。[②] 这与程序正义建构的理想也是背道而驰的。

第三节　回避制度

（一）难度与热度

难度：☆☆　热度：☆☆

（二）基本理论与概念

回避制度，是指在民事诉讼中，审判人员及其他有关人员遇到法律规定的回避情形时，应当退出该案的审理活动的制度。回避制度的确立是法官中立及案件公正审理的基本要求和制度保障。这一制度不仅可以使有应当回避情况的审判人员及其他有关人员退出该案的审理活动，还可以消除当事人的某些顾虑。因此，在民事诉讼中，实行回避制度具有重要的意义。

《民诉法》第47条、《民诉解释》第43条和第44条规定了回避的具体情形或具体理由，审判人员有下列情形之一的，应当自行回避，当事人有权申请其回避：（1）是本案当事人或者当事人近亲属的；（2）本人或者其近亲属与本案有利害关系的；（3）担任过本案的证人、鉴定人、辩护人、诉讼代理人、翻译人员的；（4）是本案诉讼代理人近亲属的；（5）本人或者其近亲属持有本案非上市公司当事人的股份或者股权的；（6）与本案当事人或者诉讼代理人有其他利害关系，可能影响公正审理的。审判人员有下列行为之一的，当事人有权申请其回避：（1）接受本案当事人及其受托人宴请，或者参加由其支付费用的活动的；（2）索取、接受本案当事人及其受托人财物或者其他利益的；（3）违反规

---

① 任重."案多人少"的成因与出路：对本轮民事诉讼法修正之省思. 法学评论，2022（2）.

② 张卫平. 审判资源程序配置的综合判断：以民事诉讼程序为中心的分析. 清华法学，2022（1）.

定会见本案当事人、诉讼代理人的；（4）为本案当事人推荐、介绍诉讼代理人，或者为律师、其他人员介绍代理本案的；（5）向本案当事人及其受托人借用款物的；（6）有其他不正当行为，可能影响公正审理的。

（三）疑难点解析

1. 如何理解当事人申请回避事由中关于"与本案当事人、诉讼代理人有其他利害关系"的内涵和外延

关于《民诉法》第 47 条第 1 款第 3 项中"与本案当事人、诉讼代理人有其他利害关系，可能影响对案件公正审理的"中"其他利害关系"的内涵和外延，理论上和实践中争议较大。根据审判实践和理论观点的讨论，一般认为，"其他利害关系"是指与本案当事人或者诉讼代理人有师生、同学、战友、邻居等亲密关系，或者有仇恨、敌对关系等。但是在最终征求意见的过程中，对此种关系的界定仍然十分模糊，其内涵和外延本身难以明确界定，甚至有导致利害关系认定扩大化的问题。考虑到实践中的复杂情况，最终仍然进行综合的考量，结合《民诉法》第 47 条的规定，由有权决定回避的主体结合具体案件情形，以该利害关系是否达到可能影响案件公正审理作为标准进行个案的判断。①

2. 何谓依职权回避

职权回避指的是法院受理案件后，发现审判人员具有应当回避情形的，当事人没有申请回避，审判人员也没有自行回避，法院依职权决定审判人员回避的制度。立法上增设本条时存在一些争议，有意见认为，这涉及院长和审判委员会没有决定回避时是否要启动再审程序的问题，容易引发争议。但是立法最终仍然基于当前对回避制度的研究，增加职权回避制度，作为审判人员自行回避和当事人申请回避的有益和必要补充，从而更好地完善申请回避制度和自行回避制度，提高司法公正和司法公信。

第四节　公开审判制度

（一）难度与热度

难度：☆☆　热度：☆☆☆

（二）基本理论与概念

公开审判制度，是指人民法院对民事案件的审理和宣判应当依法公开进行的制度。公开审判制度的切实有效贯彻，有利于促进和保障司法公正，有利于增强司法裁判的公信力，有利于促使当事人和其他诉讼参与人正确行使诉讼权利、履行诉讼义务，有利于加强法治宣传教育。

从公开的对象来说，开庭审理案件的过程应当向当事人、群众以及社会公开。向当事人公开，是指法院的审判活动应当在当事人的参与下进行，重视当事人的诉讼主体地位，发挥当事人推动诉讼程序进行的重要作用。例如，非因法定事由，法院不得缺席审判；证明案件事实的证据未在法庭公开举证、质证，不能进行认证，但无须举证的事实

---

① 罗东川，吴兆祥，石磊.《关于审判人员在诉讼活动中执行回避制度若干问题的规定》的理解与适用. 律师业务资料，2011（8）.

除外（《公开审判规定》第5条）；当事人、辩护律师、诉讼代理人等可以依照规定复制录音或者誊录庭审录音录像，必要时人民法院应当配备相应设施（《庭审录音录像规定》第11条）；等等。向群众公开，是指公开审理的案件应当允许群众旁听，人民法院应当在开庭3日前公告案由、当事人姓名或者名称、开庭的时间和地点。向社会公开，是指公开审理的案件应当允许新闻记者及媒体对案件的审理进行记录、录音、录像、摄影，转播庭审实况，并将案件审理情况向社会披露。

从公开的内容来说，公开审判是指法庭审判全过程的公开，包括审前准备阶段、开庭审理阶段以及庭审结束后的判决宣告阶段。对公开审理或不公开审理的案件，一律公开宣告判决，包括判决主文的公开和判决理由的公开。但是，合议庭评议案件阶段一律不公开。裁判生效后，社会公众有权查阅生效裁判文书，但涉及国家秘密、商业秘密和个人隐私的内容除外。需要注意的是，公开审理与开庭审理是不同的概念，公开审理必然要求开庭审理，但开庭审理的案件存在不公开审理的例外。

由此可见，公开审判并不是绝对的，对于特定类型的案件，法律规定其作为例外不公开审理。不公开审理的案件，分为绝对不公开审理和相对不公开审理两种情形：前者包括涉及国家秘密的案件和涉及个人隐私的案件，后者包括离婚案件和涉及商业秘密的案件。此外，针对法院调解，《民诉解释》第146条第1款、第2款规定："人民法院审理民事案件，调解过程不公开，但当事人同意公开的除外。调解协议内容不公开，但为保护国家利益、社会公共利益、他人合法权益，人民法院认为确有必要公开的除外。"

（三）疑难点解析

公开审判制度下应当如何把握媒体监督的尺度？

媒体监督，是指通过报纸、刊物、广播、电视等媒介向公众报道案件的审理过程及裁判结果，并进行有针对性的评论或者抨击的司法监督方式。媒体监督是公众知情权及言论自由权的延伸，是公开审判制度的必然要求，也有利于促进司法公正和保障当事人的合法权益。然而，媒体监督本身具有的措辞不当、倾向评论、情感误导等特性，会与司法独立原则产生冲突，进一步影响司法公正。由此，司法权对媒体监督的排斥越发明显，其通过设置严苛的媒体庭审报道资格来保障司法的独立性，且未给予媒体抗辩的途径，有违公开审判制度的设立本意。因此，在推动公开审判发展的前提下，如何将媒体监督控制在合理限度内，是调和二者冲突的关键所在。一方面，通过强有力的行业规范对媒体报道进行规制和监督是必不可少的。特别是网络媒体的失范行为，因其快捷性、趋利性和煽动性的特点，很容易产生大范围的负面影响。媒体报道应当维护宪法规定的公民权利，不得弄虚作假、歪曲事实真相，力求客观中立地报道，并且在法庭判决宣告前不得作定性、定罪或偏袒的评论，维护司法尊严。另一方面，应当对媒体庭审报道设置明确的准入条件。筛选正规主流媒体对特定庭审进行直播和采访时，可由众多媒体共同推选代表的方式决定，也可由法院综合各媒体的实际情况确定。获得直播权的媒体应当在法院规定的时间、场地和设备摆放形式下进行庭审的完整直播，不得以偷拍、偷录的方式进行秘密采访。此外媒体报道违反法庭规则以及严重影响司法公正的，应当追究其相应的民事、刑事责任，并依据行业自律规则进行处罚。

第五节 两审终审制度

（一）难度与热度

难度：☆☆ 热度：☆☆☆

（二）基本理论与概念

两审终审制度，是指一个民事案件经过两级法院的审理和判决即告终结的制度。民事案件经过第一审人民法院审判后，若当事人不服该裁判，有权在法定期限内向上一级人民法院提起上诉，进行二审程序。二审法院作出的裁判是终审裁判，具有法律效力，当事人不得再上诉。若已经生效的判决确有错误，可通过审判监督程序加以救济。

两审终审制度存在例外，特定案件的裁判实行一审终审：（1）最高人民法院受理的第一审民事案件；（2）小额诉讼案件；（3）适用特别程序审理的案件；（4）依照督促程序和公示催告程序审理的案件；（5）在企业破产程序中，除不予受理破产申请的裁定和驳回破产申请的裁定之外，其他裁定不允许提起上诉；（6）申请宣告婚姻无效的案件，有关婚姻效力的判决不允许提起上诉。

（三）疑难点解析

1. 繁简分流改革下小额诉讼程序适用案件类型的思考

我国《民诉法》原先规定的第一审程序只有普通程序和简易程序，并无小额诉讼程序。随着我国市场经济发展的深入，民众对司法的需求与日俱增，越来越多的民商事活动被纳入法律调整的范围。为解决不断增长的司法需求与有限的司法供给之间的矛盾，小额诉讼程序应运而生。2012年《民诉法》在简易程序中增加了关于小额诉讼的框架性规定，包括小额案件的适用标准以及对小额案件实行一审终审的审理程序限制。[①]《民诉解释》则专设"简易程序中的小额诉讼"一章，对小额诉讼程序进行细化规定，包括：举证期限一般不超过7日；被告要求书面答辩的，法院可以在征得被告同意的基础上合理确定答辩期；被告到庭后表示不需要举证期限和答辩期间的，法院可立即开庭；管辖权异议裁定、驳回起诉裁定一经作出即生效。此后的司法实践中，为解决小额诉讼程序适用率长期低迷的问题，民事诉讼程序繁简分流改革试点将完善小额诉讼程序纳入改革的范围。最高人民法院通过发布司法文件[②]，对体现小额诉讼特点的程序问题作出明确规定，如规定了比简易程序更短的答辩期间、举证期限，庭审围绕诉讼请求或者案件要素进行且原则上一次开庭审结，判决书、裁定书可以采用简式裁判文书等。在各项改革措施的

[①] 2012年《民诉法》第162条规定："基层人民法院和它派出的法庭审理符合本法第一百五十七条第一款规定的简单的民事案件，标的额为各省、自治区、直辖市上年度就业人员年平均工资百分之三十以下的，实行一审终审。"2023年《民诉法》第165条将前述规定修改为："基层人民法院和它派出的法庭审理事实清楚、权利义务关系明确、争议不大的简单金钱给付民事案件，标的额为各省、自治区、直辖市上年度就业人员年平均工资百分之五十以下的，适用小额诉讼的程序审理，实行一审终审。基层人民法院和它派出的法庭审理前款规定的民事案件，标的额超过各省、自治区、直辖市上年度就业人员年平均工资百分之五十但在二倍以下的，当事人双方也可以约定适用小额诉讼的程序。"

[②] 最高人民法院于2020年1月印发《民事诉讼程序繁简分流改革试点方案》和《民事诉讼程序繁简分流改革试点实施办法》。随着上述文件的发布，全国20个城市的试点法院开始了为期2年的民事诉讼程序繁简分流的改革试点。

综合作用下，一个明显区别于简易程序的、更为简便快捷的小额诉讼程序基本形成。①

经过多次改革，适用小额诉讼程序审理的案件数量呈递增趋势，案件类型越来越多样化。从提起的案件数量看，供用水、电、气、热力合同纠纷，银行卡纠纷，以及物业、电信等服务合同纠纷为适用小额诉讼的主要案件类型。然而，这些案件的起诉方都是资金充裕、实力雄厚的大公司和企业，他们往往掌握着对己方有利的证据资料，所以倾向于选择适用小额诉讼程序。实践中甚至有物业公司为了适用小额诉讼程序，选择将案件拆分，以保证个案的系争标的额符合适用小额诉讼程序的条件。反观普通民众却因法定适用小额诉讼程序，丧失了本应有的程序选择权和程序救济权，足见小额诉讼程序功能异化的严重程度。因此，若不予区分地允许这类占绝对优势的主体随意提起小额诉讼，很有可能使小额诉讼程序沦为大公司简易收债的工具，而与该程序方便百姓接近司法的宗旨渐行渐远。此外，小额诉讼程序的固有特征和程序设置，如过短的举证期限和审理期限、过高的缺席判决率等，同样不利于对案情复杂之案件事实的查明，也无法保证对诸如物业服务合同纠纷等案件的正确处理，极易违背程序正义和实体正义。

对小额诉讼程序可得适用的案件类型的反思，应考察小额诉讼制度设立的根本目的。根据立法机关的意思，关于小额诉讼的功能定位：一方面，从司法利用者的角度考量，在于使大众接近司法；另一方面，从司法裁判者的角度考量，在于合理配置司法资源，以减轻法院的压力。理想状态下，小额诉讼的实施能够使当事人以更低的成本、更快的速度解决金钱类债务纠纷，实现司法更好地服务于普通民众的目标。此外，法院对于进入一审诉讼案件，根据各自的基本情况，分别适用小额诉讼程序、简易程序以及普通程序，能够实现繁简分流，缓解法院面临的"案多人少"的矛盾。但是，司法实践中小额诉讼程序对于缓解"案多人少"、分流司法压力的帮助微乎其微，而司法机关又对其分流司法压力的功能寄予过高的期待。具体到可适用的案件类型上，依托于小额诉讼程序分流司法压力的功能，最高人民法院将供用水、电、气、热力合同纠纷，银行卡纠纷，以及物业、电信等服务合同纠纷纳入其中，便显得理所当然。因此，小额诉讼程序的功能应侧重于方便民众接近司法。在此基础上，便能够重新界定小额诉讼程序可得适用的案件类型。根据国情和立法现状，为了防止小额诉讼程序的功能异化，成为大公司和企业的收债工具，我国应当对大公司和企业提起诉讼的次数进行限制，若超过了一定的限额，则应依法适用其他种类诉讼程序，但是对于原、被告双方均同意适用小额诉讼程序的，应予准许。②

2. 如何理解知识产权案件越级上诉制度

第十三届全国人大常委会第六次会议于 2018 年 10 月通过《关于专利等知识产权案件诉讼程序若干问题的决定》，明确最高人民法院可直接受理不服第一审裁判而提起上诉的专利等知识产权案件，正式确立了我国知识产权领域的越级上诉制度。③ 根据《民诉

---

① 李浩. 繁简分流改革视域下完善小额诉讼程序研究：以 N 市与 S 市试点法院为重点. 当代法学，2021（4）.

② 肖建国，刘东. 小额诉讼适用案件类型的思考. 法律适用，2015（5）.

③ 全国人民代表大会常务委员会《关于专利等知识产权案件诉讼程序若干问题的决定》规定："……一、当事人对发明专利、实用新型专利、植物新品种、集成电路布图设计、技术秘密、计算机软件、垄断等专业技术性较强的知识产权民事案件第一审判决、裁定不服，提起上诉的，由最高人民法院审理。二、当事人对专利、植物新品种、集成电路布图设计、技术秘密、计算机软件、垄断等专业技术性较强的知识产权行政案件第一审判决、裁定不服，提起上诉的，由最高人民法院审理……"

法》第 171 条的规定，当事人不服地方人民法院第一审裁判的，有权在规定期限内向上一级人民法院提起上诉。原则上，当事人只能循级上诉，这导致大量案件的终审法院停留在层级较低的中级人民法院，不利于裁判标准与法律适用的统一。知识产权案件越级上诉制度突破了此种限制，对于知识产权法院、中级人民法院就知识产权民事与行政案件作出的第一审裁判，当事人不服的，可以直接上诉至最高人民法院知识产权法庭。

基于审级制度的不同，我国知识产权案件越级上诉制度与大陆法系国家的"飞跃上诉"制度存在本质上的差异。以德、日为代表的大陆法系国家，尽管具体形式各异，但都构建了三审终审制的"金字塔"司法结构：基数最为庞大的一审法院，负责对初审案件进行事实审查并适用法律；中级上诉法院审查事实问题和法律问题，并受终审法院的监督；第三审上诉即由最高法院对原审判决是否违法进行审查判断，以此制约下级司法权并维护法律适用的统一。[①] 第三审又称上告审，当事人认为第二审裁判结果违反法律的，可以向最高法院上诉，法院仅以书面方式审查原审判决是否存在法律适用上的错误，而不涉及案件事实认定的问题。"飞跃上诉"则是指"依申请，对法院作出的可以上诉的第一审终局判决，同时满足条件的，可以越过控诉审，直接提起上告"，其目的在于满足"法律续造或保障司法统一的需要"[②]。因此，"飞跃上诉"制度是大陆法系国家在三审终审制下减轻二审负担，节约司法资源并加快诉讼进程的特别规定。反观我国知识产权案件的越级上诉制度，并未改变两审终审制的基本制度架构，也未单独建立知识产权上诉法院，而是"抬高了知识产权领域里部分专利等上诉案件的二审法院的级别，也即上收了高级人民法院的某些职权"[③]，有利于统一专业技术性较强的知识产权案件的裁判标准，落实中央关于"建立国家层面知识产权案件上诉审理机制"的部署。

尽管案件繁简分流机制在法院内部稳步推进，但纵向层面缺乏有效的审级分流机制，使得各级法院无法最大化发挥各自职能。低层级法院受理案件数量大，职能定位于解决纠纷；高层级法院受理案件数量少，多为具有指导意义和社会影响大的典型个案，职能定位于统一法律适用和法律解释。目前，我国各层级法院之间案件分布结构不合理的现实困境，导致绝大部分案件终审止步于中级法院，不利于消除地方保护主义、解决"诉讼主客场"难题，同时制约了高层级法院职能定位的发挥。为明确四级法院审级职能定位，优化司法资源配置，保障法律正确统一适用，第十三届全国人民代表大会常务委员会第三十次会议于 2021 年 8 月 20 日通过《关于授权最高人民法院组织开展四级法院审级职能定位改革试点工作的决定》。自此，四级法院审级职能改革正式进入实践试点阶段。尽管此次改革并未触及两审终审制的基本审级架构，但在探讨低层级法院第一审案件提级管辖方案时，也可考虑将知识产权案件越级上诉制度扩大至其他特殊类型案件，探讨分离法律审与事实审的可行性，构建上诉许可制度，从而提高特定案件二审法院层级，实现审级分流。

① 江伟，肖建国主编. 民事诉讼法. 8 版. 北京：中国人民大学出版社，2018：75.
② 德国民事诉讼法. 丁启明，译. 厦门：厦门大学出版社，2016：126.
③ 毋爱斌，苟应鹏. 知识产权案件越级上诉程序构造论：《关于知识产权法庭若干问题的规定》第 2 条的法教义学分析. 知识产权，2019（5）.

本章实务案例研习

一、江某诉嘉鱼新天地商业管理有限公司(本章所称"新天地公司")房屋租赁合同纠纷案[①]

案例考点:驳回再审申请的裁定是否违反两审终审制度

(一)案情简介

2014 年 12 月 23 日,原告新天地公司(出租方)受嘉鱼高地房地产开发有限公司委托,与被告江某(承租方)签订了"嘉鱼新天地商用物业租赁合同"一份,约定:"出租方将嘉鱼县嘉鱼新天地项目商业部分 5B 栋 101 号物业租赁给承租方经营,建筑面积为 83.41 平方米。租赁期限为 5 年,计租起始日为 2015 年 5 月 1 日,承租方承诺进场装修日不晚于 2015 年 3 月 1 日;签约租金为每平方米每月 67 元,第一年租金为人民币每平方米每月 33.50 元,月租金合计约为人民币 2 794 元,年度租金合计约为人民币 33 528 元,即免租 6 月,第二、三年租金为人民币每平方米每月 50.25 元,月租金合计约为人民币 4 191 元,年度租金合计约为人民币 50 292 元,即免租 3 月;租金采用先付后用的原则支付,租金按 3 个月为一期结算,承租方第一期租金在装修进场前支付,从第二期开始应于每期 15 日前一次性支付下期租金给出租方,如逾期支付,承租方从逾期之日起每日按未付金额的千分之五计算支付违约金,直到付清全部租金及违约金时止;本合同签订之日起三个工作日内,承租方需支付签约定金 10 000 元,此前交纳的意向合同定金转为合同定金,多退少补,该定金自起租日始自动转为租金或租赁押金;如发生下列情形,出租方有权书面通知承租方后解除本合同:承租方未按合同约定如期支付租金,拖欠租金、物业管理费,水费、电费等费用超过十五日的。"签订合同当日,被告江某交纳商铺合同定金 10 000 元。原告新天地公司向被告交付了出租房屋。2016 年 4 月 28 日,被告江某缴纳租金 3 353 元。被告拖欠租金,原告数次书面通知被告交纳租金。再审申请人江某因与被申请人新天地公司房屋租赁合同纠纷一案,不服湖北省嘉鱼县人民法院(2017)鄂 1221 民初 387 号民事判决,向湖北省咸宁市中级人民法院提出再审申请。

(二)法院判决

湖北省咸宁市中级人民法院经审查认为:我国民事诉讼实行两审终审制。2017 年《民诉法》第 164 条第 1 款(2023 年《民诉法》第 171 条第 1 款)规定,当事人不服地方人民法院第一审判决的,有权在判决书送达之日起十五日内向上一级人民法院提起上诉。本案第一审嘉鱼县人民法院(2017)鄂 1221 民初 387 号民事判决作出后,依法已向江某宣判送达了该民事判决书,并释明:当事人如不服本判决,可在本判决书送达之日起十五日内,向本院递交上诉状,并按对方当事人的人数提出副本,上诉于湖北省咸宁市中级人民法院,明确告知了当事人如不服判决有权提出上诉的民事诉讼权利。

在第二审诉讼程序中,第二审人民法院可针对当事人上诉请求的有关事实和适用法

[①] 案例来源:湖北省咸宁市中级人民法院(2018)鄂 12 民申 28 号民事裁定书。

律进行全面审查并依照第二审诉讼程序，依法解决当事人之间的诉讼争议。因此，两审终审制度是民事诉讼过程中最基本的诉讼制度。当事人如认为第一审人民法院作出的判决、裁定存在错误，应当依照诉讼程序规定提起上诉，通过第二审诉讼程序行使诉讼权利，解决当事人之间的诉讼争议，这是当事人首先应当选择的民事诉讼审级制度内的常规司法救济程序，并遵循通过民事第一审、第二审诉讼程序，寻求权利保护的救济途径。同理，民事诉讼法规定的再审诉讼程序是针对民事生效裁定、判决可能出现的重大错误而赋予当事人的特殊司法诉讼救济程序，立法目的是如在穷尽了常规诉讼程序救济途径之后，当事人仍然认为生效裁定、判决法律文书确有错误的，则可以采取向人民法院提出申请再审请求的司法救济途径。但对于无正当理由在第一审人民法院判决作出后又未在民事诉讼法律规定的法定期限内选择提起上诉，通过第二审程序解决诉讼争议的当事人，一般不再为提出再审申请的当事人提供特殊的再审程序的司法救济机制解决诉讼争议，否则将导致变相鼓励或放纵不守诚信的当事人滥用再审诉讼程序之问题，从而使得法律规定的特殊诉讼程序异化为普通诉讼程序。这不仅是对诉讼权利的滥用和对司法诉讼救济资源的浪费，也有违民事诉讼法两审终审制度的基本原则，不尊重司法诉讼程序权威。

本案中，江某不服嘉鱼县人民法院（2017）鄂1221民初387号民事判决没有在法定上诉期内向本院提出上诉，该判决已发生法律效力。因江某在原审诉讼中对其提出的上述再审申请事由及请求事项没有在法定期限内提出明确的反诉请求，现江某以原审人民法院判决认定事实、适用法律及判决结果错误，从而提起再审申请的诉讼行为明显与其在民事诉讼程序法律规定的合理诉讼期间内没有依法行使民事诉讼权利的行为相悖。江某的再审请求可另行主张权利，故本院对江某的再审申请事由，依法不予审查，故裁定驳回江某的再审申请。

（三）学理分析

我国普通民事诉讼实行两审终审制，当事人对已经生效的判决、裁定，认为确有错误的，只能依据审判监督程序申请再审。实行两审终审制度既有利于上级人民法院对下级人民法院的审判工作进行监督，及时纠正错误的判决，维护当事人的合法权益，又可以方便当事人参加诉讼，充分行使抗辩权，快速解决纠纷，及时对当事人受损害的权益给予司法救济，防止案件因久拖不决而形成诉累。如果在再审申请程序中审查在第一、二审程序中未提出的抗辩理由及其证据，势必会对第一、二审程序产生极大的冲击，实质上架空了第一、二审程序，损害了两审终审诉讼制度的价值。本案中，如该当事人提出的再审申请实际包含反诉请求，则针对反诉请求可另行提起诉讼，无须通过审判监督程序寻求救济。而该当事人并未另行起诉，对自身程序利益造成损害，从保证当事人审级利益的角度看，其申请再审有所不当。此外需要注意的是，针对当事人未能于第一审判决宣告后上诉，嗣后提出再审申请的情形，应当区别看待。一般而言，当事人未能及时提出上诉，并不会限制其申请再审的权利。例如，法院适用法律错误或审判程序存在严重违法情形时，不宜禁止当事人事后申请再审。若当事人明知有可上诉事由存在，但故意不上诉，则其申请再审有所不当。

二、王某诉某公司技术秘密侵权案[①]

案情考点：回避的主体以及回避的事由的考察，合作关系是否属于影响案件公平审理的利害关系。

（一）案情简介

原告王某持有一份具有巨大商业价值的技术秘密，原告不仅对其采取了相应的保密措施，制定了保密的细则。被告明知该技术为原告所有，故意聘请原告原先单位的两名工作人员，擅自使用原告的技术，从而给原告造成了巨大的损失。于是原告诉请法院判令被告立即停止侵权行为，赔偿损失并赔礼道歉。为审理该案，法院邀请两名技术专家作为人民陪审员与审判员共同组成合议庭审理了此案。原告提出本案涉及自己的技术秘密，要求不公开审理，法院予以准许。被告提出人民陪审员李某个人开办的公司正与原告合作进行项目开发，与原告有利害关系，要求其回避，但法院未予准许。

（二）法院判决

法院经审理后认为：任何单位和个人未经权利人许可不得非法获取、披露、知悉和使用技术秘密。被告未经原告许可使用原告的技术秘密，侵犯了原告的技术秘密，是不正当竞争的行为，判决被告应立即停止侵权、赔偿损失、赔礼道歉、承担本案的诉讼费用。被告不服一审判决，以一审未公开审理，人民陪审员李某应当回避，且违反公开审判制度为由提起上诉。二审法院经审理认为：一审未公开审理，符合法律规定，但人民陪审员李某开办的公司与原告合作开发项目，双方之间存在着利害关系，李某担任人民陪审员可能影响公正审理，一审法院程序违法，因此撤销一审判决，发回重审。

（三）学理分析

本案中涉及的几个问题值得我们关注：（1）人民陪审员是否适用我国的回避制度；（2）人民陪审员开办的公司与原告具有合作关系，是否构成回避的事由？要回答这两个基本的问题，应当回归到民事诉讼法基本制度的构建中。

首先，陪审制度的设立是大众司法的表现，通过给予公民参与审判可能，避免司法审判陷入无从监督的境地；其次，人民陪审员往往也发挥着弥补法官审理对知识认识不足的缺陷，本案中聘请知晓技术秘密的专业人员组成合议庭就是实现这一功能的体现。具言之，无论基于何种目的人民陪审员的存在都是必要的。那么，在人民陪审员参与诉讼审理后，其具体处于何种地位，能否与法官具有类似的职权恐怕是我们需要回答的问题的核心。

《民诉法》第 40 条规定：人民法院审理第一审民事案件，由审判员、人民陪审员共同组成合议庭或者由审判员组成合议庭。合议庭的成员人数，必须是单数。适用简易程序审理的民事案件，由审判员一人独任审理。基层人民法院审理的基本事实清楚、权利义务关系明确的第一审民事案件，可以由审判员一人适用普通程序独任审理。人民陪审员在执行陪审职务时，与审判员有同等的权利义务。首先，从第 40 条第 3 款可以看出，民事诉讼法赋予了人民陪审员与审判员同样的权利和义务，而法官中立的基本法理就拘

[①] 张卫平. 民事诉讼法案例教程. 北京：中国法制出版社，2003：6.

束法官在与案件产生特殊的利害关系时，应当被排斥裁判，因此，人民陪审员适用回避制度也是肯定的，这符合基本解释学的逻辑。

其次，人民陪审员与原告之间存在的这种合作关系，能否成为回避之事由，也值得讨论。根据我国民事诉讼法的规定，能够与本案相关之条文系 1991 年《民诉法》第 45 条第 1 款第 3 项（2023 年《民诉法》第 47 条第 1 款第 3 项），即与本案当事人、诉讼代理人具有其他关系，可影响对案件公正审理。根据体系解释，此种其他关系应当理解为一种事实上的联系，此种联系与形成血亲关系等应当具有同等之效果，即破坏法官中立。于当事人而言，此种特殊之事实联系足以让当事人抱有"裁判不公平"与"对裁判不信任"[①] 的态度，而本案中人民陪审员与原告具有经济上之利害关系，李某个人开办的公司正处于与原告合作关系中，可以说，原告在诉讼中的一举一动都牵动着李某的利益，因此，当事人申请的此种经济业务之往来的关系应当属于可以回避的范畴。但是，若当事人主张诸如法官品行、健康、能力等诉讼外的因素或者法官驳回期日的申请等诉讼上之指挥权，应当不能被列入 1991 年《民诉法》第 45 条（2023 年《民诉法》第 47 条）其他关系的范畴中，具言之，后者带有意思表示之动机错误，该主观倾向难以查证。

本章同步练习

一、选择题

1. 有关民事诉讼中实行公开审判的表述哪些是正确的？（　　）

A. 案件的审理、合议庭的评议、判决的宣告应当公开

B. 对涉及国家秘密的案件不公开审理，但宣判要公开

C. 对于涉及个人隐私的案件，人民法院应当根据当事人申请不公开审理

D. 离婚案件只能不公开审理

2. 唐某作为技术人员参与了甲公司一项新产品的研发，并与该公司签订了为期 2 年的服务与保密合同。合同履行 1 年后，唐某被甲公司的竞争对手乙公司高薪挖走，负责开发类似的产品。甲公司起诉至法院，要求唐某承担违约责任并保守其原知晓的产品秘密。关于该案的审判，下列哪一说法是正确的？（　　）

A. 只有在唐某与甲公司共同提出申请不公开审理此案的情况下，法院才可以不公开审理

B. 根据法律的规定，该案不应当公开审理，但应当公开宣判

C. 法院可以根据当事人的申请不公开审理此案，但应当公开宣判

D. 法院应当公开审理此案并公开宣判

3. 有关合议制度，正确的是（　　）。

A. 一审案件可以由审判员一人审理

B. 实行合议制一定事事都要由合议庭研究决定

C. 二审合议庭可以由审判员三人以上组成，也可以由审判员和人民陪审员三人以上

---

① ［日］新堂幸司. 新民事诉讼法. 林剑锋, 译. 北京：法律出版社，2008：59.

组成

　　D. 人民陪审员三人以上可以组成合议庭

　　4. 下列哪些情形不需要回避？（　　　）

　　A. 人民陪审员李某为本案原告的叔叔

　　B. 书记员何某是本案被告某公司的股东

　　C. 审判员宋某为本案原告代理律师的大学同学

　　D. 审判长朱某与本案原告代理人（常在本院办案）刘律师认识，但无私交

　　5. 某法院审理甲诉乙一案，丙、丁、戊3人组成合议庭，院长丙任审判长，甲申请丙回避。此回避的审查决定权在于（　　　）。

　　A. 该院审判委员会

　　B. 上级人民法院院长

　　C. 同级人民检察院检察委员会

　　D. 合议庭

　　6. 关于陪审制度，下列说法错误的是（　　　）。

　　A. 在我国，陪审制度适用于任何审级

　　B. 案件是否实行陪审由法院根据具体情况决定

　　C. 人民陪审员在人民法院执行职务的过程中与审判员有同等的权利和义务

　　D. 人民陪审员不仅有权参与案件事实的审理，而且有权参与案件法律适用的判断

二、案例分析题

　　王某与钱某系夫妻，王某因感情不和提起离婚诉讼，一审法院审理判决不准予离婚。王某不服，提起上诉，二审法院经审理认为应当判决离婚，并对财产分割与子女抚养一并作出判决。二审法院的判决违反了《民诉法》的哪些原则或制度？

三、论述题

　　1. 论述我国的陪审制度以及你对完善我国陪审制度的建议。

　　2. 论述公开审判制度的例外。

参考答案

一、选择题

　　1. B

　　解析：公开审判是指案件的审判过程和宣告判决的过程向群众、社会公开。公开审判只包括公开开庭审理的过程以及法院判决宣告的过程，合议庭的评议过程不得公开。公开审理和不公开审理都必须公开宣判。选项A错误。《民诉法》第137条规定，人民法院审理民事案件，除涉及国家秘密、个人隐私或者法律另有规定的以外，应当公开进行。选项B正确，选项C错误。离婚案件、涉及商业秘密的案件，当事人申请不公开审理的，可以不公开审理。选项D错误。

2. C

解析：本题中，案件涉及商业秘密，属于申请不公开事项。但是，不管案件是否公开审理，宣判一律公开进行，所以选项 C 正确。注意，公开审理制度的考点在于公开审理的例外规定，即国家秘密、个人隐私和法律规定的其他案件属于绝对不公开，商业秘密和离婚诉讼属于相对不公开。而无论案件是否公开审理，评议一律不公开进行，判决一律公开进行。

3. A

解析：人民法院审理一审简单案件可以适用简易程序，由审判员一人独任审理。实行合议庭审判的疑难复杂案件，合议庭难以作出决定的，可以提交设在法院的审判委员会决定。二审案件的合议庭只能由审判员组成。人民陪审员不能单独组成合议庭，只能与审判人员一起组成。

4. D

解析：回避的规定，不仅适用于审判人员，还适用于书记员、翻译人员、鉴定人、勘验人。《民诉法》第 47 条第 1 款规定，回避的事由包括：（1）是本案的当事人或当事人、诉讼代理人的近亲属；（2）与本案有利害关系；（3）与本案的当事人、诉讼代理人有其他关系，可能影响对案件公正审理的。所以本题除 D 项的情形无须回避以外，均应回避。

5. A

解析：《民诉法》第 49 条规定："院长担任审判长或者独任审判员时的回避，由审判委员会决定；审判人员的回避，由院长决定；其他人员的回避，由审判长或者独任审判员决定。"据此，院长担任审判长时的回避，由审判委员会决定。

6. A

解析：在我国，陪审制只适用于第一审案件，第二审和再审案件不适用陪审制。

二、案例分析题

二审法院的判决违反处分原则和两审终审制度。王某因感情不和提起离婚诉讼，一审判决不准予离婚，即仅对王某要求解决的婚姻关系问题作了判决。但是，二审法院经审理认为应当判决离婚，并对财产分割与子女抚养一并作出判决，超出了原告的诉讼请求，违反处分原则。此外，民事诉讼奉行两审终审制，意味着二审判决是终审判决，当事人不得再提起上诉进行救济。本案中二审法院直接对财产分割和子女抚养问题作出判决，导致当事人对财产分割和子女抚养问题不能再上诉救济，其实质是二审法院仅通过一次审理就作出了终审判决，违反两审终审制度。

三、论述题

1. 陪审制度是国家审判机关吸收非职业法官参与审判案件的一项司法制度。在近代社会，陪审制作为公民直接参与司法活动的民主形式和公民权利的保障制度曾受到众多国家的青睐。我国法律虽然规定了陪审这一基本制度，但是在陪审制度的适用中还存在一些问题，如对人民陪审员的资格、条件和选人程序，立法上应当作出回应：改变单方面通过法院完全定夺之权利，给予当事人选任的权利；对于陪审制度适用的程序进行一定的完善。我国民事诉讼法逐渐呈现出简易化的趋势，立法层面逐渐扩大有关独任制审判的范围，这一扩大在一定程度上造成了其与我国现有的陪审制度的紧张关系。因此，我们应当试图在明确独任制案件适用条件的前提下，对于不予适用陪审制度的情形进行严格限制，至少探讨促使独任制扩大之正当事由为何。这种探讨有利于保障合议制的继续发展和稳固我国长期以来陪审制度的成果，以防公民参与司法这一基本的诉讼法理念被"繁简分流"的司法制度改革架空。

2. 公开审判制度，是指人民法院对民事案件的审理和宣判应当依法公开进行的制度。公开审判并不是绝对的，对于特定类型的案件，法律规定作为例外不公开审理。不公开审理的案件，分为绝对不公开审理和相对不公开审理两种情形。绝对不公开审理的案件包括涉及国家秘密的案件和涉及个人隐私的案件。国家秘密涉及党、政、军等方面的秘密，牵涉国家安全和国家利益，权利主体是国家，为防止泄露，避免给国家利益造成损害，不公开审理。个人隐私案件涉及当事人之间的私人生活领域，为尊重和维护当事人的隐私权，避免对社会产生负面影响，同样不公开审理。相对不公开审理的案件包括离婚案件和涉及商业秘密的案件。离婚案件往往涉及当事人情感生活的私密空间、伦理道德领域和公序良俗，而商业秘密是指生产工艺、配方、贸易联系、购销渠道等当事人不愿公开的技术秘密、商业情报及信息，当事人申请不公开审理，可以不公开审理，若当事人均未申请不公开审理，法院则无须不公开审理。此外，人民法院审理民事案件，调解过程不公开，但当事人同意公开的除外。调解协议内容不公开，但为保护国家利益、社会公共利益、他人合法权益，人民法院认为确有必要公开的除外。

第五章　当事人与诉讼参加人

本章知识点速览

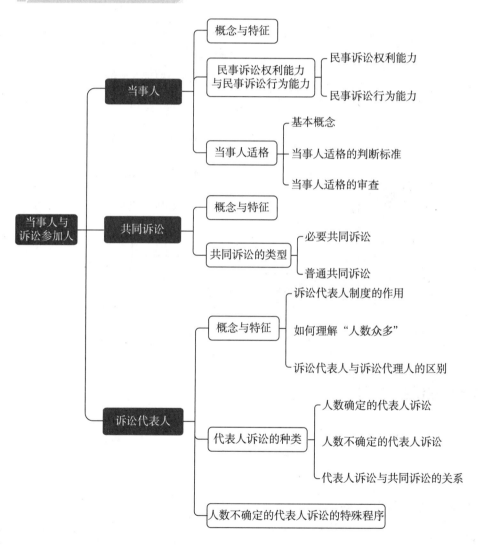

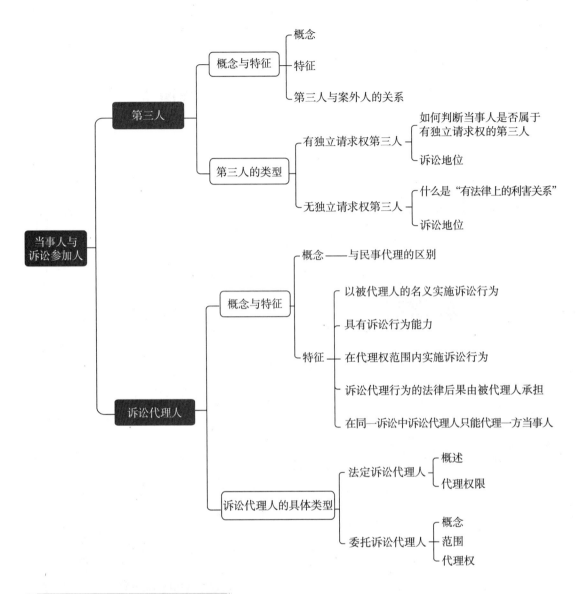

第一节 当事人

一、当事人的概念与特征

(一) 难度与热度

难度：☆☆☆☆☆   热度：☆☆☆

(二) 基本理论与概念

民事诉讼当事人，简称当事人，是指因民事权利义务发生争议，以自己的名义进行诉讼，要求法院行使民事审判权的人及其相对人。民事诉讼当事人具有以下特征：其一，以自己的名义进行诉讼；其二，因民事权利义务发生争执而诉讼；其三，能够引起民事诉讼程序发生、变更或消灭。

（三）疑难点解析

如何理解实体当事人与程序当事人？

当事人的概念经历了从实体当事人到程序当事人的变迁。实体当事人，是从实体法的角度界定当事人，要求当事人与本案诉讼标的有直接的利害关系。例如，《民诉法》第122条中规定"原告是与本案有直接利害关系的公民、法人和其他组织"，这里的"原告"指向实体当事人。程序当事人，是从程序法的角度界定当事人，不要求当事人与本案诉讼标的有直接的利害关系，只要以自己的名义向法院提出权利主张，或者被要求履行一定义务即已足。民事诉讼程序启动时，向法院提起诉讼和被提起诉讼的人，即为程序当事人。

不同于实体当事人，程序当事人是完全从程序的角度来界定当事人，因此为"诉讼担当"提供了制度空间。诉讼担当人，是根据法律规定，为他人的民事权益进行诉讼的人。诉讼担当人与本案诉讼标的并不存在直接利害关系，但具有当事人地位。例如，对他人的权利或法律关系依法享有管理权的人，如遗产管理人、遗嘱执行人、破产管理人、证券纠纷代表人诉讼中的投资者保护机构等；又如，为保护死者利益而提起诉讼的死者的近亲属；再如，公益诉讼中的原告。在程序当事人的语境下，诉讼的成立条件较低，从主体资格看，具有诉讼权利能力者即可成为当事人。正因为可以进入诉讼的当事人范围较大，因此适格当事人的概念得以提出，并发挥着检验当事人是否"正当"的功能。

二、民事诉讼权利能力与民事诉讼行为能力

（一）难度与热度

难度：☆☆　热度：☆☆

（二）基本理论与概念

民事诉讼权利能力（以下简称"诉讼权利能力"），是指能够成为民事诉讼当事人，享有民事诉讼权利和承担民事诉讼义务的法律上的资格。民事诉讼行为能力（以下简称"诉讼行为能力"），是指当事人亲自进行诉讼活动，以自己的行为行使诉讼权利和承担诉讼义务的法律上的资格。

（三）疑难点解析

如何理解以下关系：其一，诉讼权利能力与民事权利能力的关系；其二，诉讼行为能力与民事行为能力的关系；其三，诉讼权利能力与诉讼行为能力的关系。

首先，诉讼权利能力与民事权利能力的关系。关于两者的关系存在理论争议。通说认为，有民事权利能力的人才具有诉讼权利能力，但在特殊情况下，两者也可能出现不一致，即没有民事权利能力的人，也可能具有诉讼权利能力，成为民事诉讼当事人。这主要指的是，虽然"其他组织"不具有民事权利能力，但因其也有从事民事活动的需要，法律允许其以自己的名义开展民事活动。为了解决"其他组织"从事民事活动过程中产生的争议，法律赋予"其他组织"以诉讼权利能力，从而产生了民事权利能力与诉讼权

利能力的分离。但是，"其他组织"是民事主体[①]，具有一定的组织机构和财产，作为民事主体并不具有民事权利能力，引发了诸多理论和实践龃龉。如果认为"其他组织"具有民事权利能力，该矛盾将迎刃而解。

其次，诉讼行为能力与民事行为能力的关系。诉讼行为能力采用两分法，但自然人的民事行为能力采用三分法，即完全民事行为能力、限制民事行为能力和无民事行为能力。只有具有完全民事行为能力的自然人才具有诉讼行为能力，无民事行为能力和限制民事行为能力的自然人不具有诉讼行为能力；法人和其他组织的诉讼行为能力和民事行为能力同时产生，同时消灭。

最后，诉讼权利能力与诉讼行为能力的关系。有诉讼权利能力而无诉讼行为能力的人，可以成为民事诉讼的当事人，但需要其法定代理人代为诉讼。如果其实施诉讼行为，也可因其法定代理人的追认而补正，或因本人取得诉讼行为能力后的追认而补正。

三、当事人适格

（一）难度与热度
难度：☆☆☆　热度：☆☆

（二）基本理论与概念
当事人适格，是指在具体诉讼中，作为本案当事人起诉或应诉的资格。当事人适格与当事人诉讼权利能力的区别在于，前者是针对具体诉讼而言的，要解决的是有诉讼权利能力的人在特定诉讼中能否成为本案的当事人；后者与具体诉讼无关，是抽象的作为诉讼当事人的资格。

当事人适格的判断，一般从实体法律关系出发，与特定民事法律关系或民事权利具有实体上利害关系的当事人，为适格当事人；但在例外情况下，非民事权利主体或非民事法律关系主体也可以成为适格当事人。也就是说，适格当事人既可能是实体当事人，也可能是程序当事人。

（三）疑难点解析
1. 当事人适格的判断标准

当事人适格的判断标准，经历了"争议法律关系主体标准""实体权益保护标准""诉的利益标准"之发展演变。其一，根据"争议法律关系主体标准"，只有实体法律关系的民事主体，方为适格当事人；反之，如果不是实体法律关系的民事主体，则非适格当事人。其二，根据"实体权益保护标准"，由实体法的规定或当事人的赋权产生的、为获得保护他人合法权益提起和进行诉讼者，为适格当事人。这种根据立法的特别规定或当事人的赋权而成为适格当事人的制度，被称为诉讼担当制度。其三，"诉的利益标准"是在"争议法律关系主体标准"和"实体权益保护标准"均无法适用但其纠纷又确有解决之必要时才予以适用的。诉的利益，在原告主张的实体利益现实地陷入危险和不安时产生。[②]

---

① 《民法学》编写组. 民法学：上册. 2版. 北京：高等教育出版社，2022：68.
② 汤维建. 当事人适格的判断机制. 法律适用，2021（7）.

2. 当事人适格的审查

《民诉法》第 122 条中规定，"原告是与本案有直接利害关系的公民、法人和其他组织"，这意味着法院在立案时，需要审查当事人是否适格。当事人适格应否作为起诉条件？在学界存在争议。有观点认为，当事人是否适格是需要经过实质审理才能确定的问题，在立案登记制的背景下，将当事人适格的审查作为起诉条件，会造成起诉"高阶化"问题，有违立案登记制的基本理念，造成我国实践中的"起诉难"问题。[①]也有观点认为，我国的立案程序具有原发性，其并非肇端于大陆法系的诉讼要件理论，而是源于解决"起诉难"的实践需求。作为国家干涉受理纠纷的标尺，起诉条件之本质乃是诉权行使要件，具有职权调查性与先决性，因此将其作为前置审理对象也未尝不可。[②]

第二节　共同诉讼

一、共同诉讼的概念与特征

（一）难度与热度
难度：☆☆☆☆　热度：☆☆☆☆☆

（二）基本理论与概念
共同诉讼是指当事人一方或双方为二人以上（包括二人）的诉讼。共同诉讼的主要特征包括：其一，当事人一方或双方为两人以上；其二，多数当事人在同一诉讼程序中进行诉讼。

（三）疑难点解析
如何理解和判断共同诉讼？

单一原告与单一被告是民事诉讼之典型形态，但随着民事实体权益关系的日益复杂化，一方为多数当事人的情形越来越多，共同诉讼正是为了应对这样的现实需要而产生的。因打破"一对一"的诉讼构造，共同诉讼在实现诉讼经济和消解矛盾裁判的同时，也必然会因当事人的复杂化而衍生出当事人适格的判断、多数当事人内部关系以及多数当事人与对方当事人外部关系的处理等问题。第三人诉讼与代表人诉讼同样具有当事人复数性的特征，因而有必要与共同诉讼进行界分。

首先，第三人有两种类型，即有独立请求权第三人和无独立请求权第三人。在无独立请求权第三人参加的诉讼中，因无独立请求权第三人既非原告，也非被告，不具有当事人的诉讼地位，因此本诉不因无独立请求权第三人的加入而构成共同诉讼。在有独立请求权第三人参加的诉讼中，因构成诉的合并，即有独立请求权第三人在参加之诉中的诉讼地位是原告，为诉讼当事人，其既对抗本诉的原告，又对抗本诉的被告，但因为本诉的原告、被告相互之间本身是利益冲突的对立关系，因此，他们之间的关系不同于共同诉讼的共同被告。

---

① 张卫平. 起诉条件与实体判决要件. 法学研究，2004（6）.
② 段文波. 起诉条件前置审理论. 法学研究，2016（6）.

其次，在代表人诉讼中，一般推选 2～5 人为诉讼代表人，被代表人不参加诉讼。有观点认为，如果代表人不是 2 人以上，而是唯一代表人，尽管实质上当事人人数众多，但因为代表人数量唯一，不属于共同诉讼。① 但是，共同诉讼的判断指向的是当事人，而非代表人，只要当事人数量众多，就会存在多数当事人内部关系、多数当事人与对方当事人外部关系的处理等问题，代表人数量并不能决定诉讼是否构成共同诉讼。因此，代表人诉讼是共同诉讼的存在形态之一。

二、共同诉讼的类型

（一）难度与热度
难度：☆☆☆☆☆　热度：☆☆☆☆☆

（二）基本理论与概念
必要共同诉讼，是指当事人一方或双方为二人以上，诉讼标的是共同的，法院必须合并审理并在裁判中对诉讼标的合一确定的诉讼。依是否强制一同提起诉讼，必要共同诉讼可进一步划分为固有必要共同诉讼和类似必要共同诉讼。

普通共同诉讼，是指当事人一方或双方为二人以上，诉讼标的是同一种类，法院认为可以合并审理，当事人也同意合并审理的诉讼。

（三）疑难点解析
共同诉讼的类型划分是一个复杂且重要的问题，不同类型的共同诉讼中，当事人之间的关系不同，其诉讼行为对其他主体的影响亦不同。根据共同诉讼人与诉讼标的的关系，《民诉法》第 55 条将共同诉讼划分为两种类型，即必要共同诉讼（诉讼标的共同）和普通共同诉讼（诉讼标的同一种类）。必要共同诉讼中的固有必要共同诉讼，是一种"不可分"之诉，法院可依职权将共同诉讼主体全部纳入诉讼，裁判结果合一确定。如果将这类诉讼分开处理，可能会引发裁判结果的矛盾抵触，当事人的权利义务丧失确定性，也有损司法权威。普通共同诉讼，则是一种"可分"之诉，当事人可以依自己的意愿成为共同诉讼人，或者进行单独诉讼。即使单独诉讼，也不会妨碍当事人诉讼权利的行使，亦不会引发矛盾判决，将其作为共同诉讼处理，主要是为了实现诉讼经济。同时，在"不可分"与"可分"之间，还存在一类"中间形态"的共同诉讼，即类似必要共同诉讼。

"类似必要共同诉讼"概念来自域外民事诉讼法，虽然我国民事诉讼理论引入了这个概念，但关于其内涵和外延未达成共识。在日本民事诉讼法中，类似必要共同诉讼范围比较狭窄，主要指向基于诉讼标的之权利关系的性质，确定判决的既判力扩张及于其他诉讼实施权人的情形，如数人提起的公司合并无效之诉、公司设立无效之诉、数人提起的与一般社团法人相关的同种诉讼、数人提起的与人事相关的诉讼等。② 我国民事诉讼法引入此概念用于指称更加广泛的案件类型，而不仅以既判力扩张为条件。在我国民事诉讼法理论中，类似必要共同诉讼与固有必要共同诉讼最显著的区别是基于共同的诉讼标的，当事人是否具有选择权。具言之，在类似必要共同诉讼之情形，原告可以选择单独

---

① 卢正敏. 共同诉讼研究. 北京：法律出版社，2011：17.
② ［日］伊藤真. 民事诉讼法：第四版补订版. 曹云吉，译. 北京：北京大学出版社，2019：441.

起诉被告，也可选择共同起诉被告，如一旦选择共同起诉，法院的裁判就必须对所有当事人的权利义务作出合一确定。依此，因连带之债引起的诉讼，就被确定为类似必要共同诉讼。在连带债权之诉中，既可以由一个债权人提起诉讼，也可以由全体债权人提起诉讼；在连带债务之诉中，债权人既可以向部分债务人提起诉讼，也可以向全部债务人提起诉讼。无论哪一种情形，当事人都是适格的。

显然，从固有必要共同诉讼、类似必要共同诉讼到普通共同诉讼，法院的职权减弱，当事人的处分权渐增。因固有必要共同诉讼具有"不可分"的强制力，其具体形态由法律明确规定为宜，以防止法院职权对当事人处分权的过分干预。例如，《民诉解释》第70条规定："在继承遗产的诉讼中，部分继承人起诉的，人民法院应通知其他继承人作为共同原告参加诉讼；被通知的继承人不愿意参加诉讼又未明确表示放弃实体权利的，人民法院仍应将其列为共同原告。"又如，《民诉解释》第72条规定："共有财产权受到他人侵害，部分共有权人起诉的，其他共有权人为共同诉讼人。"类似必要共同诉讼，在诉讼标的"共同"这一点上与固有必要共同诉讼是一致的，但以共同诉讼主张权利，却不是当事人的唯一选择，如果当事人选择了共同诉讼，则法官的审理裁判合一确定，对当事人的权利义务一并作出安排。例如，《民诉解释》第54条规定："以挂靠形式从事民事活动，当事人请求由挂靠人和被挂靠人依法承担民事责任的，该挂靠人和被挂靠人为共同诉讼人。"又如，《民诉解释》第66条规定："因保证合同纠纷提起的诉讼，债权人向保证人和被保证人一并主张权利的，人民法院应当将保证人和被保证人列为共同被告。保证合同约定为一般保证，债权人仅起诉保证人的，人民法院应当通知被保证人作为共同被告参加诉讼；债权人仅起诉被保证人的，可以只列被保证人为被告。"再如，《民诉解释》第71条规定："原告起诉被代理人和代理人，要求承担连带责任的，被代理人和代理人为共同被告。原告起诉代理人和相对人，要求承担连带责任的，代理人和相对人为共同被告。"普通共同诉讼中，诉讼标的并非"共同的"，而是"同一种类的"，这意味着共同诉讼人之间的诉讼标的是彼此独立的，法院对任何一个共同诉讼人的权利义务的裁判，并不会影响到其他共同诉讼人。例如，数个业主欠交物业管理费，物业管理人向欠交物业管理费的数个业主提起的诉讼；公共汽车发生交通事故，导致该公共汽车乘客中数人受伤，受伤乘客提起的赔偿之诉。

第三节　诉讼代表人

一、诉讼代表人的概念与特征

（一）难度与热度

难度：☆☆　热度：☆

（二）基本理论与概念

诉讼代表人，是指为了便于诉讼，由人数众多的一方当事人推选出来，代表其利益实施诉讼行为的人。由代表人进行的诉讼，称为"代表人诉讼"。

通常情况下，诉讼代表人具有双重身份，其一面是诉讼当事人，另一面是代表人。

较为特殊的是证券纠纷代表人诉讼中的特别代表人诉讼，依据《证券法》第 95 条第 3 款，此种诉讼中的代表人是受 50 名以上投资者委托的投资者保护机构，其并非受到损害的投资者，与案件的诉讼标的不具有直接的利害关系，并非当事人。

（三）疑难点解析

1. 诉讼代表人制度的作用

相较于"单一原告与单一被告"的常规案件，当同一案件中的一方当事人人数众多时，诉讼程序的进行会变得复杂。如果全部当事人参加诉讼，不仅当事人可能不便，还会给法院的传唤、审理、开庭带来困难，诉讼效率亦会因此受到影响。代表人诉讼可以解决群体性纠纷给双方当事人和法院带来的诸多困难。在代表人诉讼中，人数众多的一方当事人只要推选出诉讼代表人，即可不必亲自参加诉讼。除法律规定外，代表人的诉讼行为原则上对其代表的当事人全体有效。可见，诉讼代表人制度具有"便于诉讼"的作用。

2. 如何理解"人数众多"

关于"人数众多"的理解，《民诉解释》第 75 条规定"人数众多，一般指十人以上"。但该规定是否具有强制性尚存争议，一方面，如果当事人不以代表人诉讼的方式进行诉讼，即使一方当事人的人数已逾十人，法院也不要求多数当事人一方必须选出代表人进行诉讼[①]，此时也可仅作为一般的共同诉讼案件处理；另一方面，在当事人一方的人数不足十人时，法院亦可能允许其根据《民诉法》第 56 条的规定选出代表人来进行诉讼。可见，"人数是否众多"虽然可以用来衡量案件能否算得上群体诉讼，但其并非构成代表人诉讼的决定性因素。[②]

3. 诉讼代表人与诉讼代理人的区别

"当事人"与"代表人"的双重身份使诉讼代表人有别于诉讼代理人，两者的区别体现在：其一，由于诉讼代表人是本案当事人，因而其与本案的诉讼结果有利害关系；诉讼代理人并非本案当事人，与本案的诉讼结果亦无利害关系。其二，诉讼代表人不仅是为了被代表的当事人的利益实施诉讼行为，也是为了自己的利益；诉讼代理人则是为被代理的当事人的利益实施诉讼行为。其三，在人数不确定的情况下，诉讼代表人经部分当事人推选而出，即由部分当事人授权，但其实施的诉讼行为对全体利害关系人有效；诉讼代理人实施诉讼代理行为必须经被代理人授权。[③]

二、代表人诉讼的类型

（一）难度与热度

难度：☆☆　　热度：☆☆

（二）基本理论与概念

人数确定的代表人诉讼，是指起诉时人数已确定的众多的共同诉讼人推选出诉讼代表人后，由诉讼代表人代表全体共同诉讼人进行的诉讼。

---

① 肖建华. 群体诉讼与我国代表人诉讼的比较研究. 比较法研究，1999（2）.

② 王亚新，陈杭平，刘君博. 中国民事诉讼法重点讲义. 2 版. 北京：高等教育出版社，2021：190.

③ 张卫平. 民事诉讼法. 6 版. 北京：法律出版社，2023：170.

人数不确定的代表人诉讼，是指由人数不确定的共同诉讼人通过推选等方式产生代表人，由代表人以全体共同诉讼人的名义进行的诉讼。

（三）疑难点解析

如何理解代表人诉讼与共同诉讼的关系？

我国的诉讼代表人制度，以共同诉讼制度为基础。诉讼代表人所进行的诉讼应当符合共同诉讼的基本条件，如果被代表的当事人不能作为共同诉讼人，就不能在诉讼中推选代表人实施诉讼行为。《民诉法》第56条规定的当事人一方人数众多的诉讼，当事人之间利益关联的结构符合共同诉讼的一般范畴。因此，代表人诉讼亦可区分为普通共同诉讼和必要共同诉讼。

对于人数确定的代表人诉讼，其诉讼标的需要满足众多当事人之间具有共同的或同一种类的诉讼标的的要求。人数确定的代表人诉讼，既可以是必要共同诉讼，又可以是普通共同诉讼。

对于人数不确定的代表人诉讼，多数当事人之间没有共同的权利或义务关系，不存在共同的诉讼标的，但各当事人的诉讼标的属同一种类。这类诉讼通常是由同一种侵权行为或同一类合同引起的诉讼，涉及的当事人多，分布地域广，比如因上市公司虚假陈述引起的诉讼，因出售不合格的食品、药品引起的诉讼。因此，人数不确定的代表人诉讼，只能是普通共同诉讼。

总体而言，在我国目前的司法实践中，作为普通共同诉讼的代表人诉讼更为常见，而具有必要共同诉讼这种性质的代表人诉讼案件相对较少出现。

三、人数不确定的代表人诉讼的特殊程序

（一）难度与热度

难度：☆☆☆ 热度：☆☆☆

（二）基本理论与概念

无论是人数确定的代表人诉讼，还是人数不确定的代表人诉讼，均需经过受理与推选代表人两个程序。人民法院受理代表人诉讼，既要审查其是否具备一般的起诉要件，又要审查其是否符合代表人诉讼的要件。对于人数确定的代表人诉讼，可以由全体当事人推选共同的代表人或由部分当事人推选自己的代表人；推选不出代表人的当事人，在必要共同诉讼中可以自己参加诉讼，在普通共同诉讼中可以另行起诉。对于人数不确定的代表人诉讼，由当事人推选代表人。当事人推选不出的，可以由人民法院提出人选与当事人协商；协商不成的，也可以由人民法院在起诉的当事人中指定代表人。

"起诉时人数不确定"这一前提决定了对于人数不确定的代表人诉讼而言，为了使诉讼进程正常开展，法院必须通过公告、登记程序将参与诉讼的当事人固定下来，使其由不确定转向确定。出于实现诉讼经济并防止裁判相抵触的考量，虽然法院对人数不确定的代表人诉讼作出裁判后，裁判的拘束力仅及于参加登记的全体权利人，对未登记的权利人无拘束力。但是，如果未登记的权利人在诉讼时效期限内提起诉讼，法院认定其请求成立的，应裁定直接适用代表人诉讼已作出的裁判，亦即其对未参加登记的权利人有预决效力。

（三）疑难点解析

在人数不确定的代表人诉讼中，应如何确定当事人的人数？

依据《民诉法》第 57 条第 1 款与第 2 款的规定，在人数不确定的代表人诉讼中，需要通过公告和登记程序使当事人的人数从不确定状态转变为确定状态，以便为诉讼做准备。公告程序是指法院在受理多数人诉讼时，发现起诉时一方当事人人数尚未确定的，应当发出公告说明案件情况和诉讼请求，通知权利人在一定期间内向法院登记。公告的期限由法院根据具体案件情况确定，但不得少于 30 日。登记程序是指主观上认为自己享有权利的人应当在公告期内向发布公告的案件管辖法院申请登记，且须证明其与对方当事人的法律关系以及受到的损害。需要强调的是，权利人是否在公告期内成功登记，仅表明其是否能够作为本次诉讼的当事人，对其实体权利并无影响，若未能成功登记，其仍然可以另行起诉。

按照学界通说，人数不确定的代表人诉讼的特殊规则在立法时主要借鉴了美国的集团诉讼制度。但有观点认为，与美国的现实环境不同，我国绝大多数法院并不愿启动公告和登记程序，因为这会扩大群体纠纷的规模和影响，进而可能引发媒体和社会舆论的广泛关注，这对法院而言是颇具压力的。这也导致《民诉法》第 57 条自立法以来的适用情况不甚理想。不过，在实践中亦存在通过律师的努力成功启动人数不确定的代表人诉讼的案例，"大庆联谊民事赔偿案"即是例证。在该案中，律师通过电话联络等积极行为，使遍及我国十几个省的当事人在起诉前得到确认。[①]

第四节　第三人

一、第三人的概念与特征

（一）难度与热度

难度：☆☆☆☆☆　热度：☆☆☆☆☆

（二）基本理论与概念

民事诉讼中的第三人，是指对当事人双方的诉讼标的认为有独立的请求权，以提起诉讼的方式参加诉讼的主体；或者虽然没有独立请求权，但同案件处理结果有法律上的利害关系，而参加他人正在进行的诉讼的主体。根据《民诉法》第 59 条，第三人可分为有独立请求权第三人与无独立请求权第三人。

第三人具有如下特征：其一，参加他人正在进行的诉讼；其二，与正在进行的诉讼有法律上的利害关系；其三，在诉讼中具有独立的地位。

（三）疑难点解析

1. 如何理解第三人与案外人之间的关系

案外人是指本案当事人之外的人，正是由于案外人与第三人均系相对于本诉双方当事人而言的概念，二者因此容易产生混淆。《民诉法》第 59 条规定的第三人主要包括有独立

---

① 章武生，杨严炎. 我国群体诉讼的立法与司法实践. 法学研究，2007（2）.

请求权第三人和无独立请求权第三人，但《民诉法》第 238 条规定的案外人则没有此限制，其外延明显广于《民诉法》第 59 条的相关规定。例如，被遗漏的必要共同诉讼人并未参加本诉讼，其属于《民诉法》第 238 条规定的案外人，但是并不在《民诉法》第 59 条规定的第三人的范畴之内。在第三人撤销之诉的主体认定上，"第三人"应限于有独立请求权第三人和无独立请求权第三人，还是应扩展至案外人，存在理论争议和实践分歧。

2. 反思第三人的类型划分

日本的"诈害防止参加"制度规定了另外一种第三人的形态①，为自身权利可能会被诉讼裁判结果侵害的第三人提供了参加既有诉讼的可能性。例如，甲以乙为被告提起了确认或清偿债务的诉讼，丙作为乙的债权人认为该案件其实不过是甲与乙相互串通制造的虚假诉讼，其真实目的在于利用法院的裁判把某笔与自己存在利害关系的财产非法地转移给甲以损害自己的利益，于是向法院申请参加诉讼，并提出确认甲乙之间不存在债权债务关系的请求。我国在 2012 年修订《民诉法》时引入了"第三人撤销之诉"，其与"诈害防止参加"制度虽然都具有救济虚假诉讼受害人的功能，但并非完全相同。详言之，第三人撤销之诉中的第三人并未参与本诉，而"诈害防止参加"程序中的第三人可以向法院申请参加既有诉讼。不过，仍有学者主张借鉴该规定，并提出除"对于他人之间的诉讼标的拥有独立的请求权"这种第三人的基本形态之外，还可以把"他人之间出于非法目的而进行诉讼且结果会使其利益受到损害"的第三人也纳入《民诉法》第 59 条第 1 款有独立请求权第三人的范围，以便于第三人在事前就有机会防止诉讼诈害的发生。② 有观点进一步认为，应当对现行诉讼第三人制度的基本结构进行调整，不再按照有无独立请求权对第三人加以界定，而是按照第三人参加诉讼的实际地位和作用对第三人予以界定，将其分为独立第三人和非独立第三人。独立第三人在诉讼中具有当事人地位，非独立第三人不具有当事人地位，在诉讼中处于辅助人的地位。独立第三人包括在实体上具有独立请求权的第三人，也包括虽在实体上不具有独立请求权，但具有阻止不利裁判利益的第三人（损害阻止第三人）。损害阻止第三人即为阻止错误裁判或调解损害其民事权益而参加他人之间诉讼的第三人。③

二、有独立请求权第三人

（一）难度与热度

难度：☆☆☆　　热度：☆☆☆

（二）基本理论与概念

有独立请求权第三人，是指对他人之间的诉讼标的主张独立的请求权，而参加到原、被告正在进行的诉讼中的主体。

在参加之诉中，有独立请求权第三人既对抗本诉的原告，又对抗本诉的被告，认为他们的主张均侵害了自己的权利，因此其诉讼地位是参加之诉的原告，即诉讼中的当事人，而本诉原告与本诉被告均为参加之诉的被告。正是因为第三人对他人之间的诉讼标

---

① ［日］伊藤真. 民事诉讼法：第四版补订版. 曹云吉，译. 北京：北京大学出版社，2019：458.

② 王亚新. 第三人参与诉讼的制度框架与程序操作. 当代法学，2015（2）.

③ 张卫平. 我国民事诉讼第三人制度的结构调整与重塑. 当代法学，2020（4）.

的主张的是独立的请求权，其既可以参加他人之间的诉讼，也可以另行起诉。

（三）疑难点解析

如何判断当事人是否属于有独立请求权第三人？

相对于既有诉讼，有独立请求权的第三人提出的请求兼具独立性与关联性。这是判断当事人是否属于有独立请求权的第三人，以及应否允许其参与诉讼的基本标准。所谓独立性，是指第三人所主张的请求权不同于本诉原告向被告主张的请求权，而是同时针对本诉原告和被告的，其主张既不同于原告，也反对被告。例如，陈某主张本应由其继承的其父名下的房产被赵某非法占据，遂提起诉讼，在法院受理后，刘某向法院申请参加陈某与赵某的诉讼，主张案涉房产并不属于陈某和赵某，因陈某的父亲在去世前已经将案涉房产卖给自己，只是尚未过户交房，故请求法院确认其对案涉房产享有所有权。该案中，刘某与本诉原告陈某和本诉被告赵某的主张均不同，其诉讼请求具有独立性，因而刘某属于有独立请求权第三人。所谓关联性，是指第三人提出的请求与本诉当事人之间的诉讼标的存在利害关系，若缺乏此种关联，则不属于有独立请求权第三人。例如，若在前述案件中，刘某未表示自己对案涉房产享有所有权，而是仅主张陈父生前对其欠有债务，其可能因提出的请求与陈某、赵某之间的诉讼标的缺乏足够的关联性而不能获准参加诉讼，只能另行起诉。[①]

三、无独立请求权第三人

（一）难度与热度

难度：☆☆☆☆☆　　热度：☆☆☆☆☆

（二）基本理论与概念

无独立请求权第三人，是指因正在进行的诉讼的裁判结果与其具有法律上的利害关系而参加诉讼的主体，具体可分为辅助型第三人与被告型第三人。辅助型第三人是指与案件处理结果有法律上的利害关系而参加诉讼的主体。例如，销售方甲将某商品售卖给乙，乙发现该商品存在质量问题便起诉甲，甲抗辩称商品质量没有问题，损害是使用或保管不当所致。生产方丙为维护己方利益便申请参加诉讼并辅助甲，为甲提供商品没有质量问题的证据，因为如果甲败诉，其有可能追究丙的民事责任，本案中丙即为辅助型第三人。被告型第三人是指因自己与本案被告存在一定的法律关系，参加被告一方进行诉讼，并最终可能被法院判决对原告承担责任的主体。例如，甲起诉乙，主张其行为造成了自己的损害，而乙抗辩称是丙的行为而非自己的行为导致了原告的损害，并要求法院通知丙参加，认为只要丙参加诉讼，民事责任的问题便可水落石出，于是法院根据被告的请求通知丙参加诉讼。经过审理查明丙应当承担民事责任，法院最终判决丙对甲承担民事责任，本案中丙即为被告型第三人。[②]

（三）疑难点解析

1. 什么是有"法律上的利害关系"

对无独立请求权第三人内涵的界定，立法采用"案件处理结果同他有法律上的利害

---

① 王亚新. 第三人参与诉讼的制度框架与程序操作. 当代法学，2015（2）.

② 张卫平. 民事诉讼法. 6版. 北京：法律出版社，2023：182-184.

关系"进行解释，但是何谓"法律上的利害关系"又是一个存在争议的问题。在理论层面，狭义解释认为"法律上的利害关系"仅限于第三人与本诉被告之间的实体法上的义务关系[①]；中义解释认为"法律上的利害关系"是指第三人与原审当事人之间的实体法上的义务关系、权利关系和权利义务关系[②]；广义解释则认为如果诉讼的判决或调解书认定的事实或结果将直接或间接地影响到第三人的民事权益或者法律地位，就属于具有"法律上的利害关系"[③]。在实践层面，因对"法律上的利害关系"理解不同而产生的裁判分歧也时有发生，比如同样是面对虚假诉讼案件中权益受侵害的普通债权人，有的法院认为普通债权人与原审处理结果之间仅为事实上的利害关系，并不构成"法律上的利害关系"[④]；而有的法院则认为普通债权人虽然与原审处理结果无直接利害关系，但原审调解书的内容影响了债务人的偿债能力，使得普通债权人的债权无法得到清偿，因此普通债权人与原审处理结果有"法律上的利害关系"[⑤]。

2. 无独立请求权第三人的诉讼地位

对于辅助型无独立请求权第三人而言，因为在诉讼中此类第三人并没有向原告和被告提出独立的诉讼请求，仅仅是辅助本诉的一方当事人对抗另一方当事人，故辅助型无独立请求权第三人并非诉讼当事人，不具有与当事人相同的诉讼地位，其在诉讼中不享有承认、放弃、变更诉讼请求，请求调解等权利。无独立请求权第三人的地位是辅助其中一方当事人，因此当辅助人的诉讼行为与被辅助人的诉讼行为抵触时，辅助人的诉讼行为无效。需要注意的是，虽然辅助型无独立请求权第三人在诉讼中辅助一方当事人进行诉讼，二者在诉讼利益方面具有一致性，但其并非被辅助一方当事人的共同诉讼人，因为该第三人和被辅助的当事人与对方之间没有共同的诉讼标的，该第三人与被辅助的当事人之间没有共有或连带关系，该第三人不是原告与被告之间的诉讼标的的权利义务主体。

被告型无独立请求权第三人是否具有当事人的诉讼地位存在争议。当其要在实体上承担民事责任时，该第三人与他人之间的法律关系实际上已经成为法院审理和判断的对象，将被告型无独立请求权第三人作为当事人更为妥当。虽然是当事人，但被告型无独立请求权第三人不是本诉任何一方当事人的共同诉讼人，与他人之间没有同一的诉讼标的。被告型无独立请求权第三人民事责任的承担往往是本诉被告民事责任的移转。由于被告型无独立请求权第三人在诉讼中要承担责任，其拥有上诉权。也正因为承担民事责任，所以被告型无独立请求权第三人原则上不在第二审程序才参加诉讼，否则无法拥有上诉权。但是，第三人主动申请参加第二审程序的，人民法院可以准许，如果需要无独立请求权第三人承担民事责任，第二审法院可以根据当事人自愿的原则进行调解，调解应当经当事人同意，在调解书送达前当事人反悔的，第二审法院应当及时裁判发回原审法院重审。

① 董国庆，易斌. 无独立请求权第三人若干问题探微. 人民司法，2006（8）.
② 陈彬. 对无独立请求权的第三人参加诉讼若干问题的探讨. 法律科学（西北政法学院学报），1989（4）；蒋为群. 论无独立请求权的第三人. 甘肃政法学院学报，2002（3）.
③ 王国征. 论无独立请求权的第三人. 法学家，1998（4）.
④ 浙江省高级人民法院（2018）浙民撤1号民事判决书。
⑤ 广东省高级人民法院（2014）粤高法立民终字第37号民事裁定书。

第五节　诉讼代理人

一、诉讼代理人的概念与特征

（一）难度与热度

难度：☆☆　热度：☆

（二）基本理论与概念

诉讼代理人，是指依据法律的规定或者当事人的委托，在民事诉讼中为当事人的利益进行诉讼活动的人，具体又可分为法定诉讼代理人与委托诉讼代理人。

诉讼代理人具有如下特征：其一，以被代理人的名义实施诉讼行为；其二，具有诉讼行为能力；其三，在代理权限范围内实施诉讼行为；其四，诉讼代理行为的法律后果由被代理人承担；其五，在同一诉讼中诉讼代理人只能代理一方当事人。

（三）疑难点解析

1. 如何理解诉讼代理与民事代理之间的异同

诉讼代理与民事代理之间存在一定的相同之处，如二者均是以被代理人的名义实施一定行为，代理行为的后果都由被代理人承担。但诉讼代理与民事代理毕竟是不同性质的代理，二者仍然存在诸多不同之处，主要体现为以下几方面：其一，代理的内容不同。民事代理是代理人在代理权限范围内与第三人进行民事行为；诉讼代理则是代为实施一定诉讼行为。其二，代理的目的不同。民事代理的目的在于协助当事人实现民事权利和履行民事义务；诉讼代理的目的则是协助当事人实现诉讼权利和履行诉讼义务。其三，被代理人的身份不同。民事代理的被代理人是参加民事活动的公民和法人；诉讼代理的被代理人是参加民事诉讼的原告、被告和第三人。

2. 诉讼代理人与法人或其他组织的代表人的区别

诉讼代理人是以当事人名义实际从事诉讼活动、实施诉讼行为的主体，其自身并非当事人，但其所为的诉讼活动及行为之实体和程序上的结果必须由当事人来承受。而法人或其他组织的法定代表人本身并不独立于案件当事人，其与同样作为诉讼当事人的法人或其他组织之间存在的是"代表"而非"代理"的关系。

二、诉讼代理人的类型

（一）难度与热度

难度：☆☆☆　热度：☆☆

（二）基本理论与概念

法定诉讼代理人，是指根据法律规定代理无诉讼行为能力的当事人实施诉讼行为的人。法定诉讼代理人是为无诉讼行为能力的当事人设立的，因此其范围一般与监护人的范围是一致的，无诉讼行为能力人由其监护人作为法定代理人代为诉讼。法定诉讼代理人一般为自然人，但作为例外，有关组织也可以作为法定诉讼代理人，如居民委员会、村民委员会、学校、医疗机构、妇女联合会、残疾人联合会、未成年人保护组织、依法设立的老年人组织、民政部门等。有关组织作为代理人的，需要指派合适的自然人出庭代理诉讼。无诉讼行为能力人的法定代理人之间互相推诿代理责任的，由人民法院指定其中一人代为诉讼；或者无诉讼行为能力人虽然有监护人，但监护人不适合作为诉讼代理人的，也要由法院指定诉讼代理人。

委托诉讼代理人，是指受当事人或法定代理人委托，以当事人的名义代为诉讼的人。委托诉讼代理人的代理权来源于当事人或其法定代理人的授权委托行为，其代理权限的范围取决于被代理人的意愿，委托诉讼代理人证明其代理权的方式是向法院提交由被代理人签署的授权委托书。委托诉讼代理人的范围包括律师、基层法律服务工作者，当事人的近亲属或者工作人员，当事人所在社区、单位或者有关社会团体推荐的人。当事人、法定代理人可以委托 1~2 人作为诉讼代理人，如果委托 2 人作为诉讼代理人，每个诉讼代理人的代理事项和代理权限应当在授权委托书中分别载明。

（三）疑难点解析

1. 如何理解法定诉讼代理人与当事人的关系

在法定诉讼代理中，被代理人的一切诉讼行为，均由法定诉讼代理人代为实施；法院和对方当事人所为的诉讼行为，也由其代为接受。法定诉讼代理人所实施或接受的诉讼行为均视为当事人的行为。这些特征均容易导致法定诉讼代理人被误以为具有当事人的诉讼地位，但二者存在本质差别：其一，法定诉讼代理人只能以当事人的名义起诉或者应诉，而不能以自己的名义起诉或应诉；其二，裁判所针对的是当事人，而非法定诉讼代理人；其三，在诉讼中，如若法定诉讼代理人死亡，不必终结诉讼，法院可以另行指定监护人作为法定诉讼代理人继续诉讼，但是依据《民诉法》第 154 条，如若当事人在诉讼过程中死亡，诉讼很可能会因此终结。

2. 法定诉讼代理人与委托诉讼代理人之代理权限的区别

法定诉讼代理人是全权代理，其代理权限非常广泛，不仅有权在诉讼中代为处分当事人的程序性诉讼权利，也有权代为处分当事人的实体性诉讼权利。程序性诉讼权利，有如起诉、撤诉、提出管辖权异议、提出证据、申请回避，等等；实体性诉讼权利，有如代为承认、放弃、变更诉讼请求，进行和解，等等。只要法定诉讼代理人所实施或接受的诉讼行为不损害当事人的合法权益，其代理权限基本不会受到限制。

相比之下，委托诉讼代理人的代理权限则存在较大的限制，其只能在被代理人的授权范围内实施诉讼行为。对于实体性诉讼权利，由于其与当事人的利益之间具有紧密的联系，因而委托诉讼代理人需要得到被代理人专门、明确的特别授权。值得注意的是，依据《民诉解释》第 89 条第 1 款的规定，特别授权需在授权委托书中明确地写明授予何种实体性诉讼权利。授权委托书仅写"全权代理"而无具体授权的，诉讼代理人无权代为承认、放弃、变更诉讼请求，进行和解，提起反诉或者上诉。对于程序性诉讼权利，由于其并不涉及对被代理人实体权利的处分，故而无须被代理人的特别授权，仅一般授权即可。

> **本章实务案例研习**

一、侯某强、宋某修等确认合同效力纠纷案[①]

案例考点：当事人适格的判断标准

（一）案情简介

2000年2月至2004年11月期间，原阳县宋河农机有限公司向侯某强借款466万元用于公司经营。2006年2月18日，该公司的法定代表人宋某源与其岳父陈某喜签订"偿还协议"，后又签订房地产买卖契约，以个人名义将公司财产转让给陈某喜，侯某强向法院起诉请求确认以上协议无效。一审法院认为：原告应是与案件有利害关系的公民、法人和其他组织。本案原告侯某强与宋某源等有债权债务关系，但其并非涉案的协议、契约的签订人，对合同转让标的物也不享有所有权和使用权等相关权利。因此侯某强并非直接利害关系人，其并非适格原告，应驳回起诉。侯某强不服提起上诉称：被上诉人恶意串通签订合同转让物权的行为严重损害了上诉人侯某强的利益，与侯某强有直接的利害关系。被上诉人宋某源、原阳县宋河农机有限公司为逃避债务，签订虚假转让协议，以明显不合理的低价转让其财产，导致上诉人侯某强的债权不能实现，应确认前述协议无效。上诉人侯某强系有直接利害关系的第三人，具有原告主体资格。因此请求二审法院依法撤销原审裁定，指令原阳县人民法院进行实体审理。

（二）法院裁定

二审法院认为上诉人侯某强与被上诉人宋某源、原阳县宋河农机有限公司之间存在合法的债权债务关系。就宋某源与其岳父陈某喜签订的偿还协议、房地产买卖契约而言，虽然侯某强不是前述合同的相对人，但宋某源将原阳县宋河农机有限公司的财产转让他人的行为，是否存在恶意串通、虚假的行为，与债权人侯某强有着直接的利害关系，故侯某强具备诉讼主体资格。侯某强的上诉理由成立，应予支持。原审裁定驳回侯某强的起诉不当，应予纠正。二审法院最终裁定：撤销原阳县人民法院（2010）原民初字第927号民事裁定，指令原阳县人民法院进行审理。

（三）学理分析

历史上关于当事人适格的判断先后产生了"争议法律关系主体标准""实体权益保护标准""诉的利益标准"三种主要的判断标准。"争议法律关系主体标准"是指凡是在实体法律关系中作为直接的民事主体的当事人，便是正当的当事人；反之，如果不是实体法律关系的民事主体，则非正当的当事人。在确认之诉中，对于需要加以确认的实体法律关系具有确认利益的当事人为适格的当事人；在形成之诉中，依法具有形成权的人为适格的当事人，而当事人是否具有形成权，取决于立法的明确规定。具体到本案，当事人应提起形成之诉而非确认之诉，否则将引发当事人不适格问题。"实体权益保护标准"

[①] 案例来源：河南省新乡市原阳县人民法院（2010）原民初字第927号民事裁定书、河南省新乡市中级人民法院（2013）新中民二终字第87号民事裁定书。

是指根据实体法的规定或当事人的赋权产生的、为获得保护他人合法权益提起和进行诉讼的权能之标准。这种根据立法的特别规定或当事人的赋权而成为正当当事人的制度，被称为诉讼担当制度。在"诉的利益标准"下，原告主张的利益面临危险和不安时，为了祛除这种危险和不安而诉诸法的手段即诉讼，从而谋求判决的利益，这种利益在原告主张的实体利益现实地陷入危险和不安时才产生。因此该标准是在争议法律关系主体标准和"实体权益保护标准"均无法适用但其纠纷又确有解决之必要时才予以适用的。需要说明的是，三者之间并非简单的以新代旧的过程，而是包含与被包含的关系。当事人适格的范围是一个不断扩张的过程，当事人是否适格的判断应当同时采用争议法律关系主体标准、"实体权益保护标准"和"诉的利益标准"三种标准，而不是仅仅存其一而废其余。其中，争议法律关系主体标准为原则性、一般化、通常适用的标准，"实体权益保护标准"属于例外性、特殊化、非常规适用的标准，"诉的利益标准"则是在前两个标准的基础上同时又超越于它们的涵盖力、综合特征明显、适用范围广泛的终极性标准。当事人适格的判断标准从争议法律关系主体标准经由"实体权益保护标准"发展至"诉的利益标准"，呈现出螺旋式上升、渐进式抽象并又反过来向当事人能力回归的演化规律。

二、蒲某、王某雄、赵某虎、张掖市嘉禾绿色农业发展有限责任公司、周某政民间借贷纠纷案[①]

案例考点：共同诉讼的类型

（一）案情简介

2015年1月29日，被告王某雄、赵某虎及案外人肖某共同作为借款人向原告姬某借款300万元。被告张掖市嘉禾绿色农业发展有限责任公司（以下简称"嘉禾公司"）、周某政作为丙方为该笔借款提供连带责任保证担保，担保期限为贷款本息及违约金全部清偿为止。被告王某雄、赵某虎还向原告出具了还款承诺书，被告嘉禾公司、周某政向原告出具了担保承诺书。上述借款到期后，因借款人及担保人均未还款，原告姬某以王某雄、赵某虎、嘉禾公司、周某政为被告向张掖市中级人民法院提起诉讼。张掖市中级人民法院作出判决后，被告王某雄等人以一审程序违法、遗漏主体为由提出上诉，但因原告姬某于2017年1月4日病故，甘肃省高级人民法院依法准许姬某的配偶蒲某作为被上诉人参加诉讼。上诉人王某雄、赵某虎、嘉禾公司、周某政认为，"被上诉人起诉时对原本为三个共同借款人的两个借款人王某雄、赵某虎提起诉讼，而对另一借款人肖某却没有提起诉讼，漏列主体。在本案中，三借款人作为共同借款人在作为参加诉讼的主体上，是密不可分的，被上诉人应将三个借款人共同起诉。三借款人之间标的不可分，是必要共同诉讼，为不可分之诉。但一审法院阻却了王某雄、赵某虎权利的实现，没有追加肖某，系程序错误"。

（二）法院判决

肖某是否应作为共同被告参加诉讼取决于其在本案中的地位，根据本案被上诉人蒲

---

① 案例来源：甘肃省张掖市中级人民法院（2016）甘07民初126号民事判决书、甘肃省高级人民法院（2017）甘民终274号民事判决书。

某的丈夫姬某生前与王某雄、赵某虎、肖某签订的"抵押担保贷款合同"的内容,肖某是与王某雄、赵某虎共同作为借款人向姬某借款的,合同对借款人的表述及对借款人权利义务的约定都是将王某雄、赵某虎、肖某三人作为一个整体而未区分三人的责任大小及权利义务的不同,故一审将三人对债务的清偿责任界定为连带责任并无不当。对连带债务人在诉讼时的法律地位,《民法通则》第87条(《民法典》第518条)有明确规定,即债权人可以选择债务人中的一人或全部提起诉讼,而这一诉讼类型属于类似的必要共同诉讼,即诉讼标的虽然是共同的,但共同诉讼人一方不必全体一致参加诉讼,因此债权人姬某选择只将债务人王某雄、赵某虎作为共同被告提起诉讼,并不影响肖某最终对其应当承担的债务份额承担相应的清偿责任,王某雄、赵某虎在承担了全部债务的清偿责任后均可向肖某进行追偿,故一审未追加肖某为共同被告参加诉讼并无不当。据此,甘肃省高级人民法院认为上诉人所提一审未追加肖某参加诉讼属程序不当的主张不能成立。

(三)学理分析

对于共同诉讼具体类型的判断影响着本案当事人的适格。若本案系固有必要共同诉讼,那么债务人王某雄、赵某虎、嘉禾公司、周某政、肖某需要一同应诉,当事人方才适格,未一同应诉的,法院应予追加;若本案系类似必要共同诉讼,那么债权人姬某作为原告,在起诉时具有较大的选择空间,其既可以向部分债务人提起诉讼,也可以向全部债务人提起诉讼,无论哪一种情形,当事人都是适格的,法院不得依职权追加当事人;若本案系普通共同诉讼,那么债权人姬某可以在分别起诉或共同起诉多名债务人中作出选择,然后法院依据当事人的意愿进行审查并最终决定"合"还是"分"。具体而言,首先需要对本案应当作为必要共同诉讼抑或是普通共同诉讼进行判断,二者的核心区别在于共同诉讼人之间的诉讼标的属于共同的还是同种类的。本案中,债权人姬某与债务人王某雄、赵某虎、肖某之间发生纠纷的法律关系是相同的,系同一民间借贷法律关系,即当事人之间的诉讼标的是共同的。因此,本案应当作为必要共同诉讼。但是,依是否强制一同进行诉讼,必要共同诉讼可进一步划分为固有必要共同诉讼和类似必要共同诉讼。依据《民法通则》第87条(《民法典》第518条)第1款的规定,现行法律并不强制要求连带债务之诉中的债权人一同起诉全部债务人,因此本案属于类似必要共同诉讼。

》》本章同步练习

一、选择题

1. 关于当事人能力与当事人适格的概念,下列哪些表述是正确的?(　　　)

A. 当事人能力又称当事人诉讼权利能力,当事人适格又称正当当事人

B. 有当事人能力的人一定是适格当事人

C. 适格当事人一定具有当事人能力

D. 当事人能力与当事人适格均由法律明确加以规定

2. 张某将邻居李某和李某的父亲打伤,李某以张某为被告向法院提起诉讼。在法院

受理该案时，李某的父亲也向法院起诉，对张某提出索赔请求。法院受理了李某父亲的起诉，在征得当事人同意的情况下决定将上述两案并案审理。在本案中，李某的父亲居于什么诉讼地位？（　　）

  A. 必要共同诉讼的共同原告

  B. 有独立请求权的第三人

  C. 普通共同诉讼的共同原告

  D. 无独立请求权的第三人

  3. 某企业使用霉变面粉加工馒头，潜在受害人不可确定。甲、乙、丙、丁等 20 多名受害者提起损害赔偿诉讼，但未能推选出诉讼代表人。法院建议甲、乙作为诉讼代表人，但丙、丁等人反对。关于本案，下列哪一选项是正确的？（　　）

  A. 丙、丁等人作为诉讼代表人参加诉讼

  B. 丙、丁等人推选代表人参加诉讼

  C. 诉讼代表人由法院指定

  D. 在丙、丁等人不认可诉讼代表人的情况下，本案裁判对丙、丁等人没有约束力

  4. 赵某与刘某将共有商铺出租给陈某。刘某瞒着赵某，与陈某签订房屋买卖合同，将商铺转让给陈某，后因该合同履行发生纠纷，刘某将陈某诉至法院。赵某得知后，坚决不同意刘某将商铺让与陈某。关于本案相关人的诉讼地位，下列哪一说法是正确的？（　　）

  A. 法院应依职权追加赵某为共同原告

  B. 赵某应以刘某侵权起诉，陈某为无独立请求权第三人

  C. 赵某应作为无独立请求权第三人

  D. 赵某应作为有独立请求权第三人

  5. 李立与陈山就财产权属发生争议提起确权诉讼。案外人王强得知此事，提起诉讼主张该财产的部分产权，法院同意王强参加诉讼。诉讼中，李立经法院同意撤回起诉。关于该案，下列那些选项是正确的？（　　）

  A. 王强是有独立请求权的第三人

  B. 王强是必要的共同诉讼人

  C. 李立撤回起诉后，法院应裁定终结诉讼

  D. 李立撤回起诉后，法院应以王强为原告、李立和陈山为被告另案处理，诉讼继续进行

  6. 周童（5 岁）星期天和祖母李霞去公园玩，游戏过程中周童将林晨（6 岁）的双眼划伤致使林晨的右眼失明、左眼视力下降。林晨的父亲林坷要求周家赔偿林晨的医疗费、伤残费共计 6 万元。周童的父亲周志伟以周童是未成年人为由拒绝赔偿。林家无奈只好诉至法院。下列关于本案诉讼参与人地位的表述哪项是正确的？（　　）

  A. 本案原告是林晨，其父林坷是林晨的法定代理人，被告是周童，其父周志伟是周童的法定代理人，李霞是证人

  B. 本案被告是周童，周志伟是其法定代理人，李霞是无独立请求权的第三人

  C. 本案原告是林坷，被告是周志伟和李霞

  D. 本案原告是林坷和林晨，被告是周志伟、李霞和周童

7. 某市法院受理了中国人郭某与外国人珍妮的离婚诉讼，郭某委托黄律师作为代理人，授权委托书中仅写明代理范围为"全权代理"。关于委托代理的表述，下列哪一选项是正确的？（　　）

A. 郭某已经委托了代理人，可以不出庭参加诉讼

B. 法院可以向黄律师送达诉讼文书，其签收行为有效

C. 黄律师可以代为放弃诉讼请求

D. 如果珍妮要委托代理人代为诉讼，必须委托中国公民

二、案例分析题

1. 甲公司职工黎某因公司拖欠其工资，多次与公司法定代表人王某发生争吵，王某一怒之下打了黎某耳光。为报复王某，黎某找到江甲的儿子江乙（17岁），唆使江乙将王某办公室的电脑、投影仪等设备砸坏，承诺事成之后给江乙一台数码相机作为报酬。事后，甲公司对王某办公室损坏的设备进行了清点登记和拍照，并委托、授权律师尚某全权处理本案。尚某找到江乙了解案情，江乙承认受黎某指使。甲公司起诉要求黎某赔偿损失，并要求黎某向王某赔礼道歉。诉讼中，黎某要求法院判决甲公司支付其劳动报酬。审理时，法院通知江乙参加诉讼。经审理，法院判决侵权人赔偿损失，但对甲公司要求黎某向王某赔礼道歉的请求、黎某要求甲公司支付其劳动报酬的请求未作处理。

问题：

（1）王某是否为本案的当事人？诉讼地位为何？为什么？

（2）江甲是否为本案的当事人？诉讼地位为何？为什么？

（3）江乙是否为本案的当事人？诉讼地位为何？为什么？

（4）甲公司向法院提交的委托律师尚某代理诉讼的授权委托书上仅写明"全权代理"字样，尚某根据此授权可以行使哪些诉讼权利？为什么？

2. 再婚女工刘某珊生前家住重庆市江北区，在该区有1幢100平方米的瓦房，共4间，刘某珊有二子一女：大儿子、二儿子系后夫与后夫之前妻所生，三女儿系刘某珊与其前夫所生。由于二儿子和女儿均在外地工作和居住，刘某珊一直和大儿子住在一起，但大儿子对她很不孝顺，所以刘某珊生前暗地里立下遗嘱交给其女儿，写明其死后房屋由女儿一人继承。

刘某珊死后，大儿子没有通知其弟、妹回重庆市料理丧事。他认为其母生前一直由自己赡养，房子应由他一人继承，但又怕弟、妹与其相争，遂在办完丧事后将该房卖给张三，并已办好过户手续，刘某珊的二儿子知道后，即从外市赶回重庆市，以其兄为被告向江北区人民法院提起诉讼，要求与其兄共同继承母亲遗产，平分房屋。法院立案后，刘某珊的女儿闻讯亦从外地赶回重庆市，向江北区人民法院递交了其母亲的遗嘱，请求人民法院按遗嘱判决自己继承全部房屋。

问题：

（1）在二儿子向大儿子提起诉讼后，刘某珊的女儿提出由自己继承全部房屋的请求。她在诉讼中应处于什么地位？

（2）张三是否应参加该诉讼？如果应参加，他的诉讼地位与刘某珊女儿的有何不同？

三、论述题

请结合制度规定及理论研究前沿，试论述民事共同诉讼的类型。

参考答案

一、选择题

1. AC

解析：当事人能力，又称当事人诉讼权利能力，是指能够成为民事诉讼当事人，享有民事诉讼权利和承担民事诉讼义务的法律上的资格；当事人适格，又称正当当事人，是指在具体的诉讼中，作为本案当事人起诉或应诉的资格，故 A 选项正确。当事人适格与当事人能力的主要区别是当事人能力是抽象的诉讼当事人资格，与特定的诉讼无关。当事人适格则是作为特定诉讼的当事人资格，对于当事人适格与否，只能将当事人与特定诉讼相联系进行判断。由此可知，当事人能力是当事人适格的前提，适格的当事人一定具有当事人能力，但具有当事人能力的不一定是适格的当事人。结合本题，故 B 选项错误，C 选项正确。当事人适格的判断标准多样，并非只由法律规定，故 D 选项错误。综上所述，本题答案为 AC。

2. C

解析：原告李某与被告张某之间的法律关系为侵权法律关系，李某的父亲与张某之间也存在侵权法律关系，虽然侵权主体一致，但被害人不同，故诉讼标的为同一种类，因此李某的父亲属于普通共同诉讼的共同原告。综上所述，本题答案为 C。

3. C

解析：由于本案潜在的受害人不可确定，故本案为人数不确定的代表人诉讼。对于人数不确定的代表人诉讼，代表人由当事人推选；推选不出的，由法院提出代表人人选与当事人协商；协商不成的，由法院指定代表人，故 C 选项正确。另外，因为人数不确定的代表人诉讼属于普通共同诉讼，所以丙、丁不同意法院指定的代表人可以选择另行起诉，故 A、B 选项错误。人数不确定的代表人诉讼中，裁判对未登记参加代表人诉讼的权利人有预决效力，故 D 选项错误。综上所述，本题答案为 C。

4. D

解析：本案中，原、被告争议的诉讼标的为商铺的买卖合同关系。赵某参加诉讼，其并非该商铺转让合同一方当事人，也未和刘某主张共同利益，故赵某不是本案必要共同原告、被告。赵某是基于对商铺的共有权主张权利，既反对原告主张，又反对被告主张，其应为有独立请求权第三人。综上所述，本题答案为 D。

5. AD

解析：李立与陈山基于财产权属发生争议而提起诉讼，案外人王强参加诉讼主张该财产的部分产权，即王强认为原、被告的权利主张侵犯了自身合法权益，并对本案中原、被告争议的诉讼标的主张独立的请求权，因此王强的身份应为有独立请求权的第三人，故 A 选项正确，B 选项错误。根据《民诉解释》第 237 条的规定，有独立请求权的第三人参加诉讼后，原告申请撤诉，人民法院在准许原告撤诉后，有独立请求权的第三人作为另案原告，原案原告、被告作为另案被告，诉讼继续进行。故 C 选项错误，D 选项正确。综上所述，本题答案为 AD。

6. A

解析：本案属于人身损害赔偿纠纷，人身权受到侵害的林晨应为原告，侵害他人人身权的周童应为被告。由于原、被告均未成年，故其监护人应当分别作为法定代理人参加诉讼，即林晨的父亲林坷是其法定代理人，周童的父亲周志伟是其法定代理人。凡是知道案件情况的单位和个人，都有义务出庭作证，周童的祖母李霞目睹了案件全过程，应为本案的证人。综上所述，本题答案为 A。

7. B

解析：根据《民诉法》第 65 条的规定，离婚案件有诉讼代理人的，本人除不能表达意思的以外，仍应出庭，确因特殊情况无法出庭的，必须向人民法院提交书面意见，故 A 选项错误。根据《民诉法》第 88 条的规定，受送达人有诉讼代理人的，可以送交其代理人签收，故 B 选项正确。授权委托书中仅写"全权代理"而无具体授权的，诉讼代理人无权代为承认、放弃、变更诉讼请求，进行和解，提起反诉或者上诉，故 C 选项错误。外国人在人民法院起诉、应诉，需要委托律师代理诉讼的，必须委托中华人民共和国的律师，但并不阻碍其委托外国公民以非律师身份担任诉讼代理人，故 D 选项错误。综上所述，本题答案为 B。

二、案例分析题

1. （1）王某不是本案当事人，因为本案是以甲公司名义提起诉讼的。王某是甲公司的法定代表人，可以直接代表甲公司参加诉讼。

（2）江甲是本案当事人。《民诉解释》第 67 条规定："无民事行为能力人、限制民事行为能力人造成他人损害的，无民事行为能力人、限制民事行为能力人和其监护人为共同被告。"江甲作为未成年人江乙的监护人，应一并作为共同被告。

（3）江乙是本案当事人，因为江乙是致害人。江乙是本案的共同被告之一。

（4）尚某除不能进行和解、变更诉讼请求、承认对方诉讼请求、增加和放弃诉讼请求、撤诉以及上诉之外，其他诉讼权利均可行使。授权委托书仅写"全权代理"而无具体授权的，诉讼代理人无权代为承认、放弃、变更诉讼请求，进行和解，提出反诉或者提起上诉。甲公司对律师尚某的授权属于一般授权，尚某可以行使属于一般授权范围内的各项诉讼权利。

2. （1）刘某珊的女儿对原、被告之间的诉讼标的主张独立的请求权，应处于有独立请求权第三人的诉讼地位。

需要讨论的是，本案属于遗产继承引起的诉讼，《民诉解释》第 70 条规定："在继承遗产的诉讼中，部分继承人起诉的，人民法院应通知其他继承人作为共同原告参加诉讼……" 亦即，各继承人为必要共同诉讼人。那么，本案为什么不将刘某珊的女儿列为共同原告呢？这涉及有独立请求权第三人与必要共同诉讼中的共同原告的区别问题。要判断因主张权利而参加诉讼的人究竟是有独立请求权第三人还是必要共同诉讼中的共同原告，关键是看他与原告之间是否具有共同的诉讼标的，他到底是只反对被告而与原告的主张一致，还是既反对被告又反对原告而提出自己独立的主张。本案中，刘某珊的二儿子主张与大儿子平分遗产，他们之间争议的诉讼标的是法定继承关系，而其女儿却是以遗嘱为依据主张自己继承全部遗产，显然，她与原告二儿子之间并不具有共同的诉讼标的，他们的诉讼请求也不相同。实际上，她的主张既不同于原告二儿子，也不同于被告大儿子，而是对本案的遗产提出了一个独立的诉讼请求，因此，不能将刘某珊的女儿列为共同原告，而应当将其作为有独立请求权第三人。

（2）张三与本案的处理结果有法律上的利害关系，应列为无独立请求权第三人。具体而言，张三与被告大儿子之间就诉争的遗产有一个买卖合同关系，如果被告败诉，就意味着其对该遗产的处分属于无权处分，则张三很可能因为该买卖合同被确定为无效而须承担返还财产的责任。可见，张三虽然不能对本诉原、被告之间的诉讼标的主张独立的请求权，但与案件的处理结果有着法律上的利害关系，故而应当将他列为本案的无独立请求权第三人，在诉讼中参与到被告大儿子一方，辅助其对抗对方当事人。

三、论述题

《民诉法》第55条依据共同诉讼人与诉讼标的的关系的不同将其划分为普通共同诉讼与必要共同诉讼。普通共同诉讼是指当事人一方或者双方为二人以上，其诉讼标的是同一种类，法院认为可以合并审理，当事人也同意合并审理的诉讼。普通共同诉讼为可分之诉，每个共同诉讼人的诉讼地位也是独立的，他们虽然被合并在一个程序中进行诉讼，但实质上仍是各自进行诉讼，其中一人的诉讼行为对其他共同诉讼人不发生效力。必要共同诉讼是指当事人一方或者双方为二人以上，诉讼标的是共同的，法院必须合并审理并在裁判中对诉讼标的的合一确定的诉讼。我国民事诉讼法采用承认原则来处理必要共同诉讼人相互之间的关系，即其中一人的诉讼行为经其他共同诉讼人承认后，对其他共同诉讼人发生效力，但该原则也有例外，如共同诉讼人之一不服一审判决提出上诉的，无论未提起上诉的其他共同诉讼人是否承认上诉行为，上诉的效力都及于全体共同诉讼人。长期以来，我国共同诉讼类型一直采用"两分法"的立法模式，但近年来我国必要共同诉讼制度的问题逐渐凸显，集中表现为其表现形式过于单一化，法院追加当事人的职权过于强大，当事人在必要共同诉讼上的选择权受到了极大制约，民事实体法的制度宗旨难以真正得到贯彻落实，等等。

从比较法的视野来看，很多国家在立法模式上采用"三分法"，对共同诉讼进行两层面、三类型的划分，即在将共同诉讼划分为普通共同诉讼和必要共同诉讼后，接着在必要共同诉讼内部对其进行二次划分，将其划分为固有必要共同诉讼和类似必要共同诉讼。固有必要共同诉讼是指因诉讼标的须对全体共同诉讼人合一确定，全体共同诉讼人必须一同起诉或被诉，当事人才适格的诉讼，具体包括三种类型：其一，实体法上的处分权或管理权须由全体权利人共同行使；其二，实体法上的形成权须由全体权利人共同行使或对数人共同行使；其三，其他类型固有必要共同诉讼，如无民事行为能力人、限制民事行为能力人造成他人损害的，无民事行为能力人、限制民事行为能力人和监护人为共同被告。类似必要共同诉讼是指数人对诉讼标的既可以选择共同起诉，也可以选择单独起诉，如果选择共同起诉，法院对诉讼标的须合一确定，不允许对各共同诉讼人分别裁判。其与固有必要共同诉讼的区别在于即使数人选择分别起诉，也不发生当事人不适格的问题。类似必要共同诉讼的典型是由连带之债引起的诉讼，在连带之债引起的诉讼中，既可以由一个债权人提起诉讼，也可以由全体债权人共同提起诉讼，债权人既可以向部分债务人起诉请求清偿，也可以向全体债务人起诉请求清偿。但若债权人选择了全体共同起诉或选择向全体债务人提起诉讼，法院裁判对诉讼标的便须合一确定。

除此之外，共同诉讼还可以依据其他标准进行分类，比如，以共同诉讼的当事人哪一方系复数为标准，共同诉讼可以分为积极的共同诉讼和消极的共同诉讼。前者是指超过一个的复数主体针对单一的被告提起诉讼；后者是指单一的原告针对复数的被告起诉；如果双方当事人均为复数，则为混合的共同诉讼。

第六章　管辖制度

本章知识点速览

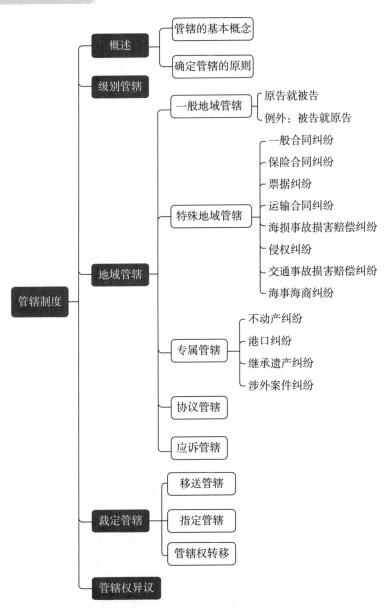

本章核心知识点解析

第一节　管辖制度概述

（一）难度与热度

难度：☆☆☆☆　热度：☆☆☆☆

（二）基本理论与概念

（1）民事诉讼中的管辖，是指上下级法院之间和同级法院之间受理第一审民事案件的分工和权限。管辖是民事审判的起点，是起诉条件之一，同时也是关于审判权成立与否的合法性判断要件之一。

主管与管辖的区分：主管解决的是法院的对外关系，即法院与其他国家机关、社会团体在解决民事纠纷方面的分工；管辖解决的则是法院系统内部不同级别、不同地域法院之间的分工。

（2）确定管辖应遵循两便原则、确定性与灵活性相结合原则、保障公正审判原则、兼顾各级法院职能和均衡各级法院工作负担原则、维护国家主权原则。其中，两便原则、确定性与灵活性相结合原则是最重要的原则。

（三）疑难点解析

管辖恒定，又称管辖固定，是指原告起诉时，受诉法院依法享有案件管辖权的，即便嗣后确定管辖的事实发生变化，也不影响受诉法院对该案享有的管辖权。管辖恒定是程序安定性的内容之一，可防止管辖变动带来的诉讼拖延与私法资源的浪费，减少当事人负担。

《民诉解释》第37～39条对管辖恒定进行了具体化，在以下几个具体内容中有所体现：第一，案件受理后，管辖权不因当事人住所地、经常居住地的变更而发生变化；第二，案件受理后，管辖权不受行政区域变化的影响；第三，上诉案件、审判监督提审案件，由原审法院的上级法院进行审理；第四，指令再审、发回重审的案件，由原审法院审理；第五，被告提起反诉后，本诉撤回，不影响本诉法院对反诉的管辖权；第六，案件受理后，当事人增加诉讼请求使诉讼标的金额超出受诉法院级别管辖范围的，除当事人故意规避管辖外，一般不再变动管辖法院。

第二节　级别管辖

（一）难度与热度

难度：☆☆☆　热度：☆☆☆

（二）基本理论与概念

级别管辖，是指上下级法院之间受理第一审民事案件的分工和权限。在我国，有基层、中级、高级、最高人民法院四级法院，四级法院皆可受理第一审民事案件。

（三）疑难点解析

我国民事诉讼确定级别管辖主要考量三个要素：案件性质、案件繁简程度及案件影响范围。各级人民法院管辖第一审民事案件皆有不同。由基层人民法院管辖第一审民事案件，既便利群众，又有利于行使审判权，故大多数民事案件由基层人民法院管辖。中级人民法院法官主要管辖重大涉外案件、在本辖区有重大影响的案件以及最高人民法院确定由中级人民法院管辖的案件。高级人民法院管辖在本辖区内有重大影响的一审民事案件。最高人民法院及其巡回法庭管辖在全国有重大影响的案件及认为应当由本院审理的案件。

《互联网法院规定》对互联网法院管辖范围作出专门规定：北京、广州、杭州互联网法院集中管辖所在市辖区内应当由基层法院受理的部分违约和侵权第一审案件。互联网法院采用线上的方式进行审理。

第三节　地域管辖

（一）难度与热度

难度：☆☆☆☆☆　　热度：☆☆☆☆☆

（二）基本理论与概念

地域管辖，又称土地管辖或区域管辖，是指按照法院的辖区和民事案件的隶属关系确定同级法院之间受理第一审民事案件的分工和权限的一种管辖制度。地域管辖分为一般地域管辖、特殊地域管辖、专属管辖、协议管辖、应诉管辖、共同管辖和选择管辖。

（三）疑难点解析

1. 何谓一般地域管辖

一般地域管辖又称普通管辖，是指以当事人所在地为根据确定的管辖。一般地域管辖适用"原告就被告"原则，由被告所在地法院行使一般地域管辖权。

（1）原则："原告就被告"。

这既有利于防止原告滥用诉权，又有利于案件的审判和保护被告的合法权益，便于判决的执行。"原告就被告"规则表现为：被告是公民的，由被告住所地的人民法院管辖，被告住所地与经常居住地不一致的，由经常居住地的人民法院管辖；被告是法人或其他组织的，由被告住所地（一般为主要办事机构所在地，若不能确定主要办事机构所在地则认定注册地或登记地为住所地）的人民法院管辖；被告和原告的住所地均不明确的，仍然适用"原告就被告"规则。

（2）例外："被告就原告"。

"被告就原告"是一般地域管辖的例外规定，对于不在我国领域内居住的人提起的有关身份关系的诉讼、对下落不明或宣告失踪的人提起的有关身份关系的诉讼、对被采取强制性教育措施的人提起的诉讼、对被监禁的人提起的诉讼、被告一方被注销城镇户口户籍的诉讼等，应当向原告住所地的人民法院提起诉讼。

2. 何谓特殊地域管辖

特殊地域管辖又称特别管辖，是指以当事人住所地、诉讼标的或者诉讼标的物及法律事实所在地为标准确定管辖法院的一种管辖制度。适用特殊地域管辖的纠纷主要包括合同类纠纷与其他纠纷。合同类纠纷特殊地域管辖包括一般合同纠纷和网购合同纠纷、保险合同纠纷、票据纠纷、运输合同纠纷、海损事故损害赔偿纠纷等。其他纠纷主要为侵权纠纷、交通事故损害赔偿纠纷、海事海商纠纷等。确定特殊地域管辖以"密切联系"为重要原则。

3. 何谓专属管辖

专属管辖是指法律规定某些特殊类型的案件只能由特定的法院管辖，其他法院无管辖权。专属管辖具有排他性，既排除了外国法院对案件的管辖权，又排除了当事人以协议的方式选择国内的其他法院管辖。专属管辖主要有四类：第一，因不动产纠纷提起的诉讼，由不动产所在地法院管辖。第二，因港口作业中发生纠纷提起的诉讼，由港口所在地法院管辖。第三，因继承遗产纠纷提起的诉讼，由被继承人死亡时住所地或主要遗产所在地法院管辖。第四，因法人或者其他组织的设立、解散、清算，以及该法人或者其他组织作出的决议的效力等纠纷提起的诉讼；因与在中华人民共和国领域内审查授予的知识产权的有效性有关的纠纷提起的诉讼；因在中华人民共和国领域内履行中外合资经营企业合同、中外合作经营企业合同、中外合作勘探开发自然资源合同发生纠纷提起的诉讼；《民诉法》第279条明确规定，以上三类诉讼由我国人民法院专属管辖。

4. 何谓协议管辖

协议管辖，又称合意管辖或约定管辖，是指双方当事人在纠纷发生前后以书面协议的方式约定案件的管辖法院。协议管辖是当事人行使处分权的一项内容，是对当事人意愿的充分尊重。协议管辖必须具备以下条件：第一，协议管辖只适用于第一审案件；第二，协议管辖的案件必须是合同或其他财产权益纠纷；第三，约定的管辖法院必须为法定范围内的法院，包括被告住所地、原告住所地、合同履行地、合同签订地、标的物所在地；第四，协议管辖不得违反有关级别管辖和专属管辖的规定；第五，协议管辖必须采用书面形式。

5. 何谓应诉管辖

应诉管辖，也称默示的协议管辖或默认管辖，是指原告起诉并被法院受理后，被告不对管辖权提出异议并应诉答辩，视为受诉法院对案件享有管辖权的一项管辖制度。应诉管辖应具备三个条件：第一，受诉法院对案件无管辖权；第二，当事人未在答辩期内提出管辖权异议；第三，当事人实施了应诉答辩行为。应诉管辖不得违反级别管辖和专属管辖的规定。

第四节　裁定管辖

（一）难度与热度

难度：☆☆☆　热度：☆☆☆

（二）基本理论与概念

裁定管辖，是指法院在没有法律明文规定的情形下，基于案件的一定事实理由，以裁定的方式确定管辖法院，裁定管辖是对法定管辖的有益补充。裁定管辖包括移送管辖、指定管辖和管辖权转移三种情形。

（三）疑难点解析

1. 何谓移送管辖

移送管辖是指法院受理案件后，发现本院对该案无管辖权，依法裁定将案件移送给有管辖权的法院审理，功能在于纠错。移送管辖是对案件的移送，不是对案件管辖权的移送。当事人在开庭答辩期间届满后未应诉答辩，人民法院在一审开庭前发现案件不属于本院管辖的，应当裁定移送至有管辖权的法院。

移送管辖必须具备三个条件：其一，移送法院已经受理案件；其二，移送的法院发现本院对已受理的案件无管辖权；其三，受移送的法院对案件有管辖权。

2. 何谓指定管辖

指定管辖，是指上级法院以裁定方式指定其辖区内的下级法院对某一案件行使审判权的一种管辖制度。

指定管辖主要适用于以下三种情形：第一，受移送的法院认为自己对移送来的案件无管辖权，不得再次移送，应报请上级法院指定管辖。第二，有管辖权的法院基于特殊原因，不能行使管辖权。第三，两个以上同级法院之间因管辖权发生争议，经协商未能解决，应由其共同的上级法院指定管辖。

3. 何谓管辖权转移

管辖权转移，是指经上级法院的决定或同意，将案件的管辖权从有管辖权的法院转移给无管辖权的法院。管辖权转移是对级别管辖的变通和调整，为了使级别管辖有一定的柔性，从而更好地适应复杂的案件情况。

管辖权转移分为上调转移与下放转移。上调转移即管辖权的向上转移，下放转移即上级法院将自己管辖的第一审案件，交由下级法院审理。

第五节　管辖权异议

（一）难度与热度

难度：☆☆☆　　热度：☆☆☆☆

（二）基本理论与概念

管辖权异议，是指法院受理案件后，本诉被告在法定期限内向受诉法院提出该院对案件无管辖权的意见和主张。

（三）疑难点解析

管辖权异议的条件主要包括三个：第一，提出管辖权异议的主体必须是本案的当事人，通常是被告；第二，提出管辖权异议的客体是受诉法院对第一审案件的管辖权；第三，管辖权异议提出的时间为在提交答辩状期间届满之前。

受诉法院收到当事人提出的管辖权异议后，应认真审查。认为异议成立的，裁定将案件移送有管辖权的法院审理；认为异议不成立的，应当裁定驳回。当事人针对管辖权异议的裁定可以提出上诉，但不得申请再审。

本章实务案例研习

一、韩某彬诉内蒙古九郡药业有限责任公司等产品责任纠纷案[①]

案例考点：管辖恒定

（一）案情简介

原告韩某彬诉被告内蒙古九郡药业有限责任公司（以下简称"九郡药业"）、上海云洲商厦有限公司（以下简称"云洲商厦"）、上海广播电视台（以下简称"上海电视台"）、大连鸿雁大药房有限公司（以下简称"鸿雁大药房"）产品质量损害赔偿纠纷一案，辽宁省大连市中级人民法院于 2008 年 9 月 3 日作出（2007）大民权初字第 4 号民事判决。九郡药业、云洲商厦、上海电视台不服，向辽宁省高级人民法院提起上诉。该院于 2010 年 5 月 24 日作出（2008）辽民一终字第 400 号民事判决。该判决发生法律效力后，再审申请人九郡药业、云洲商厦向最高人民法院申请再审。

最高人民法院于 2010 年 12 月 22 日作出（2010）民申字第 1019 号民事裁定，提审本案，并于 2011 年 8 月 3 日作出（2011）民提字第 117 号民事裁定，撤销一、二审民事判决，发回辽宁省大连市中级人民法院重审。在重审中，九郡药业和云洲商厦提出管辖异议。

（二）法院判决

法院生效裁判认为，对于当事人提出管辖权异议的期间，2012 年《民诉法》第 127 条（2023 年《民诉法》第 130 条）明确规定：当事人对管辖权有异议的，应当在提交答辩状期间提出。当事人未提出管辖异议，并应诉答辩或者提出反诉的，视为受诉人民法院有管辖权。由此可知，当事人在一审提交答辩状期间未提出管辖异议，在案件二审或者再审时才提出管辖权异议的，根据管辖恒定原则，案件管辖权已经确定，人民法院对此不予审查。

（三）学理分析

本案中，九郡药业和云洲商厦是在案件通过审判监督程序被裁定发回一审法院重审，即一审法院的重审中才就管辖权提出异议的。最初一审时原告韩某彬的起诉状已送达九郡药业和云洲商厦，九郡药业和云洲商厦在答辩期内没有对管辖权提出异议，说明其已接受了一审法院的管辖，管辖权已确定。而且案件已经过一审、二审和再审，经过的程序仍具有程序上的效力，不可逆转。本案是经审判监督程序发回一审法院重审的案件，虽然按照第一审程序审理，但是发回重审的案件并非初审案件，案件管辖权早已确定。就管辖而言，因民事诉讼程序的启动始于当事人的起诉，确定案件的管辖权，应以起诉时为标准，起诉时对案件有管辖权的法院，不因确定管辖的事实在诉讼过程中发生变化而影响其管辖权。

因此，基于管辖恒定原则、诉讼程序的确定性以及公正和效率的要求，不能支持重审案件当事人再就管辖权提出的异议。据此，九郡药业和云洲商厦就本案管辖权提出异议，没有法律依据，原审裁定驳回其管辖异议并无不当。

[①] 案例来源：最高人民法院（2013）民再申字第 27 号民事裁定书。

二、联奇公司与宝冶公司等侵害发明专利权纠纷案①

案例考点：管辖权异议的处理

（一）案情简介

宝冶公司上诉请求：依法撤销原审裁定，将本案移送上海知识产权法院审理。理由为：联奇公司住所地在我国台湾地区台南市，宝冶公司住所地在上海市宝山区，且上海知识产权法院已经受理上海惠亚铝合金制品有限公司（以下简称"惠亚公司"）诉联奇公司确认不侵害专利权纠纷所涉专利一案，惠亚公司是本案被诉侵权产品的生产、销售商，本案应当移送上海知识产权法院一并审理。联奇公司答辩称两起侵害发明专利权纠纷的侵权行为地和被告住所地都在广州市增城区，原审法院对该案具有管辖权。两个侵权之诉分别涉及产品专利和方法专利，与惠亚公司提起的确认不侵害专利权纠纷相比，双方当事人不同，侵权的形态不一样，适用的法律也不完全相同，所涉方法专利与惠亚公司提起的确认不侵害专利权纠纷所涉专利并非同一专利，且原审法院已对涉案的"奇氏筒"产品进行了扣押，对于是否侵权可以作出更为客观的判断，两案不宜移送到上海知识产权法院并与其已受理的确认不侵权纠纷案件合并审理。

（二）法院判决

依据《民诉法》及司法解释的相关规定，综合考虑本案实际情况，广州知识产权法院受理上述两起专利侵权案件符合《民诉法》关于地域管辖的规定，其对本案具有管辖权。同时从有利于保障和便利当事人诉讼，有利于人民法院公正高效审理案件出发，本案不宜移送至上海知识产权法院审理。至于上海知识产权法院和广州知识产权法院就确认不侵犯专利权纠纷与侵犯专利权纠纷分别审理，判决结果是否会出现冲突，因其上诉统一由最高人民法院知识产权法庭审理，这一可能出现的问题能够通过上诉机制解决。

综上，裁定驳回上诉，维持广州知识产权法院作出的（2018）粤73民初3447、3448号民事裁定中驳回宝冶公司对（2018）粤73民初3448号案件管辖权异议的裁定。

（三）学理分析

如何确定管辖法院？应从方便当事人诉讼、方便人民法院审理出发，综合考虑相关案件的案情、裁判文书的执行等因素，作出合法合理的处理。第一，从尊重和保障当事人诉权的原则出发，惠亚公司在上海知识产权法院提起的确认不侵犯专利权之诉、联奇公司在广州知识产权法院提起的两起专利侵权之诉，均是当事人依法自主行使诉权的行为，均符合《民诉法》关于诉讼管辖的相关规定，依法均应予以尊重和保护。第二，从便于当事人诉讼的原则出发，从三起案件当事人的具体情况来看，上海知识产权法院受理的确认不侵犯专利权诉讼，当事人为原告惠亚公司、被告联奇公司，广州知识产权法院受理的两起专利侵权诉讼，原告均为联奇公司，被告均为宝冶公司等六家单位，若将本案移送至上海知识产权法院审理，因方法专利侵权诉讼仍应由广州知识产权法院审理，将产生上述六被告以及联奇公司都分别在上海、广州两地参加诉讼的情况，当事人为参加诉讼都将投入更多的时间和更高的经济成本。如果两起专利侵权诉讼均在广州知识产

---

① 案例来源：最高人民法院（2019）最高法知民辖终2号民事裁定书。

权法院审理，相对而言更有利于节约当事人诉讼成本，符合诉讼经济原则，也更便于多数当事人参加诉讼。第三，从便于人民法院公正高效行使审判权的原则出发，考虑到广州知识产权法院还受理了与本案成型装置专利关联度较高的有关该成型装置专利实施方法的侵权案件，本案由原审法院审理既便于当事人诉讼，也便于人民法院查明案件事实并依法裁判和执行，从而确保公正、高效地审结案件。

三、许某富诉胜远公司建设工程施工合同纠纷案[①]

案例考点：应诉管辖的适用范围

（一）案情简介

原告许某付与被告胜远公司签订了"联合探矿合同书"，由原告许某付为被告胜远公司坐落于内蒙古自治区商都县南炭窑的煤矿进行探矿。约定的合同履行地为内蒙古自治区察哈尔右翼后旗。原告许某付诉至内蒙古自治区察哈尔右翼后旗人民法院，要求被告胜远公司给付工程款330万元；被告胜远公司辩称，被告实欠原告工程款和保证金110.5万元，请求驳回原告的其余诉讼请求。被告胜远公司在答辩期间没有提出管辖权异议，并到庭参加诉讼。

（二）法院判决

法院认为，原告提起的诉讼必须属于受诉人民法院管辖范围。因不动产纠纷提起的诉讼，应由不动产所在地人民法院管辖。本案的案由为建设工程施工合同纠纷，根据《民诉解释》第28条第2款的规定，建设工程施工合同纠纷按照不动产纠纷确定管辖。[②]本案中，因原、被告签订的"联合探矿合同书"中的不动产（煤矿）位于商都县大黑沙土镇南炭窑村，故本案不属于本院管辖，应由内蒙古自治区商都县人民法院管辖。虽然原、被告约定的合同履行地为乌兰察布市察右后旗，但因该约定违反了我国《民诉法》关于专属管辖的规定，故应当认定无效，裁定驳回原告许某付的起诉。

（三）学理分析

1. 应诉管辖不能违反专属管辖规定

专属管辖是国家根据行使司法审判职权的需要，对特定类型的纠纷作出的专门规定。从以上法律及司法解释的规定不难看出，不仅当事人明示的协议管辖不能违反专属管辖的规定，当事人默示的应诉管辖也不能违反专属管辖的规定。因内蒙古自治区察哈尔右翼后旗人民法院对本案没有管辖权，故其不能继续审理并作出实体判决。

2. 本案不能移送有管辖权的人民法院

移送管辖既可以在同级人民法院之间进行，又可以在上下级人民法院之间进行。在同级人民法院之间移送管辖属于地域管辖的范围，在上下级人民法院之间移送管辖属于级别管辖的范围。移送管辖可以因当事人提出管辖权异议而移送，也可以因受诉法院发现自己没有管辖权而主动移送。2012年《民诉法》第36条（2023年《民诉法》第37条）及《民诉解释》第211条均没有规定移送管辖的期限，以致受诉人民法院在案件实

---

① 案例来源：内蒙古自治区察哈尔右翼后旗人民法院（2015）察后商初字第98号民事判决书。

② 农村土地承包经营合同纠纷、房屋租赁合同纠纷、建设工程施工合同纠纷、政策性房屋买卖合同纠纷，按照不动产纠纷确定管辖。

体判决前均可以移送。2012 年《民诉法》第 127 条（2023 年《民诉法》第 130 条）第 2 款虽然规定了应诉管辖制度，对移送管辖的随意性作出了一定的限制，但应诉管辖的期限只局限于提交答辩状期间，并附加了当事人应诉答辩这一必须具备的条件。

《民诉解释》第 35 条对移送管辖的期限作出补充规定："当事人在答辩期间届满后未应诉答辩，人民法院在一审开庭前，发现案件不属于本院管辖的，应当裁定移送有管辖权的人民法院。"《民诉解释》第 35 条系针对 2012 年《民诉法》第 36 条（2023 年《民诉法》第 37 条）及《民诉解释》第 211 条没有规定移送管辖期限这一漏洞和 2012 年《民诉法》第 127 条（2023 年《民诉法》第 130 条）第 2 款规定的应诉管辖制度存在的缺陷而作出的补充规定。具体到本案，被告胜远公司不仅在答辩期间届满后到庭参加了诉讼并进行了应诉答辩，内蒙古自治区察哈尔右翼后旗人民法院在一审开庭前也未发现案件不属于本院管辖，待开庭后发现本院没有管辖权时，移送管辖已经超出了《民诉解释》第 35 条规定的期限，故本案不能移送商都县人民法院。

❯❯ 本章同步练习

一、选择题

1. 2021 年 5 月，户口在甲区的张某与户口在乙区的李某结婚后即居住在乙区。婚后，因李某经常酗酒，两人感情不和。2023 年 3 月的一天，李某因工作需要到甲区购买货物，同当地的何某发生争议，李某出手将何某打伤。甲区人民法院于当年 9 月以伤害罪判处李某有期徒刑 2 年，并将其关押在甲区的监狱中。2024 年 6 月，张某决定起诉与李某离婚。关于本案，下列哪一选项是正确的？（　　）

A. 张某应向甲区人民法院起诉，因为甲区是李某的被监禁地

B. 张某应向甲区或者乙区人民法院起诉，因为两个法院都有管辖权

C. 张某应向乙区人民法院起诉，因为乙区是被告李某的住所地

D. 张某应当向乙区人民法院起诉，因为乙区是张某的经常居住地

2. 家住甲市 A 区的李某，七夕情人节当天在淘宝网上购买了位于乙市 B 区的"玫瑰有约"花店的 99 朵玫瑰花，送给位于丙市 C 区的女友，直接由花店送达女友住处。女友收到后发现玫瑰花已经枯萎，经与花店协商未果，李某向甲市 A 区法院起诉该花店。法院受理后认为其没有管辖权，遂将案件移送丙市 C 区法院。关于本案的管辖权，下列哪些说法是正确的？（　　）

A. 甲市 A 区法院有管辖权

B. 乙市 B 区法院有管辖权

C. 丙市 C 区法院有管辖权

D. 甲市 A 区法院移送管辖不符合法律规定

3. 住所在 A 市 B 区的甲公司与住所在 A 市 C 区的乙公司签订了一份买卖合同，约定履行地为 D 县。合同签订后尚未履行，因货款支付方式发生争议，乙公司诉至 D 县人民法院。甲公司就争议的付款方式提交了答辩状。经审理，法院判决甲公司败诉。甲公司不服，以一审法院无管辖权为由提起上诉，要求二审法院撤销一审判决，驳回起诉。

关于本案，下列哪一表述是正确的？（　　　）

A. D县人民法院有管辖权，因为D县是双方约定的合同履行地

B. 二审法院对上诉人提出的管辖权异议不予审查，裁定驳回异议

C. 二审法院应裁定撤销一审判决，发回一审法院重审

D. 二审法院应裁定撤销一审判决，裁定将案件移送有管辖权的法院审理

4. 法院受理案件后，被告提出管辖权异议，依据法律和司法解释规定，其可以采取下列哪些救济措施？（　　　）

A. 向受诉法院提出管辖权异议，要求受诉法院对管辖权的归属进行审查

B. 向受诉法院的上级法院提出异议，要求上级人民法院对案件的管辖权进行审查

C. 在法院驳回管辖权异议的情况下，可以对该裁定提起上诉

D. 在法院对案件审理终结后，可以以管辖错误作为法定理由申请再审

5. 住所地在H省K市L区的甲公司与住所地在F省E市D区的乙公司签订了一份钢材买卖合同，价款数额为90万元。合同在B市C区签订，双方约定合同履行地为W省Z市Y区，同时约定如因合同履行发生争议，由B市仲裁委员会仲裁。合同履行过程中，因钢材质量问题，甲公司与乙公司发生争议，甲公司欲申请仲裁解决。因B市有两个仲裁机构，分别为丙仲裁委员会和丁仲裁委员会（两个仲裁委员会所在地都在B市C区），乙公司认为合同中的仲裁条款无效，欲向有关机构申请确认仲裁条款无效。

请回答以下两个问题。

（1）如相关机构确认仲裁条款无效，甲公司欲与乙公司达成协议，确定案件的管辖法院。关于双方可以协议选择的管辖法院，下列哪些选项正确？（　　　）

A. H省K市L区法院

B. F省E市D区法院

C. B市C区法院

D. W省Z市Y区法院

（2）如仲裁条款被确认无效，甲公司与乙公司又无法达成新的协议，甲公司欲向法院起诉乙公司。关于对本案享有管辖权的法院，下列哪些选项是正确的？（　　　）

A. H省K市L区法院

B. F省E市D区法院

C. W省Z市Y区法院

D. B市C区法院

6. 根据《民诉法》相关司法解释，下列哪些法院对专利纠纷案件享有管辖权？（　　　）

A. 知识产权法院

B. 所有的中级人民法院

C. 最高人民法院确定的中级人民法院

D. 最高人民法院确定的基层人民法院

7. 根据《民诉法》和相关司法解释的规定，法院的下列哪些做法是违法的？（　　　）

A. 在一起贷款纠纷中，原告张海起诉被告李河时，李河居住在甲市A区。A区法院受理案件后，李河搬到甲市D区居住，该法院知悉后将案件移送D区法院

B. 王丹在乙市B区被黄玫打伤，以为黄玫居住在乙市B区，向该区法院提起侵权诉

讼。乙市 B 区法院受理后，查明黄玫的居住地是乙市 C 区，遂将案件移送乙市 C 区法院

C. 丙省高级人民法院规定，本省中院受理诉讼标的额 1 000 万元至 5 000 万元的财产案件。丙省 E 市中院受理一起标的额为 5 005 万元的案件后，向丙省高级人民法院报请审理该案

D. 居住地为丁市 H 区的孙溪要求居住地为丁市 G 区的赵山依约在丁市 K 区履行合同。后因赵山下落不明，孙溪以赵山为被告向丁市 H 区法院提起违约诉讼，该法院以本院无管辖权为由裁定不予受理

二、案例分析题

1. 西上市东河区的甲公司有股东自然人 A 和 B，公司名下在南下市北山区有一地块的土地使用权，该地块正在准备拆迁。

东下市西河区的乙公司是北上市南海区明达公司的全资子公司，主营房地产业务。A 和 B 以个人名义找到乙公司，与乙公司协商，A 和 B 以该地块的使用权出资，设立承接该开发的项目公司，双方达成"协议"，约定：（1）以乙公司为项目运营的商事载体；（2）AB 不涉及乙公司管理事务，包括投资、以土地使用权设定质押等；（3）AB 可以分得 40%（各 20%）的房产；（4）AB 分得房产后，即应无偿转回乙公司名下；（5）如因履行协议过程中发生争议，由被告所在地法院管辖。

协议签订后，对股权进行了变更，并根据股权的调整进行了工商变更登记。

乙公司将该土地使用权抵押给了丙公司，融资租赁 2 台铲车。为获得更多融资款，乙公司将公司动产向丁公司设定了动产浮动抵押，并办理了登记，为实现担保物权，丁公司要求乙公司提供担保，乙公司找来了自然人 C 和 D 为其提供连带保证。后在经营过程中，乙公司将 2 台铲车卖给了自然人 E，并获利 1 950 万元货款。后因为铲车的质量问题和设计缺陷，E 与乙公司交涉未果。

乙公司为体现自己落实《民法典》中的营利法人社会责任，承诺向"青少年成长基金"捐款 1 000 万元，并在媒体上宣传。

为获取更多融资款乙公司又与戊信托商签订协议，由担保人子和抵押人丑（以其价值 1 500 万元的房子抵押，已办理抵押登记）提供担保，但子和丑并不知道对方的存在。

楼盘建成之后，乙公司陆续对外销售了大概 15% 的房屋。自然人 E 购买房屋后发现房屋的面积、容积率、配套设施均与宣传有很大差距。

A 和 B 发现乙公司大规模融资，又迅速对外销售房产后产生怀疑，向法院起诉乙公司违约，后在诉讼中撤回起诉。后乙公司经营不佳，A 和 B 申请将乙公司进行重整，要求乙公司给予约定的 40% 的房屋。

问题：A、B 起诉乙公司要求其交付 40% 的房屋，由哪个（些）法院管辖？

2. 2013 年 5 月，居住在 S 市二河县的郝某强、迟某华夫妻将二人共有的位于 S 市三江区的三层楼房出租给包某新居住，协议是以郝某强的名义签订的。2015 年 3 月，住所地在 S 市四海区的温某昌从该楼房路过，被三层掉下的窗户玻璃砸伤，花费医疗费8 500元。

就温某昌受伤赔偿问题，利害关系人有关说法是：包某新承认当时自己开了窗户，

但没想到玻璃会掉下，应属窗户质量问题，自己不应承担责任；郝某强认为窗户质量没有问题，如果不是包某新使用不当，窗户玻璃不会掉下；此外，温某昌受伤是在该楼房院子内，作为路人的温某昌不应未经楼房主人或使用权人同意擅自进入院子里，也有责任；温某昌认为自己是为了躲避路上的车辆而走到该楼房旁边的，不知道这个区域已属个人私宅的范围。为此，温某昌将郝某强和包某新诉至法院，要求他们赔偿医疗费用。

法院受理案件后，向被告郝某强、包某新送达了起诉状副本等文件。在起诉状、答辩状中，原告和被告都坚持协商过程中自己的理由。开庭审理 5 天前，法院送达人员将郝某强和包某新的传票都送给包某新，告知其将传票转交给郝某强。开庭时，温某昌、包某新按时到庭，郝某强迟迟未到庭。法庭询问包某新是否将出庭传票交给了郝某强，包某新表示 4 天之前就交了。法院据此在郝某强没有出庭的情况下对案件进行审理并作出了判决，判决郝某强与包某新共同承担赔偿责任：郝某强赔偿 4 000 元，包某新赔偿 4 500 元，两人相互承担连带责任。

一审判决送达后，郝某强不服，在上诉期内提起上诉，认为一审审理程序上存在瑕疵，要求二审法院将案件发回重审。包某新、温某昌没有提起上诉。

问题：哪些（个）法院对本案享有管辖权？为什么？

3. 陈某转让一辆中巴车给王某但未办过户。王某为了运营，与明星汽运公司签订合同，明确挂靠该公司，王某每月向该公司缴纳 500 元，该公司为王某代交规费、代办各种运营手续和保险等。明星汽运公司依约代王某向鸿运保险公司支付了该车的交强险费用。

2015 年 5 月，王某所雇司机华某驾驶该中巴车致行人李某受伤，交警大队认定中巴车一方负全责，并出具事故认定书。但华某认为该事故认定书有问题，提出虽肇事车辆车速过快，但李某横穿马路没有走人行横道，对事故发生也负有责任。因赔偿问题协商无果，李某将王某和其他相关利害关系人诉至 F 省 N 市 J 县人民法院，要求王某、相关利害关系人向其赔付治疗费、误工费、交通费、护理费等费用。被告王某委托 N 市甲律师事务所刘律师担任诉讼代理人。

案件审理中，王某提出其与明星汽运公司存在挂靠关系、明星汽运公司代王某向保险公司缴纳了该车的交强险费用、事故发生时李某横穿马路没走人行横道等事实；李某陈述了自己受伤、治疗、误工、请他人护理等事实。诉讼中，各利害关系人对上述事实看法不一。李某为支持自己的主张，向法院提交了因误工被扣误工费、为就医而支付交通费、请他人护理而支付护理费的书面证据。但李某声称治疗的相关诊断书、处方、药费和治疗费的发票不慎丢失，其向医院收集这些证据遭拒。李某向法院提出书面申请，请求法院调查收集该证据，J 县人民法院拒绝。

在诉讼中，李某向 J 县人民法院主张自己共花治疗费 36 650 元，误工费、交通费、护理费共计 12 000 元。被告方仅认可治疗费用 15 000 元。J 县人民法院对案件作出判决，在治疗费方面支持了 15 000 元。双方当事人都未上诉。

一审判决生效一个月后，李某聘请 N 市甲律师事务所张律师收集证据、代理本案的再审，并商定实行风险代理收费，约定按协议标的额的 35% 收取律师费。经律师说服，医院就李某治伤的相关诊断书、处方、药费和治疗费的支付情况出具了证明，李某据此向法院申请再审，法院受理了李某的再审申请并裁定再审。

再审中，李某提出增加赔付精神损失费的诉讼请求，并要求张律师一定坚持该意见，律师将其写入诉状。

问题：李某可以向哪个（些）法院申请再审？

4. 居住在甲市 A 区的王某驾车以 60 公里时速在甲市 B 区行驶，突遇居住在甲市 C 区的刘某骑自行车横穿马路，王某紧急刹车，刘某在车前倒地受伤。刘某被送往甲市 B 区医院治疗，疗效一般，留有一定后遗症。之后，双方就王某开车是否撞倒刘某，以及相关赔偿事宜发生争执，无法达成协议。

刘某诉至法院，主张自己被王某开车撞伤，要求赔偿。刘某提交的证据包括：甲市 B 区交警大队的交通事故处理认定书（该认定书没有对刘某倒地受伤是否为王某开车所致作出认定）、医院的诊断书（复印件）、处方（复印件）、药费和住院费的发票等。王某提交了自己在事故现场用数码摄像机拍摄的车与刘某倒地后状态的视频资料。图像显示，刘某倒地位置与王某车距离 1 米左右。王某以该证据证明其车没有撞倒刘某。

一审中，双方争执焦点为：刘某倒地受伤是否为王某驾车撞倒所致，刘某所留后遗症是否为医疗措施不当所致。

法院经审理，无法确定王某的车是否撞倒了刘某。一审法院认为，王某的车是否撞倒刘某无法确定，但即使王某的车没有撞倒刘某，由于王某车型较大、车速较快、刹车突然、刹车声音刺耳等因素，足以使刘某受到惊吓而从自行车上摔倒受伤，因此，王某应当对刘某受伤承担相应责任。同时，刘某因违反交通规则，对其受伤也应当承担相应责任。据此，法院判决：王某对刘某的经济损失承担 50% 的赔偿责任。关于刘某受伤后留下后遗症问题，一审法院没有作出说明。

王某不服一审判决，提起上诉。二审法院经审理认为，综合各种证据，认定王某的车撞倒刘某，致其受伤。同时，二审法院认为，一审法院关于双方当事人就事故的经济责任分担符合法律原则和规定。因此，二审法院裁定驳回王某上诉，维持原判。

问题：对刘某提起的损害赔偿诉讼，哪个（些）法院有管辖权？为什么？

参考答案

一、选择题

1. D

解析：根据《民诉法》第 23 条第 4 项的规定，下列民事诉讼，由原告住所地人民法院管辖；原告住所地与经常居住地不一致的，由原告经常居住地人民法院管辖：对被监禁的人提起的诉讼。本题中，李某被关押在甲区的监狱中，原告张某对其提起诉讼，应由原告经常居住地人民法院管辖，即乙区人民法院。

综上所述，本题答案为 D 项。

2. BC

解析：《民诉法》第 24 条规定："因合同纠纷提起的诉讼，由被告住所地或者合同履行地人民法院管辖。"本题中，被告住所地是乙市 B 区，合同履行地是丙市 C 区，因此，两地都有管辖权。甲市 A 区法院不享有管辖权，将案件移送给有管辖权的法院，符合法律规定。

综上所述，本题答案为 BC 项。

3. B

解析：首先，关于管辖问题，本案为合同纠纷，第一步没有专属管辖，第二步没有协议管辖，故进入第三步法定管辖——合同纠纷由被告住所地或者合同履行地法院管辖。故本案首先确定被告甲公司住所地 B 区法院有管辖权，关于合同履行地，本案合同并未实际履行，且约定履行地 D 县并非原告或者被告住所地，故约定履行地 D 县法院无管辖权，故本案只能由被告住所地 B 区法院管辖，故本题 A 选项错误。

其次，关于管辖权异议问题，被告对管辖权有异议应当在提交答辩状期间提出，被告在提交答辩状期间没有提出管辖权异议，并且应诉答辩或者提出反诉的，视为受诉法院取得管辖权（应诉管辖），但违反级别管辖和专属管辖的除外。本案 D 县法院虽然没有管辖权，但被告甲公司在提交答辩状期间没有提出管辖权异议，并且应诉答辩，故本案 D 县法院取得了应诉管辖权。既然 D 县法院取得应诉管辖权，故甲公司以一审法院无管辖权为由提出上诉，其上诉理由不成立，故二审法院不能撤销一审判决，C、D 选项错误。被告在提交答辩状期间届满后才提出管辖权异议，法院对其异议不需要审查，裁定驳回即可，故 B 选项正确。

综上所述，本题答案为 B。

4. AC

解析：《民诉法》第 130 条规定："人民法院受理案件后，当事人对管辖权有异议的，应当在提交答辩状期间提出。人民法院对当事人提出的异议，应当审查。异议成立的，裁定将案件移送有管辖权的人民法院；异议不成立的，裁定驳回。当事人未提出管辖异议，并应诉答辩或者提出反诉的，视为受诉人民法院有管辖权，但违反级别管辖和专属管辖规定的除外。"据此，当事人向受诉法院提出管辖权异议，法院应当对管辖异议进行审查，且管辖权异议应当向受诉法院提出，而不是向上级法院提出。因此，A 项正确，B 项错误。

《民诉法》第 157 条第 1 款、第 2 款规定："裁定适用于下列范围：（一）不予受理；（二）对管辖权有异议的；（三）驳回起诉……对前款第一项至第三项裁定，可以上诉"。据此，被告对法院驳回管辖权异议不服，可以上诉。因此，C 项正确。

《民诉解释》第 223 条第 2 款规定："当事人未提出管辖异议，就案件实体内容进行答辩、陈述或者反诉的，可以认定为民事诉讼法第一百三十条第二款规定的应诉答辩。"据此，当事人在一审提交答辩状期间没有提出管辖权异议而应诉答辩的，受诉法院取得应诉管辖权，故管辖错误不得作为申请再审的理由。因此，D 项错误。

综上所述，本题答案为 A、C 项。

5.

（1）ABCD

解析：《民诉法》第 35 条规定："合同或者其他财产权益纠纷的当事人可以书面协议选择被告住所地、合同履行地、合同签订地、原告住所地、标的物所在地等与争议有实际联系的地点的人民法院管辖，但不得违反本法对级别管辖和专属管辖的规定。"据此，H 省 K 市 L 区法院是原告甲公司住所地法院，可以协议管辖。F 省 E 市 D 区法院是被告乙公司住所地法院，可以协议管辖。B 市 C 区法院是合同签订地法院，可以协议管辖。W 省 Z 市 Y 区法院是合同履行地法院，可以协议管辖。因此，ABCD 项正确。

（2）BC

解析：《民诉法》第 22 条第 2 款规定："对法人或者其他组织提起的民事诉讼，由被告住所地人民法院管辖。"同时，《民诉法》第 24 条规定："因合同纠纷提起的诉讼，由被告住所地或者合同履行地人民法院管辖。"有关钢材买卖合同纠纷的管辖，被告住所地法院都有管辖权。原告甲公司住所地 H 省 K 市 L 区的法院没有管辖权，被告乙公司住所地 F 省 E 市 D 区的法院有管辖权。因此，B 项正确，A 项错误。

《民诉解释》第 18 条规定："合同约定履行地点的，以约定的履行地点为合同履行地。合同对履行地点没有约定或者约定不明确，争议标的为给付货币的，接收货币一方所在地为合同履行地；交付不动产的，不动产所在地为合同履行地；其他标的，履行义务一方所在地为合同履行地。即时结清的合同，交易行为地为合同履行地。合同没有实际履行，当事人双方住所地都不在合同约定的履行地的，由被告住所地人民法院管辖。"本题中，合同履行地是 W 省 Z 市 Y 区，所以 W 省 Z 市 Y 区法院有管辖权，合同签订地所在的 B 市 C 区法院无管辖权。因此，C 项正确，D 项错误。

综上所述，本题答案为 BC 项。

6. ACD

解析：《民诉解释》第 2 条第 1 款规定："专利纠纷案件由知识产权法院、最高人民法院确定的中级人民法院和基层人民法院管辖。"据此，不是所有的中级人民法院都可以管辖专利纠纷案件，必须是由最高人民法院确定的中级人民法院才能管辖。因此，ACD 项正确，B 项错误。

7. ABC

解析：《民诉解释》第 37 条规定："案件受理后，受诉人民法院的管辖权不受当事人住所地、经常居住地变更的影响。"这是关于管辖权恒定的规则。本题中，在甲市 A 区法院受理案件后，即使被告李河搬到甲市 D 区居住，甲市 A 区法院也不能将案件移送 D 区法院。因此，A 项错误，当选。

根据《民诉解释》第 36 条规定："两个以上人民法院都有管辖权的诉讼，先立案的人民法院不得将案件移送给另一个有管辖权的人民法院。人民法院在立案前发现其他有管辖权的人民法院已先立案的，不得重复立案；立案后发现其他有管辖权的人民法院已先立案的，裁定将案件移送给先立案的人民法院。"同时，《民诉法》第 29 条规定："因侵权行为提起的诉讼，由侵权行为地或者被告住所地人民法院管辖。"被告黄玫的居住地为乙市 C 区，侵权行为地为乙市 B 区，乙市 B 区法院对本案有管辖权，且乙市 B 区法院已立案，乙市 B 区法院不能将案件移送给乙市 C 区法院。因此，B 项错误，当选。

《级别管辖异议规定》第 4 条规定："对于应由上级人民法院管辖的第一审民事案件，下级人民法院不得报请上级人民法院交其审理。"本题中，丙省 E 市中院受理的标的额

5 005万元的案件，超出中级法院管辖范围，应该将该案件移送给上级法院审理，而不能报请交其审理。因此，C项错误，当选。

《民诉法》第24条规定："因合同纠纷提起的诉讼，由被告住所地或者合同履行地人民法院管辖。"本题中，丁市 H 区既不是被告赵山的居住地，也不是合同的履行地，因此丁市 H 区法院没有管辖权。根据《民诉法》第23条第2项的规定，对下落不明或者宣告失踪的人提起的有关身份关系的诉讼，由原告住所地人民法院管辖。据此，只有对下落不明或者宣告失踪的人提起的有关身份关系的诉讼才能由原告住所地法院管辖，即丁市 H 区法院。但由于本案是合同之诉，丁市 H 区法院无权管辖，该法院不予受理的做法正确。因此，D项正确，不当选。

综上所述，本题为选非题，答案为 ABC 项。

二、案例分析题

1. 由东下市西河区法院管辖。本案属于合同纠纷，并不属于适用动产纠纷专属管辖的四种合同纠纷之一，因此 A、B 与乙公司达成的管辖协议有效，本案应由协议确定的被告乙公司所在地，即东下市西河区法院管辖。法条依据为《民诉法》第35条。

2. S 市三江区法院和 S 市二河县法院对本案享有管辖权。

本案为侵权纠纷，适用特殊地域管辖规则，由侵权行为地（S 市三江区）或者被告住所地（郝某强住所地：S 市二河县；包某新住所地：S 市三江区）法院管辖。因此，S 市三江区法院和 S 市二河县法院对本案有管辖权。法条依据为《民诉法》第29条。

3. 李某可以向上一级人民法院即 F 省 N 市中级法院申请再审。

当事人（李某）对已经发生法律效力的判决，认为有错误的，可以向上一级人民法院（F 省 N 市中级人民法院）申请再审。本案不属于当事人一方人数众多或者当事人双方为公民的案件（本案中被告之一鸿运保险公司为法人），不能向原审法院申请再审。因此，李某只能向 F 省 N 市中级人民法院申请再审。

4. 甲市 A 区法院和甲市 B 区法院有管辖权。

本案属于侵权纠纷，由侵权行为地（侵权行为发生地为甲市 B 区）或者被告住所地（王某住所地为甲市 A 区）人民法院管辖。因此，甲市 A 区法院和甲市 B 区法院对本案享有管辖权。法条依据为《民诉法》第29条。

第七章　民事诉讼证据

本章知识点速览

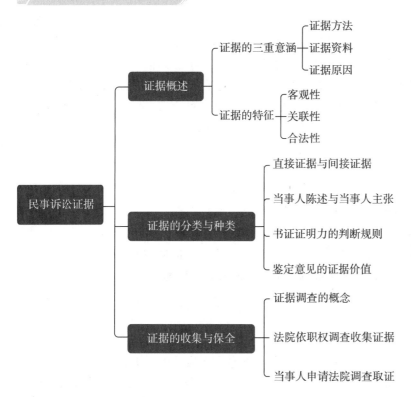

本章核心知识点解析

第一节　民事诉讼证据概述

一、何谓证据

(一) 难度与热度

难度：☆☆☆　　热度：☆☆☆

（二）基本理论与概念

根据大陆法系理论，证据有三种含义，分别为证据方法、证据资料、证据原因。证据方法是指可以进入法庭的有体物，分为人（当事人、证人、鉴定人）和物（勘验物、文书）两种形态。证据资料是指法官对证据方法进行调查后所感知的内容，例如，法官查阅文书所获知的文书蕴含信息、证人所作的陈述等。证据原因是指法官调查获得证据资料后，对其进行取舍而形成心证的前提，大致相当于我国法上的"定案根据"。例如，某案中鉴定人S应当被视为证据方法，S所出具的鉴定意见被视为证据资料，而鉴定意见中"该损伤单纯摔跌难以形成，遭受车辆撞击可以形成"的判断，可以成为法官判断原告和被告车辆是否发生相撞的证据原因。

（三）疑难点解析

证据方法、证据资料、证据原因分属不同的层次，在时间上存在先后顺序，在逻辑上存在层层递进的关系。使用"证据"概念时，应审酌不同语境下"证据"所处层次，并将其放置于动态的程序环节中进行理解。而我国法上对于证据概念的各种观点，也基本可以放在这三种含义中去理解。比如，所谓"证据是能证明案情的客观实在"[1]，这是证据方法层面的理解；"证据是一种命题"或者"证据是一种事实"[2]，这是证据资料层面的理解；"证据是法院认定案件事实作出裁判的根据"，这是证据原因层面的理解。

二、证据的"三性"

（一）难度与热度

难度：☆☆☆☆　热度：☆☆☆

（二）基本理论与概念

所谓证据的"三性"，是指客观性、关联性和合法性。"证据三性"意味着"证据之所以为证据"的属性或特点，反映了证据的不同层次或各个侧面。

（三）疑难点解析

1. 客观性

证据客观性是指证据必须是客观存在的事实，而非猜测、虚构的事物。因此，证据的客观属性又称为客观真实情况，也叫真实性。证据客观性对应证据三重含义中的证据原因，即关于证据客观性的判断属于证据原因层面讨论的问题。以证人证言为例，在证据方法层面，证人属于人证范畴，因而其存在本身具有客观性。但证人证言的内容具有主观性，需要法官通过调查判别真伪，虚假的证言将因为缺乏客观性而不能作为法官心证的前提。

2. 关联性

证据关联性，又称相关性。传统学说认为，证据必须要与待证明的案件事实存在一定的客观联系。但所谓的客观联系或者本质联系本身往往难以判断。对此可以参考美国法上的相关性理论。根据美国联邦证据规则，证据相关性是指证据具有某种趋势，使某一个确定争议事实的存在更有可能或者更不可能。相关性是可采性的前提，所有的证据

① 闵春雷. 证据概念的反思与重构. 法制与社会发展，2003（1）.

② 张继成. 事实、命题与证据. 中国社会科学，2001（5）；周洪波. 修正的事实说：诉讼视野中的证据概念新解. 法律科学（西北政法大学学报），2010（2）.

必须具有相关性，但有相关性的证据不一定具有可采性。在美国法上，与可采性相关的主要有品格证据规则和传闻证据规则。

【例1】　原告陈某起诉张某要求返还借款 10 万元。庭审中证人蔡某出庭，就张某之前多次借钱不还的行径向法院作证。对此，该证人证言能否作为证据使用？

该案例中蔡某的证言就是典型的品格证据。在我国民事诉讼法实务中，法官往往以不具有客观联系为由拒绝使用品格证据。但我国法上并不限制传闻证据，比如在实务中常见的交通事故责任认定书，如果处理事故的交警未出庭作证，那么它放在美国法的语境下就是传闻证据。

3. 合法性

证据的合法性问题涉及形式合法和取得方式合法等层面。形式合法是指证据应当符合《民诉法》第 66 条规定的八种证据类型。形式合法中应特别注意私鉴定问题。作为证据使用的鉴定意见应当由法院委托鉴定机构作出，而私鉴定（也称为"诉讼外鉴定"）是指当事人自行委托鉴定机构出具的鉴定意见。以例 2 为例，原告自行委托鉴定机构出具的鉴定意见的性质为私鉴定。在学理上，私鉴定只能被视为当事人的事实主张（非证据法意义上的"当事人陈述"），原则上不能作为证据使用。[①]

【例2】　丁驾车时发生交通事故引发其车辆报废后向保险公司 S 理赔。S 委托某 4S 店为该事故定损，该 4S 店确定事故造成的损失金额为 15 万元。丁认为该金额偏低，于是自行委托鉴定机构 Z 进行鉴定，Z 出具的鉴定意见确定损失金额为 20 万。丁遂以该鉴定意见为证据，起诉 S 要求对方支付 20 万元。该鉴定意见能否作为证据使用？

取得方式合法是指证据必须通过法定的方式取得。该问题与非法证据排除规则密切相关。非法证据排除规则原则上是个刑事诉讼法领域的问题。为保护处于弱势地位的私权利，刑事诉讼法会禁止公权力以非法方式获取证据。但民事诉讼领域一般并不存在严重公权力和私权利失衡的问题。2001 年《证据规定》第 68 条规定："以侵害他人合法权益或者违反法律禁止性规定的方法取得的证据，不能作为认定案件事实的依据。"这一规定因过于严苛，引发了实践中的诸多问题，招致了学术界的不少批评。有学者提出，应以重大违法作为排除非法证据的实质性标准，并引入利益考量的方法确定是否构成重大违法。易言之，将非法取证行为所要保护的权益，与非法取证行为所侵害的对方当事人或案外人的权益进行比较，以确定何者更值得优先保护。这种观点为 2015 年《民诉解释》第 106 条所采用。

第二节　民事诉讼证据的理论分类与法定分类

一、直接证据和间接证据的区别

（一）难度与热度

难度：☆☆☆　热度：☆☆

---

① 曹志勋. 诉讼外鉴定的类型化及其司法审查. 法学研究，2022（2）.

（二）基本理论与概念

直接证据是指与待证事实具有直接联系，能够单独、直接证明待证事实的证据。间接证据是指与待证事实之间具有间接联系，不能单独直接证明待证事实的证据。

（三）疑难点解析

直接证据以及间接证据概念中所谓的"待证事实"均是指案件中的"主要事实"，而主要事实是符合民法规范要件的具体的生活事实。由此，对于直接证据和间接证据的判断，需要结合实体法规范的解释方能进行。

【例3】 甲起诉乙，要求对方偿还5万元借款。甲主张：（1）双方存在借贷关系，并提供借条进行证明；（2）甲当天下午将5万元交付给乙，并提供证人丙作证；（3）乙当时因购房而向甲借钱，并提供手机短信作证；（4）甲在当天上午取款5万元，并提供银行存折作证；（5）乙在第二天交付了房款，并提供了商品房合同备案查询记录作证。

根据《民法典》第675条"借款人应当按照约定的期限返还借款"及《民法典》679条"自然人之间的借款合同，自贷款人提供借款时成立"等条文，可以判断基于民间借贷合同的履行请求权的要件事实为"借贷合同成立＋钱款的交付"，而主要事实则是"×年×月×日原告借给被告5万元"。借条一般可以证明该主要事实，因此为直接证据。而证人丙的证言可以证明钱款的交付，因此也属于直接证据。而（3）、（4）、（5）中出现的证人丙的证言、手机短信、银行存折与商品房合同备案查询记录等证据，均为间接证据。它们分别只能证明"乙当时因购房而向其借钱"等间接事实。这些间接事实，只能通过经验法则的作用而推定主要事实是否存在。

间接证据通常可能形成两种证明链。其一，单纯证明链，是指通过间接证据证明间接事实，再通过经验法则从间接事实推定主要事实。单纯证明链中，间接事实通常是单一的。例如，通过患者出院时的体检报告发现"伤口残留有纱布"这一间接事实，结合"如果医院在诊疗过程中尽心尽责，那么患者的伤口在愈合后是不会残留有纱布的"这一经验法则，可以判断医院在诊疗过程中存在过错。其二，复杂证明链，是指间接证据形成多个间接事实，通过对多个间接事实进行逻辑推理推定待证事实，其中逻辑推理的方式包括锁链型推理与放射性推理两类。锁链型推理是指把数个间接证据表示的既知事实用一条环环相扣的直线连接起来以推导待证事实真伪的推理。放射型推理是指在互不联系的数个间接事实都能够各自推导出待证事实之一部分的情况下，运用足够多且相互之间无矛盾的多数间接证据对待证事实之真伪作完整的推导。例如，司法实务中，劳动者往往将转账记录、工作服、培训记录等证据结合起来去证明劳动关系的存在。

二、当事人陈述和当事人主张的区别

（一）难度与热度

难度：☆☆☆☆☆　热度：☆☆☆

（二）基本理论与概念

当事人陈述是指当事人就与本案有关的事实情况向法院所作的陈述。

（三）疑难点解析

当事人陈述应与当事人的（事实）主张相区分，前者为证据资料，应在法官询问下作出[1]，是法庭中证据调查的产物；后者为诉讼资料，往往体现在起诉状、答辩状和法庭辩论环节。例如，原告起诉被告称被告欠款 1 万元，但未能提供相应的证据，被告到庭之后对欠款 1 万元的事实予以承认。此时原告主张的"被告欠款 1 万元"为当事人主张而非当事人陈述，被告的承认也是当事人的事实主张而非当事人陈述。这种承认构成自认，对此法院原则上无须进行证据调查即可认定该事实。而当事人陈述这种证据是法院（法官）在法庭上对当事人询问之后得到的内容。在程序上，对于当事人进行询问，也就意味着将当事人作为证人对待，因此需要适用类似于证人的保证书签字规则和举证妨碍规则（《证据规定》第 65～66 条）。而在比较法上，鉴于当事人陈述的主观性较强，证据调查中应采补充性规则，即原则上法官只有在其他证据无法查明案情之时，才被允许使用对当事人进行询问这种证据调查方式。

三、书证的证明力判断规则

（一）难度与热度

难度：☆☆☆☆　　热度：☆☆☆☆

（二）基本理论与概念

书证的证明力包括文书形式的证明力（形式真实性）与文书实质的证明力（在不那么严格的意义上往往也被称为实质真实性）。书证的形式真实性是指书证反映了特定方的意思、判断、思想，或书证的形成是否系该特定人的意思。书证的实质证明力是指文书记载的内容能够有效证明待证事实。形式证明力是实质证明力的前提。

（三）疑难点解析

处分性书证和报道性书证的差别在于，前者形式为真可推定实质为真（具有较强的实质证明力），但后者不能。例如，张某在宿舍楼下张贴大字报，声称同楼的陈某无耻地拿了她的快递盒（内有她从网上买的衣服）。假如张某起诉陈某要求其返还衣服，该大字报也只能作为报道性书证。即便形式为真（大字报确实系张某作出），也仅能证明"张某曾经张贴大字报声称陈某拿了该衣服"，而不能以此推定"陈某拿了该衣服"。

书证的真实性由提出书证方证明，一般而言，如果书证上的签名系本人签名，则可以推定书证真实，但有相反证据可以推翻的除外。具体而言，学理上存在以下真实性推定规则："如果系本人签名"—"系出自本人真实意志"—"书证形式的真实"。对上述两个推定链条均允许用证据推翻。例如，被胁迫之下的签名可以推翻第一个推定。当事人在空白纸上的签名被用作对其不利的用途，这种情形可推翻第二个推定。此外，在处分性书证的"文书形式的真实"被确认的情形下，可以推定其"文书实质的真实"，但这种推定依然允许推翻。例如，甲明星与乙公司签订阴阳合同，对外公布的阳合同上记载的片酬是 200 万元，而实际约定的片酬是 2 000 万元，这种情形下，即使阳合同形式为真，其对双方的片酬问题也缺乏证明力。[2]

---

[1]　王亚新，陈杭平. 论作为证据的当事人陈述. 政法论坛，2006（6）.
[2]　只能证明双方存在这种约定，但不能证明上面记载的内容（片酬为 200 万元）为真实。

此外，公文书推定为真实。《民诉解释》第 114 条规定："国家机关或者其他依法具有社会管理职能的组织，在其职权范围内制作的文书所记载的事项推定为真实，但有相反证据足以推翻的除外。必要时，人民法院可以要求制作文书的机关或者组织对文书的真实性予以说明。"但这种所谓的推定真实也要视情况而确定是"形式为真"还是"实质为真"。如果某公文书本身系处分性书证（比如结婚证），则其真实可以推定其实质真实性。而如果公文书系报道性书证，则其真实性只能推定其形式真实性：该公文书为真（不是伪造），推定该公文书所记载的内容为某机关所作出，而不能直接推定所记载内容的真实性。

四、鉴定意见的证据价值

（一）难度与热度
难度：☆☆☆☆　热度：☆☆☆

（二）基本理论与概念

鉴定可分为诉讼内的鉴定和诉讼外的鉴定。诉讼内的鉴定是指在诉讼过程中，经当事人申请，由法院直接指定或委托专门的鉴定机构或具有专门知识的人对诉讼中争议的专门性问题进行的鉴定；反之，诉讼外的鉴定，则是未经法院委托和指定进行的鉴定。

（三）疑难点解析

鉴定人是法官的咨询者，也是法官的中立助手。鉴定人根据法院的要求，主要向法官提供法官所缺乏的特殊经验法则的知识（专业知识），在某些特定情形下还负责某些事实的认定。[①] 具体而言，鉴定人的工作主要包括以下几个方面的内容。其一，传授经验法则，即提供鉴定人所在的知识领域的特殊经验法则，但这种法则的应用则留给法官去判断。比如，鉴定人提供某些商业习惯、行业的工资标准、某商品在某时段的价格（这种鉴定一般被称为"价格评估"）。其二，提供经验法则的结论或者专门知识，例如，评估某个签名或者某个画作的真实性，商品是否存在符合约定的性质，某产品是否侵害了其他产品的专利，等等。鉴定人在提供相应结论时往往也需要向法官引述相应的特殊经验法则。其三，认定事实，例如，对于血型的确定，对于亲子关系的认定。

鉴定意见被认为具有科学性，其原因在于鉴定人提供的知识和事实均以其知晓的专业领域的特殊经验法则（如"如果患者临床上有咳嗽、咳痰、发热、胸闷的症状且影像学的片子上有大片浸润影，那么有较大概率患有肺炎"）为依据，但科学性往往仅意味着某种盖然性。这种盖然性有时候很高但有时候则未必，它不一定意味着正确性，更绝非真理。这也是为什么我国民诉法，将原来的"鉴定结论"更名为"鉴定意见"。具体的鉴定意见的盖然性高低往往与待鉴定的问题、当下相关领域的科技发展水平、鉴定人的专业能力和勤勉程度等因素相关。比如，关于 DNA 鉴定的鉴定意见的盖然性一般非常高，但关于签名真伪的鉴定意见在实务中往往争议颇大。

此外，鉴定人意见一般被认为具有事实性，也即鉴定人只能就案件中的事实问题而非法律问题提供意见。实体法规范的构成要件也称为事实构成或要件事实（比如过错），该要件的存在与否为法律问题，而与之相对应的案件中具体的生活事实（例如，某医院

---

① ［德］彼得·哥特瓦尔德. 鉴定人及其鉴定意见在德国民事诉讼法中的地位. 曹志勋，译. 证据科学，2020（2）.

对某患者的治疗是否系误诊）是否存在则是事实问题。用于推定主要事实的间接事实的存在与否也是事实问题。例如，被告主张在古玩交易中存在"买定离手"的交易习惯从而对抗原告的欺诈主张，该交易习惯是否存在就是事实问题。此外，证据的真实性问题也为事实问题。原则上鉴定人仅能就事实问题提供意见而不能越俎代庖代替法官判断法律问题。值得注意的是，"因果关系"这样的要件事实兼具事实性与法律性，学理上也存在"事实因果关系"和"法律因果关系"的二重判断，对此，鉴定人仅能就前者提供意见，后者则必须交由法官判断。

依照自由心证原理，就鉴定人对事实问题作出的判断，法官应当自由评价其证明力。易言之，鉴定意见对于法官并无天然的拘束力。法官应当审查鉴定意见的作出是否符合逻辑，以及判断鉴定人是否基于其所说明范围之内的事实作出鉴定意见。[①] 但由于法官往往不具备相应的专业知识，所以实务中法官很难对鉴定意见作出有效的质疑。对此，专家辅助人以及近年来兴起的知识产权领域的技术调查官等制度，可在一定程度上助力法院对于鉴定意见的恰当判断。

五、民事证据的收集和保全

（一）难度与热度
难度：☆☆☆☆　　热度：☆☆☆☆

（二）基本理论与概念
证据调查程序指的是在法庭上，由当事人提出证据方法而法院对其予以证据调查的整个过程，大体包括以下程序环节：第一，当事人提出证据申请，即由当事人申请法院对特定的证据方法进行调查；第二，法院命令证据调查，但对于不合法、不适时或与待证事实无关或存在调查障碍的证据申请，法院可以作出驳回的决定；第三，法官实施证据调查，具体包括法官采用询问的方式对证人、当事人这两种证据方法进行调查，并将其回答作为证据资料，其询问程序大体相同，对于鉴定人则采取要求其提供鉴定书的方式进行证据调查，法官对于书证，采用阅读的方法进行证据调查并获取其所记载的意思作为证据资料，对于勘验物（物证）则通过法官的五官感知来检查事物（也可以包括人的身体）的形状、现象、气味等，并以其结果作为证据资料。

（三）疑难点解析
1. 法院取证权的历史由来及相关争论
我国民事诉讼法上的调查取证权有着相当长的历史。早在新民主主义革命时期，"马锡五式审判"之下的法官当然享有相应的调查取证的权力。在 20 世纪 90 年代审判方式改革以前，"超职权主义模式"之下的法院负责调查取证反而是民事诉讼的常态。"当事人动动嘴，法院跑断腿"的说法并不夸张。随着市民社会活力的释放以及经济的飞速发展，司法的功能转向经济秩序的形成和维护，告状难和久拖不决因为影响经济发展被视为必须克服的重大弊端。案件数量的急剧增多使得原有的法院亲力亲为调查取证面临效率性上的难题。而源于德国、日本等国家的诉讼法知识的进入，又使得这种法院调查取证面临"超职权主义""破坏司法中立性""虚化庭审"等批判，陷入正当性的危机。双

---

① ［德］彼得·哥特瓦尔德. 鉴定人及其鉴定意见在德国民事诉讼法中的地位. 曹志勋，译. 证据科学，2020（2）.

重危机之下，对调查取证权予以保留并同时限缩成为历史的选择。由此，20世纪90年代审判方式改革的核心就在于将原本由法院承担的证据收集责任转换为主要由当事人承担，其规范层面的表达就是"谁主张，谁举证"。其后2001年《证据规定》还对法官调查取证权作了严格限制。但这种过度限制的立场也招致了不少批评，李浩认为，这种过分的限缩对法官发现真实产生了负面影响。[1]肖建华也认为，作为民事审判改革核心成果的《证据规定》完全否定了法官职权调查，使法官放弃发现案件事实的目标，造成了审判权缺位。[2]为更好地实现实体正义，2015年《民诉解释》部分扩张了传统的法院职权调查取证权（包括事实调查权和证据收集权）的适用案件类型，并借鉴德日民事诉讼法新增了法院职权询问当事人、职权勘验等权力，总体上扩张了法院的证据调查权。但这种扩张也面临着程序中立性的诘难。例如张卫平认为，这种法官职权调查取证会使得当事人的辩论权、处分权虚化，丧失裁判的中立性。[3]

要走出调查取证权的两难处境，我们应该在取证制度上回归辩论主义的基本原理。一方面，应当将取证权（收集证据的权力）完全交给当事人并减少法官的庭外取证，从而实现程序正义；另一方面，通过法官职权的运作（例如，书证提出命令）对于当事人的取证给予必要的协助，并扩张法官职权启动证据调查权（包括职权命令提出证据的权力），从而实现实体正义。[4]

2. 法院依申请调查取证和其他类似制度的异同

依申请调查取证与书证提出命令在很大程度上是功能等值的，即都服务于解决证据偏在难题。虽然两种制度在运作模式上均是以当事人向法院提出申请的方式获取非掌握在本方的证据，但还是存在不少区别。其一，提出申请的前提条件不同：根据《民诉法》第67条第2款，当事人及其诉讼代理人因客观原因不能自行收集的证据，可以在举证期限届满前书面申请人民法院调查收集；而书证提出命令的申请要件为，书证在对方当事人控制之下的，承担举证证明责任的当事人可以在举证期限届满前书面申请法院责令对方当事人提交。其二，针对的对象不同：当事人及其诉讼代理人申请法院调查取证的，调查取证针对的对象可以为对方当事人或第三人；而当事人向法院申请书证提出命令的，该命令针对的对象只能是对方当事人。其三，适用的证据种类不同：法院依申请调查收集的证据原则上可包括物证、书证等八种法定证据类型；而书证提出命令仅适用于书证、视听资料及电子数据。

此外，依申请调查取证制度与证据保全制度、律师调查令制度也存在不少功能重叠之处。但法院的证据保全在司法实务中的运用颇为少见，当事人往往倾向于使用公证证据保全来实现其保全证据的需求——尽管公证证据保全在不少情形（例如，对于证人证言的保全）下存在正当性问题。在我国司法实务中律师调查令制度已经试点多年。部分省份的法院系统甚至直接以律师调查令制度替代了依申请调查取证制度，在当事人申请法院调查取证时法院可直接签发律师调查令，而后当事人或者律师持令向对方当事人或

① 李浩. 回归民事诉讼法：法院依职权调查取证的再改革. 法学家，2011 (3).
② 肖建华. 审判权缺位和失范之检讨：中国民事诉讼发展路向的思考. 政法论坛，2005 (6).
③ 张卫平. 民事诉讼法. 3版. 北京：中国人民大学出版社，2015：51.
④ 袁中华. 论民事诉讼中的法官调查取证权. 中国法学，2020 (5).

者案外人取证。在法院依申请调查取证、书证提出命令、证据保全、律师调查令这四种相似的制度中，实务中应用最多的反而是没有写入《民诉法》的律师调查令。而就这四种制度之间存在的重叠、冲突等体系性兼容问题，只能留待日后的修法去完善了。

本章实务案例研习

一、上海家化公司诉豪茹意百货商行案①

案例考点：民事诉讼证据排除规则

（一）案情简介

上海家化公司诉称，其为家喻户晓的"六神"商标权利人，并在豪茹意百货商行处公证购买了标有"六神"字样的花露水一瓶。经鉴定，该产品系假冒原告注册商标的商品。被告的行为构成对原告的商标侵权，故起诉至法院，要求被告停止侵权并赔偿损失。

豪茹意百货商行辩称，不同意原告的全部诉讼请求。第一，其根本不存在销售的行为，原告也承认自己购买的产品是半瓶，虽然鉴定是假的，但是购买的涉案产品是我方自己使用的；第二，在给对方之前已经告知是我们自己使用过的，购买人员还是非要购买，还让给开发票。

法院经审理查明：原告上海家化公司系"六神"商标注册人。该商标于2002年被认定为驰名商标。2019年9月7日，原告取证人员在被告处以5元的价格购买了标有"六神"字样且已开封使用的花露水小半瓶，取得盖有被告印章的收款收据一张。经鉴定，该产品属侵犯原告注册商标专用权的假冒产品。原告当庭表示与被控侵权花露水款式、规格一样的正品"六神"花露水的售价为24元。被告经营类型为个体工商户，从取证拍摄的现场照片来看，被告主要销售物品为办公用品、电源插座、地图等，未见与被诉侵权商品相同的"六神"花露水产品。被告提供的2019年2月至2019年8月手写进货记账单上未见购进过涉案商品。

（二）法院判决

法院生效判决认为：原告在无证据证明被诉侵权人仍有其他侵权商品在售的情况下，为起诉之目的指定要求被诉侵权人销售已开封使用的侵权商品，且被诉侵权人亦未明显获利的，构成引诱取证。具体到本案，原告在明知被告处仅有一瓶已开封使用的被诉侵权商品情况下，为将来起诉之目的，故意指定要求被告销售该商品，且被告亦未通过该销售行为明显获利，该取证行为属于引诱取证情形，即如果没有取证人员的引诱指定，被告便不会销售涉案被诉侵权商品，取证人的引诱与被告的"侵权行为"具有直接因果关系。该取证行为明显具有不正当性，违反了民事诉讼活动中应当遵循的诚实信用原则，亦不符合社会主义核心价值观的基本要求，如不加禁止将有违公序良俗。根据《知产证据规定》第1条、《民诉解释》第106条的规定，本院对原告公证保全的证据不予采信，对该证据的证明力不予认定，故现有证据不足以认定被告实施了侵权行为。

---

① 案例来源：天津市第二中级人民法院（2021）津02民初115号民事判决书。

（三）学理分析

本案涉及证据的合法性问题。《民诉解释》第 106 条规定："对以严重侵害他人合法权益、违反法律禁止性规定或者严重违背公序良俗的方法形成或者获取的证据，不得作为认定案件事实的根据。"但就何为严重侵犯他人合法权益、何为严重违背公序良俗则需要法解释学的进一步补充。就违法取得的证据是否能在诉讼中采用，德国法上有统一说和区分原则的争论：前者认为，实体法和诉讼法都是统一法秩序的一部分，因此违反实体法搜集的证据在诉讼上应当被排除；后者则认为，证据取得的实体违法性，与诉讼程序对其的利用并不相关。[①] 我国台湾地区学者大多赞同区分说，例如姜世明认为，分离原则较能兼顾程序法具有独立目的的特质且对于相关问题的解决更具有弹性，证据禁止的审查标准主要为诚实信用原则与法规范目的，其方法则为利益衡量。[②] 上述学说较具参考价值。

本案中法院认定上海家化公司的行为构成引诱取证。引诱取证，又称为陷阱取证，通常是指取证人采用欺骗、隐瞒等手段为被取证者提供交易机会或诱导对方与其进行交易。当事人陷阱取证的具体措施包括两大类：一是隐瞒自身身份，假装有意与对方达成交易，要求对方提供涉案产品的样品进行试用；二是以虚假身份与对方达成协议或拍下商品，从而获得侵权产品。引诱取证往往发生在专利、商标等知识产权案件中。引诱取证行为，尤其是恶意诱导对方与己方进行交易的行为，至少是不诚信的、违背公序良俗的。尽管诉讼法以追求真实为目的，但它并不鼓励为此恶意地取证。因此，法院以取证人的恶意引诱行为为由排除相关证据是较为恰当的选择。

二、三盛公司诉大唐联诚公司案[③]

案例考点：证据调查

（一）案情简介

本案中三盛公司为一审原告，其与大唐移动公司于 2008 年签订合作协议，后大唐移动公司将该协议全部权利义务转让给本案一审被告大唐联诚公司。合作协议的主要内容为：三盛公司将其开发的产品 Z（该产品只有济空航修厂购买）的生产等各方面技术知识传授给大唐公司，大唐公司保证三盛公司的获利不低于签订该协议之前的水平（通过审计确定）。

本案的主要纠纷为：三盛公司认为大唐联诚公司隐瞒了其与济空航修厂的全部销售情况，济空航修厂实际使用的 Z 产品远不止一份装备销售合同涉及的产品数量，故主张大唐公司应支付其隐瞒的因销售 Z 产品而应当支付给三盛公司的利益。

案件一审中，三盛公司估算了济空航修厂实际上采购的 Z 产品数量；一审法院依三盛公司申请委托 S 法院向济空航修厂调取证据，济空航修厂于 2015 年 3 月 12 日向 S 法院出具说明，称其与大唐联诚公司自 2009 年 1 月 1 日至 2013 年 7 月 30 日期间签订的装

---

① 姜世明. 新民事证据法论. 厦门：厦门大学出版社，2017：113.

② 姜世明. 新民事证据法论. 厦门：厦门大学出版社，2017：110.

③ 案例来源：北京市海淀区人民法院（2015）海民（商）初字第 2794 号民事判决书、北京市第一中级人民法院（2017）京 01 民终 5533 号民事判决书。

备采购合同数量为4份。诉讼中，一审法院前往济空航修厂核实相关情况，济空航修厂高级工程师宋某称济空航修厂与大唐联诚公司存在合作，大唐联诚公司向济空航修厂提供Z产品，济空航修厂与大唐联诚公司签订过合同，合同数量以其向S法院出具的说明内容为准，合同包括Z产品；济空航修厂和三盛公司有过合作，合作内容包括Z产品。一审法院认为，如果依据现有证据可以确认大唐联诚公司与济空航修厂之间存在采购合同，而大唐联诚公司拒绝出示合同，那么参照《民诉解释》第112条的规定，可以认定三盛公司主张事实的存在。最终，一审法院支持了三盛公司的事实主张，判决三盛公司胜诉。

（二）法院判决

二审法院认为，民事诉讼的基本原则是"谁主张、谁举证"，三盛公司作为原告对于其诉讼请求依据的事实应当负有举证证明责任，但本案与一般的民事案件相比有其特殊之处，即三盛公司诉讼请求的依据源自大唐联诚公司在合作协议期限内是否向济空航修厂销售了协议产品以及销售协议产品的具体数量。因三盛公司并非协议产品销售合同的相对人，不具备完全取得大唐联诚公司向济空航修厂销售协议产品的直接证据的可能性，故而，不能对三盛公司科以过重的举证责任。依据《民诉解释》第108条的规定，三盛公司的举证责任只需达到确信待证事实的存在具有高度可能性，就可以认定三盛公司主张事实的存在。大唐联诚公司对此如有异议，则应当就其与济空航修厂之间是否存在采购合同以及采购合同所涉及的产品内容、数量进行说明，对此《民诉解释》第112条亦有明确规定。然而，大唐联诚公司在一审法院释明后，始终拒绝提供其与济空航修厂签订的协议产品采购合同。在此情形下，一审法院将进一步举证的责任分配给大唐联诚公司并无不当，本院予以支持。大唐联诚公司该上诉意见缺乏法律依据，本院不予采信。

（三）学理分析

本案中的裁判结果并无可指摘之处。鉴于大唐联诚公司在一审法院释明后，始终拒绝提供其与济空航修厂签订的协议产品采购合同，因此该行为构成了证明妨碍。就证明妨碍问题，2008年《证据规定》第75条规定："有证据证明一方当事人持有证据无正当理由拒不提供，如果对方当事人主张该证据的内容不利于证据持有人，可以推定该主张成立。"其后，2019年《证据规定》第95条规定："一方当事人控制证据无正当理由拒不提交，对待证事实负有举证责任的当事人主张该证据的内容不利于控制人的，人民法院可以认定该主张成立。"因此本案中的情形，适用证据妨碍即可对对方当事人的主张"认定该主张成立"。

但在本案中，构成问题的是裁判理由。一审法院和二审法院均以《民诉解释》第112条作为裁判依据，该条规定："书证在对方当事人控制之下的，承担举证证明责任的当事人可以在举证期限届满前书面申请人民法院责令对方当事人提交。申请理由成立的，人民法院应当责令对方当事人提交，因提交书证所产生的费用，由申请人负担。对方当事人无正当理由拒不提交的，人民法院可以认定申请人所主张的书证内容为真实。"此外，一、二审法院均认为，大唐联诚公司在本案中承担了举证责任，由此当其未举证（提交相关合同）时应承担败诉后果。实际上，本案中大唐联诚公司承担的并非举证责任（证明责任），而是基于事案解明义务的提出证据的义务。所谓举证责任，是指主要事实真伪不明时败诉风险的负担。谁承担举证责任，主要取决于实体法上的规定，即当事人应当证明其主张的与实体法规范要件相对应的主要事实。举证责任的负担并不因为诉讼场景的变化而变化。同时,举证责任尽管被称为"责任",但其并非义务也非责任,实际上是一种"负担",违反举证责任并非违法。事案解明义务是指"当事人对于事实厘清负有对于相关有利及不利事实之陈述(说明)义务,及为厘清事实而提出相关证据资料(文书、勘验物)或忍受勘验之义务"[①]。事案解明义务的法理基础可在于诚实信用原则、发现真相的诉讼目的论、当事人的诉讼促进义务或协力义务等。由此,在诉讼中,负有举证责任的一方当事人当然有动力去提出相应的证据,但与此同时,不负举证责任的另一方当事人往往也需要基于事案解明义务而提出相应的证据。本案中就是如此。大唐联诚公司作为不负证明责任的一方当事人,之所以也需要提出于己不利的证据,正是因为事案解明义务(或可细化为诉讼促进义务或协力义务)。但法院适用《民诉解释》第112条作为裁判依据也不够妥当,因为书证提出义务的适用前提在于对方当事人提出了书证提出申请并且法院签发了书证提出命令。根据《证据规定》,书证提出命令有着一整套的程序,它和我国民事诉讼法早就有的申请法院调查取证具有相似的外观,但实际上有明显差别。本案中,三盛公司提出的是证据调查申请而非书证提出命令,适用《民诉解释》第112条并不妥当,不如直接适用2008年《证据规定》第75条(2019年《证据规定》第95条)的证明妨碍条款。

》》》 本章同步练习

一、选择题

1. 哥哥王文诉弟弟王武遗产继承一案中,王文向法院提交了一份其父生前关于遗产分配方案的遗嘱复印件,遗嘱中有"本遗嘱的原件由王武负责保管"的字样,并有王武的签名。王文在举证责任期间书面申请法院责令王武提交遗嘱原件,法 院通知王武提交,但王武无正当理由拒绝提交。在此情况下,依据相关规定,下列哪些行为是合法的?(   )

A. 王文可只向法院提交遗嘱的复印件

B. 法院可依法对王武进行拘留

C. 法院可认定王文主张的遗嘱内容为真实

D. 法院可根据王武的行为而判决支持王文的各项诉讼请求

2. 甲起诉乙返还借款18万元,下列哪些情形下可以认定借条为真实?

A. 调解中甲称借条原件被乙借走,只有复印件,乙认可该事实,若甲能放弃利息请求则自己可以归还本金18万元,最后双方未能达成调解协议

B. 甲称乙为了与妻子离婚而将借条原件借走,自己只有复印件,乙认可该事实,但称自己写的借条金额为8万元,现在借条遗失

C. 甲当庭出示借条原件质证时,乙将该原件塞进嘴里吃了

D. 甲称借条原件在乙处,乙认可,但主张借条原件丢失

3. 杨青(15岁)与何翔(14岁)两人经常嬉戏打闹,一次,杨青失手将何翔推倒,

---

① 姜世明. 举证责任与真实义务. 厦门:厦门大学出版社,2017:74.

导致何翔成了植物人。当时在场的还有何翔的弟弟何军（11 岁）。法院审理时，何军以证人身份出庭。关于何军作证，下列哪些说法不能成立？（　　）

    A. 何军只有 11 岁，无诉讼行为能力，不具有证人资格，故不可作为证人

    B. 何军是何翔的弟弟，应回避

    C. 何军作为未成年人，其所有证言依法都不具有证明力

    D. 何军作为何翔的弟弟，证言具有明显的倾向性，其证言不能单独作为认定案件事实的根据

4. 高某诉张某合同纠纷案，终审高某败诉。高某向检察院反映，其在一审中提交了偷录双方谈判过程的录音带，其中有张某承认货物存在严重质量问题的陈述，足以推翻原判，但法院从未组织质证。对此，检察院提起抗诉。关于再审程序中证据的表述，下列哪些选项是正确的？（　　）

    A. 再审质证应当由高某、张某和检察院共同进行

    B. 该录音带属于电子数据，高某应当提交证据原件进行质证

    C. 虽然该录音带系高某偷录，但仍可作为质证对象

    D. 如再审法院认定该录音带涉及商业秘密，应当依职权决定不公开质证

二、案例分析题

户籍地位于丁县的张某乘坐注册地位于丙市的西方航空公司航班从甲市前往乙市，在甲市机场托运了一个纸箱，纸箱外有"国酒茅台"的商标，托运重量为 7.45 千克。托运时甲市机场值机人员李某询问托运的物品，张某回答是茅台酒。李某询问张某是否做保价，行李丢失时可以获得更多的赔偿。张某同意进行保价，并表示自己的酒每瓶价格为 1 万元，一箱 6 瓶一共是 6 万元。李某表示根据西方航空公司的规定，最多只能赔偿 8 000 元。张某表示愿意多付费用，但要求足额进行保价。李某表示电脑系统根本无法录入超过 8 000 元的保价。鉴于登机时间已近，张某无奈之下，按照李某的要求在 8 000 元的价值声明上签字，并按规定交纳了保价费。李某打开纸箱看了一眼，在纸箱外侧贴上了"小心轻放"标志，完成了托运手续。以上对话过程有监控录像为证。

航班到达乙市后，张某因腹泻，在卫生间方便后才前往行李转盘，此时行李转盘已经运行了约十分钟。张某发现自己托运的行李不见踪迹，遂向机场行李查询处问询，行李查询处通过系统查阅发现，该件行李箱已经随飞机来到乙市机场，估计被他人领取，建议张某报案解决。

张某报警后，机场派出所调取监控录像，发现是一名乘客在张某来到行李转盘之前，已经拿走了张某的纸箱。录像同时显示，转盘和出口处均无工作人员对乘客拿走托运行李进行检查。由于监控录像清晰度不够，已无法确认拿走张某托运行李的乘客身份。

张某认为自己托运的是在贵州购买的茅台酒，每瓶市场价格都在 1 万元左右，共六瓶，总价值超过 6 万元人民币。西方航空表示可以根据保价规定，赔偿张某损失 8 000 元。各方无法达成协议，张某拟向法院起诉，要求西方航空公司和乙市机场赔偿自己损失 6 万元。

请结合上述案情，回答以下问题：

（1）哪些法院可能对本案具有管辖权？为什么？

（2）哪些主体可以是本案的适格被告？为什么？

（3）如果被告主张行李丢失的重要原因是张某上卫生间导致延迟到达行李转盘，是否应当就此承担证明责任？

（4）关于损害后果的具体数额，原告主张6万元，被告主张8 000元，此时应当由谁承担证明责任？

（5）请结合法律规定和生活常识，张某可以使用哪些证据，来证明自己托运的行李是6瓶茅台酒？

三、论述题

论述主要事实、间接事实与辅助事实划分的意义。

参考答案

一、选择题

1. AC

解析：A项正确，当选：根据最佳证据规则，书证应当提交原件，但提交原件或者原物有困难的，可以提交复印件、副本。本案中遗嘱（书证）原件由王武保存，王文提交原件确有困难，可以提供复印件。B项错误，不当选：本案中王武经责令拒不提交遗嘱原件，但其并未有毁灭证据等行为，故不能对其处以罚款、拘留等处罚。C项正确，当选：根据文书提出命令，书证在对方当事人控制之下的，承担证明责任的当事人可以在举证期限届满前书面申请法院责令对方当事人提交。申请理由成立的，法院应当责令对方当事人提交，对方当事人无正当理由拒不提交的，人民法院可以认定申请人主张的书证内容为真实。如果书证持有人以妨碍对方当事人使用为目的，毁灭书证或者实施其他致使书证不能使用行为的，法院可以认定申请人主张以该书证证明的事实为真实，同时可以对其处以罚款、拘留。本案中，有证据证明王武持有遗嘱原件（复印件中有"本遗嘱原件由王武保存"并有王武签名），王文在举证期限内申请法院责令王武提交，王武无正当理由拒不提交，法院可以认定王文所主张的遗嘱内容为真实。D项错误，不当选：王武无正当理由拒不提供遗嘱原件，法院可以认定王文所主张的遗嘱内容为真实，但并不意味着应当支持王文的全部诉讼请求。

2. CD

解析：C项正确，当选：乙当庭将借条毁损，属于以妨碍对方使用为目的对借条这一书证进行毁损，法院可以直接认定甲主张的借条能够证明的事实为真实，故可以认定借条为真实。A项错误，不当选：乙虽然承认借走借条，但这是乙在调解中为了妥协、让步而对案件事实作出的认可，不构成自认，故不能认定乙持有借条，不能认定甲主张的借条为真实。B项错误，不当选：虽然乙承认自己借走了借条，但是主张借条的金额为8万元，属于附条件的自认，并且其所附条件与承认持有借条这一事实不可分割，故法院应当将乙持有借条的事实与借款金额为8万元的事实一并考虑，不能将其切割开来直接认定乙持有借条。D项正确，当选：乙承认持有借条，构成自认，法院可以认定乙持有借条，乙没有正当理由拒不提供，法院可以认定甲主张的借条内容为真实。

3. ABC

解析：A项错误，当选：根据《证据规定》第67条第2款的规定，待证事实与其年龄、智力状况或者精神健康状况相适应的无、限制民事行为能力人可以为证人。何军11岁，待证的侵权事实与其年龄、智力状况相适应，可以为证人。B项错误，当选：因为证人具有不可替代性，所以证人不适用回避制度。C项错误，当选：根据《证据规定》第90条的规定，无、限制民事行为能力人所作的与其年龄、智力状况或者精神健康状况不相当的证言不得单独作为定案的根据。D项正确，不当选：根据《证据规定》第90条的规定，与一方当事人或者其代理人有利害关系的证人陈述的证言不得单独作为认定案件事实的依据，即证人与当事人或代理人有利害关系，其证言依然具有证明力，但其证明力较小，不能单独定案，需要别的证据补强其证明力方能定案。

4. CD

解析：A项错误，不当选：质证的主体是当事人，检察院不是质证的主体。B项错误，不当选：录音带并不是储存在电子介质中的资料，故应当属于视听资料而不是电子数据。C项正确，当选：偷录并非违反法律禁止性规定的方法取证，偷录的录音带可以作为证据使用，可以作为质证对象。D项正确，当选：涉及国家秘密、商业秘密、个人隐私或者法律规定应当保密的证据，不得公开质证。该录音带涉及商业秘密，法院应当依职权决定不公开质证。

二、案例分析题

（1）如果原告选择提起违约之诉，则运输始发地、目的地、被告住所地法院均有管辖权，即甲市法院、乙市法院和丙市法院均有管辖权；如果原告选择提起侵权之诉，则由侵权行为地或被告住所地法院管辖，即乙市法院和丙市法院。

（2）如果张某选择提起违约之诉，则以西方航空公司作为被告；如果张某选择提起侵权之诉，则西方航空公司和乙市机场均可作为适格被告。

（3）被告应当对此承担证明责任。被告的该种主张意味着原告对损失的发生存在过错，在《民法典》中属于减责事由，构成权利妨害抗辩；在合同法中构成权利消灭事由，属于权利消灭抗辩。无论是权利妨害抗辩还是权利消灭抗辩，都应由权利的相对方也即被告来承担证明责任。

（4）答案一：应当由原告承担证明责任。根据证明责任的分配原理，对损害后果的证明应当由权利的主张者即原告张某承担证明责任。

答案二：该事实已经属于自认事实，因此不构成证明对象，双方当事人均无须承担证明责任。本案的责任赔偿限额条款决定了本案的最高赔偿额为8 000元，被告也已经自认构成满额损失，因此法院应认定本案损失数额为8 000元。

（5）本案中托运的茅台酒已经丢失，因此没有直接证据能够证明托运行李的价值，张某只能通过间接证据予以证明。

第一，证明近期购买过6瓶茅台酒：可提供相关证据来证明原告近期购入并持有6瓶茅台酒，例如，购买6瓶茅台酒的发票、6瓶茅台酒的送货记录、运货单，购买茅台酒时的店内监控录像，刷卡记录，陪同购买者证言，等等。

第二，证明运输了该6瓶茅台酒到机场：通过监控录像、出租车司机证言、送机友人证言等方式，来证明向机场出发时带的是6瓶茅台酒。

第三，证明将6瓶茅台酒交付机场托运：6瓶茅台酒装箱后的重量与托运行李重量一致，报案时警察所作笔录对丢失物品的记录，托运时的监控录像，行李安检时的X光照片，张某和值机人员李某在托运时的对话记录，李某的证人证言。

三、论述题

（1）为辩论原则的适用划定范围。在理论上辩论原则只适用于主要事实，而不适用于间接事实和辅助事实。之所以将辩论原则的适用范围划定在主要事实的范围内，是因为间接事实和辅助事实在性质上与证据具有"等质性"。在诉讼中，对有争议的权利义务的最终判断所依据的事实是主要事实，而在判断主要事实存在与否的关系上，间接事实与证据处于同等的位置。间接事实存在与否的判断是由审判人员按判断证据的原则进行的，不受当事人主张的限制。即使当事人没有在辩论程序中主张，也可以自由地加以认定。如果对于间接事实也必须经过当事人的主张，那么在当事人未进行主张的场合，法院就不能利用通过证人证言等其他证据判明的间接事实，如此将使法官对事实的认定处于不自由的境地，进而违反赋予法官自由判断的法律意旨。辅助事实同理。

（2）便于诉讼中裁判推理。民事诉讼的最终结果是，法院对作为诉讼标的的权利或法律关系是否存在作出判断。判断的基础就是案件事实，而且是权利或法律关系是否存在的事实。间接事实在审理中并非必须证明和审理的事实，一旦对方当事人对主要事实予以承认（自认）或属于免证事实，则法院就无须审理和调查。由于辅助事实是涉及有关证据能力和证明力的事实，因此，在无须证据证明时，也不会涉及辅助事实。因此，主要事实和间接事实、辅助事实的划分便于诉讼审理推理。

（3）有利于提高诉讼效率，规范裁判行为。首先，在判决书中，法院必须对案件的事实进行描述和认定。如果对案件争议的所有事实都予以描述和认定必然大幅增加成本，从正当性与司法成本的衡平性考虑，只需要对案件主要事实作出描述和认定即可。其次，有助于对争点进行整理。诉讼效率的提高依赖于开庭审理前的争点整理，进行争点整理依赖于主要事实的主张，法院需要根据主要事实的主张形成有实质意义的争点。最后，有助于实现上诉和再审的正当运作。对于上诉和再审而言，涉及案件事实的上诉事由和再审事由都直接关系到主要事实。一旦主要事实认定错误或遗漏就可能导致一审判决或原判决被推翻。

第八章　民事诉讼证明

本章知识点速览

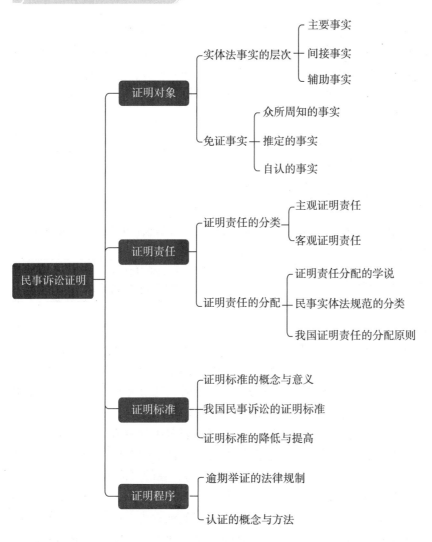

▶▶ 本章核心知识点解析

第一节　证明对象

一、明确实体法事实的层次

（一）难度与热度
难度：☆☆☆☆　　热度：☆☆☆

（二）基本理论与概念
从第七章的例3可以看出，即使是简单的民事案件也会包括各种各样的事实。几乎在所有诉讼中，与案件有关的事实都不是以单一形式出现的，以各种各样的事实组成事实群才是常态。一般认为，诉讼中出现的事实包括主要事实、间接事实、辅助事实三种事实（具体内涵如表8-1所示）。借助对这三种事实的理解，我们可以将任何一个诉讼中出现的各种事实进行分类（表8-1为例3中事实的分类）。

表8-1　事实分类

事实类型	内　涵	在例3中的体现
主要事实	直接规定法律效果发生或消灭的规范构成要件对应的事实	甲于×年×月×日借款5万元给乙（A+B）
间接事实	在借助经验法则及逻辑法则推定主要事实的过程中发挥作用的事实	乙四处借钱；甲取钱；乙交钱购房（C/D/E）
辅助事实	用于明确证据能力或证据力的事实	借款合同系伪造（F）；证人与原告有密切关系（G）

（三）疑难点解析
主要事实的确定取决于实体法规范的选择，它是与实体法规范的构成要件相对应的具体的生活事实。直接证明任何一个主要事实（比如例3中的A或B事实）的证据为直接证据。间接事实是指在现有证据无法直接证明主要事实时，通过相应的间接事实证明主要事实的存在。例如，离婚案件中，原告主张被告在婚内实施虐待、暴力等行为，但原告缺乏直接证据予以证明。此时，原告可以主张隔壁邻居曾听到两人争吵、原告曾去医院就医、原告脸部淤青等事实。虽然以上事实均不能直接证实被告的暴力行为，但可以通过证明其他间接事实并以这些间接事实来推定家庭暴力存在的可能性。

辅助事实与证据相关。例如，被告称原告提出的证人与原告为同窗同学，此处"证人与原告为同窗同学"就是辅助事实，用以明确证人证言的证据力。除此之外，在诉讼过程中可能出现的与法规范要件或者证据无关的其他事实（比如，原告主张被告存在经常找人借钱不还或者被告主张自己一贯品行良好），则为无关事实。①

---

① 日本法上称之为"事件"。

上述分析主要针对的是胜诉要件层面，即与原告所主张的实体法上的权利或者法律关系息息相关的事实。但上述三种层次的事实，也同样与诉讼要件、上诉的合法性要件等诉讼法上的要件相关。易言之，程序法事实也同样存在三种层次。例如，就法院是否享有管辖权问题，同样也存在主要事实、间接事实和辅助事实。

二、自认规则

（一）难度与热度
难度：☆☆☆　热度：☆☆☆☆

（二）基本理论与概念

自认规定于《证据规定》第 3 条，即"在诉讼过程中，一方当事人陈述的于己不利的事实，或者对于己不利的事实明确表示承认的，另一方当事人无需举证证明。在证据交换、询问、调查过程中，或者在起诉状、答辩状、代理词等书面材料中，当事人明确承认于己不利的事实的，适用前款规定"。

（三）疑难点解析

1. 自认的来源及效果

自认规则的源头在于辩论主义。辩论主义第二原则就是，对于当事人无争议的事实，法院应当将其作为裁判依据。无争议的事实就是自认的事实，例如，被告对原告主张的借款事实表示承认。自认规则的目的在于对当事人的意思自治予以尊重。

自认对当事人及法院都产生约束力，法院应当以当事人自认的事实作为裁判依据。而一方当事人作出自认后，原则上不允许撤销。因为根据经验法则，自认的事实往往是真实的，同时根据诚实信用原则，也不应允许当事人出尔反尔。

2. 自认的限制

其一，违反众所周知的事实的自认原则上不产生自认的效果。例如，在某案中，原告称其两次委托作为风水先生的被告为长辈挑选墓地，但每次挑选后，原告家中均灾祸不断。原告认为被告系故意挑选风水不祥之地致使原告家中意外频发，遂起诉被告。被告到庭后承认其行为是有意为之。本案中，被告对于侵权行为、过错和因果关系作出自认，但墓地的选择与原告家中发生灾祸的后果之间没有客观上的因果关系，该自认因违反众所周知的事实而无法得到法院的承认。

其二，自认不适用于涉及身份关系及其他社会公共利益的事实。身份关系往往涉及伦理秩序，涉及身份关系的事实通常不仅针对当事人本身，还涉及第三方。例如，在离婚案件中，男方称女方生育的子女与自己没有血缘关系，女方到庭后承认子女系其与案外人所生。此种情况下，法官不能够根据女方的自认直接裁判，因为身份关系案件更加强调实体真实、实质真实，需要有证据予以证明。

其三，自认的事实与人民法院已经查明的事实不符的，法院不予确认。

3. 特殊自认

特殊自认包括拟制自认、部分自认与附限制的自认。拟制自认是指对对方所主张的事实不作明确争执的，视为自认。例如，原告主张被告曾向其借款，被告对该事实不作否认，且在法官询问之后依然不作否认、不作明确的争执，此种情况下视为被告自认。部分自认是指承认一部分否认一部分。例如，原告主张被告曾向其借款 8 万元，被告辩称只借款 4 万元，对此法官可以认定 4 万元借款合同的存在。附限制的自认是指一方当事人对另外一方当事人主张的于己不利的事实附条件承认的，由人民法院综合案件情况决定是否构成自认。比如，被告主张，如果原告愿意离婚后跟小孩共同生活，其就承认婚内有家庭暴力行为。这种情况就很难直接认定被告的主张构成对原告所主张的家庭暴力行为的自认。有的附限制的自认其实就是抗辩。比如，被告主张，其的确找原告借了 10 万元但已经还了。[①]

4. 自认的撤销

对于经过对方同意或者基于胁迫、重大误解作出的自认，当事人在法庭辩论终结前可以撤销。

三、免证事实的效力层次（何者具有较高的免证效力）

（一）难度与热度

难度：☆☆☆☆　热度：☆☆☆

（二）基本理论与概念

根据《证据规定》第 10 条的规定，免证事实包括：（1）自然规律以及定理、定律；（2）众所周知的事实；（3）根据法律规定推定的事实；（4）根据已知的事实和日常生活经验法则推定出的另一事实；（5）已为仲裁机构的生效裁决所确认的事实；（6）已为人民法院发生法律效力的裁判所确认的基本事实；（7）已为有效公证文书所证明的事实。

（三）疑难点解析

上述事实当中，第 1 项不能推翻，因为自然规律以及定理、定律（例如"太阳从东边升起"）是被公认的事实。第 2~5 项通常情况下较难被推翻，所以法条表达为"但有相反证据足以反驳的除外"。第 6 项和第 7 项更难推翻，法条表达为"但有相反证据足以推翻的除外"。概言之，上述事实在免证效力方面存在一定的序列：第 1 项最高，第 6、7 项次之，而第 2~5 项最低。"足以推翻"意味着法官对于该事实的不存在形成内心确信，而"足以反驳"意味着仅需要动摇法官对于该事实的心证（达到真伪不明的程度）即可。显然，推翻比反驳的难度系数更高。以下分别就第 2~7 项展开分析。

1. 众所周知的事实

众所周知的事实应当具有普遍性、显著性、确定性，应当为特定时空范围内的一般社会成员和审理案件的法官所知。例如，"2003 年新兴供水管理处根据新兴县电力体制改革的需要将其属下的供电网区供电资产及债务全部移交给新兴供电局"。该事实虽然不在全国范围内为公众所知，但在"新兴县"这一特定区域内构成众所周知的事实。又如，"因原陵县袁桥乡划归为德州市德城区属于众所周知的事实，本案被告德州市德城区袁桥供销合作社主体适格"，这种行政区划的变动属于众所周知的事实。

2. 法律推定

法律推定是指根据法律规定推定某事实的存在。但法律推定在我国法上的使用较为

---

① 对此，有观点认为构成附条件的自认。最高人民法院民事审判第一庭编著. 最高人民法院新民事诉讼证据规定理解与适用. 北京：人民法院出版社，2020：125. 但所谓"应当将承认借款的事实和主张已经还款的事实视为不可分割的整体"完全无法成立，因此该书对这种情形下证明责任分配的分析是完全错误的。

混乱，至少有以下三种情形通常被视为法律推定：（1）法律上的权利推定，例如占有的权利推定，某人占有某物则推定其为该物的实际权利人；（2）法律上的事实推定，即通过某非要件的事实去推定某要件事实的存在，典型如《民法典》第 1222 条关于医疗侵权中的过错的推定；（3）暂定真实，是指不存在推定前提的无条件推定，例如《民法典》第 1248 条等条文中的过错推定。

权利推定较为罕见并且较容易识别，所以暂不讨论。法律上的事实推定并非免除了当事人的证明，而是对证明主题（证明对象）的变更。易言之，法条允许当事人去证明一个证明难度较低的事实，并将这种情形视为对要件的证明，所以这也可以被视为证明责任的减轻。例如，《民法典》第 1222 条规定："患者在诊疗活动中受到损害，有下列情形之一的，推定医疗机构有过错：（一）违反法律、行政法规、规章以及其他有关诊疗规范的规定；（二）隐匿或者拒绝提供与纠纷有关的病历资料；（三）遗失、伪造、篡改或者违法销毁病历资料。"对该条性质上属于"法律上的事实推定"还是"拟制"，理论界存在争议。判断是否是法律上的事实推定，首先要观察该"推定"是否可以被推翻。"拟制"意味着推定不允许被推翻，例如《民法典》第 18 条第 2 款规定的"完全民事行为能力人拟制"。但《民法典》第 1222 条旨在通过变换证明主题减轻对"过错"构成要件的证明难度，因此推定存在被推翻的可能。例如，原告接受某医院的手术后病情加重，原告证明了医疗机构违反法律法规开展手术（例如，手术时的辅助人员未取得医师资格），由此可以推定医疗机构存在过错。但法院经鉴定发现，原告病情加重系其术后不遵守医嘱所致，此种情况下对于医疗机构过错的推定可以被推翻。其次，判断是否为法律上的事实推定的另一个重要标准，是前提事实和结果事实之间的经验法则的存在。显然，《民法典》第 1222 条的三个前提事实和结果事实（过错）之间的桥梁，就是经验法则。例如，"如果发生医院隐匿病历资料的情形，那么大概率是因为该医院在诊疗过程中存在过错"，这样的判断就是经验法则。

法律上的事实推定往往意味着当事人拥有了选择权，他既可以直接证明法律要件的存在（例如通过鉴定证明存在医疗过错），又可以通过证明前提事实（例如对方毁损病例）推定要件的存在。在后一种情况，可以认为是免除了当事人对于要件的证明责任，同时又科加当事人对前提事实的证明责任。但无论如何，这种推定并没有完全免除当事人的证明责任。

暂定真实则不同。某要件被暂定真实，意味着该要件并非请求原因，而该要件的反面则为抗辩。因此，权利人无须证明该要件的存在，而相对方需要证明该要件的不存在。例如《民法典》第 1248 条规定："动物园的动物造成他人损害的，动物园应当承担侵权责任；但是，能够证明尽到管理职责的，不承担侵权责任。"依据该条，过错是被假定存在的，也即推定园方存在过错，因此受害人无须像一般的动物侵权那样去证明过错，而动物园需要通过证明"尽到管理职责"（"无过错"）来免责。因此，民法中的这种过错推定规范其实是证明责任倒置规范。

3. 事实推定

事实推定是指根据已知事实和日常生活经验法则推定出另一事实。例如，通过"患者出院后伤口有纱布"可以推定"医院存在过错"。又如，"彭某案"中法官通过"彭某支付了 200 元医药费"推定"彭某存在撞伤老人的行为"。事实推定在司法实务中的运用非常频繁，因为若没有事实推定，法官对于大量案件都无法裁判。

事实推定往往需要借助日常生活经验法则，此种日常生活经验法则需要与特殊经验法则相区分。原则上，特殊的经验由鉴定人提供，例如，鉴定人根据创口形态判断其形成原因。关于是否可以运用特殊经验法则进行事实推定，英美法与大陆法的态度完全不同。英美法上，原则上不允许法官运用特殊经验法则进行事实推定。例如，在美国发生的某争夺子女抚养权的案件中，女方为某法学院在校大学生，男方为某学校的教师。一审法官认为在大学学习法律会占用大量时间，故女方在读期间不适合抚养小孩，判决男方获得抚养权。在判决书中法官认为："法律学习……要求将大量的时间花在图书馆，因为许多资料只有图书馆才有。而且，除白天课堂时间外，白天和晚上在图书馆学习也是有必要的……周末，原告的时间也会被学习所占用。"[①] 后原告提出上诉，二审时该判决被推翻。在本案中，一审法院依据"个人对法学院的了解"而作出裁判，但二审法院认为，司法认识"限于法官在其司法能力范围内应当掌握的知识，法官无权把自己掌握的非普遍的或职业上熟悉的知识作为其行为的根据"[②]。美国法上不允许法官使用不为公众所知的经验法则，除非经验法则由专家证人提供。但这种做法在大陆法系并不存在，大陆法系反而倾向于认为法官可以使用特殊经验法则。例如，在日本和德国，针对某些专业性案件可以请求由专家组成的专业委员会提出相应意见。

4. 已为仲裁机构的生效裁决所确认的事实

《民诉解释》第93条将"已为仲裁机构生效裁决所确认的事实"确定为"当事人有相反证据足以推翻的除外"，而《证据规定》将这种事实修改为"相反证据足以反驳的除外"。由此，排除这种事实的举证要求被降低了。这种变化也意味着最高人民法院对于仲裁裁决的预决效力的认识发生了变化。实际上，仲裁本身更强调效率性（比如在程序设计上没有二审纠错），其证明标准较诉讼一般也要更低，而且缺乏诸如法院调查取证这样的发现真实手段。有鉴于此，我们不应当赋予仲裁裁决对于事实的判断以过高的效力。

5. 已为人民法院发生法律效力的裁判所确认的基本事实

相较于2001年《证据规定》及之前的《民诉解释》的相关规定，2019年修正后的《证据规定》将这种确定判决中的事实限缩为"基本事实"。但所谓"基本事实"并非学理上的固有提法，《民诉解释》第333条将其定义为"用以确定当事人主体资格、案件性质、民事权利义务等对原判决、裁定的结果有实质性影响的事实"。这种事实大体对应诉讼法教义学上的"主要事实"。

这种确定判决中的事实认定对于后诉的效力，在学理上被称为预决效力。但这种所谓的预决效力也受到了不少批评。有学者认为，这种做法损害了法官认定事实的独立性，褫夺了后诉当事人的接受裁判权且有违程序保障的基本要求。[③] 笔者认为，基于程序保障的基本要求，已决事实若要发生免证效力则必须在前诉中作为争点被审理，也即，就该

① ［美］罗纳德·J.艾伦，理查德·B.库恩斯，埃莉诺·斯威夫特. 证据法：文本、问题和案例. 张保生，王进喜，赵滢，译. 北京：高等教育出版社，2006：898.
② ［美］罗纳德·J.艾伦，理查德·B.库恩斯，埃莉诺·斯威夫特. 证据法：文本、问题和案例. 张保生，王进喜，赵滢，译. 北京：高等教育出版社，2006：899.
③ 段文波. 预决力批判与事实性证明效展开：已决事实效力论. 法律科学（西北政法大学学报），2015（5）.

事实是否存在，前诉中当事人必须进行了充分的攻击防御。

6. 已为有效公证文书所证明的事实

公证文书为公文书的一种，在学理上具有推定为真的效力。但在学理上，公文书所推定的真实一般仅指形式为真而非实质为真（所记载内容为真）。公证在学理上可以分为法律行为公证、见证和私权事实公证这三类。这三类公证所证明的事实的效力其实是不尽相同的：法律行为公证的效力较强，认证以及私权事实公证的效力则明显偏弱。例如，对于遗嘱的公证，往往既能证明遗嘱的形式真实，又能证明其内容的实质真实。但申请人所提交的某份合同文本的认证，仅能证明其形式真实性。

第二节　证明责任

一、区分主客观证明责任

（一）难度与热度

难度：☆☆☆☆☆　　热度：☆☆☆☆☆

（二）基本理论与概念

证明责任一般被分为主观证明责任和客观证明责任。[①] 主观证明责任是提出证据的责任，而客观证明责任是结果的责任、败诉风险的负担。

（三）疑难点解析

主观证明责任与客观证明责任二者之间的关系，如新堂幸司所言，"主观证明责任不过是客观证明责任在辩论主义之下的投影。"易言之，按照"举重以明轻"的原理，当事人承担结果责任（客观证明责任）时，自然承担行为责任（主观证明责任）。例如，原告在某诉讼中主张其与被告之间存在货物买卖合同并要求对方履行合同，则原告应当对买卖合同的成立承担客观证明责任，如果原告对合同成立事实的证明无法达到令法官信服的程度则败诉。我们可以设想，假如原告没有提出证据证明合同的成立，原告当然会招致败诉。原告此时需要承担的提出证据的责任正是主观证明责任。因此，所谓"原告就合同成立的事实承担证明责任"就包括两层意涵：（1）原告应当就合同成立的事实提出相应证据，此即主观证明责任的意涵（强调举证的有无）；（2）原告对合同成立事实的证明应达到令法官内心确信的程度，此即客观证明责任的意涵（强调是否达到证明标准）。我们可以看到，承担客观证明责任的同时就承担了主观证明责任，主客观证明责任的分配方式是完全一致的。因此，在使用证明责任或者举证责任一词时，无须专门刻意区分其是指主观证明责任还是客观证明责任。

一个与主观证明责任非常相似的概念是具体证明责任。它在日本法上被称为证明的必要。具体证明责任或者证明的必要并非证明责任，它是一种事实状态，是指当事人基于诉讼的具体情境而提出证据予以证明的必要性。无论是否承担证明责任，当事人均可能承担具体证明责任。假如在一个离婚案件中，男方主张女方出轨而女方否认出轨事实，

---

① 证明责任、举证责任和举证证明责任，这三个概念并无本质差别，也没有区分的必要性。

那么就女方是否出轨这一事实，双方均会提供证据证明，但双方提供证据的动因不同——男方因承担客观证明责任而提供证据，女方为获得胜诉而提供证据。因此，在具体案件中原、被告几乎都会提出证据，但他们提出证据的理由并不相同。《民诉解释》第90条规定："当事人对自己提出的诉讼请求所依据的事实或者反驳对方诉讼请求所依据的事实，应当提供证据加以证明，但法律另有规定的除外。在作出判决前，当事人未能提供证据或者证据不足以证明其事实主张的，由负有举证证明责任的当事人承担不利的后果。"本书认为，该条第1款应该解读为具体证明责任条款，第2款则为主观证明责任与客观证明责任条款。

二、证明责任分配的一般规则

（一）难度与热度

难度：☆☆☆☆☆　　热度：☆☆☆☆

（二）基本理论与概念

证明责任分配的一般规则，也称为"证明责任分配原则"，是指以什么标准来决定证明责任的分配。目前，证明责任分配原则的主流学说为罗森贝克创立的"规范说"。

（三）疑难点解析

1. 证明责任分配学说

关于证明责任分配原则的学说包括事实分类说与法律要件分类说。事实分类说认为，主张积极事实者承担证明责任，主张消极事实者不承担证明责任。但所谓"积极"与"消极"在某些情况下仅仅是表达上的差别。例如，"过错"亦可称为"未尽到注意义务"，使用前者表达时属于积极事实，使用后者表达时却属于消极事实。因此，由于某些事实不能通过事实分类说予以判别归类，该学说逐渐被淘汰。现在的主流学说是法律要件分类说，其核心为规范说。

规范说认为，主张某个规范的法效果的当事人，应当就该规范的前提性构成要件承担证明责任。对于规范说的理解需要回到法规范本身。民事实体法上的核心规范可分为基本规范与对立规范两大类。基本规范从正面规定某些构成要件产生了某种法律后果（一般是指请求权）；而对立规范则为例外规范，它规定了当出现某种特别要件（消极构成要件）时可以对抗前述法律后果。以《民法典》第1245条为例，该条就是由一个基本规范和一个对立规范共同构成："饲养的动物造成他人损害的，动物饲养人或者管理人应当承担侵权责任"为基本规范（也是民法上的请求权基础规范）；"但是，能够证明损害是因被侵权人故意或者重大过失造成的，可以不承担或者减轻责任"为对立规范（亦称抗辩规范）。

基本规范的构成要件称为请求原因，对立规范的构成要件称为抗辩。由此，证明责任的分配原则为：原告主张对自己有利的实体法上的法律效果，其需要就该基本规范的构成要件（请求原因）承担证明责任；被告需要对对立规范的构成要件（抗辩）承担证明责任。以《民法典》第1245条为例，原告需证明对方饲养的动物造成了自己的损害，由此主张动物饲养人或者管理人承担侵权责任，若被告主张自己不承担或减轻责任，则其需要证明原告的损害是其故意或重大过失造成。

基本规范与对立规范之间是原则与例外的关系。一个完整的法律秩序，由大量的原则规范、例外规范以及例外的例外规范（再抗辩规范）组成。①

2. 规范的分类与证明责任分配

基本规范是指权利形成规范，一般指请求权的形成（生成）规范。例如，关于合同履行请求权的规范即为权利形成规范。对立规范则包括权利妨碍规范、权利消灭规范和权利阻却规范三类。权利妨碍规范是指从源头上妨害权利产生的规范，例如合同无效规范。这种规范从源头上导致合同履行请求权不能产生。而权利消灭规范是指在相应的权利形成后再使其消灭的规范。例如，合同履行或提存、混同的规范，可以消灭当事人的履行请求权。权利妨碍规范和权利消灭规范作用的时间点是不同的：前者的要件通常与请求权的生成要件同时发生，而后者的要件往往产生于请求权产生之后。权利阻却规范，又被称为权利制约规范，它并不阻挡请求权产生也不消灭请求权，但可以阻却请求权的行使。权利阻却规范就是抗辩权规范。典型的权利阻却规范是时效抗辩权。此外，《民法典》中还存在大量的规范，它们既不是基本规范也不是对立规范。这部分规范的作用在于辅助基本规范和对立规范，例如，对基本规范或对立规范中的某个构成要件或法律效果进行解释或者类推适用等。

原则上应当通过法律解释来确定基本规范与对立规范。解释方式包括文义解释、体系解释、历史解释、目的解释等。例如，通过体系解释，可以发现《民法典》第 557 条为合同履行请求权的对立规范，其原因在于该条规定了在履行、抵销等情形下债权债务终止。由此，通过法律解释，我们可以依靠规范说去分析任一民事实体法规范甚至是整个《民法典》，进而确定相应的证明责任分配。表 8-2 是合同履行请求权案件的证明责任分配及相关的要件事实。

表 8-2　合同履行请求权的证明责任分配

请求原因	抗　辩		再抗辩
合同成立	权利妨碍	合同有支付条件	条件成就
		合同有支付期限	支付期限届至
		合同无效	—
	权利消灭	合同已被撤销	—
		已按照约定履行	—
		合同解除	—
		抵销、提存、免除、混同	—
		变更	—
	权利阻却	时效抗辩权	时效中止
		同时履行抗辩权	先履行合意
		先履行抗辩权	—

3. 我国法上的证明责任分配原则

我国《民诉法》上并无明确的证明责任分配原则。《民诉法》第 67 条确定的"谁主

---

① 袁中华. 法教义学视野下的证明责任问题. 北京：法律出版社，2021：87.

张，谁举证"也并非证明责任分配原则，其含义毋宁是强调当事人和法院在举证问题上的分工（应该由当事人而非法院负责提出证据）。2001 年《证据规定》也并未规定证明责任分配的一般原则，该规定第 2 条其实也仅仅是对 1991 年《民诉法》第 64 条的展开。但该规定第 4～6 条确定了侵权、合同、劳动争议等纠纷的证明责任分配原则。2015 年《民诉解释》首次引入了规范说。该司法解释第 91 条明显采用了规范说的基本原理，仅仅在部分措辞上存在细微差别，更为强调"法律关系"概念而非"权利"概念。[①] 而 2019 年《证据规定》删掉了 2001 年《证据规定》第 4～6 条的规定。而实际上，被删除的这几条已经不合时宜，甚至与《民法典》中的相关规范存在矛盾冲突之处。例如，就医疗侵权的损害赔偿请求权，《民法典》采用的是传统侵权的四要件。由此，结合规范说或者 2015 年《民诉解释》第 91 条，就过错和因果关系要件，均不应采 2001 年《证据规定》第 4 条规定的由院方承担证明责任，而是应该由患方承担证明责任。

这种删除在某种意义上可以被视为一个信号：我们应当从"通过司法解释确定证明责任分配"迈向"通过法律解释确定证明责任分配"。易言之，鉴于《民诉解释》确定了证明责任分配的一般原则，采用该原则并结合对于《民法典》相关规范的解释即可确定证明责任分配方案。

第三节　证明标准

一、证明标准的核心意义

（一）难度与热度
难度：☆☆☆　　热度：☆☆☆

（二）基本理论与概念
证明标准，又称证明要求、心证的程度，是指用证据证明待证事实所应达到的程度。

（三）疑难点解析
诉讼法上证明标准的意义主要体现在：

第一，证明标准是提供证据的"调节阀"。如果证明标准较高，则需要更多的证据用以证明；证明标准较低，则对证明及证据的要求就降低。例如，美国辛普森杀妻案中，辛普森在刑事诉讼中胜诉（被判无罪），而在民事诉讼中却败诉。出现上述结果的原因在于，美国的民事诉讼与刑事诉讼采用不同的证明标准：刑事诉讼采排除合理怀疑，而民事诉讼采优势证据（preponderance of the evidence）。因此，不同的证明标准下，当事人提出证据的负担不同。

第二，证明标准是法官决定具体事实能否被认定的行为准则。法官需要在当事人举证质证后对事实作出认定，而待证事实只有在达到特定证明标准的情况下才能够被认可，若达不到证明标准，则真伪不明。证明标准和证明责任是一体两面的关系。当事人在待证事实真伪不明时承担败诉的风险，此处的"事实真伪不明"是指对待证事实的证明没

[①] 袁中华. 法教义学视野下的证明责任问题. 北京：法律出版社，2021：35.

有达到证明标准的情形。因此，证明标准和证明责任是相互绑定的：若达到证明标准则客观证明责任不发生作用，若达不到证明标准则客观证明责任将发生作用。

二、证明标准的降低和提高

（一）难度与热度
难度：☆☆☆☆☆　　热度：☆☆☆☆

（二）基本理论与概念
我国民事诉讼法上的证明标准主要采"高度盖然性"，大致相当于大陆法系的"内心确信"。在不那么严格的意义上，这种"高度盖然性"大约相当于80％的确信度。而在"高度盖然性"之外，我国民事诉讼法上还存在"疏明"和"排除合理怀疑"这两种证明标准。

（三）疑难点解析
1. 证明标准的降低

疏明是指通过证据予以证明时虽未达到证明的程度，但可以使法官作出大致确定，或是为了使法官达到这种状态而提出的当事人行为。例如，法官对于某待证事实只需达到超过50％的确信就可作出认定。疏明在大陆法系的学理上区别于证明，证明的要求是内心确信，而疏明的要求是大体确定。证明主要针对实体法事实、诉讼法上的要件事实，而疏明主要针对部分紧急性的程序法事实。我国诉讼法上疏明的事实规定于《证据规定》第86条第2款，"与诉讼保全、回避等程序事项有关的事实，人民法院结合当事人的说明及相关证据，认为有关事实存在的可能性较大的，可以认定该事实存在"。适用疏明的原因在于，某些事实的重要性程度不高但紧急性程度较高，如果适用内心确信或者"高度盖然性"的常规标准则会带来诉讼上不必要的迟延。

2. 证明标准的提高

证明标准的提高是指当事人对某些待证事实的证明需达到排除合理怀疑的程度。根据《民诉解释》第109条、《证据规定》第86条第1款的规定，对于欺诈、胁迫、恶意串通事实的证明，以及对于口头遗嘱或赠与事实的证明，适用"排除合理怀疑"的证明标准。"排除合理怀疑"是比内心确信或"高度盖然性"更高的证明标准。证明标准的提高旨在保障交易安全、维护法律秩序的安定性。但应当注意到，证明标准的提高可能不利于当事人的权利保障，对欺诈、胁迫等不法行为形成反向激励。例如，原告主张被告存在欺诈、胁迫时，原告需就该事实承担证明责任，而证明标准的提高提高了原告证明的难度，原告最终因无法证明而承担败诉后果。此种情况下，证明标准的提高可能使真正受欺诈、胁迫之人因难以达到证明标准而遭受败诉结果，进而对欺诈、胁迫、恶意串通等行为形成激励。

第四节　证明程序

一、逾期举证的法律规制

（一）难度与热度
难度：☆☆　　热度：☆☆☆

（二）基本理论与概念

举证期限，是指在诉讼中法律规定或法院指定的当事人能够有效举证的期限。逾期举证，是指在举证期限届满后才提供证据的情形。

（三）疑难点解析

根据《证据规定》，当事人逾期举证的，法院原则上不予采纳，这也就是所谓的"证据失权"。但这种过于严苛的做法在实务操作中遇到了诸多问题：一方面，许多案件缺乏律师代理，当事人对于举证期限缺乏理解；另一方面，很多案件中逾期提交的证据往往是关键证据，若完全不予采纳则可能妨碍实体真实。而在学理上，即便抛弃证据随时提出主义而采证据适时提出主义，也不能轻易否定逾期提交的证据。因此，《民诉解释》缓和了之前的证据失权效，在逾期举证时，通过综合判断当事人的过失程度和证据的重要程度来确定是否发生证据失权效果。相关的规则可以用图8-1来展示。

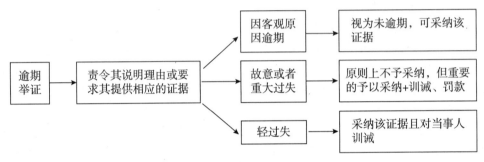

图8-1 逾期举证的法律效果

司法实务当中，如果逾期提交的证据特别重要，法官往往会予以采信，如下案所示：

被告谭某君提交怀化市方正司法鉴定中心司法鉴定意见书1份，拟证明谭某君构成十级伤残，需义齿安装费及护理、营养时限等情况。原告中国邮政集团公司湖南省麻阳苗族自治县分公司提出异议，认为被告提交证据超过举证期限。法院认为：虽然被告谭某君系逾期举证，但该证据对查清案件事实具有重要作用，且该证据来源合法、形式有效，能够证明被告谭某君的伤经鉴定构成十级伤残，且需要义齿安装费及具体护理、营养时限等情况，故法院予以采信。[①]

二、认证的概念与方法

（一）难度与热度

难度：☆☆☆☆　热度：☆☆

（二）基本理论与概念

认证是指法院对经过质证的各种证据材料进行审核判断，确认其能否作为认定案件事实根据的过程。

（三）疑难点解析

法官对于证据的判断，原则上应当采自由心证主义。鉴于每一个案件中的证据几乎都是不一样的，我们无法想象会有一部法典预先规定所有证据的证明力。由此，对于证

---

① 参见湖南省麻阳苗族自治县人民法院（2017）湘1226民初446号民事判决书。

据证明力的判断原则上只能交给法官的良心和理性。根据《民诉解释》第 105 条，法院对于证据的审核判断依据的是逻辑推理和日常生活经验法则。该条实际上就是自由心证主义的体现。

但在自由心证主义之外，诉讼法上往往也存在相关制度对法官的心证予以制约，例如，心证公开制度、二审终审制度。在证据法领域，对自由心证主义的制约主要体现在相应的证据规则。相关规范有《证据规定》第 87 条（单一证据审核认定）、第 88 条（对证据的综合审查认定）、第 89 条（对证据的认可）、第 90 条（瑕疵证据的补强规则）、第 91 条（公文书证的复制件、副本、节录本）、第 92 条（私文书审核认定规则）、第 93 条（电子数据的审核判断）、第 94 条（电子数据的推定真实）、第 95 条（证明妨害规则）、第 96 条（证人证言的审核判断）、第 97 条（心证公开）。

特别值得注意的是，证明妨碍规则适用的条件是"一方当事人控制证据无正当理由拒不提交"。因此，适用《证据规定》第 95 条时，法院应当主动作出要求提交证据的命令而后才发生证明妨碍的问题。对此可以结合《民诉解释》第 112 条及《证据规定》第 45～48 条的书证提出命令规则而适用证明妨碍规则。

但作为整个证明过程的终点，与认证环节相关的证据规则实际上并不仅限于上述条文。实际上，《民诉法》和《证据规定》等司法解释中所有与证据能力、证明力相关的规则，在认证的过程中都可能适用。

本章实务案例研习

一、黄某、郑某返还原物纠纷案[①]

案例考点：间接证据的运用、经验法则的运用、询问笔录的证据效力、胁迫的证明标准等

（一）案情简介

2016 年 1 月 4 日 16 时左右，黄某写下"欠条"，内容为："2016 年元月 4 日 16：00 黄某因欠货款 42 800 元（肆万贰仟捌）整，现用家用小车丰田粤 E×××××抵押郑老板，车上无贵重物品，限于 2016 年 1 月 5 日把欠款还清，否则拍卖，本人自愿，以上条款与任何人无关。"黄某随后马上报警，称被人强迫写下"欠条"及他人将涉案车辆强行开走。当天 17 时 19 分，黄某到佛山市公安局禅城分局城南派出所作询问笔录，其中询问黄某的伤势时，黄某回答："右边面部和胸部被拳头打肿。"公安机关在 18 时 57 分完成笔录。19 时 30 分，黄某到佛山市第一人民医院禅城医院门诊，诊断为胸部外伤，医院对其胸部进行 DR 影像诊断并开具云南白药用以治疗，黄某支出 172.57 元医疗费。2017 年，黄某向一审法院起诉请求：郑某立即向黄某返还号牌为粤 E×××××的丰田轿车。郑某则主张，黄某所述被胁迫立下"欠条"属于捏造的事实；其与黄某存在经济纠纷，其对涉案车辆不属于非法占有，应属于另案买卖合同中的债权顺利实现的保障，

---

① 案例来源：广东省佛山市中级人民法院（2017）粤 06 民终 4996 号民事判决书。

是黄某自愿将涉案车辆质押给自己，其属于合法占有。一审法院认为涉案"欠条"为真，因此未支持原告方的诉讼请求。

（二）法院判决

二审法院认为，首先，黄某并非"欠条"所涉基础法律关系之债务人。在佛山市金中凯轴承有限公司诉四会市嘉合兴建材有限公司、黄某买卖合同纠纷一案的起诉状中可以看出，"欠条"中的债务42 800元缘于四会市嘉合兴建材有限公司与佛山市金中凯轴承有限公司的货物买卖合同关系，并非黄某个人所欠。另外，涉案丰田"汉兰达"汽车按折旧后的价值也远高于"欠条"所涉的债务42 800元，按通常理解，在债务数额不高的情况下，没有必要将车辆使用权转移而作为担保。因此，黄某主张其并非自愿出具"欠条"确认欠款并将明显高于债务数额的汽车质押予郑某，具有一定合理性。

其次，黄某在写下"欠条"后马上向公安机关报警声称被胁迫并受伤，在配合制作询问笔录后，随即到医院急诊治疗受伤部位，可以证明黄某受伤与写"欠条"之间有关联，符合胁迫中"以伤害相要挟"的特征。根据本案查明的事实，黄某2016年1月4日16时左右写下"欠条"后报警，并于当天17时19分即已到佛山市公安局禅城分局城南派出所作询问笔录，称被四名男子殴打并被迫写下"欠条"，公安机关在18时57分完成笔录。19时30分，黄某到佛山市第一人民医院禅城医院治疗其伤口，该事实有病历、DR胸部影像诊断报告、收费收据为证，并且治疗部位、所用药物（云南白药）与其在公安机关询问笔录中关于"右边面部和胸部被拳头打肿"的伤势陈述相吻合。从上述时间的连续性，结合日常生活经验判断，黄某被打伤和写下"欠条"具备关联性，其做法与社会公众受到暴力胁迫或人身危险时第一时间寻求公安机关保护的正常处理方式相符，故黄某声称受胁迫具有较高可信性，可以排除其捏造事实报警以及存在自残行为可能性的合理怀疑。

最后，黄某报警后，在其认为公安机关未及时处理涉案车辆的情况下，通过向公安机关信访寻求解决；在公安机关不予立案后，又向检察院信访要求监督公安机关的不当行为；在上述程序无法解决后，现提起本案诉讼寻求司法保护，并在诉讼中坚决认为"欠条"违法。黄某上述寻求救济的一系列锲而不舍的行为，虽无法直接证明其主张事实的真实性，但其行为无疑是社会个体在认为受到不正义对待时的普遍情感体现。在此情况下，应当对黄某的本人陈述持审慎态度，综合全案证据以及通过价值判断来综合考虑，而不是简单地以"欠条"的文义来认定是否存在胁迫行为。

综上，从债务性质、当事人受伤以及寻求司法保护的一系列行为，根据日常生活经验以及价值判断等进行综合考虑，本院确信黄某受胁迫写下"欠条"的事实存在的可能性能够排除合理怀疑，故依法应当认定其受胁迫的事实存在。

原告在写下"欠条"后马上向公安机关报警声称被胁迫并受伤，在配合制作询问笔录后，随即到医院急诊治疗受伤部位；原告报警后，先后通过信访局、检察院等部门寻求司法保护。从债务性质、当事人受伤以及寻求司法保护等一系列行为，根据日常生活经验以及价值判断等进行综合考虑，本院确信原告受胁迫写下"欠条"的事实存在的可能性能够达到证明标准，故依法认定本案存在胁迫行为。

（三）学理分析

本案关涉几个证据法主题：一是间接证据的运用，二是经验法则的运用，三是询问笔录的证据效力问题，四是胁迫的证明标准问题。

首先，就前两个主题可以一并讨论。"欠条"是否为原告被胁迫之下所出具，属于本案的主要事实，因为该事实是否成立直接关涉被告占有涉案车辆是否合法。但就欺诈、胁迫等事实，在司法实务中往往缺乏直接证据而需要用间接证据来证明，亦即通过间接证据来证明间接事实，而后通过间接事实结合经验法则来证明主要事实。本案中，"欠条"作为间接证据当然无法直接证明胁迫的存在，但"欠条"中的内容结合其他的起诉状等证据可以证明质押事实可能为伪（事实A）。医院的诊疗记录、收费凭证等证据可以证明黄某受伤的事实（事实B）。公安机关的询问笔录可以证明黄某向公安机关陈述了其被胁迫并受伤的事实（事实C）。公安机关、检察院的相关记录可以证明黄某就其被胁迫并受伤而提起信访的事实以及曾要求检察院对公安机关予以监督的事实（事实D）。根据上述A、B、C、D等间接事实结合"如非确有权利被侵害否则一般不会反复要求救济""如果质押为伪那可能存在欺诈、胁迫"等经验法则，最终二审法院认定存在胁迫。二审法院恰当地运用经验法则和间接证据，最终对主要事实的真伪作出了判断。

其次，关于询问笔录的证据效力问题。司法实务中，公安机关的询问笔录是一种常见的证据。但就该证据到底属于何种证据种类，理论界存在较大争议。例如，有观点认为属于书证，有观点认为属于证人证言。笔者认为，询问笔录属于公安机关出具的书证。但这种书证属于报道性书证而非处分性书证，因此不能适用"公文书为真则推定其内容为真"的规则。所以，即便询问笔录为真，也只能证明"黄某向公安机关陈述了其被胁迫并受伤"而不能用于证明"黄某被郑某胁迫并受伤"。因此，询问笔录在本案中也非直接证据，它依然需要结合经验法则或其他证据去推断主要事实的真伪。

最后，关于胁迫的证明标准问题。尽管相关司法解释将欺诈、胁迫等事实的证明标准提高到了"排除合理怀疑"。但通过上述判决书其实不难发现，法官对于主要事实（胁迫）的认定依靠的是间接事实和经验法则，用"高度盖然性"理论去解释本案中的证明标准也无不可。所以，尽管"排除合理怀疑"与"高度盖然性"在理论上存在较大差异，但在实务操作中的差别可能并不那么明显。

二、赵某与某科技公司案[①]

案例考点：证明责任分配

（一）案情简介

赵某于2005年2月入职某科技公司，担任会计，并在岗工作至2009年4月27日。2009年7月，赵某提起劳动仲裁，请求某科技公司支付违法解除劳动合同的经济赔偿金33 210元。2009年10月19日，某劳动仲裁委员会作出仲裁裁决，驳回其仲裁请求。赵某不服该仲裁裁决诉至某法院，请求某法院判令科技公司支付违法解除劳动合同的经济赔偿金33 210元。赵某诉称2009年4月27日该公司无故违法解除与其的劳动关系。某科技公司辩称其并未与赵某解除劳动合同，更不是违法解除，而是赵某自己突然口头提出离职，公司挽留无果，并随时欢迎他回来继续工作。鉴于原、被告一方主张"口头解

① 案例来源：袁中华. 劳动合同解除争议之证明责任分配：基于法教义学的分析. 法商研究，2019（1）。

雇"，一方主张"主动离职"，双方对其主张事实均无法证明，那么谁应当就其主张的事实承担证明责任？

（二）法院判决

某法院认为，赵某主张某科技公司无故与其解除劳动关系，某科技公司则主张赵某系主动提出辞职，双方均未就其主张提供充分的证据；赵某主张某科技公司违法解除劳动关系，但并未举证证明，因此对其诉讼请求不予支持，某科技公司无须支付其违法解除劳动关系的赔偿金。

（三）学理分析

鉴于原、被告一方主张"口头解雇"，一方主张"主动离职"，传统的"谁主张，谁举证"根本无法恰当地分配证明责任。对此需要结合规范说来恰当地分配证明责任。就解雇补偿金请求权，《劳动合同法》第46条第1～4项规定了四种劳动合同解除的情形，在学理上可以统称为劳动者被动结束劳动关系。而就劳动关系（合同）的解除，《劳动合同法》第四章以第36～41条共计6个条文规定了7种情形（依第36条协商一致解除可以分为劳动者主动提出与用人单位主动提出两种）。因此，我们作一个简单的体系解释即可明确：劳动者与用人单位解除劳动合同后，用人单位一般需要支付经济补偿金，但就《劳动合同法》第36条规定的劳动者主动提出后协商一致解除、第37条规定的劳动者提前通知解除劳动合同以及第39条规定的用人单位单方解除劳动合同（劳动者存在过错）这三种情形，无须支付补偿金。这三种情形我们可以概括为劳动者主动解除及劳动者过失解雇。因此，在理论上，就经济补偿金如何规制，相关的规范可以总结为一种原则/例外规则："劳动者与用人单位解除劳动合同的，用人单位需要支付解雇补偿金；但劳动者主动解除及劳动者过失解雇的例外。"由此，通过对法条的解释，我们得到了这种原则/例外规则，其可以作为证明责任分配的依据。这实际上是修正规范说或要件事实论的应用。在前述案例中，法院回避了证明责任分配的问题。但实际上，依据前述证明责任分配规则，劳动者只需要证明"劳动者与用人单位解除劳动合同"这个要件（实际情况是双方对此没有争议），就可以满足其经济补偿金的请求，而用人单位需要证明"劳动者主动解除及劳动者过失解雇"来否定上述请求。因此，本案中的劳动者其实无须证明"口头解雇"，用人单位则因无法证明劳动者主动离职而应当承担败诉后果。

本章同步练习

一、选择题

1. 根据司法解释的规定，下列哪些情形构成自认？（　　）

A. 庭审结束后，甲对乙说，我承认我借你钱的事实，但法官问我的时候我就是不说，气死你

B. 法官询问乙是否向甲借款，乙说我当时向好几个人借款，记不清楚了。法官让乙确认，乙坚持表示自己记不清楚了

C. 在庭前证据交换过程中，乙承认了向甲借款5万元的事实，在庭审中，乙辩称已经归还了3万元，甲予以否认，乙主张既然甲不承认我还款的事实那我也不承认

　　　甲向我提供借款的事实

　　D. 甲出示了一份乙在诉前签下的字据，该字据上乙确认自己向甲借款并说明了借款的详细情况

　　2. 刘月购买甲公司的化肥，使用后农作物生长异常。刘月向法院起诉，要求甲公司退款并赔偿损失。诉讼中甲公司否认刘月的损失是其出售的化肥的质量问题造成的，刘月向法院提供了本村吴某起诉甲公司损害赔偿案件的判决书，以证明甲公司出售的化肥有质量问题且与其所受损害有因果关系。关于本案刘月所受损害与使用甲公司化肥因果关系的证明责任分配，下列哪一选项是正确的？（　　）

　　A. 应由刘月负担有因果关系的证明责任

　　B. 应由甲公司负担无因果关系的证明责任

　　C. 应由法院依职权裁量分配证明责任

　　D. 应由双方当事人协商分担证明责任

　　3. 薛某雇杨某料理家务。一天，杨某乘电梯去楼下扔掉厨房垃圾时，袋中的碎玻璃严重划伤电梯中的邻居乔某。乔某诉至法院，要求赔偿其各项损失3万元。关于本案，下列哪一说法是正确的？（　　）

　　A. 乔某应起诉杨某，并承担杨某主观有过错的证明责任

　　B. 乔某应起诉杨某，由杨某承担其主观无过错的证明责任

　　C. 乔某应起诉薛某，由薛某承担其主观无过错的证明责任

　　D. 乔某应起诉薛某，薛某主观是否有过错不是本案的证明对象

　　4. 王某诉钱某返还借款案审理中，王某向法院提交了一份有钱某签名、内容为钱某向王某借款5万元的借条，证明借款的事实；钱某向法院提交了一份有王某签名、内容为王某收到钱某返还借款5万元并说明借条因王某过失已丢失的收条。经法院质证，双方当事人确定借条和收条所说的5万元是相对应的款项。关于本案，下列哪一选项是错误的？（　　）

　　A. 王某承担钱某向其借款事实的证明责任

　　B. 钱某自认了向王某借款的事实

　　C. 钱某提交的收条是案涉借款事实的反证

　　D. 钱某提交的收条是案涉还款事实的本证

　　5. 李某起诉王某要求返还10万元借款并支付利息5 000元，并向法院提交了王某亲笔书写的借条。王某辩称，已还2万元，李某还出具了收条，但王某并未在法院要求的时间内提交证据。法院一审判决王某返还李某10万元并支付5 000元利息，王某不服提起上诉，并称一审期间未找到收条，现找到了并提交法院。关于王某迟延提交收条的法律后果，下列哪一选项是正确的？（　　）

　　A. 因不属于新证据，法院不予采纳

　　B. 法院应采纳该证据，并对王某进行训诫

　　C. 如果李某同意，法院可以采纳该证据

　　D. 法院应当责令王某说明理由，视情况决定是否采纳该证据

　　6. 甲县吴某与乙县宝丰公司在丙县签订了甜橙的买卖合同，货到后发现甜橙开始腐烂，未达到合同约定的质量标准。吴某退货无果，拟向法院起诉，为了证明甜橙的损坏

状况，向法院申请诉前证据保全。关于诉前保全，下列哪一表述是正确的？（　　）

A. 吴某可以向甲、乙、丙县法院申请诉前证据保全

B. 法院应当在收到申请 15 日内裁定是否保全

C. 法院在保全证据时，可以主动采取行为保全措施，减少吴某的损失

D. 如果法院采取了证据保全措施，可以免除吴某对甜橙损坏状况提供证据的责任

7. 当事人可对某些诉讼事项进行约定，法院应尊重合法有效的约定。关于当事人的约定及其效力，下列哪些表述是错误的？（　　）

A. 当事人约定"合同是否履行无法证明时，应以甲方主张的事实为准"，法院应根据该约定分配证明责任

B. 当事人在诉讼和解中约定"原告撤诉后不得以相同的事由再次提起诉讼"，法院根据该约定不能再受理原告的起诉

C. 当事人约定"如果起诉，只能适用普通程序"，法院根据该约定不能适用简易程序审理

D. 当事人约定"双方必须亲自参加开庭审理，不得无故缺席"，如果被告委托代理人参加开庭，自己不参加开庭，法院应根据该约定在对被告两次传唤后对其拘留

二、案例分析题

甲自 2022 年 9 月 1 日起至今承包村集体管理的内堤河养鱼。2024 年 8 月 23 日，甲发现从内堤河自北向南流来乌黑发臭的污水，导致甲 144 亩水面上的大小鱼类全部死亡。甲声称，A 公司在徐杭河设置三个排污口，自 2024 年 8 月开始陆续向河内排污，而徐杭河通过沿河与内堤河相通，正是 A 公司的排污行为，导致污水通过上述河流流入甲承包的内堤河养鱼河段，造成鱼虾全部死亡的严重后果。在与 A 公司协商未果之后，甲将 A 公司诉至法院，要求 A 公司承担甲因此次水质污染导致鱼类死亡所遭受的损失 50 万元。在案件的审理过程中，为了确定甲的损失数额，一审法院根据甲的申请，委托 B 资产评估公司于 10 月 18 日作出了 001 号鉴定报告书，鉴定结论为鱼类死亡损失 38 万元。甲先行垫付鉴定费 2 万元，并增加诉讼请求要求对方承担本案鉴定费用。一审法院判令 A 公司赔偿甲 38 万元，于判决生效之日起 5 日内付清。上诉人（原审被告）A 公司不服一审法院判决，提起上诉。二审法院判定驳回上诉，维持原判。

A 公司对二审判决不服，申请再审。A 公司申请再审时声称，原一审法院认定甲遭受损失的依据是 B 资产评估公司作出的 001 号鉴定报告书，但 B 资产评估公司并不具备司法鉴定的资质，也没有从事渔业损失鉴定的相关资质，缺乏鉴定基础。除此之外，该鉴定报告书未经庭审质证即被一审法院作为定案依据，属于程序违法。法院受理了 A 公司的再审申请并裁定再审。在案件的审查过程中，再审法院发现，原一审法院对甲"要求 A 公司承担其预支的 2 万元鉴定评估费"的诉讼请求并未予以处理。

结合上述案情，请回答以下问题：

（1）本案涉及以下相关事实：事实一，A 公司在徐杭河设置排污口向外排放污水；事实二，徐杭河和沿河河中的鱼类一直正常生存，没有发生因水质污染而死亡的事件，并吸引很多垂钓者前来钓鱼；事实三，甲因饲养鱼虾全部死亡而遭受 50 万元的损失；事实四，甲在发现部分鱼虾出现死亡迹象后未能及时采取有效措施隔断内堤河受污水源。

以上事实应该由谁承担证明责任？请简要说明理由。

（2）A公司申请再审所依据的理由是什么？请简要说明理由。

（3）A公司向法院申请再审的同时可否向检察机关申请抗诉？请简要说明理由。

（4）对于原一审法院遗漏的诉讼请求，再审法院应当如何处理？请简要说明理由。

三、论述题

什么是权利产生的要件事实？什么是法律关系变更或消灭的要件事实？什么是权利妨害的要件事实？

参考答案

一、选择题

1. B

解析：A项错误，不当选。甲在庭审外所作的承认不构成自认。自认是在诉讼中，或者在证据交换、询问、调查过程中，或者在起诉状、答辩状、代理词等书面材料中所作的承认。诉讼外的承认并不构成自认。D选项同理，不当选。B项正确，当选。乙对甲主张的借款事实不明确表示肯定或者否定，在法官进行询问、说明后，乙仍不明确表示肯定或者否定，构成默示的自认。C项错误，不当选。乙承认的事实是借款事实，所附条件为借款已经归还，可见所附条件（已经归还）与所承认的事实（借款事实）属于同一法律关系，法院应当将其作为一个整体考虑，不能将其割裂后根据乙的承认认定借款事实成立，同时将乙所附借款已经归还这一条件作为乙另行主张的事实而要求乙承担证明责任。故C项属于附条件的自认，法院应当将所承认事实和所附条件作为整体予以考虑，综合案件情况决定是否构成自认。

2. B

解析：A项错误，不当选。人民法院生效裁判认定的事实为免证事实，但可以通过相反证据推翻。生效判决（吴某诉甲公司一案的判决）确定了化肥质量问题以及与农作物生长异常的因果关系，该事实成为免证事实，无须证据证明。B项正确，当选。人民法院生效判决认定的事实为免证事实，但对方当事人可以通过相反证据推翻，故甲公司可以用相反证据推翻生效判决认定的因果关系这一事实。因此，甲公司应当提供证据证明化肥质量问题与农作物生长异常不存在因果关系。C、D项错误，不当选。证明责任只能由法律、司法解释预先规定，不存在法院依职权裁量以及当事人协议分配的可能。

3. D

解析：A、B项错误，不当选。薛某雇杨某料理家务，杨某致乔某损害，故本案属于提供劳务致人损害情形。根据民法相关规定，提供劳务致人损害的，由接受劳务方承担赔偿责任。因此本案应当以接受劳务方薛某为适格被告，提供劳务方杨某不能作为本案适格被告。C项错误，不当选。提供劳务致人损害情形中，接受劳务方应承担无过错责任，故应当由原告乔某证明行为、结果、因果关系三要件，被告薛某证明免责事由。D

项正确，当选。本案适用无过错责任原则，过错不是本案侵权的构成要件，不是本案证明对象。

4.C

解析：A项正确，不当选。王某起诉钱某归还借款，钱某主张借款已经归还，王某向法院提供借条的待证事实为借款事实的存在，对于借款事实是否存在应当由主张借款事实存在的王某承担证明责任，故王某提供的借条为本证。B项正确，不当选。关于钱某向王某借款的事实属于对钱某不利的事实，在法院组织的质证过程中，双方当事人确定借条和收条所说的5万元是相对应的款项，故钱某对于该借款事实的存在构成了自认。C项错误，当选。D项正确，不当选。钱某向法院提供的收条待证事实为借款已经归还，对于借款是否归还应当由主张借款已经归还的钱某承担证明责任，故钱某提供的收条为本证。

5.B

解析：举证期限可以由法院在审理前的准备阶段确定（法院确定的举证期限不得少于15天），也可以由当事人协商一致后经法院准许。当事人在举证期限内提供证据确有困难的，可以在举证期限届满前书面向法院申请延长。逾期提供证据的，法院应当责令说明理由，拒不说明或者理由不成立的，法院可以不采纳该证据，或者采纳证据后予以训诫、罚款。本案中，王某在二审中提供收条，显然属于逾期提供证据，且其理由是"一审期间未找到收条"，属于非故意或者重大过失。根据前述分析，当事人不是故意或者重大过失逾期提供证据的，法院应当采纳证据后予以训诫，故本题答案为B。

6.D

解析：A项错误，不当选。诉前证据保全可以向证据所在地、被申请人住所地或者对案件有管辖权的法院申请。本案中，"货到后"三字可以看出甲县（买方吴某所在地）是证据所在地，乙县是被申请人宝丰公司的住所地。而丙县为合同签订地，既不是证据所在地，也不是被申请人住所地，故合同签订地法院对案件没有管辖权。B项错误，不当选。诉前保全法院应当在48小时内作出裁定，而非15日内。C项错误，不当选。C项中，此时尚未起诉，若采取行为保全措施则为诉前行为保全措施，诉前保全措施只能依申请，不能依职权作出。D项正确，当选。证据保全后，该证据视为已经向法院提出，吴某对该事实提供证据的责任已经免除。

7.ABCD

解析：A项错误，当选。由于证明责任的分配由法律或者司法解释明文规定，不存在约定或者在诉讼中转移问题，故A选项中双方当事人约定举证责任的做法无效。B项错误，当选。B项中，当事人约定因违反《民诉解释》第214条第1款的规定而对法院没有约束力。C项错误，当选。简易程序可以由法院直接适用，也可以由当事人约定适用。但当事人不能约定不适用简易程序而适用普通程序。D项错误，当选。委托代理人参加诉讼是当事人的诉讼权利，不能无故剥夺，故D选项中当事人的约定无效。再者，拘传的适用条件为《民诉法》第 112 条，不得根据当事人的约定而突破法律的限制。

二、案例分析题

（1）本案属于环境侵权纠纷，原告需要证明侵权行为和损害后果的存在，被告需要证明没有因果关系以及法定的减免责事由。事实二属于行为与损害后果之间没有因果关系，事实四属于因甲自身存在过错而致使 A 公司责任减轻的具体情形，这两项事实均由被告 A 公司承担证明责任。事实一属于侵权行为，事实三属于损害后果，都应由受害方甲来承担证明责任。

（2）本案中，甲起诉 A 公司承担侵权损害赔偿责任的前提之一是确定污染行为造成的损失的具体数额，该事实属于认定案件的基本事实。法院认定甲遭受损失的依据是 B 资产评估公司作出的 001 号鉴定报告书，该鉴定报告书属于"判决认定事实的主要证据"，但该证据未经质证，因此 A 公司可以此为由申请再审，法院应当再审。

（3）依据《民诉法》第 220 条的规定，当事人不能同时向法院和检察机关寻求救济。依据前述规定，当事人在下列情形下才可以申请检察机关提出抗诉或检察建议：（1）法院驳回再审申请的；（2）法院逾期未对再审申请作出裁定的；（3）再审判决、裁定有明显错误的。因此，A 公司不能在向法院申请再审的同时向检察机关申请抗诉。

（4）本案中，当事人对一审遗漏的"鉴定费分配"的诉讼请求，并不涉及公共利益，属于当事人私权处分的范畴，甲对此既没有上诉也没有申请再审，甲同时还有另行起诉的资格，所以再审法院即使在审理过程中发现一审法院漏判，也不得主动干预。

三、论述题

作为证明责任分配的一般原则，《民诉解释》将主张的基本事实划分如下：（1）产生法律关系的基本事实；（2）法律关系变更或消灭的基本事实；（3）妨害权利的基本事实。主张相应基本事实的一方对此承担证明责任。这一证明责任分配的理论依据是大陆法系国家证明责任分配的通说——法律要件分类说。法律要件分类说是指根据法律构成要件的事实，依据不同的价值标准对证明责任加以分配。罗森贝克的证明责任分配理论——规范说即属于法律要件分类说这一大类。罗森贝克的分配理论建立在纯粹的实体法规结构的分析之上，是从实体法中法律效果的发生要件出发，对实体法的规定进行分类。从法律规范相互之间的关系中寻找证明责任分配的原则。罗森贝克认为，法规中既有关于发生权利的规范，也有妨碍权利的规范或消灭权利的规范，这些规范对权利有着肯定和否定的对立关系。基于此，罗森贝克将所有的实体规范分为互为对立的两大类：一类是能够产生某种权利的规范；另一类是妨碍权利产生或使已经产生的权利归于消灭的规范，这类规范具体又可分为"权利妨碍规范""权利消灭规范""权利阻却规范"。主张权利存在的人，因为要求适用关于权利产生的规范，所以应就权利产生的法律要件事实举证。例如，主张对方损害赔偿，就必须满足损害赔偿的法律要件。这些要件是：损害事实的存在，加害人有主观上的过错，损害事实与行为人的行为有因果关系，加害人实施了加害行为。如果赔偿请求权人不能对这些要件事实加以证明，就不能适用关于损害赔偿的法律规范，请求人的请求权也就不能成立。相应的，主张权利消灭的人，应对权利消灭的法律要件事实加以证明。例如，甲诉乙要求乙返还甲借款 10 万元，乙抗辩称已向甲清偿，则本案中乙主张其已经向甲偿还借款的事实属于权利消灭事实。否认权利存在的人，应对妨碍该权利的法律要件事实加以证明。例如，甲诉乙要求乙返还甲借款 10 万元，乙抗辩称甲已答应免除 5 万元借款，则乙主张的甲同意免除 5 万元借贷返还的事实属于权利妨碍事实。

第九章　法院调解与诉讼和解

本章知识点速览

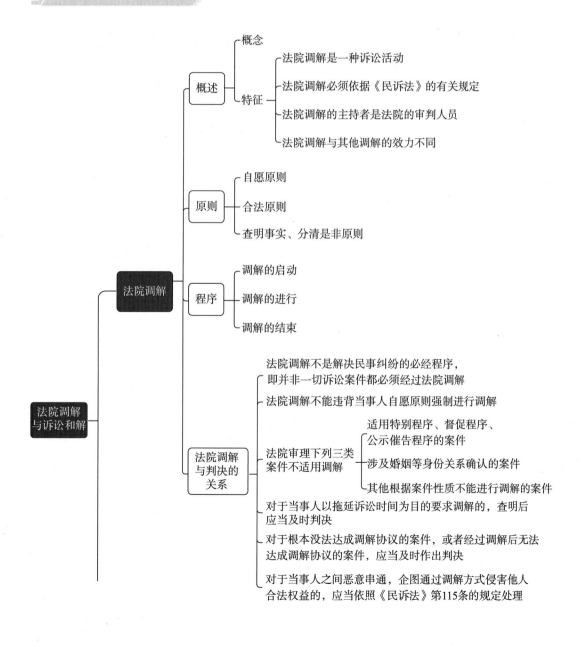

法院调解与诉讼和解
- 法院调解
  - 概述
    - 概念
    - 特征
      - 法院调解是一种诉讼活动
      - 法院调解必须依据《民诉法》的有关规定
      - 法院调解的主持者是法院的审判人员
      - 法院调解与其他调解的效力不同
  - 原则
    - 自愿原则
    - 合法原则
    - 查明事实、分清是非原则
  - 程序
    - 调解的启动
    - 调解的进行
    - 调解的结束
  - 法院调解与判决的关系
    - 法院调解不是解决民事纠纷的必经程序，即并非一切诉讼案件都必须经过法院调解
    - 法院调解不能违背当事人自愿原则强制进行调解
    - 法院审理下列三类案件不适用调解
      - 适用特别程序、督促程序、公示催告程序的案件
      - 涉及婚姻等身份关系确认的案件
      - 其他根据案件性质不能进行调解的案件
    - 对于当事人以拖延诉讼时间为目的要求调解的，查明后应当及时判决
    - 对于根本没法达成调解协议的案件，或者经过调解后无法达成调解协议的案件，应当及时作出判决
    - 对于当事人之间恶意串通，企图通过调解方式侵害他人合法权益的，应当依照《民诉法》第115条的规定处理

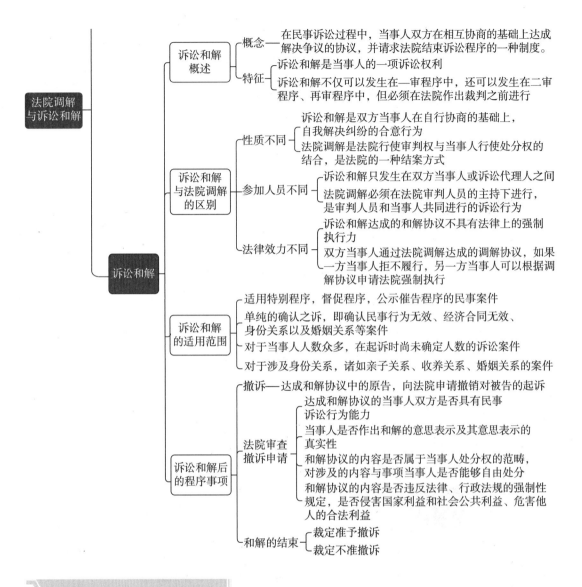

法院调解
与诉讼和解

诉讼和解

- 诉讼和解概述
  - 概念——在民事诉讼过程中，当事人双方在相互协商的基础上达成解决争议的协议，并请求法院结束诉讼程序的一种制度。
  - 特征
    - 诉讼和解是当事人的一项诉讼权利
    - 诉讼和解不仅可以发生在一审程序中，还可以发生在二审程序、再审程序中，但必须在法院作出裁判之前进行

- 诉讼和解与法院调解的区别
  - 性质不同
    - 诉讼和解是双方当事人在自行协商的基础上，自我解决纠纷的合意行为
    - 法院调解是法院行使审判权与当事人行使处分权的结合，是法院的一种结案方式
  - 参加人员不同
    - 诉讼和解只发生在双方当事人或诉讼代理人之间
    - 法院调解必须在法院审判人员的主持下进行，是审判人员和当事人共同进行的诉讼行为
  - 法律效力不同
    - 诉讼和解达成的和解协议不具有法律上的强制执行力
    - 双方当事人通过法院调解达成的调解协议，如果一方当事人拒不履行，另一方当事人可以根据调解协议申请法院强制执行

- 诉讼和解的适用范围
  - 适用特别程序，督促程序，公示催告程序的民事案件
  - 单纯的确认之诉，即确认民事行为无效、经济合同无效、身份关系以及婚姻关系等案件
  - 对于当事人人数众多，在起诉时尚未确定人数的诉讼案件
  - 对于涉及身份关系，诸如亲子关系、收养关系、婚姻关系的案件

- 诉讼和解后的程序事项
  - 撤诉——达成和解协议中的原告，向法院申请撤销对被告的起诉
  - 法院审查撤诉申请
    - 达成和解协议的当事人双方是否具有民事诉讼行为能力
    - 当事人是否作出和解的意思表示及其意思表示的真实性
    - 和解协议的内容是否属于当事人处分权的范畴，对涉及的内容与事项当事人是否能够自由处分
    - 和解协议的内容是否违反法律、行政法规的强制性规定，是否侵害国家利益和社会公共利益、危害他人的合法利益
  - 和解的结束
    - 裁定准予撤诉
    - 裁定不准撤诉

本章核心知识点解析

第一节 法院调解

一、法院调解的特征

（一）难度与热度

难度：☆☆☆☆ 热度：☆☆☆☆

（二）基本理论与概念

法院调解，又称诉讼调解，是指在审判人员的主持下，双方当事人就他们之间发生的民事权益争议，通过自愿、平等协商，互谅互让，达成协议，解决纠纷的诉讼活动和结案方式。

在诉讼活动中，法院调解不仅涉及当事人处分权的行使，还涉及法院审判权的运用。当事人在法院调解活动中，其民事处分权的行使不受干预，其意思自治对于能否达成解决纠纷的协议具有决定作用。但是，调解在法院审判人员的主持下进行，依照法律规定，审判人员对当事人的调解活动不仅负有指导职责，即通过说服劝导、解释有关法律规定等，引导、促使当事人自愿达成调解协议，还负有对当事人活动的合法性进行监督审查的职责，以保证调解过程及其结果符合法律规定。因此，就性质而言，法院调解是我国诉讼制度的重要组成部分，是法院行使审判权的重要方式。

法院调解的特征有四个。

第一，法院调解是一种诉讼活动。法院调解不仅是我国民事诉讼制度的重要组成部分，还是法院行使审判权的重要方式。

第二，法院调解必须依据《民诉法》的有关规定进行。法院调解不仅具有诉讼的性质，还必须依照《民诉法》的有关规定进行。

第三，法院调解的主持者是法院的审判人员。法院调解作为法院解决纠纷的一种方式，其主持者是法院的审判人员，即法院调解应当在审判人员的主持下进行。

第四，法院调解形成的具有给付内容的调解书或调解协议具有强制执行的法律效力。经法院调解形成的调解书或者不需要制作调解书的调解协议生效后，具有强制执行的法律效力。

（三）疑难点解析

1. 关于法院调解的性质如何理解

关于法院调解的性质，我国民事诉讼法学界主要有三种观点：第一，审判行为说。该说认为，法院调解有两层含义：其一，法院调解是人民法院在审理民事案件的过程中，贯彻调解原则所进行的一种诉讼活动；其二，法院调解是人民法院行使审判权，解决民事纠纷，结束诉讼程序的一种结案方式。第二，处分行为说。该说强调，尽管法院调解是在法官的主持下进行的，但它不同于人民法院运用审判权以判决方式解决纠纷的活动，其实质是当事人在人民法院指导下运用处分权自律解决纠纷的过程，当事人的合意是法院调解的本质。第三，审判行为与处分行为结合说。该说主张，应当从人民法院的审判行为与当事人的处分行为两个层面去认识法院调解的性质，应当把我国的法院调解制度看作是当事人行使处分权和人民法院行使审判权相结合的产物。

审判行为说注意到了法院调解与当事人自行和解的区别，凸显了法院调解的诉讼功能，也能够对法院调解的合法性原则作出合理解说：既然法院调解是审判行为，调解过程与结果受程序法、实体法的双重约束就是法院调解的题中应有之义，调解的程序灵活性应当在法院调解中受到一定程度的制约。不过，以往对法院调解的审判行为性质的阐释，往往强调法官在法院调解中的地位与权力，忽略了当事人在调解中的重要性，忽略了调解与判决的本质区别，只看到人民法院的调解工作而未注意到人民法院的调解需要通过当事人的意志发挥作用，并且忽视了是否同意调解的决定权在当事人。用这样的思想指导调解工作容易造成强制调解。[①]

处分行为说的贡献在于从理论上揭示了调解模式与判决模式的区别，该学说关于当

---

① 江伟，肖建国主编. 民事诉讼法. 8 版. 北京：中国人民大学出版社，2018：225.

事人的处分行为在法院调解中应居主导地位的观点，对于长期以来我国法院调解突出法官职权的观念与做法是一次重大的修正，强调了法院调解程序的当事人主义色彩。当然，完全以当事人的处分行为说明法院调解的性质，在理论上难以解释诉讼调解与当事人和解的区别。

审判行为与处分行为结合说既避免了处分行为说所面临的前述理论解释上的困境，又避免了仅仅将调解视为法院审判行为带来的片面性。对法院调解的双重定位，要求法院调解的程序设置应兼具诉讼解决纠纷与合意解决纠纷的特征，体现二者的特性。就法院调解的诉讼属性而言，它应当符合程序正义的基本要求，应当体现对当事人的程序保障，如法官中立，程序的参与，程序对当事人的公开、平等对待等。就法院调解的合意属性而言，其程序的设计要考虑协商过程的保密性（不对社会公众公开）、协商的环境要求、程序的可选择性、当事人本人参加、法律适用的开放性等合意解决纠纷的特征。[①]

2. 法院调解应当在审判人员的主持下进行

人民法院进行调解，可以由审判员一人主持，也可以由合议庭全体成员在审判长的主持下共同参与。具体来讲，适用简易程序审理的民事案件，由独任审判员一人主持进行调解。适用普通程序审理的第一审民事案件，可以由合议庭主持调解，也可以由合议庭成员中的一名审判员主持，选择采取何种组织形式进行调解，可以在承办审判员征得审判长和合议庭其他成员的意见后，按照少数服从多数的原则作出决定。但是，组成合议庭开庭审理案件时，在庭上调解，要由合议庭主持；其他情况下由审判员一人主持，审判员要将调解情况及结果向合议庭汇报并取得同意。如果有人民陪审员参加，主持调解一般由审判员和人民陪审员共同进行，人民陪审员不宜独自主持调解。第二审程序与审判监督程序中的调解与此相同。

人民法院进行调解，一般是在法庭内进行，但本着方便当事人诉讼的原则，也可以到案件发生地、当事人所在地就地进行。就地进行调解，可以使审判员的调解更好地得到当地群众、基层组织和当事人所在单位的支持和协助。但需要注意的是，就地调解也要就地选择适宜的场所，尤其是对于涉及当事人隐私的案件，调解工作不能不加选择地在大庭广众之下进行。

由于调解具有不同于审判的特点，调解时更适合采用一种非严格程序化的方式。人民法院的调解活动可以在诉讼的任何一个阶段，根据案件的具体情况、当事人的思想变化等随时进行，其形式是多样化的，所以依照《民诉法》第97条规定，可以用简便方式传唤当事人、证人到某一地点进行调解，如采用口头或电话通知等方式，而不必发传票。

二、法院调解原则

（一）难度与热度
难度：☆☆☆　　热度：☆☆☆☆

（二）基本理论与概念
1. 自愿原则
自愿原则，是指法院进行调解时，必须以双方当事人的自愿为前提，不得违背当事

[①] 江伟，肖建国主编. 民事诉讼法. 8版. 北京：中国人民大学出版社，2018：225.

人的自主意志强行启动调解程序，以及强迫当事人接受调解方案。自愿原则具体表现在程序与实体两个方面。

（1）在程序方面，自愿原则表现为法院采用调解的方式解决民事纠纷。除离婚等必须进行调解的案件以外，对于任何案件进行调解，都必须先征得当事人双方同意，即不论是调解的启动还是调解的进行，都需要征得当事人双方的同意，在当事人双方自愿的条件下进行，不得强迫调解。

（2）在实体方面，自愿原则表现为当事人双方对调解协议的内容，即实体民事权益的处分必须自愿，且属于真实意思表示。《民诉法》第 99 条规定："调解达成协议，必须双方自愿，不得强迫。调解协议的内容不得违反法律规定。"《民诉解释》第 145 条第 1 款规定："人民法院审理民事案件，应当根据自愿、合法的原则进行调解。当事人一方或者双方坚持不愿调解的，应当及时裁判。"

在法院调解中，审判人员可以根据法律与民事政策对当事人进行引导、说服教育，向当事人提出调解的建议，但不能将自己对案件的处理意见强加给当事人，双方当事人能否达成协议，不仅完全取决于双方当事人的自愿，而且当事人是否同意调解意愿的表达必须是明示的，不能采取默示的方式。

2. 合法原则

合法原则，是指法院调解不仅必须依法进行，而且调解的过程以及调解中达成协议的内容也要符合法律的规定。所谓符合法律的规定，具体表现在程序和实体两个方面。

（1）在程序方面，法院调解的启动、方式、步骤以及调解协议的达成与调解书的制作、送达，均应符合法律规定。不能为追求调解结案而省略若干程序，调解必须按照《民诉法》以及最高人民法院有关调解程序的规定进行。

（2）在实体方面，调解协议的内容不得违反法律、行政法规的强制性规定，不得损害国家利益、社会公共利益和他人的合法权益。在法院调解过程中，主持调解的审判人员应当认真审查、引导当事人正确达成调解协议，如果调解协议内容违反法律规定，即便其是出于当事人的自愿而达成的，也不应当允许。

3. 查明事实、分清是非的原则

查明事实、分清是非的原则，是指法院调解应当在事实清楚、是非分明的基础上进行。《民诉法》第 96 条规定："人民法院审理民事案件，根据当事人自愿的原则，在事实清楚的基础上，分清是非，进行调解。"即法院调解不是无原则地"和稀泥"，应当以事实为根据，以法律为准绳，体现对社会公平正义的追求。换言之，事实清楚，是非分明，不仅是衡量调解结果正当性的基础，还是促使当事人达成协议的重要手段。当事人双方如果在案件事实和是非判断上认识不清，就不可能对事实的法律后果有正确的理解，也很难对实体权利作出令人接受的方案。同时，只有查明案件事实，分清是非，才能使审判人员抓住当事人争议的焦点，找准解决纠纷的切入点，实施合理的调解措施，为正确进行调解、达成调解协议提供依据。

在理论上，有观点认为，既然调解是当事人之间通过相互协商、让步的方式而不是判决解决纠纷，就无须查明案件事实，分清是非。同时，从节约司法成本、提高调解成功率的角度，主张在法院调解中取消查明事实、分清是非的原则。但本书认为，法院调解作为审判权和当事人处分权结合下解决纠纷的一种方式，必须保证其中的审判权力行使的合法性。法院调解虽然对案件事实清楚的要求程度不像判决那么高，但也应做到事实基本清楚、是非基本明确，否则调解方案的提出和内容的审查就没有依据，既难以使当事人接受，也无法保证其合法性，因而法院调解应当遵循查明事实、分清是非的原则。[①]

（三）疑难点解析

1. 如何理解查明事实、分清是非作为法院调解的原则

查明事实、分清是非原则要求审判人员在主持调解的过程中，查明案件事实，分清争议的是非曲直，明确当事人各自的责任。该原则是以事实为根据，以法律为准绳的司法原则在法院调解中的体现和落实。只有在事实清楚、责任分明的基础上，才能对当事人进行有理有据的说服教育工作，才能促使双方当事人平等协商，互谅互让，自愿达成调解协议。只有建立在该原则基础上的调解协议才具有实体上的正当性，才能够使当事人容易接纳并自觉履行。

对此原则，学界存有不同的意见，有观点认为查明事实、分清是非不应成为法院调解的基本原则，司法实践中也没有得到充分贯彻。不可否认，由于调解协议的内容取决于双方当事人的意愿，同案件事实的联系并不像判决那样紧密。从整体上看，调解结果不会背离案件基本事实，但在一定程度上可能同案件事实之间存在一定的距离，这就导致在法院调解中，认定事实的重要性相对降低，但不能因此否定查明事实、分清是非在法院调解中的重要作用。虽然在法院调解中，最终纠纷的解决体现的是当事人的合意，但法院调解毕竟是在诉讼制度架构内的纠纷解决制度，同样应遵守以事实为根据，以法律为准绳的司法原则。同时，查明事实、分清是非原则也是在法院调解中对法官中立性和对当事人平等保护的基本要求。应当极力避免那种把调解视为事实难以查清情况下而采取的一种灵活措施的做法。[②]

2. 如何理解调解合法原则的内容

调解合法原则也是法院调解应当遵循的一项重要原则，是指人民法院主持的调解活动和当事人达成的调解协议应当符合法律的规定，即程序上的合法和实体上的合法。

第一，法院的调解活动应当按照法定的程序进行，法院调解的组织，调解的方式、步骤，调解协议的达成和调解书的送达等均应符合《民诉法》的相关规定；第二，在法院主持下双方达成的调解协议必须符合民事实体法的规定。《民诉法》第 99 条规定："调解达成协议，必须双方自愿，不得强迫。调解协议的内容不得违反法律规定。"这主要是指第二个方面，即调解协议的内容不得违反相关实体法律的规定。值得注意的是，调解协议的合法原则并不意味着调解协议应当像判决那样严格按照实体法规定的标准达成，也就是说，此处所指的"合法"是一种宽松的合法，它是指调解协议内容在不违反民事实体法的禁止性规定，不违反社会公序良俗，不损害第三人合法权益的前提下，通过妥协或让步来达成，故允许其中可能不完全符合实体法规定的内容存在。

调解协议具有下列情形之一的，人民法院不予确认：（1）侵害国家利益、社会公共利益的；（2）侵害案外人利益的；（3）违背当事人真实意思的；（4）违反法律、行政法

---

① 宋朝武主编. 民事诉讼法学. 2 版. 厦门：厦门大学出版社，2008：225.
② 江伟，肖建国主编. 民事诉讼法. 8 版. 北京：中国人民大学出版社，2018：229.

规禁止性规定的。

在司法实践中，需要注意：（1）调解协议内容超出诉讼请求的，人民法院可以准许。（2）人民法院对于调解协议约定一方不履行协议应当承担民事责任的，应予准许。调解协议约定一方不履行协议，另一方可以请求人民法院对案件作出裁判的条款，人民法院不予准许。（3）调解协议约定一方提供担保或者案外人同意为当事人提供担保的，人民法院应当准许。（4）当事人不能对诉讼费用如何承担达成协议的，不影响调解协议的效力。人民法院可以直接决定当事人承担诉讼费用的比例，并将决定记入调解书。（5）对调解书的内容既不享有权利又不承担义务的当事人不签收调解书的，不影响调解书的效力。（6）案外人提供担保的，人民法院制作调解书应当列明担保人，并将调解书送交担保人。担保人不签收调解书的，不影响调解书生效。

三、法院调解的程序

（一）难度与热度

难度：☆☆☆　　热度：☆☆☆☆

（二）基本理论与概念

法院调解的程序，是指法院进行调解活动促使当事人达成调解协议的步骤、方式与方法。在程序上，法院调解包括调解的启动、进行、结束三个阶段。

1. 调解的启动

在民事诉讼中，法院调解的启动有两种方式：一是由当事人提出申请而启动，二是法院依职权主动启动。法院依职权启动的调解，一般应首先考虑有无通过调解解决纠纷的可能，如有可能，在征得当事人双方同意的情况下，由合议庭或独任审判员进行调解，凡当事人不同意调解的，法院不能进行调解。根据《民诉法》的规定，法院在第一审程序的立案阶段、审前阶段和庭审阶段，以及在第二审程序和再审程序中，都可以对案件进行调解。

2. 调解的进行

法院进行调解，可以由审判人员一人主持，也可以由合议庭主持，并尽可能就地进行。法院的调解可以采用简便的方式通知当事人和证人到庭，可以邀请有关单位或者个人协助调解，达成调解协议后，法院应当依法予以确认；离婚案的法院调解，当事人确因特殊情况不能到庭而委托诉讼代理人的，除本人不能表达意志外，应当出具书面意见。法院进行调解时，应当向当事人讲明调解的意义、要求和具体做法，并告知有关的诉讼权利和义务。

法院调解时双方当事人都应当出庭，调解的场所可以是法院，也可以是当事人所在单位或者住所。按照《民诉解释》的规定，法院调解的过程不公开，但当事人同意公开的除外；调解协议内容不公开，但为保护国家利益、社会公共利益和他人合法权益，法院认为确有必要公开的除外；主持调解以及参与调解的人员，对调解过程以及调解过程中获悉的国家秘密、商业秘密、个人隐私和其他不宜公开的信息，应当保守秘密，但为保护国家利益、社会公共利益和他人合法权益的除外。

当事人申请不公开进行调解的，法院应当准许；调解协议内容超出诉讼请求的，法院可以准许；调解协议约定一方不履行协议应当承担民事责任的，法院应当准许；调解协议约定一方提供担保或者案外人同意为当事人提供担保的,法院应当准许。案外人提供担保的,法院制作调解书应当列明担保人,并将调解书送交担保人。担保人不签收调解书的,不影响调解书生效。当事人或者案外人提供的担保符合我国《民法典》规定的条件时生效。调解书确定的担保条款条件或者承担责任的条件成就时,当事人申请执行的,法院应当依法执行;不履行调解协议的当事人按照规定承担了调解书确定的民事责任后,对方当事人又要求其承担《民诉法》第264条规定的迟延履行责任的,法院不予支持。调解书约定给付特定标的物的,调解协议达成前该物上已经存在的第三人的物权和优先权不受影响。第三人在执行过程中对执行标的物提出异议的,应当按照《民诉法》第238条规定处理。

审判人员对于调解可以提出建议、方案供双方当事人参考,但是不能强迫当事人接受建议和方案,当事人双方或者单方也可以提出自己的调解方案。在调解的方式上,审判人员可以采用当事人之间面对面的方式,也可以采用对双方当事人分别进行调解的方式。

当事人之间达成调解协议的,法院应当将调解协议的内容记入笔录,并由双方当事人或者经特别授权的委托诉讼代理人或者法定诉讼代理人签名。在一般情况下,涉及精神病人的离婚案件,除了有关子女抚养和财产分割问题可以由其法定代理人与对方协商,对于是否解除双方的婚姻关系,应当采用判决方式进行。法定代理人与对方达成协议要求发给判决书的,法院可以根据调解协议的内容制作判决书。

3. 调解的结束

法院调解的结束有两种情形:一是因调解不成而结束,包括不能达成调解协议,以及虽然已经达成调解协议,但调解协议违法,法院不能批准;二是当事人达成调解协议,并由法院审查认可而结束。

在法院调解中,对于调解不成的案件,法院应当及时判决,不得久调不决。调解成立的,法院应当制作调解书并送达双方当事人。对于无须制作调解书的,应将协议内容记入笔录,并由当事人双方签字或盖章。

此外,适用简易程序审理的民事案件,符合一定条件的,还会涉及调解前置制度。调解前置,是指法院在适用简易程序审理民事案件时,对于符合一定条件的案件在法庭调查前先行调解的制度。

按照《简易规定》,对于婚姻家庭纠纷、继承纠纷、劳务合同纠纷、交通事故和工伤事故引起的权利义务关系较为明确的损害赔偿纠纷、宅基地和相邻关系纠纷、合伙合同纠纷、诉讼标的额较小的纠纷,都应当先行进行调解,即调解前置。但根据案件的性质和当事人的实际情况,不能调解或者显然没有调解必要的除外。

(三)疑难点解析

法院调解的效力问题。

调解书或调解协议生效后,即产生与生效判决同等的法律效力,具体表现在以下几个方面。

(1)确认当事人之间的民事权利义务。法院调解生效后,当事人之间争议的实体民事权利义务得到确认,民事纠纷得到解决。当事人不得就同一争议再行起诉。

(2)结束诉讼程序。法院调解是人民法院审结案件的方式之一。法院调解生效后,诉讼程序即告终结，人民法院不得对同一案件再行审理或另行作出裁判，当事人也不得提出上诉。

（3）具有强制执行的效力。具有给付内容的法院调解还具有强制执行的效力。法院调解生效后，当事人应依照调解书确认的义务自觉履行。一方当事人拒绝履行时，另一方当事人有权向人民法院申请强制执行。[①]

四、法院调解与判决之间的关系

（一）难度与热度
难度：☆☆☆☆　热度：☆☆☆

（二）基本理论与概念
根据《民诉法》及相关司法解释的规定，调解是我国民事诉讼的一个重要特点，也是一项重要原则，调解与判决之间的关系可以从以下几个方面来概括。

（1）法院调解是民事诉讼法的一项基本原则，贯穿于审判程序的各个阶段。

（2）法院调解不是审理民事案件的必经程序，法院不能强迫或变相强迫当事人接受调解。

（3）法院调解作为一种结案方式，和判决一样必须符合法律的规定。

（4）生效调解书与发生既判力的裁判有同样的效力。

（三）疑难点解析
在现行民事诉讼法框架下，法院调解与判决之间的关系如何？

关于调判关系，最高人民法院《关于切实践行司法为民大力加强公正司法不断提高司法公信力的若干意见》第 16 条中指出："正确处理调解与判决的关系，充分发挥两种方式的作用和优势。积极推进和规范诉前调解。对双方当事人均有调解意愿且有调解可能的纠纷、家庭与邻里纠纷、法律规定不够明确以及简单按照法律处理可能失之公平的纠纷，应当在充分尊重双方当事人意愿的情况下，优先用调解方式处理。在调解中，坚持贯彻合法自愿原则。对当事人不愿调解或者有必要为社会提供规则指引的案件纠纷，应当在尊重当事人处分权的前提下，注重采用判决的方式。"

法院调解是法院解决民事纠纷的一种重要方式，但不是唯一方式，它与判决相辅相成，不存在孰优孰劣的问题，因而不能一味地偏重调解，更不应把它与判决对立或割裂开来。司法实践中，要确保法律效果和社会效果的有机统一，不仅应当根据案件的具体情况和当事人意愿，选择恰当的纠纷解决方式，还应当注意法院调解与判决的以下关系。

（1）法院调解不是解决民事纠纷的必经程序，即并非一切诉讼案件都必须经法院调解。换言之，法院在解决民事纠纷时，虽然凡是能够采用调解方式解决的案件都应当尽量采用调解的方式解决，但是在纠纷解决中，决不能只使用法院调解这一种方式，即应当遵循"能调则调，当判则判，调判结合，案结事了"的民事审判工作指导方针，根据案件的具体情况分别处理。

（2）对于当事人明确表示不愿接受调解的，不能违背调解自愿原则强制进行调解。

[①] 江伟，肖建国主编. 民事诉讼法. 8 版. 北京：中国人民大学出版社，2018：229.

（3）法院审理下列三类案件不适用调解：1）适用特别程序、督促程序、公示催告程序的案件；2）涉及婚姻等身份关系确认的案件；3）其他根据案件性质不能进行调解的案件。

（4）对于当事人以拖延诉讼时间为目的要求调解的，在查明其目的后应当及时判决。有的当事人虽然要求调解，但并不是为了解决纠纷，而是利用调解拖延时间，恶意拖延诉讼。因此，法官应当根据案件具体情况，及时进行裁判，以保护相对方的利益。

（5）对于根本没有达成调解协议可能性的案件，或经过调解以后无法达成调解协议的案件，也应当及时作出判决，以防久调不决。

（6）对于当事人之间恶意串通，企图通过调解方式侵害他人合法权益的，应当依照《民诉法》第 115 条的规定处理。本条于 2023 年进行了修改，进一步完善了虚假诉讼认定规则：一是进一步明确侵害法益范围，将虚假诉讼侵害法益从"他人合法权益"扩展至"国家利益、社会公共利益或者他人合法权益"，坚决防止虚假诉讼行为损害国家利益、社会公共利益。二是明确单方虚假诉讼情形。突出虚假诉讼本质特征，在"双方恶意串通"情形之外，增加"单方捏造民事案件基本事实"的情形，准确界定虚假诉讼外延，压缩虚假诉讼的存在空间。

第二节　诉讼和解

一、诉讼和解与法院调解的区别

（一）难度与热度
难度：☆☆☆☆☆　　热度：☆☆☆☆

（二）基本理论与概念

（1）诉讼和解，是指在民事诉讼过程中，当事人双方在相互协商的基础上达成解决争议的协议，并请求法院结束诉讼程序的一种制度。

自行和解是当事人的一项诉讼权利。根据《民诉解释》的规定，诉讼和解不仅可以发生在一审程序中，还可以发生在二审程序、再审程序中，但都必须在法院作出裁判之前进行。

（2）诉讼和解与法院调解的区别。

虽然诉讼和解与法院调解都发生在民事诉讼中，也都以当事人双方自愿、合意为基础，但二者之间仍有许多不同。

1）性质不同。诉讼和解是双方当事人在自行协商的基础上，自我解决纠纷的合意行为，性质上不属于法院解决民事纠纷的结案方式。法院调解则是法院行使审判权和当事人行使处分权的结合，是法院的一种结案方式。

2）参加人员不同。诉讼和解只发生在双方当事人或其诉讼代理人之间，一般没有第三方参加。法院调解必须在法院审判人员的主持下进行，是审判人员和当事人共同进行的诉讼行为。在诉讼和解过程中，如果当事人要求法院审判人员介入或者当事人要求审判人员将和解达成的协议记入庭审笔录或者载入调解书，就其性质而言和解就转化成了法院调解。

3）法律效力不同。双方当事人在诉讼中达成的和解协议不具有法律上的强制执行力。法院调解所形成的调解书则具有强制执行力，一方当事人拒不履行调解书载明的义务时，另一方当事人可向法院申请强制执行。

（三）疑难点解析

1. 如何界定诉讼和解性质

在内容上，诉讼和解既包括终结诉讼或程序的约定，又包括其他实体法上的约定。如此，值得思考的是，诉讼和解的性质如何。在学说史上，主要有三种学说。第一种是实体法说，该学说认为和解的标的是排除争议的实体法基础，而诉讼的终结只是必然结果，并非和解的内容，这种学说很少有人支持。第二种学说为程序法说，该学说认为诉讼和解只是一种诉讼行为，在法律效果方面没有实体法效果。但是，因为和解必须要比单纯的诉讼终止的效力多一些，所以，必须通过诉讼路径产生实体法效果，也就是说，其只是被配置了实体法效力。第三种学说是双重性质说，在构成要件方面，诉讼和解是一种独立的交易类型，总是含有诉讼行为与法律行为，所以要同时符合程序法与民法的要件；在法律效果层面，程序法与实体法效果必然关联在一起。

对于上述三种学说，德国学者进行了反思，提出了新的学说，即分离说。该学说认为诉讼和解通常是两个约定的统合体：一个是程序性的程序终结约定，另一个是实体法上终止争议的约定，根据当事人的意思，在产生构成以及法律效果方面相互关联，但也不是必然关联在一起。纯粹的诉讼终止合同是有效的，但没有可执行性，也不必执行。当事人还可以约定，程序终结约定的效力独立于和解中包含的附加约定是否有效、是否履行。在法官同意下，对于诉讼和解还可以附加条件与期限。

从整体上看，分离说对双重性质说有两方面的提升：一方面，在教义学上更具有解释力；另一方面，在尊重当事人意思方面更具有灵活性。此外，在法律效果上，分离说也会导致不同的法律效果，具体如其他约定能否与程序终结约定关联在一起，程序终结约定的存续是否取决于其他约定的效力或者是否源自其他约定的义务的履行。与此关联的问题是和解的相互牵连性，比如在和解无效或者解除的情况下，是原程序继续，还是要进行新的程序？[①]

2. 诉讼和解的适用范围

诉讼和解作为民事诉讼中当事人在自主交涉、相互协商基础上解决纠纷的方式，虽然原则上大多数民事案件都可适用，但是，基于诉讼中的一些特殊情况以及按照法律的规定，以下情况不能适用诉讼和解。

（1）按照《民诉法》规定适用特别程序、公示催告程序、督促程序的民事案件不适用诉讼和解。因为这类民事案件没有明确的原告、被告，仅仅请求法院对某项法律事实作出确认，所以不适用诉讼和解。

（2）单纯的确认之诉，即确认民事法律行为无效、合同无效、身份关系以及婚姻关系等案件不适用和解。因为这是一方当事人请求法院查明当事人之间民事法律关系是否存在的一类诉讼。对于这类诉讼案件，法院应当在查明事实的基础上作出裁判，因而不

---

① 王洪亮. 论诉讼和解作为意定纠纷解决机制：以在线纠纷解决机制为背景. 政法论丛，2023（3）.

适用诉讼和解。

（3）对于当事人人数众多，在起诉时尚未确定人数的诉讼案件，不适用诉讼和解。如果容许诉讼和解，将侵害未参加登记权利人的利益。

（4）对于涉及身份关系，诸如亲子关系、收养关系、婚姻关系的案件，不适用诉讼和解。因为当事人对自己的身份权以及身份关系，不能像财产权以及财产关系那样随意处分，应当由法院根据法律的规定以及事实予以确定。

二、诉讼和解后的程序事项

（一）难度与热度

难度：☆☆☆☆　　热度：☆☆☆

（二）基本理论与概念

诉讼和解后的程序事项，指的是当事人诉讼和解以后，在诉讼程序上所涉的事项和问题。按照法律规定，诉讼和解后的程序事项主要涉及以下两个方面。

1. 撤诉

所谓撤诉，指的是达成和解协议中的原告，向法院申请撤销对被告的起诉。

对于原告的撤诉申请，法院应当进行审查。审查的内容包括：（1）达成和解协议的当事人双方是否具有诉讼行为能力；（2）当事人是否作出和解的意思表示及其意思表示的真实性；（3）和解协议内容是否属于当事人处分权的范畴，当事人对涉及的内容与事项能否自由处分；（4）和解协议的内容是否违反法律、行政法规的强制性规定，是否侵害国家利益和社会公共利益、危害他人的合法利益，以及协议内容是否符合善良风俗和社会公共道德。

经审查，原告的撤诉申请符合上述规定的，法院应当裁定准予撤诉；不符合上述规定的，应当裁定不准撤诉。法院裁定准予撤诉的，诉讼程序结束。

2. 制作调解书

根据《法院调解规定》第2条、《民诉解释》第148条的规定，当事人自行和解或者调解达成协议的，可以向法院申请按照和解协议或者调解协议的内容制作调解书，不得要求法院按照和解协议或者调解协议的内容制作判决书。但是，法定代理人代理无民事行为能力人的离婚案件，法定代理人与对方达成协议要求发给判决书的，可以根据协议内容制作判决书。

当事人自行达成的和解，无论在性质上还是法律效力上都不同于法院的调解，和解协议也不同于法院调解以后制作的调解书。因此，当事人之间凡是因为达成和解协议而申请法院制作调解书的，法院都应当依法对和解协议本身以及和解协议的形成过程进行审查，只有符合法律规定的和解协议才能制作调解书。

（三）疑难点解析

正确理解诉讼和解的效力问题。

诉讼和解是在当事人意思自治以及处分权的基础上解决纠纷的方式，相较于审判方式，更适合在线纠纷解决。诉讼和解是当事人双方或当事人与第三人之间，为解决法律争议，对于全部或一部争议标的，在法庭上订立和解协议的纠纷解决方式。在形式上，诉讼和解不需要法院依据和解内容作成调解书，如果是当事人在法庭上达成的和解协议，法院记录在案即可；如果是当事人提出的和解协议，法院通过记录在案将其转化为诉讼和解；如果是法院提出的和解协议，当事人要作出承诺的意思表示。对于后两种情况，法院要审查诉讼和解的成立与内容，并作出确认裁定，而该裁定仅具有宣示效力。和解协议自当事人告知法庭其同意和解内容之时成立。

诉讼和解可能同时具有实体法效力与程序法效力。在实体法上，和解协议改变了实体法的法律状况；在程序法上，诉讼和解具有终结诉讼的效力，相应地也排除了诉讼系属，诉讼和解可以作为强制执行的依据，但没有既判力。在诉讼和解无效、被撤销乃至被解除的情况下，原则上应恢复到原有程序，由原审法院继续进行诉讼和解无效等确认程序。

本章实务案例研习

东方资产公司与第二电机厂债权债务案[①]

案例考点：法院调解违反管理性强制性规定的问题

(一)案情简介

1991年11月5日至1993年1月9日，中行道里支行与第二电机厂先后签订34份流动资金借款合同，借款本金共计2 618万元。合同签订后，中行道里支行均按约定数额发放了贷款。2000年3月10日，第二电机厂向中行道里支行出具的债权确认书，共计7份，载明：截至2000年3月31日，第二电机厂共欠中行道里支行借款本金2 541万元，利息24 847 023.15元。2000年6月28日，中行道里支行与东方资产公司签订"债权转让协议"，约定：根据国务院和中国人民银行、财政部有关文件精神，中行道里支行将第二电机厂截至2000年3月31日的贷款债权本金人民币2 541万元及应收利息人民币24 847 023.15元转让给东方资产公司。债权转让后，东方资产公司成为新的债权人，取代中行道里支行的债权人地位。2000年12月15日，中行道里支行向第二电机厂发出债权转让通知（5份），将上述债权转让协议的内容告知第二电机厂，第二电机厂在注明"债权转让通知已收到，对通知内容无异议"的回执上盖章。2001年4月27日，东方资产公司向哈尔滨市中级人民法院提起诉讼，请求判令第二电机厂给付借款本金及利息29 251 468.30元并承担该案诉讼费。审理过程中，经该院主持调解，达成了（2001）哈经初字第283号民事调解书。该调解书的内容是：第二电机厂于2001年5月25日前，以其现有的全部固定资产，包括土地、房产、设备（详细以资产明细表为准）偿还所欠本息；第二电机厂协助东方资产公司办理资产过户手续；本案诉讼费156 267.35元由第二电机厂承担。鉴于调解协议存在因违反强制性规定而无效的风险，经哈尔滨市中级人民法院审判委员会讨论决定，于2015年7月13日作出（2015）哈民申字第153号民事裁定，再审本案。

(二)法院判决

一审法院审判委员会经讨论认为：关于东方资产公司与第二电机厂2001年达成调解

[①] 案例来源：黑龙江省哈尔滨市中级人民法院（2001）哈经初字第283号民事调解书、黑龙江省哈尔滨市中级人民法院（2015）哈民申字第153号民事裁定书、最高人民法院（2017）最高法民再225号民事判决书。

协议的效力问题。1991年《民诉法》第88条（2023年《民诉法》第99条）规定："调解达成协议，必须双方自愿，不得强迫。调解协议的内容不得违反法律规定。"依据此规定，当事人达成调解协议需遵循自愿、合法的原则。虽然本案调解协议是东方资产公司与第二电机厂自行达成，但第二电机厂是国有企业，其调解内容涉及划拨土地、房产等国有资产。1991年《国有资产评估管理办法》第3条（2020年《国有资产评估管理办法》第3条有类似规定）规定："国有资产占有单位（以下简称占有单位）有下列情形之一的，应当进行资产评估：（一）资产拍卖、转让；（二）企业兼并、出售、联营、股份经营；（三）与外国公司、企业和其他经济组织或者个人开办中外合资经营企业或者中外合作经营企业；（四）企业清算；（五）依照国家有关规定需要进行资产评估的其他情形。"《企业国有产权转让管理暂行办法》第4条规定："企业国有产权转让应当在依法设立的产权交易机构中公开进行，不受地区、行业、出资或者隶属关系的限制。国家法律、行政法规另有规定的，从其规定。"[①] 根据上述规定，国有资产转让应当履行上报、评估、备案及公开挂牌交易等程序，上述规定属于强制性规定，本案当事人双方达成调解协议确定给付的资产，未履行上述程序，依据《合同法》第52条第5项（《民法典》第143、153条规定与之类似）关于合同无效的规定，应认定当事人双方达成的调解协议无效，调解书应予撤销。

二审法院认为：本案中，双方争议焦点在于调解协议的内容是否违反了法律的强制性规定以及是否因此导致调解书无效。2012年《民诉法》第96条（2023年《民诉法》第99条）规定："调解达成协议，必须双方自愿，不得强迫。调解协议的内容不得违反法律规定。"东方资产公司援引《合同法》第52条，主张调解协议的"无效情形"应当限定为"违反法律的效力性强制性规定"。但调解书作为人民法院制作的确认双方当事人协议内容的法律文书，对其内容合法性的审查标准应不同于民事合同的效力确认标准。《民诉法》规定的"调解协议的内容不得违反法律规定"中的"法律"不限于法律，还应包括行政法规；"强制性规定"不限于效力性强制性规定，亦包括管理性强制性规定。双方在未履行资产评估、上报、备案、挂牌交易等程序的情况下即签订和解协议，将第二电机厂全部资产抵偿债务，违反了1991年《国有资产评估管理办法》的规定，可能导致国有资产流失，一审法院撤销（2001）哈经初字第283号民事调解书是正确的。

最高人民法院再审认为，根据一审、二审判决，东方资产公司的再审请求以及第二电机厂的答辩意见，本案的主要争议焦点是：（2001）哈经初字第283号民事调解书是否应予撤销。根据《民法通则》第4条的规定，民事活动应当遵循自愿、公平、等价有偿、诚实信用的原则（尽管《民法通则》已失效，但《民法典》第4~8条规定了民事主体从事民事活动应当遵循平等、自愿、公平、诚信、合法等原则）。1991年《国有资产评估管理办法》第3条（2020年《国有资产评估管理办法》第3条有类似规定）规定："国有资产占有单位（以下简称占有单位）有下列情形之一的，应当进行资产评估：（一）资产

---

① 《企业国有产权转让管理暂行办法》现已失效，但相关规定在《企业国有资产法》第54条第2款有所体现，即"除按照国家规定可以直接协议转让的以外，国有资产转让应当在依法设立的产权交易场所公开进行。转让方应当如实披露有关信息，征集受让方；征集产生的受让方为两个以上的，转让应当采用公开竞价的交易方式"。

拍卖、转让；（二）企业兼并、出售、联营、股份经营；（三）与外国公司、企业和其他经济组织或者个人开办中外合资经营企业或者中外合作经营企业；（四）企业清算；（五）依照国家有关规定需要进行资产评估的其他情形。"本案中，第二电机厂作为国有企业，在处置其资产时，为了防止国有资产流失，保护企业职工的合法权益，确保在偿还所负东方资产公司债务时能真实反映第二电机厂的意思，遵循民事活动自愿、公平、等价有偿、诚实信用的原则，应对相关资产进行评估作价，履行相应的程序。但是，东方资产公司在与第二电机厂签订案涉民事调解书处置国有资产之前，双方并未履行相关的上报、评估、备案等程序，并且（2001）哈经初字第 283 号民事调解书中关于土地抵偿欠款本息的这一重要内容并未得到实际履行。基于此，最高人民法院认为，二审法院撤销（2001）哈经初字第 283 号民事调解书并无不当，应予以维持。

（三）学理分析

在本案中，值得深入探讨的问题有：（1）调解协议的性质是否属于民事合同？是否可以直接根据《合同法》第 52 条第 5 项（《民法典》第 143、153 条）的规定进行效力判断？（2）2012 年《民诉法》第 96 条（2023 年《民诉法》第 99 条）中的"调解协议的内容不得违反法律规定"、2008 年《法院调解规定》第 12 条（2020 年《法院调解规定》第 10 条）中的"调解协议具有下列情形之一的，人民法院不予确认：……（四）违反法律、行政法规禁止性规定的"中的"法律、行政法规禁止性规定"是否包括管理性强制性规定？对此，本书认为，调解协议虽然是在法官的主持下达成的，但在性质上属于民事合同，并不具有判决书、调解书的效力。《法院调解规定》关于调解协议可以约定民事责任、可以约定担保、调解协议不约束法院的规定，1991 年《民诉法》第 89 条（2023 年《民诉法》第 100 条）关于"调解达成协议，人民法院应当制作调解书"的规定，1991 年《民诉法》第 90 条第 2 款（2023 年《民诉法》第 101 条第 2 款）关于"对不需要制作调解书的协议，应当记入笔录，由双方当事人、审判人员、书记员签名或者盖章后，即具有法律效力"的规定，以及其他相关规定均反映了调解协议的民事合同性质。基于此，在调解过程中，关于调解协议是否符合合法性原则的审查，也应当适用《合同法》第 52 条第 5 项（《民法典》第 143、153 条）的规定，即强制性规定原则上限于效力性强制性规定，违反管理性强制性规定的，人民法院应当根据具体情形认定合同效力。本案所涉规定虽然是管理性强制性规定，但因本案的资产处置涉及国有资产流失、企业职工的合法权益保护问题，故调解协议无效的根本原因在于存在 2008 年《法院调解规定》第 12 条（2020 年《法院调解规定》第 10 条）规定的侵害国家利益、案外人利益的情形。

本章同步练习

一、选择题

1. 甲公司诉乙公司合同纠纷一案，双方达成调解协议。法院制作调解书并送达双方当事人后，发现调解书的内容与双方达成的调解协议不一致，应当如何处理？（　　）

A. 应当根据调解协议，裁定补正调解书的相关内容

B. 将原调解书收回，按调解协议内容作出判决

C. 应当适用再审程序予以纠正

D. 将原调解书收回，重新制作调解书送达双方当事人

2. 根据《民诉法》及相关司法解释，关于法院调解，下列哪一选项是错误的？（　　）

A. 法院可以委托与当事人有特定关系的个人进行调解，达成协议的，法院应当依法予以确认

B. 当事人在诉讼中自行达成和解协议的，可以申请法院依法确认和解协议并制作调解书

C. 法院制作的调解书生效后都具有执行力

D. 法院调解书确定的担保条款的条件成就时，当事人申请执行的，法院应当依法执行

3. 石山公司起诉建安公司请求返还 86 万元借款及支付 5 万元利息，一审判决石山公司胜诉，建安公司不服提起上诉。二审中，双方达成和解协议：石山公司放弃 5 万元利息主张，建安公司在撤回上诉后 15 日内一次性付清 86 万元本金。建安公司向二审法院申请撤回上诉后，并未履行还款义务。关于石山公司的做法，下列哪一表述是正确的？（　　）

A. 可依和解协议申请强制执行

B. 可依一审判决申请强制执行

C. 可依和解协议另行起诉

D. 可依和解协议申请司法确认

4. 王某诉赵某借款纠纷一案，法院一审判令赵某偿还王某债务，赵某不服，提出上诉。二审期间，案外人李某表示，愿以自己的轿车为赵某偿还债务提供担保。三人就此达成书面和解协议后，赵某撤回上诉，法院准许。一个月后，赵某反悔并拒绝履行和解协议。关于王某实现债权，下列哪一选项是正确的？（　　）

A. 依和解协议对赵某向法院申请强制执行

B. 依和解协议对赵某、李某向法院申请强制执行

C. 依一审判决对赵某向法院申请强制执行

D. 依一审判决与和解协议对赵某、李某向法院申请强制执行

5. 根据《民诉法》及相关司法解释，关于法院调解，下列哪一选项是错误的？（　　）

A. 法院可以委托与当事人有特定关系的个人进行调解，达成协议的，法院应当依法予以确认

B. 当事人在诉讼中自行达成和解协议的，可以申请法院依法确认和解协议并制作调解书

C. 法院制作的调解书生效后都具有执行力

D. 法院调解书确定的担保条款的条件成就时，当事人申请执行的，法院应当依法执行

6. 甲因琐事与乙发生口角进而厮打，推搡之间，不慎致乙死亡。检察院以甲涉嫌过失致人死亡提起公诉，乙母丙向法院提起附带民事诉讼。关于本案处理，下列哪些选项是正确的？（　　）

A. 法院可对附带民事部分进行调解

B. 如甲与丙经法院调解达成协议，调解协议中约定的赔偿损失内容可分期履行

C. 如甲提出申请，法院可组织甲与丙协商以达成和解

D. 如甲与丙达成刑事和解，其约定的赔偿损失内容可分期履行

7. 关于民事诉讼中的法院调解与诉讼和解的区别，下列哪些选项是正确的？（　　）

A. 法院调解是法院行使审判权的一种方式，诉讼和解是当事人对自己的实体权利和诉讼权利进行处分的一种方式

B. 法院调解的主体包括双方当事人和审理该案件的审判人员，诉讼和解的主体只有双方当事人

C. 法院调解以《民诉法》为依据，具有程序上的要求，诉讼和解没有严格的程序要求

D. 经过法院调解达成的调解协议生效后如有给付内容则具有强制执行力，经过诉讼和解达成的和解协议即使有给付内容也不具有强制执行力

8. 香山公司（住所位于甲市 A 区）与红叶公司（住所位于乙市 B 区）签订了一份建筑合同，由红叶公司承建香山公司丙市分公司的办公楼（位于丙市 C 区）。双方同时还约定因履行该建筑合同发生的争议，由双方协商解决；协商不成的，双方可以向甲市 A 区法院起诉或者向乙市 B 区法院起诉。办公楼建成后，因办公区的附属设施质量不符合合同约定，香山公司与红叶公司协商无果，香山公司向法院起诉。诉讼中双方主动申请法院调解，在调解中红叶公司承认工程所用水泥不合要求，影响了工程质量，但双方就赔偿无法达成协议。根据以上案情，请回答以下问题。

（1）关于本案的管辖，下列选项正确的是：（　　）。

A. 甲市 A 区法院和乙市 B 区法院有管辖权

B. 乙市 B 区法院和丙市 C 区法院有管辖权

C. 甲市 A 区法院和丙市 C 区法院有管辖权

D. 本案只有丙市 C 区法院有管辖权

（2）关于本案当事人的确定，下列选项正确的是：（　　）。

A. 香山公司是原告，红叶公司是被告

B. 香山公司及其丙市分公司是共同原告，红叶公司是被告

C. 香山公司是原告，红叶公司是被告，香山公司的丙市分公司是无独立请求权第三人

D. 香山公司是原告，红叶公司是被告，香山公司的丙市分公司是有独立请求权的第三人

（3）红叶公司在调解中承认承建的附属设施存在质量问题，关于法院如何认定该事实，下列选项正确的是：（　　）。

A. 因被告红叶公司已在调解中承认了存在质量问题，形成自认，法院可以直接认定该事实

B. 法院不能直接认定该事实，但可以作为对被告不利的证据

C. 法院不能直接认定该事实，也不得作为对被告不利的证据

D. 法院可以在庭审中再次询问被告红叶公司，若红叶公司既不承认，也不否认，法院可以认定该事实成立

（4）若在诉讼中双方达成和解协议，关于该案如何终结，下列选项中正确的是：（　　）。

A. 香山公司可以申请撤诉，经法院同意后终结诉讼程序

B. 双方可以向法院申请根据和解协议作出判决

C. 双方可以向法院申请根据和解协议作出裁决

D. 双方可以向法院申请根据和解协议制作调解书

二、案例分析题

1. 原告甲与被告乙系邻居，二人为建造厨房一事发生口角进而互殴。甲被乙打伤，花去医药费1 050元。甲遂向法院起诉乙，要求乙赔偿其误工损失费、医疗费、护理费共计1 500元。被告乙认为双方均有责任，只愿意赔偿500元。法院开庭进行审理，法庭辩论结束后，审判员丙征求双方的调解意见。原告甲不同意调解，要求法院依法判令乙赔偿损失。被告乙同意调解。审判员丙考虑到双方是邻居关系，为避免矛盾激化，加强睦邻友好，决定主持双方调解。在调解过程中，原告坚持要求乙赔偿1 500元，被告乙却只同意赔偿500元。审判员丙说："我看由被告乙赔偿1 000元好了。"对此双方均不同意。于是丙将原告甲单独叫到办公室，说："判决还不一定给得了你1 000元呢，因为你也动手打了人家，只不过伤得轻点。"原告虽说不情愿，但嘴上不得不表示同意。然后丙又把被告乙单独叫到办公室，说："500元也太低了，你身强力壮的，人家是老太太，责任在你身上。我建议1 000元还算是少的了。"被告乙只好答应。于是在审判员丙做工作的情况下，甲、乙双方达成了赔偿协议：被告乙赔偿原告甲1 000元，诉讼费各负担一半，调解书生效后15日内执行。审判员告知双方第二天到法院领取调解书，但当天要求双方在送达回证上签了名。第二天，原告甲到法院表示赔偿额太少，不同意调解。审判员丙把制作好的调解书递给甲，说："调解书现在给你，你已经签过字了，所以调解书已经生效，不能反悔了。"

问题：本案的调解有何违法之处？

2. 甲男与乙女于2020年结婚，婚后育有一女。甲男有很深的重男轻女思想，为此经常打骂乙女，夫妻感情渐淡。乙女于2024年向该区人民法院起诉要求与甲男离婚。法院受理后，经双方同意进行了调解。调解中甲男同意离婚，但提出家庭财产归乙女所有，同时女儿由乙女抚养，甲男不再尽抚养义务，不承担孩子的抚养费。乙女对此表示同意，接受甲男提出的条件，双方签订离婚调解协议，法院据此制作了调解书。

问题：本案的调解是否妥当？

三、论述题

如何完善我国的法院调解制度？

参考答案

一、选择题

1. A

解析：《法院调解规定》第13条规定："当事人以民事调解书与调解协议的原意不一致为由提出异议，人民法院审查后认为异议成立的，应当根据调解协议裁定补正民事调解书的相关内容。"尽管本题中是法院发现调解书的内容与双方达成的调解协议不一致，但由于调解书一经送达双方当事人即发生效力，并且此种情形也不适用审判监督程序的规定，所以法院应参照前述规定，根据调解协议裁定补正调解书的相关内容，故本题应选A。

2. C

解析：根据《法院调解规定》第1条第2款的规定，经各方当事人同意，人民法院可以委托前款规定的单位或个人对案件进行调解，达成调解协议后，人民法院应当依法予以确认。第2条第1款规定当事人在诉讼过程中自行达成和解协议的，人民法院可以根据当事人的申请依法确认和解协议制作调解书，双方当事人申请庭外和解期间，不计入审限。第15条第1款规定："调解书确定的担保条款条件或者承担民事责任的条件成就时，当事人申请执行的，人民法院应当依法执行。"选项A、B、D说法正确。具有给付内容的生效调解书具有强制执行力，不具有给付内容的生效调解书，不具有强制执行力。因此，选项C说法错误。

3. B

解析：二审中因和解申请撤回上诉的，原审判决生效，当事人未按和解协议履行的，可申请执行原审判决。应注意的是，和解协议本身并无强制执行力。本题中，石山公司与建安公司在二审中达成和解协议，建安公司撤回上诉，此时，一审判决生效，因建安公司未按和解协议履行还款义务，石山公司可直接申请强制执行一审判决。B项正确，当选。A、C、D三项错误，不当选。

4. C

解析：本题主要考查撤回上诉的法律效果与和解协议的法律效力，《民诉法》第180条规定："第二审人民法院判决宣告前，上诉人申请撤回上诉的，是否准许，由第二审人民法院裁定。"《民诉解释》第337条规定："当事人在第二审程序中达成和解协议的，人民法院可以根据当事人的请求，对双方达成的和解协议进行审查并制作调解书送达当事人；因和解而申请撤诉，经审查符合撤诉条件的，人民法院应予准许。"当事人在二审中可以撤回上诉，二审撤回上诉，一审判决生效。本案中，二审期间上诉人赵某因三方达成和解协议而撤回上诉，且法院准许，此时一审判决生效，当事人不得再提出上诉，生效的判决即具有执行力，原审原告可以申请执行。民事案件二审期间，双方当事人达成和解协议，人民法院准许撤回上诉的，和解协议未经人民法院依法制作调解书，属于诉讼外达成的和解协议，不具有强制执行力。此时一方当事人不履行和解协议，另一方当事人申请执行一审判决的，人民法院应予支持。本案就属于这种情况，王某在与赵某、李某达成和解协议后，赵某反悔拒不履行和解协议，可以依一审判决对赵某向法院申请强制执行。C项正确，当选。A、B、D三项错误，不当选。

5. C

解析：法院可以委托与当事人有特定关系的个人进行调解，达成协议的，法院应当依法确认，A选项表述正确。当事人达成和解协议的，可以选择撤诉或者申请法院制作调解书的方式结案，但法律效果不一样。撤诉后，对方不履行和解协议的，可以再次起诉，但不能申请执行和解协议；法院制作调解书结案的，对方不履行的，可以申请强制执行，故B选项正确。调解书具有法律效力，但是不一定都有执行力，因为有执行力的前提除了有法律效力还需要有明确的执行内容等，比如说，生效的维持婚姻关系的调解书，具有法律效力，但是没有可供执行的内容，没法执行也不需要执行，所以 C 选项表述错误。D 选项中，关于调解中的担保问题，调解中可以约定担保，调解书应当送达担保人，但无须担保人签收，自担保符合《民法典》规定的条件时，担保生效，此时可以申请强制执行，故 D 选项表述正确。故本题答案为 C。

6. ABC

解析：A 项，法院审理附带民事诉讼案件，可以根据自愿、合法的原则进行调解。A 正确。C 项，对符合适用公诉案件和解程序的案件，当事人提出申请的，法院可以主持双方当事人协商以达成和解。可见，如甲提出申请，法院可组织甲与丙协商以达成和解，C 项正确。B、D 项，和解与调解不同。法官虽然可以组织双方和解，但法官不参与讨论双方和解的具体内容，和解注重被告人与被害人之间的双方关系，和解协议不加盖法院公章。而调解则不同，调解是由法官居中调停，法院主持并参与被告人与被害人之间的讨论，注重法官与被告人、被害人之间的三方关系，调解协议加盖法院公章。显然，对于当事人而言，和解协议和调解协议，哪份文件更令人感觉稳定、可信？当然是调解协议。因此，和解协议确定的赔偿内容，一般需要即时全部履行。如果不能即时全部履行，法院应当采取调解方式，这意味着，调解是有可能分期履行的。B 项正确，D 项错误。综上所述，本题应当选 ABC。

7. ABCD

解析：法院调解与诉讼和解相比，有以下几点区别：（1）性质不同。前者含有人民法院行使审判权的性质，后者则是当事人在诉讼中对自己诉讼权利和实体权利的处分。因此，A 项正确。（2）参加主体不同。前者有人民法院和双方当事人共同参加，后者只有双方当事人自己参加。因此，B 项正确。（3）效力不同。根据法院调解达成协议制作的调解书生效后，诉讼归于终结，有给付内容的调解书具有执行力；当事人在诉讼中和解的，由原告申请撤诉，经法院裁定准许后结束诉讼，和解协议不具有执行力。因此，D 项正确。另外，诉讼中的法院调解要遵循一定的法律原则和程序。在我国，根据民事诉讼法的规定，法院调解要遵循当事人自愿和合法原则，并且法院在组织调解时还需要有一定的程序；而诉讼和解则没有相关的程序性规定和要求。因此，C 项正确。

8.（1）B

解析：根据《民诉法》第 24 条之规定，因合同纠纷提起的诉讼，由被告住所地或者合同履行地人民法院管辖。

（2）A

解析：分公司不具有法人资格，其民事责任由公司承担。丙市分公司不具有法人资格，不是合同当事人，所以也不是案件的当事人。因此，香山公司为原告，红叶公司是被告。本题的正确答案为 A 项。

（3）CD

解析：《证据规定》第 3 条第 1 款规定，在诉讼过程中，一方当事人对另一方当事人陈述的案件事实明确表示承认的，另一方当事人无须举证证明。第 2 款规定，在证据交换、询问、调查过程中，或者在起诉状、答辩状、代理词等书面材料中，当事人明确承认于己不利的事实的，适用前款规定。因此 AB 项错误，C 项正确。《证据规定》第 4 条规定，对一方当事人陈述的事实，另一方当事人既未表示承认也未否认，经审判人员充分说明并询问后，其仍不明确表示肯定或者否定的，视为对该项事实的承认，D 项正确。

（4）AD

解析：《民诉法》第 145 条规定："法庭辩论终结，应当依法作出判决。判决前能够调解的，还可以进行调解，调解不成的，应当及时判决。"《民诉法》第 148 条第 1 款规定："宣判前，原告申请撤诉的，是否准许，由人民法院裁定。"《法院调解规定》第 2 条规定："当事人在诉讼过程中自行达成和解协议的，人民法院可以根据当事人的申请依法确认和解协议制作调解书。双方当事人申请庭外和解的期间，不计入审限。当事人在和解过程中申请人民法院对和解活动进行协调的，人民法院可以委派审判辅助人员或者邀请、委托有关单位和个人从事协调活动。"据此，该案可以通过撤诉或申请根据和解协议制作调解书的方式结案。

二、案例分析题

1. 本案审判员在原告不同意的情况下主持调解，违反调解自愿原则。调解需双方当事人完全自愿，本案原告明确表示不同意调解，审判员就不应主持调解，应当依法及时判决。

本案审判员以判压调的做法是不正确的。调解协议必须是由当事人相互调解、自愿协调达成的，不能靠威胁或压制手段强制达成协议。

本案中审判员在调解书送达前，事先要求原告和被告双方在送达回证上签名是不合法的。调解书经双方当事人签收后具有法律效力。签收前，当事人可以反悔，拒绝签收调解书。签收调解书应当在调解书送达时进行。未送达先签收的做法是错误的。

2. 本案中的调解违反了合法的原则，调解是无效的。父母与子女的关系不能因父母离婚而解除，法律规定父母对未成年子女有抚养的义务。甲、乙双方协议免除甲抚养女儿的法定义务损害了其女儿的合法权益，故该协议是违法的。

三、论述题

诉讼的目的是通过适用实体法在当事人之间分配权利义务；调解的目的是在法院的主持下由当事人协商解决纠纷，协商的方案与实体法的预先分配方案必然存在差异。在我国，法院调解是在诉讼的过程中进行的，这就意味着，两种功能、目的完全不同的制度被"拧"在了一起，相互必然会产生一定影响。解决这个问题正是完善我国法院调解制度的主要思路。

法院调解制度是我国民事诉讼活动中的一项重要设计，其实践效用不容小觑，发挥了定纷止争、维护和谐的重要作用。但是，在我国"调审合一"的模式下，调解制度因其实施合理有效性、存在必要性、发展迟缓性以及再起诉行为多发性等存在诸多问题而饱受质疑。现在我国民事诉讼法院调解制度具有节约司法资源、提升纠纷解决效率、尊重当事人隐私等显著优势，如果能解决缺乏程序及实体规定、与其他调解制度难以衔接等问题，其将更好地解决纠纷、服务社会。[1]

---

[1]　郝浚廷. 我国民事法院调解制度初探. 秦智，2022（9）.

第十章　民事诉讼保障制度

›› 本章知识点速览

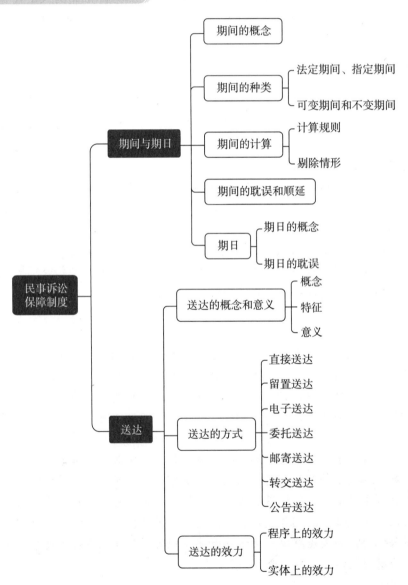

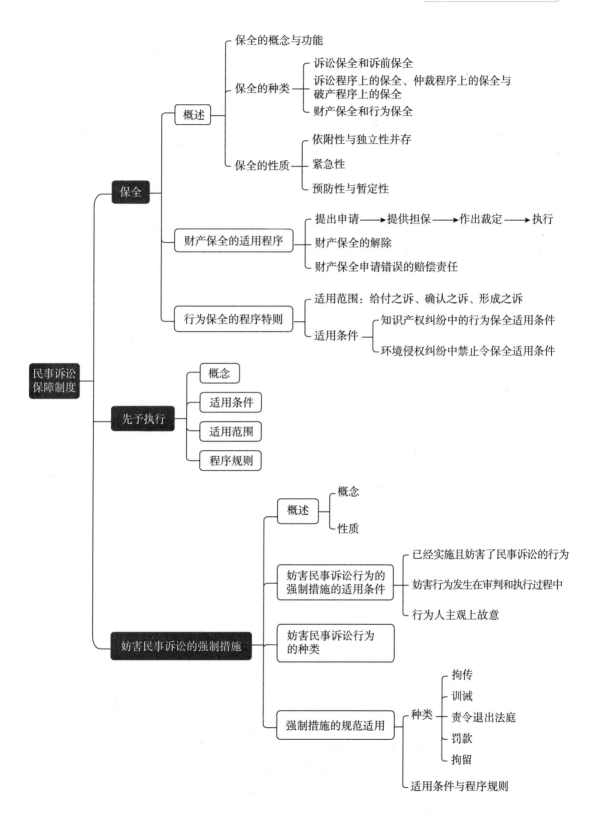

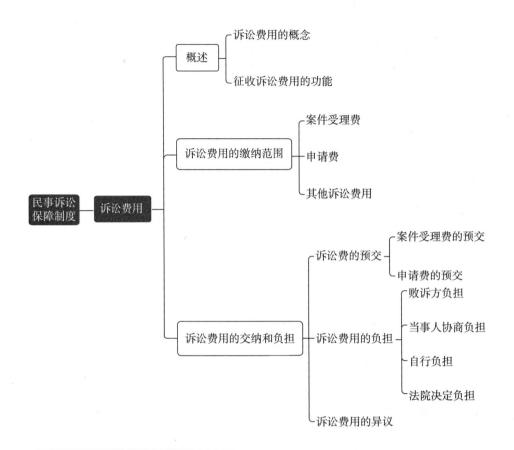

本章核心知识点解析

第一节　期间与期日

一、期间与期日的概念

（一）难度与热度

难度：☆☆　热度：☆

（二）基本理论与概念

期间是指法院、当事人和其他诉讼参与人实施诉讼行为依法应当遵守的期限。只有在期限内实施的诉讼行为才能够发生诉讼法上的效力；反之，如果超出了期限，会产生相应的不利法律后果。期间有狭义与广义之分，狭义的期间仅指期限，广义的期间包括期限和期日。法院、当事人和其他诉讼参与人单独实施或者完成诉讼活动所应遵守的时间就是期限，如举证期限；法院、当事人及其他诉讼参与人一同实施或者完成诉讼活动所应遵守的时间就是期日，如开庭审理日。在我国民事诉讼理论和立法中，通说采用的是狭义说，即期间仅指期限。

《民诉法》规定的期间既是法院完成审判行为的时间要求，又是当事人和其他诉讼参与人实施诉讼行为的时间要求。期间在民事诉讼中具有重要的意义。第一，有利于保证人民法院能够正确、合法、及时地审理案件。法谚曰："迟来的裁判就是对正义的否定。"诉讼期间的规定有利于人民法院及时、迅速地查明案件事实，防止诉讼过分拖延。第二，有利于保障当事人及其他诉讼参与人的合法权益。第三，有利于维护诉讼活动的严肃性和法律的权威性，促使当事人认真对待期限，并在规定的期限内实施诉讼行为。

（三）疑难点解析

如何区分《民诉法》第 85 条规定的"法定期间"与"人民法院指定的期间"？

法定期间，是指法律直接规定的期间。[①] 例如，简易程序的审理期限是 3 个月，提起第三人撤销之诉的期间、申请再审的期间、对确认调解协议或准许实现担保物权的裁定提出异议的期间均为 6 个月，等等。法定期间原则上为不变期间。换言之，除法律另有规定以外，法院、当事人和其他诉讼参与人均不得变更法定期间。如果他们未在法定期间内完成相应的诉讼活动，则会引起相应的法律后果。例如，获得一审判决的当事人未在法定的上诉期间递交上诉状的，视为未提出上诉。

指定期间，是指人民法院根据案件的具体情况和审理案件的需要，依职权指定当事人及其他诉讼参与人完成某项诉讼行为的期间。指定期间包括举证的期间、履行判决书确定义务的期间、补正诉状的期间等。例如，《民诉法》第 68 条中规定，人民法院根据当事人的主张和案件审理情况，确定当事人应当提供的证据及其期限。指定期间是可变期间，法院指定后，如情况发生了重大变化，可以根据变化的情况重新指定，也可以延长原来指定的期间。又如，《民诉解释》第 100 条中规定，当事人申请延长举证期限的，申请理由成立的，人民法院应当准许，并适当延长举证期限。为防止法院指定的期间过短，损害当事人的诉讼权利，有时法律会对指定期间的范围作出规定。例如，人民法院确定的举证期限中，第一审普通程序案件不得少于 15 日。

二、期间的计算方式

（一）难度与热度

难度：☆☆　　热度：☆☆

（二）基本理论与概念

期间以时、日、月、年为单位计算。期间开始的时和日，不计算在期间内。例如，如果期间是以小时为单位计算的，从下一小时开始计算。《民诉法》第 103 条规定，对紧急情况下财产保全的申请，法院接受申请后必须在 48 小时内作出裁定。"48 小时"应当从法院收到申请后的次时开始计算。期间如果是以日、月、年计算的，均从次日开始计算。

期间届满的最后一日为法定休假日的，以法定休假日后的第一日为期间届满的日期。[②] 如果法定休假日在期间之中的，则不予扣除。

---

① 此处的法律，不仅包括全国人大及其常委会制定的法律，还包括最高人民法院规定的有关民事诉讼程序问题的司法解释。张卫平. 民事诉讼法. 5 版. 北京：法律出版社，2019：270.

② 2021 年修正《民诉法》时，将原法条规定的"节假日"改为"法定休假日"。

期间不包括在途时间，诉讼文书在期间届满前交邮的，不算过期。这意味着法院在计算诉讼文书的期间时，不应以收到的日期为准，而应当扣除在途时间，以当事人交邮的时间（通常为邮寄地邮局所盖邮戳上的时间）为准。

三、期间的耽误及其补救

（一）难度与热度

难度：☆☆　热度：☆☆

（二）基本理论与概念

期间的耽误，是指当事人、诉讼代理人没有在规定的期限内完成某项诉讼行为。期间耽误的法律后果一般为失权，即丧失再为该项诉讼行为的权利。但是，如果期间耽误有法律规定的正当理由，则允许申请顺延，即"当事人因不可抗拒的事由或者其他正当理由耽误期限的，在障碍消除后的十日内，可以申请顺延期限，是否准许，由人民法院决定"（《民诉法》第 86 条）。

（三）疑难点解析

在我国，举证期间的耽误（逾期举证）是否构成失权？

2001 年《证据规定》第 34 条第 1 款规定："当事人应当在举证期限内向人民法院提交证据材料，当事人在举证期限内不提交的，视为放弃举证权利。"李浩教授指出，举证时限属于期间制度的范畴，它规制的是当事人向法院提交证据材料的时间期限。上述法条规定了证据失权的法律后果。然而，在司法实务中，由于证据失权会对实体公正造成伤害，举证期限制度未能经受住实践的考验。[1]

2012 年，立法机关修改《民诉法》时，于第 65 条规定举证期限制度，并调整了逾期举证即导致证据失权的法律后果。该条规定："……当事人逾期提供证据的，人民法院应当责令其说明理由；拒不说明理由或者理由不成立的，人民法院根据不同情形可以不予采纳该证据，或者采纳该证据但予以训诫、罚款。"概言之，对于超过举证时限提供的证据，由法院决定适用训诫、采纳＋罚款或不采纳三种结果。[2] 2015 年《民诉解释》第 102 条第 1 款进一步明确，当事人逾期提供的与案件基本事实相关的证据，即使当事人主观上存在故意或者重大过失，法院也应当采纳，并予以罚款、训诫。由此可见，最高人民法院要求法院在处理此种情形时选择不予失权。2019 年《证据规定》删除了原规定的第 34 条，与《民诉解释》上述规定保持一致。

综上，在我国，一般情况下，举证期间的耽误（逾期举证）不会构成失权的后果。为促使当事人在规定的期限内向法院提供证据材料，法院可以采用"采纳＋罚款"的方式来应对当事人故意或者重大过失逾期举证的行为。[3]

---

[1]　李浩. 为什么不应当重建证据失权：为现行司法政策辩护. 法治现代化研究，2021（6）.

[2]　最高人民法院民事诉讼法修改研究小组编著.《中华人民共和国民事诉讼法》修改条文理解与适用. 北京：人民法院出版社，2012：142 - 143.

[3]　部分学者主张应当重建证据失权制度. 吴泽勇. 民事诉讼证据失权制度的衰落与重建. 中国法学，2020（3）.

第二节 送 达

一、送达的概念

（一）难度与热度

难度：☆ 热度：☆☆

（二）基本理论与概念

民事诉讼中的送达，是指法院按照法定程序和方式，将诉讼文书送交当事人或其他诉讼参与人，使其知悉诉讼文书内容的行为。

作为一种诉讼行为，送达具有如下特征：（1）送达是法院在诉讼中依职权实施的诉讼行为，送达的主体只能是法院，当事人及其他诉讼参与人之间以及他们向法院送交诉讼文书均不是送达；（2）送达的客体是各种诉讼文书，在诉讼中法院送达的诉讼文书主要有判决书、裁定书、决定书、调解书、支付令、起诉状副本、答辩状副本、上诉状、传票、通知书等；（3）送达须严格按照法律规定的程序和方式进行。

二、送达方式的"基本"与"其他"

（一）难度与热度

难度：☆☆ 热度：☆☆

（二）基本理论与概念

1. 直接送达是基本送达方式

根据《民诉法》第七章第二节的规定，送达方式包括直接送达、留置送达、电子送达、委托送达、邮寄送达、转交送达以及公告送达（以法条规定为序）。其中，直接送达，是指法院派专人将诉讼文书直接交给受送达人的一种送达方式。"送达承载着对当事人告知送达的内容、保障当事人相关权利行使以及保证诉讼程序正当、有效进行的功能。因此，世界各国都在法律中规定直接送达是送达的基本方式，其他送达方式是辅助性方式，是在无法直接送达或者直接送达相当困难或者当事人同意的情况下才予以采用。"[1] 同时，《民诉法》第88条规定了受送达人为公民、法人或者其他组织等具体情形的特别处理方式。

2. 电子送达等是其他送达方式

《民诉法》第89～95条规定了除直接送达之外的其他方式。

（1）留置送达。

留置送达适用于受送达人拒绝签收送达的诉讼文书的情况，此时，送达人将诉讼文书留在受送达人住所。根据《民诉法》第89条的规定，留置送达的方式主要有两种：1）送达人邀请有关基层组织或受送达人所在单位代表到场，说明情况，在送达回证上记明拒收事由和日期，由送达人、见证人签名或者盖章，把诉讼文书留在受送达人的住所；

---

[1] 潘剑锋."基本"与"其他"：对《民事诉讼法》相关制度和程序修订的体系化思考. 法学评论，2022（2）.

2）送达人把诉讼文书留在受送达人的住所，并采用拍照、录像等方式记录送达过程。需要注意的是，调解书不适用留置送达。

（2）电子送达。

电子送达，是指采用传真、电子邮件、移动通信等受送达人能够及时收悉的方式进行送达。电子送达是 2012 年修订《民诉法》时新增的送达方式，是司法电子化的重要产物，有利于提高诉讼效率、节约司法资源，同时有利于推动电子诉讼的普及与发展。随着民事诉讼送达电子化的进一步发展，2021 年修法时，在遵循当事人自愿原则的基础上，加大电子送达适用力度，允许对判决书、裁定书、调解书适用电子送达，优化送达方式，细化生效标准，进一步拓展电子送达适用范围，丰富送达渠道，提升电子送达有效性，切实保障当事人诉讼知情权（见表 10 - 1）。[①]

表 10 - 1 关于电子送达的立法变化

条款	2012、2017 年《民诉法》第 87 条	2021、2023 年《民诉法》第 90 条
第 1 款	经受送达人同意，人民法院可以采用传真、电子邮件等能够确认其收悉的方式送达诉讼文书，但判决书、裁定书、调解书除外。	经受送达人同意，人民法院可以采用能够确认其收悉的电子方式送达诉讼文书。通过电子方式送达的判决书、裁定书、调解书，受送达人提出需要纸质文书的，人民法院应当提供。
第 2 款	采用前款方式送达的，以传真、电子邮件等到达受送达人特定系统的日期为送达日期。	采用前款方式送达的，以送达信息到达受送达人特定系统的日期为送达日期。

理解电子送达，需要把握以下四个方面的内容：

第一，采用电子送达的方式，必须经过受送达人同意，并且要确认受送达人能够收悉。根据《民诉解释》第 136 条的规定，受送达人同意采用电子方式送达的，应当在送达地址确认书中予以确认。只有受送达人明确表示同意并提供可正常接收电子信息的特定系统，法院才可以在符合其他条件的情况下采用电子送达方式。

第二，送达诉讼文书的电子方式种类繁多，可通过电子邮件、特定通讯号码、微信小程序、即时通信工具等电子化途径，向受送达人的电子邮箱、通信终端、即时通信账号、诉讼平台专用账号等电子地址送达。

第三，如果电子送达的诉讼文书是判决书、裁定书、调解书，受送达人提出需要纸质文书的，法院应当提供。

第四，以送达信息到达受送达人特定系统的日期为送达日期，原则上以法院对应系统显示发送成功的日期为准，但受送达人证明到达其特定系统的日期与法院对应系统显示发送成功的日期不一致的，以受送达人证明到达其特定系统的日期为准（《民诉解释》第 135 条）。

（3）委托送达、邮寄送达。

《民诉法》第 91 条规定了在"直接送达诉讼文书有困难"的情况下，人民法院可选

① 周强. 关于《中华人民共和国民事诉讼法（修正草案）》的说明：2021 年 10 月 19 日在第十三届全国人民代表大会常务委员会第三十一次会议上. 中华人民共和国全国人民代表大会常务委员会公报，2022（1）.

择适用的两种送达方式，即委托送达与邮寄送达。由于邮寄成本较低，实务中，法院经常采用邮寄送达方式。

第一，委托送达，是指法院直接送达诉讼文书有困难的，委托受送达人所在地法院代为送达。根据《民诉解释》第 134 条的规定，委托送达时，委托法院应当出具委托函，并附带送达的诉讼文书和送达回证，受委托法院应当自收到委托函及相关文件之日起 10 日内代为送达。委托送达的送达日期以受送达人在送达回证上的签收日期为准。第二，邮寄送达，是指法院通过邮局以双挂号信的方式向受送达人送达诉讼文书的方式。采取邮寄送达的，以回执上注明的收件日期为送达日期。如果挂号信回执上注明的收件日期与送达回证上的收件日期不一致，或者送达回证没有寄回，则以挂号信回执上注明收件日期为送达日期。

（4）转交送达。

转交送达，是指法院将诉讼文书交给受送达人所在单位，由单位转交给受送达人的一种送达方式。根据《民诉法》第 92 条和第 93 条的规定，转交送达适用于受送达人属于特殊人群、不便"自由"接收文件的三类人，即军人、被监禁的人、被采取强制性教育措施的人，通过其所在的相关机关（构）代为转交。代为转交的机关、单位在收到诉讼文书后，必须立即交受送达人签收。受送达人在送达回证上签署的签收日期，为送达日期。

（5）公告送达。

公告送达，是指受送达人下落不明或者在穷尽上述六种送达方式均无法送达时，法院发出公告将送达内容告诉社会公众，法定期间结束即视为送达的送达方式。2021 年《民诉法》修正时，根据经济社会发展变化，缩短了公告送达的公示期间，公示的法定期间改为 30 日。[①]

针对实践中的"直接送达难"的问题，《民诉解释》第 131 条与第 141 条规定，人民法院直接送达诉讼文书的，可以通知当事人到人民法院领取。当事人到达人民法院，拒绝签署送达回证的，视为送达。审判人员、书记员应当在送达回证上注明送达情况并签名。人民法院可以在当事人住所地以外向当事人直接送达诉讼文书。当事人拒绝签署送达回证的，采用拍照、录像等方式记录送达过程即视为送达。审判人员、书记员应当在送达回证上注明送达情况并签名。人民法院在定期宣判时，当事人拒不签收判决书、裁定书的，应视为送达，并在宣判笔录中记明。

在上述主要的七种送达方式之外，《民诉解释》还规定了宣判时当事人拒收这一特殊情形下的送达办法，即人民法院在定期宣判时，当事人拒不签收判决书、裁定书的，应视为送达，并在宣判笔录中记明。按照《民诉法》第 151 条第 2 款的规定，当庭宣判的，应当在 10 日内发送判决书；定期宣判的，宣判后立即发给判决书。定期宣判之日即为送达之日。

---

① 最高人民法院将建立统一、权威、规范的公告送达平台，大力推进电子公告送达，全面提升公告送达的覆盖面和精准度。周强. 关于《中华人民共和国民事诉讼法（修正草案）》的说明：2021 年 10 月 19 日在第十三届全国人民代表大会常务委员会第三十一次会议上. 中华人民共和国全国人民代表大会常务委员会公报，2022（1）.

（三）疑难点解析

1. 如何理解审判辅助事务在线集约化背景下送达方式的完善

《人民法院一站式多元纠纷解决和诉讼服务体系建设（2019—2021）》指出，依托现代信息技术变革工作理念和工作方式，加快推进审判辅助事务在线化集约化。2021年，我国全面应用人民法院送达平台，72%的民事、行政案件通过送达平台送达，同时与中国邮政深化合作，邮政集约"绿色送达"新模式基本实现全国主要城市邮寄送达服务"次日达"。电子送达极大地提高了诉讼效率，节约了司法资源。部分地方法院已将电子送达作为"优先"选择的送达方式。但是，电子送达方式的扩大适用是否会弱化送达的功能，有待进一步思考。

2. 如何理解适用电子送达必须"经受送达人同意"

《民诉解释》第136条规定，受送达人同意采用电子方式送达的，应当在送达地址确认书中予以确认。据此，电子送达必须通过受送达人明示同意的方式进行。有学者主张，电子技术之所以能够运用于司法程序，就在于其工具理性。过分拘泥于当事人主观同意的要求，不利于电子送达中工具理性的实现。[1] 司法实践中，部分地方法院已突破上述规定。例如，上海市高级人民法院《关于进一步推广适用电子送达的若干规定（试行）》第4条规定："具备下列情形之一的，人民法院可以确定受送达人同意电子送达：（一）受送达人明确表示同意的，包括但不限于受送达人在线上、线下填写的送达地址确认书中勾选同意电子送达的，或通过电话、手机短信、电子邮件、诉讼平台在线确认等方式同意电子送达的；（二）受送达人在诉讼前对调解和诉讼中适用电子送达已作出约定或者承诺的；（三）受送达人在提交的起诉状、上诉状、申请书、答辩状、授权委托书、律师事务所函等诉讼材料中主动提供明确用于接收送达的电子地址的。"

三、送达的效力

（一）难度和热度

难度：☆☆☆　热度：☆☆

（二）基本理论与概念

送达的效力是指法院依法定的程序和方式，将诉讼文书送达给当事人或者其他诉讼参与人后产生的法律效果。由于送达的诉讼文书不同，送达的效力表现为以下几种形式：（1）使受送达人实施诉讼行为、行使诉讼权利和履行诉讼义务的起始时间得以确定。例如，当事人对判决的上诉期间为15日，是从判决书送达之日起开始计算的。（2）受送达人接受送达以后，如果没有按照送达的诉讼文书的要求实施特定的诉讼行为，就会承担相应的法律后果。例如，当事人在判决送达后15日内，没有在上诉期间向判决书所载明的上诉法院提起上诉的，视为放弃上诉的权利。（3）送达能够引起特定诉讼法律关系的产生或者消灭。例如，法院立案以后，将起诉状副本送达被告，就使被告与受诉法院之间产生民事诉讼法律关系。（4）送达是某些诉讼文书发生法律效力的要件之一。例如，调解书只有经过当事人签收才能发生法律效力，当事人一方拒绝签收的，调解书不发生法律效力。

---

[1]　王福华. 电子诉讼制度构建的法律基础. 法学研究，2016（6）.

第三节　保　全

一、保全的概念

（一）难度与热度
难度：☆☆☆☆　热度：☆☆☆

（二）基本理论与概念

保全属于临时救济制度（亦称为临时权利保护制度）的范畴，旨在弥补诉讼程序审判期间漫长、权利实现滞后的不足。[①] "保全"这一语词表述来源于大陆法系国家相关的学理或立法。根据我国《民诉法》第九章关于保全的规定，保全，是指人民法院为保证判决的有效执行，或者避免当事人造成其他损害，依申请或者依职权，对被申请人的财产、争议标的物采取强制保护措施，或者责令被申请人实施或者不得实施一定行为的制度。

保全制度具有保障判决执行和防止权利遭受损害两项功能。第一，保全制度能够保障债权人在民事裁判中确认的权利获得实现。例如，在昌隆公司与苏中公司建设施工合同纠纷案[②]中，为保证将来判决所确定的给付金钱义务的执行，苏中公司向人民法院申请查封昌隆公司开发的 40 套房产。又如，在美国礼来公司等诉黄某某侵害商业秘密纠纷案[③]中，当事人在起诉的同时提出行为保全申请，请求法院责令被申请人不得披露、使用或者允许他人使用本案诉讼请求中所确定的 21 个商业秘密文件。第二，保全制度能够防止对当事人造成其他损害，特别是难以弥补的损害。例如，劳动者在追索劳动报酬的诉讼中，因担心用人单位打击报复，将自己辞退、换岗或降薪等，向法院申请"维持劳动关系现状"的行为保全裁定。[④]

为更好地理解保全的内涵，可根据如下不同的标准，对保全进行分类。

第一，依照采取保全的时间不同，可将保全分为诉讼保全（《民诉法》第 103 条）与诉前保全（《民诉法》第 104 条）。

第二，依照保全作用的法律领域不同，可将保全分为诉讼程序上的保全、仲裁程序上的保全和破产程序中的保全。

第三，依照保全的对象是否限于本案请求以及本案请求是否具有财产性质，可将保全分为财产保全与行为保全。财产保全是针对本案的金钱给付请求或物之交付请求的保全，适用财产保全措施。行为保全是我国民事诉讼理论上的一个独有的术语，最初由江伟教授和肖建国教授在 1994 年《政法论坛》上发表的《民事诉讼中的行为保全初探》一文中提出。行为保全的对象是作为或不作为，并不限于本案请求。

---

① 周翠. 中外民事临时救济制度比较研究. 北京：清华大学出版社，2014：1.

② 参见河北省高级人民法院（2021）冀民终 465 号民事判决书。

③ 2012 年《民诉法》施行，该案系首例在商业秘密侵权诉讼中适用行为保全制度的案件。2013 年，该案入选最高人民法院公布的知识产权司法保护典型案例。参见上海市第一中级人民法院（2013）沪一中民五（知）初字第 119 号民事判决书。

④ 江伟，肖建国主编. 民事诉讼法. 8 版. 北京：中国人民大学出版社，2018：252.

（三）疑难点解析

如何理解保全的性质？

1. 依附性与独立性并存

从保全的对象与本案请求的关系来看，保全兼具依附性与独立性的特征。保全的依附性意味着，以确保本案的终局执行为目的。保全的独立性意味着，以避免造成当事人其他损害尤其是难以弥补的损害为目的，具有独立于本案诉讼程序的特征。这里的"其他损害"，是指申请人除本案诉讼请求所保护的实体权利之外的其他合法权益。据此分析，财产保全的对象仅限于本案请求，具有依附性特征。行为保全同时具备依附性与独立性的特征。

2. 紧急性

保全程序以"近水救近火"的方式确保本案判决的执行或者维持权利关系的现状。[①]一般情况下，保全程序对于权利保护的时间性要求比较急迫。例如，《民诉法》第103条规定：对情况紧急的，人民法院必须在受理后48小时内作出裁定；裁定采取保全措施的，应当立即开始执行。

3. 预防性与暂定性

基于保护权利的紧急性的要求，保全裁定与保全执行无法同民事审判程序一样，达到最终确认权利的程度，仅需要债权人对其权利的存在达到必要程度的疏明。就此而言，保全具有暂定权利存在以及预防权利继续或即将遭受损害的特征。

二、保全制度的立法演进

（一）难度与热度

难度：☆　热度：☆

（二）基本理论与概念

1. 1982年《民诉法》中的"诉讼保全"

1982年《民诉法》第二编第十章第三节规定了"诉讼保全和先行给付"。其中，诉讼保全即为临时措施的一种。1982年《民诉法》第92条规定："人民法院对于可能因当事人一方的行为或者其他原因，使判决不能执行或者难以执行的案件，可以根据对方当事人的申请，或者依职权作出诉讼保全的裁定。人民法院接受当事人诉讼保全的申请后，对情况紧急的，必须在四十八小时内作出裁定，并开始执行。"

2. 1991年《民诉法》中的"财产保全"

1991年施行的《民诉法》第九章规定了"财产保全和先予执行"。从具体内容来看，《民诉法》将"诉讼保全"限缩为"财产保全"，同时增加规定了"诉前保全"。与此同时，将"先行给付"拓展为"先予执行"，包括需要立即停止侵害、排除妨碍或立即制止某项行为的情形。

3. 2000年《海诉法》中的"海事请求保全"与"海事强制令"

2000年施行的《海诉法》突破了《民诉法》关于财产保全的规定。《海诉法》第三章规定了针对被申请人财产的"海事请求保全"，目的是保障申请人海事请求的实现。

---

① 江伟，肖建国主编. 民事诉讼法. 8版. 北京：中国人民大学出版社，2018：237-239.

《海诉法》第四章规定的"海事强制令"，是指海事法院根据申请，为使申请人的合法权益免受侵害，责令被申请人作为或者不作为的强制措施。海事强制令以英国"玛利华禁令"为参照对象，指向被申请人的具体行为，并且具有独立性，不以限期不起诉作为保全解除的条件。

4.2001 年前后，《专利法》《商标法》《著作权法》中的"诉前禁令"

我国申请加入世界贸易组织时，为了使国内的法律规范与《与贸易有关的知识产权协定》（以下简称"TRIPS 协定"）中有关临时措施的规定相衔接，我国相继在修订《专利法》《商标法》《著作权法》时，确立了同样指向被申请人行为的诉前禁令制度（亦称为诉前停止侵权行为）。例如，在 2000 年修订《专利法》时，于第 61 条诉前财产保全条款中增加了诉前停止侵权行为的规定。

5.2012 年《民诉法》中增设行为保全制度

在总结前述海事领域、知识产权领域临时救济制度立法与实践的基础上，2005 年《民诉法》专家修改建议稿提出专章设立"临时性救济措施"，下设财产保全、行为保全以及强制令与先行给付。[①] 2012 年，立法机关在修订《民诉法》时增设行为保全制度。立法机关采取了相对保守的策略，沿用保全制度作为上位概念，在财产保全的规则中增加了"责令其作出一定行为或者禁止其作出一定行为"的内容。2012 年《民诉法》第九章的标题调整为"保全和先予执行"，海事强制令、知识产权诉前禁令作为特殊的行为保全规定于《民诉法》之外。

6.2012 年以后，《反家暴法》中的"人身安全保护令"与《民法典》中的"人格权禁令"等

2015 年《反家暴法》第 23 条、第 27 条规定，遭受家庭暴力或者面临家庭暴力的现实危险时，受害者可以独立申请人身安全保护令。[②] 2020 年，《民法典》第 997 条规定了人格权侵害禁令制度（以下简称"人格权禁令"）。2021 年，最高人民法院颁布《环境侵权禁止令规定》，规定了针对制止正在实施或者即将实施的污染环境、破坏生态行为的禁止令保全措施。最高人民法院指出，环境侵权禁止令采用"民事裁定＋禁止令"的形式，这是行为保全制度在生态环境诉讼领域的创新适用。[③]

综上，我国以保全制度为基础的临时救济体系不断丰富，具体包括《民诉法》第九章以"保全和先予执行"为标题规定的临时性救济制度，以及在《民法典》《海诉法》《商标法》等法律中规定的人格权禁令、海事强制令、知识产权诉前禁令等特殊类型的行为保全。

三、财产保全的适用程序

（一）难度与热度

难度：☆☆　热度：☆☆☆

（二）基本理论与概念

财产保全在民事程序中被广泛使用。财产保全，是指人民法院根据当事人或利害关

---

① 中国人民大学法学院《民事诉讼法典的修改与完善》课题组编.《中华人民共和国民事诉讼法》修改建议稿（第三稿）及立法理由. 北京：人民法院出版社，2005：21.

② 吴晓芳. 最高人民法院吴晓芳法官关于婚姻家庭纠纷审理热点难点问答. 民事法律文件解读，2011（11）.

③ 刘竹梅，贾清林，刘慧慧.《关于生态环境侵权案件适用禁止令保全措施的若干规定》的理解与适用. 法律适用，2022（3）.

系人的申请，或者由人民法院依职权对当事人的财产采取的限制其处分或者转移的强制性措施。[①] 财产保全的重要目的在于，防止当事人在诉讼前或诉讼中转移、隐匿或减少责任财产。完整的财产保全程序在结构上包括保全命令程序（申请、担保、审查、裁定）与保全执行程序（裁定的实施）两个层次，二者遵循不同的程序法理，对应不同的事后救济程序。保全裁定的作出主体与执行主体是分立的，即由立案、审判机构作出裁定，一般移送执行机构实施（《财产保全规定》第 2 条）。

根据《民诉法》第 103 条、104 条，《仲裁法》第 28 条，《民诉解释》第 163 条以及《财产保全规定》等相关法律规定，财产保全可分为诉讼财产保全、诉前财产保全、执行前财产保全和仲裁财产保全。

第一，诉讼财产保全，是指人民法院在受理案件之后、作出判决之前，对当事人的财产或者争执标的物采取限制当事人处分的临时措施，以保证将来判决能够执行。在实务中，当事人一般在诉讼的同时申请诉讼财产保全。

第二，诉前财产保全，是指在紧急情况下，人民法院不立即采取保全措施，利害关系人的合法权利会受到难以弥补的损害，因此法律赋予利害关系人在起诉（或立案）前可以申请法院采取的财产保全。

第三，执行前财产保全，是指作为执行依据的法律文书生效后至申请执行前，债权人可以向有执行管辖权的人民法院申请保全债务人或者拟变更、追加的被执行人的财产（《民诉解释》第 163 条、《变更追加规定》第 29 条）。

第四，仲裁财产保全，是指一方当事人因另一方当事人的行为或者其他原因，可能使裁决不能执行或者难以执行的，可以申请财产保全。当事人在仲裁过程中申请财产保全的，应当通过仲裁机构向人民法院提交申请书及仲裁案件受理通知书等相关材料（《仲裁法》第 28 条、《财产保全规定》第 3 条）。

（三）疑难点解析

1. 如何理解财产保全的裁定与执行

（1）提出申请。

财产保全原则上由当事人提出申请，法院依职权采取保全措施是例外情形。根据《财产保全规定》第 1 条的规定，当事人、利害关系人申请财产保全，应当向具有管辖权的人民法院提交申请书，并提供相关证据材料。申请书应载明请求事项和其根据的事实与理由、请求保全数额或者争议标的、明确的被保全财产信息或者具体的被保全财产线索等内容。

（2）提供担保。

提供担保是保全程序中的重要环节。申请人的保全担保，旨在补充申请人保全要件疏明不足，以及保证因申请错误而遭受损失的被申请人及时得到赔偿。被申请人的反担保，旨在替代财产保全，并达到解除财产保全的目的。[②] 财产保全担保的方式包括财产担保、保证担保和财产保全责任保险担保三种方式。

对于诉前财产保全，申请人应当提供担保，未提供担保的，人民法院将裁定驳回申

---

① 张卫平. 民事诉讼法. 5 版. 北京：法律出版社，2019：277.

② 江伟，肖建国主编. 民事诉讼法. 8 版. 北京：中国人民大学出版社，2018：245.

请（《民诉法》第 104 条）。对于诉讼财产保全，由人民法院决定当事人是否提供担保。《财产保全规定》第 9 条规定了人民法院可以不要求提供担保的情形，具体包括：（1）追索赡养费、扶养费、抚育费、抚恤金、医疗费用、劳动报酬、工伤赔偿、交通事故人身损害赔偿的；（2）婚姻家庭纠纷案件中遭遇家庭暴力且经济困难的；（3）人民检察院提起的公益诉讼涉及损害赔偿的；（4）因见义勇为遭受侵害请求损害赔偿的；（5）案件事实清楚、权利义务关系明确，发生保全错误可能性较小的；（6）申请保全人为商业银行、保险公司等由金融监管部门批准设立的具有独立偿付债务能力的金融机构及其分支机构的。除此之外，法律文书生效后，进入执行程序前，债权人申请财产保全的，人民法院可以不要求提供担保。

（3）作出裁定。

为防止财产保全被滥用，人民法院应当认真审查保全申请是否符合法定条件。人民法院应在接受申请后的 5 日内作出裁定；需要提供担保的，应当在提供担保后 5 日内作出裁定。诉前、执行前的财产保全申请由立案机构进行审查并作出裁定，诉讼财产保全申请由相关审判机构作出裁定；在执行前财产保全中，有权作出保全裁定的是对执行案件行使管辖权的执行法院。

（4）财产保全裁定的执行。

在保全执行程序中，人民法院对于财产保全的执行方法和执行措施，依照执行程序的相关规定办理，即可以采取查封、扣押、冻结或者法律规定的其他方法。[①] 如果可供保全的土地、房屋等不动产的整体价值明显高于保全裁定所载明的金额，人民法院应当对该不动产的相应价值的部分采取查封、扣押、冻结措施，但该不动产在使用上不可分或者分割会严重减损其价值的除外。对银行账户内资金采取冻结措施的，人民法院应当明确具体的冻结数额（《财产保全规定》第 15 条）。与此同时，《民诉解释》第 153～155条、第 157～159 条规定了财产保全执行的特殊措施，包括对特殊财产的保全、对被保全财产的保管、对被保全财产的使用等。

2. 如何理解财产保全的解除

《民诉解释》第 165 条明确规定，人民法院裁定采取保全措施后，除作出保全裁定的人民法院自行解除或者其上级人民法院决定解除之外，任何单位不得解除保全措施。在符合法律规定的条件时，人民法院可以裁定解除保全，包括以下两种情况（见表 10－2）。

（1）被保全人或第三人提供充分有效担保请求解除保全，人民法院应当裁定准许。被保全人请求对作为争议标的的财产解除保全的，须经申请保全人同意。法院需要裁量是否符合"充分有效担保"的标准（《民诉法》第 107 条、《财产保全规定》第 22 条）。例如，法院认为解除保全申请人"提交了足额现金担保"，即认定可以解除对其名下房产的财产保全措施。[②]

（2）人民法院应当解除或申请保全人应当及时申请解除的情形（《民诉解释》第 166

---

① 由于财产保全的方法和措施与执行程序中的控制性执行措施并无不同，《民诉解释》第 156 条规定财产保全执行可以直接依照《查封规定》等执行程序的相关规定办理。最高人民法院修改后民事诉讼法贯彻实施工作领导小组编著. 最高人民法院民事诉讼法司法解释理解与适用：上册. 北京：人民法院出版社，2015：460.

② 参见上海市宝山区人民法院（2021）沪 0113 民初 11749 号之一民事裁定书。

条、《财产保全规定》第 23 条）。根据最高人民法院的观点，此类财产保全解除是对《民诉法》第 107 条的扩张解释。[1] 例如，某法院采取冻结被申请人存款的保全措施，被申请人以已履行民事调解书所确定的义务为由向法院申请解除保全措施，该法院根据《民诉解释》第 166 条第 1 款第 4 项予以支持。[2]

表 10-2　关于财产保全解除的相关法律规定

法　条	适用条件	解除情形
《民诉法》第 107 条	财产纠纷案件，被申请人提供担保的	人民法院应当裁定解除保全
《财产保全规定》第 22 条	财产纠纷案件，被保全人或第三人提供充分有效担保请求解除保全	人民法院应当裁定准许，被保全人请求对作为争议标的的财产解除保全的，须经申请保全人同意
《民诉解释》第 166 条第 1 款	裁定采取保全措施后，有下列情形之一的，人民法院应当作出解除保全裁定	（1）保全错误的； （2）申请人撤回保全申请的； （3）申请人的起诉或者诉讼请求被生效裁判驳回的； （4）人民法院认为应当解除保全的其他情形
《财产保全规定》第 23 条第 1 款	人民法院采取财产保全措施后，有下列情形之一的，申请保全人应当及时申请解除保全	（1）采取诉前财产保全措施后 30 日内不依法提起诉讼或者申请仲裁的； （2）仲裁机构不予受理仲裁申请、准许撤回仲裁申请或者按撤回仲裁申请处理的； （3）仲裁申请或者请求被仲裁裁决驳回的； （4）其他人民法院对起诉不予受理、准许撤诉或者按撤诉处理的； （5）起诉或者诉讼请求被其他人民法院生效裁判驳回的； （6）申请保全人应当申请解除保全的其他情形

3. 如何理解财产保全申请错误赔偿责任的归责原则

《民诉法》第 108 条规定，财产保全申请有错误的，申请人应当赔偿被申请人因保全遭受的损失。《案由规定》明确将"因申请财产保全损害责任纠纷"归入"侵权责任纠纷"，包括"申请诉前财产保全损害责任纠纷"和"申请诉讼财产保全损害责任纠纷"两种类型。

立法机关释义书对该法条的解释为："被申请人根据本条要求申请人赔偿损失的，应当满足以下条件：（1）因错误保全被人民法院裁定撤销；（2）被申请人的损害与申请人错误存在因果关系；（3）在诉讼时效期间内主张权利。""一旦出现错误，被申请人会因为其财产或行为被采取保全措施而遭受损失。在多数情形下，保全由一方当事人申请启动，但因保全给对方当事人造成损失时，申请采取保全措施的一方应当赔偿被申请人因保全所遭受的损失。"据此，相当数量的法院判决是以"申请有错误"等作为判断申请保全错误赔偿责任是否成立的构成要件。[3] 例如，某法院在判决中写明，申请保全错误赔

---

① 最高人民法院修改后民事诉讼法贯彻实施工作领导小组编著. 最高人民法院民事诉讼法司法解释理解与适用：上册. 北京，人民法院出版社，2015：478.

② 参见北京市房山区人民法院（2021）京 0111 民初 1206 号之二民事裁定书。

③ 汪军，施啸波. 民事诉讼"非必要财产保全"问题研究. 法律适用，2023（9）.

偿责任的构成要件包括："对方申请保全的行为、被申请人遭受经济损失、申请保全行为与被申请人的经济损失之间存在因果关系以及保全行为存在错误。"[1]

我国申请保全错误的归责原则，取决于如何解释"申请有错误"。司法实践中，法院对此存在过错责任原则与无过错责任原则两种不同的理解。最高人民法院在"宜兴市建工建筑安装有限责任公司与张某、张某山申请诉中财产保全损害赔偿责任纠纷案"等公报案例中，明确"申请保全错误，须以申请人主观存在过错为要件，不能仅以申请人的诉讼请求未得到支持为充分条件"[2]。因此，申请财产保全损害责任纠纷中应采取过错责任原则。

四、行为保全的程序特则

（一）难度与热度

难度：☆☆☆☆☆　热度：☆☆☆☆☆

（二）基本理论与概念

行为保全，是指法院根据一方当事人的申请，责令另一方当事人为或不为一定的行为。立法机关通过《民诉法》第103条、第104条分别规定了诉讼行为保全与诉前行为保全，明确了行为保全的两大立法目的，即避免出现"使判决难以执行"或者"造成当事人其他损害"。法院根据当事人的申请，可采取的措施是制止被申请人的某种行为或者要求其作出某种行为。

1. 适用范围

行为保全既可适用于给付之诉，又可适用于形成之诉和确认之诉。以在形成之诉中申请行为保全为例，申请人的目的是请求法院暂时变更已经成立或既存的民事法律关系或民事权益。例如，在黄某、潘某与重庆某公司公司决议撤销诉讼[3]中，潘某向法院申请行为保全，并以保函提供担保。法院审查后，作出行为保全裁定：禁止被申请人实施2020年5月22日股东会决议内容；禁止被申请人依据上述股东会决议办理工商变更登记；禁止以上述股东会议决议为基础召开股东会议。在该案中，被保全实现的权利与本案诉讼之间仅有请求的基础事实同一，具体的权利请求内容并不完全一致。

2. 学理分类

根据《民诉法》第103条的规定，行为保全制度的两大立法目的与意旨是"使判决难以执行"或者"造成当事人其他损害"。由此，根据行为保全功能的不同，我国实际上确立了确保型行为保全与制止型行为保全两种类型。[4] 两者分别近似于大陆法系国家和地区的一般假处分与定暂时状态假处分，具有不同的适用条件、适格第三人以及程序保障要求等。

确保型行为保全的目的是避免"将来"的损害，保证本案判决的执行。与财产保全相同，确保型行为保全仅适用于给付之诉，保全请求属于本案诉讼请求的组成部分，保全程序具有依附于本案诉讼的特征。正基于此，我国台湾地区学理上称之为"请求标的

---

[1] 参见上海市长宁区人民法院（2013）长民一（民）初字第4755号民事判决书。

[2] 宜兴市建工建筑安装有限责任公司与张某、张某山申请诉中财产保全损害赔偿责任纠纷案. 最高人民法院公报，2018（9）.

[3] 参见重庆市綦江区人民法院（2020）渝0110民初5992号民事判决书。

[4] 肖建国. 行为保全：弥补财产保全不足的创举. 检察日报，2012-10-19（3）.

之假处分"。在解释论上，关于财产保全的申请、担保、救济、赔偿责任等规定均适用于确保型行为保全。

制止型行为保全的目的是避免"现在"的损害，暂时维持特定的法律关系或实现特定的权利。制止型行为保全是暂时维持既有利益状态。换言之，假设现在不形成暂定的法律关系，会对权利人造成显著的损害或急迫的危险。[①] 例如，劳动者主张用人单位解雇行为无效，可向法院申请用人单位不得妨害其正常工作。此类型的行为保全在知识产权诉讼、环境公益诉讼、家事诉讼、公司诉讼以及劳动争议诉讼中发挥着重要作用。由于公民权利意识的增强以及纠纷数量的增加，定暂时状态假处分的观念突破"保护现在利益"，扩张到"暂时实现权利"，大陆法系国家和地区称之为"满足的假处分"。我国与之近似的制度是早期司法实践中的海事强制令与知识产权诉前禁令。

《民诉法》并未规定制止型行为保全的程序规则。由于案件类型的不同，制止型行为保全的适用条件、审理程序等会存在一定的差异。近年来，最高人民法院在总结我国的立法与实务经验的基础上，细化了知识产权保护、生态环境保护等领域的行为保全适用规则。

（三）疑难点解析

1. 如何理解知识产权纠纷中行为保全的适用条件

（1）"情况紧急"的认定条件。

《知产行为保全规定》第 6 条规定了关于"情况紧急"的认定条件，包括：申请人的商业秘密即将被非法披露，申请人的发表权、隐私权等人身权利即将受到侵害，诉争的知识产权即将被非法处分，申请人的知识产权在展销会等时效性较强的场合正在或者即将受到侵害，时效性较强的热播节目正在或者即将受到侵害，以及其他需要立即采取行为保全措施的情况。

（2）保全必要性的判断标准。

由于著作权、专利权、商标权等不同权利产生的基础和条件不同，《知产行为保全规定》区分知识产权的不同类型，确定了行为保全必要性的判断标准。[②] 法官应综合考量的因素被规定于《知产行为保全规定》第 7 条。

第一，申请人的请求是否具有事实基础和法律依据，包括请求保护的知识产权效力是否稳定？

法官在判断"申请人的请求是否具有事实基础和法律依据"时，主要审查申请人的请求是否具有胜诉可能性，需要根据申请人提出的事实和理由及其法律适用展开。例如，在"申请人优酷信息技术（北京）有限公司与被申请人上海千杉网络技术发展有限公司诉前行为保全案"[③] 中，申请人（优酷网的经营者）主张，被申请人经营的某软件在链接播放来源于优酷网的影视作品时，绕开了申请人在优酷网设置的片前广告、视频暂停时广告，侵害其合法权益。法官在审查时，通过查询相关案件，发现被申请人曾因类似行

---

① 吕太郎. 民事诉讼法. 台北：元照出版有限公司，2022：865.
② 宋晓明，王闯，夏丽君，等.《关于审查知识产权纠纷行为保全案件适用法律若干问题的规定》的理解与适用. 人民司法，2019（7）.
③ 参见上海市浦东新区人民法院（2018）沪 0115 行保 1 号民事裁定书。

为被生效判决认定构成不正当竞争，将此作为审查申请人胜诉可能性的参考标准。

《知产行为保全规定》第 8 条规定了知识产权效力稳定的审查标准，具体包括：所涉权利的类型或者属性，所涉权利是否经过实质审查，所涉权利是否处于宣告无效或者撤销程序中和被宣告无效或者撤销的可能性，所涉权利是否存在权属争议，以及其他可能导致所涉权利效力不稳定的因素。《知产行为保全规定》第 9 条对依据不经过实质审查的实用新型专利、外观设计专利申请行为保全提出了更为严格的审查要求。

第二，不采取行为保全措施是否会使申请人的合法权益受到难以弥补的损害或者造成案件裁决难以执行等损害？

根据知识产权的类型或者属性，《知产行为保全规定》第 10 条规定了"难以弥补的损害"的认定标准，包括侵害申请人享有的商誉或者发表权、隐私权等人身性质的权利且造成无法挽回的损害，导致申请人的相关市场份额明显减少等。例如，在"申请人支付宝（中国）网络技术有限公司与被申请人江苏斑马软件技术有限公司诉前行为保全案"[1] 中，法官经审查认为，在历年"双十一"大促期间，"支付宝"App 均产生了极为可观的订单数量，故在此期间，被申请人对"支付宝"App 正常支付功能进行干扰所造成的损害后果也将被放大。若不及时制止被申请人的涉案行为，可能对申请人的竞争优势、经营利益等带来难以弥补的损害。

第三，不采取行为保全措施对申请人造成的损害（A）是否超过采取行为保全措施对被申请人造成的损害（B）？

在司法实践中，法官对行为保全审查要素中的利益衡量判断较为困难。关于利益衡量判断方式的选择，即证明 A 超过 B，应以"A 明显大于 B"为标准，还是以"A 大于B"或者"B 不明显超过 A"为标准？采取后一种方式更合理[2]。如果申请人能够举证证明已经造成"难以弥补的损害"，法院可以推定"B 不明显超过 A"；如果被申请人欲阻止保全裁定，则需进一步举证证明"B 明显超过 A"。

第四，采取行为保全措施是否损害社会公共利益。

最高人民法院《关于当前经济形势下知识产权审判服务大局若干问题的意见》明确规定，人民法院应当严格审查被申请人的社会公共利益抗辩，一般只有在涉及公众健康、环境保护以及其他重大社会利益的情况下才考虑。

2. 如何理解环境侵权纠纷中禁止令保全的适用条件

（1）基本条件。

由于生态环境侵权案件类型较多，《环境侵权禁止令规定》以高度概括的方式确定了适用禁止令保全的基本条件，即污染环境、破坏生态的行为具有现实而紧迫的重大风险，不及时制止会造成难以弥补的损害。具体包括：第一，被申请人是否违反《环境保护法》《森林法》《长江保护法》等环境资源法律法规，实施了污染环境、破坏生态的行为；第二，被申请人实施的污染环境、破坏生态的行为是否已经被相关环境资源法律法规明确规定在应承担法律责任的范围内；第三，被申请人因污染环境、破坏生态行为应当被行政主管机关予以行政处理但尚未处理，或者已被行政处理但环境污染、生态破坏尚未得

---

① 参见上海市浦东新区人民法院（2020）沪 0115 行保 1 号民事裁定书。

② 江伟，肖建国主编. 民事诉讼法. 8 版. 北京：中国人民大学出版社，2018：253.

到有效控制。①

（2）考量因素。

《环境侵权禁止令规定》第 5 条规定，人民法院在裁定适用禁止令保全措施时，应当综合考量的因素包括：1）被申请人污染环境、破坏生态行为被行政主管机关依法处理后仍继续实施；2）被申请人污染环境、破坏生态行为对申请人合法权益或者生态环境造成的损害超过禁止被申请人一定行为对其合法权益造成的损害；3）禁止被申请人一定行为对国家利益、社会公共利益或者他人合法权益产生的不利影响；4）其他应当考量的因素。

例如，在"重庆市人民检察院第五分院与重庆市綦江区永丰矿业有限公司生态破坏民事公益诉讼案"② 中，该公司已经办理了案涉土地采矿许可注销登记、停止采矿，且应履行修复矿山环境的义务。经审查，重庆市第五中级人民法院认定该公司利用待修复土地进行砂石来料加工，其行为造成环境污染、生态破坏，如不及时制止将使受损矿山生态环境受到难以弥补的损害。该院发出环境保护禁止令，要求该公司立即停止砂石加工等生产经营活动。

3. 如何理解行为保全与人格权禁令的关系

我国学界针对《民法典》第 997 条人格权禁令的法律属性，以及其与行为保全的关系进行深入的讨论。

第一种观点是人格权禁令与行为保全具有同质性。杨立新教授在评析人格权保护的创新方法时指出，《民法典》第 997 条包括诉前禁令与诉中禁令，两者分别对应《民诉法》规定的诉前行为保全和诉中行为保全。③ 严仁群教授明确提出，《民法典》第 997 条指向诉前行为保全，人格权禁令通常适用诉前行为保全程序。④

第二种观点是人格权禁令是实体禁令，具有独立的请求权基础。王利明教授主张，人格权禁令是"实体法上的禁令"。《民法典》设置人格权禁令时，并未沿用传统的大陆法系模式，而是借鉴英美法系的禁令，规定了独立的、具有实体法效果的制度。⑤

第三种观点是人格权禁令程序独立于行为保全。张卫平教授主张，应建立一个适用于所有独立行为禁令的一般司法程序或"禁令裁判程序"⑥。吴英姿教授指出，人格权禁令规定将禁令制度扩大到了除人身安全保护令之外所有人格权保护领域行为禁令程序，属于略式程序属性。⑦ 郭小冬教授主张，构建独立的禁令程序并吸收行为保全制度，将保全程序纯化为财产保全程序。⑧

① 刘竹梅，贾清林，刘慧慧.《关于生态环境侵权案件适用禁止令保全措施的若干规定》的理解与适用. 法律适用，2022（3）.
② 参见重庆市第五中级人民法院（2022）渝 05 行保 1 号民事裁定书。
③ 杨立新. 我国民法典人格权立法的创新发展. 法商研究，2020（4）.
④ 严仁群. 人格权禁令之程序法路径. 法学评论，2021（6）.
⑤ 王利明. 论人格权保护的全面性和方法独特性：以《民法典》人格权编为分析对象. 财经法学，2020（4）.
⑥ 张卫平. 民法典的实施与民事诉讼法的协调和对接. 中外法学，2020（4）；张卫平. 民法典的诉讼分析. 云南社会科学，2023（1）.
⑦ 吴英姿. 民事禁令程序构建原理. 中国法学，2022（2）；李蔚，吴英姿. 民事独立禁令程序建构论. 财经法学，2022（4）.
⑧ 郭小冬. 禁令程序在民事诉讼法典中的体系定位. 河北法学，2022（8）.

第四节　先予执行

一、先予执行的概念

（一）难度与热度

难度：☆　　热度：☆

（二）基本理论与概念

先予执行，是指法院对某些民事案件作出判决前，为解决当事人一方生活或生产的紧迫需要，根据其申请，裁定另一方当事人给付申请人一定的钱物，或者实施、停止某种行为，并立即执行的一项制度。

先予执行制度的本质是"未决而先执行"，是相对于依据生效判决所进行的终局执行而言的。设立先予执行制度的目的，是通过先裁定被申请人给付申请人一定数额的款项或其他财物，或者裁定被申请人实施某种行为或停止某种行为，以解决当事人生活或生产经营上的困难，避免申请人的合法权益遭受进一步的侵害。

二、先予执行的条件及适用范围

（一）难度与热度

难度：☆☆　　热度：☆

（二）基本理论与概念

申请先予执行的前提是，申请人已经向人民法院提出一个给付之诉，即只有在案件诉讼系属以后，终审判决作出以前，申请人才可以向人民法院申请先予执行。根据《民诉法》第110条、《劳动调解仲裁法》第44条和相关司法解释的规定，人民法院、仲裁庭裁定先予执行，应当符合以下条件：（1）当事人之间权利义务关系明确。（2）申请人有生活或生产经营的急需，若不立即执行，将严重影响申请人的生活或生产经营。例如，义务人未履行义务，不先予执行将使申请人停工停产，甚至破产。（3）申请人提出先予执行申请。劳动者申请先予执行的，可以不提供担保（《劳动调解仲裁法》第44条第3款）。（4）被申请人有履行能力，但劳动者申请先予执行的，不需要此条件。（5）先予执行应当限于申请人诉讼请求的范围，并以申请人的生活、生产经营急需为限。

《民诉法》第109条规定的适用先予执行的案件包括：（1）追索赡养费、扶养费、抚养费、抚恤金、医疗费用的案件；（2）追索劳动报酬的案件；（3）因情况紧急需要先予执行的案件。《民诉解释》第170条对上述"情况紧急"进行解释，具体包括：（1）需要立即停止侵害、排除妨碍的；（2）需要立即制止某项行为的；（3）追索恢复生产、经营急需的保险理赔费的；（4）需要立即返还社会保险金或社会救助资金的；（5）不立即返还款项将严重影响权利人的生活和生产经营的。例如，在某离婚纠纷抚养权先予执行案中[①]，由于案件审理期间，被申请人已经因精神问题被确认为无民事行为能力人，法院认

[①] 最高人民法院发布妇女儿童权益保护十大典型案例之二：颜某某诉黄某某离婚纠纷抚养权先予执行案。

为该案抚养权关系清晰，不先予执行将严重影响申请人的生活，符合《民诉解释》第170条第2项规定的"需要立即制止某项行为"的情形。

三、先予执行的程序规则

（一）难度与热度

难度：☆　热度：☆☆

（二）基本理论与概念

先予执行的程序规则如下：

第一，当事人提出书面申请。法院不能依职权主动采取先予执行措施。

第二，法院可以责令申请人提供担保，如果申请人不提供担保，驳回申请。法院在接到申请后，应当对其是否属于先予执行范围之内的案件、是否符合先予执行的条件进行审查。对符合先予执行条件的案件，法院还需要进一步考虑是否责令申请人提供担保。一旦法院决定责令提供担保，申请人提供有效的担保便成为先予执行的必要条件之一，若不能满足这一条件，申请将被驳回。

第三，作出先予执行的裁定。经审查后，法院对符合条件的先予执行申请，应及时作出先予执行的裁定，并送达双方当事人。对不符合法定条件的申请，应裁定驳回。当事人、利害关系人对裁定不服的，不得提起上诉，但可以申请复议一次，复议申请须在收到裁定书的5日内提出，复议期间不停止裁定的执行。对于复议申请，法院应在10日内进行审查。审查后根据不同情形作出驳回、变更或撤销的裁定。

第四，裁定先予执行后，本案经过审理败诉的，申请人应当将先予执行取得的财产返还给对方。拒不返还的，由法院强制执行。被申请人因先予执行遭受损失的，由申请人予以赔偿。

第五节　妨害民事诉讼的强制措施

一、妨害民事诉讼的强制措施的概述

（一）难度与热度

难度：☆☆☆　热度：☆☆☆

（二）基本理论与概念

妨害民事诉讼的强制措施，是指法院为制止和排除妨害民事诉讼的行为，保证诉讼活动的顺利进行，依法对实施妨害诉讼行为的人采取的强制手段。根据法律规定，强制措施包括拘传、训诫、责令退出法庭、罚款和拘留五种。[①]

（三）疑难点解析

1. 如何理解妨害民事诉讼的强制措施的性质

关于强制措施的性质，我国理论界及实务界并未达成一致。关于强制措施性质的认

---

① 有学者主张，限制出境属于强制措施的范畴。江伟，肖建国主编. 民事诉讼法. 8版. 北京：中国人民大学出版社，2018：277.

定会影响民事诉讼立法以及强制措施的规范适用。根据全国人民代表大会常务委员会法制工作委员会的解释,强制措施是:"人民法院对民事诉讼妨害者所采取一种强制教育和制裁的手段。"[①] 理论界关于强制措施的性质存在强制手段说、制裁说、排除手段说、强制教育方法说、强制处罚手段说等观点。[②] 例如,排除手段说主张,如果当事人(包括其他诉讼参与人、案外人等)以故意的作为或不作为的方式干扰民事审判活动和民事执行活动,法院可以用法律赋予的强制手段予以排除,据此,强制措施被认为是排除妨害行为的措施。[③] 制裁说主张,应分别规定矫正、惩罚与补偿这三种目的下的不同惩罚机制。[④]

2. 如何理解法院应当依职权适用强制措施

民事诉讼强制措施具有较强的权力性。强制措施的决定权和实施权是法院职权的重要组成部分。在民事诉讼程序和执行程序中,强制措施的适用只能由法院决定。同时,强制措施的适用对象、种类及程序具有法定性,法院必须严格按照法律规定的强制措施的程序施行。例如,适用训诫、责令退出法庭由合议庭或独任审判员决定,训诫的内容、被责令退出法庭者的违法事实应当记入庭审笔录。罚款和拘留的适用是由合议庭或独任审判员提出,报请法院院长批准后,再制作罚款决定书或拘留决定书。

二、妨害民事诉讼行为的种类

(一)难度与热度

难度:☆☆ 热度:☆☆

(二)基本理论与概念

妨害民事诉讼的行为必须满足三个构成要件:(1)已经实施了妨害民事诉讼的行为;(2)妨害行为发生在审判和执行过程中;(3)行为人主观上须是故意。从理论上,妨害行为包括诉讼参与主体扰乱民事诉讼法庭审判秩序的行为、有关人员侮辱伤害司法人员(包括审判与执行人员)的行为、负有履行义务主体不履行诉讼义务的行为以及有关主体妨碍执行的行为。[⑤] 为规范强制措施的适用,《民诉法》规定了14种妨害民事诉讼行为:当事人拒不到庭或到场,扰乱法庭秩序,伪造、毁灭重要证据,妨害证人作证,妨害法院对财产采取强制措施,侵害司法人员、诉讼参与人、协助执行人的行为,阻碍司法人员执行职务,拒不履行已发生法律效力的裁判,以虚假诉讼方式试图逃避债务、侵占他人财产或者获取其他非法利益,规避强制执行,拒绝或妨碍人民法院调查取证,金融机构拒绝协助执行,其他单位拒不协助法院执行,其他拒绝协助执行的行为。

(三)疑难点解析

1. 如何理解妨害行为必须是在民事诉讼过程中实施的行为

通常情况下,妨害民事诉讼行为的时间节点是在受理起诉后,执行结束之前。但是在理解该问题时,有必要注意诉前保全阶段实施的妨害行为,以及《民诉解释》第519条规定的执行完毕后针对已执行的标的再次实施的妨害行为。例如,在"周某与瑞之顺

① 王胜明主编. 中华人民共和国民事诉讼法释义. 2 版. 北京:法律出版社,2012:260.
② 吴明童. 对妨害民事诉讼强制措施的性质研究. 北京:中国政法大学出版社,1997:542.
③ 田平安主编. 民事诉讼法原理. 6 版. 厦门:厦门大学出版社,2015:192-193.
④ 李响. 秩序与尊严:民事诉讼强制措施重构刍议. 法治研究,2011(8).
⑤ 周洪江. 民事诉讼强制措施理论研究. 北京:中国政法大学出版社,2019:47.

公司侵害发明专利权纠纷案"中，法院根据周某的申请，裁定采取诉前证据保全措施，对被诉侵权产品进行现场拍照并制作笔录，明确告知被申请人不得破坏或者转移保全证据。在案件审理过程中，被告瑞之顺公司擅自转移诉前保全产品并导致该产品灭失。法院针对被告实施的妨害民事诉讼行为，对其作出罚款 20 万元的司法惩戒决定。[①]

2. 如何理解拘传措施的适用范围

根据《民诉法》第 112 条、《民诉解释》第 174 条以及《民诉解释》第 482 条的规定，拘传主要适用于当事人拒不到庭或到场，具体包括三种情形：（1）必须到庭的被告经法院两次传票传唤，无正当理由拒不到庭。"必须到庭的被告"是指负有赡养、抚育、扶养义务和不到庭就无法查清案情的被告。在这类案件中，被告与原告存在特定的身份关系，被告到庭既有助于法官对其进行说服教育，也有利于判决的执行。对此，部分学者主张，从民事诉讼法理角度分析，被告不到庭意味着其放弃对实体请求的答辩。此时，法院可以根据缺席判决制度作出判决。有学者提出，强制被告到庭的主要目的是查清事实，体现了一种"事实探知绝对化"的观念。[②] 仅是被告到庭并不能实现这一目的，只有被告基于事件经历者的身份到庭并向法院陈述其所知晓的案件事实，才有可能帮助法院查清案情。[③]（2）法院对必须到庭才能查清案件基本事实的原告，经两次传票传唤，无正当理由拒不到庭的，可以拘传。（3）执行程序中，对于必须到场接受调查的被执行人或者被执行人的法定代表人、主要负责人、实际控制人等，人民法院可以传唤其到指定场所；如果其无正当理由拒不到场，也构成妨害诉讼行为。

三、强制措施的规范适用

（一）难度与热度
难度：☆☆☆　热度：☆☆

（二）基本理论与概念

我国《民诉法》依据妨害民事诉讼行为的不同形态、类别，以及其对民事诉讼的危害程度，分别规定了拘传、训诫、责令退出法庭、罚款、拘留等五种强制措施，并对每种强制措施都规定了严格的适用条件和程序规则（见表 10-3）。

表 10-3　妨害民事诉讼强制措施的适用条件与程序规则

措施	法律依据	适用对象	决定作出	具体实施	救 济
拘传	《民诉法》第 112 条、第 119 条，《民诉解释》第 174 条、第 175 条、第 235 条、第 482 条	同时具备以下条件：法律明确规定的拒不到庭或到场的当事人，经过两次传票传唤，无正当理由拒不到庭	由合议庭或独任审判员提出意见，报经本院院长批准，并填写拘传票，直接送达被拘传人，由被拘传人签字或盖章	在采取拘传措施前，应当向被拘传人说明拒不到庭的后果，经批评教育仍拒不到庭的，可以拘传其到庭	—

---

① 最高人民法院发布 2021 年中国法院 10 大知识产权案件之五：周某与无锡瑞之顺机械设备制造有限公司侵害发明专利权纠纷案：侵害"排水板成型机"发明专利权及司法惩戒案。

② 张卫平. 民事诉讼法. 5 版. 北京：法律出版社，2019：290.

③ 占善刚. 我国民事诉讼中当事人缺席规制之检讨. 法商研究，2017（6）.

续表

措施	法律依据	适用对象	决定作出	具体实施	救 济
训诫	《民诉法》第 68 条、第 113 条，《民诉解释》第 102 条、第 177 条	逾期举证的当事人，违反法庭规则的诉讼参与人和其他人	由合议庭或独任审判员决定	训诫的内容应当记入庭审笔录	—
责令退出法庭	《民诉法》第 113 条，《民诉解释》第 177 条	违反法庭规则的诉讼参与人或其他人	由审判长或独任审判员决定。应明确说明责令退出法庭的理由，一经宣布，该强制措施立即生效	被责令退出法庭者的违法事实应当记入庭审笔录，行为人拒不退出时，司法警察可将其强行带离法庭	—
罚款	《民诉法》第 68 条、第 113~118 条、第 120 条，《民诉解释》第 102 条、第 183 条、第 184 条、第 185 条、第 191 条、第 193 条	逾期举证的当事人，对违反法庭规则、扰乱法庭秩序的诉讼参与人或其他人，妨害诉讼证据的收集、调查和阻拦、干扰诉讼进行的诉讼参与人或其他人，恶意串通，通过诉讼、调解等方式侵害他人合法权益或逃避履行法律文书确定的义务当事人，拒不履行协助义务的单位	由合议庭或独任审判员提出罚款的意见和理由，报本院院长批准，制作罚款决定书	罚款的金额，对个人为人民币 10 万元以下，对单位为人民币 5 万元以上 100 万元以下	被罚款、拘留的人不服罚款、拘留决定申请复议的，应当自收到决定书之日起 3 日内提出。上级人民法院应当在收到复议申请后 5 日内作出决定，并将复议结果通知下级人民法院和当事人。复议期间不停止执行。上级人民法院复议时认为强制措施不当的，应当制作决定书，撤销或者变更下级人民法院作出的拘留、罚款决定。情况紧急的，可以在口头通知后 3 日内发出决定书
拘留	《民诉法》第 113~117 条、第 120 条，《民诉解释》第 113 条、第 183 条、第 184 条、第 185 条、第 191 条	实施了《民诉法》第 113~117 条、第 120 条规定的妨害民事诉讼行为的人	由合议庭或独任审判员提出意见和理由，报本院院长批准，制作拘留决定书	拘留的期限为 15 日以下	

《民诉解释》对罚款、拘留的适用作出特别规定。《民诉法》第 113~116 条规定的罚款、拘留可以单独适用，也可以合并适用。对同一妨害民事诉讼行为的罚款、拘留不得连续适用。发生新的妨害民事诉讼行为的，人民法院可以重新予以罚款、拘留。被拘留人在拘留期间认错悔改的，可以责令其具结悔过，提前解除拘留。提前解除拘留，应报经院长批准，并作出提前解除拘留决定书，交负责看管的公安机关执行。

（三）疑难点解析

如何理解人民法院司法警察适用强制措施的规范化？

人民法院司法警察在对妨害民事诉讼行为采取强制措施的情境中发挥着重要作用。有学者进一步指出，法庭警察权乃法院为维护法庭秩序及审判的威严而享有的采取秩序措施及施加秩序罚的权力，具有妨害预防作用、妨害排除作用与妨害制裁作用。[①] 为了保证人民法院司法警察依法履行职权，保障人民法院审判执行工作安全，维护诉讼参与人的合法权益，最高人民法院审判委员会第 1805 次会议通过了最高人民法院《关于人民法院司法警察依法履行职权的规定》。与此同时，为进一步规范人民法院司法警察提请罚款、拘留诉讼强制措施的程序，充分发挥罚款、拘留诉讼强制措施在打击涉诉违法行为方面的作用，最高人民法院印发了《人民法院司法警察依法提请罚款、拘留诉讼强制措施操作规程（试行）》。该规程明确了人民法院司法警察办理案件时应当调查违法嫌疑人的基本情况、违法行为是否存在、违法行为是否为违法嫌疑人实施等。同时，经初步调查取证，司法警察部门主要负责人审查后决定移送立案的，应当填写罚款、拘留审查案件立案登记表，移送立案部门以"司惩"案号立案。[②]

第六节　诉讼费用

一、诉讼费用的概念与功能

（一）难度与热度

难度：☆　热度：☆

（二）基本理论与概念

诉讼费用，是指民事诉讼当事人依法向法院交纳的为进行诉讼所必需的费用，包括起诉、上诉交纳的案件受理费，申请财产保全、支付令等交纳的申请费和其他诉讼费用。《交费办法》第 6 条规定，当事人应当向人民法院交纳的诉讼费用包括：案件受理费、申请费以及证人、鉴定人、翻译人员、理算人员在人民法院指定日期出庭发生的交通费、住宿费、生活费和误工补贴。

诉讼费用必须依法征收。1989 年 6 月至 2007 年 4 月期间，关于诉讼费用适用的主要规范是最高人民法院 1989 年制定的《人民法院诉讼收费办法》。2006 年国家对诉讼费用制度进行了修改，2006 年 12 月国务院通过了《交费办法》，并于 2007 年 4 月 1 日起开始施行，成为现行诉讼费用制度的主要规范依据。诉讼费用制度修改的最大特点是总体上降低了诉讼费用。

---

① 占善刚. 法庭警察权研究. 中外法学, 2022 (1).

② 2022 年 5 月 10 日，刘某在西安市中级人民法院参加民事诉讼调解后，将对方当事人罗某打伤。司法警察控制行为人刘某，并固定现场证据，经研究后决定对刘某移送立案。立案后询问了刘某，听取了刘某陈述、提取了证人证言和现场监控视频资料、指认了违法现场，启动提请"司惩"案件办理程序。西安市中级人民法院根据 2021 年《民诉法》第 114 条第 1 款第 4 项、第 118 条、第 119 条的规定，对刘某拘留 5 日、罚款 3 000 元。西安中院发出首份"司惩"罚单. [2022－05－12]. http://m. thepaper. cn/baijiahao_18057399.

（三）疑难点解析

如何理解诉讼费用的功能？

第一，制裁民事违法行为。诉讼费用原则上采取败诉人负担的原则，而败诉方通常是违反法律、不自觉履行民事义务的当事人。因此，向败诉方当事人征收诉讼费用，实质上就意味着对民事违法行为进行制裁，从而有利于促使当事人自觉遵守法律，自觉履行义务。

第二，减少国家财政开支，消除全社会为少数人诉讼买单的不合理现象。[①] 基于"受益人分担"的原理，当事人作为纳税人，除了应承担审判制度的一般责任外，还应当为具体利用审判制度获得国家提供的纠纷解决服务，即司法服务负担一部分费用。如果不要求当事人交纳诉讼费用，相关费用完全由国家负担，对于没有利用公共设施或没有享受公共服务的其他纳税人来说是不公平的。[②]

第三，防止当事人滥用诉权。在部分大陆法系国家，诉讼费用属于诉讼要件之一。当法官发现欠缺诉讼要件时，法院无须继续审理，应驳回起诉。[③] 有学者提出，《交费办法》施行期间，民事案件的数量已倍增，以经济杠杆调节司法供给与需求关系已是迫在眉睫的工作。[④]

二、诉讼费用的负担

（一）难度与热度

难度：☆　热度：☆

（二）基本理论与概念

诉讼费用的负担，是指在案件判决结案和执行完毕时，当事人对诉讼费用的实际负担。诉讼费用的负担，以"败诉方负担"为原则，以"法院决定负担""当事人协商负担""自行负担"为补充。其中，败诉方负担体现了诉讼费用具有的防止滥诉的功能。根据这一原则，一方胜诉，一方败诉的，由败诉方负担。部分胜诉、部分败诉的，由法院根据双方当事人责任的大小，按比例负担。共同诉讼人败诉的，由法院根据其对诉讼标的的利害关系，决定各自负担的数额。承担连带责任的当事人败诉的，应当共同负担诉讼费用。驳回上诉，维持原判的案件，诉讼费用由上诉人负担。撤回起诉或上诉的，案件受理费由原告或上诉人负担。

（三）疑难点解析

1. 二审案件诉讼费用如何负担

根据第二审人民法院审理上诉案件的不同结果，上诉案件诉讼费用的负担有下列几种情况。

（1）当事人一方不服原判提起上诉的，第二审人民法院判决驳回上诉，维持原判的，第二审的诉讼费用由上诉人负担。

① 田平安主编. 民事诉讼法原理. 6版. 厦门：厦门大学出版社，2015：201.
② 廖永安，等. 诉讼费用研究：以当事人诉权保护为分析视角. 北京：中国政法大学出版社，2006：29.
③ ［日］新堂幸司. 新民事诉讼法. 林剑锋，译. 北京：法律出版社，2008：200.
④ 王福华. 民诉法修改背景下的诉讼费用改革. 法学评论，2022（2）.

（2）双方当事人均不服原判提起上诉的，第二审人民法院审理后，判决驳回上诉，维持原判的，诉讼费用由双方当事人负担。

（3）第二审人民法院对上诉案件审理之后，对第一审人民法院的判决作了改判的，除应确定当事人对第二审诉讼费用的负担外，还应当相应地变更第一审人民法院对诉讼费用负担的决定。

（4）第二审人民法院审理上诉案件，经过调解达成协议的，在调解书送达后，原审人民法院的判决视为撤销。因此，对第一审和第二审的全部诉讼费用，由双方当事人一并协商解决负担问题；协商不成的，由第二审人民法院一并作出决定。

（5）第二审人民法院发回原审人民法院重审的案件，上诉人预交的上诉案件受理费应予退还。

（6）裁定驳回上诉的案件不交纳案件受理费。

2. 再审案件诉讼费用如何负担

再审案件原则上不交纳案件受理费，例外情况包括：第一，当事人有新的证据，足以推翻原判决、裁定，向人民法院申请再审，人民法院经审查决定再审的案件；第二，当事人对人民法院第一审判决或者裁定未提出上诉，第一审判决、裁定或者调解书发生法律效力后又申请再审，人民法院经审查决定再审的案件。上述再审案件的受理费由申请再审的当事人负担；双方当事人都申请再审的，诉讼费用依照《交费办法》第 29 条的规定负担。原审诉讼费用的负担由人民法院根据诉讼费用负担原则重新确定（《交费办法》第 32 条）。

当事人不得单独对人民法院关于诉讼费用的决定提起上诉。当事人单独对人民法院关于诉讼费用的决定有异议的，可以向作出决定的人民法院院长申请复核。复核决定应当自收到当事人申请之日起 15 日内作出。当事人对人民法院决定诉讼费用的计算有异议的，可以向作出决定的人民法院请求复核。计算确有错误的，作出决定的人民法院应当予以更正。

》》 本章实务案例研习

一、宜兴市建工建筑安装有限责任公司与张某、张某山申请诉中财产保全损害赔偿责任纠纷案①

案例考点：申请财产保全错误的认定

（一）案情简介

张某对翁某刚、宜兴建工建筑安装有限责任公司（以下简称"宜兴建筑公司"）提起民间借贷诉讼。同时，张某以其名下奔驰轿车及张某山名下房产作为担保，向法院申请诉讼保全。山东省潍坊市中级人民法院（以下简称"潍坊中院"）审查后，陆续冻结

---

① 案例来源：最高人民法院（2018）最高法民申 2027 号民事裁定书、山东省高级人民法院（2017）鲁民终 1932 号民事判决书、山东省潍坊市中级人民法院（2015）潍民一初字第 109 号民事判决书。

了宜兴建筑公司 4 个银行账户资金共计 11 588 871.93 元。经审理，潍坊中院驳回张某要求宜兴建筑公司承担还款责任的诉讼请求。潍坊中院依法解除对宜兴建筑公司上述 4 个银行账户的查封。宜兴建筑公司以法院未判决其承担还款责任、张某恶意诉讼给其造成经营损失为由，向潍坊中院提起诉讼，请求张某承担申请诉中财产保全损害赔偿责任。宜兴建筑公司的诉讼请求被驳回后，向山东省高级人民法院（以下简称"山东高院"）上诉。山东高院驳回其上诉，维持原判。

宜兴建筑公司向最高人民法院申请再审。最高人民法院经审查认为，根据宜兴建筑公司的再审申请理由及其提交的证据，明确该案的争议焦点问题为：申请保全错误是否仅以申请人诉讼请求未得到支持为充分条件、二审判决认定张某申请诉讼保全不存在恶意是否缺乏证据证明，以及二审判决认定张某申请诉讼保全的行为未对宜兴建筑公司造成实际损失是否缺乏证据证明。

1. 关于申请保全错误是否仅以申请人诉讼请求未得到支持为充分条件的问题

2017 年《民诉法》第 105 条（2023 年《民诉法》第 108 条）规定："申请有错误的，申请人应当赔偿被申请人因保全所遭受的损失。"由于当事人的法律知识、对案件事实的举证证明能力、对法律关系的分析判断能力各不相同，通常达不到司法裁判所要求的专业水平，因此当事人对诉争事实和权利义务的判断未必与人民法院的裁判结果一致，对当事人申请保全所应尽到的注意义务不应过于苛责。而且，《侵权责任法》第 6 条、第 7 条（《民法典》第 1165 条、第 1166 条）① 规定，侵权行为以过错责任为原则，无过错责任必须要有法律依据，但《侵权责任法》（《民法典》）所规定的无过错责任并不包含申请保全错误损害赔偿责任。综上，申请保全错误，须以申请人主观存在过错为要件，不能仅以申请人的诉讼请求未得到支持为充分条件。

2. 关于二审判决认定张某申请诉讼保全不存在恶意是否缺乏证据证明的问题

宜兴建筑公司申请再审时主张，张某在另案中存在伪造账本、提供假证、盗用授权委托书的行为，证明其存在主观恶意。但上述主张只是宜兴建筑公司的怀疑，其并未提交充分有效的证据证明该主张，本院不予支持。案外人翁某刚为张某出具的部分"收款收据"加盖有宜兴建筑公司青州市城市展览馆项目部的公章；张某提供了宜兴建筑公司出具的授权委托书，主张翁某刚系宜兴建筑公司青州项目部经理，负责宜兴建筑公司相关工程的前期筹款、项目规划及施工等工作；宜兴建筑公司在本案一审中亦认可翁某刚系挂靠其经营，基于上述事实，张某将宜兴建筑公司作为被告，为保证将来判决生效后能得到顺利执行，在诉争标的范围内对宜兴建筑公司的银行账户存款申请查封，系依法行使诉讼权利。张某在其他民间借贷纠纷案件中选择只起诉翁某刚、撤回对宜兴建筑公司的起诉，属于为维护自己的实体权利而依法行使诉讼权利的行为，并不能据此认定其主观上存在通过申请诉讼保全损害宜兴建筑公司权利的恶意。因此，宜兴建筑公司关于二审判决认定张某申请诉讼保全不存在恶意缺乏证据证明的再审申请理由不能成立。

---

① 《侵权责任法》第 6 条和第 7 条现为《民法典》第 1165 条、第 1166 条。《民法典》第 1165 条规定："行为人因过错侵害他人民事权益造成损害的，应当承担侵权责任。依照法律规定推定行为人有过错，其不能证明自己没有过错的，应当承担侵权责任。"《民法典》第 1166 条规定："行为人造成他人民事权益损害，不论行为人有无过错，法律规定应当承担侵权责任的，依照其规定。"

3. 关于二审判决认定张某申请诉讼保全的行为未对宜兴建筑公司造成实际损失是否缺乏证据证明的问题

宜兴建筑公司在一审中提交了授权委托书、借款协议、建设工程施工合同、领款汇款凭证、利息支付收据等证据证明张某申请诉讼保全的行为造成了其利息损失，但授权委托书加盖的公章与本案诉状上的公章明显不一致，且两份借款合同均非以宜兴建筑公司名义签订，此后的利息也均未通过该公司支付。此外，根据宜兴建筑公司自述，其作为被执行人的案件有上百起，其损失是否仅由张某申请诉讼保全的行为造成并不能确定。宜兴建筑公司未提交充分有效的证据证明其遭受的利息损失，也未能证明其遭受的损失与张某申请诉讼保全之间存在因果关系。因此，宜兴建筑公司关于二审判决认定张某申请诉讼保全的行为未对其造成实际损失缺乏证据证明的再审申请理由亦不能成立。

（二）法院判决

驳回宜兴建筑公司的再审申请。

（三）学理分析

2017 年《民诉法》第 105 条（2023 年《民诉法》第 108 条）规定，申请保全有错误的，申请人应当赔偿被申请人因保全遭受的损失。本案的核心问题是如何认定申请财产保全行为错误，具体考量因素包括以下两个方面：

第一，申请人胜诉的可能性能否作为判定申请保全行为错误的依据。申请财产保全是否存在错误的判断，不能简单地以胜诉或败诉等案件最终处理结果作为依据。财产保全的审理不同于本案的实体审理，强调的是程序要件的审查，而非对本案实体权利义务关系的终局判决。因此，要求申请人的诉讼请求将来获得法院判决的完全支持才能构成申请没有错误，这种观点既不现实，也不合理。换言之，申请人向法院申请保全措施，只要其与被申请人之间存在真实的实体争议即可，而非要求其将来提起的诉讼具有胜诉可能性。本案中，宜兴建筑公司主张张某等申请财产保全错误的结论可以从败诉这一结果中推定，最高人民法院未予认可。最高人民法院进一步指出，如果仅以保全申请人的诉讼请求是否得到支持作为申请保全是否错误的依据，必然会对善意当事人依法通过诉讼保全程序维护自己权利造成妨碍，影响诉讼保全制度功能的发挥。

第二，申请财产保全错误行为适用何种归责原则。申请财产保全错误行为的性质属于侵权行为，但是现行法律并未明确其究竟是一般侵权行为还是特殊侵权行为。前者适用过错责任原则，后者适用特殊的归责原则，即过错推定或无过错责任原则。本案中，最高人民法院指出申请保全错误，须以申请人主观存在过错为要件。过错责任原则有助于财产保全功能的发挥，因为诉讼是存在风险的，申请人在申请保全时，对于判决结果是否绝对支持其诉讼请求只能作初步判断。如果采用无过错责任原则，那么申请人在考虑是否申请财产保全时就会因顾虑保全错误的赔偿责任而畏首畏尾，将影响财产保全制度的适用。此外，申请保全错误行为的过错程度主要包括故意和重大过失，一般过失不宜包括在内。[①]

---

① 参见江苏省南通市中级人民法院（2019）苏 06 民终 776 号民事判决书。

二、北京冬奥会赛事节目著作权及不正当竞争行为保全案①

案例考点：即发侵权行为中诉前禁令的适用

（一）案情简介

国际奥林匹克委员会是 2022 年北京冬奥会开幕式、闭幕式和各项比赛活动的实况视听节目（以下简称"2022 北京冬奥会赛事节目"）的著作权人。申请人央视国际网络有限公司（以下简称"央视国际公司"）经授权，取得通过信息网络向公众传播、广播、提供 2022 北京冬奥会赛事节目的权利，并有权进行维权。2022 年北京冬奥会开幕以来，申请人发现被申请人珠海创嗨新网络科技有限公司（以下简称"创嗨新公司"）运营的"手机电视直播大全"平台向公众提供 2022 北京冬奥会赛事节目的在线直播，构成了著作权侵权；同时被申请人创嗨新公司在未取得任何授权的情况下，向公众提供 2022 北京冬奥会赛事节目，明显损害了体育赛事节目媒体行业正常的市场竞争秩序，构成了不正当竞争。被申请人上海二三四五网络科技有限公司（以下简称"二三四五公司"）运营的"2345 手机助手"向公众提供"手机电视直播大全"软件，该软件无论是软件名称还是软件详情介绍及宣传图片均显示其具有明显的侵权性，二三四五公司作为应用市场运营者对其内上线的软件应进行相应审查，因此其对涉案侵权行为属明知、应知，构成帮助侵权。

奥运会赛事节目是时效性极强的热播节目。在 2022 北京冬奥会赛事节目的热播期间，考虑到情况的紧迫性，若不及时制止两被申请人的侵权行为将会使申请人的合法权益受到难以弥补的损害。据此，申请人向上海市浦东新区人民法院（以下简称"浦东法院"）提出诉前行为保全申请，请求裁定：被申请人创嗨新公司在"手机电视直播大全"平台上加强内容审核，在 2022 年北京冬奥会举办期间未经许可不得提供任何北京冬奥会赛事节目与开、闭幕式内容（包括但不限于直播、回看、点播、短视频、动图、图片）；被申请人二三四五公司立即停止在"2345 手机助手"中提供应用软件"手机电视直播大全"的下载。

（二）法院裁判

浦东法院经审理认为，根据《知产行为保全规定》第 7 条的规定，对行为保全申请的审查，应当综合考量四个因素：申请人的请求是否具有事实基础和法律依据、不采取行为保全措施是否会使申请人的合法权益受到难以弥补的损害、采取行为保全措施是否会导致当事人间利益显著失衡、采取行为保全措施是否损害社会公共利益。首先，2022 北京冬奥会赛事节目是具有独创性的视听作品。申请人央视国际公司经合法授权，独占享有通过信息网络向公众传播、广播、提供 2022 北京冬奥会赛事节目（包括开、闭幕式）的权利及分授权的权利，并有权进行维权，其请求保护的知识产权效力稳定。2022 年北京冬奥会举办期间，被申请人创嗨新公司未经许可，通过其运营的"手机电视直播大全"软件转播中央广播电视总台 CCTV5＋等电视频道，向公众提供 2022 北京冬奥会赛事节目的在线观看服务。因此申请人针对被申请人创嗨新公司的行为保全请求具有事

---

① 案例来源：上海市浦东新区人民法院（2022）沪 0115 行保 1 号民事裁定书。

实基础和法律依据，但针对被申请人二三四五公司的行为保全请求不具有充分的法律依据。其次，2022 年北京冬奥会具有极大的社会关注度和影响力，相关赛事节目属于时效性极强的热播节目，具有极高的经济价值，能够给申请人带来较大的经济利益。被申请人创嗨新公司的被诉行为发生在北京冬奥会举办期间，若不及时制止该行为，可能对申请人的竞争优势、经济利益等带来难以弥补的损害。再次，被申请人创嗨新公司的被诉行为已经且正在给申请人央视国际公司带来负面影响，申请人的合法权益处于被侵蚀的风险之中。申请人提出的行为保全申请系为防止其利益持续受损或损害结果扩大而采取的合理措施，本身并不会实质影响"手机电视直播大全"软件的正常运营。该申请指向明确、范围适当，且申请人已提供担保，故不会造成当事人间利益的显著失衡。最后，采取行为保全措施可以保障相关公众通过包括申请人在内的诸多合法渠道观看 2022 北京冬奥会赛事节目，获得更优质的在线观赛体验，从而促进 2022 年北京冬奥会的合法传播，故不会损害社会公共利益。

综上，申请人针对创嗨新公司的行为保全申请符合人民法院作出诉前行为保全措施的条件，但针对二三四五公司的行为保全申请不符合人民法院作出诉前行为保全措施的条件，法院裁定被申请人创嗨新公司立即停止 2022 年北京冬奥会举办期间在其运营的"手机电视直播大全"软件上提供关于 2022 年北京冬奥会的开、闭幕式和各项比赛活动的实况视听节目。

（三）学理分析

本案系针对侵害 2022 北京冬奥会赛事节目著作权及不正当竞争行为而作出的知识产权诉前禁令。

第一，知识产权诉前禁令的本质。

知识产权诉前禁令在我国也称诉前停止侵犯知识产权行为（以下简称"为诉前停止侵权行为"）。对于诉前停止侵权行为的性质，学界存在实体权利说与程序说两种观点。知识产权学者将其定性为具有实体属性的"诉前禁令"，而程序法学者主张其为程序规定，理论上属于行为保全范畴，是由《专利法》《商标法》《著作权法》等确立的一项临时性救济，该制度有利于落实 TRIPS 协定第 50 条的规定，及时制止侵犯知识产权行为的继续发生，维护申请人的合法权益。[①]

本案系著作权领域的诉前禁令。《著作权法》第 56 条规定："著作权人或者与著作权有关的权利人有证据证明他人正在实施或者即将实施侵犯其权利、妨碍其实现权利的行为，如不及时制止将会使其合法权益受到难以弥补的损害的，可以在起诉前依法向人民法院申请采取财产保全、责令作出一定行为或者禁止作出一定行为等措施。"司法实践中，人民法院处理诉前停止侵权行为的申请时，适用《民诉法》第九章有关行为保全的规定。

第二，诉前禁令审理程序的本案化。

诉前禁令是对申请人权利的暂时实现，诉前禁令的内容实际上是本案程序所欲保护的债权人权利的全部或部分。由于诉前禁令的签发会对当事人的合法权益产生巨大影响，因此有必要以开庭和言辞辩论为原则，赋予当事人陈述意见、质证辩论的程序保障。如

---

① 肖建国. 论诉前停止侵权行为的法律性质：以诉前停止侵犯知识产权行为为中心的研究. 法商研究，2002（4）.

果是《民诉法》第103条、第104条所述的"情况紧急"，可通过在线的方式进行简单听证，从而较为全面地听取意见，帮助法官作出合理裁定。[①]

本章同步练习

一、选择题

1. 关于《民诉法》规定的期间制度，下列哪一选项是正确的？（　　）

A. 法定期间都属于绝对不可变期间

B. 涉外案件的审理不受案件审结期限的限制

C. 当事人从外地到法院参加诉讼的在途期间不包括在期间内

D. 当事人有正当理由耽误了期间，法院应当依职权为其延展期间

2. 王某与吴某是同学关系。2022年2月王某因结婚需购买住房向吴某借款20 000元，口头约定年底归还，后无力偿还借款。吴某在多次催讨无果的情况下，于2024年2月7日诉诸法院。2月28日开庭时，王某辩称此前已还了10 000元借款，但未向法庭提供证据。在调解未果的情况下，法庭通知双方决定于2024年3月8日就该案进行宣判。王某因事无法到庭，委托其妻子到庭代为签收判决书。宣判之日，王某妻子发现判决王某败诉，法院没对10 000元还款事实予以认定，当即表示不认可判决结果，并拒绝在送达回证上签字。审判人员、书记员在送达回证上注明了送达情况并签名。关于本案判决书的送达方式，下列说法正确的是？（　　）

A. 构成留置送达

B. 构成直接送达

C. 构成委托送达

D. 构成电子送达

3. 下列关于送达的说法，错误的是？（　　）

A. 调解书不适用留置送达

B. 对下落不明的被告可以适用公告送达

C. 原告本人不在家，可以委托其所在居委会转交开庭通知书

D. 向被告邮寄判决书，只能通过邮政局寄送

4. 某公司经营不善，现进行破产清算。关于本案的诉讼费用，下列哪一说法是错误的？（　　）

A. 在破产申请人未预先交纳诉讼费用时，法院应裁定不予受理破产申请

B. 该诉讼费用可由债务人财产随时清偿

C. 债务人财产不足时，诉讼费用应先于共益费用受清偿

D. 债务人财产不足以清偿诉讼费用等破产费用的，破产管理人应提请法院终结破产程序

[①] 中国人民大学国家版权贸易基地在京举办第11期互联网版权沙龙.［2020-03-10］. https://news.ruc.edu.cn/archives/356475.

5. 李某起诉王某要求返还 10 万元借款并支付利息 5 000 元，并向法院提交了王某亲笔书写的借条。王某辩称，已还 2 万元，李某出具了收条，但王某并未在法院要求的时间内提交证据。法院一审判决王某返还李某 10 万元并支付 5 000 元利息，王某不服提起上诉，并称一审期间未找到收条，现找到了并提交法院。关于王某迟延提交收条的法律后果，下列哪一选项是正确的？（　　）

A. 因不属于新证据，法院不予采纳

B. 法院应采纳该证据，并对王某进行训诫

C. 如果李某同意，法院可以采纳该证据

D. 法院应当责令王某说明理由，视情况决定是否采纳该证据

6. 王某被人民法院追加为某案件的无独立请求权第三人，但他认为自己与案件无关，因此拒绝出庭。经两次传票传唤后，人民法院是否可以拘传王某？（　　）

A. 符合法院规定的拘传条件，人民法院可以拘传王某

B. 王某不到庭案件无法查清，人民法院可以拘传王某

C. 王某为案件的无独立请求权第三人，相当于被告，人民法院可以拘传王某

D. 王某不是被告，不能拘传

7. 郑飞诉万雷侵权纠纷一案，虽不属于事实清楚、权利义务关系明确、争议不大的案件，但双方当事人约定适用简易程序进行审理，法院同意并以电子邮件的方式向双方当事人通知了开庭时间（双方当事人均未回复）。开庭时被告万雷无正当理由不到庭，法院作出了缺席判决。送达判决书时法院通过各种方式均未联系上万雷，遂采取了公告送达方式送达了判决书。对此，法院下列的哪些行为是违法的？（　　）

A. 同意双方当事人的约定，适用简易程序对案件进行审理

B. 以电子邮件的方式向双方当事人通知开庭时间

C. 作出缺席判决

D. 采取公告方式送达判决书

8. 关于法院的送达行为，下列哪些选项是正确的？（　　）

A. 陈某以马某不具有选民资格向法院提起诉讼，由于马某拒不签收判决书，法院向其留置送达

B. 法院通过邮寄方式向葛某送达开庭传票，葛某未寄回送达回证，送达无效，应当重新送达

C. 法院在审理张某和赵某借款纠纷时，委托赵某所在学校代为送达起诉状副本和应诉通知

D. 经许某同意，法院用电子邮件方式向其送达证据保全裁定书

9. 甲公司生产的"晴天牌"空气清新器销量占据市场第一。乙公司见状，将自己生产的同类型产品注册成"清天牌"，并全面仿照甲公司产品，使消费者难以区分。为此，甲公司欲起诉乙公司侵权，同时拟申请诉前禁令，禁止乙公司销售该产品。关于诉前保全，下列哪些选项是正确的？（　　）

A. 甲公司可向有管辖权的法院申请采取保全措施，并应当提供担保

B. 甲公司可向被申请人住所地法院申请采取保全措施，法院受理后，须在 48 小时内作出裁定

C. 甲公司可向有管辖权的法院申请采取保全措施，并应当在 30 天内起诉

D. 甲公司如未在规定期限内起诉，保全措施自动解除

10. 李根诉刘江借款纠纷案在法院审理，李根申请财产保全，要求法院扣押刘江向某小额贷款公司贷款时质押给该公司的两块名表。法院批准了该申请，并在没有征得该公司同意的情况下采取保全措施。对此，下列哪些选项是错误的？（　　）

A. 一般情况下，某小额贷款公司保管的两块名表应交由法院保管

B. 某小额贷款公司因法院采取保全措施而丧失了对两块名表的质权

C. 某小额贷款公司因法院采取保全措施而丧失了对两块名表的优先受偿权

D. 法院可以不经某小额贷款公司同意对其保管的两块名表采取保全措施

11. H 地的刘某创作了歌曲《沙漠骆驼》，B 地的罗某、展某未经过刘某同意演唱了该首歌曲，一炮而红，并计划在 C 地开演唱会。刘某拟申请诉前禁令，关于本案，下列哪些选项说法是错误的？（　　）

A. 刘某可以向 H 地、B 地、C 地法院申请诉前禁令

B. 刘某应在法院采取保全措施后的 30 天内提起诉讼

C. 刘某申请诉前禁令时应当提供担保，且应当提供相当于请求保全数额的担保

D. 罗某、展某可在收到保全裁定之日起 5 日内提出异议，收到异议后，法院应当撤销原裁定，禁止令失效。

12. 位于 A 省 B 县的甲公司和 A 省 C 县的乙公司订立水果买卖合同，甲公司付款后，乙公司迟迟不发货，甲公司担心乙公司的发货能力，于是向水果仓库所在地 D 县法院申请保全，法院采取相应保全措施后，甲公司向 C 县法院提起诉讼，下列哪些选项正确？（　　）

A. 甲公司应当提供担保

B. D 县法院应当扣押这批水果

C. C 县法院受理案件后，D 县法院应当将保全的财产一并移送 C 县法院

D. C 县法院受理案件后应当将案件移送 D 县法院

13. 关于财产保全和先予执行，下列哪些选项是正确的？（　　）

A. 二者的裁定都可以根据当事人的申请或法院依职权作出

B. 二者适用的案件范围相同

C. 当事人提出财产保全或先予执行的申请时，法院可以责令其提供担保，当事人拒绝提供担保的，驳回申请

D. 对财产保全和先予执行的裁定，当事人不可以上诉，但可以申请复议一次

14. 施某从事个体运输业务，在行车过程中因闯红灯将正常过马路的肖某撞伤使其住院治疗，在肖某住院期间，因施某拒不垫付医疗费，肖某起诉施某。关于肖某可向法院申请采取的措施，下列哪些说法正确？（　　）

A. 申请对施某采取强制措施

B. 申请公开审理

C. 申请先予执行

D. 申请财产保全

二、案例分析题

1. 2023 年 5 月，居住在 S 市二河县的郝某强、迟某华夫妻将二人共有的位于 S 市三江区的三层楼房出租给包某新居住，协议是以郝某强的名义签订的。2025 年 3 月，住所地在 S 市四海区的温某昌从该楼房底下路过，被三层掉下的窗户玻璃砸伤，花费医疗费 8 500 元。就温某昌受伤赔偿问题，利害关系人的有关说法是：包某新承认当时自己开了窗户，但没想到玻璃会掉下，应属窗户质量问题，自己不应承担责任；郝某强认为窗户质量没有问题，如果不是包某新使用不当，窗户玻璃不会掉下；温某昌受伤是在该楼房院子内，作为路人的温某昌不应未经楼房主人或使用权人同意擅自进入院子里，其也有责任；温某昌认为自己是为了躲避路上的车辆而走到该楼房旁边的，不知道这个区域已属个人私宅的范围。为此，温某昌将郝某强和包某新诉至法院，要求他们赔偿医疗费用。

法院受理案件后，向被告郝某强、包某新送达了起诉状副本等文件。在起诉状、答辩状中，原告和被告在协商过程中都坚持自己的理由。开庭审理 5 天前，法院送达人员将郝某强和包某新的传票都交给包某新，告知其将传票转交给郝某强。开庭时，温某昌、包某新按时到庭，郝某强迟迟未到庭。法庭询问包某新是否将出庭传票交给了郝某强，包某新表示 4 天之前就转交了。法院据此在郝某强没有出庭的情况下对案件进行审理并作出了判决，判令郝某强与包某新共同承担赔偿责任：郝某强赔偿 4 000 元，包某新赔偿 4 500 元，两人相互承担连带责任。一审判决送达后，郝某强不服，在上诉期内提起上诉，认为一审审理程序上存在瑕疵，要求二审法院将案件发回重审。包某新、温某昌没有提起上诉。

问题：一审案件在送达程序上存在哪些瑕疵？

2. 位于 G 省 A 区的陈某和 H 省 N 县的吕某订立海鲜买卖合同。陈某付款后，吕某未按约定时间发货，陈某担心吕某的发货能力，于是向海鲜仓库所在地 A 省 B 县法院申请财产保全。A 省 B 县法院采取相应保全措施之后，陈某向 H 省 N 县法院起诉。

问题：

(1) 陈某是否应当提供担保，为什么？

(2) A 省 B 县法院应当采取何种保全措施？

(3) 陈某向 H 省 N 县法院起诉后，A 省 B 县法院应如何处理？

三、论述题

1. 论述《民诉法》中的期间之计算应当遵循哪些规则。

2. 简述诉讼费用的分担原则。

参考答案

一、选择题

1. B

解析：A 项，法定期间分为绝对不可变期间和相对不可变期间。绝对不可变期间，如上诉期，法律规定为 15 天、10 天，不允许变更；相对不可变期间，如一审、二审审限，虽为法定期间但可以延长，故 A 项表述错误。B 项正确，根据《民诉法》第 287 条的规定，涉外民事诉讼的审理不受一审、二审审限的限制。C 项，法律规定的在途期间不计算在期间内仅指诉讼文书在途期间不计算在内（文书在期间届满前交邮的不算过期），而当事人参加诉讼的在途期间是要计算的，故 C 项表述错误。当事人因不可抗拒的正当理由耽误期间，可以在障碍消除后的 10 日内申请顺延期间，可见期间耽误后的顺延应当依申请进行，法院不能依职权顺延，故 D 项表述错误。

2．B

解析：《民诉解释》第 131 条第 1 款规定："人民法院直接送达诉讼文书的，可以通知当事人到人民法院领取。当事人到达人民法院，拒绝签署送达回证的，视为送达。审判人员、书记员应当在送达回证上注明送达情况并签名。"因此，通知当事人来法院领取诉讼文书，属于直接送达，当事人拒绝签收的，也不需要找见证人及拍照录像进行留置送达，而是视为直接送达，故 B 项正确。

3．C

解析：根据《民诉解释》第 133 条的规定，调解书应当直接送达当事人本人，不适用留置送达。A 项正确。B 项考查公告送达的适用条件。根据《民诉法》第 95 条的规定，受送达人下落不明，或者用本节规定的其他方式无法送达的，可以公告送达。该条明确规定了公告送达的适用前提，所以对于下落不明的被告当然可以适用公告送达。C 项考查委托送达。委托送达只能委托其他法院，不存在委托派出所、居委会、所在单位、学校的情形。D 项考查邮寄送达。根据最高人民法院《关于以法院专递方式邮寄送达民事诉讼文书的若干规定》第 1 条可知，人民法院直接送达诉讼文书有困难的，可以交由国家邮政机构以法院专递方式邮寄送达。我国邮寄送达只能通过邮政局来进行。该项正确。故本题答案为 C。

4．A

解析：《破产法解释（一）》第 8 条规定：破产案件的诉讼费用，应根据《破产法》第 43 条的规定，从债务人财产中拨付。相关当事人以申请人未预先交纳诉讼费用为由，对破产申请提出异议的，人民法院不予支持。由该法条可知，破产案件的诉讼费用无须预交，故 A 选项错误。《破产法》第 41 条规定："人民法院受理破产申请后发生的下列费用，为破产费用：（一）破产案件的诉讼费用；（二）管理、变价和分配债务人财产的费用；（三）管理人执行职务的费用、报酬和聘用工作人员的费用。"《破产法》第 43 条规定："破产费用和共益债务由债务人财产随时清偿。债务人财产不足以清偿所有破产费用和共益债务的，先行清偿破产费用。债务人财产不足以清偿所有破产费用或者共益债务的，按照比例清偿。债务人财产不足以清偿破产费用的，管理人应当提请人民法院终结破产程序。人民法院应当自收到请求之日起十五日内裁定终结破产程序，并予以公告。"根据上述两个法条的规定，可知 B、C、D 三个选项说法皆正确。

5．B

解析：举证期限可以由法院在审理前的准备阶段确定（法院确定的举证期限不得少于 15 天），也可以由当事人协商一致后经法院准许确定。当事人在举证期限内提供证据确有困难的，可以在举证期限届满前书面向法院申请延长。根据《民诉解释》第 101 条、第 102 条的规定，逾期提供证据的，法院应当责令说明理由，拒不说明或者理由不能成立的，法院可以不采纳该证据，或者采纳证据后予以训诫、罚款。具体如下：（1）当事人故意或者重大过失逾期提供证据，法院不予采纳该证据；（2）当事人故意或者重大过失逾期提供证据，但该证据与案件基本事实相关的，法院应当采纳该证据，并对当事人予以训诫、罚款；（3）当事人非因故意或者重大过失逾期提供证据的，法院应当采纳证据后予以训诫；（4）当事人逾期提供证据是因为客观原因或者对方当事人对逾期没有提出异议的，视为未逾期（应当采纳该证据，且无须对当事人予以训诫、罚款）。结合题目，王某在二审中提供收条，显然属于逾期提供证据，其理由是"一审期间未找到收条"，显然并非故意或者重大过失。根据前述分析，当事人不是故意或者重大过失逾期提供证据的，法院应当采纳证据后予以训诫，故本题答案为 B。

6. D

解析：依据《民诉法》第 112 条的规定，人民法院对必须到庭的被告，经两次传票传唤，无正当理由拒不到庭的，可以拘传。王某不是被告，不能对其采取拘传措施。

7. CD

解析：《民诉法》第 160 条规定，对于基层人民法院及其派出法庭审理的事实清楚、权利义务明确、争议不大的简单民事案件，当事人双方可以约定适用简易程序。所以 A 项中当事人约定适用简易程序的表述正确。同时，对适用简易程序审理的案件，法院可以用简便方式（电话、传真、电子邮件等）传唤双方当事人、通知证人和送达诉讼文书，所以法院用电子邮件方式通知开庭时间的做法正确，B 项表述正确。但用简便方式送达的开庭通知，未经当事人确认或者没有其他证据证明当事人已经收到的，不得缺席判决。本案中当事人均未回复确认，法院不得缺席判决，所以法院缺席判决的做法错误，C 项错误。同时，简易程序不允许公告送达，所以 D 项错误。综上所述，本题答案为 CD。

8. AD

解析：A 项考查留置送达，受送达人马某拒不签收判决书，可以留置送达。B 项考查邮寄送达，邮寄送达的以回执上记载的日期为送达日期，故邮寄送达的，不论送达回证有没有寄回，不论送达回证上记载的是什么时间，一律以回执为准。C 项考查委托送达，委托送达只能委托其他法院，不存在委托派出所、居委会、所在单位、学校的情形。D 项考查电子送达，原为电子送达的消极适用情形，但 2021 年《民诉法》修改后，判决书、裁定书、调解书不再是其消极适用的对象，本题中的证据保全裁定书可以适用电子送达。故本题答案为 AD。

9. ABC

解析：根据《民诉法》第 104 条的规定，诉前保全应当向被保全财产所在地、被申请人住所地、对案件有管辖权的法院提出申请，可见 A、B 选项中关于管辖的表述是正确的。同时，诉前保全，法院应当责令申请人提供担保，担保是必需的，A 选项正确；由于诉前保全均为情况紧急的情形，法院应当在 48 小时内作出裁定，B 选项正确；采取诉前保全措施后，申请人应当在 30 日内提起诉讼或者申请仲裁，否则法院应当裁定解除保全，C 选项正确；虽然申请人在 30 日内没有起诉或者申请仲裁，法院应当裁定解除保全，但保全的解除需要法院作出裁定，不能自动解除，所以 D 选项错误。综上所述，本题答案为 ABC。

10. ABC

解析：人民法院对抵押物、留置物、质押物有权采取保全措施，但是法院采取保全措施不会导致担保物权的丧失，也不影响担保物权人的优先受偿权，据此 BC 选项错误，D 选项正确。对担保物权人占有的担保财产采取保全措施后，该担保财产的保管问题，司法解释规定"查封、扣押、冻结担保物权人占有的担保财产一般由担保物权人保管；由人民法院保管的，质权、留置权不因采取保全措施而消灭"，因此 A 选项错误。

11. ACD

解析：《知产行为保全规定》第 3 条规定："申请诉前行为保全，应当向被申请人住所地具有相应知识产权纠纷管辖权的人民法院或者对案件具有管辖权的人民法院提出。当事人约定仲裁的，应当向前款规定的人民法院申请行为保全。"故刘某住所地 H 地没有管辖权，A 项错误。《民诉法》第 104 条第 3 款规定："申请人在人民法院采取保全措施后三十日内不依法提起诉讼或者申请仲裁的，人民法院应当解除保全。"故 B 项说法正确。《民诉解释》第 152 条第 2 款规定："利害关系人申请诉前保全的，应当提供担保。申请诉前财产保全的，应当提供相当于请求保全数额的担保；情况特殊的，人民法院可以酌情处理。申请诉前行为保全的，担保的数额由人民法院根据案件的具体情况决定。"故 C 项前半句正确，后半句错误，行为保全并不要求提供等额担保。《民诉解释》第 171 条规定："当事人对保全或者先予执行裁定不服的，可以自收到裁定书之日起五日内向作出裁定的人民法院申请复议。人民法院应当在收到复议申请后十日内审查。裁定正确的，驳回当事人的申请；裁定不当的，变更或者撤销原裁定。"故被申请人提出异议后，法院还需要进行审查，而不是直接裁定撤销。D 项错误。本题答案为 ACD。

12. AC

解析：根据《民诉法》第 104 条的规定，诉前保全，申请人应当提供担保，不提供担保的，裁定驳回申请。因此 A 选项正确。B 选项考查保全措施，被保全的财产是水果，属于季节性商品、鲜活、易腐烂变质以及其他不宜长期保存的物品，不能直接予以查封、扣押、冻结，应当对其进行变价处理后保存价款，即责令当事人及时处理并由法院保存相应价款，必要时也可以由法院变卖并保存价款，所以 B 选项错误。C、D 选项考查采取保全措施的法院和受理案件的法院不一致的处理，根据《民诉解释》第 160 条的规定，诉前保全措施采取后，当事人向采取保全措施之外的其他有管辖权的法院起诉的，采取诉前保全措施的法院应当将保全手续移送受理案件的法院，诉前保全的裁定视为受移送法院作出的裁定，所以 C 选项正确，D 选项错误。综上，本题答案为 AC。

13. CD

解析：诉讼中的财产保全可以依申请，也可以依职权，诉前财产保全只能依申请，不能依职权。先予执行只涉及当事人权利的保护，所以只能依申请，不能依职权。A 选项错误。二者的适用范围明显不同，先予执行适用于：（1）追索赡养费、扶养费、抚育费、抚恤金、医疗费用等案件；（2）追索劳动报酬；（3）情况紧急需要先予执行的。B 选项错误。财产保全适用于可能因当事人一方的行为或者其他原因判决难以执行或造成当事人其他损害的情形。C 选项中诉讼中的保全和先予执行都是可以责令当事人提供担保，经责令当事人拒绝提供的，驳回申请，担保不是必需的，表述正确。D 选项中对财产保全和先予执行的救济方式都是同级复议，表述正确。

14. CD

解析：在民事诉讼中强制措施仅适用于妨碍诉讼和执行的行为，在本案中施某并未实施妨碍诉讼、执行的行为，不能对其采取强制措施。针对妨碍诉讼和执行的行为适用强制措施应当由法院依职权采取，不存在当事人申请适用的问题，故 A 选项表述错误。关于公开审理原则，民事诉讼原则上应当公开审理，但涉及国家秘密、个人隐私和其他案件法定不公开；涉及商业秘密和离婚案件依申请不公开审理。本案不存在法定不公开以及依申请不公开的问题，应当依法公开审理，不存在申请公开的问题，B 选项表述错误。对于追索赡养费、扶养费、抚育费、抚恤金、医疗费，追索劳动报酬，以及其他情况紧急需要先予执行的案件，当事人可以申请法院先予执行，本案属于追索医疗费，故权利人肖某可以申请法院先予执行，C 选项正确。对于可能因为当事人一方的行为或者其他原因致使判决难以执行或者造成当事人其他损害的案件，对方当事人可以申请法院进行保全，包括财产保全和行为保全，故肖某可以申请法院对施某进行财产保全，D 选项正确。

二、案例分析题

1. 一审法院通过包某新向郝某强送达开庭传票这一方式错误。送达是法院的职权行为，法院必须严格按照法定的方式来进行送达。

未经依法传票传唤，即对郝某强缺席判决的做法错误。《民诉法》第 147 条规定："被告经传票传唤，无正当理由拒不到庭的，或者未经法庭许可中途退庭的，可以缺席判决。"在该案中，由于法院的不当送达行为，导致被告郝某强可能并没有收到传票。在没有传票传唤的前提下，对被告进行缺席判决，剥夺了其诉讼权利。法院这一做法是违法的。

2. （1）《民诉法》第 104 条第 1 款规定："利害关系人因情况紧急，不立即申请保全将会使其合法权益受到难以弥补的损害的，可以在提起诉讼或者申请仲裁前向被保全财产所在地、被申请人住所地或者对案件有管辖权的人民法院申请采取保全措施。申请人应当提供担保，不提供担保的，裁定驳回申请。"陈某应当提供担保。

（2）《民诉解释》第 153 条规定："人民法院对季节性商品、鲜活、易腐烂变质以及其他不宜长期保存的物品采取保全措施时，可以责令当事人及时处理，由人民法院保存价款；必要时，人民法院可予以变卖，保存价款。"A 省 B 县法院应当责令当事人及时处理，由法院保存价款。

（3）《民诉解释》第 160 条规定："当事人向采取诉前保全措施以外的其他有管辖权的人民法院起诉的，采取诉前保全措施的人民法院应当将保全手续移送受理案件的人民法院。诉前保全的裁定视为受移送人民法院作出的裁定。"A 省 B 县法院应当将材料移送给 H 省 N 县法院。

三、论述题

1. 根据我国《民诉法》第 85 条的规定，期间以时、日、月、年计算，并遵循以下四项规则。

（1）期间以时、日、月、年计算。

计算期间的单位是时、日、月、年。但对于具体的诉讼活动，是以时、日、月为计算单位，还是以年为计算单位，则需要通过法律规定、法院指定、当事人约定等方式来确定。

（2）期间开始的时和日，不计算在期间内。

期间如果是以小时为单位计算的，开始的小时不计算在内，从下一个小时开始计算。终期则根据期间的实际小时数相加确定。期间如果是以日为单位计算的，开始的日也不计算在内，从次日开始计算。终期则根据期间的实际天数相加确定。

同样的，如果期间是以月和年为单位计算的，由于它们实际上是由日组成的，因此也是从次日开始计算。终期则是根据期间的实际月数或者年数相加确定的届满月或者届满年的始期对应日。如果没有对应日的，就以该月的最后一天为届满日。如《民诉法》第 103 条规定，对紧急情况下财产保全的申请，法院接受申请后必须在 48 小时内作出裁定。"48 小时"应当从法院收到申请后的次时开始计算。当期间以日、月、年计算时，各种期间均从次日开始计算。

（3）期间届满的最后一日是法定休假日的，以法定休假日后的第一日为期间届满的日期。

此处的"法定休假日"是指国家统一规定的适用于全体人民的休假日，如元旦、春节、国庆节、周末（含周六周日）；不包括专为某一类人规定的休假日，如教师节、母亲节等。但是应当注意的是，如果休假日是在期间中间，而不是在期间届满的最后一日，则无须扣除。

（4）期间不包括在途时间，诉讼文书在期满前交邮的，不视为过期。

此处的"在途时间"，是指诉讼文书在邮寄途中花费的时间。法院在计算诉讼文书的期间时，不应以收到的日期为准，而应当扣除在途时间，以当事人交邮的时间为准，通常是以邮寄地邮局所盖邮戳上的时间为准。

2. 各国对诉讼费用的分担问题均奉行败诉方负担的做法，只是在诉讼费用具体构成上有差异，使败诉方负担的内容并不一致。例如，在德国，败诉当事人不仅负担审判费用，还负担对方的律师费；法国实行司法免费制度，败诉方当事人只需负担对方的当事人费用；美国的审判费用采取按件征收受理费的方法，因而败诉当事人主要承担对方律师费以外的当事人费用；英国采取"胜者通吃"的做法，败诉当事人要负担对方包括律师费在内的所有费用。

在我国，诉讼费用的负担有以下六个原则。（1）案件受理费由败诉的当事人负担。双方都有责任的由双方分担。（2）经人民法院调解达成协议的案件，诉讼费用的负担由双方协商解决；协商不成的，由人民法院决定。（3）离婚案件诉讼费用的负担由人民法院决定。（4）撤诉的案件，案件受理费由原告负担，减半收取其他诉讼费用按实际支出收取。驳回起诉的案件，案件受理费由起诉的当事人负担。（5）申请执行费和执行中实际支出的费用由被申请人负担。申请诉讼保全措施的申请费由败诉方负担。（6）追索赡养费、扶养费、抚育费、抚恤金和劳动报酬的案件，原告可不预交案件受理费，案件审结时，由败诉方负担。

第十一章　第一审普通程序

本章知识点速览

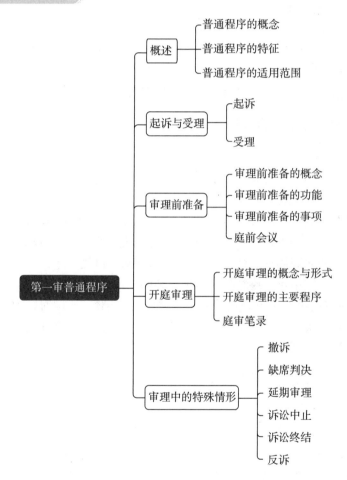

第一审普通程序
- 概述
  - 普通程序的概念
  - 普通程序的特征
  - 普通程序的适用范围
- 起诉与受理
  - 起诉
  - 受理
- 审理前准备
  - 审理前准备的概念
  - 审理前准备的功能
  - 审理前准备的事项
  - 庭前会议
- 开庭审理
  - 开庭审理的概念与形式
  - 开庭审理的主要程序
  - 庭审笔录
- 审理中的特殊情形
  - 撤诉
  - 缺席判决
  - 延期审理
  - 诉讼中止
  - 诉讼终结
  - 反诉

本章核心知识点解析

第一节　第一审普通程序概述

一、第一审普通程序的概念

（一）难度与热度

难度：☆☆　热度：☆☆

（二）基本理论与概念

第一审普通程序是法院审理一审民事案件所适用的标准程序。民事诉讼法中规定的第一审程序包括普通程序与简易程序。"普通程序"是相对于"简易程序"的概念。之所以称其为"标准程序"，是因为普通程序是民事审判程序中规定得最完整的程序，其他程序中没有规定的情形，均参照适用第一审普通程序的规定。

二、第一审普通程序的特征

（一）难度与热度

难度：☆☆☆　热度：☆☆

（二）基本理论与概念

第一审普通程序具有"程序完整性""程序基础性""广泛适用性"等特征。所谓"完整性"是指第一审普通程序规定了从起诉受理一直到判决的所有的程序节点，如庭前准备程序，开庭后的法庭调查、法庭辩论程序，判决的相关程序，等等；同时亦对程序中的特殊情况，如程序中止、终结等作出了详细的规定。正因为其"完整性"，其具备了"其他程序若无规定应参照一审普通程序规定"的"基础性"。同时，为保障人民群众应有的诉讼权利，原则上各级人民法院应首先选择适用普通程序审理案件，因此在适用上其具有"广泛性"的特征。

三、第一审普通程序的适用范围

（一）难度与热度

难度：☆☆☆☆　热度：☆☆☆

（二）基本理论与概念

原则上来讲，基于对人民群众诉讼权利的保障，人民法院应优先适用普通程序审理案件。但在具体选择程序时，应注意如下几点：

（1）一审程序包括普通程序与简易程序。只有一审案件符合简易程序的规定时，一审法院方可适用简易程序。

（2）简易程序原则上仅适用于基层人民法院及派出法庭，中级人民法院、高级人民法院、最高人民法院只能适用普通程序。

（3）从审级的角度讲，简易程序仅适用于一审程序，二审程序只能适用普通程序。

再审程序无论适用的是一审程序还是二审程序，都应适用普通程序。

第二节　起诉与受理

一、起诉

(一) 难度与热度

难度：☆☆☆☆　热度：☆☆☆☆

(二) 基本理论与概念

起诉，指的是原告实施的要求法院启动审判程序，审理并裁判自己提出的特定诉讼请求的诉讼行为。

起诉权是公民、法人或其他组织为了维护自己的合法权益而要求国家审判机关行使司法权的一项重要权利。这是当事人行使诉权的具体体现。

(三) 疑难点解析

1. 起诉的实质条件

所谓起诉的条件是指当事人起诉必须具备的条件。根据《民诉法》第 122 条的规定，起诉必须符合下列条件：

（1）原告是与本案有直接利害关系的公民、法人和其他组织。所谓"直接利害关系"一般指的是原、被告间的争议直接涉及自己的民事权益。

（2）有明确的被告。根据《民诉解释》第 209 条的规定，原告提供被告的姓名或者名称、住所等信息具体明确，足以使被告与他人相区别的，可以认定为有明确的被告。因此，原告于起诉时确定的被告不一定是适格被告，仅需"特定"即可。

（3）有具体的诉讼请求和事实、理由。诉讼请求是当事人请求法院保护自己民事权益的范围，划定了法院审理的范围，因此应当在起诉时予以明确；事实是原告与被告间产生的能够引发民事法律关系产生、变更或消灭的事实；理由是可以支持原告请求的法律依据。

（4）属于人民法院受理民事诉讼的范围和受诉人民法院管辖。

仲裁排除司法管辖。根据《民诉解释》第 215 条的规定，当事人在书面合同中订有仲裁条款，或者在发生纠纷后达成书面仲裁协议，一方向人民法院起诉的，人民法院应当告知原告向仲裁机构申请仲裁，其坚持起诉的，裁定不予受理，但仲裁条款或者仲裁协议不成立、无效、失效、内容不明确无法执行的除外。

无管辖权的处理。根据《民诉解释》第 211 条的规定，对本院没有管辖权的案件，告知原告向有管辖权的人民法院起诉；原告坚持起诉的，裁定不予受理；立案后发现本院没有管辖权的，应当将案件移送有管辖权的人民法院。

2. 起诉的形式条件

起诉的形式条件指的是起诉是以书面还是以口头形式实施。根据《民诉法》第 123 条的规定，起诉应当向人民法院递交起诉状，并按照被告人数提出副本。书写起诉状确有困难的，可以口头起诉，由人民法院记入笔录，并告知对方当事人。

从本规定可以看出，起诉原则上应以书面形式提出，例外情况可以以口头形式提出。

《民诉法》第124条规定："起诉状应当记明下列事项：（一）原告的姓名、性别、年龄、民族、职业、工作单位、住所、联系方式，法人或者其他组织的名称、住所和法定代表人或者主要负责人的姓名、职务、联系方式；（二）被告的姓名、性别、工作单位、住所等信息，法人或者其他组织的名称、住所等信息；（三）诉讼请求和所根据的事实与理由；（四）证据和证据来源，证人姓名和住所。"

从该规定可以看出，起诉状记载事项对应的便是起诉的实质条件的内容。

3. 起诉的法律效果

《民法典》第195条规定："有下列情形之一的，诉讼时效中断，从中断、有关程序终结时起，诉讼时效期间重新计算：（一）权利人向义务人提出履行请求；（二）义务人同意履行义务；（三）权利人提起诉讼或者申请仲裁；（四）与提起诉讼或者申请仲裁具有同等效力的其他情形。"

基于上述规定，当事人向法院提起民事诉讼可使案件的诉讼时效中断。应当注意，诉讼时效中断并非自法院受理起中断，而是自起诉时中断，因为起诉就代表着权利人向义务人提出了请求，行使了权利。

从国外的民事诉讼理论来看，起诉会产生所谓的"诉讼系属"的状态。所谓"诉讼系属"指的是案件处于诉讼状态之中。有观点认为案件进入诉讼状态的时间点应当是案件受理后。但应当明确的是，当事人的起诉行为实际上引发的是法院对起诉条件的审查义务，进而法院需要作出立案或不予立案的裁定予以回应。应当说起诉本身就是诉讼行为，其使案件进入法院审查之中，而法院对起诉条件的审查本身亦是诉讼的环节之一。

二、受理

（一）难度与热度
难度：☆☆☆☆　热度：☆☆☆

（二）基本理论与概念
受理指的是人民法院对当事人的起诉予以审查，对符合起诉条件的案件予以立案的审判行为。

（三）疑难点解析
1. 审查受理程序

从人民法院内部机构设置来讲，当事人起诉后的立案审查程序由法院立案庭予以实施。在审查当事人起诉时，应当对起诉的实质条件与形式条件均予以审查。

《民诉法》第126条规定："人民法院应当保障当事人依照法律规定享有的起诉权利。对符合本法第一百二十二条的起诉，必须受理。符合起诉条件的，应当在七日内立案，并通知当事人；不符合起诉条件的，应当在七日内作出裁定书，不予受理；原告对裁定不服的，可以提起上诉。"

《民诉解释》第208条规定："人民法院接到当事人提交的民事起诉状时，对符合民事诉讼法第一百二十二条的规定，且不属于第一百二十七条规定情形的，应当登记立案；对当场不能判定是否符合起诉条件的，应当接收起诉材料，并出具注明收到日期的书面凭证。需要补充必要相关材料的，人民法院应当及时告知当事人。在补齐相关材料后，应当在七日内决定是否立案。立案后发现不符合起诉条件或者属于民事诉讼法第一百二十七条规定情形的，裁定驳回起诉。"

2. 受理的法律效果

（1）受诉人民法院取得该案审判权。

人民法院受理案件之前需要对是否对本案具有管辖权予以审查，审查完毕并认为具备管辖权后方可立案，进而取得本案的审判权。

（2）禁止重复起诉。

在人民法院受理当事人的起诉后，当事人不得再向其他人民法院起诉。若构成重复起诉，则后受理该诉讼的人民法院应裁定不予受理。

3. 不予受理的情形

人民法院立案庭审查时，应当严格按照《民诉法》规定的起诉条件予以审查。对于不符合起诉条件的应裁定不予受理。依据《民诉法》第127条及《民诉解释》的相关规定，不予受理有五种情形。

（1）被告不明确。

《民诉解释》第209条第2款的规定，起诉状列写被告信息不足以认定明确的被告的，人民法院可以告知原告补正。原告补正后仍不能确定明确的被告的，人民法院裁定不予受理。

（2）法院无主管权。

依据《民诉法》第127条的规定，依照行政诉讼法的规定，属于行政诉讼受案范围的，告知原告提起行政诉讼；依照法律规定，双方当事人达成书面仲裁协议申请仲裁、不得向人民法院起诉的，告知原告向仲裁机构申请仲裁；依照法律规定，应当由其他机关处理的争议，告知原告向有关机关申请解决。

（3）法院无管辖权。

依据《民诉解释》第211条的规定，对本院没有管辖权的案件，告知原告向有管辖权的人民法院起诉；原告坚持起诉的，裁定不予受理；立案后发现本院没有管辖权的，应当将案件移送有管辖权的人民法院。

（4）重复起诉。

依据《民诉法》第127条的规定，对判决、裁定、调解书已经发生法律效力的案件，当事人又起诉的，告知原告申请再审，但人民法院准许撤诉的裁定除外。依据《民诉解释》第212条的规定，裁定不予受理、驳回起诉的案件，原告再次起诉，不符合起诉条件或属于《民诉法》第127条规定情形的，人民法院应不予受理。

（5）在规定时间内不能起诉。

依据《民诉法》第127条的规定，依照法律规定，在一定期限内不得起诉的案件，在不得起诉的期限内起诉的，不予受理；判决不准离婚和调解和好的离婚案件，判决、调解维持收养关系的案件，没有新情况、新理由，原告在6个月内又起诉的，不予受理。

依据《民诉解释》第214条第2款的规定，原告撤诉或者按撤诉处理的离婚案件，没有新情况、新理由，6个月内又起诉的，人民法院应不予受理。

4. 原告具备"直接利害关系"的例外情形

原则上来讲，原告具备直接利害关系指的是原告是其起诉主张的权利义务主体。但在两种情形中亦可作为原告起诉：诉讼担当的情形、具有确认利益的情形。

所谓诉讼担当，指的是以自己的名义为他人利益而为诉讼的资格。比如死者名誉受侵害，近亲属作为当事人起诉；环境受损害时，由环保组织或检察院提起公益诉讼。

所谓确认利益指的是如在"确认合同不成立""确认无亲子关系""确认他人合同无效"等诉讼中，由于当事人主张不存在法律关系，即主张自己不是法律关系主体，在这种诉讼中就不能用权利义务主体的标准确定适格或正当当事人。例如，在"确认他人合同无效"的诉讼中，确认无效之人并非合同当事人，但是由于合同损害其利益，因此他就有了利用确认诉讼保护自己的利益的必要性，而这种必要性就是确认利益，也可称为确认的必要。

5. 民事案由与起诉条件

《案由规定》指出：正确认识民事案件案由的性质与功能。案由体系的编排制定是人民法院进行民事审判管理的手段。各级人民法院应当依法保障当事人依照法律规定享有的起诉权利，不得将《案由规定》等同于《民诉法》第122条规定的起诉条件，不得以当事人的诉请在《案由规定》中没有相应案由可以适用为由，裁定不予受理或者驳回起诉，损害当事人的诉讼权利。

6. 对"被告明确的理解"

(1) 立案时明确被告是否需要原告提供准确的被告地址。

最高人民法院《关于依据原告起诉时提供的被告住址无法送达应如何处理问题的批复》："……人民法院依据原告起诉时所提供的被告住址无法直接送达或者留置送达，应当要求原告补充材料。原告因客观原因不能补充或者依据原告补充的材料仍不能确定被告住址的，人民法院应当依法向被告公告送达诉讼文书。人民法院不得仅以原告不能提供真实、准确的被告住址为由裁定驳回起诉或者裁定终结诉讼。因有关部门不准许当事人自行查询其他当事人的住址信息，原告向人民法院申请查询的，人民法院应当依原告的申请予以查询。"

从上述批复可以看出，立案时无须原告提供准确的被告地址。"明确被告"仅需要原告提供的被告信息能够将被告"特定"即可。

(2) 明确被告不等于适格被告。

起诉阶段只需要原告提供材料将被告明确并特定，不需要审查被告是否与本案具有直接利害关系。该种实体审查是在开庭审理时才需要判断的问题。

第三节　审理前的准备

一、审理前的准备程序的概念及功能

(一) 难度与热度

难度：☆☆　热度：☆☆

(二) 基本理论与概念

审理前的准备程序指的是《民诉法》规定的在案件受理后至法院开庭审理前进行的

各种诉讼活动依据的程序。

（三）疑难点解析

审前准备程序的主要功能在于再次确定诉讼当事人，确认法院是否具有管辖权，固定证据，固定事实争点，明确当事人诉讼请求。所谓再次确定诉讼当事人指的是确定是否需要追加必要共同诉讼人、有独立请求权第三人，通知无独立请求权第三人等。所谓明确当事人诉讼请求指的是在此阶段当事人可能会变更、增加诉讼请求或撤诉。因此，审理前的准备程序的功能在于开庭审理前确定诉讼请求、事实、证据、当事人，以免后续出现漏掉当事人或诉讼请求等情况，影响程序的顺利进行。

二、审理前准备的内容

（一）难度与热度

难度：☆☆　热度：☆☆

（二）基本理论与概念

1. 一般程序性准备事项

（1）向原、被告送达案件受理通知书和应诉通知书。

《民诉法》第 129 条的规定，人民法院对决定受理的案件，应当在受理案件通知书和应诉通知书中向当事人告知有关的诉讼权利义务，或者口头告知。

（2）向被告送达起诉状副本。

依据《民诉法》第 128 条的规定，人民法院应当在立案之日起 5 日内将起诉状副本发送被告。

（3）将被告答辩状副本送达原告。

依据《民诉法》第 128 条的规定，人民法院应当在立案之日起 5 日内将起诉状副本发送被告，被告应当在收到之日起 15 日内提出答辩状。人民法院应当在收到答辩状之日起 5 日内将答辩状副本发送原告。不过应当注意，根据本条第 2 款的规定，被告不提出答辩状的，不影响人民法院审理。

（4）审查被告的管辖权异议。

依据《民诉法》第 130 条的规定，人民法院受理案件后，当事人对管辖权有异议的，应当在提交答辩状期间提出。人民法院对当事人提出的异议，应当审查。异议成立的，裁定将案件移送有管辖权的人民法院；异议不成立的，裁定驳回。

（5）告知当事人合议庭组成人员。

《民诉法》第 131 条规定，审判人员确定后，应当在 3 日内告知当事人。

（6）审核诉讼材料，调查收集证据。

《民诉法》第 132 条规定："审判人员必须认真审核诉讼材料，调查收集必要的证据。"法院调查取证中证据的类型有：（1）当事人申请法院调查收集的证据；（2）法院依职权收集的证据。

（7）通知必要共同诉讼的当事人参加诉讼。

依据《民诉法》第 135 条的规定，必须共同进行诉讼的当事人没有参加诉讼的，人民法院应当通知其参加诉讼。

（8）指定举证时限与组织证据交换。

《证据规定》第 50 条规定："人民法院应当在审理前的准备阶段向当事人送达举证通知书。举证通知书应当载明举证责任的分配原则和要求、可以向人民法院申请调查收集证据的情形、人民法院根据案件情况指定的举证期限以及逾期提供证据的法律后果等内容。"

根据《证据规定》第 56 条的规定，人民法院依照《民诉法》第 136 条第 4 项的规定，通过组织证据交换进行审理前准备的，证据交换之日举证期限届满。证据交换的时间可以由当事人协商一致并经人民法院认可，也可以由人民法院指定。当事人申请延期举证经人民法院准许的，证据交换日相应顺延。

（9）召集庭前会议。

庭前会议指的是在开庭审理前在法院主持下，当事人参与的为开庭审理进行相关准备而举行的会议。

《民诉解释》第 225 条规定："根据案件具体情况，庭前会议可以包括下列内容：（一）明确原告的诉讼请求和被告的答辩意见；（二）审查处理当事人增加、变更诉讼请求的申请和提出的反诉，以及第三人提出的与本案有关的诉讼请求；（三）根据当事人的申请决定调查收集证据，委托鉴定，要求当事人提供证据，进行勘验，进行证据保全；（四）组织交换证据；（五）归纳争议焦点；（六）进行调解。"

2. 审理前准备的特殊处理

除以上常规的审前处理程序外，《民诉法》第 136 条规定："人民法院对受理的案件，分别情形，予以处理：（一）当事人没有争议，符合督促程序规定条件的，可以转入督促程序；（二）开庭前可以调解的，采取调解方式及时解决纠纷；（三）根据案件情况，确定适用简易程序或者普通程序……"

（三）疑难点解析

1. 庭前会议程序中的自认的处理

《民诉解释》第 229 条规定：当事人在庭审中对其在审理前的准备阶段认可的事实和证据提出不同意见的，人民法院应当责令其说明理由。必要时，可以责令其提供相应证据。人民法院应当结合当事人的诉讼能力、证据和案件的具体情况进行审查。理由成立的，可以列入争议焦点进行审理。

从该条规定可以看出，当事人对于庭前准备阶段的相关陈述在后续的开庭审理中可以提出不同意见。

《证据规定》第 3 条规定："在诉讼过程中，一方当事人陈述的于己不利的事实，或者对于己不利的事实明确表示承认的，另一方当事人无需举证证明。在证据交换、询问、调查过程中，或者在起诉状、答辩状、代理词等书面材料中，当事人明确承认于己不利的事实的，适用前款规定。"

根据上述规定，当事人在审理前的准备程序中认可的事实也构成自认。若要对自认提出不同意见即撤回自认，需要满足《证据规定》第 9 条规定的条件。因此，应当说，若当事人在审理前准备程序中已对相关事实构成自认，则不应适用《民诉解释》229 条的规定，该院应当适用《证据规定》第 9 条审查当事人的自认是否可以撤回。

2. 法院审查管辖权的时间点

《民诉解释》第 35 条规定，当事人在答辩期间届满后未应诉答辩，人民法院在一审开庭前，发现案件不属于本院管辖的，应当裁定移送有管辖权的人民法院。

《民诉解释》第 329 条规定，人民法院依照第二审程序审理案件，认为第一审人民法院受理案件违反专属管辖规定的，应当裁定撤销原裁判并移送有管辖权的人民法院。

从上述规定可以看出，一审开庭后，即便被告未应诉答辩，法院若发现自己无管辖权，亦不能移送，即法院移送管辖的时间点是受理后开庭前。另外，根据《民诉解释》第 329 条的规定，二审只审查一审是否违反专属管辖，对于普通的一审管辖权错误问题，二审是不审查的。因此，应当说，一审职权审查管辖权的时间点限定在一审开庭前，开庭后不应再依职权审查管辖权问题。

第四节　开庭审理

一、开庭审理的概念

（一）难度与热度
难度：☆☆　热度：☆☆

（二）基本理论与概念
开庭审理指的是人民法院在当事人和其他诉讼参与人的参与下，依照法定程序对当事人间的民事争议进行实体审理的过程。

二、开庭审理的方式

（一）难度与热度
难度：☆☆　热度：☆☆

（二）基本理论与概念
开庭审理的方式有两种：公开审理和不公开审理。根据《民诉法》第 137 条的规定，公开审理是原则，不公开审理是例外。涉及国家秘密、个人隐私和法律规定不公开审理的案件，人民法院不公开审理。离婚案件和涉及商业秘密的案件，当事人申请不公开审理的，人民法院可以不公开审理。

另外，应当明确的是，开庭审理应当以言词审理的方式进行，不能采用书面审理方式。

应当注意开庭审理并不意味着一定公开审理。公开审理仅仅是开庭审理的一种形式。不公开审理也是开庭审理。

当然，民事诉讼法中也规定了"不开庭"审理的情形，如《民诉法》第 176 条规定，第二审人民法院对上诉案件应当开庭审理。经过阅卷、调查和询问当事人，对没有提出新的事实、证据或者理由，人民法院认为不需要开庭审理的，可以不开庭审理。

另外，根据《民诉解释》第 331 条的规定，第二审人民法院对下列上诉案件，可以不开庭审理：（1）不服不予受理、管辖权异议和驳回起诉裁定的；（2）当事人提出的上诉请求明显不能成立的；（3）原判决、裁定认定事实清楚，但适用法律错误的；（4）原判决严重违反法定程序，需要发回重审的。

三、开庭审理程序

(一) 难度与热度

难度：☆☆　　热度：☆☆

(二) 基本理论与概念

根据《民诉法》的规定，开庭审理程序主要有：开庭准备、法庭调查、法庭辩论、案件评议和宣告判决等程序。

1. 开庭准备

根据《民诉法》第 139 条、第 140 条的规定，开庭准备包括：告知当事人和其他诉讼参与人出庭日期，发布开庭审理公告，书记员查点出庭人员，宣布法庭纪律，审判长宣布开庭。

2. 法庭调查

法庭调查指的是人民法院依照法定程序，在法庭上向当事人和其他诉讼参与人调查案件，审查核实双方当事人掌握或提交的各种证据、主张的事实以及诉讼请求的活动。

(1) 法庭调查的内容。

关于证据的调查。《民诉法》第 142 条规定，当事人在法庭上可以提出新的证据。当事人经法庭许可，可以向证人、鉴定人、勘验人发问。当事人要求重新进行调查、鉴定或者勘验的，是否准许，由人民法院决定。

关于诉讼请求。《民诉法》第 143 条规定，原告增加诉讼请求，被告提出反诉，第三人提出与本案有关的诉讼请求，可以合并审理。

(2) 法庭调查的顺序。

根据《民诉法》第 141 条的规定，法庭调查按下列顺序进行：1) 当事人陈述；2) 证人作证；3) 出示书证、物证、视听资料和电子数据；4) 宣读鉴定结论；5) 宣读勘验笔录。

3. 法庭辩论

法庭辩论是双方当事人及其诉讼代理人在法庭上就有争议的事实和法律问题，进行辩驳和论证，以维护其合法权益的活动。

根据《民诉法》第 144 条的规定，法庭辩论应按下列顺序进行：(1) 原告及其诉讼代理人发言；(2) 被告及其诉讼代理人答辩；(3) 第三人及其诉讼代理人发言或答辩；(4) 互相辩论。

应当说，法庭辩论是对当事人在法庭调查阶段提出的事实、证据、诉讼请求进行质证、辩论的过程。原则上来讲，法律问题是不需要辩论的，因为按照约束性辩论原则，法庭辩论的目的是"辩论的内容要约束法官"。对法律问题的辩论并不约束法官，因此法律问题的辩论并非法庭辩论的必须环节。基于此，《民诉解释》第 331 条规定，仅法律适用存在问题，二审可不开庭审理。

4. 案件评议和宣告判决

案件评议是在法庭辩论结束后，合议庭成员以法庭调查和法庭辩论的内容为基础，认定案件事实，分清是非责任，适用实体法对案件得出结论的活动。

·　宣告判决，是指人民法院将经过合议作出的民事判决，向当事人、诉讼参与人以及社会公开宣告的活动。公开宣告判决有两种方式：其一，当庭宣告判决；其二，定期公开宣判。对于不能当庭宣判的，审判长应当宣布另定日期宣判。

（三）疑难点解析

法庭调查与法庭辩论可合并进行。

《民诉解释》第 230 条规定，人民法院根据案件具体情况并征得当事人同意，可以将法庭调查和法庭辩论合并进行。

从本条规定来看，法庭调查与法庭辩论可合并进行。不过，应当注意，有观点认为法庭调查与法庭辩论两阶段分别对应事实认定与法律适用两阶段。应当说这种观点还是值得商榷的。法律适用并非法庭调查和辩论的目的。基于辩论原则，法庭调查和法庭辩论的主要目的在于调查当事人的证据、事实、诉讼请求，以及当事人对上述证据、事实、诉讼请求的态度，进而约束法院的裁判。对于法律问题，当事人的辩论并不约束法官，原则上讲并非庭审的主要内容，法官根据庭审情况来判断究竟应当适用何种法律。因此，法庭调查与法庭辩论的区分并不在于事实认定与法律适用的区分。

第五节　撤　诉

一、撤诉的概念

（一）难度与热度
难度：☆☆　　热度：☆☆

（二）基本理论与概念

撤诉指的是原告向法院撤回起诉的行为。不过，应当注意的是，反诉、有独立请求权第三人提起的参加之诉也可以由本诉被告或有独立请求权第三人撤回。广义的撤诉还包括撤回上诉。

二、撤诉的种类

（一）难度与热度
难度：☆☆☆　　热度：☆☆☆

（二）基本理论与概念

从主体角度撤诉可分为原告撤诉、本诉被告撤回反诉、有独立请求权第三人撤回参加之诉；从客体角度撤诉可分为撤回起诉、撤回上诉、撤回再审申请等；从撤回方式上撤诉可分为申请撤诉与按撤诉处理。从《民诉法》的规定来看，一审程序集中规定的是申请撤诉与按撤诉处理的情形，因此本节内容按照该种分类讲述撤诉的种类。

1. 申请撤诉

（1）申请撤诉的概念。

申请撤诉指的是本诉原告、本诉被告、有独立请求权第三人向法院申请撤回自己的起诉、反诉、参加之诉的诉讼行为。

（2）申请撤诉的条件。

1）撤诉必须以书面或口头的形式向受诉法院明确表达撤诉的意思表示。

2）撤诉的意思表示是真实的。

3）撤诉的申请须在宣判前提出。

《民诉法》第148条规定：宣判前，原告申请撤诉的，是否准许，由人民法院裁定。人民法院裁定不准许撤诉的，原告经传票传唤，无正当理由拒不到庭的，可以缺席判决。

据此规定，并非当事人申请撤诉即能撤诉，还需要法院准许。若法院不准许，原告无正当理由拒不到庭，可缺席判决。

另外，需要注意的是虽然宣判前可以撤诉，但是若在法庭辩论终结后、宣判前申请撤诉，被告不同意的，人民法院不应准许撤诉。公益诉讼的原告在法庭辩论终结后申请撤诉的，人民法院不予准许。

2. 按撤诉处理

按撤诉处理，是指人民法院在当事人或法定代理人实施某些不作为行为时，依照撤诉后果处理的情形。按撤诉处理不能等同于撤诉，因为当事人毕竟没有实施撤诉的行为，只是在某些情形下由于当事人的不作为，法院推定当事人主观上或客观上不愿提起诉讼或不能进行诉讼，因而按撤诉处理。

根据《民诉法》的规定，按撤诉处理分为如下情形：（1）原告、无诉讼行为能力人的法定代理人、有独立请求权第三人、提反诉的本诉被告经传唤无正当理由拒不到庭或未经法庭许可中途退庭，可按撤诉处理；（2）原告应当预交而未预交案件受理费，法院通知后仍不预交或申请减免缓未获批准而仍不预交，可按撤诉处理；（3）适用简易程序转为普通程序，原告无正当理由未按期足额补缴诉讼费，可按撤诉处理。

应当注意的是，无独立请求权第三人经传唤无正当理由拒不到庭或未经法庭许可中途退庭，不影响案件审理。这是因为无独立请求权第三人在诉讼中无权提出诉讼请求，也就没有撤诉的权利。

三、撤诉的法律效果

（一）难度与热度

难度：☆☆☆　热度：☆☆☆

（二）基本理论与概念

若人民法院允许当事人撤诉，则产生如下法律效果。

（1）诉讼程序终结。对当事人来说，不能再请求人民法院按原诉讼程序继续审理此案；对于人民法院来说，也无须对案件进行审理并作出裁判。撤诉是人民法院结案的方式之一。

（2）视为没有起诉。当事人撤诉只表明其处分了自己的诉讼权利，并没有处分自己的实体权利，人民法院也没有对实体权利义务关系加以认定，因此，当事人在撤诉以后，还可以再行起诉。

不过，离婚案件撤诉的，无新情况、新理由，原告6个月内再次起诉的，人民法院不予受理。

（3）诉讼费用由原告负担。

（三）疑难点解析

二审或再审程序中的撤诉，根据《民诉解释》第335、336、337、408条的规定，分为三种情形处理。（1）在第二审程序中，当事人申请撤回上诉，人民法院经审查认为一审判决确有错误，或者当事人之间恶意串通损害国家利益、社会公共利益、他人合法权益的，不应准许。（2）在第二审程序中，原审原告申请撤回起诉，经其他当事人同意，且不损害国家利益、社会公共利益、他人合法权益的，人民法院可以准许。准许撤诉的，应当一并裁定撤销一审裁判。（3）一审原告在再审审理程序中申请撤回起诉，经其他当事人同意，且不损害国家利益、社会公共利益、他人合法权益的，人民法院可以准许。裁定准许撤诉的，应当一并撤销原判决。应当注意，一审原告在再审审理程序中撤回起诉后重复起诉的，人民法院不予受理。

第六节　延期审理

一、延期审理的概念

（一）难度与热度
难度：☆☆　热度：☆☆

（二）基本理论与概念
延期审理是在出现法律规定的某些事项，导致不能按期开庭或者无法继续开庭审理时，法院改期推延开庭的情形。

二、延期审理的情形

（一）难度与热度
难度：☆☆　热度：☆☆

（二）基本理论与概念
根据《民诉法》第149条的规定，有下列情形之一的，可以延期开庭审理：（1）必须到庭的当事人和其他诉讼参与人有正当理由没有到庭的；（2）当事人临时提出回避申请的；（3）需要通知新的证人到庭，调取新的证据，重新鉴定、勘验，或者需要补充调查的；（4）其他应当延期的情形。

所谓必须到庭的当事人，主要是指三种人：其一，能够表达意志的离婚案件的当事人；其二，负有赡养、抚育、扶养义务的被告；其三，其他不到庭就无法查清案情的被告。必须到庭的其他诉讼参与人，是指如其不到庭，案件事实就无法查清或庭审无法进行的诉讼参与人，例如翻译人员。

当事人提出回避申请，被提出回避申请的审判人员等需要等待是否需要回避的决定，因此决定是否回避期间应当暂停案件的审理，进而可以延期审理。

有新证据时存在着重新指定举证时限的可能，因此法院可以视情况延期审理。

根据《延长审限规定》第2条的规定，其他应当延期的情形是指不可抗力或者意外事件导致庭审无法正常进行的情形。

三、延期审理的次数与批准程序

（一）难度与热度

难度：☆☆   热度：☆☆

（二）基本理论与概念

诉讼效率是诉讼追求的基本价值之一，若对延期审理的次数以及时间没有严格的限制，则容易导致程序迟延，浪费司法资源，因此，最高人民法院对延期开庭问题作出了明确的限制性规定。

《延长审限规定》第 3 条规定：人民法院应当严格限制延期开庭审理次数。适用普通程序审理民商事案件，延期开庭审理次数不超过两次；适用简易程序以及小额速裁程序审理民商事案件，延期开庭审理次数不超过一次。

《延长审限规定》第 5 条规定：人民法院开庭审理民商事案件后，认为需要延期开庭审理的，应当依法告知当事人下次开庭的时间。两次开庭间隔时间不得超过 1 个月，但因不可抗力或当事人同意的除外。

《延长审限规定》第 6 条规定，独任审判员或者合议庭适用《民诉法》第 149 条第 4 项规定决定延期开庭的，应当报本院院长批准。

第七节　缺席判决

一、缺席判决的概念

（一）难度与热度

难度：☆☆   热度：☆☆

（二）基本理论与概念

缺席判决，是指法院在一方当事人无正当理由拒不到庭或中途退庭时，根据庭审中未缺席的当事人的举证等实际情况作出的判决。缺席判决的正当性在于当事人的缺席无正当理由。

根据《民诉解释》第 241 条的规定，被告经传票传唤无正当理由拒不到庭，或者未经法庭许可中途退庭的，人民法院应当按期开庭或者继续开庭审理，对到庭的当事人诉讼请求、双方的诉辩理由以及已经提交的证据及其他诉讼材料进行审理后，可以依法缺席判决。由此可以看出，在我国一方当事人缺席时，并非一律判决另一方当事人胜诉。法院仍然要根据当事人的陈述和提供的证据作出判决。

二、缺席判决的适用情形

（一）难度与热度

难度：☆☆   热度：☆☆

（二）基本理论与概念

根据民事诉讼法及司法解释的有关规定，缺席判决适用于以下情形。

1. 对原告缺席判决的情形

（1）被告提起反诉，人民法院已经把反诉与本诉合并审理，而原告经合法传唤，无正当理由拒不出庭或未经法庭许可中途退庭的，对反诉可以缺席判决。

（2）裁定不准予撤诉的，原告经合法传唤，无正当理由拒不到庭的，可以缺席判决。

（3）无民事行为能力人的离婚诉讼，当事人的法定代理人不能到庭的，受诉法院应当在查清事实的基础上缺席判决。

2. 对被告缺席判决的情形

（1）不是必须到庭的被告经合法传唤，无正当理由拒不到庭，或未经法庭许可中途退庭的，可以缺席判决。

（2）无民事行为能力的被告的法定代理人经合法传唤，无正当理由仍不到庭的，可以缺席判决。此种情形应当注意的是，仅限于被告方的法定代理人不到庭的情形。按照司法解释，如果原告方的法定代理人不到庭，按撤诉处理，而不是缺席判决。

（3）在现行制度下，由于无独立请求权的第三人有可能承担民事责任，该第三人实际是当事人，其地位相当于被告。如果无独立请求权的第三人经法院传唤，无正当理由不到庭的，法院也可以就无独立请求权的第三人是否承担民事责任作出缺席判决。

第八节 诉讼中止

一、诉讼中止的概念

（一）难度与热度
难度：☆☆　热度：☆☆

（二）基本理论与概念
诉讼中止，是指在诉讼进行中，因出现了法定原因，暂时停止诉讼程序的进行，待法定原因消失后，再恢复诉讼程序的诉讼制度。

二、诉讼中止的事由

（一）难度与热度
难度：☆☆　热度：☆☆

（二）基本理论与概念
根据《民诉法》第153条的规定，有下列情形之一的，中止诉讼：（1）一方当事人死亡，需要等待继承人表明是否参加诉讼的；（2）一方当事人丧失诉讼行为能力，尚未确定法定代理人的；（3）作为一方当事人的法人或者其他组织终止，尚未确定权利义务承受人的；（4）一方当事人因不可抗拒的事由，不能参加诉讼的；（5）本案必须以另一案的审理结果为依据，而另一案尚未审结的；（6）其他应当中止诉讼的情形。

三、诉讼中止的程序以及法律效果

（一）难度与热度
难度：☆☆　热度：☆☆

（二）基本理论与概念

当诉讼应当中止时，当事人可以向法院提出书面或口头申请，要求作出诉讼中止的裁定；法院也可以在诉讼中止事由存在时依据职权裁定诉讼中止。诉讼中止的裁定可以是书面的，也可以是口头的，但口头裁定必须记入法院的笔录。诉讼中止的裁定一经作出即发生法律效力。当事人不得对诉讼中止的裁定提出上诉。

根据《民诉解释》第 246 条的规定，诉讼中止的事由消除的，法院应当恢复诉讼程序。恢复诉讼程序的，不必撤销原中止诉讼的裁定，从法院通知或准许当事人双方继续进行诉讼时起，中止诉讼的裁定即失去效力。

诉讼中止的法律效力在于，一旦法院作出的诉讼中止裁定发生效力，正在进行的民事诉讼程序就处于停止状态。在中止状态存续期间，法院不能实施有关本案的审理行为，例如开庭审理、调查收集证据、质证、作出有关案件的任何裁决等。当事人在这一期间实施的诉讼行为也不发生相应的法律效力，例如，向法院提出收集证据的申请。但在诉讼中止期间，所有已经实施的诉讼行为依然发生效力，例如，财产保全、证据保全等。

第九节 诉讼终结

一、诉讼终结的概念

（一）难度与热度
难度：☆☆　热度：☆☆

（二）基本理论与概念

诉讼终结，是指在诉讼进行中出现了法定情形，使诉讼无法进行或者没有必要进行，从而裁定结束诉讼程序的诉讼制度。

二、诉讼终结的事由

（一）难度与热度
难度：☆☆　热度：☆☆

（二）基本理论与概念

根据《民诉法》的规定，有下列情形之一的，应终结诉讼：

（1）原告死亡，没有继承人，或者继承人放弃诉讼权利的。这一规定适用于公民作为原告的案件。

（2）被告死亡，没有遗产，也没有应当承担义务的人的。这时，原告的诉讼请求实际上无法获得满足，诉讼的继续进行没有意义了。

（3）离婚案件一方当事人死亡的。离婚案件的一方当事人死亡，双方当事人的婚姻关系自然消灭，离婚诉讼没有必要继续进行。

（4）追索赡养费、扶养费、抚育费以及解除收养关系案件的一方当事人死亡的。

当出现诉讼终结的法定事由时，法院应当作出终结诉讼的裁定。裁定可以是书面的，也可以是口头的。裁定一经作出，即发生法律效力。当事人对此裁定不得提出上诉。

诉讼终结的裁定一旦发生法律效力，诉讼即宣告终结。

第十节　反　诉

一、反诉的概念

（一）难度与热度

难度：☆☆　热度：☆☆

（二）基本理论与概念

反诉，是指在本诉的诉讼程序中，本诉被告在本诉的受诉法院向本诉原告提起的与本诉有牵连的独立反请求。

二、反诉提起的实体条件与程序条件

（一）难度与热度

难度：☆☆☆☆　热度：☆☆☆☆

（二）基本理论与概念

1. 实体条件

（1）反诉的独立性。

反诉请求具有独立性，不因本诉撤回而撤回，也不因本诉被支持而被驳回，也不因本诉被驳回而被支持。

（2）反诉的牵连性。

根据《民诉解释》第233条的规定，反诉应与本诉的诉讼请求基于相同法律关系、诉讼请求之间具有因果关系，或者反诉与本诉的诉讼请求基于相同事实。

2. 程序条件

根据《民诉解释》的规定，提起反诉需具备如下程序条件。

（1）主体：本诉被告向本诉原告提起反诉。

（2）时间：必须在本诉程序进行中提起反诉，且须在法庭辩论终结前。

（3）管辖权：必须向本诉法院提起反诉，违反专属管辖或级别管辖的除外。

（4）程序：必须与本诉适用同一程序。

》 本章实务案例研习

一、滨州建设地产发展集团有限公司（本章简称"滨州建设公司"）、滨州高新技术产业开发区管理委员会（本章简称"滨州开发区管委会"）委托代建合同纠纷①

案例考点：起诉条件

（一）案情简介

2011年3月3日，滨州建设公司与滨州开发区管委会签订协议，约定滨州建设公司

---

① 案例来源：最高人民法院（2021）最高法民再366号民事裁定书。

按照滨州开发区管委会要求投资建设创新大厦及西附属楼两栋，面积约 4.5 万平方米，双方约定了工程的结算方式、工程定案值的确定方式、建设投资款的支付方式等。2011 年 10 月案涉工程开工建设，2014 年 12 月竣工验收，2015 年 5 月定案值确定，同年项目工程交付滨州开发区管委会使用。依据协议约定，滨州开发区管委会系以土地置换的方式兑付滨州建设公司的投资建设款，但因受土地指标等因素所限未能按照约定执行。案涉工程经滨州开发区管委会委托的机构审定总价款为 209 710 565.29 元，滨州开发区管委会已付 160 518 465.64 元，尚有 49 202 099.65 元未付。滨州建设公司向一审法院起诉请求滨州开发区管委会给付余款及相应利息，但该款项总价款是由原滨州市审计局高新技术产业开发区分局副局长房某玉为李某峰担任法定代表人的滨州高新置业有限公司违法出具虚假的工程结算审核报告、审计报告确定的。因涉案工程存在虚假及违规审计，滨州开发区管委会认为原涉案审计报告不能作为定案及支付依据，应按照有关规定重新审计。滨州开发区管委会已成立专项工作组，按程序启动工程重新审计工作。

（二）法院判决

一审法院经审查认为：因滨州开发区管委会原法定代表人李某峰任职期间使用过虚假工程结算审核报告、审计报告，原滨州市审计局高新技术产业开发区分局副局长房某玉任职期间，违规出具虚假工程结算审核报告、审计报告，涉嫌职务犯罪，中共滨州市纪律检查委员会已于 2019 年 6 月 24 日向滨州高新区党工委下发"滨纪建议函（2019）18 号纪律检查建议书"，建议对滨州高新建筑工程有限公司改制前资产进行重新评估审计，对滨州高新区已建和在建工程项目进行审计；现重新审计工作专项小组已成立并启动相关工作。本案涉及的工程项目及滨州建设公司提交的相关证据属于纪检监察机关要求重新评估审计的范围，滨州建设公司主张的工程款数额尚处于不确定状态。裁定驳回滨州建设公司的起诉。

本案二审维持了原裁定。但经最高人民法院再审，认定滨州建设公司关于本案应予受理的再审请求成立。滨州建设公司的起诉有明确的被告和具体的诉讼请求及事实、理由，属于人民法院民事案件的受案范围，符合 2017 年《民诉法》第 119 条（2023 年《民诉法》第 122 条）规定的起诉条件。原审裁定驳回滨州建设公司的起诉，适用法律错误。

（三）学理分析

就本案而言，涉及的是起诉条件中的"诉讼请求明确"。显然，从一审、二审的裁判要旨来看，一审、二审均认为因涉案工程款数额尚处于不确定状态，不符合起诉条件中的"诉讼请求明确"，因此应当驳回起诉。

应当明确的是，作为起诉条件的"诉讼请求明确"指的是诉讼请求能够被准确地识别，通过诉讼请求能够准确算定诉讼费及确定案件的级别管辖。至于诉讼请求的金钱数额是否真实不应当是在起诉时就利用证据予以准确证明的事实。而且从案件的情况来看，滨州建设公司主张的工程款数额尚处于不确定状态的原因是纪检监察机关要求重新评估审计，而评估审计报告仅仅是证明涉案金额的证据。从起诉条件的角度，最高人民法院认定诉讼请求明确是没有问题的。从庭审的角度，原告如果能够提出其他证据证明涉案金额，法院也是可以根据其他证据进行裁判的。

本案法院之所以采取驳回起诉的方式，一个重要的原因是审计报告未出，涉案数额不明，如果直接判定原告败诉，会使原告日后无法通过诉讼维权，因为再次起诉是重复诉讼。采取驳回起诉的方式不影响原告重复起诉。当然，不能说法院的这种做法一定是没有道理的。但是从起诉条件来看，采取"驳回起诉"的方式是存在问题的。

二、北京大唐燃料有限公司诉山东百富物流有限公司买卖合同纠纷案①

案例考点：重复诉讼的判定

（一）案情简介

2012年1月20日至2013年5月29日期间，北京大唐燃料有限公司（以下简称"大唐公司"）与山东百富物流有限公司（以下简称"百富公司"）之间共签订采购合同41份，约定百富公司向大唐公司销售镍铁、镍矿、精煤、冶金焦等货物。双方在履行合同的过程中采用滚动结算的方式支付货款，但是每次的付款金额与每份合同约定的货款金额并不一一对应。自2012年3月15日至2014年1月8日，大唐公司共支付百富公司货款1 827 867 179.08元，百富公司累计向大唐公司开具增值税发票总额为1 869 151 565.63元。大唐公司主张百富公司累计供货货值为1 715 683 565.63元，百富公司主张其已按照开具增值税发票数额足额供货。

2014年11月25日，大唐公司作为原告，以宁波万象进出口有限公司（以下简称"万象公司"）为被告，百富公司为第三人，向浙江省宁波市中级人民法院提起债权人代位权诉讼。该院作出（2014）浙甬商初字第74号民事判决书，判决万象公司向大唐公司支付款项36 369 405.32元。大唐公司于2016年9月28日就（2014）浙甬商初字第74号民事案件向浙江省象山县人民法院申请强制执行。该院于2016年10月8日依法向万象公司发出执行通知书，但万象公司逾期仍未履行义务，万象公司尚应支付执行款36 369 405.32元及利息，承担诉讼费209 684元、执行费103 769.41元。经该院执行查明，万象公司名下有机动车两辆，该院已经查封但实际未控制。大唐公司在限期内未能提供万象公司可供执行的财产，也未向该院提出异议。该院于2017年3月25日作出（2016）浙0225执3676号执行裁定书，终结本次执行程序。

大唐公司以百富公司为被告，向山东省高级人民法院提起本案诉讼，请求判令百富公司向其返还本金及利息。

（二）法院判决

最高人民法院认为关于（2014）浙甬商初字第74号民事判决书涉及的36 369 405.32元债权问题，大唐公司有权就该笔款项另行向百富公司主张。

（三）学理分析

就本案而言，最高人民法院认为，代位权诉讼执行中，因相对人无可供执行的财产而终结本次执行程序，债权人就未实际获得清偿的债权另行向债务人主张权利的，人民法院应予支持，因此本案不属于重复诉讼。

裁判理由如下：第一，最高人民法院《关于适用〈中华人民共和国合同法〉若干问

---

① 案例来源：最高人民法院（2019）最高法民终6号民事判决书。

题的解释（一）》第 20 条①规定，债权人向次债务人提起的代位权诉讼经人民法院审理后认定代位权成立的，由次债务人向债权人履行清偿义务，债权人与债务人、债务人与次债务人之间相应的债权债务关系即予消灭。根据该规定，认定债权人与债务人之间相应债权债务关系消灭的前提是次债务人已经向债权人实际履行相应清偿义务。本案所涉执行案件中，因并未执行到万象公司的财产，浙江省象山县人民法院已经作出终结本次执行的裁定，故在万象公司并未实际履行清偿义务的情况下，大唐公司与百富公司之间的债权债务关系并未消灭，大唐公司有权向百富公司另行主张。

第二，代位权诉讼属于债的保全制度，该制度是为防止债务人财产不当减少或者应当增加而未增加，给债权人实现债权造成障碍，而非要求债权人在债务人与次债务人之间择一选择作为履行义务的主体。如果要求债权人择一选择，无异于要求债权人在提起代位权诉讼前，需要对次债务人的偿债能力作充分调查，否则应当由其自行承担债务不得清偿的风险，这不仅加大了债权人提起代位权诉讼的经济成本，还会严重挫伤债权人提起代位权诉讼的积极性，与代位权诉讼制度的设立目的相悖。

第三，本案不违反"一事不再理"原则。根据《民诉解释》第 247 条的规定，判断是否构成重复起诉的主要条件是当事人、诉讼标的、诉讼请求是否相同，或者后诉的诉讼请求是否实质上否定前诉裁判结果等。代位权诉讼与对债务人的诉讼并不相同，从当事人角度看，代位权诉讼以债权人为原告、次债务人为被告，而对债务人的诉讼则以债权人为原告、债务人为被告，两者被告身份不具有同一性。从诉讼标的及诉讼请求上看，代位权诉讼虽然要求次债务人直接向债权人履行清偿义务，但针对的是债务人与次债务人之间的债权债务，而对债务人的诉讼则是要求债务人向债权人履行清偿义务，针对的是债权人与债务人之间的债权债务，两者在标的范围、法律关系等方面亦不相同。从起诉要件上看，与对债务人诉讼不同的是，代位权诉讼不仅要求具备民事诉讼法规定的起诉条件，同时还应当具备最高人民法院《关于适用〈中华人民共和国合同法〉若干问题的解释（一）》第 11 条②规定的诉讼条件。基于上述不同，代位权诉讼与对债务人的诉讼并非同一事由，两者仅具有法律上的关联性，故大唐公司提起本案诉讼并不构成重复起诉。

从学理上来讲，针对前述第一条理由，如果在万象公司并未实际履行清偿义务的情况下，大唐公司与百富公司之间的债权债务关系消灭，大唐公司就不能起诉百富公司吗？或者若上述债权债务消灭，大唐公司的起诉就是重复诉讼吗？

理论上来讲，我国代位诉讼并未采纳"入库原则"，即债权人并非代替债务人向次债务人主张"债务人的债权"，而是主张自己的"代位权"，因此，代位权与债务人的债权并非同一诉讼标的。因此，代位诉讼并非如日本法那样属于诉讼担当。即便万象公司偿清款项，使大唐公司与百富公司之间的债权债务关系消灭，也并不代表大唐公司不能起诉。只是该诉没有诉的利益而已。

---

① 《民法典》第 537 条有类似规定，即：人民法院认定代位权成立的，由债务人的相对人向债权人履行义务，债权人接受履行后，债权人与债务人、债务人与相对人之间相应的权利义务终止。债务人对相对人的债权或者与该债权有关的从权利被采取保全、执行措施，或者债务人破产的，依照相关法律的规定处理。

② 《民法典》第 536 条中有类似规定。

正如前述第三条理由所说，在我国代位诉讼、债务人与次债务人的债权债务诉讼并非重复诉讼，正是因为这两个诉讼的诉讼标的并不相同。

三、赵某龙与赵某松、马某红股权转让纠纷①

案例考点：人民法院对撤诉申请的处理

（一）案情简介

2011 年 1 月 7 日，原告赵某龙、赵某松与被告马某红签订了"大柴旦大华化工有限公司股权转让协议"及"大柴旦大华化工有限公司股权转让协议之补充协议"，两原告将持有大柴旦大华化工有限公司（以下简称"大华公司"）45％的股权转让给被告，转让价款为 25 000 万元。合同签订后，由于被告原因（称资金有限），2012 年 11 月 8 日，原、被告三人召开股东会形成决议，最终两原告将 40％的股权（赵某龙 22％，赵某松 18％）转让给被告，转让价款为 22 400 万元。2012 年 11 月 9 日，两原告协助大华公司将 40％股权变更至被告名下。被告至今仍欠付股权转让款 1 亿元。原告赵某龙、赵某松向本院提出诉讼请求：判令被告支付原告股权转让款 1 亿元。诉讼中，赵某龙申请撤回起诉。

（二）法院判决

赵某龙为必要的共同诉讼原告，不应准许其撤回起诉。

（三）学理分析

关于是否准许赵某龙撤诉，需要考虑的问题有二：其一，赵某龙是否为必要共同诉讼人；其二，必要共同诉讼人之一是否可以申请撤诉。

关于第一个问题，从本案的案情来看，在被转让的 40％的股权中，赵某龙占 22％，赵某松占 18％，因此可以说关于被转让的 40％的股权，两原告并非共同共有，亦并非按份共有，而是分别所有。只是两原告一起同被告签订了股权转让协议而已。因此，应当说本案并非属于"诉讼标的共同"，而应当是"诉讼标的同种类"，属于普通共同诉讼。既然是普通共同诉讼，从原则上来讲，普通共同诉讼人之一的诉讼行为无须获得其他共同诉讼人的同意即可产生效力。因此，本案不准许赵某龙撤诉的理由并不成立。

关于第二个问题，若是必要共同诉讼人，那是否允许其撤诉呢？根据《民诉法》的规定，必要共同诉讼人之一的诉讼行为应当得到其他共同诉讼人的同意或承认方生效力。本案中，若两原告是必要共同诉讼人，其中一人撤诉若另一人不同意，则撤诉行为相当于没作出。只有两原告均同意申请撤诉，才有法院裁量是否撤诉的问题。而裁量是否允许撤诉要看案件的审理程度以及被告的应诉负担等。因此，应当说"构成必要共同诉讼"并非不准许撤诉的理由，法院不能代替其他必要共同诉讼人作出"不同意的意思"。

---

① 案例来源：青海省海西蒙古族藏族自治州中级人民法院（2020）青 28 民初 22 号民事判决书。

四、永州市零陵潇湘纸业有限公司（以下简称"潇湘纸业公司"）、永州市城市住宅建筑有限责任公司（以下简称"城市住宅公司"）建设工程施工合同纠纷案①

案例考点：二审法院对一审程序违法的审查处理

（一）案情简介

2011年9月，被告潇湘纸业公司委托湖南省建设工程项目管理咨询有限公司就永州茶林某某经济适用房工程项目招标，原告城市住宅公司中标。2011年12月1日，以原告城市住宅公司为乙方、被告潇湘纸业公司为甲方，签订了一份"永州茶林某某经济适用房工程项目合同"。合同签订后，原告开始动工建设，3#栋、4#栋主体工程已于2012年12月底完工。因潇湘纸业公司经济困难不能如期筹齐建房资金，为了确保永州茶林某某经济适用房工程项目中的3#、4#、5#三栋住房主体工程能在2014年春节前封顶，经双方协商一致，原告（乙方）与被告潇湘纸业公司（甲方）于2013年8月27日签订了一份"永州茶林某某经济适用房工程施工合同补充协议"。涉案工程建设过程中，因潇湘纸业公司资金困难等原因停工21个月。原告于2014年11月3日已完成1#—5#栋合同约定的施工项目，于2015年4月6日向潇湘纸业公司递交工作联系单，通知潇湘纸业公司验收，潇湘纸业公司张某某（本案委托代理人）于2015年4月9日签字认可。2015年4月21日原告再次向潇湘纸业公司张某某送达了附全套竣工及结算资料的竣工验收通知，但潇湘纸业公司未在合同约定的5日内组织有关部门进行验收，也未提出异议，原告遂于2015年4月27日向法院提起诉讼，请求法院判令被告支付工程款。一审、二审原告胜诉后，被告提起再审，事由为"人民陪审员王某在一审和二审程序中都是合议庭成员，故一审判决程序违法"。请求再审法院撤销二审生效判决。

（二）法院判决

本案一审原合议庭成员王某在案件二审时又担任合议庭成员，的确不符合法律规定。但潇湘纸业公司未就此问题提出上诉，因而二审法院对此未予审理裁判，不违反法律规定。潇湘纸业公司以此为由主张本案一审判决程序违法，进而请求再审本案，依法不予支持。

（三）学理分析

就本案而言，最高人民法院认为合议庭组成确不合法，但是由于当事人并未在上诉时主张，因此二审法院不予审查并不违反法律规定。

不过，应当明确，根据《民诉解释》，二审法院确应在当事人的上诉请求范围内予以裁判。但是这针对的应当是当事人对案件实体问题的上诉。因为只有对实体问题，当事人才有处分权，进而才可以决定对何予以上诉，而对程序问题当事人并无处分权，也就没有"不告不理"的问题。这正如二审法院可以依职权审查一审是否违反专属管辖。而且，根据《民诉解释》的规定，对于程序性问题法院是可依职权调查取证的，因此该案例中，最高人民法院认为对于程序性错误，因当事人未上诉，二审可以不予审查，值得商榷。

---

① 案例来源：最高人民法院（2018）最高法民申3435号民事裁定书。

本章同步练习

一、选择题

1. 甲、乙两公司签订了一份家具买卖合同，因家具质量问题，甲公司起诉乙公司要求更换家具并支付违约金 3 万元。法院经审理判决乙公司败诉，乙公司未上诉。之后，乙公司向法院起诉，要求确认该家具买卖合同无效。对乙公司的起诉，法院应采取下列哪一处理方式？（　　）

A. 予以受理
B. 裁定不予受理
C. 裁定驳回起诉
D. 按再审处理

2. 下列哪一选项中法院的审判行为，只能发生在开庭审理阶段？（　　）

A. 送达法律文书
B. 组织当事人进行质证
C. 调解纠纷，促进当事人达成和解
D. 追加必须参加诉讼的当事人

3. 何某因被田某打伤，向甲县法院提起人身损害赔偿之诉，法院予以受理。关于何某起诉行为将产生的法律后果，下列哪一选项是正确的？（　　）

A. 何某的诉讼时效中断
B. 田某的答辩期开始起算
C. 甲县法院取得排他的管辖权
D. 田某成为适格被告

4. 关于民事案件的开庭审理，下列哪一选项是正确的？（　　）

A. 开庭时由书记员核对当事人身份和宣布案由
B. 法院收集的证据是否需要进行质证，由法院决定
C. 合议庭评议实行少数服从多数，形成不了多数意见时，以审判长意见为准
D. 法院定期宣判的，法院应当在宣判后立即将判决书发给当事人

5. 郝某与刘某自愿登记结婚，刘某的母亲一直反对，并以刘某与郝某结婚时未到达法定年龄为由向法院请求确认婚姻无效，但刘某态度坚决，刘某的母亲只好申请撤诉，关于法院对本案的处理，下列哪一选项是正确的？（　　）

A. 判决结案
B. 调解结案
C. 裁定驳回起诉
D. 裁定同意撤诉

6. A 公司与 B 公司发生合同纠纷，A 公司提起诉讼请求法院判令解除合同，并判令 B 公司支付违约金。审理过程中，A 公司增加诉讼请求，要求确认合同无效，如果法院未判令合同无效，便请法院解除合同并要求 B 公司支付违约金。下列哪些选项是正确的？（　　）

A. 裁定不予受理，因为两个诉讼请求先后矛盾
B. 让 A 另行起诉，因为涉及两个诉讼请求
C. 让 A 明确诉讼请求
D. 按顺序处理

7. 甲乙签订借款合同，期限届满后，甲一直未还钱且涉嫌诈骗。乙向公安局举报甲

存在诈骗行为，然后向法院起诉丙要求还钱。关于本案的处理，下列选项正确（　　）

  A. 法院应裁定中止民事诉讼，等待刑事案件审理完毕后再恢复民事诉讼程序

  B. 法院应追加甲为共同被告

  C. 本案的民事诉讼程序与刑事诉讼程序互不影响，各自进行

  D. 就甲存在欺诈这一事实，本案民事诉讼和刑事诉讼程序的证明标准相同

  8. 章俊诉李泳借款纠纷案在某县法院适用简易程序审理。某县法院判决后，章俊上诉，二审法院以事实不清为由发回重审。某县法院征得当事人同意后，适用简易程序重审此案。在答辩期间，李泳提出管辖权异议，某县法院不予审查。案件开庭前，章俊增加了诉讼请求，李泳提出反诉，某县法院受理了章俊提出的增加诉讼请求，但以重审不可提出反诉为由拒绝受理李泳的反诉。关于本案，该县法院的下列哪些做法是正确的？（　　）

  A. 征得当事人同意后，适用简易程序重审此案

  B. 对李泳提出的管辖权异议不予审查

  C. 受理章俊提出的增加诉讼请求

  D. 拒绝受理李泳的反诉

  9. 甲起诉，诉讼过程中出车祸变成植物人，甲父主张撤诉，甲妻主张继续诉讼。法院应该如何处理？（　　）

  A. 根据甲父的申请撤诉

  B. 中止诉讼

  C. 裁定甲妻为法定代理人继续审理

  D. 追加甲妻为原告继续审理

  10. 温某驾驶未登记的电动车回家，路上不慎撞倒黄某，致其重度颅内损伤。事故发生后，双方达成赔偿协议，约定温某一次性赔偿黄某医疗费、护理费等各项损失共计84万元。后黄某以欺诈为由诉请撤销该协议，并要求温某赔偿损失120万元。法院受理后，对该案开庭审理，但是在庭审结束后第二天，黄某又被电动车撞倒，当场死亡。法院查明，黄某只有唯一一个继承人黄小明，现下落不明。法院应该如何处理？（　　）

  A. 裁定撤诉   B. 裁定中止诉讼

  C. 根据庭审情况直接作出判决 D. 裁定终止诉讼

  11. 对张男诉刘女离婚案（两人无子女，刘父已去世），因刘女为无民事行为能力人，法院准许其母李某以法定代理人身份代其诉讼。2024年7月3日，法院判决二人离婚，并对双方共有财产进行了分割。该判决同日送达双方当事人，李某对解除其女儿与张男的婚姻关系无异议，但对共有财产分割有意见，拟提起上诉。2024年7月10日，刘女身亡。在此情况下，本案将产生哪些法律后果？（　　）

  A. 本案诉讼中止，视李某是否就一审判决提起上诉而确定案件是否终结

  B. 本案诉讼终结

  C. 一审判决生效，二人的夫妻关系根据判决解除，李某继承判决分配给刘女的财产

  D. 一审判决未生效，二人的共有财产应依法分割，张男与李某对刘女的遗产均有继承权

  12. 丁一诉弟弟丁二继承纠纷一案，在一审中，妹妹丁爽向法院递交诉状，主张应由自己继承系争的遗产，并向法院提供了父亲生前所立的过世后遗产全部由丁爽继

承的遗嘱。法院予以合并审理，开庭审理前，丁一表示撤回起诉，丁二认为该遗嘱是伪造的，要求继续进行诉讼。法院裁定准予丁一撤诉后，在程序上，下列哪一选项是正确的？（　　）

A. 丁爽为另案原告，丁二为另案被告，诉讼继续进行

B. 丁爽为另案原告，丁一、丁二为另案被告，诉讼继续进行

C. 丁一、丁爽为另案原告，丁二为另案被告，诉讼继续进行

D. 丁爽、丁二为另案原告，丁一为另案被告，诉讼继续进行

二、案例分析题

1. 宝德公司因与何某娟、方某奇、天山公司的借款合同纠纷，于2025年2月27日向一审法院提起诉讼。一审法院受理后，何某娟未在提交答辩状期间提出管辖权异议且应诉答辩。一审法院审理中，宝德公司与天山公司达成和解，申请撤回对天山公司的起诉。一审法院审查后裁定准许宝德公司撤诉。但由于一审法院是以天山公司的住所地为标准确定的管辖权，因此何某娟主张一审法院对本案拥有管辖权的前提已失去，进而提出管辖权异议。

根据该案例回答如下问题：

（1）何某娟是否可以提管辖权异议？

（2）宝德公司撤回对天山公司的起诉需要满足何种条件？

（3）宝德公司撤回对天山公司的起诉后是否可以重复起诉？

2. 嘉吉公司与福建金石公司以及金石集团存在商业合作关系。嘉吉公司因与金石集团买卖大豆发生争议，双方在诉讼过程中于2024年6月26日达成"和解协议"，约定金石集团将在5年内分期偿还债务，福建金石公司为其提供保证。法院对此出具调解书。2025年5月，因金石集团未履行该调解书，嘉吉公司申请执行该调解书。

2025年5月8日，福建金石公司与田源公司签订一份"国有土地使用权及资产买卖合同"，约定福建金石公司将其土地使用权等全部固定资产转让给田源公司。田源公司与福建金石公司的法定代表人为同一人。

由于福建金石公司已无可供执行的财产，导致协议无法执行，嘉吉公司遂向法院提起诉讼，请求：确认福建金石公司与田源公司的"国有土地使用权及资产买卖合同"无效，并判令田源公司将其取得的合同项下财产返还给财产所有人。

根据该案例回答如下问题：

（1）若福建金石公司为嘉吉公司提供的是以其全部资产作抵押设立抵押权，那么对确认福建金石公司与田源公司的"国有土地使用权及资产买卖合同"无效的案件，法院是否应当受理？

（2）若本案确认无效败诉后，原告嘉吉公司提起撤销权诉讼，是否属于重复诉讼？

（3）若田源公司起诉金石公司要求其给付国有土地使用权，嘉吉公司参加诉讼要求确认田源公司与金石公司间的买卖合同无效，此时田源公司要求撤诉，是否准许？

（4）若在嘉吉公司起诉确认田源公司与金石公司之间的合同无效的诉讼中，田源公司被金石公司合并，此时法院应如何处理？

参考答案

一、选择题

1. B

根据本案案情，后诉与前诉当事人相同、诉讼标的相同，后诉所提之诉讼请求实质上否定了前诉判决，构成重复诉讼。因此，A 选项错误。

根据《民诉解释》第 247 条第 2 款的规定，当事人重复起诉的，裁定不予受理；已经受理的，裁定驳回起诉。本案后诉尚未受理，因此，应当裁定不予受理。因此，B 选项为正确选项，C 选项错误。

根据《民诉法》第 210 条的规定，当事人申请再审时应当向原审法院的上一级法院申请，并且应当具有再审的法定事由，因此，法院不应将当事人的起诉视为再审申请来处理。D 选项错误。

2. B

质证活动必须在此阶段进行，因为需要双方在场进行辩论。

相反，送达文书、调解均是贯穿诉讼始终的活动，而追加当事人是审前准备阶段的诉讼活动，因此本题只有 B 选项正确。

3. A

《诉讼时效规定》第 10 条规定："当事人一方向人民法院提交起诉状或者口头起诉的，诉讼时效从提交起诉状或者口头起诉之日起中断。"本题应选 A 选项。

答辩期从收到起诉状副本之日起起算。

甲县法院的排他管辖权直到开庭审理构成应诉管辖方能排他，专属除外。

起诉的被告仅需明确、无须适格，通常在庭审中才能确定其是否适格。

4. D

开庭审理阶段包括庭审准备、宣布开庭、法庭调查、法庭辩论、合议庭评议和宣判。结合本题，在宣布开庭阶段，根据《民诉法》第 140 条的规定，应首先由书记员查明当事人和其他诉讼参与人是否到庭，宣布法庭纪律；其次由审判长核对当事人，宣布案由，宣布审判人员、书记员等的名单，告知当事人有关的诉讼权利义务，询问当事人是否提出回避申请。A 选项误将审判长的权责当作书记员的权责，所以 A 选项错误。

法庭调查是庭审的重要环节，是对案件进行审理的重要阶段，根据《民诉法》第 71 条的规定，无论是当事人提供的证据还是人民法院调查收集到的证据，都必须经过当事人的相互质证。B 选项中认为人民法院调查收集的证据由法院决定是否质证是错误的。

合议庭评议时实行少数服从多数的原则，评议结果及不同意见应当如实记入评议笔录，由合议庭成员签字。审判长持不同意见时仍应遵守少数服从多数的原则，将不同意见记入评议笔录，所以 C 项错误。

我国《民诉法》第 151 条第 2 款规定，当庭宣判的，应当在 10 日内发送判决书；定期宣判的，宣判后立即发给判决书，因此 D 项正确。

5. A

《婚姻家庭编解释一》第 11 条规定：人民法院受理请求确认婚姻无效案件后，原告申请撤诉的，不予准许。对婚姻效力的审理不适用调解，应当依法作出判决。涉及财产分割和子女抚养的，可以调解。调解达成协议的，另行制作调解书；未达成调解协议的，应当一并作出判决。

注意：（1）对婚姻效力确认案件，人民法院在受理后要主动审查其效力，同时在起诉后不能撤诉或按撤诉处理，不能调解结案；（2）婚姻效力案件取消一审终审的规定。

6. D

开庭后原告首先要求法院审理"确认合同无效"，若合同有效，那么再审理"解除合同"，因此原告提出了一个"预备性请求"。在理论上，这被称为"诉的预备合并"。对于诉的预备合并，法院应当按照当事人主张的顺序予以审理。因此 B 错，D 对。

A、C 选项的问题在于如果原告既要求解除又要求确认合同无效，此时才是"矛盾请求"，应当让当事人予以明确，而本题中当事人主张了请求的审理顺序，不存在矛盾。

7. CD

根据《九民纪要》的规定，人民法院审理民商事案件时，如果必须以相关刑事案件的审理结果为依据，而刑事案件尚未审结的，应根据《民诉法》第 153 条第 5 项的规定中止诉讼；如果不是必须以刑事案件审理结果为依据，则应当继续审理民商事案件。

本案中应当注意，甲涉嫌诈骗，甲乙之间的合同就存在撤销的问题。如果乙撤销合同，则合同归于无效，丙的保证责任也就消灭。但是乙要求丙承担保证责任，说明乙未主张撤销，所以可以与刑事诉讼并行审理。因此 A 选项错误，C 选项正确。

由于本案是连带责任保证，因此无须追加甲为共同被告，B 选项错误。

按照《民诉解释》第 109 条的规定，当事人对欺诈、胁迫、恶意串通事实的证明，以及对口头遗嘱或者赠与事实的证明，人民法院确信该待证事实存在的可能性能够排除合理怀疑的，应当认定该事实存在。因此 D 选项正确。

8. BC

选项 A 是关于重审案件是否适用简易程序的问题。题干中以当事人同意干扰考生选择，根据《民诉法》第 41 条第 3 款的规定，发回重审的案件，原审人民法院应当按照第一审程序另行组成合议庭，即发回重审的案件不适用简易程序。同时，《简易规定》第 1 条规定，发回重审的案件不适用简易程序，故选项 A 是错误的。重审中能否提出管辖权异议？根据民事诉讼法原理，管辖权恒定；根据《民诉解释》第 39 条第 2 款的规定，人民法院发回重审或者按第一审程序再审的案件，当事人提出管辖异议的，人民法院不予审查，故选项 B 是正确的。在重审中被告能否提出反诉，原告能否增加诉讼请求？根据《民诉法》第 143 条的规定，原告增加诉讼请求、被告提出反诉，第三人提出与本案有关的诉讼请求，可以合并审理。《民诉解释》第 251 条规定，二审裁定撤销一审判决发回重审的案件，当事人申请变更、增加诉讼请求或者提出反诉，第三人提出与本案有关的诉讼请求的，依照《民诉法》第143条的规定处理。据此，选项C是正确的，选项D是错误的。

9. C

本题考查的是成年人的法定代理人的选取。根据《民法典》第28条的规定，无民事行为能力或者限制民事行为能力的成年人，由下列有监护能力的人按顺序担任监护人：（1）配偶；（2）父母、子女；（3）其他近亲属；（4）其他愿意担任监护人的个人或者组织，但是须经被监护人住所地的居民委员会、村民委员会或者民政部门同意。

从中可以看出，配偶是第一顺位监护人，自然也就是第一顺位法定代理人，因此应当按照配偶的意见决定后续的诉讼程序。

10. B

《民诉法》第153条规定："有下列情形之一的，中止诉讼：（一）一方当事人死亡，需要等待继承人表明是否参加诉讼的；（二）一方当事人丧失诉讼行为能力，尚未确定法定代理人的；（三）作为一方当事人的法人或者其他组织终止，尚未确定权利义务承受人的；（四）一方当事人因不可抗拒的事由，不能参加诉讼的；（五）本案必须以另一案的审理结果为依据，而另一案尚未审结的；（六）其他应当中止诉讼的情形。中止诉讼的原因消除后，恢复诉讼。"按第1款第1项的规定，本案应当中止诉讼。故答案为B。

11. BD

《民诉法》第154条规定，离婚案件一方当事人死亡的，法院应当裁定终结诉讼。因此，B选项正确。法院裁定终结诉讼程序，就意味着不对案件实体作出判断，程序也就此完全结束，刘女的遗产将依法定继承进行，故D选项正确。

A选项的诉讼中止并不适用于离婚案件，离婚诉讼一方当事人死亡便使得诉讼没有必要继续进行，故而应当裁定终结诉讼，而非裁定中止诉讼。

C选项的判决不发生法律效力，诉讼程序因刘女的死亡而终结，因此，一审判决并不发生法律效力。

综上分析，B选项、D选项正确，A选项、C选项错误。

12. B

有独立请求权第三人提起的参加之诉具有独立性，其不因本诉的撤诉而撤销，即使本诉原告撤回本诉，其仍要参加到有独立请求权第三人提起的参加之诉。

根据《民诉解释》第237条的规定，有独立请求权第三人参加诉讼后，法院在准许本诉原告撤诉后，有独立请求权第三人作为另案原告，原案原告、被告作为另案被告，继续进行诉讼。

二、案例分析题

1.（1）一方面，虽然宝德公司撤回了对天山公司的起诉，但其系因与天山公司达成和解协议而撤诉，并非通过恶意虚列被告的方式规避地域管辖的规定。另一方面，宝德公司在一审法院第一次开庭审理后与天山公司达成和解协议并撤回对其的起诉，可以视为宝德公司变更了诉讼请求。基于管辖恒定的原理，此时何某娟的异议不应被支持。同时应当注意，即便一审没有管辖权，何某娟也因未提管辖权异议并应诉答辩，构成了应诉管辖。

（2）1）撤诉必须以书面或口头的形式向受诉法院明确表示撤诉的意思表示。2）撤诉的意思表示是真实的。3）撤诉的申请须在宣判前提出。

（3）当事人撤诉只表明其处分了自己的诉讼权利，并没有处分自己的实体权利，人民法院也没有对实体权利义务关系加以认定，因此，当事人在撤诉以后，还可以再行起诉。

2.（1）不应受理。抵押物被转让并不影响抵押权，嘉吉公司可以直接向田源公司行使抵押权，因此，嘉吉公司并未因抵押物的转让而遭受不利，也就与该转让合同无任何利害关系（理论上称为"无诉的利益"，即没有诉讼的必要）。

（2）不属于重复诉讼。前诉要求确认无效，后诉要求撤销。前者为确认之诉，后者为形成之诉。而且，确认无效中重点审理主观上是否恶意串通，而请求撤销中重点审理的是是否构成无偿或低价转让财产。

（3）不准许。因为该转让合同有可能侵害他人利益。

（4）按照《民诉法》的规定，此时诉讼应当中止，等待金石公司表示是否同意继续诉讼。但是，在本案中，若金石公司合并了田源公司，那么嘉吉公司确认上述转让合同本身即无意义，因为，此时无论该转让合同是否有效，土地使用权均归金石公司所有，不存在恶意转让财产的问题。因此，此时法院应当以无诉的利益驳回原告起诉。

第十二章　简易程序

>> 本章知识点速览

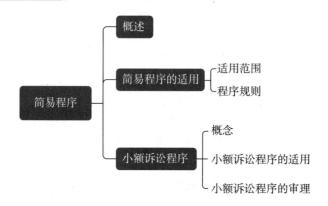

>> 本章核心知识点解析

第一节　简易程序概述

（一）难度与热度

难度：☆☆　　热度：☆☆

（二）基本理论与概念

简易程序，是指基层人民法院及其派出法庭审理简单民事案件时适用的程序。

简易程序具有以下两方面的意义：

第一，方便当事人进行诉讼，降低诉讼成本。这是我国民事诉讼"两便原则"的体现，主要表现在起诉方式、受理方式、传唤方式、庭审程序等都比较简便。

第二，提高审判效率。通过适用简易程序审理这部分民事案件，可以提高法院的办案效率，减轻法院审判负担，使法院将更多的精力投入复杂案件的审理中，从而提高法院的整体办案质量。

第二节　简易程序的适用范围

（一）难度与热度

难度：☆☆　热度：☆☆

（二）基本理论与概念

1. 简易程序的适用法院

根据《民诉法》第 160 条的规定，简易程序主要用于基层人民法院和它派出的法庭审理事实清楚、权利义务关系明确、争议不大的简单的民事案件。这表明，只有基层人民法院及其派出的法庭可以适用简易程序，中级以上的人民法院均不得适用简易程序审理民事案件。

2. 简易程序的适用案件

根据《民诉法》第 160 条的规定，简易程序主要用于审理事实清楚、权利义务关系明确、争议不大的简单的民事案件。根据《民诉解释》第 256 条的规定，事实清楚是指当事人对争议的事实陈述基本一致，并能提供相应的证据，无须人民法院调查收集证据即可查明事实；权利义务关系明确是指能明确区分谁是责任的承担者，谁是权利的享有者；争议不大是指当事人对案件的是非、责任承担以及诉讼标的争执无原则性分歧。

此外，根据《民诉法》及司法解释的规定，基层人民法院和它派出的法庭审理的"简单的民事案件"以外的民事案件，当事人双方也可以约定适用简易程序。约定适用简易程序的，应当在开庭前提出。口头提出的，记入笔录，由双方当事人签名或者捺印确认。但是，司法解释明确规定不得适用简易程序的案件，当事人约定适用简易程序的，人民法院不予准许。并且，已经按照普通程序审理的案件，在开庭后不得转为简易程序审理。

3. 不适用简易程序的案件

《民诉解释》第 257 条明确规定，对下列案件不适用简易程序：（1）起诉时被告下落不明的；（2）发回重审的；（3）当事人一方人数众多的；（4）适用审判监督程序的；（5）涉及国家利益、社会公共利益的；（6）第三人起诉请求改变或者撤销生效判决、裁定、调解书的；（7）其他不宜适用简易程序的案件。

4. 关于适用简易程序的异议

根据《民诉解释》第 269 条第 1 款的规定，当事人就案件适用简易程序提出异议，人民法院经审查，异议成立的，裁定转为普通程序；异议不成立的，裁定驳回。裁定以口头方式作出的，应当记入笔录。

第三节　简易程序的程序规则

（一）难度与热度

难度：☆☆　热度：☆☆

（二）基本理论与概念

1. 起诉

适用简易程序的案件，起诉方式有两种：书面方式起诉和口头方式起诉。如果原告采用口头方式起诉的，应当将上述内容予以准确记录，将相关证据予以登记。人民法院应当将上述记录和登记的内容向原告当面宣读，原告认为无误后应当签名或者捺印。

2. 送达

送达可采取捎口信、电话、短信、传真、电子邮件等简便方式。

当事人应当在起诉时向人民法院提供自己准确的送达地址、收件人、电话号码等联系方式，并签名或者捺印确认。人民法院按照原告提供的被告的送达地址或者其他联系方式无法通知被告应诉的，应当按以下情况分别处理：（1）原告提供了被告准确的送达地址，但人民法院无法向被告直接送达或者留置送达应诉通知书的，应当将案件转入普通程序审理；（2）原告不能提供被告准确的送达地址，人民法院经查证后仍不能确定被告送达地址的，可以被告不明确为由裁定驳回原告起诉。

被告到庭后拒绝提供自己的送达地址和联系方式的，人民法院应当告知其拒不提供送达地址的后果；经人民法院告知后被告仍然拒不提供的，按下列方式处理：（1）被告是自然人的，以其户籍登记中的住所地或者经常居住地为送达地址；（2）被告是法人或者其他组织的，应当以其工商登记或者其他依法登记、备案中的住所地为送达地址。人民法院应当将上述告知的内容记入笔录。

因当事人自己提供的送达地址不准确、送达地址变更未及时告知人民法院，或者当事人拒不提供自己的送达地址而导致诉讼文书未能被当事人实际接收的，按下列方式处理：（1）邮寄送达的，以邮件回执上注明的退回之日视为送达之日；（2）直接送达的，送达人当场在送达回证上记明情况之日视为送达之日。上述内容，人民法院应当在原告起诉和被告答辩时以书面或者口头方式告知当事人。

受送达的自然人以及他的同住成年家属拒绝签收诉讼文书的，或者法人、其他组织负责收件的人拒绝签收诉讼文书的，送达人应当依据《民诉法》第89条的规定，受送达人或者他的同住成年家属拒绝接收诉讼文书的，送达人可以邀请有关基层组织或者所在单位的代表到场，说明情况，在送达回证上记明拒收事由和日期，由送达人、见证人签名或者盖章，把诉讼文书留在受送达人的住所；也可以把诉讼文书留在受送达人的住所，并采用拍照、录像等方式记录送达过程，即视为送达。

不过，应当注意的是，以捎口信、电话、传真、电子邮件等形式送达的开庭通知，未经当事人确认或者没有其他证据足以证明当事人已经收到的，人民法院不得将其作为按撤诉处理和缺席判决的根据。

3. 答辩

在简易程序中，被告可以选择以口头或者书面的方式进行答辩，具体而言，双方当事人到庭后，被告同意口头答辩的，人民法院可以当即开庭审理；被告要求书面答辩的，人民法院可在征得其同意的基础上，合理确定答辩期间。人民法院应当将举证期限、提交答辩状的期限和开庭的具体日期告知各方当事人，并向当事人说明逾期举证以及拒不到庭的法律后果，由各方当事人在笔录和开庭传票的送达回证上签名或者捺印。当事人双方均表示不需要举证期限、答辩期间的，人民法院可以立即开庭审理或者确定开庭日期。

4. 举证期限的特殊规定

根据《民诉解释》第 266 条的规定，适用简易程序案件的举证期限由人民法院确定，也可以由当事人协商一致并经人民法院准许，但不得超过 15 日。

5. 开庭审理

适用简易程序审理案件，由审判员独任审判，由书记员进行记录。当事人双方可就开庭方式向人民法院提出申请，由人民法院决定是否准许。经当事人双方同意，可以采用视听传输技术等方式开庭。人民法院原则上应当在立案之日起 3 个月内审结，有特殊情况需要延长的，经本院院长批准，可以延长 1 个月。

6. 法庭调查和辩论

当事人对案件事实无争议的，审判人员可以在听取当事人就适用法律方面的辩论意见后径行判决、裁定。

适用简易程序审理的民事案件，应当一次开庭审结，但人民法院认为确有必要再次开庭的除外。

根据《民诉法》第 163 条的规定，法庭调查与法庭辩论的顺序不受《民诉法》第 139 条、第 141 条、第 144 条的限制。

7. 庭审笔录和卷宗材料

书记员应当将适用简易程序审理民事案件的全部活动记入笔录。对于下列事项，应当详细记载：（1）审判人员关于当事人诉讼权利义务的告知、争议焦点的概括、证据的认定和裁判的宣告等重大事项；（2）当事人申请回避、自认、撤诉、和解等重大事项；（3）当事人当庭陈述的与其诉讼权利直接相关的其他事项。

《民诉解释》第 263 条规定，适用简易程序审理案件，卷宗中应当具备以下材料：（1）起诉状或者口头起诉笔录；（2）答辩状或者口头答辩笔录；（3）当事人身份证明材料；（4）委托他人代理诉讼的授权委托书或者口头委托笔录；（5）证据；（6）询问当事人笔录；（7）审理（包括调解）笔录；（8）判决书、裁定书、调解书或者调解协议；（9）送达和宣判笔录；（10）执行情况；（11）诉讼费收据；（12）适用《民诉法》第 165 条规定审理的，有关程序适用的书面告知。

8. 宣判

适用简易程序审理的民事案件，通常应当庭宣判。但如果人民法院认为不宜当庭宣判，也可以定期宣判。

（1）当庭宣判。

当庭宣判的案件，除当事人当庭要求邮寄送达的以外，人民法院应当告知当事人或者诉讼代理人领取裁判文书的期间和地点以及逾期不领取的法律后果。上述情况，应当记入笔录。

人民法院已经告知当事人领取裁判文书的期间和地点的，当事人在指定期间内领取裁判文书之日即为送达之日；当事人在指定期间内未领取的，指定领取裁判文书期间届满之日即为送达之日，当事人的上诉期从人民法院指定领取裁判文书期间届满之日的次日起开始计算。

当事人因交通不便或者其他原因要求邮寄送达裁判文书的，人民法院可以按照当事人自己提供的送达地址邮寄送达。

人民法院根据当事人自己提供的送达地址邮寄送达的，邮件回执上注明收到或者退回之日即为送达之日，当事人的上诉期从邮件回执上注明收到或者退回之日的次日起开始计算。

按撤诉处理或者缺席判决的，人民法院可以按照当事人自己提供的送达地址将裁判文书送达给未到庭的当事人。

（2）定期宣判。

定期宣判的案件，定期宣判之日即为送达之日，当事人的上诉期自定期宣判的次日起开始计算。当事人在定期宣判的日期无正当理由未到庭的，不影响该裁判上诉期间的计算。

当事人确有正当理由不能到庭，并在定期宣判前已经告知人民法院的，人民法院可以按照当事人自己提供的送达地址将裁判文书送达给未到庭的当事人。

9. 裁判文书的简化

通常来讲，即使是适用简易程序审理的案件，人民法院也应当制作完整的裁判文书。但有五种情形，人民法院在制作裁判文书时，可以适当简化认定事实或者判决理由部分：（1）当事人达成调解协议并需要制作民事调解书的；（2）一方当事人在诉讼过程中明确表示承认对方全部诉讼请求或者部分诉讼请求的；（3）涉及个人隐私或者商业秘密的案件，当事人一方要求简化裁判文书中的相关内容，人民法院认为理由正当的；（4）当事人双方一致同意简化裁判文书的。

第四节　小额诉讼程序

一、小额诉讼程序概述

（一）难度与热度

难度：☆☆　热度：☆☆

（二）基本理论与概念

小额诉讼程序指的是基层法院和派出法庭在当事人和其他诉讼参与人的参加下，审理和解决标的额为各省、自治区、直辖市上年度就业人员平均工资50％以下的简单民事案件的程序。

2012年《民诉法》修改中增加了小额诉讼案件审理的特别规定，使一定数额之下的小额诉讼案件在审理上实行一审终审，进一步缩短了诉讼周期，提高了诉讼效率。根据2021年12月24日第十三届全国人民代表大会常务委员会第三十二次会议《关于修改〈中华人民共和国民事诉讼法〉的决定》，我国对小额诉讼程序进行了一定程度的修改，对小额诉讼程序适用的金额限额作了调整。

二、小额诉讼程序的适用标准

（一）难度与热度

难度：☆☆　热度：☆☆

（二）基本理论与概念

根据《民诉法》第165条的规定，基层人民法院和它派出的法庭审理事实清楚、权利义务关系明确、争议不大的简单金钱给付民事案件，标的额为各省、自治区、直辖市上年度就业人员年平均工资 50% 以下的，适用小额诉讼的程序审理，实行一审终审。基层人民法院和它派出的法庭审理前款规定的民事案件，标的额超过各省、自治区、直辖市上年度就业人员年平均工资 50% 但在 2 倍以下的，当事人双方也可以约定适用小额诉讼的程序。

2021 年修改后的《民诉法》将小额诉讼的适用限额从各省、自治区、直辖市上年度就业人员年平均工资 30% 以下提高到 50% 以下；并且规定，上年度就业人员年平均工资 50% 但在 2 倍以下的，可以约定适用小额诉讼程序。

另外，应当明确的是，当案件标的额在各省、自治区、直辖市上年度就业人员年平均工资 50% 以下时，强制适用小额诉讼程序，无须经当事人同意。当案件标的额在各省、自治区、直辖市上年度就业人员年平均工资 2 倍以上时，不得适用小额诉讼程序。

三、小额诉讼程序的适用范围

（一）难度与热度
难度：☆☆　热度：☆☆

（二）基本理论与概念
根据《民诉法》第 166 条的规定，人民法院审理下列民事案件，不适用小额诉讼的程序：（1）人身关系、财产确权案件；（2）涉外案件；（3）需要评估、鉴定或者对诉前评估、鉴定结果有异议的案件；（4）一方当事人下落不明的案件；（5）当事人提出反诉的案件；（6）其他不宜适用小额诉讼程序审理的案件。

另外，需要注意的是，小额诉讼程序是简易程序的"简化版""举重以明轻"，不得适用简易程序的案件也不能适用小额诉讼程序。

四、小额诉讼程序的程序特则

（一）难度与热度
难度：☆☆　热度：☆☆

（二）基本理论与概念
1. 一审终审

根据《民诉解释》第 271 条的规定，人民法院审理小额诉讼案件，适用《民诉法》第 165 条的规定，实行一审终审。

2. 小额诉讼的举证期限与答辩期间

《民诉解释》第 275 条第 1 款规定，小额诉讼案件的举证期限由人民法院确定，也可以由当事人协商一致并经人民法院准许，但一般不超过 7 日。按照该规定，即使当事人双方可以协商举证期限，一般也不能超过 7 日。

考虑到被告要求书面答辩的情形，需给书面答辩留有适当的时间，因此，《民诉解释》第 275 条第 2 款规定，人民法院可以在征得当事人同意的基础上合理确定答辩期间，但最长不得超过 15 日。

3. 小额诉讼中管辖异议的裁定与驳回起诉的裁定

根据《民诉解释》第 276 条的规定，当事人对小额诉讼案件提出管辖异议的，人民法院应当作出裁定。裁定一经作出即生效。

《民诉解释》第 277 条规定，人民法院受理小额诉讼案件后，发现起诉不符合《民诉法》第 122 条规定的起诉条件的，裁定驳回起诉。裁定一经作出即生效。

在普通程序和简易程序中，《民诉法》对管辖异议和驳回起诉都给予了上诉的权利。由于小额诉讼程序实行一审终审制，因此，如果对驳回管辖异议和驳回起诉的裁定再给予上诉救济就违反了一审终审的规定，也与小额诉讼制度设置目的相违背。

4. 小额诉讼与简易程序、普通程序的对接

在小额诉讼程序开始后，因当事人申请增加或者变更诉讼请求、提起反诉、追加当事人等，致使案件不符合小额诉讼案件条件的，应当适用简易程序的其他规定审理。

对于因当事人申请增加或者变更诉讼请求、提出反诉、追加当事人等，致使案件不符合小额诉讼案件条件，应当适用普通程序审理的，裁定转为普通程序。

适用简易程序的其他规定或者普通程序审理前，对双方当事人已确认的事实，可以不再进行举证、质证。此规定明确了先前的小额诉讼中双方当事人确认的事实在以后的简易程序或普通程序的事实认定中仍然有效。

5. 对小额诉讼程序适用的异议处理

根据《民诉法》第 169 条的规定，人民法院在审理过程中，发现案件不宜适用小额诉讼的程序的，应当适用简易程序的其他规定审理或者裁定转为普通程序。

当事人认为案件适用小额诉讼的程序审理违反法律规定的，可以向人民法院提出异议。人民法院对当事人提出的异议应当审查，异议成立的，应当适用简易程序的其他规定审理或者裁定转为普通程序；异议不成立的，裁定驳回。

在小额诉讼的实务中，当事人对按照小额诉讼案件审理可能持有异议，对此，《民诉解释》规定，当事人对此有异议的，应当在开庭前提出，开庭之后提出的，无效。人民法院经审查，异议成立的，适用简易程序的其他规定审理或者裁定转为普通程序；异议不成立的，裁定驳回。裁定以口头方式作出的，应当记入笔录。

6. 小额诉讼裁判文书的简化

小额诉讼程序比简易诉讼程序更追求效率，因此在裁判文书方面也就更加简化。《民诉解释》的规定在表述上也就没有使用"适当简化"的字样，而采用"可以简化"，并且明确了简化的程度——只需要记载当事人基本信息、诉讼请求、裁判主文等内容。

7. 小额案件的程序救济

小额案件虽然实行一审终审，但如果当事人对小额案件的裁判和调解书不服，依然可以申请再审。关于审判监督程序的规定也都适用于小额案件的再审救济。

8. 审限

根据《民诉法》第 168 条的规定，人民法院适用小额诉讼的程序审理案件，应当在立案之日起 2 个月内审结；有特殊情况需要延长的，经本院院长批准，可以延长 1 个月。

本章实务案例研习

郭某与上海珂兰商贸有限公司（本章简称"珂兰公司"）等请求变更公司登记纠纷案[①]

案例考点：简易程序的适用条件

（一）案情简介

郭某为珂兰公司的创始人，曾兼任法定代表人。自 2012 年 5 月起，郭某担任上海珂兰商贸有限公司北京分公司（本章简称"珂兰北分"）的负责人，也是珂兰公司下属其他几家分公司、子公司的负责人或法定代表人。2015 年 12 月，珂兰公司 100％股权被甘肃刚泰控股股份有限公司（以下简称"刚泰控股公司"）收购，珂兰公司随即做了工商变更登记，郭某于 2016 年 1 月 4 日起不再担任珂兰公司的法定代表人。2016 年 1 月 7 日，刚泰控股公司发布《关于非公开发行股票之标的资产股权过户完成公告》，从此刻起，郭某对珂兰公司及其子公司、分公司和其所有相关机构都不再有实际法定代表人或负责人的身份及经营管理权。珂兰公司开始对郭某担任的珂兰公司下属分公司的登记进行变更，最终只剩下一家即珂兰北分未作变更。2016 年 1 月之后，郭某没有得到珂兰公司的委托或授权，也没有继续作为珂兰北分的负责人参与珂兰北分的管理运营工作，对内、对外也均未以负责人名义再出现及签署任何相关文件，故郭某已经不是珂兰北分的实际负责人。珂兰北分由珂兰北分和珂兰公司的员工即孙某祥实际运营管理，向实际控制人林某汇报工作。2020 年 3 月，珂兰北分停发、停缴了郭某的工资、社保，删除、清退其办公系统权限，并将其社保转出。因珂兰北分拒不履行法院的生效判决，郭某被限制高消费，影响了郭某的正常生活。现珂兰北分、珂兰公司、林某拒不履行变更珂兰北分负责人义务，郭某诉至法院。一审法院适用简易程序审理该案。郭某不服一审判决提起上诉，其中一个上诉理由是一审法院不应适用简易程序。

（二）法院判决

二审法院并未就一审适用简易程序是否适当作出认定。

（三）学理分析

关于本案不应当适用简易程序，郭某提出四个理由。第一，《简易规定》第 8 条规定："人民法院按照原告提供的被告的送达地址或者其他联系方式无法通知被告应诉的，应当按以下情况分别处理：（一）原告提供了被告准确的送达地址，但人民法院无法向被告直接送达或者留置送达应诉通知书的，应当将案件转入普通程序审理……"一审诉讼中，郭某向一审法院提供了珂兰北分、珂兰公司、林某准确的送达地址，一审法院通过公告送达方式向珂兰北分、珂兰公司、林某进行了送达，故应当将一审案件转为普通程序审理。第二，一审法院审理期限超过简易程序的法定审理期限，且未在一审庭审中询

---

① 案例来源：北京市东城区人民法院（2021）京 0101 民初 3972 号民事判决书、北京市第二中级人民法院（2021）京 02 民终 14558 号民事判决书。

问当事人是否同意适用简易程序进行审理。第三，《民诉法》第160条第1款规定："基层人民法院和它派出的法庭审理事实清楚、权利义务关系明确、争议不大的简单的民事案件，适用本章规定。"《民诉解释》第256条规定："民事诉讼法第一百五十七条（2023年《民诉法》第160条——引者注）规定的简单民事案件中的事实清楚，是指当事人对争议的事实陈述基本一致，并能提供相应的证据，无须人民法院调查收集证据即可查明事实；权利义务关系明确是指能明确区分谁是责任的承担者，谁是权利的享有者；争议不大是指当事人对案件的是非、责任承担以及诉讼标的争执无原则分歧。"第四，根据《民诉解释》第257条第3项的规定，当事人一方人数众多的案件，不适用简易程序。根据上述法律及解释规定，本案并不属于应当适用简易程序审理的案件：首先，本案中珂兰北分、珂兰公司、林某均经公告送达后并未到庭参加庭审，未提供相应证据，故各方对争议的事实未有机会达到陈述基本一致的程度，不能适用简易程序；其次，郭某与孙某祥在一审庭审中分歧很大，双方对案件的是非、责任承担等有原则性分歧；最后，在一审诉讼中珂兰北分、珂兰公司、林某人数众多，根据《民诉解释》第257条第3项的规定，本案不适用简易程序。综上，本案不应适用简易程序审理，一审法院以简易程序审理该案严重违反法定程序。

对于上述理由，需要在学理上分析如下问题：第一，一审法院适用简易程序是否需要获得当事人同意；第二，当事人一方人数众多不能适用简易程序中，"人数众多"为多少人；第三，一审法院未适用普通程序是否严重违背法定程序。

第一，一审法院适用简易程序不需要征得当事人同意，由法院依据案情依职权适用。同时，对于应当适用普通程序的案件，当事人双方可以约定适用简易程序。注意，是双方约定，而非单方同意。另外，《民诉解释》第257条规定的不适用简易程序的情形中当事人不能约定适用简易程序。

从本案的情况来看，既然一审法院利用公告送达诉讼文书，那么应当是当事人下落不明，此时不应适用简易程序。即便公告送达后，被公告送达者出庭而不存在下落不明的问题，此时是否可以约定适用简易程序本身就是问题，更何况从原告上诉来看，其并不同意适用简易程序，因此一审适用简易程序，显然存在程序问题。

第二，关于"人数众多"，按照《民诉解释》第75条的规定，一般是指10人以上。但是这是针对代表人诉讼的规定。参照《最高人民法院民事诉讼法司法解释理解与适用》来看，最高人民法院在商讨本条时，并未对"人数众多"作出明确的数量限制，交由实践来把握。这里就需要对代表人诉讼中的"人数众多"的解释与是否适用简易程序中的"人数众多"的解释进行一个统合或区分。从目的上来看，简易程序应当是一审程序的例外程序。但凡案情稍显复杂就应当适用普通程序。从这个角度来看，直接适用《民诉解释》第75条，认定人数众多为10人以上，似乎不符合简易程序的适用目的。

第三，一审法院未适用普通程序是否严重违背法定程序。

依据2015年《民诉解释》第325条（2022年《民诉解释》第323条）的规定，下列情形，可以认定为《民诉法》第177条第1款第4项规定的"严重违反法定程序"：（1）审判组织的组成不合法的；（2）应当回避的审判人员未回避的；（3）无诉讼行为能力人未经法定代理人代为诉讼的；（4）违法剥夺当事人辩论权利的。

从该条来看，似乎错误适用简易程序并非严重违背法定程序进而发回重审的理由。

但是应当明确的是，普通程序应当适用合议制，简易程序应当适用独任制。从这个角度来看，一审审判组织组成不合法，应当撤销一审判决发回重审。不过本案二审判决作出的时间是 2022 年 3 月 11 日，2021 年《民诉法》已经生效并实施，因此，一审利用普通程序适用独任制也并不违法。二审法院可能因此未对该项上诉理由作裁判。不过，即便如此，亦应当在二审裁判中对此予以说明。

本章同步练习

一、选择题

1. 外国人汤姆通过网络平台向中国人买了一件衬衫，因衬衫质量问题产生纠纷起诉。下列选项正确的是？（　　）

A. 可以适用小额诉讼程序

B. 可以决定线下审理

C. 电子送达判决书

D. 可以适用独任制

2. 2023 年 9 月 30 日，吴某租赁王某建筑搭架设备，使用结束后，经双方结算欠王某 1 000 元。2024 年 5 月 29 日，吴某为王某出具了一张 1 000 元欠条，后经王某多次催要，吴某一直未还，王某诉至法院。法院决定适用小额诉讼程序审理，告知双方小额诉讼程序的特点。被告要求书面答辩，法院确定了 7 天的答辩期，并指定了 5 天的举证期限。在答辩期内，被告提出了管辖权异议，法院告知其小额诉讼程序不能提管辖权异议。本案诉讼程序中，法院做法正确的有哪些？（　　）。

A. 法院决定适用小额诉讼程序审理该案

B. 法院确定了 7 天的答辩期

C. 法院指定了 5 天举证期限

D. 法院告知其小额诉讼程序不能提管辖权异议

3. 关于简易程序的简便性，下列哪一表述是不正确的？（　　）

A. 受理程序简便，可以当即受理，当即审理

B. 审判程序简便，可以不按法庭调查、法庭辩论的顺序进行

C. 庭审笔录简便，可以不记录诉讼权利义务的告知，原、被告的诉辩意见等通常性程序内容

D. 裁判文书简便，可以简化裁判文书的事实认定或判决理由部分

4. 夏某因借款纠纷起诉陈某，法院决定适用简易程序审理。法院依夏某提供的被告地址送达时，发现有误，经多方了解和查证也无法确定准确地址。对此，法院下列哪一处理是正确的？（　　）

A. 将案件转为普通程序审理

B. 采取公告方式送达

C. 裁定中止诉讼

D. 裁定驳回起诉

5. 李某诉谭某返还借款一案，M市N区法院按照小额诉讼案件进行审理，判令谭某返还借款。判令生效后，谭某认为借款数额远高于法律规定的小额案件的数额，不应按小额案件审理，遂向法院申请再审。法院经审查，裁定予以再审。关于该案再审程序，下列哪些选项是正确的？（　　　）

A. 谭某应当向M市中级法院申请再审

B. 法院应当组成合议庭审理

C. 对作出的再审判决当事人可以上诉

D. 作出的再审判决仍实行一审终审

6. 根据《民诉法》相关司法解释，下列哪些案件不适用小额诉讼程序？（　　　）

A. 人身关系案件 　　　　　　B. 涉外民事案件

C. 海事案件 　　　　　　　　D. 发回重审的案件

7. 赵洪诉陈海请求其返还借款100元，法院决定适用小额诉讼程序审理。关于该案的审理，下列哪一选项是错误的？（　　　）

A. 应在开庭审理时先行调解

B. 应开庭审理，但经过赵洪和陈海的书面同意后，可书面审理

C. 应当庭宣判

D. 应一审终审

二、案例分析题

曹某伍与章某通过客户介绍建立业务关系，章某购买曹某伍的白茬椅子，截至2024年11月5日章某共拖欠曹某伍货款19 250元，经曹某伍催要，章某于2024年12月11日微信支付2 000元，拒不偿还剩余货款17 250元。曹某伍诉至法院，章某偿还10 000元后，曹某伍撤诉，余款7 250元仍不偿还，故再次诉至法院。

请根据该案例回答下列问题：

（1）本案若按照小额诉讼程序审理，被告提出管辖权异议，法院认为管辖权异议成立，并裁定移送管辖后，受移送法院是否可以以无管辖权为由请求其上级法院指定管辖？

（2）若本案适用的是简易程序，被告提管辖权异议后，法院裁定移送管辖。原告对移送裁定提出上诉，二审法院认为移送错误，裁定撤销移送裁定指令一审法院审理。此时，是否需要重新组成合议庭？

（3）若被告在签收诉讼文书后，下落不明，是否需要转为普通程序？

参考答案

一、选择题

1. BCD

A选项错误。涉外案件不得适用小额诉讼程序。根据《民诉法》第166条的规定，人民法院审理下列民事案件，不适用小额诉讼程序：（1）人身关系、财产确权案件；（2）涉外案件；（3）需要评估、鉴定或者对诉前评估、鉴定结果有异议的案件；（4）一方当事

人下落不明的案件；（5）当事人提出反诉的案件；（6）其他不宜适用小额诉讼的程序审理的案件。

B选项正确。根据《民诉法》第16条第1款的规定，经当事人同意，民事诉讼活动可以通过信息网络平台在线进行。

C选项正确。根据《民诉法》第90条的规定，经受送达人同意，人民法院可以采用能够确认其收悉的电子方式送达诉讼文书。通过电子方式送达的判决书、裁定书、调解书，受送达人提出需要纸质文书的，人民法院应当提供。

D选项正确。民事诉讼法并未排除涉外案件适用简易程序，因此可用独任制。根据《民诉解释》第257条的规定，下列案件，不适用简易程序：（1）起诉时被告下落不明的；（2）发回重审的；（3）当事人一方人数众多的；（4）适用审判监督程序的；（5）涉及国家利益、社会公共利益的；（6）第三人起诉请求改变或者撤销生效判决、裁定、调解书的；（7）其他不宜适用简易程序的案件。

2. ABC

《民诉法》第165条规定，基层人民法院和它派出的法庭审理事实清楚、权利义务关系明确、争议不大的简单金钱给付民事案件，标的额为各省、自治区、直辖市上年度就业人员年平均工资50%以下的，适用小额诉讼的程序审理，实行一审终审。

《民诉解释》第275条规定："小额诉讼案件的举证期限由人民法院确定，也可以由当事人协商一致并经人民法院准许，但一般不超过七日。被告要求书面答辩的，人民法院可以在征得其同意的基础上合理确定答辩期间，但最长不得超过十五日。当事人到庭后表示不需要举证期限和答辩期间的，人民法院可立即开庭审理。"故BC选项正确。

《民诉解释》第276条规定："当事人对小额诉讼案件提出管辖异议的，人民法院应当作出裁定。裁定一经作出即生效。"

3. C

A选项符合《民诉法》第161条的规定，"……基层人民法院或者它派出的法庭可以当即审理，也可以另定日期审理"。相比之下，普通程序立案阶段有一定的审查起诉期。

B选项符合《民诉法》第163条的规定，即开庭审理的顺序不受《民诉法》第141条的限制，法院在进行法庭调查、法庭辩论时，可以不按法定顺序进行。

C选项不符合法律规定，因为简易程序庭审笔录是不能简化的对象，《简易规定》第24条专门强调，庭审笔录要详细记载审判人员关于当事人诉讼权利义务的告知等重大事项。

D选项正确。《民诉解释》第270条规定："适用简易程序审理的案件，有下列情形之一的，人民法院在制作判决书、裁定书、调解书时，对认定事实或者裁判理由部分可以适当简化：（一）当事人达成调解协议并需要制作民事调解书的；（二）一方当事人明确表示承认对方全部或者部分诉讼请求的；（三）涉及商业秘密、个人隐私的案件，当事人一方要求简化裁判文书中的相关内容，人民法院认为理由正当的；（四）当事人双方同意简化的。"故简易程序裁判文书在特定情况下，可以对事实认定或判决理由部分简化。

4. D

根据《民诉法》第122条的规定，原告起诉的条件之一便是要有"明确的被告"。所谓明确的被告，对于自然人来讲，除了姓名、性别，具体明确的住所也是不可缺少的判别基准。根据《简易规定》第8条的规定，人民法院按照原告提供的被告送达地址或者其他联系方式无法通知被告应诉的，应当按以下情况分别处理：（1）原告提供了被告准确的送达地址，但人民法院无法向被告直接送达或者留置送达应诉通知书的，应当将案件转入普通程序审理；（2）原告不能提供被告准确的送达地址，人民法院经查证后仍不能确定被告送达地址的，可以被告不明确为由裁定驳回原告起诉。因此，D选项正确，A选项、B选项和C选项错误。

5. BC

当事人若认为法院适用小额诉讼程序审理作出的判决、裁定有符合《民诉法》第211条规定之再审事由的，应当根据《民诉解释》第424条第1款之特别规定请求再审，再审裁判实行一审终审，不得提起上诉；如果是针对法院适用小额诉讼程序外审理错误的，应当根据《民诉解释》第424条第2款的特别规定再审，实行两审终审，作出判决、裁定，当事人可以上诉。因此，C选项正确，D选项错误。根据《民诉解释》第424条的规定，对适用小额诉讼程序错误的，应当向原审法院申请再审。因此，A选项错误。根据法律的规定，独任制适用于简易程序及非讼程序，再审程序只能适用合议制；依《民诉解释》之规定，当事人因法院适用小额诉讼程序申请再审，法院应当组成合议庭审理，因此，B选项正确。综上，B选项和C选项正确。

6. AB

根据《民诉法》第166条的规定，人民法院审理下列民事案件，不适用小额诉讼的程序：（1）人身关系、财产确权案件；（2）涉外案件；（3）需要评估、鉴定或者对诉前评估、鉴定结果有异议的案件；（4）一方当事人下落不明的案件；（5）当事人提出反诉的案件；（6）其他不宜适用小额诉讼程序审理的案件。因此AB选项正确。

根据《民诉解释》第273条的规定，海事法院可以审理海事、海商小额诉讼案件。案件标的额应当以实际受理案件的海事法院或者其派出法庭所在的省、自治区、直辖市上年度就业人员年平均工资50%为限。故选项C错误。

发回重审的案件不得适用简易程序，更不能适用小额诉讼程序。因此选项D错误。

7. B

《简易规定》第14条规定，诉讼标的额较小的纠纷在开庭时应当先行调解，因此A选项正确。

《简易规定》第27条规定，适用简易程序审理的民事案件，除人民法院认为不宜当庭宣判的以外，应当当庭宣判。因此C选项正确。

《民诉法》第165条规定，基层人民法院和它派出的法庭审理简单的民事案件，标的额为各省、自治区、直辖市上年度就业人员年平均工资50%以下的，实行一审终审。所以D选项正确。

B选项中关于书面审理的约定不仅没有法律依据，也不符合一审程序必须开庭审理的基本原理，因此B选项错误。

二、案例分析题

（1）小额诉讼程序中对管辖权异议无论是裁定驳回还是裁定移送，当事人均不可上诉，一审生效。受移送法院若认为自己无管辖权，依然可以请求其上级法院指定管辖。

（2）发回重审与指令审理不同。发回重审是一审法院审理过，二审撤销一审判决发回重审。指令审理是一审法院未审理过实体问题，因此无须重新组成合议庭，仍可用简易程序，利用独任制审理。

（3）不需要。被告下落不明若发生在立案后、送达前，应转为普通程序，进而公告送达。若是在送达后下落不明，则应缺席判决。若该被告是必须出庭的当事人，则应延期审理。

第十三章　公益诉讼与第三人撤销之诉

本章知识点速览

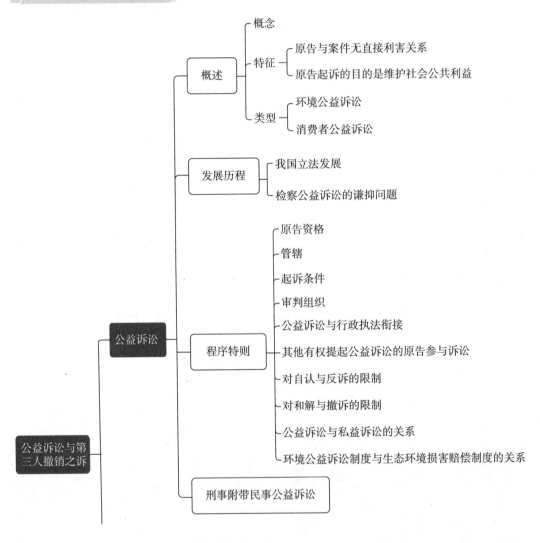

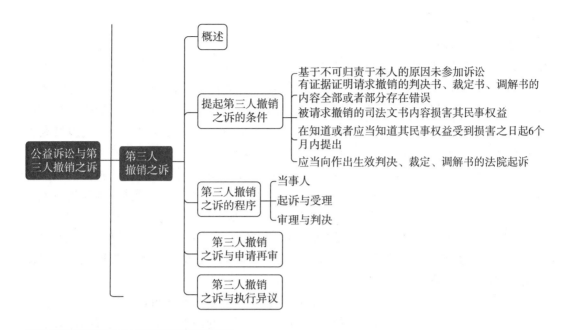

本章核心知识点解析

第一节　公益诉讼

一、公益诉讼的特征

（一）难度与热度

难度：☆☆☆☆☆　　热度：☆☆☆☆☆

（二）基本理论与概念

公益诉讼，是指对损害国家和社会公共利益的违法行为，由法律规定的国家机关或组织向法院提起诉讼的制度。公益诉讼包括行政公益诉讼与民事公益诉讼。我国现行法律和司法解释规定的民事公益诉讼仅指狭义的民事公益诉讼，即与被诉的侵权行为无直接利害关系的人为了维护社会公共利益而提起的民事诉讼。[①] 至于与被诉行为存在固有直接利害关系的人为了保护社会公共利益而提起的诉讼不属于我国法律意义上的民事公益诉讼。

民事公益诉讼具有以下两个特征：一是，原告是与案件无直接利害关系的形式当事人。二是，原告提起诉讼的目的是维护社会公共利益，而不是维护特定自然人、法人、

---

① "诉讼法意义上的公益诉讼一般可以有两种理解，即他益形式的公益诉讼和自益形式的公益诉讼。他益形式的公益诉讼是指原告为了实现客观法律秩序和公共利益，对侵害不特定多数主体合法利益的不法行为提起的诉讼。自益形式的公益诉讼是指原告为了自身利益提起的诉讼，此诉讼由于利益受影响的主体数量巨大而造成了很大的社会影响，因而有了公益效果而被称作公益诉讼。从公益诉讼的本质和立法原意来看，《民事诉讼法》第五十五条（现第五十八条）倾向于将公益诉讼限定为他益形式的公益诉讼。"江必新主编. 新民诉法解释法义精要与实务指引. 北京：法律出版社，2015：76.

非法人组织的民事权益。

（三）疑难点解析

1. 何为"原告与案件无直接利害关系"

根据《民诉法》第122条第1项的规定，提起民事私益诉讼的原告必须是与本案有直接利害关系的公民、法人和其他组织。原告与本案有直接利害关系，是指原告与本案的诉讼结果之间存在固有的直接利害关系。与本案的诉讼结果之间存在固有的直接利害关系的诉讼当事人就是所谓的"实质当事人"，而与本案的诉讼结果之间不存在固有的直接利害关系的诉讼当事人被相应地称为"形式当事人"。考虑到形式当事人可能因法律规定或当事人约定而与诉讼结果之间产生"直接利害关系"，所以有必要强调实质当事人与诉讼结果之间的直接利害关系是"固有的"，而不是基于法律规定或当事人约定产生的。比如，特定受害消费者依法享有的惩罚性赔偿请求权属于实质化了的形式性实体请求权，提出惩罚性赔偿请求的特定受害消费者虽属于形式当事人，但因其发生实质化而应当适用民事私益诉讼规则。[①]

基于此，"原告与案件无直接利害关系"，是指原告是与本案诉讼结果之间不存在固有的直接利害关系的形式当事人。但以下两点仍应当引起注意。第一，民事私益诉讼的原告于特殊情形下也可以是"与案件无直接利害关系"的形式当事人。比如，破产管理人、遗嘱执行人、遗产管理人等法定诉讼担当人属于民事诉讼中的形式当事人。第二，民事公益诉讼的原告于特殊情形下也可能与案件存在部分直接利害关系。比如，最高人民法院《关于审理环境侵权责任纠纷案件适用法律若干问题的解释》（已失效）第14条第1款规定："被侵权人请求修复生态环境的，人民法院可以依法裁判侵权人承担环境修复责任，并同时确定其不履行环境修复义务时应当承担的环境修复费用。"因污染环境、破坏生态而造成他人损害的，被侵权人在环境侵权诉讼中提出的修复生态环境请求兼具救济环境私益与环境公益的双重属性，其本质是授予环境私益诉讼原告以公益性诉讼实施权[②]，因此提出修复生态环境请求的被侵权人与案件具有部分直接利害关系。最高人民法院虽然废除了被侵权人可以请求侵权人承担生态环境修复责任的制度[③]，但又新增被侵权人可以申请生态环境侵权禁止令的规则[④]，被侵权人申请的禁止令通常具有同时预防私益及公益损害的功能。

2. 何为"原告起诉的目的是维护社会的公共利益"

由于民事私益诉讼同样存在"原告与案件无直接利害关系"的特殊情形，只有同时具备"原告起诉的目的是维护社会的公共利益"的特征，才能准确区分民事公益诉讼案件与民事私益诉讼案件。但是，社会公共利益属于框架性概念，不仅与国家利益之间的

---

① 黄忠顺. 惩罚性赔偿消费公益诉讼研究. 中国法学，2020（1）.
② 黄忠顺. 公益性诉讼实施权配置论. 北京：社会科学文献出版社，2018：89.
③ 《生态环境侵权解释》第22条第2款规定："被侵权人同时请求侵权人根据民法典第一千二百三十五条的规定承担生态环境损害赔偿责任的，人民法院不予支持。"第29条第2款进一步规定："本解释公布施行后，《最高人民法院关于审理环境侵权责任纠纷案件适用法律若干问题的解释》（法释〔2015〕12号）同时废止。"
④ 《环境侵权禁止令规定》第2条规定："因污染环境、破坏生态行为受到损害的自然人、法人或者非法人组织，以及民法典第一千二百三十四条、第一千二百三十五条规定的'国家规定的机关或者法律规定的组织'，可以向人民法院申请作出禁止令。"

边界存在模糊性，还容易与社会弱势群体利益发生混淆。在理论上，国益诉讼、公益诉讼、群体诉讼分别以保护国家利益、不特定第三人利益、特定多数人利益为诉讼目的。其中，国家设有专门机关代表国家维护国家利益，国益诉讼通常不存在适格原告问题。基于人文关怀理念与弱有所扶精神，民事司法确有必要对社会弱势群体的私益予以符合比例原则的特殊关照。但是，由于特定多数人利益的实质仍为私人利益，众多特定消费者合法权益即使属于社会弱势群体利益，也不属于诉讼法意义上的社会公共利益，只能通过完善代表人诉讼等群体诉讼机制为特定众多消费者的"众益"提供倾向性保护，而不能直接采取公益诉讼的形式予以救济。因而，只有以不特定第三人利益为保护对象的民事诉讼，才存在缺乏固有直接利害关系人问题，需要构建有别于民事私益诉讼程序的特殊规则。基于此，《消费公益诉讼解释》第 1 条第 1 款仅将"中国消费者协会以及在省、自治区、直辖市设立的消费者协会，对经营者侵害众多不特定消费者合法权益或者具有危及消费者人身、财产安全危险等损害社会公共利益的行为提起"的诉讼界定为"消费民事公益诉讼"。

二、公益诉讼的发展历程

（一）难度与热度
难度：☆☆　热度：☆

（二）基本理论与概念

我国立法机关于 2012 年 8 月修订《民诉法》时增设了公益诉讼制度，赋予法律规定的机关和有关组织对污染环境、侵害众多消费者合法权益等损害社会公共利益的行为提起诉讼的法定诉讼实施权。

在民事公益诉讼制度创建之初，立法机关于 2013 年、2014 年分别修订《消费者法》《环保法》时确立了消费公益诉讼制度与环境公益诉讼制度。消费公益诉讼，是指中国消费者协会以及在省、自治区、直辖市设立的消费者协会对侵害众多消费者合法权益的行为提起的公益诉讼，其诉讼请求通常为停止侵害、排除妨害、消除违法行为造成的危险等。环境公益诉讼，是指"依法在设区的市级以上人民政府民政部门登记""专门从事环境保护公益活动连续五年以上且无违法记录"的社会组织对污染环境、破坏生态，损害社会公共利益的行为提起的公益诉讼，其诉讼请求通常包括停止侵权、修复生态环境损害、赔偿生态环境损失等。

2015 年 7 月 1 日全国人大常委会通过《关于授权最高人民检察院在部分地区开展公益诉讼试点工作的决定》，在 13 个省、自治区、直辖市试点检察公益诉讼制度，并于 2017 年 6 月 27 日修改《民诉法》，正式授权检察机关对破坏生态环境和资源保护、食品药品安全领域侵害众多消费者合法权益等损害社会公共利益的行为提起公益诉讼的补充性诉讼实施权。

在 2017 年《民诉法》施行之初，人们倾向于认为检察机关只能在环境保护与食品药品安全领域享有补充性诉讼实施权，但随后检察机关不断探索检察公益诉讼制度适用的新领域。为解决检察机关拓展检察公益诉讼制度适用范围的法律依据不足的问题，2018 年修正的《检察院组织法》、2019 年修正的《检察官法》分别将提起公益诉讼作为检察机关的职权与检察官的职责。与此同时，立法机关不断以立法的形式确认检察机关可以提起公益诉讼的新领域，2018 年出台的《英保法》第 25 条、2020 年修正的《未保法》第 106 条、2021 年出台的《军保法》第 62 条、2021 年修正的《安全生产法》第 74 条、2021 年出台的《个人信息保护法》第 70 条、2022 年修正的《反垄断法》第 60 条、2022 年出台的《反电信网络诈骗法》第 47 条、2022 年修订的《妇女权益保障法》第 77 条、2023 年出台的《无障碍环境建设法》第 63 条分别授权检察机关对以下行为提起公益诉讼：（1）对侵害英雄烈士的姓名、肖像、名誉、荣誉的行为；（2）侵犯未成年人合法权益且涉及公共利益的行为；（3）侵害军人荣誉、名誉和其他相关合法权益，严重影响军人有效履行职责使命，致使社会公共利益受到损害的行为；（4）因安全生产违法行为造成重大事故隐患或者导致重大事故，致使国家利益或者社会公共利益受到侵害的行为；（5）个人信息处理者违反本法规定处理个人信息，侵害众多个人的权益的行为；（6）经营者实施损害社会公共利益的垄断行为；（7）侵害国家利益和社会公共利益的电信网络诈骗行为；（8）侵害妇女合法权益并导致社会公共利益受损的行为；（9）违反《无障碍环境建设法》规定，损害社会公共利益的行为。

（三）疑难点解析

检察机关提起公益诉讼是否必须遵循补充性原则？

根据《民诉法》第 58 条第 2 款的规定，检察机关的公益性诉讼实施权具有补充性，即只有没有法律规定的机关和有关组织或者法律规定的机关和有关组织不提起诉讼，检察机关才可以对损害社会公共利益的行为提起公益诉讼。因而，相对于法律规定的机关和有关组织提起的公益诉讼，检察公益诉讼应当遵循谦抑原则。但是，越来越多的法律赋予检察机关直接提起公益诉讼的权利，没有同时赋予有关组织以公益性诉讼实施权，使得检察机关在新领域的公益诉讼中处于主导乃至排他的地位，检察机关可以提起公益诉讼的领域已经明显超过其他机关及有关组织。这意味着立法机关已经开始反思检察公益诉讼的补充性原则。实际上，在民事公益诉讼制度创立之前，有的学者指出："在与行政机关公益诉权发生竞合时，检察机关的民事公诉权应置于优先的顺位。当检察机关与政府机关不行使公益诉权时，个人、组织机构可以提起公益诉讼。"[①] 因而，在理论上，检察机关提起公益诉讼遵循补充性原则未必具备正当性基础，这在制度上已经获得部分的认可。

三、公益诉讼的程序特则

（一）难度与热度

难度：☆☆☆　热度：☆☆☆☆

（二）基本理论与概念

传统民事诉讼程序主要适用于民事私益诉讼案件，而私益性诉讼实施权通常由实质当事人享有及行使，即使形式当事人于例外情形下提起民事诉讼，通常也存在对形式当事人的诉讼行为进行监督的实质当事人。与此不同，在民事公益诉讼案件中，作为形式当事人的原告与案件不存在固有的直接利害关系，而且此类案件通常缺乏可以对原告进行监督的实质当事人。基于此，民事公益诉讼案件应当适用特殊的程序规范，以激励或

---

① 肖建国. 民事公益诉讼的基本模式研究：以中、美、德三国为中心的比较法考察. 中国法学. 2007 (5).

强制形式当事人妥善行使公益性诉讼实施权并防范形式当事人滥用公益性诉讼实施权。最高人民法院单独或联合最高人民检察院出台的《消费公益诉讼解释》《环境公益诉讼解释》《环境公益诉讼规范》等规范性文件对民事公益诉讼程序作出若干特殊规定，主要包括原告资格、管辖、起诉条件、公益诉讼与行政执法衔接机制、公益诉讼与私益诉讼的关系、民事公益诉讼第一审案件的特殊审判组织，以及限制当事人自认、反诉、和解、调解、撤销的规则。

（三）疑难点解析

1. 如何理解生态环境损害赔偿制度与环境公益诉讼制度之间的关系

中共中央办公厅、国务院办公厅于 2015 年 12 月印发《生态环境损害赔偿制度改革试点方案》，选择部分省份开展生态环境损害赔偿制度改革试点，授权试点地方省级政府通过协商与诉讼两种方式要求赔偿义务人承担生态环境损害赔偿责任。试点结束后，中共中央办公厅、国务院办公厅于 2017 年 12 月印发《生态环境损害赔偿制度改革方案》，决定自 2018 年 1 月 1 日起在全国试行生态环境损害赔偿制度，授权省级、市地级政府作为本行政区域内生态环境损害赔偿权利人，并强调"鼓励法定的机关和符合条件的社会组织依法开展生态环境损害赔偿诉讼"。至于生态环境损害赔偿诉讼与环境公益诉讼之间的衔接等问题，该方案明确授权最高人民法院商有关部门根据实际情况制定指导意见予以明确。

为此，最高人民法院于 2019 年 6 月 4 日印发、于 2020 年 12 月 29 日修正的《生态环境损害赔偿规定》第 16～18 条对生态环境损害赔偿诉讼与环境民事公益诉讼的关系作出了以下安排：（1）在生态环境损害赔偿诉讼案件审理过程中，同一损害生态环境行为又被提起民事公益诉讼，符合起诉条件的，应当由受理生态环境损害赔偿诉讼案件的人民法院受理并由同一审判组织审理。（2）人民法院受理因同一损害生态环境行为提起的生态环境损害赔偿诉讼案件和民事公益诉讼案件，应先中止民事公益诉讼案件的审理，待生态环境损害赔偿诉讼案件审理完毕后，就民事公益诉讼案件未被涵盖的诉讼请求依法作出裁判。（3）生态环境损害赔偿诉讼案件的裁判生效后，有权提起民事公益诉讼的国家规定的机关或者法律规定的组织就同一损害生态环境行为有证据证明存在前案审理时未发现的损害，并提起民事公益诉讼的，人民法院应予受理。（4）民事公益诉讼案件的裁判生效后，有权提起生态环境损害赔偿诉讼的主体就同一损害生态环境行为有证据证明存在前案审理时未发现的损害，并提起生态环境损害赔偿诉讼的，人民法院应予受理。

与《生态环境损害赔偿制度改革试点方案》授权赔偿权利人直接提起诉讼不同，《生态环境损害赔偿制度改革方案》明确将"磋商未达成一致"作为赔偿权利人及其指定的部门或机构提起诉讼的前提条件。《生态环境损害赔偿规定》第 1 条明确将"因与造成生态环境损害的自然人、法人或者其他组织经磋商未达成一致或者无法进行磋商"作为"省级、市地级人民政府及其指定的相关部门、机构，或者受国务院委托行使全民所有自然资源资产所有权的部门"提起生态环境损害赔偿诉讼的条件，第 5 条亦将"与被告进行磋商但未达成一致或者因客观原因无法与被告进行磋商的说明"作为原告提起生态环境损害赔偿诉讼时必须提交的材料。在磋商前置于诉讼的制度框架下，生态环境损害赔偿磋商与环境民事公益诉讼之间的关系理应予以明确，但遗憾的是，《生态环境损害赔偿规定》没有对此作出规定。由于缺乏法律或司法解释的明文禁止性规定，在行政机关已经启动生态环境损害赔偿磋商程序的情形下，人民法院理应受理其他依法有权提起公益诉讼的行政机关、社会组织、检察机关提起的环境公益诉讼。但为避免多头行为造成资源浪费，同时考虑到赔偿权利人相对于环保组织等其他形式当事人更具备维护社会公共利益的实力，未来宜在原则上将赔偿权利人已经开始磋商的事实作为人民法院暂缓受理或中止审理环境民事公益诉讼的事由。

2. 检察公益诉讼中的"磋商"与生态环境损害赔偿诉讼中的"磋商"是否具有相同的法律性质

只有在"与被告进行磋商但未达成一致或者因客观原因无法与被告进行磋商"的情形下，赔偿权利人才可以提起生态环境损害赔偿诉讼。如果将生态环境损害赔偿诉讼理解为国益诉讼抑或公益诉讼，赔偿权利人的磋商程序均具有民事和解的属性。基于此，经磋商达成生态环境损害赔偿协议的，当事人可以向人民法院申请司法确认，经司法确认的生态环境损害赔偿协议具有强制执行力。①

与此不同，检察公益诉讼中的"磋商"不具有民事和解的属性，而具有督促行政机关履行法定职责或纠正违法行为的检察建议属性。我国现行法律没有规定检察机关在提起公益诉讼之前需要与被告磋商，但最高人民检察院制定的《人民检察院公益诉讼办案规则》第 70 条对检察机关提起行政公益诉讼确立了非强制适用的磋商机制：检察机关可以在提起行政公益诉讼之前，就行政机关是否存在违法行使职权或者不作为、国家利益或者社会公共利益受到侵害的后果、整改方案等事项，通过召开磋商座谈会、向行政机关发送事实确认书等方式与行政机关进行磋商。相对于《行诉法》第 25 条第 4 款规定的"向行政机关提出检察建议，督促其依法履行职责"，检察机关与行政机关的磋商方式更具有柔性监督的色彩。这表明最高人民检察院试图进一步缓和检察机关与行政机关之间的对抗关系。诚然，经过磋商仍决定提起行政公益诉讼的，检察机关仍应当向行政机关提出督促其依法履行职责的检察建议，并仅在行政机关未按照检察建议依法履行职责的情形下，检察机关才可以向人民法院提起行政公益诉讼。

第二节　第三人撤销之诉

一、第三人撤销之诉的本质

（一）难度与热度

难度：☆☆☆　热度：☆☆☆☆

（二）基本理论与概念

第三人撤销之诉，是指由于不可归责于本人的事由而未能参加诉讼的第三人，针对法院作出的存在错误并损害自己利益的判决、裁定、调解书，将生效司法文书中的双方当事人作为共同被告，以提起诉讼的方式，请求法院撤销已经发生法律效力的司法文书的诉讼。显而易见，案外人提起第三人撤销之诉的根基在于《民诉法》第 59 条第 3 款为

---

① 参见《生态环境损害赔偿规定》第 20 条、第 21 条。

案外人创设的程序形成权，第三人撤销之诉属于诉讼法上的形成之诉，因而，第三人撤销之诉在本质上是案外人为了救济实体权益而提起请求法院撤销生效裁判与调解书的特殊救济程序。

（三）疑难点解析

1. 普通债权人能否以虚假诉讼为由提起第三人撤销之诉

《民诉法》第 59 条第 3 款规定："前两款规定的第三人，因不能归责于本人的事由未参加诉讼，但有证据证明发生法律效力的判决、裁定、调解书的部分或者全部内容错误，损害其民事权益的，可以自知道或者应当知道其民事权益受到损害之日起六个月内，向作出该判决、裁定、调解书的人民法院提起诉讼。人民法院经审理，诉讼请求成立的，应当改变或者撤销原判决、裁定、调解书；诉讼请求不成立的，驳回诉讼请求。"案外人提起第三人撤销之诉的根本宗旨在于救济其遭受内容错误的生效裁判或调解书损害的民事权益，但案外人只有因不可归责于本人的事由未参加诉讼的，才可以通过第三人撤销之诉救济其遭受损害的民事权益。尽管我国尚未向案外人开放诉讼诈害防止参加之诉这一救济途径[①]，但《九民纪要》第 120 条以"设立第三人撤销之诉的目的在于，救济第三人享有的因不能归责于本人的事由未参加诉讼但因生效裁判文书内容错误受到损害的民事权益"为由，明确规定债权人可以在以下情形下提起第三人撤销之诉：（1）该债权是法律明确给予特殊保护的债权，如《合同法》第 286 条（《民法典》第 807 条）规定的建设工程价款优先受偿权，《海商法》第 22 条规定的船舶优先权；（2）因债务人与他人的权利义务被生效裁判文书确定，导致债权人本来可以对《合同法》第 74 条（《民法典》第 538～542 条）和《破产法》第 31 条规定的债务人的行为享有撤销权而不能行使的；（3）债权人有证据证明，裁判文书主文确定的债权内容部分或者全部虚假的。

2. 为何允许普通债权人以虚假诉讼为由提起第三人撤销之诉

传统大陆法系国家和地区普遍认可的判决效力相对性原则是国内不少学者研究案外人权益救济制度的出发点和归宿点，而案外人权益遭受损害及其救济的有效性问题却往往被忽视。判决效力相对性原则建立在辩论原则和处分原则的基础之上，以正当程序保障下的自我归责原则为学理依据。由于确定判决是受诉法院在诉讼参加人充分攻击防御的基础上居中对民事权利义务关系作出的权威判断结果，因此在理想状态下确定判决效力应当仅及于诉讼参加人，以避免侵犯案外人的裁判请求权及其民事权益。通说认为，既判力具有相对性，并且既判力相对性原则足以为案外人权益提供足够充分的保护。但实际上，虽然既判力相对性抗辩可以消除案外人另行起诉的障碍，但案外人另行起诉未必能够保证其获得足够及时且有效的司法救济。以人民为中心的民事司法应当坚持保障

[①]　比如，针对高某新以游某林、张某明、杨某宇、林某定为被告并以李某山为第三人提起的第三人撤销之诉，台州市中级人民法院（2014）浙台撤初字第 2 号民事判决书、浙江省高级人民法院（2015）浙撤终字第 1 号民事裁定书、最高人民法院（2016）最高法民申 836 号民事裁定书均认为，作为普通债权人的高某新既不是有独立请求权第三人，也不是无独立请求权第三人。在立法论层面，既有学者呼吁可能受虚假诉讼损害的普通债权人以无独立请求权第三人身份提起参加之诉，也有学者主张以民法上请求法院确认恶意串通损害第三人权益的民事行为无效的权利、债权人撤销权等实体请求权以及诉讼法上的形成权为可能受虚假诉讼损害的普通债权人提起独立诉讼参加之诉的正当性基础。熊跃敏，梁喆旎. 虚假诉讼的识别与规制：以裁判文书为中心的考察. 国家检察官学院学报，2018（3）；肖建国，黄忠顺. 论第三人撤销之诉的法理基础//张卫平主编. 民事程序法研究：第 11 辑. 厦门：厦门大学出版社，2014：45.

不特定第三人行为自由及财产安全的价值取向，确保不具有主观可归责性的案外人可以及时摆脱民事司法之不当侵扰。

以普通债权人请求撤销债务人与他人之间的给付判决为例。确定判决具有第三方效力，这种效力虽不阻止案外第三人另行主张与给付判决主文相反或矛盾的事实，也不会改变后案当事人之间的客观证明责任分配结果，但案外第三人不能主张第一次诉讼在前案当事人之间作出了不正确的裁判，是基于实体法的依赖性而获得承认的事实性效力。[1]根据判决效力的第三方效力理论，债权人不能主张债务人履行给付判决或法院执行给付判决的行为缺乏法律依据，对给付判决的履行或执行过程及其结果负有容忍义务。在债权人对债务人享有的债权不构成"足以排除强制执行的民事权益"的情形下，债权人不能通过案外人异议、案外人异议之诉谋求救济。即使债权人对债务人享有的债权于特殊情形下构成"足以排除强制执行的民事权益"，债务人也完全可以通过自愿履行的方式规避债权人通过案外人异议、案外人异议之诉谋求救济。[2]

二、第三人撤销之诉的构成要件

（一）难度与热度

难度：☆☆☆☆☆　　热度：☆☆☆☆

（二）基本理论与概念

根据《民诉法》第 59 条第 3 款的规定，第三人撤销之诉的构成要件有形式要件与实质要件之分，前者包括当事人、除斥期间、管辖法院，后者包括程序参与欠缺、生效裁判或调解书内容错误、案外人权益受损。

1. 当事人

根据体系解释方法，有权提起第三人撤销之诉的原告只能是有独立请求权第三人与无独立请求权第三人，而传统上认为普通债权人既不属于有独立请求权第三人，也不属于无独立请求权第三人，但《九民纪要》第 120 条已经例外允许普通债权人于特殊情形下提起第三人撤销之诉，此类普通债权人因被赋予诉讼诈欺防止请求权而可以被纳入有独立请求权第三人的范畴。

2. 除斥期间

案外人提起第三人撤销之诉的根基在于诉讼法上的形成权，而形成权仅于除斥期间存在。案外人没有自其知道或者应当知道民事权益受到损害之日起 6 个月内提起第三人撤销之诉的，案外人将因该诉讼法上的形成权归于消灭而无权提起第三人撤销之诉。与实体法上的形成权的除斥期间相似，诉讼法上的形成权的除斥期间属于不可变期间，不适用诉讼时效中止、中断、延长等规定。

3. 管辖法院

案外人提起第三人撤销之诉针对的是发生法律效力的判决、裁定、调解书，而原告胜诉的结果是"改变或者撤销原判决、裁定、调解书"。为避免下级法院改变或撤销上级法院作出的生效判决、裁定、调解书，第三人撤销之诉不适用级别管辖制度，而由"作

---

① ［德］罗森贝克，施瓦布，戈特瓦尔德. 德国民事诉讼法. 李大雪，译. 北京：中国法制出版社，2007：1181.
② 黄忠顺. 确定判决对案外第三人权益的损害及其救济原理. 比较法研究，2021（4）.

出该判决、裁定、调解书的人民法院"专属管辖。在司法实践中，"作出该判决、裁定、调解书的人民法院"级别通常较高，并且第三人撤销之诉适用两审终审制，故一审管辖法院级别太高的问题在一定程度上限制了第三人撤销之诉制度的适用。根据《中院管辖标准》第1条、第2条的规定，当事人住所地均在或者均不在受理法院所处省级行政辖区的，诉讼标的额不足5亿元的第一审民事案件由基层人民法院管辖，当事人一方住所地不在受理法院所处省级行政辖区的，诉讼标的额不足1亿元的第一审民事案件由基层人民法院管辖。该通知自2021年10月1日起实施，从此绝大多数第一审民事案件将由基层人民法院管辖，使得绝大多数的第三人撤销之诉由基层人民法院或中级人民法院管辖，第三人撤销之诉案件管辖法院级别太高的问题得到有效缓解。

4. 程序参与欠缺

案外人因不能归责于本人的事由未参加诉讼的，案外人不享有阻止人民法院作出损害其民事权益的生效裁判或调解书的机会。根据当事人自我责任原理[①]，此类案外人因未受正当程序保障而不负有忍受错误裁判或调解书损害其民事权益的义务。在错误裁判或调解书客观上已经损害其民事权益的情形下，立法机关理应向未受正当程序保障之案外人提供事后救济的途径。

5. 生效裁判或调解书内容错误

这里的"错误"，是指实体错误，不包括程序错误，即生效裁决主文或调解书中处理当事人民事权利的结果错误[②]，并且该错误与案外人权益遭受损害存在因果关系。考虑到识别与纠正虚假诉讼属于职权主义事项，只要案外人能够提供初步证据证明案外人主张生效裁决或调解书是人民法院根据双方当事人陈述的虚假事实或提供的虚假证据作出的，该生效裁决或调解书本身及其强制执行将损害案外人权益，人民法院就应当受理案外人提起的第三人撤销之诉。

6. 案外人权益受损

只有生效裁判或调解书因其全部或部分内容错误而损害案外人的民事权益，非基于可归责于己原因而未受正当程序保障的案外人才可以提起第三人撤销之诉。所谓案外人权益，是指案外人依法享有的民事权益，既包括物权等绝对权，也包括债权等相对权。

（三）疑难点解析

1. 如何理解案外人提起第三人撤销之诉的除斥期间

《民诉法》第59条第3款规定，案外人只能在"自知道或者应当知道其民事权益受到损害之日起六个月内"提起第三人撤销之诉，因而，案外人依法享有的诉讼法上的形成权只能在6个月内行使。所谓"在6个月内行使"，是指案外人必须在该期间内启动第三人撤销之诉，而不是要求在该期间内行使完毕，因而，只要案外人在该期间内提起第三人撤销之诉，即使案件未能在该期间审结，也不影响案外人通过参加诉讼、提起上诉、申请再审等方式继续行使该诉讼法上的形成权。在适用案外人提起第三人撤销之诉的除斥期间制度方面，至少存在以下两个疑难问题。

（1）如何理解案外人"知道或者应当知道其民事权益受到损害之日"？为了促使案外

---

① ［日］谷口安平. 程序的正义与诉讼. 增补本. 王亚新，刘荣军，译. 北京：中国政法大学出版社，2002：12.

② 参见《民诉解释》第294条。

人在合理期间内提起第三人撤销之诉，降低第三人撤销之诉对生效裁判或调解书效力稳定性的冲击程度，立法机关为案外人提起第三人撤销之诉设定为期 6 个月的除斥期间，以其知道或者应当知道其民事权益受到损害之日为始期。在裁判或调解书生效之前，案外人知道他人正在进行损害其民事权益的虚假诉讼的，理应申请参加诉讼或者及时将双方当事人涉嫌虚假诉讼的线索提供给审理法院，以消除其民事权益遭受的威胁，因而，在裁判或调解书生效之前，案外人的民事权益尚未受到损害，除斥期间的起算日期应当等于或晚于裁判或调解书生效之日。案外人受送达生效裁判或调解书或者与其执行相关的有关文书的，具备认定案外人应当知道其民事权益受到损害的正当性基础，以其受送达之日为最晚的除斥期间起算日期。① 案外人未受送达生效裁判或调解书或者当事人主张案外人在受送达生效裁判或调解书之前已经知道或应当知道其民事权益受到损害的，理应由当事人承担相应的证明责任。在案外人与当事人均无法说服法官认定案外人知道或者应当知道其民事权益受到损害的情形下，人民法院应当本着保障不特定第三人财产安全的价值理念视为除斥期间尚未届满。

（2）案外人在该除斥期间已经启动其他救济途径但以失败告终后，随即提起第三人撤销之诉，但该除斥期间已经届满的，人民法院是否应当受理？第三人撤销之诉只是案外人权益救济制度体系中的一种，案外人在除斥期间通过其他法定救济途径谋求救济，在其他救济途径未能为其提供有效救济的情形下，案外人于除斥期间届满后提起第三人撤销之诉的，也应当认定案外人已经在该除斥期间行使了该诉讼法上的形成权。这是因为，我们不能因为案外人救济制度的复杂性而降低对案外人权益的保护程度。案外人在其他救济途径以失败告终后没有在合理期限内提起第三人撤销之诉的，应当视为案外人已经放弃行使该诉讼法上的形成权，否则，案外人可以故意先启动其他案外人救济程序，以谋求提起第三人撤销之诉不受除斥期间限制的程序法效果。比如，生效判决以甲持有的电脑的所有权人是乙为由，判令甲将电脑交付给乙，丙认为甲乙恶意串通进行虚假诉讼的行为损害了其对电脑的所有权。在生效判决已经进入执行程序的情形下，丙于该除斥期间内根据《民诉法》第 238 条的规定提出案外人异议，执行法院裁定驳回丙的案外人异议并释明其通过第三人撤销之诉谋求救济，但案外人知道其民事权益受到损害已经超过 6 个月的，应当例外允许案外人自裁定送达之日起 15 日内向人民法院提起第三人撤销之诉。

2. 最高人民法院指导性案例对案外人可以提起第三人撤销之诉的具体情形确立了哪些裁判规则

最高人民法院于 2021 年 2 月 19 日印发了《关于发布第 27 批指导性案例的通知》，其中指导案例 148—152 号对第三人撤销之诉的适用情形进行了明确。

（1）指导案例 148 号"高某诉三亚天通国际酒店有限公司、海南博超房地产开发有限公司等第三人撤销之诉案"的裁判要旨为："公司股东对公司法人与他人之间的民事诉

---

① 比如，最高人民法院指导案例 153 号"永安市燕诚房地产开发有限公司诉郑某南、远东（厦门）房地产发展有限公司等第三人撤销之诉案"确立了以下裁判规则："债权人对确认债务人处分财产行为的生效裁判提起第三人撤销之诉的，在出现债务人进入破产程序、无财产可供执行等影响债权人债权实现的情形时，应当认定债权人知道或者应当知道该生效裁判损害其民事权益，提起诉讼的六个月期间开始起算。"

讼生效裁判不具有直接的利益关系，不符合民事诉讼法第五十六条①规定的第三人条件，其以股东身份提起第三人撤销之诉的，人民法院不予受理。"

（2）指导案例 149 号"长沙广大建筑装饰有限公司诉中国工商银行股份有限公司广州粤秀支行、林某武、长沙广大建筑装饰有限公司广州分公司等第三人撤销之诉案"的裁判要旨为："公司法人的分支机构以自己的名义从事民事活动，并独立参加民事诉讼，人民法院判决分支机构对外承担民事责任，公司法人对该生效裁判提起第三人撤销之诉的，其不符合民事诉讼法第五十六条②规定的第三人条件，人民法院不予受理。"

（3）指导案例 150 号"中国民生银行股份有限公司温州分行诉浙江山口建筑工程有限公司、青田依利高鞋业有限公司第三人撤销之诉案"的裁判要旨为："建设工程价款优先受偿权与抵押权指向同一标的物，抵押权的实现因建设工程价款优先受偿权的有无以及范围大小受到影响的，应当认定抵押权的实现同建设工程价款优先受偿权案件的处理结果有法律上的利害关系，抵押权人对确认建设工程价款优先受偿权的生效裁判具有提起第三人撤销之诉的原告主体资格。"

（4）指导案例 151 号"台州德力奥汽车部件制造有限公司诉浙江建环机械有限公司管理人浙江安天律师事务所、中国光大银行股份有限公司台州温岭支行第三人撤销之诉案"的裁判要旨为："在银行承兑汇票的出票人进入破产程序后，对付款银行于法院受理破产申请前六个月内从出票人还款账户划扣票款的行为，破产管理人提起请求撤销个别清偿行为之诉，法院判决予以支持的，汇票的保证人与该生效判决具有法律上的利害关系，具有提起第三人撤销之诉的原告主体资格。"

（5）指导案例 152 号"鞍山市中小企业信用担保中心诉汪某、鲁某英第三人撤销之诉案"的裁判要旨为："债权人申请强制执行后，被执行人与他人在另外的民事诉讼中达成调解协议，放弃其取回财产的权利，并大量减少债权，严重影响债权人债权实现，符合合同法第七十四条③规定的债权人行使撤销权条件的，债权人对民事调解书具有提起第三人撤销之诉的原告主体资格。"

三、第三人撤销之诉的程序特则

（一）难度与热度
难度：☆☆☆☆☆ 热度：☆☆☆☆☆

（二）基本理论与概念
第三人撤销之诉的实质是案外人以生效裁判或调解书的双方当事人为共同被告提起的普通民事诉讼案件，但因其以改变或撤销生效裁判或调解书为诉讼请求而具有与再审程序相似的非常救济属性。相对于普通的民事诉讼案件，第三人撤销之诉案件的审理程序具有以下特殊之处。

（1）在当事人方面，提起第三人撤销之诉的案外人为原告，被请求改变或撤销的生效裁判或调解书的当事人为被告，生效裁判或调解书中没有承担责任的无独立请求权第

---

① 2023 年《民诉法》第 59 条——引者注。
② 2023 年《民诉法》第 59 条——引者注。
③ 2023 年《民法典》第 538 条、第 539 条——引者注。

三人列为第三人。① 案外人提起第三人撤销之诉旨在谋求改变或撤销生效裁判或调解书，而改变或撤销生效裁判或调解书必然与双方当事人具有固有的直接利害关系，故生效裁判或调解书的双方当事人属于适格被告。

（2）在起诉与受理方面，第三人撤销之诉适用的程序规范与普通民事诉讼案件有别。除了提交符合《民诉法》第 124 条要求的起诉状以外，案外人提起第三人撤销之诉的，应当提供存在下列情形的证据材料：因不能归责于本人的事由未参加诉讼，发生法律效力的判决、裁定、调解书的全部或者部分内容错误，发生法律效力的判决、裁定、调解书内容错误损害其民事权益。与普通民事诉讼案件采取立案登记制不同，第三人撤销之诉案件实际上采取的是立案审查制。根据《民诉解释》第 291 条的规定，人民法院应在收到起诉状和证据材料之日起 5 日内送交对方当事人，允许对方当事人自收到起诉状之日起 10 日内提出书面意见，人民法院对第三人提交的起诉状、证据材料以及对方当事人的书面意见进行审查并于必要时问问双方当事人，经审查认为案外人的起诉符合条件的，人民法院应当在收到起诉状之日起 30 日内立案；不符合起诉条件的，应当在收到起诉状之日起 30 日内裁定不予受理。与此不同，根据《民诉法》第 126 条的规定，人民法院审查原告的起诉是否符合条件的期限仅为 7 日，而且不以对方提出书面意见为立案的必经环节。

（3）在审理与裁判方面，第三人撤销之诉同样存在特殊之处。人民法院对第三人撤销之诉案件，应当组成合议庭开庭审理。人民法院经审理，诉讼请求成立的，应当改变或者撤销原判决、裁定、调解书；诉讼请求不成立的，驳回诉讼请求。不服第三人撤销之诉一审裁判的，当事人可以向上一级人民法院提起上诉，但第三人撤销之诉一审判决由最高人民法院作出的除外。人民法院对第三人撤销之诉案件作出的确定裁判改变或者撤销原生效裁判、调解书的，原生效裁判、调解书被改变或者撤销的部分对于第三人不产生效力，同时原生效裁判、调解书在原当事人之间也失去效力。

（三）疑难点解析

1. 在第三人撤销之诉案件起诉与受理环节，被告向人民法院提出的书面意见是否等同于普通民事诉讼案件中被告向人民法院提交的答辩状

第三人撤销之诉既是一个新诉，又不同于一般的民事诉讼，因此被告所提出的书面意见与答辩状类似但又有所不同。相同之处在于书面意见和答辩状都是被告提交的针对原告起诉状的内容的反驳或抗辩，以利于原告知晓抗辩内容和人民法院整理案件的争点。不同之处在于提出书面意见是被告的权利，被告既可以提出，又可以不提出，但若欲提出则必须在人民法院立案之前（自收到起诉状副本之日起 10 日内），而提交答辩状既是被告的权利又是被告的义务，而且被告只能在人民法院受理民事诉讼案件后（收到起诉状副本之日起 15 日内）提交。② 本书认为，在第三人撤销之诉中，书面意见针对的是案外人提起第三人撤销之诉是否符合受理条件，被告提出的书面意见未能阻止人民法院受理第三人撤销之诉案件的，在人民法院裁定受理第三人撤销之诉案件后，人民法院还应当保障被告自受送达受理裁定书与应诉通知书之日起 15 日内提交答辩状的权利。尽管答

---

① 参见《民诉解释》第 296 条。
② 江必新主编. 新民诉法解释法义精要与实务指引. 北京：法律出版社，2015：696.

辩状的内容与书面意见的内容很可能构成重复，但案外人提起第三人撤销之诉时通常会增加确认某项民事权利的诉讼请求[①]，而书面意见不承担抗辩确权请求的制度功能，故按照通常的民事诉讼程序允许被告在人民法院正式受理第三人撤销之诉案件后提交答辩状确有必要。

2. 第三人撤销之诉案件是否可以调解结案

关于第三人撤销之诉案件是否可以调解结案，我国现行法律及司法解释没有明确规定。案外人提起第三人撤销之诉旨在救济其受生效裁判或调解书损害的民事权益，民事权益的可处分性为第三人撤销之诉调解提供了基础。但与此同时，第三人撤销之诉旨在改变或撤销他人之间的生效裁判或调解书，而生效裁判或调解书的稳定性与权威性意味着当事人不能基于自己的意志予以改变或撤销。

基于民事权益的可处分性与生效裁判与调解书效力的不可处分性之间存在冲突，人们对第三人撤销之诉案件是否可以调解结案的问题存在不同意见。浙江省高级人民法院审判委员会于 2020 年通过的《审理第三人撤销之诉案件疑难问题解答》第 14 问明确，第三人撤销之诉案件可以调解结案，允许人民法院根据不损害国家利益、社会公共利益、他人合法权益的调解协议制作调解书，并指出"调解书生效后，原生效裁判文书即视为被撤销，也可以表述为原案当事人放弃对原生效裁判文书与调解相关事项的执行申请"。与此不同，广东省高级人民法院《关于审理第三人撤销之诉案件疑难问题的解答》第 11 条虽允许当事人自愿达成协议，但禁止人民法院出具调解书，只能以准许撤诉裁定书结案，并明确原告撤诉后不得对同一判决再次提起第三人撤销之诉。北京市高级人民法院民一庭于 2016 年 4 月 19 日印发的《关于审理第三人撤销之诉案件适用法律若干问题的研讨纪要》第 15 条第 1 款采取折中方案，即允许人民法院根据第三人与原诉当事人自愿达成的调解协议出具调解书，但明确指出"为避免该调解书与原生效判决、裁定、调解书之间的冲突，调解书中可以表述原诉当事人放弃申请对原生效判决、裁定、调解书的执行，但不能有撤销原生效判决、裁定、调解书的表述"。

关于生效裁判或调解书是否正确及应否撤销，通常被认为已经超越了当事人处分权的范畴。但是，第三人撤销之诉兼具解决实体权利义务争议的功能，既包括原当事人之间的实体法律关系争议，又包括案外人与原诉当事人一方或双方之间的实体法律关系争议，而实体法律关系争议显然可以通过调解的方式解决。[②] 因而，第三人撤销之诉案件的审理程序具有二阶性，第一阶段的审理任务为生效裁判、调解书是否错误及应否予以全部或部分撤销，该事项不能由各方当事人合意决定，不具备适用调解制度的空间。但是，不能适用调解制度不等于不允许案外人撤回第三人撤销之诉，在人民法院尚未对生效裁判、调解书是否错误及应否予以全部或部分撤销形成心证之前，案外人因达成调解协议而申请撤诉的，只要不涉及国家利益、社会公共利益或者他人合法权益，人民法院就应当准许撤诉。第二阶段的审理任务涉及对实体权利义务进行重新分配与确定，这属于私法权益，各方当事人可以通过合意的方式解决。即使人民法院已经认定生效裁判、调解书应予以撤销，也不妨碍案外人在诉讼程序中放弃其全部或部分民事权益。即使人民法

[①]　江必新主编. 新民诉法解释法义精要与实务指引. 北京：法律出版社，2015：711.

[②]　李潇潇. 调解在第三人撤销之诉中的适用. 烟台大学学报（哲学社会科学版），2015（2）.

院已经认定生效裁判、调解书不应撤销，也不妨碍原审当事人一方或双方处分其已经生效裁判或调解书确定的民事权益。因而，无论人民法院对"生效裁判或调解书是否错误及应否予以撤销"作出何种认定，都不影响第三人撤销之诉案件的各方当事人对其实体权利义务争议达成调解协议，并借助人民法院对调解协议的司法审查权赋予调解债权文书强制执行力，但人民法院对第三人撤销之诉案件作出的调解书或裁定书应当载明其对"生效裁判或调解书是否错误及应否予以撤销"是否进行了审查及作出了何种认定。

四、案外人救济途径之间的关系

(一) 难度与热度
难度：☆☆☆☆☆　热度：☆☆☆☆☆

(二) 基本理论与概念

对案外人权益进行救济的诉讼程序有案外人申请再审、第三人撤销之诉、案外人异议之诉，但前述三种案外人权益救济程序之间的关系向来存在争议。案外人异议之诉适用于案外人对生效裁判或调解书内容不存在异议，但对执行标的主张有足以排除强制执行的民事权益，故案外人异议之诉中的案外人仅在生效裁判或调解书的执行过程中才具有诉的利益。案外人申请再审之诉分为执行程序中的案外人申请再审之诉与执行程序外的案外人申请再审之诉，前者源于《民诉法》第238条关于"案外人、当事人对裁定不服，认为原判决、裁定错误的，依照审判监督程序办理"的规定，后者源于最高人民法院在立法机关确立第三人撤销之诉前为拓展案外人权益救济途径而于2008年《审监解释》第5条第1款中作出的关于"案外人对原判决、裁定、调解书确定的执行标的物主张权利，且无法提起新的诉讼解决争议的，可以在判决、裁定、调解书发生法律效力后二年内，或者自知道或应当知道利益被损害之日起三个月内，向作出原判决、裁定、调解书的人民法院的上一级人民法院申请再审"的规定，但2020年修订后的《审监解释》已经废除执行程序外案外人申请再审制度。① 因此，对案外人权益进行救济的诉讼程序包括案外人异议之诉、执行程序中的案外人申请再审（以下简称"案外人申请再审"）以及第三人撤销之诉。

案外人异议之诉与案外人申请再审均适用于案外人异议被执行法院驳回之后，但前者适用于案外人认为原判决、裁定错误的情形，后者适用于案外人排除执行请求与原判决、裁定无关的情形。在金钱债权执行中，案外人对执行标的的主张享有足以排除执行的民事权益，与原判决、裁定是否错误无关的，案外人在其排除执行请求被执行法院裁定驳回后，应当通过案外人异议执行谋求进一步救济。与此不同，在物之交付执行中，案外人对执行标的的主张享有足以排除执行的民事权益的，应当区分案外人对标的物主张的民事权益与交付请求权在民法上是否构成冲突。案外人对标的物主张的足以排除执行的民事权益与交付请求权未发生冲突的，案外人应当通过案外人异议之诉谋求救济。案外人对标的物主张的足以排除执行的民事权益与交付请求权发生冲突的，如果案外人对标

---

① 尽管最高人民法院已经删除执行程序外案外人申请再审制度，但案外人系原审裁判遗漏的必要共同诉讼当事人，因不能归责于本人或者其诉讼代理人的事由未参加诉讼的，仍可以根据《民诉法》第211条第8项以及《民诉解释》第420条的规定以当事人的身份申请再审。

的物主张的民事权益形成于物之交付判决确定之后，案外人仍然应当通过案外人异议之诉寻求救济；如果对标的物主张的权益与交付请求权自始发生冲突，则应当通过第三人撤销之诉救济。[①]

与案外人异议执行和案外人申请再审之诉适用于执行程序不同，第三人撤销之诉主要适用于案外人在执行程序之外救济其遭受生效裁判或调解书损害的民事权益。《民诉解释》第 301 条第 2 款规定："案外人对人民法院驳回其执行异议裁定不服，认为原判决、裁定、调解书内容错误损害其合法权益的，应当根据民事诉讼法第二百三十四条规定申请再审，提起第三人撤销之诉的，人民法院不予受理。"这意味着司法解释将进入案外人异议的执行依据排除在第三人撤销之诉的适用范围之外。[②] 在同时满足提起第三人撤销之诉与提出排除执行请求的情形下，案外人只能在提起第三人撤销之诉与提出案外人异议之间进行选择，而且案外人一旦选择提出案外人异议，就推定案外人放弃提起第三人撤销之诉的权利。因此，在生效裁判、调解书进入执行程序之前，案外人只能通过第三人撤销之诉谋求救济，但该生效裁判、调解书进入执行程序之后，已经提出案外人异议的案外人便丧失了提起第三人撤销之诉的权利，至于案外人在生效裁判、调解书的执行程序结案后是否可以提起第三人撤销之诉，现行法律及司法解释没有明文的规定。

（三）疑难点解析

1. 已经提起第三人撤销之诉的案外人是否可以提出案外人异议

在案外人已经提起第三人撤销之诉的情形下，案外人可以根据《民诉解释》第 297 条关于"受理第三人撤销之诉案件后，原告提供相应担保，请求中止执行的，人民法院可以准许"的规定在提供担保的前提下请求中止执行，从而确保其民事权益不至于在第三人撤销之诉案件审结前被不可逆转地限制或剥夺。因此，有观点认为，如果案外人已经提起第三人撤销之诉，那么再允许其提出案外人异议的必要性不大。[③] 但是，与第三人撤销之诉中案外人请求中止执行以提供相应担保为必备条件不同，执行法院认为案外人对执行标的提出的书面异议理由成立的，即可裁定中止对该标的的执行，无须案外人提供相应的担保。此外，受理第三人撤销之诉案件的人民法院未必是执行法院，案外人以其已经提起第三人撤销之诉为由向执行法院请求中止执行的，不仅需要提供相应的担保，还需要向执行法院提供其已经在人民法院提起第三人撤销之诉的证据材料。显而易见，相对于以其已经提起第三人撤销之诉为由请求中止执行而言，案外人以执行异议的形式提出排除执行请求具有额外利益，一则未必需要提供相应担保即可获得中止执行效果，二则避免向执行法院证明其已经向人民法院提起第三人撤销之诉的烦琐手续。因此，即使案外人已经提起第三人撤销之诉，也应当允许其以执行异议的形式提出排除执行请求。

2. 已经提起第三人撤销之诉的案外人是否可以提起案外人异议之诉

根据《民诉解释》第 301 条第 2 款的规定，案外人不能在案外人异议被裁定驳回后提起第三人撤销之诉，而只能通过案外人异议之诉谋求进一步的救济。但是，该规定仅适用于案外人提出排除执行请求之前尚未提起第三人撤销之诉的情形。案外人提起第三

---

① 黄忠顺. 物之交付执行中的案外人救济程序研究. 北方法学，2022（1）.
② 范向阳主编. 执行异议之诉的规则与裁判. 北京：人民法院出版社，2019：59.
③ 江必新主编. 新民诉法解释法义精要与实务指引. 北京：法律出版社，2015：719.

人撤销之诉后才提出案外人异议的，即使执行法院裁定驳回其异议，也不应当将正在进行的"第三人撤销之诉"转为尚未启动的"案外人异议之诉"。最高人民法院的倾向性观点是案外人只能从第三人撤销之诉与案外人异议之诉中选择一种救济途径，由于案外人已经提起第三人撤销之诉，案外人异议被裁定驳回后，案外人理应通过第三人撤销之诉谋求进一步救济，并且可以根据《民诉解释》第 297 条的规定请求附担保的中止执行。[①]

3. 禁止案外人在其异议被驳回后提起第三人撤销之诉是否合理

《民诉解释》第 301 条第 2 款禁止案外人在其异议被驳回后提起第三人撤销之诉是不合理的。首先，第三人撤销之诉与案外人异议之诉的诉讼要件及胜诉要件各不相同，前者适用于案外人主张的权益自始与交付请求权构成冲突的情形，后者适用于案外人的排除执行请求与作为执行名义的确定判决无关的情形。[②] 其次，在该禁止规则的适用语境下，案外人在执行程序启动之前、进行之中、终结之后，救济其民事权益的诉讼程序各不相同，这人为地增加了案外人救济其民事权益的制度成本。最后，第三人撤销之诉独立于执行程序，不因执行标的的执行程序终结而丧失诉的利益，而案外人异议及案外人异议之诉得因执行标的的执行程序终结而丧失审查或审理的必要性，故第三人撤销之诉对案外人权益的救济效果通常更为周延。[③] 在该禁止规则的适用语境下，生效裁判或调解书进入执行程序对案外人权益的损害更为严重，案外人却因谋求即时排除执行（目前仅为不附条件中止执行）的效果而丧失了提起救济效果更强的第三人撤销之诉的权利，这明显违反民事强制执行法应当坚持的保障人民生活安宁与财产安全的价值取向。基于此，禁止案外人在其异议被驳回后提起第三人撤销之诉的制度设计，变相对谋求即时排除执行（目前仅为不附条件中止执行）效果的案外人进行了程序制裁，这明显缺乏正当性基础。基于此，本书认为，案外人向执行法院提出即时排除执行请求不意味着其放弃提起第三人撤销之诉的权利，执行法院应当根据案外人提出书面异议的理由，释明案外人通过第三人撤销之诉或案外人异议之诉谋求进一步的救济，在同时满足第三人撤销之诉与案外人异议之诉的提起条件的情形下，应当尊重案外人对前述两种争讼救济程序的选择权。

》 本章实务案例研习

一、马某、马某某生产、销售伪劣产品案[④]

案例考点：检察机关请求惩罚性赔偿的实体法依据

（一）案情简介

承德市双桥区人民检察院诉称：2017 年 2 月至 2019 年 10 月，马某和马某某以 112 500

---

① 江必新主编. 新民诉法解释法义精要与实务指引. 北京：法律出版社，2015：719 - 720.

② 王毓莹. 案外人执行异议之诉的裁判要点. 人民司法，2020（14）：16.《九民纪要》第 119 条认为："执行异议之诉不以否定作为执行依据的生效裁判为目的，案外人如认为裁判确有错误的，只能通过申请再审或者提起第三人撤销之诉的方式进行救济。"

③ 黄忠顺. 案外人排除执行利益研究. 法学杂志，2021（9）.

④ 案例来源：河北省承德市双桥区人民法院（2020）冀 0802 刑初 272 号刑事附带民事判决书、河北省承德市中级人民法院（2020）冀 08 刑终 315 号刑事附带民事裁定书.

元进购由红油、芝麻油、芝麻香精勾兑而成的"小磨香油"，对外销售金额合计 135 000 元。同时，马某、马某某还进购原料并组织生产和销售勾兑香油，其销售金额为 51 243 元（法院认定销售数额为 35 090 元）。经青岛海关技术中心鉴定，马某与马某某对外销售的小磨香油均被检测出不得使用的乙基香兰素成分，且主要脂肪酸不符合相关标准，属于不合格产品。承德市双桥区人民检察院提起刑事附带民事公益诉讼，特别要求马某、马某某按照销售价款 186 243 元的 10 倍支付惩罚性赔偿金 1 862 430 元。被告主张《食安法》第 148 条规定的惩罚性赔偿制度仅适用于"生产不符合食品安全标准的食品或者经营明知是不符合食品安全标准的食品"的情形，而本案所涉不合格香油不属于"不符合食品安全标准的食品"。

（二）法院判决

公益诉讼起诉人第一项主张是赔偿损失，具体数额是 1 862 430 元，依据是《食安法》第 148 条。经查该条款具体表述为"消费者因不符合食品安全标准的食品受到损害的，可以向经营者要求赔偿损失，也可以向生产者要求赔偿损失"。本案中，公益诉讼起诉人当庭未提交消费者受到损害的证据。两被告人于 2017 年 2 月至 2019 年 12 月期间生产、销售了伪劣产品，侵害了消费者的合法权益，应当依据《产品质量法》第 50 条的规定进行处罚。对两被告人的诉讼代理人提出的不应依据《食安法》进行赔偿的意见，予以支持。据此，河北省承德市双桥区人民法院以《产品质量法》第 50 条为依据，判决"马某、马某某赔偿损失人民币 90 000 元，该款项于本判决生效二十日内交到公益诉讼起诉人指定的公益账户内。"马某、马某某向承德市中级人民法院提起上诉，被承德市中级人民法院裁定驳回上诉、维持原判。

（三）学理分析

《产品质量法》第 50 条规定："在产品中掺杂、掺假，以假充真，以次充好，或者以不合格产品冒充合格产品的，责令停止生产、销售，没收违法生产、销售的产品，并处违法生产、销售产品货值金额百分之五十以上三倍以下的罚款；有违法所得的，并处没收违法所得；情节严重的，吊销营业执照；构成犯罪的，依法追究刑事责任。"显而易见，本条规定的是假冒产品的行政责任与刑事责任，而不是民事责任。在本案中，双桥区人民检察院以《食安法》第 148 条为依据请求法院判决被告承担惩罚性赔偿责任，双桥区人民法院在支持被告提出不应依据《食安法》进行赔偿的答辩意见的基础上，转而依职权以《产品质量法》第 50 条规定的生产、销售假冒产品的行政罚款为依据，按照假冒产品货值金额 1 700 900 元的 52.91% 将惩罚性赔偿金确定为 90 000 元。这无异于原告请求被告承担民事责任而法院却判令被告承担行政责任，明显违反了民事诉讼中的辩论主义。即使认为公益诉讼案件不适用辩论主义，双桥区人民法院也混淆了民事公益诉讼与行政公益诉讼。在法律没有建立类似于域外的告发人诉讼制度的语境下，即使检察机关直接以行政处罚规范为依据提起惩罚性赔偿消费公益诉讼[①]，人民法院也缺乏依据行政处罚规范判决被告承担惩罚性赔偿责任的正当性基础。这是因为，国家维护社会公共利益的首选是行政执法与刑事司法，检察机关逾越权限要求被告支付行政罚款的做法违反

---

① 参见沈阳市铁西区人民法院（2020）辽 0106 刑初 432 号刑事附带民事判决书、河北省承德市双桥区人民法院（2018）冀 0802 刑初 188 号刑事附带民事判决书等。

了检察权与行政权的分工制约原则。毫无疑问，行政处罚应当由行政机关负责，只有行政机关懈怠或滥用行政处罚权，检察机关才可以通过行政公益诉讼等方式促使行政机关依法履行职责。因此，检察机关不应当根据行政处罚规范提出惩罚性赔偿请求，人民法院更不应当根据检察机关的主张或依职权将行政罚款嬗变为惩罚性赔偿金。

二、永安市燕诚房地产开发有限公司与郑某南、远东（厦门）房地产发展有限公司及第三人高某珍第三人撤销之诉案①

案例考点：民事公益诉讼与行政执法之间的关系

（一）案情简介

永安市燕诚房地产开发有限公司（以下简称"燕诚公司"）以郑某南、远东（厦门）房地产发展有限公司为被告，以高某珍为第三人，向福建省高级人民法院提起第三人撤销之诉。燕诚公司诉称：远东（厦门）房地产发展有限公司（以下简称"远东公司"）已经进入破产程序，但在此前与郑某南恶意串通虚构巨额债务并骗取福建省高级人民法院（2003）闽民初字第2号民事调解书（以下简称"2号调解书"），高某珍受让2号调解书项下债权并据此向破产法院申报巨额债权，对燕诚公司破产债权的实现产生重大不利影响。福建省高级人民法院认为，虽然燕诚公司是远东公司破产案件的债权申报人，但其对2号调解书所涉债权债务没有独立的请求权，亦不存在法律上的利害关系，故燕诚公司无权提起第三人撤销之诉。据此，福建省高级人民法院作出（2016）闽民撤6号民事裁定书驳回燕诚公司的起诉。燕诚公司不服一审裁定，向最高人民法院提起上诉。

（二）法院判决

最高人民法院认为，本案属于第三人认为当事人恶意串通进行诉讼、损害其利益而提起的第三人撤销之诉。民事诉讼法设立第三人撤销之诉制度的目的是保护受错误生效裁判损害，特别是受虚假诉讼损害的第三人的权益，使因不能归责于本人原因未参加诉讼的第三人，可以向人民法院提起诉讼、请求救济。因此，燕诚公司是否属于《民诉法》第59条规定之列的第三人，决定着其是否具有提起本案诉讼的主体资格。从主张的事实看，燕诚公司并非以有独立请求权第三人的身份提起本案诉讼，而是以相关当事人恶意串通进行虚假诉讼损害其债权作为起诉的理由。显然，燕诚公司能否纳入无独立请求权第三人之列，是判断本案讼争问题的基本出发点。

根据2017年《民诉法》第56条第2款（2023年《民诉法》第59条第2款）的规定，对当事人双方诉讼标的没有独立请求权，但案件处理结果同他有法律上的利害关系的，属于无独立请求权第三人。可见，有法律上的利害关系是无独立请求权第三人的基本要素。燕诚公司向人民法院提起本案诉讼，请求保护的民事权利系债权。由债权的相对性决定，在一般情况下，作为普通债权人的第三人不具有基于其债权提起第三人撤销之诉的事由。但根据《合同法》第74条第1款（《民法典》第538条）的规定，因债务人放弃其到期债权或者无偿转让财产，对债权人造成损害的，债权人可以请求人民法院撤销债务人的行为；债务人以明显不合理的低价转让财产，对债权人造成损害，并且受

---

① 案例来源：最高人民法院（2018）最高法民再54号民事判决书、最高人民法院（2017）最高法民终885号民事裁定书。

让人知道该情形的，债权人也可以请求人民法院撤销债务人的行为。因此，如果生效裁判确认的债务人的相关财产处分行为符合债权人行使撤销权的条件，则依法享有撤销权的债权人就与该生效裁判案件的处理结果具有法律上的利害关系，从而具备了以无独立请求权第三人的身份提起第三人撤销之诉的原告主体资格。

最高人民法院认为，燕诚公司已就2号调解书为虚假诉讼、2号调解书确认的债权存在虚假的问题提供了相应的证据材料。其主张的远东公司在民事诉讼程序中以达成调解协议的方式承认郑某南的虚假债权并制定还款计划的情形，属于《合同法》第74条第1款（《民法典》第538条）规定的无偿转让财产损害债权人利益的行为，燕诚公司对于2号案件的处理结果，有法律上的利害关系，特别是在远东公司为人民法院宣告破产、财产已经不足以清偿全部债务的情况下，燕诚公司的债权必然会受到郑某南债权的有无以及数额的大小的直接影响。燕诚公司作为远东公司的债权人，依据《合同法》第74条（《民法典》第538条）规定享有撤销权，具备提起本案第三人撤销之诉的主体资格。

（三）学理分析

最高人民法院公报选登本案是为了澄清以下观点：作为普通债权人的第三人一般不具有基于债权提起第三人撤销之诉的事由，但如果生效裁判所确认的债务人相关财产处分行为符合债权人行使撤销权的条件，依法享有撤销权的债权人就与该生效裁判案件的处理结果具有法律上的利害关系，从而具备以无独立请求权第三人身份提起第三人撤销之诉的原告主体资格。概言之，最高人民法院倾向于认为依法享有撤销权的债权人与债务人和相对人之间涉嫌虚假诉讼的民事法律行为具有法律上的利害关系，并认为其可以无独立请求权第三人的身份提起第三人撤销之诉。基于立法机关创设第三人撤销之诉制度的主要动机是应对虚假诉讼问题，《民诉法》第59条第3款的立法原意应是允许债权人针对债务人与相对人通过虚假诉讼骗取的生效裁决或调解书提起第三人撤销之诉。因此，债权人主张债务人与相对人通过虚假诉讼的方式转移财产或虚构债务影响其债权实现的，债权人享有提起第三人撤销之诉的诉讼法上的形成权。

由于《民诉法》第59条第3款将有权提起第三人撤销之诉的主体限定为有独立请求权第三人与无独立请求权第三人，债权实现受虚假诉讼影响的债权人提起第三人撤销之诉的身份究竟是有独立请求权第三人还是无独立请求权第三人？对此，理论界与实务界均存在争议，最高人民法院倾向于采取无独立请求权第三人说。实际上，无论以有独立请求权第三人还是以无独立请求权第三人的身份提起第三人撤销之诉，债权人的诉讼请求均为撤销债务人与相对人之间实施的旨在转移财产或虚构债务的民事法律行为或者将其宣告为无效，并在此基础上撤销对前述民事法律行为进行确认及效力强化的生效裁判、调解书。因此，就第三人撤销之诉制度本身而言，受诉讼诈害的债权人属于有独立请求权第三人还是无独立请求权第三人更多是解释上的选择问题。无论将债权人解释为有独立请求权第三人还是无独立请求权第三人，都不会对第三人撤销之诉制度的具体规范设计产生影响。

由此可见，受诉讼诈害的债权人属于有独立请求权第三人还是无独立请求权第三人之争对于第三人撤销之诉制度的设计是没有实质意义的。但是，该争议对受诉讼诈害的债权人究竟是以有独立请求权第三人还是以无独立请求权第三人身份参加诉讼有实质性影响，故仍有必要对其进行深入研究。

与传统大陆法系诉讼参加制度不同，我国《民诉法》将有独立请求权第三人界定为对系争标的主张独立请求权的人，而将无独立请求权第三人限定为虽对诉讼标的不享有独立请求权但案件处理结果与其具有法律上的利害关系的人。对于第三人撤销之诉所要应对的虚假诉讼，第三人既可能对系争标的享有独立请求权，又可能仅与案件的处理结果存在法律上的利害关系。但是，由于无独立请求权第三人诉讼制度在实践中存在被滥用的倾向，除了立法机关强调无独立请求权第三人制度仅适用于"两个诉讼标的之间存在牵连性"的情形，最高人民法院还通过一系列司法解释对其加以明确列举，造就了司法解释未规定即不能适用第三人诉讼制度的事实。为此，最高人民法院通过《九民纪要》第120条及指导案例152号认可在实体法上享有撤销权的债权人同债务人与相对人之间的诉讼案件处理结果存在法律上的利害关系，即认可案外人以无独立请求权第三人身份提起第三人撤销之诉。最高人民法院之所以采取无独立请求权第三人说，主要是因为有独立请求权第三人受"请求权"表述的限制，难以将作为案外人提起第三人撤销之诉根基的"诉讼法上的形成权"囊括在内。

在解释论层面，债权人以有独立请求权第三人身份参加诉讼，既更加接近"主参加人"的应然角色，也更加符合债权人请求受案法院驳回债务人与相对人正在进行的虚假诉讼请求的实然角色，还让债权人在阻止受案法院作出非正当不利己裁判或调解书的同时可以请求对方当事人就已经造成的损失予以赔偿。诚如张卫平教授指出，我国现行法律规定的无独立请求权第三人可以分为辅助型无独立请求权第三人与被告型无独立请求权第三人[①]，前者旨在通过辅助一方当事人进行诉讼以间接维护自己的民事权益，后者是在诉讼中可能被判决独立承担民事责任的诉讼第三人。债权人参加债务人与相对人之间正在进行的诉讼程序，其目的并非辅助任何一方当事人或者抗辩任何一方当事人对其提出的诉讼请求，而是请求人民法院判决驳回虚假诉讼请求。因此，债权人在诉讼程序中对债务人与相对人均具有攻击性，不能将其界定为辅助型无独立请求权第三人；债权人又不可能在其参加的诉讼程序中被判决独立承担责任，也不能将其界定为被告型无独立请求权第三人。如果将受诉讼诈害的债权人界定为"有独立请求权第三人"，就有必要将"独立请求权"目的性扩张解释为"独立权利"，以将形成权（包括诉讼法上的形成权）涵盖在内。[②] 实际上，只要第三人对诉讼标的提出了独立的诉讼请求，而且该诉讼请求根据实体法或程序法的规定具有诉的利益，该第三人就可以被纳入"有独立请求权第三人"的范畴。"马工程"教材将第三人主张独立的请求权理解为"第三人对本诉的诉讼标的，提出实体权利主张"，同样没有将第三人对诉讼标的提出独立诉讼请求的实体法基础限定为请求权。[③] 债权人提出驳回债务人与相对人之间的虚假诉讼请求的实体法基础是《民法典》第154条关于"行为人与相对人恶意串通，损害他人合法权益的民事法律行为无效"的规定以及《民法典》第538条、第539条规定的债权人撤销权。[④]

① 张卫平. 中国第三人撤销之诉的制度构成与适用. 中外法学，2013（1）.
② 肖建华教授精辟地指出："主参加诉讼人对他人争议的诉讼标的的有全部或部分的独立请求权，可以根据实体法上的形成权而发生，也可以通过赋予第三人诉讼法上的形成权而发生。"肖建华. 主参加诉讼的诈害防止功能. 法学杂志，2000（5）.
③ 《民事诉讼法学》编写组. 民事诉讼法学. 2版. 北京：高等教育出版社，2018：92.
④ 黄忠顺. 间接利害关系人诉讼实施权配置模式. 国家检察官学院学报，2021（2）.

综上所述，在现行的法律框架下，债务人与相对人通过虚假诉讼转移财产或虚构债务并因此影响债权实现的，债权人可以在债务人与相对人的诉讼过程中申请参加诉讼并提出驳回前案诉讼请求的独立诉讼请求，其实体法基础在于《民法典》第154条、第538条、第539条以及《破产法》等其他法律规定的保全性撤销权。① 因此，相对于无独立请求权第三人，在解释论上将受诉讼诈害的债权人理解为有独立请求权第三人更为妥当。考虑到上述解释方案较为迂回，本书认同在立法论层面确立"诉讼诈害防止请求权"的简易化解决方案。② 此外，就诉讼第三人制度的未来改革而言，本书认为我国应当采纳传统大陆法系的"主诉讼参加人（独立诉讼参加人）"与"从诉讼参加人（辅助诉讼参加人）"二分立法模式③，并借鉴《日本民事诉讼法》第47条的规定，赋予主张因诉讼结果自己权利受到损害的人以独立当事人地位参与诉讼的权利，即"诈害防止参加"④。

▶▶ 本章同步练习

一、选择题

1. 某省天洋市滨海区一石油企业位于海边的油库爆炸，泄漏的石油严重污染了近海生态环境。下列哪一主体有权提起公益诉讼（其中所列组织均专门从事环境保护公益活动连续5年以上且无违法记录）？（　　）

　　A. 受损海产养殖户推选的代表赵某

　　B. 依法在滨海区民政局登记的"海蓝志愿者"组织

　　C. 依法在邻省的省民政厅登记的环境保护基金会

　　D. 在国外设立但未在我国民政部门登记的"海洋之友"团体

2. 某品牌手机生产商在手机出厂前预装众多程序，大幅侵占标明内存，某省消费者保护协会以侵害消费者知情权为由提起公益诉讼，法院受理了该案。下列哪一说法是正确的？（　　）

　　A. 本案应当由侵权行为地或者被告住所地中级人民法院管辖

　　B. 本案原告没有撤诉权

　　C. 本案当事人不可以和解，法院也不可以调解

　　D. 因该案已受理，购买该品牌手机的消费者甲若以前述理由诉请赔偿，法院不予受理

3. 根据2012年修改的《民诉法》，关于公益诉讼的表述，下列哪一选项是错误的？（　　）

　　A. 公益诉讼规则的设立，体现了依法治国的法治理念

　　B. 公益诉讼的起诉主体只限于法律授权的机关或团体

① 肖建国，黄忠顺. 论第三人撤销之诉的法理基础//张卫平主编. 民事程序法研究：第11辑. 厦门：厦门大学出版社，2014：45.

② 江伟，肖建国主编. 民事诉讼法. 8版. 北京：中国人民大学出版社，2018：389.

③ 邵明. 民事诉讼法学. 北京：中国人民大学出版社，2007：150.

④ 江伟，肖建国主编. 民事诉讼法. 8版. 北京：中国人民大学出版社，2018：151.

C. 公益诉讼规则的设立，有利于保障我国经济社会全面协调发展

D. 公益诉讼的提起必须以存在实际损害为前提

4. 大洲公司超标排污导致河流污染，公益环保组织甲向 A 市中级法院提起公益诉讼，请求判令大洲公司停止侵害并赔偿损失。法院受理后，在公告期间，公益环保组织乙也向 A 市中级法院提起公益诉讼，请求判令大洲公司停止侵害、赔偿损失和赔礼道歉。公益案件审理终结后，渔民梁某以大洲公司排放的污水污染了其承包的鱼塘为由提起诉讼，请求判令赔偿其损失。

（1）对乙组织的起诉，法院的正确处理方式是：（　　）

A. 予以受理，与甲组织提起的公益诉讼合并审理

B. 予以受理，作为另案单独审理

C. 属重复诉讼，不予受理

D. 允许其参加诉讼，与甲组织列为共同原告

（2）公益环保组织因与大洲公司在诉讼中达成和解协议申请撤诉，法院的正确处理方式是：（　　）

A. 应将和解协议记入笔录，准许公益环保组织的撤诉申请

B. 不准许公益环保组织的撤诉申请

C. 应将双方的和解协议内容予以公告

D. 应依职权根据和解协议内容制作调解书

（3）对梁某的起诉，法院的正确处理方式是：（　　）

A. 属重复诉讼，裁定不予受理

B. 不予受理，告知其向公益环保组织请求给付

C. 应予受理，但公益诉讼中已提出的诉讼请求不得再次提出

D. 应予受理，其诉讼请求不受公益诉讼影响

5. 关于第三人撤销之诉，下列哪一说法是正确的？（　　）

A. 法院受理第三人撤销之诉后，应中止原裁判的执行

B. 第三人撤销之诉是确认原审裁判错误的确认之诉

C. 第三人撤销之诉由原审法院的上一级法院管辖，但当事人一方人数众多或者双方当事人为公民的案件，应由原审法院管辖

D. 第三人撤销之诉的客体包括生效的民事判决、裁定和调解书

6. 关于第三人撤销之诉，下列哪一选项是错误的？（　　）

A. 第三人为原告，生效法律文书的当事人为被告

B. 生效法律文书中的原告、被告和被判决承担民事责任的第三人为共同被告

C. 法院受理第三人撤销之诉案件后应当裁定中止生效法律文书的执行程序

D. 第三人撤销之诉案件适用两审终审制

7. 第三人撤销之诉的构成要件包括哪些？（　　）

A. 该第三人系有独立请求权或者无独立请求权的第三人

B. 该第三人因不能归责于自己的原因未参加诉讼

C. 有证据证明生效法律文书的内容存在错误且损害其民事权益

D. 在知道或者应当知道其民事权益遭受损害之日起 6 个月内起诉

二、案例分析题

因多次销售假冒食用盐，韩某龙等3人涉嫌销售不符合安全标准食品罪，于2024年5月11日被C市K区法院判决承担相应的刑事责任。经审查，C市检察院认为前述三人销售不符合国家标准的假冒食用盐的行为，属于消费民事公益诉讼案件范围。C市检察院依法履行诉前程序，发函建议J省消费者协会提起公益诉讼。根据C市检察院的建议，J省消费者协会于2024年8月30日向C市中院提起诉讼，请求判令三被告在省级以上新闻媒体公开赔礼道歉，C市检察院支持起诉。2024年11月1日，C市中院开庭审理并当庭宣判，判决三名被告在本判决生效10日内，在省级以上的新闻媒体公开道歉，被告均表示不上诉。

请根据该案例回答下列问题：

（1）假设J省消费者协会回函不提起诉讼，C市检察院应当以什么身份提起公益诉讼？C市检察院不服一审判决的，应当由哪一级检察院向上一级人民法院申请改判？

（2）韩某龙等人已经承担刑事责任，C市检察院或J省消费者协会针对同一行为提起消费民事公益诉讼，是否违反禁止重复评价原则？为什么？

（3）J省消费者协会的诉讼请求是否足以保护社会公共利益？如果C市中院认为原告的诉讼请求不足以保护社会公共利益，应当如何处理？

（4）假设本案最终由C市检察院提起公益诉讼并获得要求韩某龙等人赔礼道歉的胜诉判决，但韩某龙等三人拒不在省级以上的新闻媒体公开道歉。C市检察院没有申请强制执行，C市中院应当如何处理？

三、论述题

1. 以惩罚性赔偿请求权及其行使方式为中心，论述公益诉讼与私益诉讼的关系。
2. 第三人撤销之诉与案外人申请再审之间的关系。

参考答案

一、选择题

1. C

解析：《环保法》第58条规定："对污染环境、破坏生态，损害社会公共利益的行为，符合下列条件的社会组织可以向人民法院提起诉讼：（一）依法在设区的市级以上人民政府民政部门登记；（二）专门从事环境保护公益活动连续五年以上且无违法记录。符合前款规定的社会组织向人民法院提起诉讼，人民法院应当依法受理。提起诉讼的社会组织不得通过诉讼牟取经济利益。"本案中，选项C中的环境保护基金会是在邻省的省民政厅登记，属于依法在设区的市级以上人民政府民政部门登记的组织，有权依法提起公益诉讼。

2. A

解析：A项说法正确，当选。《民诉解释》第283条规定，公益诉讼案件由侵权行为地或被告住所地中级人民法院管辖。B项说法错误，不当选。《民诉解释》第288条规定，公益诉讼案件的原告在法庭辩论终结后申请撤诉的，人民法院不予准许。C 项说法错误，不当选。《民诉解释》第 287 条规定，对公益诉讼案件，当事人可以和解，人民法院可以调解。D 项说法错误，不当选。《民诉解释》第 286 条规定，人民法院受理公益诉讼案件，不影响同一侵权行为的受害人根据《民诉法》第 122 条规定提起诉讼。

3. D

解析：公益诉讼是 2012 年修改《民诉法》时新规定的一项制度。公益诉讼，是指特定机关或者有关社会团体，根据法律的授权，对违反法律法规损害社会公共利益的行为，向法院提起民事诉讼，由法院通过审判来追究违法者的法律责任并维护社会公共利益的诉讼活动。依法治国的基本要求是有法可依、有法必依、执法必严、违法必究。公益诉讼规则为各种公益诉讼实践提供了明确的立法上的指引，规定了公益诉讼的主体、案件范围，为司法实践提供了法律依据，改变了提起公益诉讼于法无据的情况，体现了依法治国的法治理念。A 项正确，不当选。《民诉法》第 58 条第 1 款规定："对污染环境、侵害众多消费者合法权益等损害社会公共利益的行为，法律规定的机关和有关组织可以向人民法院提起诉讼。"能够提起公益诉讼的主体只能是根据法律规定，经过法律授权的机关或团体，如消费者协会、海洋环境监管部门等，民事诉讼法是不允许个人提起公益诉讼的。B 项正确，不当选。公益诉讼规则的设立，有利于遏制侵权行为，打击和减少侵犯公共利益的不法行为，切实保障社会公共利益，可有效避免为追求个体利益而损害公益行为的发生，并弥补了我国民事诉讼中此前只有私益诉讼的缺陷，有利于我国经济社会全面协调发展。C 项正确，不当选。公益诉讼的提起，并不以存在实际损害为前提条件，对那些给社会公众或不特定多数人造成潜在危害的不法行为，也可以提起公益诉讼。D 项错误，当选。

4. (1) D

解析：《民诉解释》第 285 条规定："人民法院受理公益诉讼案件后，依法可以提起诉讼的其他机关和有关组织，可以在开庭前向人民法院申请参加诉讼。人民法院准许参加诉讼的，列为共同原告。"甲组织、乙组织作为公益环保组织，都可以参加公益诉讼，在法院受理后，乙组织参加公益诉讼时，法院将乙组织与甲组织列为共同被告。A、B、C 三项错误，不当选。D 项正确，当选。

(2) BCD

解析：《民诉解释》第 288 条规定："公益诉讼案件的原告在法庭辩论终结后申请撤诉的，人民法院不予准许。"A 项错误，不当选。B 项正确，当选。《民诉解释》第 287 条第 1、2 款规定："对公益诉讼案件，当事人可以和解，人民法院可以调解。当事人达成和解或者调解协议后，人民法院应当将和解或者调解协议进行公告。公告期间不得少于三十日。"公益环保组织与大洲公司达成和解协议，法院应将双方的和解协议内容予以公告。C 项正确，当选。《民诉解释》第 287 条第 3 款规定："公告期满后，人民法院经审查，和解或者调解协议不违反社会公共利益的，应当出具调解书；和解或者调解协议违反社会公共利益的，不予出具调解书，继续对案件进行审理并依法作出裁判。"司法部答案给出 D 选项也是正确的，根据此条款，法院出具调解书有前提，即和解协议不违反社会公共利益，题干中并未标明。D项正确，当选。

（3）D

解析：《民诉解释》第286条规定："人民法院受理公益诉讼案件，不影响同一侵权行为的受害人根据民事诉讼法第一百二十二条规定提起诉讼。"《民诉法》第122条规定："起诉必须符合下列条件：（一）原告是与本案有直接利害关系的公民、法人和其他组织；（二）有明确的被告；（三）有具体的诉讼请求和事实、理由；（四）属于人民法院受理民事诉讼的范围和受诉人民法院管辖。"本题中，"渔民梁某以大洲公司排放的污水污染了其承包的鱼塘为由提起诉讼，请求判令赔偿其损失"。梁某作为大洲公司排放水污染的受害者，也可以进行起诉，其诉讼请求不受公益诉讼的影响。A、B、C三项错误，不当选。D项正确，当选。

5. D

解析：选项A错误：《民诉解释》第297条规定，受理第三人撤销之诉案件后，原告提供相应担保，请求中止执行的，人民法院可以准许。选项B错误：根据《民诉法》第59条第3款的规定，人民法院经审理，第三人撤销之诉诉讼请求成立的，应当改变或者撤销原判决、裁定、调解书；诉讼请求不成立的，驳回诉讼请求。据此可知，该诉属于形成之诉，而非确认之诉。选项C错误，选项D正确：《民诉解释》第290条规定，第三人对已经发生法律效力的判决、裁定、调解书提起撤销之诉的，应当自知道或者应当知道其民事权益受到损害之日起6个月内，向作出生效判决、裁定、调解书的人民法院提出。据此可知，第三人撤销之诉的客体为已发生法律效力的判决、裁定、调解书。第三人撤销之诉的管辖法院是作出生效判决、裁定、调解书的人民法院，即原审法院，而非原审法院的上一级人民法院。

6. C

解析：《民诉解释》第296条规定："第三人提起撤销之诉，人民法院应当将该第三人列为原告，生效判决、裁定、调解书的当事人列为被告，但生效判决、裁定、调解书中没有承担责任的无独立请求权的第三人列为第三人。"据此，选项A、B正确。《民诉解释》第297条规定："受理第三人撤销之诉案件后，原告提供相应担保，请求中止执行的，人民法院可以准许。"据此，选项C错误。《民诉解释》第298条第2款规定："对前款规定裁判不服的，当事人可以上诉。"据此，选项D正确。

7. ABCD

解析：《民诉法》第59条第3款规定："前两款规定的第三人，因不能归责于本人的事由未参加诉讼，但有证据证明发生法律效力的判决、裁定、调解书的部分或者全部内容错误，损害其民事权益的，可以自知道或者应当知道其民事权益受到损害之日起六个月内，向作出该判决、裁定、调解书的人民法院提起诉讼。人民法院经审理，诉讼请求成立的，应当改变或者撤销原判决、裁定、调解书；诉讼请求不成立的，驳回诉讼请求。"据此，选项ABCD均正确。

二、案例分析题

（1）C市检察院以公益诉讼起诉人身份提起公益诉讼。C市检察院不服一审判决的，可以向上一级人民法院提起上诉。

（2）根据《民法典》第187条的规定，民事主体因同一行为应当承担民事责任、行政责任和刑事责任的，承担行政责任或者刑事责任不影响民事责任的承担；民事主体的财产不足以支付的，优先用于承担民事责任。

（3）J省消费者协会的诉讼请求不足以保护社会公共利益。C市中院可以向其释明变更或者增加停止侵害等诉讼请求。

（4）C市中院应当移送执行，可以采取公告、登报等方式，将判决的主要内容和有关情况公布于众，费用由韩某龙等三人负担。韩某龙等三人拒不负担费用的，C市中院可以予以强制执行。

三、论述题

1. 就诉讼目的而言，公益诉讼以保护社会公共利益为宗旨，私益诉讼则以实现私人利益为目标。如果公益案件与私益案件不存在牵连关系，或者公益案件的处理有利于私益案件的集合化解决，单独提起公益诉讼自然是妥当的；如果公益案件的处理牵涉私人利益，并且将公益诉讼前置不能发挥纠纷解决的规模效应，那么，为强调公益诉讼与私益诉讼界分原理而要求公益性诉讼请求与私益性诉讼请求在不同诉讼程序中实现，反而会降低诉讼效率、浪费司法资源、加重当事人诉累、增加矛盾裁判风险，导致公益性诉讼请求与私益性诉讼请求难以通过法官行使自由裁量权来加以妥当权衡等后果。公益诉讼与私益诉讼的融合系通过赋予公益性诉讼实施权主体以私益性诉讼实施权，或者赋予私益性诉讼实施权主体以公益性诉讼实施权的方式得以实现。非直接利害关系人取得诉讼实施权，有程序赋权与实体赋权两种方式。程序赋权是指在实体请求权归属主体不变的情形下调整或者增加诉讼实施权归属主体，以实现诉讼实施权的移转或者派生，此即诉讼担当机制。具体而言，诉讼担当有法定诉讼担当与任意诉讼担当之分。实体赋权是指在保留原有实体请求权的基础上另行创设实体请求权或者通过法定或意定的方式移转实体请求权，主要包括两种模式：一是为非直接利害关系人专门创设实体请求权而生成竞合性诉讼实施权的另赋实体请求权模式，二是为移转诉讼实施权而概括性转让实体权利义务的诉讼信托模式。简言之，实现公益诉讼与私益诉讼融合的路径，有另赋实体请求权、诉讼信托、诉讼担当三种。其中，诉讼担当属于程序赋权模式，将公益性诉讼实施权授予私益性诉讼实施权主体，或者将私益性诉讼实施权授予公益性诉讼实施权主体。另赋实体请求权与诉讼信托则属于实体赋权模式，前者通过原有实体请求权与新赋实体请求权的融合实现公益诉讼与私益诉讼的融合，而后者通过实体请求权的移转间接实现私益性诉讼实施权与公益性诉讼实施权的融合。

2. 第三人撤销之诉，是指当事人之间生效的裁判、调解书的内容错误，侵害了因不可归责其本人的事由未参加诉讼的第三人的民事权益的，利益受侵害的第三人向人民法院提起撤销该生效裁判、调解书的诉讼。案外人申请再审，是指在生效裁判实质性侵害案外人合法权益，而案外人在生效裁判作出前又没有获得程序参与、辩论和质证等正当程序保障的情况下，案外人依据法律的规定对生效裁判不服向人民法院申请再审的程序制度。2020年修正后的《审监解释》已经删除执行程序外的案外人申请再审制度，目前我国的案外人申请再审仅指执行程序内的案外人申请再审。就第三人撤销之诉与案外人申请再审之间的关系而言，第三人撤销之诉是案外人权益的一般救济程序，而案外人申请再审是例外救济程序。根据《民诉解释》第301条的规定，在同时满足第三人撤销之诉与案外人申请再审两个制度的适用条件的情形下，案外人只能择一行使。(1)第三人提起撤销之诉后，未中止生效判决、裁定、调解书执行的，执行法院对第三人依照《民诉法》第238条规定提出的执行异议，应予审查。第三人不服驳回执行异议裁定，申请对原判决、裁定、调解书再审的，人民法院不予受理。(2)案外人对人民法院驳回其执行异议裁定不服，认为原判决、裁定、调解书内容错误损害其合法权益的，应当根据《民诉法》第238条规定申请再审，提起第三人撤销之诉的，人民法院不予受理。

第十四章　第二审程序

本章知识点速览

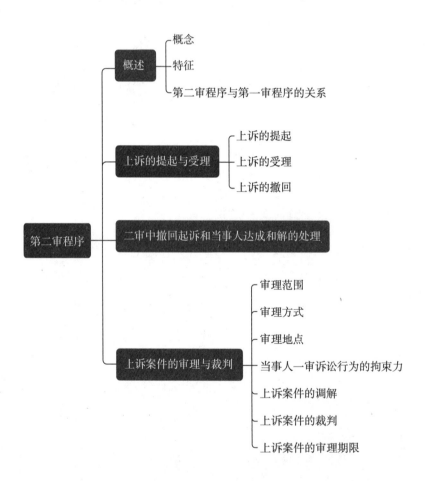

概述
- 概念
- 特征
- 第二审程序与第一审程序的关系

上诉的提起与受理
- 上诉的提起
- 上诉的受理
- 上诉的撤回

二审中撤回起诉和当事人达成和解的处理

上诉案件的审理与裁判
- 审理范围
- 审理方式
- 审理地点
- 当事人一审诉讼行为的拘束力
- 上诉案件的调解
- 上诉案件的裁判
- 上诉案件的审理期限

第二审程序

▶▶ 本章核心知识点解析

第一节　第二审程序概述

一、第二审程序概述

（一）难度与热度
难度：☆☆☆　热度：☆☆☆

（二）基本理论与概念
第二审程序，又称上诉审程序，是指第二审人民法院审理上诉案件所适用的审判程序。第二审程序是在第一审程序的基础上对案件进行审理，维护第一审程序的正确裁判或纠正第一审程序的错误裁判，同时对第一审裁判工作进行监督的程序。我国实行两审终审制，根据该审级制度的设定，第二审程序是终审程序。鉴于第二审程序的功能定位不同，第二审程序在制度设计上是有别于第一审程序，兼顾审理与救济功能的程序。

（三）疑难点解析
1. 第二审程序相较于第一审程序有何区别

我国民事诉讼实行两审终审制，当事人对一审法院作出的裁判不服的，可以向上一级法院提起上诉，由上一级法院对案件继续审理并作出判决。相较于第一审程序，第二审程序有如下特点：

（1）引起程序的原因不同。第一审程序是基于当事人行使诉权，第二审程序是基于当事人行使上诉权。

（2）程序任务不同。第一审程序的任务是认定案件事实和适用法律，解决民事纠纷。第二审程序除了要解决当事人之间的民事纠纷，还兼具对第一审法院的审判活动的监督职责。第二审程序不是诉讼必经程序。

（3）适用法院不同。第一审程序作为民事案件的初审程序，我国的四级法院审理第一审民事案件时均可适用。第二审程序则是民事案件的上诉审程序、终审程序，只有中级以上的法院审理上诉案件时才可以适用。

（4）审理对象不同。第一审程序审理的对象是当事人双方所争议的民事权利义务关系，包括事实认定和法律适用。第二审程序是以一审裁判为基点，对当事人上诉请求有关事实认定和法律适用问题进行审理和裁判。

（5）审理方式不同。第一审程序审理民事诉讼案件必须采取开庭审理的方式。适用第二审程序审理民事上诉案件，以开庭审理为原则，但也可以不开庭审理。

（6）裁判的效力不同。第一审程序作出裁判后，还有一个上诉期间，只有当事人在上诉期间未进行上诉的，上诉期间届满后裁判才生效。第二审裁判一经作出直接生效。

需要注意的是，立法对第二审程序在审判组织的适用方面有过修改。2021年《民诉法》修改以前，对于上诉案件，第二审法院应当组成合议庭审理，不能采用独任制审理；合议庭应当由审判员组成，不能吸收人民陪审员参加。但是2021年《民诉法》已经对第二审必须组成合议庭的规定进行了修改。目前《民诉法》第 41 条第 1 款和第 2 款规定："人民法院审理第二审民事案件，由审判员组成合议庭。合议庭的成员人数，必须是单数。中级人民法院对第一审适用简易程序审结或者不服裁定提起上诉的第二审民事案件，事实清楚、权利义务关系明确的，经双方当事人同意，可以由审判员一人独任审理。"

2. 如何认识上诉的意义

上诉制度是民事诉讼中一项重要的诉讼制度，它对于保护当事人的合法权益，提高民事审判工作的质量，具有重要意义。上诉权是当事人申请上一级法院对案件继续进行审判的请求权，也是当事人不服第一审法院裁判的上告权。

提起上诉是法律赋予当事人的诉讼权利。当事人通过提起上诉的方式，可以要求上诉法院继续审理第一审中争议的事实和法律问题。通过增设一个审级提高对当事人的程序保障程度，能在社会心理层面加强当事人及公众对裁判正确无误的信任与信心。[1] 法院可以通过第二审的审理，查清第一审是否存在事实认定错误或法律适用错误的情况，进而实现上诉审法院对第一审法院审判工作的有效监督。

此外，还应注意到，上诉程序也是实现对当事人救济的重要方式，当事人在第一审中遭遇的实体或程序不公，都可以通过上诉审理程序予以救济。同时，法官在上诉的继续审理中，可以及时发现第一审法官在适用法律中存在的问题，通过裁判的方式解释并实现法律适用的统一，减少"同案不同判"的情况，确保法的安定性。

二、第二审程序的发展历程

（一）难度与热度

难度：☆☆☆　热度：☆☆

（二）基本理论与概念

依据第二审程序（上诉审）与第一审程序（一审）的关系、第二审程序对新事实的主张和新证据的开放程度等为标准，将上诉审理模式划分为"覆（复）审制""续审制""事后审制"三种类型。所谓"覆（复）审制"，指的是上诉审相当于第二次的第一审程序，即对当事人提出新事实主张、证据资料等重新进行辩论，法院进行全方面审理，不受上诉请求范围的限制。换言之，上诉审等于审理一个全新的案件。"事后审制"，上诉审审理的材料仅限于第一审调查的诉讼资料，仅以此判断原审裁判是否得当，不允许当事人提出新的事实主张或证明材料。美国的上诉审、德国及日本的第三审均属此类。"续审制"则介于前述二者之间，上诉审以第一审言词辩论为基础，围绕上诉请求对案件继续进行审理，并在确有必要的情况下，允许当事人提出新的诉讼材料。当事人在第一审程序中实施的诉讼行为，在第二审程序中对该当事人仍具有拘束力。德国、日本的第二审属于此类。

自新中国成立以来，我国的民事诉讼第二审程序经历了从"覆（复）审制"逐渐向"续审制"转型的历史过程。1982 年《民诉法》前后的很长时间里，我国民事诉讼第二审一直实行覆（复）审制，第二审法院的审理范围不受上诉范围限制。1991 年《民诉法》的出台，是我国民事诉讼第二审从"覆（复）审制"迈向"续审制"的重要表现，其删除了1982 年《民诉法》中"全面审查""不受上诉范围的限制"的表述，变成"第二审人民法院

---

[1]　王亚新，陈杭平，刘君博. 中国民事诉讼法重点讲义. 北京：高等教育出版社，2017：261.

应当对上诉请求的有关事实和适用法律进行审查"，严格规定了第二审人民法院的审理范围应当受到上诉请求的限制。

但基于对案件真实的追求，实践操作中，法院对此还表现出了一定的反复，尤其是在发现判决确有错误的情况下，是否要超越当事人的上诉请求予以纠正，仍存在不同的观点，亦在最高人民法院的答复或司法解释中表现出来，参见表14-1。

表14-1　《民诉法》和《民诉解释》对第二审程序审理范围表述的变迁

法律等文件	相关规定
1982年《民诉法》第149条	第二审人民法院必须全面审查第一审人民法院认定的事实和适用的法律，不受上诉范围的限制。
1991年、2007年《民诉法》第151条，2012年、2017年《民诉法》第168条，2021年、2023年《民诉法》第175条	第二审人民法院应当对上诉请求的有关事实和适用法律进行审查。
最高人民法院《关于原审法院确认合同效力有错误而上诉人未对合同效力提出异议的案件第二审法院可否变更问题的复函》	《中华人民共和国民事诉讼法》第一百五十一条规定："第二审人民法院应当对上诉请求的有关事实和适用法律进行审查。"这一规定并不排斥人民法院在审理上诉案件时，对上诉人在上诉请求中未提出的问题进行审查。如果第二审人民法院发现原判对上诉请求未涉及的问题的处理确有错误，应当在二审中予以纠正。
最高人民法院《关于适用〈中华人民共和国民事诉讼法〉若干问题的意见》第180条	第二审人民法院依照民事诉讼法第一百五十一条的规定，对上诉人上诉请求的有关事实和适用法律进行审查时，如果发现在上诉请求以外原判确有错误的，也应予以纠正。
最高人民法院《关于民事经济审判方式改革问题的若干规定》第35条	第二审案件的审理应当围绕当事人上诉请求的范围进行，当事人没有提出请求的，不予审查。但判决违反法律禁止性规定、侵害社会公共利益或者他人利益的除外。
2015年、2020年《民诉解释》第323条，2022年《民诉解释》第321条	第二审人民法院应当围绕当事人的上诉请求进行审理。当事人没有提出请求的，不予审理，但一审判决违反法律禁止性规定，或者损害国家利益、社会公共利益、他人合法权益的除外。

第二节　第二审程序的提起

一、如何提起第二审程序

（一）难度与热度

难度：☆☆☆　热度：☆☆☆

（二）基本理论与概念

上诉的受理，当事人提起上诉的，无论是向原审法院递交上诉状还是直接向第二审人民法院递交上诉状，只要符合法定的上诉条件，法院均应受理，并履行如下法定程序：

其一，诉讼文书的接收与送达。原审法院收到当事人的上诉状及副本后，应当在 5 日内将上诉状副本送达对方当事人。其二，诉讼案卷和证据的报送。原审法院收到上诉状和答辩状后，或者对方当事人在法定期限内未提出答辩状，原审法院应当在 5 日内连同全部案卷和证据，报送第二审人民法院。至此，案件全部脱离第一审人民法院，由第二审人民法院对案件进行审理，产生第二审的诉讼法律关系。

上诉的撤回，是指上诉人依法提起上诉后，在第二审人民法院作出裁判前，要求撤回上诉请求的行为。

（三）疑难点解析

1. 如何理解上诉的条件

上诉需要符合以下四个条件：

（1）有法定的上诉对象。根据《民诉法》第 171 条的规定，当事人不服地方人民法院第一审判决的，有权在判决书送达之日起 15 日内向上一级法院提起上诉。当事人不服地方人民法院第一审裁定的，有权在裁定书送达之日起 10 日内向上一级人民法院提起上诉。可以上诉的判决包括：地方各级人民法院适用普通程序和简易程序审理的第一审判决，第二审人民法院发回原审人民法院重审后所作出的判决。可以上诉的裁定有：人民法院作出的不予受理的裁定，人民法院对当事人的管辖异议作出的裁定，驳回起诉的裁定。

（2）适格的上诉人和被上诉人。上诉人是享有上诉权的人，被上诉人是上诉人的对方当事人。法院适用第一审程序对案件进行审理后作出的裁判，双方当事人不服的，都可以提起上诉。

上诉人，是指提起上诉的一方当事人。按照《民诉法》的规定，可以提起上诉的人，包括第一审程序中的原告、被告、有独立请求权第三人、依法享有上诉权的无独立请求权第三人，以及他们的继承人，或者经过办理承担诉讼手续的诉讼承担人。被上诉人，是指与上诉人的上诉请求有直接利害关系的当事人，他应当是第一审程序中的当事人。第二审程序中，被上诉人是与上诉人存在争议的对方当事人。上诉人和被上诉人既可能是第一审的原告，也可能是第一审的被告。第一审中的双方当事人如果都向上诉审法院提出上诉，根据《民诉解释》第 317 条的规定，都列为上诉人。必要共同诉讼人的一人或者部分人提起上诉的，按下列情形分别处理：（1）上诉仅对与对方当事人之间权利义务分担有意见，不涉及其他共同诉讼人利益的，对方当事人为被上诉人，未上诉的同一方当事人依原审诉讼地位列明；（2）上诉仅对共同诉讼人之间权利义务分担有意见，不涉及对方当事人利益的，未上诉的同一方当事人为被上诉人，对方当事人依原审诉讼地位列明；（3）上诉对双方当事人之间以及共同诉讼人之间权利义务承担有意见的，未提起上诉的其他当事人均为被上诉人。

另外，双方当事人和第三人都提起上诉的，均列为上诉人。人民法院可以依职权确定第二审程序中当事人的诉讼地位。

（3）必须在法定的上诉期内提出上诉。当事人不服地方人民法院第一审判决的，有权在判决书送达之日起 15 日内向上一级人民法院提起上诉。当事人不服地方人民法院第一审裁定，有权在裁定书送达之日起 10 日内向上一级人民法院提起上诉。

（4）必须提交上诉状。根据《民诉法》第 172 条的规定，上诉状的内容应当包括当事人的姓名、法人的名称及其法定代表人的姓名或者其他组织的名称及其主要负责人的姓名，原审人民法院名称、案件的编号和案由，上诉的请求和理由。

2. 如何提起上诉及法院如何处理上诉申请

上诉状应当通过原审人民法院提出，并按照对方当事人或者代表人的人数提交副本。当事人直接向第二审人民法院上诉的，第二审人民法院应当在 5 日内将上诉状移交原审人民法院。第一审宣判时或者判决书、裁定书送达时，当事人口头表示上诉的，人民法院应告知其必须在法定上诉期间内递交上诉状。未在法定上诉期间内递交上诉状的，视为未提起上诉。需要注意的是，原审法院只是负责收集上诉状、上诉材料并将之移交第二审人民法院，并不具有上诉审查权。因此，第二审人民法院接到第一审人民法院报送的全部案卷材料后，进入本案实体审理程序之前，需要先审查上诉材料。即使原审人民法院认为上诉合法的，也可能经第二审人民法院审查认定不符合上诉条件而驳回上诉。

第二审人民法院审查后，应当在收到第一审人民法院移送的上诉材料及案卷材料后的 5 日内立案。如果第二审人民法院在审查立案时发现上诉案件材料不齐全的，应当在 2 日内通知第一审人民法院，第一审人民法院应当在接到第二审人民法院的通知后 5 日内补齐。第一审人民法院接到第二审人民法院的调卷通知的，应当在 5 日内将全部案卷和证据移送，至迟不超过 10 日。另外，上诉还需先交纳上诉费。上诉人虽递交上诉状，但未在指定的期限内交纳上诉费的，按自动撤回上诉处理。

3. 当事人在第一审程序中实施的行为对第二审程序是否有拘束力

当事人在第一审程序中实施的诉讼行为，在第二审程序中对该当事人仍具有拘束力。当事人推翻其在第一审程序中实施的诉讼行为时，人民法院应当责令其说明理由。理由不成立的，不予支持。

二、掌握二审撤诉和二审撤回起诉的区别

(一) 难度与热度

难度：☆☆☆☆☆　热度：☆☆☆☆☆

(二) 疑难点解析

1. 撤回上诉应注意的事项

上诉是可以撤回的。在第二审人民法院判决宣告前，上诉人申请撤回上诉的，是否准许，由第二审人民法院裁定。对准予或不准予撤诉的裁定，第二审人民法院可采用书面形式或口头形式。审判实践中，准许撤回上诉的一般用书面裁定，而不准许撤回上诉的则大多采用口头裁定。第二审人民法院裁定上诉人不准撤回上诉的，第二审程序继续进行；裁定准许撤回上诉的，第二审程序即告终结，第一审人民法院的裁判发生法律效力。

第二审人民法院裁定准许上诉人撤回上诉后，上诉人就放弃了自己的上诉权利，即使撤回上诉时，法定上诉期尚未届满，也不得再行上诉。当事人在第二审程序中达成和解协议的，人民法院可以根据当事人的请求，对双方达成的和解协议进行审查并制作调解书送达当事人；因和解而申请撤诉，经审查符合撤诉条件的，人民法院应予准许。

另外，上诉人在法定上诉期间内递交了上诉状，但未在指定的期限内交纳上诉费的，按自动撤回上诉处理。

2. 第二审程序中，原审原告能否撤回起诉

关于在第二审程序中，原审原告能否撤回起诉，实务中向来有两个明显对立的观点。

一种观点认为，第二审程序和第一审程序属于两个独立的程序，在第二审程序中，第一审程序已经终结，所以原审原告不能撤回起诉；另一种观点认为原审原告撤回起诉是行使处分权的表现，应当允许其撤回起诉。

目前，《民诉解释》第 336 条规定："在第二审程序中，原审原告申请撤回起诉，经其他当事人同意，且不损害国家利益、社会公共利益、他人合法权益的，人民法院可以准许。准许撤诉的，应当一并裁定撤销一审裁判。原审原告在第二审程序中撤回起诉后重复起诉的，人民法院不予受理。"根据《民诉法》第 13 条规定的处分原则，原审原告在第二审程序中撤回起诉是对自己诉讼权利的处分，但是原审原告处分诉讼权利不能损害国家利益、集体利益以及第三人的合法利益。同时，为了防止原审原告滥用处分权，在不损害国家利益、社会公共利益、他人合法权益的条件下，征得其他当事人同意并经人民法院准许后，原审原告才可以撤回起诉。第二审人民法院应当裁定撤销一审判决，准许原审原告撤回起诉，但撤回起诉后原审原告对同一诉讼请求不得再次提起诉讼。

第三节　第二审程序的审理与裁判

一、掌握第二审程序的程序特则

（一）难度与热度
难度：☆☆☆　热度：☆☆☆

（二）基本理论与概念
上诉案件的审理范围，第二审人民法院应当对上诉请求的有关事实和适用法律进行审查。当事人没有提出请求的，不予审理。但一审判决违反法律禁止性规定，或者损害国家利益、社会公共利益、他人合法权益的除外。

上诉案件的审理方式，一般情况下，第二审人民法院对上诉案件应当开庭审理。经过阅卷、调查和询问当事人，对没有提出新的事实、证据或者理由，人民法院认为不需要开庭审理的，可以不开庭审理。

（三）疑难点解析
1. 如何看待第二审调解

在我国民事诉讼中，调解原则贯穿始终，即无论第一审程序、第二审程序、再审程序都可以适用调解。目前《民诉法》第 179 条规定，第二审人民法院审理上诉案件，可以进行调解。调解达成协议的，应当制作调解书，由审判人员、书记员署名，加盖人民法院印章。调解书送达后，原审人民法院的判决即视为撤销。基于调解自愿原则，第二审调解的范围不受上诉请求的限制，也不受第一审诉讼请求的限制。《民诉解释》第 324~327 条对第二审中适用调解的情形予以进一步解释。第 324 条规定："对当事人在第一审程序中已经提出的诉讼请求，原审人民法院未作审理、判决的，第二审人民法院可以根据当事人自愿的原则进行调解；调解不成的，发回重审。"第 325 条规定："必须参加诉讼的当事人或者有独立请求权的第三人，在第一审程序中未参加诉讼，第二审人民法院可以根据当事人自愿的原则予以调解；调解不成的，发回重审。"第 326 条规定："在第二审程序中，原审原告增加独立的诉讼请求或者原审被告提出反诉的，第二审人民法院可以根据当事人自愿的原则就新增加的诉讼请求或者反诉进行调解；调解不成的，告知当事人另行起诉。双方当事人同意由第二审人民法院一并审理的，第二审人民法院可以一并裁判。"第 327 条规定："一审判决不准离婚的案件，上诉后，第二审人民法院认为应当判决离婚的，可以根据当事人自愿的原则，与子女抚养、财产问题一并调解；调解不成的，发回重审。双方当事人同意由第二审人民法院一并审理的，第二审人民法院可以一并裁判。"

2. 上诉案件有哪些裁判方式

上诉案件的裁判方式包括：驳回上诉，维持原判决、裁定，依法改判，撤销原判，发回重审，裁定撤销原裁判、驳回起诉。根据《民诉法》第 177 条的规定，第二审人民法院对上诉案件，经过审理，按照下列情形，分别处理：（1）原判决、裁定认定事实清楚，适用法律正确的，以判决、裁定方式驳回上诉，维持原判决、裁定；（2）原判决、裁定认定事实错误或者适用法律错误的，以判决、裁定方式依法改判、撤销或者变更；（3）原判决认定基本事实不清的，裁定撤销原判决，发回原审人民法院重审，或者查清事实后改判；（4）原判决遗漏当事人或者违法缺席判决等严重违反法定程序的，裁定撤销原判决，发回原审人民法院重审；（5）原审人民法院对发回重审的案件作出判决后，当事人提起上诉的，第二审人民法院不得再次发回重审。

需要注意以下几种情形：其一，原判决、裁定认定事实或者适用法律虽有瑕疵，但裁判结果正确的，第二审人民法院可以在判决、裁定中纠正瑕疵，作出驳回上诉、维持原判的判决；其二，在一般事实不清的情况下，第二审人民法院应当直接查清事实后改判，只有在基本事实不清的情况下，第二审人民法院才可以考虑在查清事实后改判与发回重审之间进行选择，基本事实一般情况下是指用以确定当事人主体资格、案件性质、民事权利义务等对原判决、裁定的结果有实质性影响的事实；其三，发回重审的次数限为一次，即原审人民法院对发回重审的案件作出判决后，当事人提起上诉的，第二审人民法院不得再次发回重审。

3. 第二审裁判的效力有哪些

我国实行两审终审制，第二审人民法院的裁判为终审裁判，其法律效力主要体现在以下三个方面：

（1）不得对第二审的判决、裁定再行上诉。第二审裁判是对当事人之间实体权利义务的最终确认，一经送达当事人，即发生法律效力，当事人不得再行上诉。若当事人仍然认为第二审的判决、裁定有错误，只能按照审判监督程序向法院申请再审。

（2）不得就同一诉讼标的，以同一事实和理由重新起诉。第二审裁判为终审裁判，双方当事人争议的实体权利义务关系就此最终确认，因此，当事人不得就同一诉讼标的，以同一事实和理由重新起诉。但是，判决不准离婚、调解和好的离婚案件，判决维持收养关系的案件，调解维持收养关系的案件除外。

（3）给付判决具有强制执行力。第二审裁判经送达立即生效，有给付内容的判决书则立即具有强制执行效力，义务人拒不履行义务的，对方当事人有权向法院申请强制执行，法院也可以视情况依职权采取强制执行措施，以保证法律文书的实现，维护国家法律的严肃性，保护当事人的合法权益。

4. 上诉的审理期限有多长

判决和裁定上诉的审理期限是不一样的，人民法院审理对判决的上诉案件，应当在第二审立案之日起 3 个月内审结。有特殊情况需要延长的，由本院院长批准。人民法院审理对裁定的上诉案件，应当在第二审立案之日起 30 日内作出终审裁定。

二、掌握第二审程序审理的特点

（一）难度与热度

难度：☆☆☆☆☆　　热度：☆☆☆☆☆

（二）疑难点解析

1. 上诉案件是否必须开庭审理

开庭并非第二审程序的必然要求。根据《民诉解释》第 331 条规定，第二审人民法院对下列上诉案件，依照《民诉法》第 176 条规定可以不开庭审理：（1）不服不予受理、管辖权异议和驳回起诉裁定的；（2）当事人提出的上诉请求明显不能成立的；（3）原判决、裁定认定事实清楚，但适用法律错误的；（4）原判决严重违反法定程序，需要发回重审的。

2. 二审不开庭的原因及危害

在我国民事诉讼的二审程序中，不开庭比开庭更为普遍。这既有司法实践中长期形成的二审不开庭习惯使然，也有案多人少的矛盾使得法官倾向于不开庭审理以提高效率。二审不开庭是导致二审功能与审级关系定位失当的重要原因，也是模糊二审应该是续审制，而非一审程序的补充。大量二审不开庭既不利于保障当事人的听审请求权，也可能减损二审裁判结果的可接受性。

▶▶ 本章实务案例研习

吴某诉四川省眉山西城纸业有限公司买卖合同纠纷案[①]

案例考点：二审期间达成的和解协议

（一）案情介绍

原告吴某系四川省眉山市东坡区吴某收旧站业主，从事废品收购业务。约自 2004 年开始，吴某出售废书给被告四川省眉山西城纸业有限公司（简称"西城纸业公司"）。2009 年 4 月 14 日双方通过结算，西城纸业公司向吴某出具欠条载明："今欠到吴某废书款壹佰玖拾柒万元整（￥1 970 000.00）。"同年 6 月 11 日，双方又对后期货款进行了结算，西城纸业公司向吴某出具欠条载明："今欠到吴某废书款伍拾肆万捌仟元整（￥548 000.00）。"因经多次催收上述货款无果，吴某向眉山市东坡区人民法院起诉，请求法院判令西城纸业公司支付货款 251.8 万元及利息。被告西城纸业公司对欠吴某货款 251.8 万元没有异议。

[①] 案例来源：最高人民法院指导案例 2 号：吴某诉四川省眉山西城纸业有限公司买卖合同纠纷案。

一审法院经审理后判决：被告西城纸业公司在判决生效之日起 10 日内给付原告吴某货款 251.8 万元及违约利息。宣判后，西城纸业公司向眉山市中级人民法院提起上诉。二审审理期间，西城纸业公司于 2009 年 10 月 15 日与吴某签订了一份还款协议，商定西城纸业公司的还款计划，吴某则放弃了支付利息的请求。同年 10 月 20 日，西城纸业公司以自愿与对方达成和解协议为由申请撤回上诉。眉山市中级人民法院裁定准予撤诉后，因西城纸业公司未完全履行和解协议，吴某向一审法院申请执行一审判决。眉山市东坡区人民法院对吴某申请执行一审判决予以支持。西城纸业公司向眉山市中级人民法院申请执行监督，主张不予执行原一审判决。

（二）法院裁判

眉山市中级人民法院于 2010 年 7 月 7 日作出（2010）眉执督字第 4 号复函认为：根据吴某的申请，一审法院受理执行已生效法律文书并无不当，应当继续执行。

法院认为：西城纸业公司对于撤诉的法律后果应当明知，即一旦法院裁定准予其撤回上诉，眉山市东坡区人民法院的一审判决即为生效判决，具有强制执行的效力。虽然二审期间双方在自愿基础上达成的和解协议对相关权利义务作出约定，西城纸业公司因该协议的签订而放弃行使上诉权，吴某则放弃了利息，但是该和解协议属于双方当事人诉讼外达成的协议，未经人民法院依法确认并制作调解书，不具有强制执行力。西城纸业公司未按和解协议履行还款义务，违背了双方约定和诚实信用原则，故对其以双方达成和解协议为由，主张不予执行原生效判决的请求不予支持。

（三）学理分析

本案是最高人民法院发布的指导案例 2 号，该案否定了"二审期间达成的和解协议可以阻碍生效一审判决的执行"，发布后在学术界和实务界都引起了广泛讨论。[①] 涉及二审程序的主要讨论点在两个方面：其一是二审期间达成和解协议的性质，本案将其定性为"属于诉讼外达成的协议"。其二是达成和解协议并撤回上诉后，不履行和解协议该如何救济，本案认为二审撤回上诉后，一审判决生效，若出现一方当事人不履行和解协议的，另一方当事人可以申请法院执行一审生效判决。

本章同步练习

一、选择题

1. 张某诉新立公司买卖合同纠纷案，新立公司不服一审判决提起上诉。二审中，新立公司与张某达成协议，双方同意撤回起诉和上诉。关于本案，下列哪一选项是正确的？（　　）

A. 起诉应在一审中撤回，二审中撤回起诉的，法院不应准许

B. 因双方达成合意撤回起诉和上诉的，法院可准许张某二审中撤回起诉

[①] 相关参考文献包括：王亚新. 一审判决效力与二审中的诉讼外和解协议：最高人民法院公布的 2 号指导案例评析. 法学研究，2012（4）；吴泽勇. "吴梅案"与判决后和解的处理机制：兼与王亚新教授商榷. 法学研究，2013（1）；严仁群. 二审和解后的法理逻辑：评第一批指导案例之"吴梅案". 中国法学，2012（4）；吴俊. 指导案例 2 号的程序法理. 法学，2013（1）.

C. 二审法院应裁定撤销一审判决并发回重审，一审法院重审时应准许张某撤回起诉

D. 二审法院可裁定准许新立公司撤回上诉，但不许张某撤回起诉

2. 石山公司起诉建安公司请求返还 86 万元借款及支付 5 万元利息，一审判决石山公司胜诉，建安公司不服提起上诉。二审中，双方达成和解协议：石山公司放弃 5 万元利息主张，建安公司在撤回上诉后 15 日内一次性付清 86 万元本金。建安公司向二审法院申请撤回上诉后，并未履行还款义务。关于石山公司的做法，下列哪一表述是正确的？（　　）

A. 可依和解协议申请强制执行

B. 可依一审判决申请强制执行

C. 可依和解协议另行起诉

D. 可依和解协议申请司法确认

3. 甲乙故意伤害一案中，甲向法院起诉，法院判决甲胜诉，乙支付甲费用。乙不服上诉，二审期间，甲乙达成和解协议向二审法院申请撤回起诉，二审法院经审查发现和解协议内容与原判决认定的事实不一致，请问二审法院应当如何处理？（　　）

A. 准许撤回起诉，一审判决生效

B. 不准许撤回起诉，二审法院根据审理结果作出判决

C. 不准许撤回起诉，二审法院应当撤销原判，发回重审

D. 准予撤回起诉，并且一并裁定撤销原判

4. A 公司和 B 公司签订买卖合同，B 公司一直没有发货，A 公司向甲市乙区法院起诉 B 公司要求履行合同。法院经过审理后查明是 B 公司的供货商 C 公司由于产能原因停工，B 公司无法发货，遂判决驳回了 A 公司的诉讼请求。双方当事人均未上诉。3 个月后，A 公司发现 C 公司已经全面复工，但 B 公司仍未履行合同，A 公司可以如何处理？（　　）

A. 可以向甲市中院提起上诉

B. 可以再次起诉 B 公司履行合同

C. 可以向甲市中院申请再审

D. 可以向乙区法院申请再审

5. 锦虹公司向某区法院起诉得利公司，某区法院判决驳回锦虹公司的诉讼请求，锦虹公司不服一审判决，通过某区法院提交上诉状，某区法院发现锦虹公司的上诉已经超过上诉期，应当如何处理？（　　）

A. 不予接收锦虹公司的上诉材料

B. 提请上级法院裁定驳回上诉

C. 裁定驳回上诉

D. 将上诉状和上诉材料一并移送上级法院

6. 方圆公司股东吴某认为公司股东会在股东曹某的操纵下，违法作出公司减资协议，遂向法院提起诉讼，要求撤销该决议。一审法院驳回了吴某的诉讼请求，吴某不服该判决，提起上诉。二审中另一小股东黄某也认为该决议内容违法，希望参加诉讼，关于本案当事人的地位分析，下列表述正确的是？（　　）

A. 曹某可以作为本案的被告

B. 黄某是必要共同诉讼的原告，二审法院可以通知其参加调解，调解不成的撤销原判，发回重审

C. 方圆公司是唯一被上诉人

D. 黄某可以作为本案有独立请求权第三人

7. 朱某诉力胜公司商品房买卖合同纠纷案，朱某要求判令被告支付违约金 5 万元；因房屋质量问题，请求被告修缮，费用由被告支付。一审法院判决被告败诉，认可了原告全部诉讼请求。力胜公司不服令其支付 5 万元违约金的判决，提起上诉。二审法院发现一审法院关于房屋有质量问题的事实认定，证据不充分。关于二审法院对本案的处理，下列哪些说法是正确的？（　　）

A. 应针对上诉人不服违约金判决的请求进行审理

B. 可对房屋修缮问题在查明事实的情况下依法改判

C. 应针对上诉人上诉请求所涉及的事实认定和法律适用进行审理

D. 应全面审查一审法院对案件的事实认定和法律适用

8. 张某因为侵权纠纷起诉李某，要求被告李某赔偿损失 2 万元，并赔礼道歉，一审法院判决李某向张某赔偿 1.2 万元，对赔礼道歉的诉讼请求未作判决。张某不服一审判决，提起上诉，请求法院改判李某向张某赔偿损失 2 万元。二审法院维持 1.2 万元的判项，同时判决李某向张某赔礼道歉。关于本案表述正确的选项有哪些？（　　）

A. 二审法院只能对上诉请求进行审理并作出判决

B. 二审法院超出上诉请求作出判决的做法错误

C. 二审法院应当对上诉请求作出判决，对一审遗漏的诉讼请求进行调解，调解不成撤销原判发回重审

D. 因为一审法院遗漏诉讼请求，故二审法院应当直接撤销原判，发回重审

9. 杨某和吴某协议离婚不成，杨某遂诉至法院，要求法院判决离婚，一审法院经审理后，作出不予离婚的判决，后杨某上诉，二审法院审理后认为应判离婚，并对杨某和吴某之间的财产分割问题进行了调解，但最终没能达成调解协议。二审法院遂撤销原判，发回重审，原一审法院接到该发回重审的案件后，再次作出不予离婚的判决，杨某再次提起上诉。此时二审法院应当如何处理？（　　）

A. 再次发回重审

B. 对杨某、吴某的离婚和财产分割问题直接作出判决

C. 可以再次进行调解

D. 就解除婚姻关系部分作出判决，就财产分割问题发回重审

10. 邓某怀孕，邓某威胁程某如果不结婚将到程某单位吵闹，程某迫于无奈与邓某登记结婚。婚后 2 月，邓某流产，程某起诉邓某要求撤销婚姻关系，一审法院判决驳回程某诉讼请求，程某不服一审判决，提起上诉，在二审中程某将诉讼请求变更为解除婚姻关系。关于本案表述正确的是？（　　）

A. 二审法院应当撤销一审判决

B. 二审法院对解除婚姻关系的诉讼请求可以组织当事人调解，调解不成发回一审法院重审

C. 二审法院对解除婚姻关系的诉讼请求可以组织当事人调解，调解不成告知程某另行起诉

D. 二审法院可以直接对变更后的诉讼请求进行审理，并作出判决

二、案例题

2017 年 5 月 2 日，被告杨某在进入小区电梯时，发现段某在里面吸烟。出于医生的职业敏感，他对段某进行了劝阻，二人发生了言语争执。后来小区物业工作人员将二人劝离，段某同物业工作人员进入物业公司办公室时突发心脏病猝死。段某的妻子田某认为，杨某无故与段某发生争执，导致其心脏病发作，应对家人作出赔偿，将其诉至郑州市金水区人民法院，追究共计 40 万余元民事赔偿。

一审法院根据公平原则判决：杨某补偿田某 15 000 元，驳回田某的其他诉讼请求。

一审判决作出后，杨某未上诉，田某上诉后郑州市中级人民法院依法直接改判，撤销河南省郑州市金水区人民法院（2017）豫 0105 民初 14525 号民事判决，同时驳回田某的诉讼请求，即劝烟者杨某无须担责，不用承担赔偿责任。

请问：如何看待二审判决？

参考答案

一、选择题

1. B

解析：本题考查二审中撤回上诉和起诉。在二审中当事人可以撤回上诉，原告还可以撤回起诉，这都是当事人行使处分权的表现。撤回上诉意味着上诉人表示服从一审判决，故自裁定准许撤回上诉之日起一审判决生效。撤回起诉是原告处分起诉权，没有起诉就没有审判，故二审法院裁定撤回起诉时应当一并撤销原判，即案件视为没有起诉，但在二审中撤回起诉后重复起诉的，法院不予受理。故 B 选项准许撤回起诉表述正确。

2. B

解析：本题考查二审中撤回上诉。二审中达成和解协议撤回上诉的，一审判决生效，当事人不履行判决的，另一方当事人可以申请执行一审判决，故 AC 选项错误，B 选项正确。司法确认调解协议效力的确认对象仅是人民调解委员会制作的调解协议，故 D 选项错误。

3. D

解析：本题考查二审中的撤回起诉。二审中原审原告申请撤回起诉，经其他当事人同意，且不损害国家、社会、第三人合法权益的，人民法院可以准许，同时应当一并裁定撤销原判。在本案二审中，原告申请撤回起诉，二审法院裁定准许撤回起诉的，应当一并裁定撤销原判，故 D 选项正确。

4. B

解析：法院基于疫情期间供货商 C 公司停工导致 B 公司无法发货这一事实驳回了 A 的诉讼请求。疫情结束后，C 公司全面复工为判决生效后发生的新的事实，裁判发生效力后，发生新的事实，当事人再次提起诉讼的，人民法院应当受理，所以 B 选项正确。需要注意的是，当事人只能对未生效的判决进行上诉，对已经生效的一审判决不能上诉，

A选项错误。另外，本案中当事人可以再次提起诉讼是因为判决后发生新的事由，但并不意味着原判决"确有错误"，申请再审的事由之一是原生效判决确有错误，故C和D选项不正确。

5. D

解析：《民诉法》第173条第1款规定："上诉状应当通过原审人民法院提出，并按照对方当事人或者代表人的人数提出副本。"一审法院只是负责收集上诉材料，上诉是否过上诉期限属于上诉审查权限，应当由上诉法院负责审查，因此，某区法院只需要将上诉状和上诉材料收齐并移送二审法院即可，故D选项正确。AC选项涉及上诉审查范畴，一审法院无权处理。B选项中，一审法院无权干涉二审法院的审判行为。

6. B

解析：最高人民法院《关于适用〈中华人民共和国公司法〉若干问题的规定（四）》第3条规定：原告请求确认股东会或者股东大会、董事会决议不成立、无效或者撤销决议的案件，应当列公司为被告。对决议涉及的其他利害关系人，可以依法列为第三人。一审法庭辩论终结前，其他有原告资格的人以相同的诉讼请求申请参加前款规定诉讼的，可以列为共同原告。所以本案中，股东吴某认为公司股东会的决议违法，起诉要求撤销该决议，应当以方圆公司为被告，但由于曹某可能是该决议的利害关系人，可以以无独立请求权第三人的身份参加诉讼。另外，作为股东的黄某希望参加诉讼的，可以在一审法庭辩论终结前以共同原告身份参加。A、D选项错误。撤销股东会决议的诉讼属于类似必要共同诉讼，黄某属于类似必要共同诉讼原告，因此，若黄某一审中没有参加诉讼，属于一审法院遗漏必须参加诉讼的当事人，二审法院可以通知黄某调解，调解不成的，撤销原判，发回重审，故本题B选项正确。提起上诉的是上诉人，如果双方都提起上诉，则双方都是上诉人，故C选项中表述"方圆公司是唯一被上诉人"，"唯一"错误。

7. AC

解析：第二审人民法院应当围绕当事人的上诉请求进行审理。当事人没有提出请求的，不予审理，但一审判决违反法律禁止性规定，或者损害国家利益、社会公共利益、他人合法权益的除外。所以二审以当事人上诉请求范围为限，当事人没有提出请求的，不予审理，虽然一审法院关于房屋有质量问题的事实认定证据不充分，但当事人并未对此提起上诉，同时一审判决也没有违反法律禁止性规定，没有损害国家、社会、第三人利益，所以其不属于二审审理对象，二审法院不能予以改判。故本题A、C选项表述正确，而B、D选项错误。

8. ABC

解析：本题考查《民诉解释》第324条和第327条的规定。第324条规定："对当事人在第一审程序中已经提出的诉讼请求，原审人民法院未作审理、判决的，第二审人民法院可以根据当事人自愿的原则进行调解；调解不成的，发回重审。"第327条规定："一审判决不准离婚的案件，上诉后，第二审人民法院认为应当判决离婚的，可以根据当事人自愿的原则，与子女抚养、财产问题一并调解；调解不成的，发回重审。双方当事人同意由第二审人民法院一并审理的，第二审人民法院可以一并裁判。"原告张某在一审中提出了赔偿损失和赔礼道歉的诉讼请求，一审法院仅仅对赔偿损失的诉讼请求予以判决，遗漏了赔礼道歉的诉讼请求，但张某对赔偿损失的判决内容提起上诉，并未对赔礼道歉的内容提起上诉，所以赔礼道歉并不属于二审的审理范围，二审法院对该请求不能审理并作出判决。对于一审遗漏的赔礼道歉这一诉讼请求，二审法院可以组织当事人调解，调解不成，撤销原判，发回重审。故本题 ABC 选项正确，D 选项错误。

9. BC

解析：《民诉法》第 177 条第 2 款规定："原审人民法院对发回重审的案件作出判决后，当事人提起上诉的，第二审人民法院不得再次发回重审。"发回重审的次数限定为一次。《民诉解释》第 327 条第 1 款的规定："一审判决不准离婚的案件，上诉后，第二审人民法院认为应当判决离婚的，可以根据当事人自愿的原则，与子女抚养、财产问题一并调解；调解不成的，发回重审。"故 A、D 选项错误，B 选项正确。在二审法院作出判决前亦可再次组织调解，C 选项正确。

10. C

解析：本题考查二审中变更诉讼请求的处理。《民诉解释》第 326 条规定："在第二审程序中，原审原告增加独立的诉讼请求或者原审被告提出反诉的，第二审人民法院可以根据当事人自愿的原则就新增加的诉讼请求或者反诉进行调解；调解不成的，告知当事人另行起诉。双方当事人同意由第二审人民法院一并审理的，第二审人民法院可以一并裁判。"变更诉讼请求的本质是撤销原来的诉讼请求，增加新的诉讼请求。因此，在本题中，原告程某在二审期间变更诉讼请求的，法院可以在当事人自愿的基础上组织调解，如果当事人达成调解协议，法院应当制作调解书结案；调解不成的，告知当事人另行起诉。故 C 选项正确。一审法院的判决没有错误，故不能撤销，亦不能发回重审，故 AB 选项错误。程某将诉讼请求从撤销婚姻关系变更为解除婚姻关系，但对于解除婚姻关系这一诉讼请求，一审法院未予审理，二审法院如果对其一并审理将会剥夺当事人对这一诉讼请求的上诉权，所以 D 选项错误。

二、案例分析题

本题改编自著名的"电梯劝烟案"，主要考察二审改判的范围。第二审程序审理的范围主要以上诉人的上诉请求为限；作出直接改判的，要受到一定的限制，即改判范围的"上限"与"下限"。"上限"是指上诉的改判不能使上诉人获得比上诉请求更多的权利或利益，在学理上称为"禁止上诉有利变更原则"；"下限"是指上诉改判不能使上诉人遭遇比一审裁判更加不利的法律处境，在学理上称为"禁止上诉不利变更原则"。值得注意的是，我国民事诉讼法中并未规定这两种原则，其更多是一种理念上的认识。当然，各方当事人均上诉的，二审法院可在各上诉请求"叠加"或"并集"的范围内进行审理，突破单方上诉请求的限制作出改判，此时并不受"禁止上诉不利变更原则"的局限。该案中二审判决的问题在于突破了上诉人上诉请求的"下限"，让上诉人遭遇比不上诉更不利的后果，即在理论上违反了"禁止上诉不利变更原则"。

第十五章　再审程序

本章知识点速览

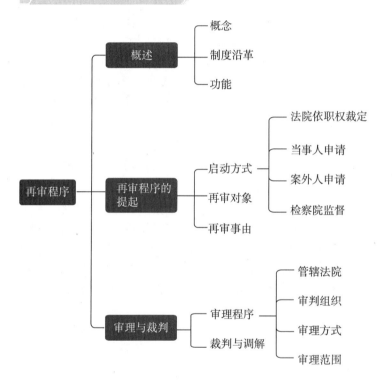

本章核心知识点解析

第一节　再审程序概述

一、再审程序的概念

(一) 难度与热度
难度：☆☆☆　　热度：☆☆

（二）基本理论与概念

再审程序即《民诉法》第十六章规定的审判监督程序，是指法院对裁判或者调解已经发生法律效力的诉讼案件进行再次审理的程序。民事案件通过判决、裁定、调解的方式结案，案件结果体现为相应的判决书、裁定书或者法院调解书。判决书、裁定书或者法院调解书是具有实质性确定力的法律文书，但是可能会有错误，需要法定的程序进行纠正。原因在于，判决书、裁定书或者法院调解书一旦存在错误，其实质性确定力就丧失了实质合法性。同时，为了维护司法的安定性以及终局裁判文书和民事调解书的实质性确定力，再审程序的启动有严格的条件限制。再审程序以当事人和案外人申请再审为典型。对于当事人和案外人申请再审的案件，再审程序在内容上包括对再审申请的受理审查，对再审事由的审查，以及存在再审事由的情况下对案件的再审审理。

（三）疑难点解析

1. 为什么《民诉法》中的立法术语是"审判监督程序"而不是"再审程序"

"审判监督程序"这一术语始于 1954 年的《检察院组织法》和《法院组织法》，之后三大诉讼法立法都采用了这一概念，包括 1982 年《民诉法》以及历经多次修改但施行至今的 1991 年《民诉法》。从文义的角度，审判监督即对审判活动的监督。检察机关对法院有监督权，检察机关对法院已经发生法律效力的判决、裁定，如果发现确有错误，有权监督法院进行纠错。同时，我国上下级法院之间是监督与被监督的关系，因此上级法院也可以监督下级法院并对案件进行纠错。此外，院长作为法院的领导，审判委员会作为法院内部讨论决定有关审判工作问题的最高权力机构，对本院裁判的案件也有监督的权力。在职权主义模式以及"有错必纠"的司法政策指导下，当事人的处分权受国家干预的限制，因此案件的纠错主要立足于公权力系统内部的监督以及法院内部的自我监督。随着我国民事诉讼体制向当事人主义的诉讼模式转型，以及民事诉讼程序对私法自治原则处分权主义的贯彻，审判监督程序的启动和运行越来越依赖于当事人的申请，程序的重心移向对再审事由的审查以及对案件的再次审理，因此"再审程序"这一称谓更符合审判监督程序现在的运行情况。

2. 再审程序经过了怎样的制度沿革

1982 年《民诉法》第十四章规定了审判监督程序，赋予了各级人民法院院长对于本院已经发生法律效力的判决、裁定，最高人民法院对地方各级人民法院已经发生法律效力的判决、裁定，上级人民法院对下级人民法院已经发生法律效力的判决、裁定，进行监督的权力；同时规定，当事人、法定代理人对已经发生法律效力的判决、裁定，认为确有错误的，可以向原审人民法院或者上级人民法院申诉。该法未赋予检察机关对已经发生法律效力的判决、裁定进行抗诉监督的权力。

1991 年《民诉法》将当事人申诉再审改为申请再审。对于已经发生法律效力的判决、裁定，该法规定了当事人申请再审的五大事由，包括：（1）有新的证据，足以推翻原判决、裁定的；（2）原判决、裁定认定事实的主要证据不足的；（3）原判决、裁定适用法律确有错误的；（4）人民法院违反法定程序，可能影响案件正确判决、裁定的；（5）审判人员在审理该案件时有贪污受贿、徇私舞弊、枉法裁判行为的。对于已经发生法律效力的调解书，当事人提出证据证明调解违反自愿原则或者调解协议的内容违反法律的，可以申请再审；经人民法院审查属实的，应当再审。该法还规定了当事人申请再审的期限，即应在判决、裁定发生法律效力后 2 年内提出，该期间为不变期间。该法还赋予了检察机关抗诉权，最高人民检察院对各级人民法院已经发生法律效力的判决、裁定，上级人民检察院对下级人民法院已经发生法律效力的判决、裁定，有权按照审判监督程序提出抗诉，并且人民检察院提出抗诉的案件，人民法院应当再审。该法还规定了检察机关抗诉的法定事由，该事由有别于当事人申请再审的事由，包括：（1）原判决、裁定认定事实的主要证据不足的；（2）原判决、裁定适用法律确有错误的；（3）人民法院违反法定程序，可能影响案件正确判决、裁定的；（4）审判人员在审理该案件时有贪污受贿、徇私舞弊、枉法裁判行为的。

2007 年《民诉法》修正时，为了解决再审难的问题，立法作了多方面的改革：（1）扩充了当事人对判决、裁定申请再审的事由；（2）统一了当事人申请再审以及检察院抗诉再审的事由；（3）当事人对已经发生法律效力的判决、裁定，认为有错误的，由上一级人民法院受理再审申请；（4）当事人申请再审，应当在判决、裁定发生法律效力后 2 年内提出，2 年后据以作出原判决、裁定的法律文书被撤销或者变更，以及发现审判人员在审理该案件时有贪污受贿，徇私舞弊，枉法裁判行为的，自知道或者应当知道之日起 3 个月内提出；（5）在案外人执行标的异议制度中赋予了案外人申请再审的权利，作为审判监督程序的补充。

2012 年《民诉法》修正时，立法对再审制度又作了多方面的改革：（1）进一步优化了再审事由；（2）修改了当事人申请再审的时限，即当事人申请再审，应当在判决、裁定发生法律效力后 6 个月内提出，有该法第 200 条（2023 年《民诉法》第 211 条）第 1 项、第 3 项、第 12 项、第 13 项规定情形的，自知道或者应当知道之日起 6 个月内提出；（3）改变了再审申请的受理法院，当事人对已经发生法律效力的判决、裁定，认为有错误的，可以向上一级人民法院申请再审，当事人一方人数众多或者当事人双方为公民的案件，也可以向原审人民法院申请再审；（4）修改了原裁判中止执行的规则，即按照审判监督程序决定再审的案件，裁定中止原判决、裁定、调解书的执行，但追索赡养费、扶养费、抚育费、抚恤金、医疗费用、劳动报酬等案件，可以不中止执行；（5）增设人民检察院向其同级人民法院建议再审的制度，以及人民检察院因履行法律监督职责提出检察建议或者抗诉的需要向当事人或者案外人调查核实有关情况的权力；（6）增设第三人撤销之诉制度。

2017 年、2021 年、2023 年《民诉法》修正，均未对再审审判程序的条文内容进行实质性修改。

二、再审程序的功能

（一）难度与热度
难度：☆☆　热度：☆☆

（二）基本理论与概念
再审程序的功能即再审程序发挥的效用，主要有四点：第一，纠错功能。再审程序是对错误的生效裁判以及民事调解的纠错机制。第二，救济功能。对当事人以及法定的案外人而言，再审程序对再审事由进行审查、对案件进行再次审理，属于对当事人权利的救济。第三，监督功能。再审程序是本院的院长以及审判委员会对本院、上级人民法院对下级人民法院、检察院对人民法院进行法律监督的程序。第四，司法统一功能。我国民事诉讼实行以两审终审制为原则、一审终审制为例外的制度，由于未建立三审制度，我国的再审程序部分发挥了三审制的司法统一功能。

（三）疑难点解析

1. 当事人未对案件提出上诉，能否申请再审

申请再审的权利是当事人独立的程序性权利，不以当事人行使上诉权为前提，因此即使当事人未对案件进行上诉，也可以对案件申请再审。我国立法和司法解释都未因当事人未上诉而剥夺当事人申请再审的权利。

2. 什么是再审补充性原则

对于法院的裁判和决定，立法规定了通常救济方法和非常救济方法，前者如上诉、复议、异议，后者如申请再审、第三人撤销之诉。非常救济是针对已经生效的裁判。立法鼓励当事人选择通常救济方法，并且对非常救济方法规定了诸多限制，如事由、时限、主体等。再审程序系补充性救济机制，适用范围和适用方式都受到限制，此即再审补充性原则。

第二节　再审程序的提起

一、再审程序的启动方式

（一）难度与热度

难度：☆☆☆☆☆　　热度：☆☆☆☆☆

（二）基本理论与概念

再审程序的启动方式即对案件再次进行审理的发动方式。《民诉法》规定了法院依职权裁定再审、当事人申请再审、案外人申请再审、检察院监督再审四种启动方式。

法院依职权裁定再审、包括法院对其作出的生效裁判以及调解书主动裁定再审，以及最高人民法院或者上级人民法院对下级人民法院的生效裁判以及调解书主动裁定再审。

当事人申请再审和案外人申请再审，属于其行使再审申请权的行为，该权利系法律赋予的诉讼权利。如果当事人的再审申请以及案外人的再审申请符合申请再审的立案条件，且存在再审事由，受理再审申请的人民法院应该裁定再审。

检察院监督再审，包括人民检察院向人民法院发出再审检察建议后由人民法院决定再审，以及人民检察院抗诉引发再审。抗诉是向提起抗诉的人民检察院的同级人民法院提出抗诉。根据《检察监督规则》第 90 条，最高人民检察院对各级人民法院已经发生法律效力的民事判决、裁定、调解书，上级人民检察院对下级人民法院已经发生法律效力的民事判决、裁定、调解书，发现有《民诉法》第 211 条、第 219 条规定情形的，向同级人民法院提出抗诉。

（三）疑难点解析

1. 我国民事审判监督程序启动的方式有哪些

我国审判监督程序的启动主体存在三类，即人民法院（最高人民法院、本案审判法

院及其上级人民法院）、人民检察院（最高人民检察院、本案审判法院同级人民检察院的上级人民检察院，本案审判法院同级人民检察院还可以提请其上级人民检察院抗诉）、当事人及案外人。我国审判监督程序启动有如下形式：（1）法院依职权启动再审，包括人民检察院建议人民法院再审之后人民法院决定再审；（2）当事人及案外人申请再审，符合再审条件的，人民法院裁定启动再审程序；（3）人民检察院依职权提起抗诉，人民法院在法律规定的期限内裁定再审。此外，由于申诉、信访是我国公民的民主权利，通过申诉、信访等方式导致人民法院依职权启动再审和人民检察院提起抗诉或再审检察建议，也是可能的。此外，《民诉法》第 220 条规定了当事人申请人民检察院行使法律监督权的制度，即当事人在一定条件下可以向人民检察院申请检察建议或者抗诉。

2. 再审申请人包括哪些人

参照最高人民法院《民事案件当事人申请再审指南》第 5 条并根据《民诉解释》第 420 条，再审申请人包括：（1）判决、裁定、调解书列明的当事人；（2）因不能归责于本人或者其诉讼代理人的事由而未参加诉讼的必须共同进行诉讼的当事人；（3）认为原判决、裁定、调解书损害其民事权益，提出的执行异议被裁定驳回的案外人；（4）上述当事人或案外人死亡或者终止的，其权利义务承继者。

3. 可以申请再审的裁定包括哪些

根据《民诉解释》第 379 条的规定，当事人认为发生法律效力的不予受理的裁定、驳回起诉的裁定错误的，可以申请再审。对于其他裁定，当事人不能申请再审。[①] 但是对于人民法院依职权启动再审以及人民检察院监督（检察建议或者抗诉）再审的裁定，则没有范围限制。

需要注意的是，根据《交费办法》第 6 条、第 43 条的规定，诉讼费用的负担是人民法院依职权决定的事项，在性质上属于决定，当事人不能单独就诉讼费用的负担进行上诉救济。因此，裁判文书中关于诉讼费用负担的内容不属于再审的对象，不能对其申请再审。[②]

4. 对再审撤销原裁判发回重审后作出的生效判决、裁判，当事人能否申请再审

根据最高人民法院《关于再审撤销一、二审裁判发回重审的案件当事人对重审的生效裁判是否有申请再审权利的答复》的规定，再审后将案件发回重审作出的生效裁判，当事人不服的，可以根据《民诉法》第 210 条的规定申请再审。再审撤销原判（包括一审生效判决）发回一审人民法院重审后，当事人的诉讼回复至原一审裁判之前的状态，其诉讼请求未被生效裁判羁束，讼争的民事法律关系仍处于待决状态，一审人民法院应对当事人之间的争议重新进行审理。《民诉解释》第 252 条规定："再审裁定撤销原判决、裁定发回重审的案件，当事人申请变更、增加诉讼请求或者提出反诉，符合下列情形之一的，人民法院应当准许：（一）原审未合法传唤缺席判决，影响当事人行使诉讼权利的；（二）追加新的诉讼当事人的；（三）诉讼标的物灭失或者发生变化致使原诉讼请求

---

① 例如，按撤诉处理的裁定，不属于当事人有权申请再审的裁定的范围。参见最高人民法院（2021）最高法民申 6335 号民事裁定书。

② 相关案例参见最高人民法院（2021）最高法民申 3649 号民事裁定书、最高人民法院（2020）最高法民申 1366 号民事裁定书。

无法实现的；（四）当事人申请变更、增加的诉讼请求或者提出的反诉，无法通过另诉解决的。"据此，由于原判决、裁定被撤销，审判程序重新开始，当事人依法可以变更、增加诉讼请求或者提出反诉、提交新证据；人民法院可以根据当事人的申请或者依职权追加当事人，适用一审程序的相关规定确定当事人的诉讼权利义务。再审撤销原判发回重审之后的程序并非再审审理程序的延续，人民法院作出的裁判亦非再审裁判。当事人不服撤销原裁判发回重审后作出的生效裁判，可以依据《民诉法》第210条的规定申请再审。

5. 对于当事人的再审申请，管辖法院如何确定

根据《民诉法》第210条的规定，当事人对已经发生法律效力的判决、裁定，认为有错误的，可以向上一级人民法院申请再审；当事人一方人数众多或者当事人双方为公民的案件，也可以向原审人民法院申请再审。需要注意的是，向最高人民法院申请再审有格外的限制。最高人民法院《关于完善四级法院审级职能定位改革试点的实施办法》第11条规定："当事人对高级人民法院作出的已经发生法律效力的民事、行政判决、裁定，认为有错误的，应当向原审高级人民法院申请再审；符合下列情形之一的，可以向最高人民法院申请再审：（一）再审申请人对原判决、裁定认定的基本事实、主要证据和诉讼程序无异议，但认为适用法律有错误的；（二）原判决、裁定经高级人民法院审判委员会讨论决定的。当事人对高级人民法院作出的已经发生法律效力的民事、行政调解书申请再审的，应当向相关高级人民法院提出"。

6. 法院受理当事人的再审申请，需要符合哪些条件

当事人申请再审必须符合再审申请的受理条件，否则法院不予受理。《民诉法》以及相关司法解释和司法文件，规定了法院受理再审申请的积极条件和消极条件。

第一，积极条件。根据《民诉法》第210条、第211条、第212条、第216条的规定，当事人在法定的申请再审期限内，以民事诉讼法列明的再审事由，向原审人民法院的上一级人民法院申请再审，且其提交的再审申请书等材料符合规定条件的，上一级人民法院应当依法受理，在5日内完成向再审申请人发送受理通知书等登记受理手续。在受理通知书中，应告知当事人其再审申请已经立案审查。当事人一方人数众多或当事人双方均为公民的案件，当事人选择向原审人民法院申请再审，且其提交的再审申请书等材料符合规定条件的，原审人民法院应当依法受理，在5日内完成向再审申请人发送受理通知书等登记受理手续。在受理通知书中，应告知当事人其再审申请已经立案审查。再审申请材料的要求即为《民诉解释》第375条、第376条规定的要求。此外，《再审立案意见》第13条规定："人民法院对不符合法定主体资格的再审申请或申诉，不予受理。"据此，再审申请人还必须符合法定的主体资格，即：（1）判决、裁定、调解书列明的当事人；（2）因不能归责于本人或者其诉讼代理人的事由而未参加诉讼的必须共同进行诉讼的当事人；（3）认为原判决、裁定、调解书损害其民事权益，提出的执行异议被裁定驳回的案外人；（4）上述当事人或案外人死亡或者终止的，其权利义务承继者。还需要注意的是，根据最高人民法院《关于完善四级法院审级职能定位改革试点的实施办法》第11条的规定，当事人向最高人民法院申请再审，还有特殊的条件要求。当事人对高级人民法院作出的已经发生法律效力的民事判决、裁定，认为有错误的，应当向原审高级人民法院申请再审。符合下列情形之一的，可以向最高人民法院申请再审：（1）再

审申请人对原判决、裁定认定的基本事实、主要证据和诉讼程序无异议，但认为适用法律有错误的；（2）原判决、裁定经高级人民法院审判委员会讨论决定的。当事人对高级人民法院作出的已经发生法律效力的民事调解书申请再审的，应当向相关高级人民法院提出，即最高人民法院不受理当事人对高级人民法院作出的已经发生法律效力的民事调解书的再审申请。

第二，消极条件，即不存在法院不予受理再审申请的情形。根据最高人民法院《民事案件当事人申请再审指南》第 3 条，《民诉解释》第 381 条第 1 款、第 399 条，《再审立案意见》第 14 条的规定，下列情形当事人申请再审的，法院不予受理：（1）已经发生法律效力的解除婚姻关系的判决、调解，但当事人就财产分割问题申请再审的除外①；（2）当事人将生效判决、调解书确认的债权转让，债权受让人对该判决、调解书不服申请再审的案件；（3）适用特别程序、督促程序、公示催告程序、破产程序等非讼程序审理的案件；（4）人民法院裁定撤销仲裁裁决和裁定不予执行仲裁裁决的案件；（5）再审申请被驳回后再次提出再审申请的案件；（6）对再审判决、裁定提出再审申请的案件；（7）人民检察院对当事人的申请作出不予提出再审检察建议或者抗诉决定后提出再审申请的案件；（8）人民法院准许撤回再审申请或者按撤回再审申请处理后，再审申请人再次申请再审的案件，但有《民诉法》第 211 条第 1 项、第 3 项、第 12 项、第 13 项规定情形，自知道或者应当知道之日起 6 个月内提出的除外。

还需要说明的是，《第一次全国民事再审审查工作会议纪要》第 10 条第 2 款规定："人民法院受理再审申请后，发现当事人申请再审不符合法定条件的，裁定驳回再审申请。"即，驳回再审申请须以裁定形式作出。

7. 判决生效后当事人将判决确认的债权转让，债权受让人对该判决不服的，为什么不能申请再审

从原理上，生效判决确定的债权转让之后，受让人就在实体上取得债权人的地位，因此对该判决不服的，具有以当事人的身份申请再审的权利。但是，最高人民法院《关于判决生效后当事人将判决确认的债权转让债权受让人对该判决不服提出再审申请人民法院是否受理问题的批复》规定，判决生效后当事人将判决确认的债权转让，债权受让人对该判决不服提出再审申请的，因其不具有申请再审人主体资格，人民法院应依法不予受理。最高人民法院《民事案件当事人申请再审指南》第 3 条、《民诉解释》第 373 条第 2 款作出了相同的规定。这其实是基于司法政策的选择，并不具有原理上的正当性。

8. 当事人向人民法院申请再审与向人民检察院申请检察监督之间是什么关系

《民诉法》第 220 条规定："有下列情形之一的，当事人可以向人民检察院申请检察建议或者抗诉：（一）人民法院驳回再审申请的；（二）人民法院逾期未对再审申请作出裁定的；（三）再审判决、裁定有明显错误的。人民检察院对当事人的申请应当在三个月内进行审查，作出提出或者不予提出检察建议或者抗诉的决定。当事人不得再次向人民检察院申请检察建议或者抗诉。"这赋予了当事人向人民检察院申请检察监督的诉讼权

---

① 《民诉解释》第 380 条规定："当事人就离婚案件中的财产分割问题申请再审，如涉及判决中已分割的财产，人民法院应当依照民事诉讼法第二百零七条（2023 年《民诉法》第 211 条——引者注）的规定进行审查，符合再审条件的，应当裁定再审；如涉及判决中未作处理的夫妻共同财产，应当告知当事人另行起诉。"

利。《民诉解释》第 381 条第 1 款规定："当事人申请再审，有下列情形之一的，人民法院不予受理：（一）再审申请被驳回后再次提出申请的；（二）对再审判决、裁定提出申请的；（三）在人民检察院对当事人的申请作出不予提出再审检察建议或者抗诉决定后又提出申请的。"第 2 款规定："前款第一项、第二项规定情形，人民法院应当告知当事人可以向人民检察院申请再审检察建议或者抗诉，但因人民检察院提出再审检察建议或者抗诉而再审作出的判决、裁定除外。"《检察监督规则》第 27 条第 1 项规定，当事人未向人民法院申请再审，而直接根据《民诉法》第 220 条第 1 款的规定向人民检察院申请监督的，人民检察院不予受理。由此，我国立法和司法解释确立了"法院纠错先行、检察监督断后"的有限再审原则。当事人必须先向法院申请再审，只有人民法院驳回再审申请、人民法院逾期未对再审申请作出裁定、再审裁判有明显错误这三种情况，当事人才能向人民检察院申请检察建议或者抗诉。

9. 对已经受理的检察院的抗诉，法院如何处理

对于抗诉，《民诉法》第 222 条规定："人民检察院提出抗诉的案件，接受抗诉的人民法院应当自收到抗诉书之日起三十日内作出再审的裁定；有本法第二百一十一条第一项至第五项规定情形之一的，可以交下一级人民法院再审，但经该下一级人民法院再审的除外。"可见，对于检察院的抗诉，立法并未赋予法院不启动再审程序的裁量权，即对于抗诉必须裁定再审。但指导案例 7 号创设了对抗诉案件裁定终结审查程序的规则，即法院接到民事抗诉书后，经审查发现案件纠纷已经解决，当事人申请撤诉，且不损害国家利益、社会公共利益或第三人利益的，应当作出对抗诉案件终结审查的裁定。

10. 再审检察建议须符合什么条件？人民法院应该如何处理人民检察院提出的再审检察建议

根据《民诉解释》第 414 条第 1 款的规定，地方各级人民检察院依当事人的申请对生效判决、裁定向同级人民法院提出再审检察建议，符合下列条件的，应予受理：（1）再审检察建议书和原审当事人申请书及相关证据材料已经提交；（2）建议再审的对象为依照民事诉讼法和本解释规定可以进行再审的判决、裁定；（3）再审检察建议书列明该判决、裁定有《民诉法》第 219 条第 2 款规定情形；（4）符合《民诉法》第 220 条第 1 款第 1 项、第 2 项规定情形；（5）再审检察建议经该人民检察院检察委员会讨论决定。

根据最高人民法院、最高人民检察院《关于规范办理民事再审检察建议案件若干问题的意见》（法发〔2023〕18 号）第 6 条、第 7 条、第 9 条，以及《民诉解释》第 414 条第 2 款、第 417 条的规定，人民法院对人民检察院提出的再审检察建议应该进行如下处理：（1）人民法院应当自收到符合条件的再审检察建议书和相关检察案件材料之日起 7 日内编立案号，纳入案件流程管理，依法进行审查，并告知人民检察院。本院或者上级人民法院已作出驳回再审申请裁定的，不影响人民法院受理同级人民检察院提出的再审检察建议。人民检察院提出再审检察建议的案件已经同级人民法院裁定再审但尚未审结的，人民法院应当将再审检察建议并入再审案件一并审理，并函告人民检察院。案件已经上级人民法院裁定再审但尚未审结的，同级人民法院可以将再审检察建议书及检察案件材料报送上级人民法院并告知提出再审检察建议的人民检察院。（2）不符合《民诉解释》第 414 条第 1 款规定的再审检察建议，人民法院可以建议人民检察院予以补正或者撤回；不予补正或者撤回的，应当函告人民检察院不予受理。（3）人民法院受理民事再

审检察建议案件后，应当组成合议庭，在 3 个月内审查完毕。有特殊情况需要延长的，应当依照相关审批程序延长审查期限。在原审判程序中参与过本案审判工作的审判人员，不得再参与该民事再审检察建议案件的办理。（4）人民法院对民事再审检察建议案件经审查认为原判决、裁定、调解书确有错误，需要再审的，应该采纳检察建议启动再审，依照《民诉法》第 209 条规定裁定再审，再审裁定书应当载明监督机关及民事再审检察建议文号，并通知当事人。人民法院经审查决定不予再审的，应当书面回复人民检察院并述明理由，人民检察院可以适当方式将人民法院不予再审结果告知申请人。

11. 法院依职权启动再审，有何程序要求

《民诉法》第 209 条规定："各级人民法院院长对本院已经发生法律效力的判决、裁定、调解书，发现确有错误，认为需要再审的，应当提交审判委员会讨论决定。""最高人民法院对地方各级人民法院已经发生法律效力的判决、裁定、调解书，上级人民法院对下级人民法院已经发生法律效力的判决、裁定、调解书，发现确有错误的，有权提审或者指令下级人民法院再审。"立法上，对于法院依职权启动再审，没有任何程序和事由上的限制。但是，司法解释和司法性文件，对法院依职权启动再审进行了限制性规定。《审监解释》第 21 条规定："当事人未申请再审、人民检察院未抗诉的案件，人民法院发现原判决、裁定、调解协议有损害国家利益、社会公共利益等确有错误情形的，应当依照民事诉讼法第一百九十八条（2023 年《民诉法》209 条——引者注）的规定提起再审。"根据该条文，人民法院依职权启动再审的案件，仅限于当事人未申请再审、人民检察院未抗诉，且原判决、裁定、调解协议有损害国家利益、社会公共利益等确有错误的情形。对于当事人申请过再审被驳回的案件，以及检察院抗诉未获支持的案件，以及无涉国家利益、社会公共利益的案件，法院不应该依职权启动再审。此外，最高人民法院《第一次全国民事再审审查工作会议纪要》第 29 条第 2 款规定："上级人民法院裁定驳回再审申请后，原审人民法院依照民事诉讼法第一百七十七条的规定决定再审的，应当报请上级人民法院同意。"上级人民法院驳回再审申请的裁定，本身也有既判力。在再审申请已经被上级人民法院驳回的情况下，原审法院依职权启动再审，违反了上级人民法院的裁定的既判力。原审法院报请上级人民法院同意之后再启动再审，其实就是为了缓和与上级人民法院驳回再审申请裁定的既判力的冲突。

二、再审事由

（一）难度与热度
难度：☆☆☆☆☆　　热度：☆☆☆☆☆

（二）基本理论与概念
再审事由是法院决定再审、当事人以及案外人申请再审、检察院监督再审的理由，本质上是对案件在实体上进行再次审理的理由。再审程序是打破生效裁判以及民事调解书的实质性确定力的程序，是非常救济机制，因此案件只有满足特定的再审事由才能启动再审。

（三）疑难点解析
1. 当事人对裁判申请再审的事由是什么
根据《民诉法》第 211 条的规定，当事人对裁判申请再审的事由包括：（1）有新的

证据，足以推翻原判决、裁定的；（2）原判决、裁定认定的基本事实缺乏证据证明的；（3）原判决、裁定认定事实的主要证据是伪造的；（4）原判决、裁定认定事实的主要证据未经质证的；（5）对审理案件需要的主要证据，当事人因客观原因不能自行收集，书面申请人民法院调查收集，人民法院未调查收集的；（6）原判决、裁定适用法律确有错误的；（7）审判组织的组成不合法或者依法应当回避的审判人员没有回避的；（8）无诉讼行为能力人未经法定代理人代为诉讼或者应当参加诉讼的当事人，因不能归责于本人或者其诉讼代理人的事由，未参加诉讼的；（9）违反法律规定，剥夺当事人辩论权利的；（10）未经传票传唤，缺席判决的；（11）原判决、裁定遗漏或者超出诉讼请求的；（12）据以作出原判决、裁定的法律文书被撤销或者变更的；（13）审判人员审理该案件时有贪污受贿、徇私舞弊、枉法裁判行为的。

2. 当事人对民事调解书申请再审的事由是什么

根据《民诉法》第 212 条的规定，当事人对民事调解书申请再审的事由是调解违反自愿原则或者调解协议的内容违反法律。

3. 检察院进行抗诉和再审检察建议监督的事由是什么

根据《民诉法》第 219 条的规定，进行抗诉和提出检察建议的事由是，判决、裁定有《民诉法》第 211 条规定情形之一，或者调解书损害国家利益、社会公共利益。另根据《检察监督规则》第 75 条第 2 款的规定，人民检察院对当事人通过虚假诉讼获得的民事调解书应当依法向人民法院提出再审检察建议或者抗诉。

4. 就当事人申请再审，对再审事由进行审查之后的处理情形有哪些

（1）裁定再审。根据《民诉解释》第 393 条第 1 款、第 396 条的规定，当事人主张的再审事由成立，且符合《民诉法》和《民诉解释》规定的申请再审条件的，人民法院应当裁定再审。审查再审申请期间，被申请人及原审其他当事人依法提出再审申请的，人民法院应当将其列为再审申请人，对其再审事由一并审查，审查期限重新计算，经审查其中一方再审申请人主张的再审事由成立的，应当裁定再审。

（2）裁定驳回再审申请。根据《民诉解释》第 393 条第 2 款、第 396 条、第 407 条第 1 款第 1 项的规定，当事人主张的再审事由不成立，或者当事人申请再审超过法定申请再审期限、超出法定再审事由范围等不符合《民诉法》和《民诉解释》规定的申请再审条件的，人民法院应当裁定驳回再审申请。审查再审申请期间，被申请人及原审其他当事人依法提出再审申请的，人民法院应当将其列为再审申请人，对其再审事由一并审查，审查期限重新计算，各方再审申请人主张的再审事由均不成立的，一并裁定驳回再审申请。

（3）裁定准予撤回再审申请。根据《民诉解释》第 398 条第 1 款的规定，审查再审申请期间，再审申请人撤回再审申请的，是否准许，由人民法院裁定。

（4）裁定按撤回再审申请处理。根据《民诉解释》第 398 条第 2 款的规定，再审申请人经传票传唤，无正当理由拒不接受询问的，可以按撤回再审申请处理。

（5）裁定终结审查。根据《民诉解释》第 400 条的规定，再审申请审查期间，有下列情形之一的，裁定终结审查：1）再审申请人死亡或者终止，无权利义务承继者或者权利义务承继者声明放弃再审申请的；2）在给付之诉中，负有给付义务的被申请人死亡或者终止，无可供执行的财产，也没有应当承担义务的人的；3）当事人达成和解协议且已

履行完毕的，但当事人在和解协议中声明不放弃申请再审权利的除外；4）他人未经授权以当事人名义申请再审的；5）原审或者上一级人民法院已经裁定再审的；6）有《民诉解释》第381条第1款规定情形的，即再审申请被驳回后再次提出申请的，对再审判决、裁定提出申请的，在人民检察院对当事人的申请作出不予提出再审检察建议或者抗诉决定后又提出申请的。此外，根据最高人民法院指导案例7号"牡丹江市宏阁建筑安装有限责任公司诉牡丹江市华隆房地产开发有限责任公司、张继增建设工程施工合同纠纷案"的裁判要点，人民法院接到民事抗诉书后，经审查发现案件纠纷已经解决，当事人申请撤诉，且不损害国家利益、社会公共利益或第三人利益的，应当作出对抗诉案件终结审查的裁定。

第三节　再审案件的审理与裁判

一、再审案件的审理程序

（一）难度与热度
难度：☆☆☆☆　热度：☆☆☆☆☆

（二）基本理论与概念
再审案件的审理程序，是指对案件在实体上进行再次审理所适用的诉讼程序，包括管辖法院、审判组织、审理方式、审理范围、处理方式等内容。

（三）疑难点解析
1. 怎么确定再审案件管辖法院

再审案件的管辖是指有权决定启动再审的法院已经决定对案件进行再审之后，由哪家法院对案件进行再次审理。除了作出生效裁判以及调解书的法院决定自己审理，还存在提审、指令再审和指定再审。提审是指最高人民法院对地方各级人民法院、上级人民法院对下级人民法院生效裁判或者调解书，发现存在法定的再审事由的，自行组成合议庭对案件进行重新审判。指令再审是指最高人民法院对地方人民法院、上级人民法院对下级人民法院的生效裁判或者调解书，发现存在法定的再审事由的，指示命令原审人民法院对案件进行重新审判。指定再审是指最高人民法院对地方人民法院、上级人民法院对下级人民法院的生效裁判或者调解书，发现存在法定的再审事由的，指定与原审人民法院同级的其他人民法院对案件进行重新审判。就规则而言，《民诉法》第215条第2款规定："因当事人申请裁定再审的案件由中级人民法院以上的人民法院审理，但当事人依照本法第二百一十条的规定选择向基层人民法院申请再审的除外。最高人民法院、高级人民法院裁定再审的案件，由本院再审或者交其他人民法院再审，也可以交原审人民法院再审。"《重审规定》第2条、第3条，以及最高人民法院《关于加强和规范案件提级管辖和再审提审工作的指导意见》第15～17条对再审案件的管辖规则进行了细化。

2. 再审案件的审判组织如何组成

根据《民诉法》第41条的规定，审理再审案件，原来是第一审的，按照第一审程序另行组成合议庭；原来是第二审的或者是上级人民法院提审的，按照第二审程序另行组成合议庭。根据《民诉解释》第 401 条的规定，人民法院审理再审案件应当组成合议庭开庭审理，但按照第二审程序审理，有特殊情况或者双方当事人已经通过其他方式充分表达意见，且书面同意不开庭审理的除外。符合缺席判决条件的，可以缺席判决。

3. 再审案件的审理程序如何确定

根据《民诉法》第 218 条的规定，人民法院按照审判监督程序再审的案件，发生法律效力的判决、裁定是由第一审人民法院作出的，按照第一审程序审理，所作的判决、裁定，当事人可以上诉；发生法律效力的判决、裁定是由第二审人民法院作出的，按照第二审程序审理，所作的判决、裁定，是发生法律效力的判决、裁定；上级人民法院按照审判监督程序提审的，按照第二审程序审理，所作的判决、裁定是发生法律效力的判决、裁定。

4. 再审案件的审理范围是什么

《重审规定》第 7、8 条规定，再审案件应当围绕申请人的再审请求进行审理和裁判。对方当事人在再审庭审辩论终结前也提出再审请求的，应一并审理和裁判。当事人的再审请求超出原审诉讼请求的，不予审理，构成另案诉讼的，应告知当事人可以提起新的诉讼。再审发回重审的案件，应当围绕当事人原诉讼请求进行审理。当事人申请变更、增加诉讼请求和提出反诉的，按照《民诉解释》第 252 条的规定审查决定是否准许。《民诉解释》第 252 条规定，再审裁定撤销原判决、裁定发回重审的案件，当事人申请变更、增加诉讼请求或者提出反诉，符合下列情形之一的，人民法院应当准许：（1）原审未合法传唤缺席判决，影响当事人行使诉讼权利的；（2）追加新的诉讼当事人的；（3）诉讼标的物灭失或者发生变化致使原诉讼请求无法实现的；（4）当事人申请变更、增加的诉讼请求或者提出的反诉，无法通过另诉解决的。当事人变更其在原审中的诉讼主张、质证及辩论意见的，应说明理由并提交相应的证据，理由不成立或证据不充分的，人民法院不予支持。

另根据《民诉解释》第 422 条的规定，案外人根据《民诉法》第 238 条申请再审，人民法院裁定再审后，案外人不是必要的共同诉讼当事人的，人民法院仅审理原判决、裁定、调解书对其民事权益造成损害的内容。这实际上是再审吸收第三人撤销之诉的表现。

二、再审案件的裁判与调解

（一）难度与热度
难度：☆☆☆☆☆　　热度：☆☆☆☆☆

（二）基本理论与概念
再审案件的裁判和调解，是对案件实体再次审理进行的处理，处理的结果可能是实体上的，也可能是程序上的。

（三）疑难点解析
1. 再审案件的处理结果包括哪些情形

综合立法、司法解释以及其他规范性文件，再审案件的处理结果，包括如下情形：

（1）判决维持原裁判。根据《民诉解释》第 405 条第 1 款、《审监解释》第 26 条的规定，人民法院经再审审理认为，原判决、裁定认定事实清楚、适用法律正确的，应予维持；原判决、裁定在认定事实、适用法律、阐述理由方面虽有瑕疵，但裁判结果正确的，人民法院应在再审判决、裁定中纠正上述瑕疵后予以维持。

（2）裁定撤销原判、发回重审。根据《重审规定》第4条、第5条、第6条的规定，人民法院按照第二审程序审理再审案件，发现原审人民法院未对基本事实进行过审理的，可以裁定撤销原判决，发回重审。人民法院按照第二审程序审理再审案件，发现第一审人民法院有下列严重违反法定程序情形之一的，可以依照《民诉法》第177条第1款第4项的规定，裁定撤销原判决，发回第一审人民法院重审：1）原判决遗漏必须参加诉讼的当事人的；2）无诉讼行为能力人未经法定代理人代为诉讼，或者应当参加诉讼的当事人，因不能归责于本人或者其诉讼代理人的事由，未参加诉讼的；3）未经合法传唤缺席判决，或者违反法律规定剥夺当事人辩论权利的；4）审判组织的组成不合法或者依法应当回避的审判人员没有回避的；5）原判决、裁定遗漏诉讼请求的。上级人民法院裁定指令再审、发回重审的，应当在裁定书中阐明指令再审或者发回重审的具体理由。

（3）改判、撤销或者变更原裁判。第一，根据《民诉解释》第405条第2款的规定，人民法院经再审审理认为，原判决、裁定认定事实、适用法律错误，导致裁判结果错误的，应当依法改判、撤销或者变更。第二，根据《民诉法》第177条第1款第3项的规定，原判决认定基本事实不清的，裁定撤销原判决，发回原审人民法院重审，或者查清事实后改判。根据《重审规定》第4条的规定，人民法院按照第二审程序审理再审案件，发现原判决认定基本事实不清的，一般应当通过庭审认定事实后依法作出判决。原判决认定事实错误的，上级人民法院不得以基本事实不清为由裁定发回重审。

此外，根据《民诉解释》第409条的规定，当事人提交新的证据致使再审改判，因再审申请人或者申请检察监督当事人的过错未能在原审程序中及时举证，被申请人等当事人请求补偿其增加的交通、住宿、就餐、误工等必要费用的，人民法院应予支持。

（4）裁定驳回再审申请。根据《审监解释》第28条、《民诉解释》第407条第1款第1项的规定，人民法院以调解方式审结的案件裁定再审后，经审理发现申请再审人提出的调解违反自愿原则的事由不成立，且调解协议的内容不违反法律强制性规定的，应当裁定驳回再审申请，并恢复原调解书的执行。

（5）裁定准予原告撤回起诉。根据《民诉解释》第408条的规定，第一审原告在再审审理程序中申请撤回起诉，经其他当事人同意，且不损害国家利益、社会公共利益、他人合法权益的，人民法院可以准许。裁定准许撤诉的，应当一并撤销原判决。第一审原告在再审审理程序中撤回起诉后重复起诉的，人民法院不予受理。

（6）裁定撤销第一、二审判决，驳回起诉。根据《民诉解释》第406条的规定，按照第二审程序再审的案件，人民法院经审理认为不符合民事诉讼法规定的起诉条件或者符合《民诉法》第127条规定不予受理情形的，应当裁定撤销第一、二审判决，驳回起诉。按照第一审程序再审的案件，处理类似。

（7）裁定终结再审程序。根据《审监解释》第23条以及《民诉解释》第406条、第407条第1款第2项的规定，再审程序终结后，人民法院裁定中止执行的原生效判决、调解书，自动恢复执行。裁定终结再审程序的情形如下：第一，再审申请人在再审期间撤回再审请求，人民法院准许的。第二，再审申请人经传票传唤，无正当理由拒不到庭的，或者未经法庭许可中途退庭，按撤回再审请求处理的。第三，人民检察院撤回抗诉的。

第四，《民诉解释》第400条第1项至第4项规定的情形：1）再审申请人死亡或者终止，无权利义务承继者或者权利义务承继者声明放弃再审申请的；2）在给付之诉中，负有给付义务的被申请人死亡或者终止，无可供执行的财产，也没有应当承担义务的人的；3）当事人达成和解协议且已履行完毕的，但当事人在和解协议中声明不放弃申请再审权利的除外；4）他人未经授权以当事人名义申请再审的。第五，因人民检察院提出抗诉裁定再审的案件，申请抗诉的当事人有前述情形，且不损害国家利益、社会公共利益或者他人合法权益的。第六，调解书裁定再审后，人民检察院抗诉或者再审检察建议所主张的损害国家利益、社会公共利益的理由不成立的。

（8）制作调解书。根据《审监解释》第25条，当事人在再审审理中经调解达成协议的，人民法院应当制作调解书。调解书经各方当事人签收后，即具有法律效力，原判决、裁定视为被撤销。另根据《民诉解释》第410条的规定，部分当事人到庭并达成调解协议，其他当事人未作出书面表示的，人民法院应当在判决中对该事实作出表述；调解协议内容不违反法律规定，且不损害其他当事人合法权益的，可以在判决主文中予以确认。这本质上是合意判决，即将民事调解转化为判决。

2. 再审有无次数限制

根据最高人民法院《关于正确适用〈关于人民法院对民事案件发回重审和指令再审有关问题的规定〉的通知》，各级人民法院对本院已经发生法律效力的民事判决、裁定，不论以何种方式启动审判监督程序的，一般只能再审一次。对于下级人民法院已经再审过的民事案件，上一级人民法院认为需要再审的，应当依法提审。提审的人民法院对该案件只能再审一次。[1]

本章实务案例研习

一、牡丹江市宏阁建筑安装有限责任公司与牡丹江市华隆房地产开发有限责任公司、张某增建设工程施工合同纠纷案[2]

案例考点：终结审查检察院的抗诉

（一）案情简介

2009年6月15日，黑龙江省牡丹江市华隆房地产开发有限责任公司（本章简称"华隆公司"）因与牡丹江市宏阁建筑安装有限责任公司（本章简称"宏阁公司"）、张某增建设工程施工合同纠纷一案，不服黑龙江省高级人民法院同年2月11日作出的（2008）黑民一终字第173号民事判决，向最高人民法院申请再审。最高人民法院于同年12月8日作出（2009）民申字第1164号民事裁定，按照审判监督程序提审本案。在最高人民法院民事审判一庭提审期间，鉴于当事人之间已达成和解且履行完毕，华隆公司提交了撤

---

[1] 需要注意的是，最高人民法院《关于人民法院对民事案件发回重审和指令再审有关问题的规定》已经被最高人民法院《关于废止部分司法解释（第十三批）的决定》废止，原因是其已被《重审规定》代替。但是，该通知至今仍然有效。

[2] 案例来源：最高人民法院（2011）民抗字第29号民事裁定书。

回再审申请书。最高人民法院经审查，于 2010 年 12 月 15 日以（2010）民提字第 63 号民事裁定准许其撤回再审申请。

申诉人华隆公司在向法院申请再审的同时，也向检察院申请抗诉。2010 年 11 月 12 日，最高人民检察院受理后决定对本案按照审判监督程序提出抗诉。2011 年 3 月 9 日，最高人民法院立案一庭收到最高人民检察院高检民抗〔2010〕58 号民事抗诉书后进行立案登记，同月 11 日移送审判监督庭审理。最高人民法院审判监督庭经审查发现，华隆公司曾向本院申请再审，其纠纷已解决，且申请检察院抗诉的理由与申请再审的理由基本相同，遂与最高人民检察院沟通并建议其撤回抗诉，最高人民检察院不同意撤回抗诉。最高人民法院再与华隆公司联系，华隆公司称当事人之间已就抗诉案达成和解且已履行完毕，纠纷已经解决，并于同年 4 月 13 日再次向最高人民法院提交了撤诉申请书。

（二）法院裁判

对于人民检察院抗诉再审的案件，或者人民法院依据当事人申请或依据职权裁定再审的案件，如果再审期间当事人达成和解并履行完毕，或者撤回申诉，且不损害国家利益、社会公共利益的，为了尊重和保障当事人在法定范围内对本人合法权利的自由处分权，实现诉讼法律效果与社会效果的统一，促进社会和谐，人民法院应当根据 2008 年《审监解释》第 34 条的规定，裁定终结再审诉讼。

本案中，申诉人华隆公司不服原审人民法院民事判决，在向最高人民法院申请再审的同时，也向检察机关申请抗诉。在法院提审期间，当事人达成和解，华隆公司向法院申请撤诉。由于当事人有权在法律规定的范围内自由处分自己的民事权益和诉讼权利，其撤诉申请意思表示真实，法院已裁定准许其撤回再审申请，本案当事人之间的纠纷已得到解决，且本案并不涉及国家利益、社会公共利益或第三人利益，故检察机关抗诉的基础已不存在，本案已无按抗诉程序裁定进入再审的必要，应当依法裁定本案终结审查。最高人民法院于 2011 年 7 月 6 日以（2011）民抗字第 29 号民事裁定书，裁定本案终结审查。

（三）学理分析

2008 年《审监解释》第 34 条（2020 年《审监解释》第 23 条）第 1 款规定："申请再审人在再审期间撤回再审申请的，是否准许由人民法院裁定。裁定准许的，应终结再审程序。申请再审人经传票传唤，无正当理由拒不到庭的，或者未经法庭许可中途退庭的，可以裁定按自动撤回再审申请处理。"第 2 款规定："人民检察院抗诉再审的案件，申请抗诉的当事人有前款规定的情形，且不损害国家利益、社会公共利益或第三人利益的，人民法院应当裁定终结再审程序；人民检察院撤回抗诉的，应当准予。"第 3 款规定："终结再审程序的，恢复原判决的执行。"该条文，实际上是在处理检察院抗诉权与当事人处分权之间的关系。

我国的审判监督程序在流程上区分为两个阶段，即对当事人的再审申请、检察院的抗诉进行审查的阶段，以及对案件进行再审的阶段。形成这两个阶段（期间）的三个时间点（期日）是，法院对当事人的再审申请和检察院抗诉进行受理之日（期日一），法院对案件是否启动再审程序作出裁定之日（期日二），再审之后对案件作出裁判之日（期日三）。恰恰是这三个明显的可视的时间点，使审查阶段（审查程序）和再审阶段（再审程序）得以明显区分。《民诉法》第 181 条（2023 年《民诉法》第 215 条核心内容未变动）第 1 款规定："人民法院应当自收到再审申请书之日起三个月内审查，符合本法第一百七十九条规定情形之一的，裁定再审；不符合本法第一百七十九条规定的，裁定驳回申请。有特殊情况需要延长的，由本院院长批准。"第 188 条（2023 年《民诉法》第 222 条核心内容未变动）规定："人民检察院提出抗诉的案件，接受抗诉的人民法院应当自收到抗诉书之日起三十日内作出再审的裁定；有本法第一百七十九条（2023 年《民诉法》第 211 条——引者注）第一款第（一）项至第（五）项规定情形之一的，可以交下一级人民法院再审。"可见，对于当事人申请再审，期日一到期日二的最长时限一般是 3 个月，对于检察院抗诉，最长时限是 30 日。需要注意的是，对于检察院的抗诉，立法并未赋予法院不启动再审程序的裁量权，即对于抗诉法院必须裁定再审。由于审查阶段和再审阶段都是时间段（期间）而不是时间点，案涉纠纷在此时间段内可能会随着当事人间的民事行为而发生变化，如和解、调解、履行、债权债务混同等行为，乃至最终使纠纷得到解决，审查程序和再审程序都需要在某种情况下被终结，而不是走向期日二或者期日三。

本案中，虽然最高人民法院的裁判依据是 2008 年《审监解释》第 34 条（2020 年《审监解释》第 23 条），但是本案的案情并非准确匹配该条文。本案中，最高人民检察院抗诉之后，法院并未裁定再审，原因在于，在之前的当事人申请再审的审查程序中当事人已经申请撤回再审申请，在检察院抗诉之后当事人再次向法院提交撤诉申请书。可见，本案所处的程序阶段是立案登记了最高人民检察院的抗诉之后，裁定启动再审程序之前。最高人民法院实际上创设了一种新的规则，即检察院提起抗诉法院裁定再审之前，如果当事人有撤回再审申请的意愿，则法院无须裁定启动再审程序，直接终结审查检察院的抗诉（见表 15-1）。

表 15-1　法院对当事人撤回再审申请的处理

依　据	情　形	裁定类型
2008 年《审监解释》第 34 条（2020 年《审监解释》第 23 条第 1 款）	当事人申请再审，法院基于当事人的申请裁定再审，再审期间当事人申请撤回再审申请	准予撤回申请（自动撤回再审申请），终结再审程序
2008 年《审监解释》第 34 条（2020 年《审监解释》第 23 条第 2 款）	当事人申请抗诉，检察院基于当事人的抗诉申请提起抗诉，法院基于检察院的抗诉裁定再审，再审期间当事人申请撤回再审申请	终结再审程序，准予撤回抗诉
最高人民法院指导案例 7 号	当事人申请抗诉，检察院基于当事人的抗诉申请提起抗诉，抗诉之后、法院裁定再审之前当事人申请撤回再审申请	终结审查

本案涉及的程序法理即处分权主义，也即处分原则，是指当事人对其在案件中的实体权利和程序权利享有完全的支配权，并有权自由选择行使或者不行使这些权利。享有诉权的人不得被强迫起诉，诉权的行使由当事人自由决定，由被告决定是否提出抗辩或者提出部分抗辩。在纯粹的程序权利领域，根据处分原则，当事人有权选择是否采取法律允许其采取的各种诉讼措施。总之，当事人决定诉讼的开始和终止，无须法院干预和批准。处分原则是私法自治原则在民事诉讼中的体现。在大陆法系民事诉讼中，处分权主义已经具有了相对稳定和缜密的内容，是指当事人对诉讼标的享有处分权的原则。一

般而言，处分权主义赋予当事人处分的事项包括诉讼程序的开始与终结、审判的对象和范围。例如，在德国民事诉讼法中，处分原则体现为：当事人通过请求决定法官审查的范围；法官裁判不应超出当事人的请求；原告、上诉人可以撤回自己的起诉及上诉，或者放弃；原告可以通过舍弃，被告可以通过认诺来决定判决的内容；双方当事人可以通过缔结和解，无须判断就终止诉讼；双方当事人可以宣告本案纠纷已经解决；各方当事人可以通过不到场让自己承受缺席判决。① 日、韩的民事诉讼法有类似的规定。

作为调整平等主体之间的财产关系和人身关系的法律部门，当代中国的民法是以市民社会、私权自治为基本逻辑发展起来的，并已经形成了系统化的逻辑自洽的民事法律体系。民法调整的社会关系性质决定了民法的平等自愿这一"公理性原则"。而民事法律关系的这种特性又决定了民事诉讼的特性，即它是一种平等主体之间的争议解决过程。实体法领域的"公理性原则"在民事纠纷解决领域中具体体现和延伸为处分原则。没有当事人对自己诉讼权利的自由支配，民事主体对民事实体权利的自由支配也就不能实现。② 我国民事诉讼中干预原则下的处分原则，已经难以与民事实体法之精神相契合，民事诉讼的"体制转型"也就在所难免。仅仅是在这一层面，作为程序法的诉讼法具有助法的意义，即其必须服从而不是干预私法之理念和精神。随着计划经济向市场经济转型，市民社会和私权自治理念传播，作为权利实现和救济机制的民事司法，也更多发挥尊重私权和保障私权的作用。除了司法理念转换的洗礼，追求"案结事了""调解（和解）优先"的司法政策，自然需要尊重当事人处分权，尤其是当事人之间的纠纷解决合意。

在审判监督程序中，当事人的处分权能够约束检察院的抗诉权，除了上述处分权主义的基本法理，原因还在于，即使当事人的处分权不能约束检察院的抗诉权，审判监督程序违背当事人的意志而继续推进，但是在再审阶段，即按照一审程序或者二审程序重新开始的案件审理程序中，当事人也能通过处分自己的实体权利和诉讼权利而实现自己的预期。因此，当事人的处分权在终极意义上，也能约束抗诉权。违背当事人合理意志的司法干预，只能导致司法程序的不理性和司法资源的浪费。③

二、杨某国与恰某、伊宁市某信运输有限公司（本章简称"某信公司"）、中国平安财产保险股份有限公司伊犁中心支公司（本章简称"平安保险公司"）机动车交通事故责任纠纷案④

案例考点：剥夺当事人辩论权的情形的认定

（一）案情简介

2020年7月13日18时53分许，恰某驾驶轻型仓栅式汽车沿省道315线由东向西行驶，行至80KM+500M路段时，与前方同向行驶的杨某国驾驶的三轮电动车发生碰撞，造成杨某国受伤、两车受损。交警部门认定：恰某承担此次事故全部责任，杨某国无责任。2020年12月25日，杨某国委托新疆卓鼎司法鉴定所对其伤残等级、后续治疗费、

① ［德］罗森贝克，施瓦布，戈特瓦尔德. 德国民事诉讼法. 李大雪，译. 北京：中国法制出版社，2007：523.
② 张卫平. 转换的逻辑：民事诉讼体制转型分析. 修订版. 北京：法律出版社，2007：218-299.
③ 吴俊. 处分权主义与审判监督程序的结构：最高人民法院指导案例7号研究. 法制与社会发展，2013（6）.
④ 案例来源：新疆维吾尔自治区高级人民法院（2022）新民申426号民事裁定书.

护理期、营养费、因果关系进行鉴定，鉴定意见为：（1）杨某国损伤程度评定为 X（十）级伤残；（2）后续医疗费评定为 8 000 元；（3）护理期评定为 90 日；（4）杨某国目前损伤均与 2020 年 7 月 13 日交通事故存在直接因果关系。2021 年 3 月 3 日，平安保险公司以杨某国单方委托鉴定，鉴定程序存在瑕疵为由向一审法院申请重新鉴定。2021 年 4 月 26 日，经平安保险公司申请，一审法院委托新疆祥云鉴定所对杨某国伤残等级进行重新鉴定，鉴定意见为杨某国机体损伤均未达到伤残程度等级。肇事轻型仓栅式货车为恰某所有，该车辆挂靠于某信公司，在平安保险公司投有机动车交通事故责任强制险及 100 万元的商业第三者责任险。保险期间自 2019 年 12 月 30 日至 2020 年 12 月 29 日，事故发生在保险期间。杨某国向一审法院起诉请求判令被告赔偿各项损失共计 108 804.15 元。

一审法院新疆维吾尔自治区尼勒克县人民法院经审理认为：杨某国主张的残疾赔偿金 69 328 元以及因申请鉴定产生的 3 600 元鉴定费（新疆卓鼎司法鉴定所鉴定意见书），因平安保险公司申请重新鉴定，经双方抽签选定的新疆祥云司法鉴定所鉴定意见为杨某国机体损伤均未达到伤残程度等级，故对杨某国主张的残疾赔偿金不予支持，对其首次单方委托鉴定产生的鉴定费不予支持。针对杨某国主张的后续医疗费 8 000 元，根据最高人民法院《关于审理人身损害赔偿案件适用法律若干问题的解释》第 6 条第 2 款的规定，"医疗费的赔偿数额，按照一审法庭辩论终结前实际发生的数额确定。器官功能恢复训练所必要的康复费、适当的整容费以及其他后续治疗费，赔偿权利人可以待实际发生后另行起诉。但根据医疗证明或者鉴定结论确定必然发生的费用，可以与已经发生的医疗费一并予以赔偿"。杨某国主张此项赔偿的依据是新疆卓鼎司法鉴定所鉴定意见书的鉴定意见，而该鉴定意见因申请重新鉴定后，未被法院采纳，故对此项主张法院不予支持，作出（2021）新 4028 民初 1196 号民事判决：平安保险公司赔偿杨某国医疗复查费、住院伙食补助费、护理费、交通费、车辆损失费共计 25 005.25 元，杨某国返还恰某垫付费用 12 587.3 元。

一审判决作出后，杨某国不服，提起上诉，请求撤销一审判决，依法改判支持其伤残赔偿金 69 328 元。其理由如下：其首次鉴定并非单方委托，而是交警部门为其联系的新疆卓鼎司法鉴定所，并作出十级伤残的鉴定结论。平安保险公司申请重新鉴定的时间是其受伤后的近 10 个月，该鉴定结论缺乏公平、公正。作为重新鉴定机构的新疆祥云司法鉴定所未派员对鉴定意见作解释说明，也未接受询问。另外，鉴定程序存在瑕疵，鉴定地点在其家中，平安保险公司工作人员也出现在现场，未回避。同时其为下肢残疾，鉴定时监护人未在场，因此鉴定结论不能作为定案依据。二审法院新疆维吾尔自治区高级人民法院伊犁哈萨克自治州分院经审理认为：杨某国不服一审法院判决，上诉的主要理由为一审未支持其残疾赔偿金的诉请。本案中有两份司法鉴定结论：第一份是杨某国发生交通事故后，自行委托鉴定机构作出的鉴定。第二份是平安保险公司对该鉴定结论提出异议后，由法院重新委托作出的。根据《证据规定》第 41 条的规定，对于一方当事人就专门性问题自行委托有关机构或者人员出具的意见，另一方当事人有证据或者理由足以反驳并申请鉴定的，人民法院应予准许。杨某国自行委托鉴定机构所出具的结论中的鉴定材料未经恰某和平安保险公司质证，鉴定程序存在严重瑕疵，且不属于司法鉴定范畴，该鉴定结论本院依法不予采信。第二份鉴定结论系由平安保险公司申请，法院依法组织双方当事人抽签选定委托的鉴定机构作出，鉴定程序合法，结论客观公正，本院予以采信。关于杨某国所称第二次鉴定系其受伤后近 10 个月才做，鉴定时有平安保险公司人员在场未回避，以及其监护人未在场的上诉理由，因伤残鉴定本就应在治疗效果稳定后于双方均在场的情况下进行，杨某国作为完全民事行为能力人也无须监护人在场，故对杨某国的上诉请求，本院不予支持，作出（2021）新40民终2477号民事判决：驳回上诉，维持原判。

二审判决作出后，杨某国不服，向新疆维吾尔自治区高级人民法院申请再审。杨某国提出的再审理由如下：（1）我的首次鉴定并非本人单方委托，而系事故处理部门即交警大队为我联系的新疆卓鼎司法鉴定所，该所作出了十级伤残的鉴定结论，该委托鉴定程序没有违反法律法规规定，应对该鉴定结论予以认定。（2）平安保险公司虽对首次鉴定结论提出异议，但其申请重新鉴定的期限为2021年4月26日，该期限在我实际遭受损害近10个月之后，故该重新鉴定的结论缺乏公平、公正性。（3）原审庭审过程中，我提出异议，新疆祥云司法鉴定所作为重新鉴定机构并未派员对其鉴定意见作出合理解释说明，对鉴定意见及程序也未接受法庭及当事人的质询。（4）重新鉴定的结论存在重大瑕疵，鉴定的地点在我家里，平安保险公司的工作人员出现在鉴定现场，并未予以回避；我本身为下肢肢体残疾人，在监护人并未在场的情形下，鉴定机构进行鉴定所取得的数据并非真实有效，因此，该重新鉴定的结论不能作为定案依据。

（二）法院裁判

杨某国在再审申请中提出，其在原审中对新疆祥云司法鉴定所作出的鉴定结论提出了异议，但原审法院并未要求鉴定人员出庭接受质询。经审查，一审庭审中，平安保险公司将新疆祥云司法鉴定所作出的（2021）临鉴字第315号司法鉴定意见作为证据出示，杨某国对该鉴定意见进行质证并提出口头异议，即提出"对该证据三性具有异议，该鉴定书在鉴定过程及在分析中存在缺陷，法医临床学经验，依照检测工具来查体，并没有通过现有影像诊断来进行复合检验，鉴定时原告的监护人均不在场，只有鉴定人员与某信公司、平安保险公司工作人员在场，显然保险公司的人员与鉴定人员同时出现在鉴定场所，鉴定人员可能受到干扰，为此我们向法庭提出了由鉴定人员出席法庭对鉴定事项进行必要的说明，同时接受法庭及原告方的质询"。2017年《民诉法》第81条规定，"当事人对鉴定意见有异议或者人民法院认为鉴定人有必要出庭的，鉴定人应当出庭作证。经人民法院通知，鉴定人拒不出庭作证的，鉴定意见不得作为认定事实的根据"。本案中，杨某国对新疆祥云司法鉴定所作出的（2021）临鉴字第315号司法鉴定意见书提出异议，但原审法院未通知鉴定人出庭作证，鉴定人未出庭陈述鉴定意见，亦未接受当事人的质询和询问。在鉴定人未出庭作证的情况下，当事人作为非专业人士难以对鉴定意见进行充分质证，原审法院未履行通知鉴定人出庭作证的义务，违反法定程序，剥夺了当事人的辩论权。综上，杨某国的再审理由成立。故作出（2022）新民申426号民事裁定：指令新疆维吾尔自治区高级人民法院伊犁哈萨克自治州分院再审本案，再审期间，中止原判决的执行。

（三）学理分析

《民诉法》第12条规定："人民法院审理民事案件时，当事人有权进行辩论。"该条被认为是辩论原则的法律依据。当事人享有辩论权是辩论原则的内容之一。辩论权即当事人对案件的事实问题、法律适用问题、程序问题进行辩论的权利，是程序保障的具体要求。剥夺当事人辩论权，严重违反程序保障，会使裁判的既判力丧失合理性。同时，即使是在大陆法系辩论主义的机理下，剥夺当事人辩论权也是严重的程序违法。一般认为，辩论主义的内容包括：（1）判断权利发生或消灭的法律效果所必要的要件事实（或称主要事实），只要在当事人的辩论中没有出现，法院就不得以它作为基础作出判决。由于在辩论中没有出现某一事实，对自己有利的法律效果就不会被认定，这种对当事人产生的不利益，叫作主张责任。（2）法院在判决理由中所需要认定的事实只限于当事人之间争执的事实。至于没有争执的事实（自认及拟制自认），不仅没有必要以证据加以确认，也不允许法院作出与此相反的认定。（3）认定诉争事实需要的证据资料，也必须是从当事人提出的证据方法中获得的，不允许法院依职权调查证据。（4）辩论主义只是对事实关系的原则；对法律上判断，是法官以国家的法律作为尺度进行衡量的结果，所以不受当事人的陈述和意见的约束。[①]

2017 年《民诉法》第 200 条（2023 年《民诉法》第 211 条）第 9 项规定，当事人的再审申请符合违反法律规定，剥夺当事人辩论权利的，人民法院应当再审。2020 年《民诉解释》第 391 条（2022 年《民诉解释》第 389 条）规定："原审开庭过程中有下列情形之一的，应当认定为民事诉讼法第二百条（2023 年《民诉法》第 211 条——引者注）第九项规定的剥夺当事人辩论权利：（一）不允许当事人发表辩论意见的；（二）应当开庭审理而未开庭审理的；（三）违反法律规定送达起诉状副本或者上诉状副本，致使当事人无法行使辩论权利的；（四）违法剥夺当事人辩论权利的其他情形。"据此，"违法剥夺当事人辩论权利"成为具有兜底性质的再审事由。就本案而言，争议的焦点在于，鉴定人不出庭而法院采信鉴定意见，是否属于剥夺当事人辩论权。2017 年《民诉法》第 78 条（2023 年《民诉法》第 81 条）规定："当事人对鉴定意见有异议或者人民法院认为鉴定人有必要出庭的，鉴定人应当出庭作证。经人民法院通知，鉴定人拒不出庭作证的，鉴定意见不得作为认定事实的根据；支付鉴定费用的当事人可以要求返还鉴定费用。"《证据规定》第 80 条规定："鉴定人应当就鉴定事项如实答复当事人的异议和审判人员的询问。当庭答复确有困难的，经人民法院准许，可以在庭审结束后书面答复。人民法院应当及时将书面答复送交当事人，并听取当事人的意见。必要时，可以再次组织质证。"可见，鉴定人负有就鉴定事项如实答复当事人的异议的义务，因此鉴定人不到庭作证并接受对质和询问，属于剥夺当事人辩论权的情形，属于再审事由。

》》》 本章同步练习

一、选择题

1. 甲、乙因为财产纠纷诉至某区人民法院，法院作出一审判决后，当事人均未上诉，判决生效后，甲向该市中院申请再审。乙向该区法院申请再审。关于本案表述正确的是？（　　）

A. 本案应当由该市中院受理

B. 本案应当由该区法院受理

C. 本案应当由中院裁定确定受理法院

D. 本案应当由最先受理的法院受理

[①] ［日］兼子一，竹下守夫. 民事诉讼法. 白绿铉，译. 北京：法律出版社，1995：71-72.

2. 张某诉李某，要求李某返还借款。一审法院判决李某败诉，当事人均未上诉。判决生效后李某向法院申请再审。法院决定再审，在再审过程中，发现张某和李某已经达成了和解协议，并且已经支付完毕。下列做法正确的是？（ ）

A. 继续再审　　　　　　　　　　B. 驳回再审请求

C. 判决执行一审判决　　　　　　D. 裁定终结再审程序

3. 万某起诉吴某人身损害赔偿一案，经过两级法院审理，均判决支持万某的诉讼请求，吴某不服，申请再审。再审中万某未出席开庭审理，也未向法院说明理由。对此，法院的下列哪一做法是正确的？（ ）

A. 裁定按撤诉处理　　　　　　　B. 裁定按撤回再审申请处理

C. 裁定中止诉讼　　　　　　　　D. 缺席判决

4. 甲公司起诉乙公司要求支付货款50万元并支付违约金10万元，某区人民法院一审判决支持了甲公司的全部诉讼请求。判决生效后，甲公司申请法院强制执行该判决，乙公司向该市中级人民法院申请再审。中院认为理由成立，裁定本案再审。在再审审理过程中，甲公司、乙公司达成调解协议，约定乙公司在1个月内向甲公司支付货款50万元，甲公司放弃违约金的请求。该市中级人民法院依当事人的调解协议制作了民事调解书，甲公司和乙公司都签收了民事调解书。后乙公司拒不履行该民事调解书。甲公司应当通过何种途径救济权利？（ ）

A. 申请恢复对原判决书的执行　　B. 再次申请执行原判决书

C. 申请执行民事调解书　　　　　D. 就调解协议的履行提起诉讼

5. 甲、乙因一幅字画所有权问题产生争议，甲主张该幅字画为自己所有，起诉要求乙返还该幅字画。A市B县法院判决乙交付字画给甲，双方均未提起上诉。后因乙拒不履行判决义务，甲申请强制执行。执行过程中，丙向法院提出异议，主张该字画的所有权，法院经审查驳回了其异议。丙遂向A市中院申请再审，A市中院在再审中发现该字画实为甲和丙共同所有。关于A市中院的做法，下列选项中正确的有哪些？（ ）

A. 应当进行调解，调解不成的，再审审理后直接作出判决

B. 应当进行调解，调解不成的，驳回丙的再审申请，告知其提起执行异议之诉

C. 应当进行调解，调解不成的，驳回其诉讼请求，告知丙另行起诉

D. 应当进行调解，调解不成的，裁定撤销原判决，发回重审

6. 甲公司诉乙公司合同纠纷案，南山市S县法院进行了审理并作出驳回甲公司诉讼请求的判决，甲公司未提出上诉。判决生效后，甲公司因收集到新的证据申请再审。下列哪些选项是正确的？（ ）

A. 甲公司应当向S县法院申请再审

B. 甲公司应当向南山市中级人民法院申请再审

C. 法院应当适用一审程序再审本案

D. 法院应当适用二审程序再审本案

7. 全某起诉吴某支付借款利息2万元，法院一审判决驳回其诉讼请求。后市检察院以本案一审程序违法为由提出抗诉，中院裁定再审后认为原一审程序错误，遂撤销原一审判决，发回一审法院重审。在重新审理过程中，全某明确诉讼请求为支付利息2万元，并要求追加保证人郑某承担连带责任。吴某以已经支付的利息超过法定标准，就全某返

还 3 万元不当得利提出反诉。关于本案表述正确的是（　　）。

    A. 法院应当根据检察院的抗诉范围对本案进行重新审理

    B. 法院应该只审理原审时全某提出的诉讼请求

    C. 法院应当根据重审时全某的诉讼请求，追加郑某为共同被告并审理其是否应承担连带责任

    D. 法院应该受理吴某的反诉，对返还 3 万元不当得利的诉讼请求进行审理

8. 甲公司诉乙公司买卖合同纠纷一案法院判决乙公司败诉，判决生效后，乙公司发现新证据申请再审。再审审理中，再审法院发现遗漏了必须参加诉讼的丙公司，遂裁定发回重审。在重新审理中法院追加丙公司参加诉讼，在重审中乙公司提出反诉，后甲公司提出撤诉的申请。关于法院的处理，正确的是：（　　）。

    A. 法院准许乙公司提反诉

    B. 法院应适用普通程序审理

    C. 法院准许甲公司撤诉后，应裁定驳回乙公司的再审申请

    D. 法院准许甲公司撤诉后，应就乙公司的反诉进行审理

9. 韩某起诉翔鹭公司要求其依约交付电脑，并支付迟延履行违约金 5 万元。经县市两级法院审理，韩某均胜诉。后翔鹭公司以原审适用法律错误为由申请再审，省高院裁定再审后，韩某变更诉讼请求为解除合同，支付迟延履行违约金 10 万元。再审法院最终维持原判。关于再审程序的表述，下列哪些选项是正确的？（　　）

    A. 省高院可以亲自提审，提审应当适用二审程序

    B. 省高院可以指令原审法院再审，原审法院再审时应当适用一审程序

    C. 再审法院对韩某变更后的请求应当不予审查

    D. 对于维持原判的再审判决，韩某认为有错误的，可以向检察院申请抗诉

10. 周某因合同纠纷起诉，甲省乙市的两级法院均驳回其诉讼请求。周某申请再审，但被驳回。周某又向检察院申请抗诉，检察院以原审主要证据系伪造为由提出抗诉，法院裁定再审。关于启动再审的表述，以下哪些说法是不正确的？（　　）

    A. 周某只应向甲省高院申请再审

    B. 检察院抗诉后，应当由接受抗诉的法院审查后，作出是否再审的裁定

    C. 法院应当在裁定再审的同时，裁定撤销原判

    D. 法院应当在裁定再审的同时，裁定中止执行

11. 对瑞成公司与建华公司的合同纠纷，某省甲市中院作出了终审裁判。建华公司不服，打算启动再审程序。后其向甲市检察院申请检察建议，甲市检察院经过审查，作出驳回申请的决定。下列哪些表述是正确的？（　　）

    A. 建华公司可在向该省高级人民法院申请再审的同时，申请检察建议

    B. 在甲市检察院驳回检察建议申请后，建华公司可向该省检察院申请抗诉

    C. 在甲市检察院驳回检察建议申请后，建华公司可向该省高级人民法院申请再审

    D. 甲市检察院在审查检察建议申请过程中，可向建华公司调查核实案情

    E. 甲市检察院在审查检察建议申请过程中，可向瑞成公司调查核实案情

12. 汤某设宴为母祝寿，向成某借了一尊清代玉瓶装饰房间。毛某来祝寿时，看上了玉瓶，提出购买。汤某以 30 万元将玉瓶卖给了毛某，并要其先付钱，寿典后 15 日内

交付玉瓶。毛某依约履行，汤某以种种理由拒绝交付。毛某诉至山海市甲县法院，要求汤某交付玉瓶，得到判决支持。汤某未上诉，判决生效。在该判决执行时，成某知晓了上述情况。对此，成某依法可采取哪些救济措施？（　　　）

    A. 以案外人身份向甲县法院直接申请再审

    B. 向甲县法院提出执行异议

    C. 向甲县法院提出第三人撤销之诉

    D. 向甲县法院申诉、信访，要求甲县法院依职权对案件启动再审

    E. 向山海市人民检察院申请抗诉

二、案例分析题

肖某是甲公司的一名职员，在 2022 年 12 月 17 日出差时不慎摔伤，住院治疗两个多月，花费医疗费若干。甲公司认为，肖某伤后留下残疾已不适合从事原岗位的工作，于 2023 年 4 月 9 日解除了与肖某的劳动合同。因与公司协商无果，肖某最终于 2023 年 11 月 27 日向甲公司所在地的某省 A 市 B 区法院起诉，要求甲公司继续履行劳动合同并安排其工作，支付其住院期间的医疗费、营养费、护理费、住院期间公司减发的工资、公司 2021 年三季度优秀员工奖奖金等共计 3.6 万元。

经审理，一审判决甲公司继续履行劳动合同，支付相关费用；肖某以各项费用判决数额偏低为由提起上诉。二审开庭审理时，由于一名合议庭成员突发疾病住院，法院安排法官周某临时代替其参加庭审。在二审审理中，肖某提出了先予执行的申请。2024 年 5 月 12 日，二审法院对该案作出了终审判决，该判决由原合议庭成员署名。履行期届满后，甲公司未履行判决书中确定的义务。肖某向法院申请强制执行，而甲公司则向法院申请再审。

请根据该案例回答下列问题：

（1）甲公司可以根据何种理由申请再审？

（2）甲公司可以向何法院申请再审？

（3）甲公司申请再审时，如何处理已经开始的执行程序？

三、论述题

1. 试述再审审查程序、再审审理程序的区别。

2. 2013 年 9 月最高人民检察院第十二届检察委员会第十次会议通过的《人民检察院民事诉讼监督规则（试行）》第 32 条规定："对人民法院作出的一审民事判决、裁定，当事人依法可以上诉但未提出上诉，而依照《中华人民共和国民事诉讼法》第二百零九条第一款第一项、第二项的规定向人民检察院申请监督的，人民检察院不予受理，但有下列情形之一的除外：（一）据以作出原判决、裁定的法律文书被撤销或者变更的；（二）审判人员有贪污受贿、徇私舞弊、枉法裁判等严重违法行为的；（三）人民法院送达法律文书违反法律规定，影响当事人行使上诉权的；（四）当事人因自然灾害等不可抗力无法行使上诉权的；（五）当事人因人身自由被剥夺、限制，或者因严重疾病等客观原因不能行使上诉权的；（六）有证据证明他人以暴力、胁迫、欺诈等方式阻止当事人行使上诉权的；（七）因其他不可归责于当事人的原因没有提出上诉的。"2018 年 9 月 15 日，最高人民检察院以《最高人民检察院关于停止执行〈人民检察院民事诉讼监督规则（试

行）》第三十二条的通知》，决定停止执行上述《人民检察院民事诉讼监督规则（试行）》第 32 条。该通知同时规定："当事人针对人民法院作出的已经发生法律效力的一审民事判决、裁定提出的监督申请，无论是否提出过上诉，只要符合《中华人民共和国民事诉讼法》第二百零九条规定，均应依法受理。"2021 年 2 月最高人民检察院第十三届检察委员会第六十二次会议通过的《检察监督规则》删除了上述第 32 条的内容。请论述《人民检察院民事诉讼监督规则（试行）》第 32 条的规定。

3.《检察监督规则》第 37 条第 2 款规定："人民检察院对民事案件依职权启动监督程序，不受当事人是否申请再审的限制。"《审监解释》第 23 条第 1 款规定："申请再审人在再审期间撤回再审申请的，是否准许由人民法院裁定。裁定准许的，应终结再审程序。申请再审人经传票传唤，无正当理由拒不到庭的，或者未经法庭许可中途退庭的，可以裁定按自动撤回再审申请处理。"第 2 款规定："人民检察院抗诉再审的案件，申请抗诉的当事人有前款规定的情形，且不损害国家利益、社会公共利益或第三人利益的，人民法院应当裁定终结再审程序；人民检察院撤回抗诉的，应当准予。"请论述如何处理这几个条款之间的关系。

参考答案

一、选择题

1. B

解析：根据《民诉解释》第 377 条的规定，当事人双方为公民的案件，当事人分别向原审人民法院和上一级人民法院申请再审且不能协商一致的，由原审人民法院受理。因此，本题正确答案是 B。

2. D

解析：根据《民诉解释》第 400 条、第 404 条的规定，在再审审理期间，当事人达成和解协议且已履行完毕的，且当事人在和解协议中未声明不放弃申请再审权利的，法院可以裁定终结再审程序。因此，本题正确答案是 D。

3. D

解析：根据《民诉解释》第 401 条第 2 款的规定，符合缺席判决条件的，可以缺席判决。本案中，吴某是再审申请人，万某无正当理由不到庭，视为其放弃举证和陈述的权利，法院对吴某的再审请求进行审理，符合缺席判决的条件。因此，本题正确答案是 D。

4. C

解析：根据《审监解释》第 25 条的规定，当事人在再审审理中经调解达成协议的，人民法院应当制作调解书。调解书经各方当事人签收后，即具有法律效力，原判决、裁定视为被撤销。本案中，当事人在再审程序中达成调解协议且法院根据调解协议制作了民事调解书，民事调解书发生法律效力，具有给付内容则具有执行力，且原判决视为被撤销。因此，本题正确答案是 C。

5. D

解析：根据《民诉解释》第 420 条的规定，必须共同进行诉讼的当事人因不能归责于本人或者其诉讼代理人的事由未参加诉讼的，可以根据《民诉法》第 211 条第 8 项的规定，自知道或者应当知道之日起 6 个月内申请再审，但符合《民诉解释》第 421 条规定情形的除外。人民法院因前款规定的当事人申请而裁定再审，按照第一审程序再审的，应当追加其为当事人，作出新的判决、裁定；按照第二审程序再审，经调解不能达成协议的，应当撤销原判决、裁定，发回重审，重审时应追加其为当事人。本案 A 市中院决定再审属于提审，应当按照第二审程序审理，故其应当进行调解，调解不成的，撤销原判，发回重审。因此，本题正确答案是 D。

6. BD

解析：根据《民诉法》第 210 条的规定，当事人对已经发生法律效力的判决、裁定，认为有错误的，可以向上一级人民法院申请再审；当事人一方人数众多或者当事人双方为公民的案件，也可以向原审人民法院申请再审。本案当事人双方都是公司法人，因此甲公司应该向原审法院的上一级法院即南山市中级人民法院申请再审。因此 A 错误，B 正确。根据《民诉法》第 215 条第 2 款的规定，因当事人申请裁定再审的案件由中级人民法院以上的人民法院审理，但当事人依照《民诉法》第 210 条的规定选择向基层人民法院申请再审的除外。据此，本案因为当事人申请而裁定再审，案件应当由中级以上人民法院审理即由南山市中级人民法院审理，而生效裁判是基层法院作出的，因此南山市中级人民法院应当提审本案，适用二审程序再审本案。因此 C 错误，D 正确。综上，本题正确答案是 BD。

7. CD

解析：根据《民诉解释》第 252 条的规定，再审裁定撤销原判决、裁定发回重审的案件，当事人申请变更、增加诉讼请求或者提出反诉，符合下列情形之一的，人民法院应当准许：（1）原审未合法传唤缺席判决，影响当事人行使诉讼权利的；（2）追加新的诉讼当事人的；（3）诉讼标的物灭失或者发生变化致使原诉讼请求无法实现的；（4）当事人申请变更、增加的诉讼请求或者提出的反诉，无法通过另诉解决的。本案中原告是全某，被告是吴某，法院一审判决后，市检察院以程序错误为由提起抗诉，应当由接受抗诉的中院提审，中院提审过程中认为原一审程序错误，撤销一审判决发回重审。重审过程中原告要求追加保证人郑某承担连带责任。第一，吴某是债务人，郑某是连带保证人，故吴某和郑某应当作为共同被告。第二，适用二审程序的再审中将案件撤销原判发回重审后，追加了新的当事人，符合再审范围有限原则的例外情形，可以允许当事人增加、变更诉讼请求，或者提出反诉，所以全某可以增加诉讼请求，要求郑某承担连带责任，C 选项正确，吴某可以提出反诉，D 选项正确。既然本案中允许当事人增加、变更诉讼请求，提出反诉，再审法院应当对当事人增加、变更的诉讼请求以及提出的反诉进行审理，而不仅仅限于检察院抗诉范围以及原审诉讼请求的范围，故 AB 选项错误。综上，本题正确答案是 CD。

8. ABD

解析：第一，《民诉解释》第 252 条规定："再审裁定撤销原判决、裁定发回重审的案件，当事人申请变更、增加诉讼请求或者提出反诉，符合下列情形之一的，人民法院应当准许：（一）原审未合法传唤缺席判决，影响当事人行使诉讼权利的；（二）追加新的诉讼当事人的；（三）诉讼标的物灭失或者发生变化致使原诉讼请求无法实现的；（四）当事人申请变更、增加的诉讼请求或者提出的反诉，无法通过另诉解决的。"结合本案，再审撤销原判发回重审后，追加了新的当事人丙公司参加诉讼，故应当允许当事人增加、变更诉讼请求或者提出反诉，对于乙公司的反诉法院应当依法审理，A 选项正确。第二，根据《民诉法》第 41 条第 3 款的规定，发回重审的案件，原审人民法院应当按照第一审程序另行组成合议庭。因此本案适用普通程序审理，B 选项正确。第三，关于再审中撤回起诉的问题，根据《民诉解释》第 408 条第 1 款的规定，一审原告在再审审理程序中申请撤回起诉，经其他当事人同意，且不损害国家利益、社会公共利益、他人合法权益的，人民法院可以准许。裁定准许撤诉的，应当一并撤销原判决。结合本案，原审原告甲公司撤回起诉符合条件的，法院可以准许，准许撤回起诉的，一并撤销原判，不存在驳回再审申请的问题，C 选项错误。第四，反诉是一个独立的诉，不会因为本诉的撤销而撤销，故本案中本诉撤诉后，反诉应当继续进行，法院应当对乙公司的反诉继续审理，D 选项正确。综上，本题正确答案是 ABD。

9. ACD

解析：第一，翔鹭公司向省高院申请再审，省高院裁定再审后，可以提审，可以指令原中院再审，或者指定其他中院再审。关于再审适用的程序，根据《民诉法》第 41 条第 4 款的规定，原生效裁判是第一审人民法院作出的，按照一审程序重新审理；原生效裁判是第二审人民法院作出的，按照二审程序重新审理，如果是上级法院提审的，按照二审程序重新审理。可见，如果省高院提审，应当适用二审程序审理，A 选项表述正确。第二，如省高院指令原审法院再审，原审判决由第二人民法院作出，应当适用二审程序审理，所以 B 选项错误。第三，根据《重审规定》第 7 条的规定，再审案件应当围绕申请人的再审请求进行审理和裁判。当事人的再审请求超出原审诉讼请求的不予审理，构成另案诉讼的应告知当事人可以提起新的诉讼。据此，韩某超出原审范围变更的诉讼请求不属于再审的范围，再审法院不予审查，所以 C 选项正确。第四，根据《民诉法》第 220 条的规定，当事人可以向人民检察院申请检察建议或者抗诉的情形包括：（1）人民法院驳回再审申请的；（2）人民法院逾期未对再审申请作出裁定的；（3）再审判决、裁定有明显错误的。本题属于韩某认为再审判决有明显错误，可以向检察院申请抗诉，D 选项正确。综上，本题正确答案是 ACD。

10. ABC

解析：第一，《民诉法》第 210 条规定："当事人对已经发生法律效力的判决、裁定，认为有错误的，可以向上一级人民法院申请再审；当事人一方人数众多或者当事人双方为公民的案件，也可以向原审人民法院申请再审。当事人申请再审的，不停止判决、裁定的执行。"本题并未说明被告是否是公民，不能完全排除周某向原审法院申请再审的可能性，因此 A 选项不正确。第二，《民诉法》第 222 条规定："人民检察院提出抗诉的案件，接受抗诉的人民法院应当自收到抗诉书之日起三十日内作出再审的裁定；有本法第二百一十一条第一项至第五项规定情形之一的，可以交下一级人民法院再审，但经该下一级人民法院再审的除外。"据此，检察院抗诉的案件，法院必须裁定再审，而不能裁定驳回抗诉，B选项是错误的。需要说明的是，虽然指导案例7号建立了例外规则，但该规则实际上是对立法的突破，其适用十分严格。因此，从立法的角度，选项B是错误的。第三，根据《重审规定》第4、5条的规定，人民法院按照第二审程序审理再审案件，发现原审人民法院未对基本事实进行过审理的，可以裁定撤销原判决，发回重审。人民法院按照第二审程序审理再审案件，发现第一审人民法院有下列严重违反法定程序情形之一的，可以依照《民诉法》第177条第1款第4项的规定，裁定撤销原判决，发回第一审人民法院重审：（1）原判决遗漏必须参加诉讼的当事人的；（2）无诉讼行为能力人未经法定代理人代为诉讼，或者应当参加诉讼的当事人，因不能归责于本人或者其诉讼代理人的事由，未参加诉讼的；（3）未经合法传唤缺席判决，或者违反法律规定剥夺当事人辩论权利的；（4）审判组织的组成不合法或者依法应当回避的审判人员没有回避的；（5）原判决、裁定遗漏诉讼请求的。因此，裁定再审之后，必须经过审理，且在符合法定情形下才能裁定撤销原判，发回重审，不能在裁定再审的同时撤销原判。因此，C选项错误。第四，《民诉法》第217条规定："按照审判监督程序决定再审的案件，裁定中止原判决、裁定、调解书的执行，但追索赡养费、扶养费、抚养费、抚恤金、医疗费用、劳动报酬等案件，可以不中止执行。"本案不具有可以不中止执行的情形，因此D选项正确。综上，本题正确答案是ABC。

11. DE

解析：根据《民诉法》第220条的规定，有下列情形之一的，当事人可以向人民检察院申请检察建议或者抗诉：（1）人民法院驳回再审申请的；（2）人民法院逾期未对再审申请作出裁定的；（3）再审判决、裁定有明显错误的。人民检察院对当事人的申请应当在3个月内进行审查，作出提出或者不予提出检察建议或者抗诉的决定。当事人不得再次向人民检察院申请检察建议或者抗诉。根据《民诉解释》第381条第1款的规定，当事人申请再审，有下列情形之一的，人民法院不予受理：（1）再审申请被驳回后再次提出申请的；（2）对再审判决、裁定提出申请的；（3）在人民检察院对当事人的申请作出不予提出再审检察建议或者抗诉决定后又提出申请的。本案中，建华公司的检察建议申请被检察院驳回之后，就丧失了向法院申请再审的权利，也丧失了向检察院申请抗诉的权利。因此，ABC项错误。另根据《民诉法》第221条的规定，人民检察院因履行法律监督职责提出检察建议或者抗诉的需要，可以向当事人或者案外人调查核实有关情况，因此甲市检察院在审查检察建议申请过程中，可向建华公司、瑞成公司调查核实案情，DE正确。综上，本题正确答案是DE。

2. BCD

解析：现行民事诉讼法对案外第三人的权利救济，提供了四种方式，分别是诉中参加诉讼、诉后的第三人撤销之诉、案外人对执行标的提出异议和案外人申请再审。参加诉讼制度针对的是尚未终局的案件，后三种救济方式都属于事后救济，针对的是生效裁判文书和调解书。第一，本案中，成某系毛某与汤某之间的诉讼的案外人，且对诉讼标的物主张所有权，其应该是毛某与汤某之间的诉讼的有独立请求权第三人。根据《民诉法》第 59 条第 3 款的规定，成某可以就毛某与汤某之间的诉讼的判决提起第三人撤销之诉，管辖法院为甲县法院，因此 C 选项正确。第二，《民诉法》第 238 条规定："执行过程中，案外人对执行标的提出书面异议的，人民法院应当自收到书面异议之日起十五日内审查，理由成立的，裁定中止对该标的的执行；理由不成立的，裁定驳回。案外人、当事人对裁定不服，认为原判决、裁定错误的，依照审判监督程序办理；与原判决、裁定无关的，可以自裁定送达之日起十五日内向人民法院提起诉讼。"成某对执行标的物主张所有权，有权提出排除执行的执行异议，因此 B 选项正确。第三，《民诉解释》第 421 条规定："根据民事诉讼法第二百三十四条（2023 年《民诉法》第 238 条——引者注）规定，案外人对驳回其执行异议的裁定不服，认为原判决、裁定、调解书内容错误损害其民事权益的，可以自执行异议裁定送达之日起六个月内，向作出原判决、裁定、调解书的人民法院申请再审……"因此，成某必须先提起排除执行的执行异议，在异议被驳回之后，才能向法院申请再审，因此 A 选项错误。需要特别说明的是，本案中，成某提起执行异议，因为其是对执行依据载明的给付标的物主张权利，在执行依据未被撤销的情况下，法院只能驳回其执行异议，成某可以选择申请再审。但是，根据《民诉解释》第 301 条的规定，案外人基于《民诉法》第 238 条申请再审，与基于《民诉法》第 59 条第 3 款提起第三人撤销之诉，二者只能择其一。[①] 第四，本案中，甲县法院是作出生效判决的法院，如果法院认为原裁判确有错误，也可以依职权启动再审，故成某可以向作出生效判决的甲县法院申诉、信访，要求甲县法院依职权启动再审，故 D 选项正确。第五，《检察监督规则》第 28 条规定，当事人认为民事审判程序或者执行活动存在违法情形，向人民检察院申请监督，法律规定可以提出异议、申请复议或者提起诉讼，当事人没有提出异议、申请复议或者提起诉讼的，除非有正当理由，否则人民检察院不予受理。本案中，成某可以提出第三人撤销之诉，可以提出执行异议，因此人民检察院不予受理，故 E 选项错误。综上，本题正确答案是 BCD。

二、案例分析题

（1）本案二审开庭审理时，二审法院安排法官周某临时代替一名合议庭成员参加庭审，导致审判组织组成不合法。《民诉法》第 211 条第 7 项规定，审判组织的组成不合法，属于再审事由。据此，甲公司可以以二审审判组织组成不合法为由申请再审。

（2）《民诉法》第 210 条规定："当事人对已经发生法律效力的判决、裁定，认为有错误的，可以向上一级人民法院申请再审；当事人一方人数众多或者当事人双方为公民的案件，也可以向原审人民法院申请再审……"据此，甲公司可以向某省高级人民法院申请再审。

---

① 第一，案外人同时符合第三人撤销之诉和案外人申请再审的条件时，只能选择其中一种程序，而不能在一种救济途径结束之后，再寻求另一种救济。这一立场的主要依据是救济程序应当有限，原则上，对同一情形只能适用一种救济程序。第二，案外人只能按照启动程序的先后选择相应的救济程序，而不能任意选择其中一种。具体而言，案外人申请再审以案外人提出执行异议为前置条件。如果案外人先启动执行异议程序，对执行异议不服的，应该通过案外人申请再审的程序救济；如果案外人先启动了第三人撤销之诉，在执行程序中又提出执行异议，也不能再申请再审，第三人撤销之诉的程序继续进行。最高人民法院民事审判第一庭编. 民事审判实务问答. 北京：法律出版社，2021：433.

（3）《民诉法》第 210 条规定："……当事人申请再审的，不停止判决、裁定的执行。"据此，执行程序继续进行。

三、论述题

1. 民事审判监督程序分为再审审查阶段和再审审理阶段。如果是当事人和案外人申请再审，还存在再审申请立案阶段。再审审查阶段审查的是再审事由，再审审理阶段审理的是案件实体。对于当事人、案外人申请再审的案件，以及检察院抗诉的案件，再审审查阶段审查的对象是《民诉法》第 211 条、第 212 条规定的再审事由，以及《民诉法》第 219 条规定的抗诉事由。在存在再审事由和抗诉事由时，法院应该裁定启动再审程序，对案件的实体进行再次审理。此外，法院依职权启动再审程序的案件，直接进入再审审理程序，不存在再审审查程序。

2. 第一，《人民检察院民事诉讼监督规则（试行）》第 32 条符合大陆法系民事诉讼再审程序的建构法理，即再审是当事人不服终局裁判的特殊救济机制，再审具有补充性。原理上，如果当事人在判决确定的上诉程序中主张了再审事由但是被驳回，或者虽然知道存在再审事由但在上诉程序中没有主张，则判决确定后都不允许其再提出再审申请。总之，普通的不服裁判的救济程序要优先于特别的不服裁定的救济机制。

第二，《民诉法》并没有确立再审补充性原则。《人民检察院民事诉讼监督规则（试行）》第 32 条缺乏明确的法律授权，只是司法解释限制当事人申请审判监督的权利。

3. 第一，根据《民诉法》第 222 条的规定，对抗诉案件，法院应当再审。但是立法并未进一步规定检察院抗诉权与当事人申请再审的权利之间的关系，即未规定检察院监督权与当事人处分权的关系。

第二，《检察监督规则》体现的是检察院监督权优先于当事人处分权的精神，《审监解释》则体现了当事人处分权对检察院监督权的约束。《民诉法》第 13 条第 2 款规定："当事人有权在法律规定的范围内处分自己的民事权利和诉讼权利。"处分原则是民事诉讼法的基本原则。同时，如果当事人没有再审的意愿，案件的再审审理程序也就无法进行，因此，当事人的处分权在审判监督程序中还是应该得到尊重。

第十六章　特别程序

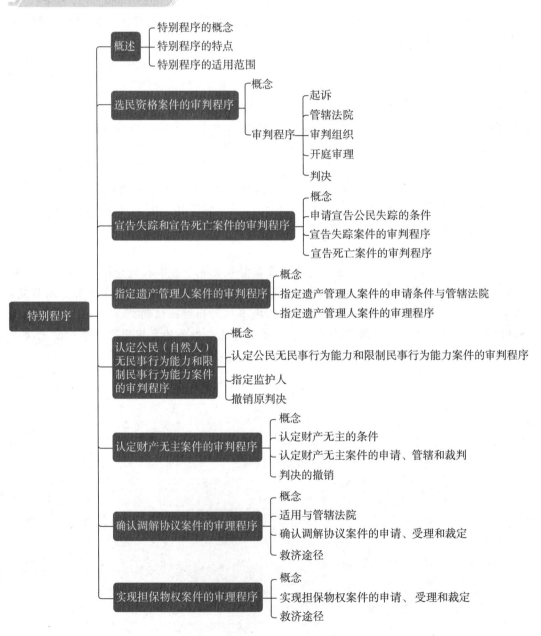

本章知识点速览

特别程序
- 概述
  - 特别程序的概念
  - 特别程序的特点
  - 特别程序的适用范围
- 选民资格案件的审判程序
  - 概念
  - 审判程序
    - 起诉
    - 管辖法院
    - 审判组织
    - 开庭审理
    - 判决
- 宣告失踪和宣告死亡案件的审判程序
  - 概念
  - 申请宣告公民失踪的条件
  - 宣告失踪案件的审判程序
  - 宣告死亡案件的审判程序
- 指定遗产管理人案件的审判程序
  - 概念
  - 指定遗产管理人案件的申请条件与管辖法院
  - 指定遗产管理人案件的审理程序
- 认定公民（自然人）无民事行为能力和限制民事行为能力案件的审判程序
  - 概念
  - 认定公民无民事行为能力和限制民事行为能力案件的审判程序
  - 指定监护人
  - 撤销原判决
- 认定财产无主案件的审判程序
  - 概念
  - 认定财产无主的条件
  - 认定财产无主案件的申请、管辖和裁判
  - 判决的撤销
- 确认调解协议案件的审理程序
  - 概念
  - 适用与管辖法院
  - 确认调解协议案件的申请、受理和裁定
  - 救济途径
- 实现担保物权案件的审理程序
  - 概念
  - 实现担保物权案件的申请、受理和裁定
  - 救济途径

本章核心知识点解析

<h1 style="text-align:center">第一节　特别程序概述</h1>

一、特别程序与普通诉讼程序的区别

（一）难度与热度
难度：☆☆　热度：☆☆☆

（二）基本理论与概念

特别程序，是人民法院审理特殊类型案件适用的特殊审判程序，相对于普通诉讼程序而言是一种独立、特殊的审判程序，一般认为，其具有如下特征：（1）适用特别程序审理的各类型案件审判程序独立；（2）适用特别程序审理的案件不存在民事权益争议；（3）适用特别程序审理的案件没有利害关系对立的双方当事人；（4）适用特别程序审理案件的审判组织简单；（5）适用特别程序审理的案件实行一审终审制；（6）适用特别程序审理的案件审限较短；（7）适用特别程序审理的案件纠错程序特殊。

（三）疑难点解析

1. 特别程序的独立性

特别程序相对于其他审判程序而言，属于独立的诉讼程序。一般认为，普通诉讼程序是人民法院审理平等主体之间存在民事权益纠纷案件的审判程序，包括第一审程序、第二审程序和再审程序，其中第一审程序有普通程序和简易程序之分。而特别程序是对某种权利或者某种法律事实是否存在加以认定和判断的审判程序，适用该程序审理的案件中不存在民事权益层面的争议。正是因为两个程序所受理案件的性质不同，适用特别程序审理的案件，不应适用普通程序和简易程序进行审判。人民法院在依照特别程序审理案件的过程中，如果发现案件存在民事权益争议，则应当裁定终结相应特别程序并告知利害关系人向有管辖权的人民法院提起诉讼。同理，本应适用普通程序和简易程序审判的案件，不能适用特别程序审理；在依照普通诉讼程序审理案件时，如果需要先适用特别程序对某种权利或者法律事实的存在与否予以认定，则应中止原诉讼程序并告知利害关系人或者有关组织向人民法院提出申请。

就不同类型的特别程序而言，它们之间相互独立。具体而言，特别程序中各程序受理案件的范围均不相同，因具有相似特点被规定在特别程序章节。例如，宣告失踪案件和认定财产无主案件，虽都是确认某种法律事实是否存在，但不可能混同或者转化适用。与不同类型特别程序之间相互独立不同，普通诉讼程序内部存在着密切的联系，以第一审程序为例，简易程序是普通程序的简化与补充，而小额诉讼程序则是简易程序的特别类型；在满足一定条件的情况下，前述程序可以转化适用。

2. 特别程序的特殊性

特别程序最主要的特殊性体现在其受理的案件本身不存在民事争议，不存在利害关系对立的双方当事人，普通诉讼程序要求原告是与本案有直接利害关系的自然人、法人

和非法人组织且应有明确的被告，而特别程序中仅有一方当事人作为原告或者申请人即可启动程序。正因为特别程序不存在对方当事人，所以其内部不存在调解、辩论、反诉等涉及双方当事人的程序环节。其中，选民资格案件和认定财产无主物案件中，甚至都不要求提起人与案件具有利害关系。

在程序设置方面，特别程序相较于普通诉讼程序更具高效性和经济性。首先，在审判组织上，特别程序除了选民资格案件或者重大、疑难的案件需由审判员组成合议庭审理，其他案件均由审判员一人独任审理。其次，在审理期限上，特别程序因不涉及民事权益争议，所以比适用争讼程序的案件审理期限更短，除选民资格的案件外，人民法院适用特别程序审理的案件，一般都需要在立案之日起 30 日内或者公告期满后 30 日内审结。再次，在审级制度方面，特别程序适用一审终审制度，即人民法院作出的判决送达后发生法律效力。最后，在程序救济方面，特别程序既不适用上诉和再审审判程序，也不允许第三人提起撤销之诉，而是适用独特的纠错程序，当事人或者利害关系人可以向原审人民法院提出申请，人民法院查证属实后，可以直接作出新的判决、裁定撤销或者改变原判决、裁定。

二、特别程序的分类：特殊诉讼程序及非讼程序

（一）难度与热度
难度：☆☆　热度：☆☆☆

（二）基本理论与概念

适用特别程序审理的案件整体上可以分为两类：一类是适用特别诉讼程序的案件，即选民资格案件。另一类是非讼案件，包括宣告自然人失踪案件、宣告自然人死亡案件、指定遗产管理人案件、认定自然人无民事行为能力或者限制民事行为能力案件、认定财产无主案件、确认调解协议案件以及实现担保物权案件。

（三）疑难点解析

1. 特别程序的发展历程

1982 年《民诉法》已对特别程序作出规定，即人民法院审理选民名单案件、宣告失踪人死亡案件、认定公民无行为能力案件和认定财产无主案件，应当适用特别程序。

后因 1986 年《民法通则》明确规定了宣告失踪和宣告死亡的条件、法律后果及救济途径，根据辨认程序将成年的精神病人划分为无民事行能力人和限制民事行为能力人，并允许利害关系人向人民法院申请宣告其民事行为能力，因此，1991 年《民诉法》在特别程序中增设了相应程序。具体而言，1991 年《民诉法》对特别程序适用案件的名称和范围作出了调整，即人民法院审理选民资格案件、宣告失踪或者宣告死亡案件、认定自然人无民事行为能力或者限制民事行为能力案件、认定财产无主案件时，应当适用特别程序。

2012 年《民诉法》为了配套实施实体法，在特别程序中又增加了确认调解协议案件和实现担保物权案件。一方面，对于调解协议的司法确认，2009 年最高人民法院发布《衔接意见》明确调解协议经调解组织和调解员签字盖章后，当事人可以向有管辖权人民法院申请确认其效力。2010 年颁布的《人民调解法》第 33 条明确双方当事人达成调解协议后，可以自调解协议生效之日起 30 日内共同向人民法院申请确认调解协议的效力。

为充分发挥诉调对接功能，2012 年《民诉法》对调解协议的确认程序作出了详尽的规范。另一方面，对于担保物权的实现，与 1995 年颁布的《担保法》第 53 条第 1 款规定抵押权人可以向人民法院提起诉讼实现抵押权不同，2007 年《物权法》第 195 条第 2 款明确抵押权人可以直接请求人民法院拍卖、变卖抵押财产。但是，程序法并未就此确立独立的担保物权实现程序，所以 2012 年修改《民诉法》时立法机关在特别程序这一章节中增设了实现担保物权案件，最高人民法院 2015 年修订《民诉解释》时对该程序进行了较为系统的细化。[①]

2021 年修订《民诉法》时，立法对特别程序中确认调解协议案件的适用范围和管辖法院作出了调整。值得注意的是，在调解组织自行开展调解的模式中，调解协议所涉纠纷应当由中级人民法院管辖的，双方当事人共同向相应的中级人民法院申请司法确认，这突破了特别程序应由基层人民法院受理的原则性规定。此外，为配套《民法典》的实施，立法机关在此次修法时，特别程序的立法表述也已经与《民法典》保持一致。

2023 年修订《民诉法》时，为加强实体法与程序法的衔接，保障《民法典》遗产管理人制度的有效实施，在特别程序中新增指定遗产管理人案件。具体而言，为确保被继承人的遗产得到妥善管理，《民法典》在遗产处理章节中新增了遗产管理制度，对于遗产管理人的确定、职责、民事责任及获得报酬的权利等进行了整体规定。《民诉法》则细化了遗产管理人制度的程序法规则，对指定遗产管理人案件的管辖法院、人民法院受理案件条件、指定遗产管理人的原则及遗产管理人的变更作出规定。

2. 理解特别程序的适用范围

诉讼程序作为解决民事纠纷的重要途径，旨在解决平等主体之间发生的以民事权利义务为内容的社会纠纷。选民资格案件适用诉讼程序，与普通诉讼程序直接涉及双方或者多方民事争议不同。起诉人对选举委员会公布的选民名单持有不同意见，不服选举委员会作出的申诉意见而向人民法院提起诉讼，其争议事项在于选民名单的对错，旨在确认公民是否具有选举资格，并非民事权益争议，所以适用特别程序。

与诉讼程序相对应的是非讼程序，人民法院根据当事人的申请处理非争议事项，即从法律上确认申请人是否具有某种权利或者确认某种法律事实是否存在。具体而言，宣告失踪、宣告死亡案件旨在确认自然人的生存状态，并保障自然人及利害关系人的财产权利及人身权利。指定遗产管理人案件是指对遗产管理人确定有争议的，由法院按照有利于遗产管理的原则，作出判决指定遗产管理人。认定自然人无民事行为能力、限制民事行为能力案件是对自然人的民事行为能力作出认定，明确自然人与相对人之间的民事行为的效力。认定财产无主案件是确认权属不明且无争议的有形财产的法律状态，达到物尽其用并稳定社会经济秩序的效果。确认调解协议案件是指经双方当事人共同申请，人民法院对自愿性、合法性及可执行性作出审查并裁定调解协议有效，一方当事人拒绝履行或者未全部履行的情况下，对方当事人有权向人民法院申请执行。实现担保物权案件是为了确认担保物权的效力，当事人依据人民法院作出的拍卖、变卖担保财产裁定向人民法院申请执行。

---

① 魏沁怡. 论担保物权的实现：实体法与程序法的体系衔接. 东方法学，2019（5）.

第二节　选民资格案件的审判程序

一、选民资格案件的实体法依据

（一）难度与热度
难度：☆☆　热度：☆☆

（二）基本理论与概念
选民资格案件，是指公民对于选举委员会所公布的选民资格名单有异议，向选举委员会申诉后，不服选举委员会作出的决定而向人民法院提起诉讼的案件。

选举权和被选举权是我国宪法赋予中华人民共和国公民的一项基本政治权利，《全国人民代表大会和地方各级人民代表大会选举法》（以下简称《选举法》）第29条规定公民对选民名单有异议的，有权向选举委员会提出申诉，对处理决定不服的，可以向人民法院起诉。

（三）疑难点解析
1. 选民资格案件中的争议事项

《宪法》第34条规定："中华人民共和国年满十八周岁的公民，不分民族、种族、性别、职业、家庭出身、宗教信仰、教育程度、财产状况、居住期限，都有选举权和被选举权；但是依照法律被剥夺政治权利的人除外。"该条明确选举权和被选举权是公民的基本政治权利。在选举活动中，选民按照选区进行登记，每次选举前对上次登记后满足选民资格或者失去选民资格的情况予以核实并登记，选民名单应在选举日的20日以前公布，允许本人及其他公民对名单提出异议。

选民资格案件的争议事项在本质上是宪法权益争议，由于选举委员会并非行政机关，所以选民资格案件无法作为行政案件处理。又，只有以暴力、威胁、欺骗、贿赂、伪造选举文件、虚报选举票数等手段，故意破坏选举或者妨害选民和代表自由行使选举权和被选举权的行为才构成破坏选举罪，一般情况下侵犯公民选举权的案件并不属于刑事案件的范畴。而我国尚未规定宪法诉讼程序，所以，根据选民资格案件与非讼案件具有的共性，我国现行立法将其规定为《民诉法》特别程序的适用范围之中。

2. 选民资格案件适用范围

选民资格案件的范围，取决于如何理解选民资格案件中的"选民"。《选举法》第29条明确规定，对选举委员会公布的选民名单有不同意见的，公民应当在公布之日起5日内提出申诉；选举委员会对申诉意见，应在3日内作出处理决定；申诉人对处理结果不服的，可以在选举日5日以前向人民法院提起诉讼。从《选举法》的适用范围来看，其仅适用于全国人民代表大会和地方各级人民代表大会代表的选举工作。这就在法律适用上造成了如下困惑，即对其他选举活动中的选民名单存在异议时，能否参照适用选民资格案件的审理程序来解决纠纷。从司法实务来看，相关纠纷主要发生在村民委员会的选举中，其根源在于相关立法目前仅规定对参加选举的村民名单提出异议时，村民选举委员会应当自收到申诉之日起3日内作出处理决定并公布处理结果，但对申诉结果的救济途径并没有作出进一步的规定。就此，人民法院对选举纠纷是否属于选民资格案件产生了分歧：一方面，有的人民法院认为选民资格是选举组成国家权力机关中代表的资格，村民选举活动作为基层群众性自治组织选举应当按照自我管理的需要选举村民代表及村民委员会成员，不属于人民法院受理的选民资格案件范围[①]；另一方面，有的人民法院认为公民依法享有选举权和被选举权，对村民委员会公布的选民名单存在不同意见，经申诉后提起诉讼的，法院可以适用特别程序确认村民是否具有选民资格。[②] 本书认为，解决这一分歧的根本出路应当是完善村民委员会选举的纠纷解决机制。选民资格案件应当仅限于各级人民代表大会代表的选举中对选民资格的认定，即"选民"应理解为人民代表大会的代表。首先，从法条表述来看，选民资格案件的实体法依据应当限于《选举法》，因为"选民""选区所在地人民法院"均为人民代表大会代表选举所特有的表述。其次，在选举的社会效应方面，任何具有诉讼行为能力的公民，均有权就人民代表大会代表的选民名单向人民法院提起诉讼，旨在接受社会的广泛监督。这与村民委员会委员的选举强调村民自治、开展的活动应接受村民的监督有所不同。

二、选民资格案件的审理程序

（一）难度与热度

难度：☆☆　热度：☆☆☆

（二）基本理论与概念

《民诉法》第 188 条规定："公民不服选举委员会对选民资格的申诉所作的处理决定，可以在选举日的五日以前向选区所在地基层人民法院起诉。"

《民诉法》第 189 条规定："人民法院受理选民资格案件后，必须在选举日前审结。审理时，起诉人、选举委员会的代表和有关公民必须参加。人民法院的判决书，应当在选举日前送达选举委员会和起诉人，并通知有关公民。"

（三）疑难点解析

1. 选民资格案件的提起条件

其一，申诉程序前置。公民对选举委员会在选举日 20 日以前公布的人民代表大会代表选民名单有不同意见时，有权向选举委员会提出申诉，对处理决定不服的，才可以向人民法院起诉。若未经申诉程序直接提起诉讼，人民法院将作出不予受理的裁定。

其二，起诉人是具有诉讼行为能力的公民。选民资格案件提起人既不是普通诉讼程序的原告，也不是非讼程序的申请人，其之所以成为选民资格案件这一特别程序的起诉人，是因为争讼事项本身的特殊性。具体而言，起诉人可以是与选民名单有利害关系的选民本人及其他公民，也可以是与选民名单没有利害关系的公民；换言之，公民只要具有诉讼行为能力，就有权向人民法院起诉，请求确认选民是否具有资格。值得注意的是，起诉人仅限于公民，不能是法人或者其他非法人组织，也不能是外国人。

[①] 参见吉林省吉林市船营区人民法院（2021）吉 0204 民初 2804 号民事裁定书、河南省潢川县人民法院（2021）豫 1526 民初 2481 号民事裁定书、湖南省长沙市岳麓区人民法院（2017）湘 0104 民特 26 号民事裁定书、广西壮族自治区柳州市鱼峰区人民法院（2021）桂 0203 民特 4 号民事裁定书。

[②] 参见陕西省西安市雁塔区人民法院（2022）陕 0113 民特 26 号民事判决书、北京市延庆区人民法院（2016）京 0119 民特 5 号民事判决书、山西省晋城市城区人民法院（2021）晋 0502 民特 1230 号民事判决书。

其三，起诉时间。为确保人民法院的案件审理时间，起诉人应当在选举日的 5 日之前向选区所在地人民法院提起诉讼；对于不满足起诉时间要件的案件，人民法院应当裁定不予受理。

2. 选民资格案件的审理与判决

选民资格案件涉及公民的基本政治权利，人民法院适用民事诉讼的特别程序处理宪法权益争议事项，应当有别于审理其他非讼案件的庭审方式及审判组织。在庭审方式方面，不同于非讼案件以书面审理为原则的庭审方式，选民资格案件应当开庭审理，起诉人、选举委员会的代表和有关公民必须参加庭审活动，不得缺席。在起诉人是与案件有直接利害关系的选民本人的情况下，因不涉及其他公民的选民资格，人民法院只需在开庭前通知起诉人和选举委员会代表参加。在审判组织方面，无论是否属于重大、疑难案件，选民资格案件都应当采取由审判员组成的合议庭的审判组织形式，人民陪审员不得参与。

人民法院作出的判决书，应当在选举日前送达选举委员会和起诉人，并通知有关公民。判决书一经送达，立即生效，既不得上诉，也不能申请再审。当事人及利害关系人认为有错误的，可以向作出判决的人民法院提出异议。经审查异议成立或者部分成立的，人民法院应当作出新判决，判决撤销或者改变原判决；异议不成立的，应当裁定驳回。

第三节　宣告失踪和宣告死亡案件的审判程序

一、宣告失踪案件与宣告死亡案件之审判程序的区别

（一）难度与热度
难度：☆☆☆　热度：☆☆☆☆

（二）基本理论与概念

宣告失踪案件，是指自然人离开自己的住所地下落不明达到一定期间后，仍无音信，人民法院根据利害关系人的申请，判决宣告该自然人为失踪人的案件。

宣告死亡案件，是指自然人离开最后居住地后下落不明达到法定期限，人民法院根据利害关系人的申请，依法判决宣告该自然人死亡的案件。

宣告失踪案件与宣告死亡案件在程序结构上基本相似，但二者在适用条件、适用程序以及产生的法律后果上均有区别：其一，自然人下落不明的时间不同；其二，利害关系人申请的顺位条件不同；其三，公告期限不同；其四，法律后果不同。

（三）疑难点解析

1. 自然人下落不明时间的差异

申请宣告自然人失踪，需要满足被申请人离开住所地或者最后居住地的时间持续满 2 年这一条件。对于宣告失踪的申请条件需注意以下两点：其一，被申请宣告失踪的自然人下落不明时间的起算方式，一般从自然人失去音讯之日起计算，在战争期间下落不明的时间自战争结束之日或者有关机关确定的下落不明之日起计算，其中"有关机关"

主要是军队组织①；其二，下落不明的 2 年时间为持续状态，若自然人重新出现，下落不明时间即中断，应当从最后一次失去音讯的时间重新起算。

申请宣告自然人死亡，需要满足被申请人下落不明的法定期限，具体可分为如下情形。其一，通常情况下，需要满足自然人离开住所地或者最后居住地已经持续 4 年这一条件；值得注意的是，在战争期间下落不明的，申请宣告自然人死亡的条件为战争结束之日或者有关机关确定下落不明之日起持续满 4 年。其二，因空难、火灾、爆炸、地震等意外事件而下落不明的，申请宣告死亡需要满足下落不明持续满 2 年这一条件。但是，因意外事件而下落不明的，如果经有关机关证明该自然人不可能生存的，申请宣告自然人死亡的时间不受 2 年时间的限制；此处的"有关机关"主要是指公安机关，也可以包括当地县级以上人民政府，但不包括村民委员会、居民委员会或者下落不明自然人的工作单位。

2. 申请主体"利害关系人"的差异

根据《民法典》以及《总则编解释》的相关规定，宣告失踪案件和宣告死亡案件的申请主体都是被申请人的利害关系人，但利害关系人的范围和顺位存在一定差异。

申请宣告自然人失踪的利害关系人有三类：其一，被申请人的近亲属，即配偶、父母、子女、兄弟姐妹、祖父母、外祖父母、孙子女、外孙子女；其二，依据《民法典》第 1128 条、第 1129 条的规定对被申请人有继承权的亲属，包括对公婆（岳父母）尽了主要赡养义务的丧偶儿媳（女婿），以及兄弟姐妹先于被继承人死亡情况下兄弟姐妹的子女；其三，债权人、债务人、合伙人等与被申请人有民事权利义务关系且不申请宣告失踪将影响其权利、义务履行的民事主体。以上利害关系人申请宣告自然人失踪没有顺位要求，只要是适格主体均可向被申请人住所地基层人民法院提出。

申请宣告自然人死亡的利害关系人是被申请人的配偶、父母、子女以及对被申请人尽主要赡养义务的丧偶儿媳（女婿），上述四类亲属之间没有顺位要求。至于被申请人的其他近亲属及代位继承人申请宣告死亡的，在满足以下两个情形之一时，具备申请资格：其一，被申请人配偶、父母、子女均已死亡或者下落不明；其二，不申请宣告死亡不能保护其合法权益。此外，债权人、债务人、合伙人等民事主体，一般情况下不能认定为宣告死亡的利害关系人，但不申请不能保护其合法权益的除外。相较于《民通意见》对宣告死亡利害关系人存在严格的顺序要求，《总则编解释》在取消配偶、父母、子女之间顺位要求的基础上，允许其他利害关系人为保护自身合法权益突破顺序限制。②

3. 公告期限的差异

人民法院受理宣告失踪、宣告死亡案件后，应当发出寻找下落不明人的公告，目的在于通过发布公告确认自然人的生存状态并依此作出判决。公告作为人民法院审理宣告失踪案件和宣告死亡案件的必经程序，其必须记载"被申请人应当在规定期间内向受理

① 黄薇主编. 中华人民共和国民法典总则编释义. 北京：法律出版社，2020：110.
② 具体而言，《民通意见》规定申请宣告死亡需要按照如下顺位：第一，配偶；第二，父母、子女；第三，兄弟姐妹、祖父母、外祖父母、孙子女、外孙子女；第四，其他有民事权利义务关系的人。当顺序在前的利害关系人不申请宣告自然人死亡时，后顺位的利害关系人不得申请。由此可知，当前顺位的申请人申请宣告失踪而后顺位的申请人申请宣告死亡时，人民法院只能宣告失踪。

人民法院申报其具体地址及其联系方式"之类的内容。如果在公告期间内，被申请人以及知悉被申请人生存现状的人没有向公告人民法院报告，人民法院就会宣告被申请人失踪或者死亡。与此同时，在公告期间内，人民法院可以根据申请人的要求，清理下落不明人的财产并指定审理期间的财产管理人。

宣告自然人失踪的公告期限为 3 个月，宣告自然人死亡的公告期间为 1 年，因意外事件下落不明，经有关机关证明该自然人不可能生存的，宣告死亡的公告期间为 3 个月。

4. 法律后果的差异

宣告失踪的法律后果主要体现在人民法院为失踪人的财产指定财产代管人，保护失踪人及利害关系人的权益。被宣告失踪人并不丧失民事权利能力，举例而言，其婚姻关系等法律关系仍然存续，失踪人仍能作为继承人继承他人遗产。

宣告死亡的法律效果与自然死亡相同，被宣告死亡的人丧失民事权利能力。在人身关系方面，原有的婚姻关系自死亡宣告之日起结束，其配偶可以单方决定送养子女。在财产关系方面，被宣告死亡人的财产将依法被继承。值得注意的是，宣告死亡是推定自然人死亡以维护正常的社会秩序和生活秩序，可能与自然人实际生存情况不符，即被申请人被宣告死亡但是并未死亡的，不影响该自然人在被宣告死亡期间实施的民事法律行为的效力。

二、宣告失踪案件和宣告死亡案件的判决及其撤销

（一）难度与热度

难度：☆☆☆　热度：☆☆☆

（二）基本理论与概念

宣告失踪案件，在公告期届满后，如果被申请人仍下落不明，则人民法院应当作出宣告自然人失踪的判决，同时依法指定失踪人的财产代管人；如果在公告期间，被申请人出现或者查明被申请人下落的，人民法院应当作出驳回申请的判决。宣告失踪判决一经送达利害关系人，即发生法律效力，利害关系人不得提起上诉。判决生效后，如果被判决宣告失踪的自然人重新出现，或者已确知下落，本人或者利害关系人可申请人民法院作出新判决并撤销原判决。重新出现的失踪人，有权请求财产代管人及时移交有关财产并报告财产代管情况。

宣告死亡案件，在公告期届满后，如果被申请人仍下落不明，则人民法院应当作出宣告自然人死亡的判决；如果在公告期间，被申请人出现或者查明被申请人下落的，人民法院应当作出驳回申请的判决。如果被宣告死亡的人重新出现，本人或者利害关系人可申请人民法院作出新判决并撤销原判决。

（三）疑难点解析

1. 宣告失踪案件中的财产代管

可以从以下几个方面理解宣告失踪案件的财产代管：首先，厘清审理期间和公告期间届满指定财产管理人的关系；其次，理解财产代管人的职责；最后，掌握财产代管人变更程序。

宣告失踪、宣告死亡案件中被申请人的财产管理涉及两种情况。在宣告失踪、宣告死亡案件审理过程中，人民法院可以根据申请人的请求，清理下落不明的失踪人或者拟

推定死亡人的财产并指定财产代管人。在宣告失踪案件中，公告期满后，人民法院确认自然人失踪的，应当在失踪人的配偶、成年子女、父母或者其他愿意管理财产的人中指定财产代管人。如果代管有争议，或者没有上述规定的人，或者上述规定的人无代管能力的，由人民法院指定的人代管。案件审理期间的财产管理人可以适用于宣告失踪和宣告死亡案件，避免因公告期限较长被申请人的财产处于不稳定状态。人民法院依据申请人的请求指定财产代管人，不可依职权清理被申请人的财产。人民法院在判决中指定财产代管人，目的在于对被申请人财产实施有效的管理，从而保障被申请人和利害关系人的权益。基于此，作出判决后的财产代管人仅适用于宣告失踪案件，自然人被宣告死亡意味着继承关系的开始，无须设置财产代管人。根据《民诉解释》第341条的规定，人民法院应当为失踪人指定财产代管人，在申请人没有提出请求的情况下，人民法院根据具体案件可以作出判断，如果失踪人存在监护人，或者在失踪前已指定财产代管人，则无须另行指定财产代管人；如果失踪人的财产不指定代管人就无法保障失踪人和利害关系人权益，人民法院应当依职权指定财产代管人。

失踪人的财产代管人经人民法院指定后，负有妥善管理和保护失踪人财产的职责，并应当清偿失踪人在失踪前所欠的税款、债务和其他费用，并有义务向失踪人的债务人请求实现债权。财产代管人的诉讼地位与无民事行为能力人或者限制民事行为能力人的法定代理人类似，失踪人虽未丧失民事行为能力，但下落不明的状态一直在持续，人民法院指定处理失踪人财产纠纷的财产代管人，具有与当事人相当的诉讼地位。具体而言，财产代管人向失踪人的债务人请求偿还债务的，人民法院应当将财产代管人列为原告；财产代管人因清偿失踪人债务和其他费用产生纠纷的，人民法院应当将财产代管人列为被告；在执行程序中，作为申请执行人或者被执行人的自然人被宣告失踪的，人民法院可以依申请变更、追加财产代管人为申请执行人或者变更财产代管人为被执行人，其在代管财产的范围内承担责任。

财产代管人的变更根据申请人的不同而适用不同的程序。一方面，如果财产代管人因不能继续履行代管职责等正当原因主动向人民法院请求变更代管人，人民法院适用特别程序进行审理，申请理由成立的，裁定撤销其代管人身份，另行指定财产代管人。另一方面，如果财产代管人不履行代管职责、侵害失踪人财产权益或者丧失代管能力的，失踪人的利害关系人可以向人民法院申请变更财产代管人。在这种情况下，实际上意味着原代管人与其他利害关系人之间存在对抗关系，属于平等民事主体之间的民事权利义务纠纷，应当适用普通程序审理。

2. 宣告死亡案件判决的撤销

被宣告死亡的自然人重新出现，经本人或者利害关系人申请，人民法院应当作出新判决，撤销死亡宣告。对其法律后果大致可以概括如下：第一，婚姻关系自撤销死亡宣告之日起自行恢复，但配偶再婚或者向婚姻登记机关书面声明不愿意恢复的除外；第二，被宣告死亡人不得仅以其未同意为由主张收养其子女的行为无效；第三，依继承取得的财产应当返还，无法返还的应当给予适当补偿，如果原物被第三人合法取得，第三人无须返还。占有人返还原物时，为管理财产所支付的费用，可以请求补偿。

无论是人身关系中婚姻恢复的例外情况和收养关系的解除，还是财产关系中财产被他人合法取得而获得适当补偿，都是从善意第三人视角作出的规范。如果夫妻一方明知配偶下落，隐瞒事实向人民法院申请宣告其配偶死亡，在获得人民法院作出的宣告死亡判决后，通过再婚的方式阻止婚姻关系的自行恢复，因申请人通过虚构法律事实骗取人民法院判决的行为构成虚假诉讼，申请人与被宣告死亡的自然人婚姻关系并不因判决的作出而自然消灭，其再婚的行为涉嫌重婚。又如，利害关系人恶意隐瞒自然人的行踪，致使该自然人被宣告死亡，在这种情况下，死亡判决撤销后，被宣告死亡人有权要求利害关系人返还财产并对其遭受的损失承担赔偿责任。

值得注意的是，根据《民法典》的规定，被宣告死亡自然人的配偶再婚时，因涉及第三人的身份关系，原婚姻关系无法自行恢复，而无论再婚形成的婚姻关系是否仍然存续。此外，法律规定被宣告死亡一方的配偶有权向婚姻登记机关书面声明不愿意恢复，基于公平原则和婚姻自由，宜解释为任何一方均有权向婚姻登记机关书面声明不愿意恢复原婚姻关系。

第四节　指定遗产管理人案件的审判程序

一、指定遗产管理人案件的申请条件与管辖法院

（一）难度与热度
难度：☆☆　　热度：☆☆☆☆

（二）基本理论与概念

《民诉法》第 194 条规定："对遗产管理人的确定有争议，利害关系人申请指定遗产管理人的，向被继承人死亡时住所地或者主要遗产所在地基层人民法院提出。申请书应当写明被继承人死亡的时间、申请事由和具体请求，并附有被继承人死亡的相关证据。"

（三）疑难点解析

1. 指定遗产管理人案件的申请条件

《民法典》第 1146 条规定："对遗产管理人的确定有争议的，利害关系人可以向人民法院申请指定遗产管理人。"由此可知，只有利害关系人才是适格的申请主体，对于利害关系人的范围，《民诉法》并未进行具体规定。参照《总则编解释》第 14 条及第 16 条对于宣告失踪和宣告死亡制度中"利害关系人"的规定，总体上可以将"利害关系人"等同于"有民事权利义务关系的民事主体"。对此，最高人民法院在相关学理著作中将指定遗产管理人案件的利害关系人划分为继承人、遗产债权人、受遗赠人以及对被继承人尽了抚养义务的人四类，实际上这四类人都属于"有民事权利义务关系的民事主体"的范畴。与此同时，对于出现争议的具体范围，最高人民法院在相关著作中也予以了界定，主要包括如下六种情形：其一，被继承人指定遗嘱执行人担任遗产管理人，利害关系人对遗嘱的真实性、有效性存在质疑的；其二，被继承人没有留有遗嘱，法定继承人的范围无法确定，导致选任遗产管理人时出现互相推诿的情况；其三，继承人为多人，因缺少决议机制而意见不一无法推选出遗产管理人时，或者个别继承人拒绝共同担任遗产管

理人；其四，受遗赠人的受遗赠权、遗产债权人的债权被他人侵害而主张权利的；其五，遗产管理人在履行职责时懈怠或者侵吞被继承人遗产的行为，可能会导致遗产权利人的利益受损，利害关系人认为其无法再担任遗产管理人的；其六，法院认为的其他需要指定遗产管理人的情况。

2. 指定遗产管理人案件的管辖法院

根据《民诉法》第 34 条的规定，因继承遗产纠纷提起的诉讼，由被继承人死亡时住所地或者主要遗产所在地人民法院专属管辖。从法理上来看，由被继承人死亡住所地人民法院管辖有利于确定被继承人与继承人的关系以及被继承人死亡的相关信息，而主要遗产所在地人民法院管辖有利于了解遗产的信息和状态。在指定遗产管理人案件程序中，虽然案件本身不涉及具体的财产份额等遗产纠纷，但被继承人死亡住所地和主要遗产所在地人民法院与遗产存在密切联系，由其管辖案件有利于人民法院了解案情，方便审理和强制执行程序的顺利开展。在地域管辖方面，特别程序保持了与诉讼程序专属管辖一致的规定。在级别管辖方面，此类案件符合特别程序的一般性规范，限定在基层人民法院管辖。

二、指定遗产管理人案件的审理

（一）难度与热度
难度：☆☆　　热度：☆☆☆☆

（二）基本理论与概念

《民诉法》第 195 条规定："人民法院受理申请后，应当审查核实，并按照有利于遗产管理的原则，判决指定遗产管理人。"第 196 条规定："被指定的遗产管理人死亡、终止、丧失民事行为能力或者存在其他无法继续履行遗产管理职责情形的，人民法院可以根据利害关系人或者本人的申请另行指定遗产管理人。"第 197 条规定："遗产管理人违反遗产管理职责，严重侵害继承人、受遗赠人或者债权人合法权益的，人民法院可以根据利害关系人的申请，撤销其遗产管理人资格，并依法指定新的遗产管理人。"

（三）疑难点解析

1. 指定遗产管理人案件的审理原则

遗产管理人是在继承开始后，依据法律规定或人民法院的指定，对被继承人的遗产予以妥善保管和分配的人，具有管理和保全被继承人财产、实现遗产公平分配、更好地维护继承人和债权人利益的功能。根据《民法典》第 1145 条的规定，遗产管理人的产生有以下四种方式：其一，被继承人在遗嘱中明确指定遗嘱执行人的，遗嘱执行人为遗产管理人。被继承人在生前就其个人财产订立遗嘱是独立的民事法律行为，由其指定的遗嘱执行人管理和分配遗产是法律尊重被继承人意思表示的体现。因遗嘱执行人按照被继承人的意愿执行遗嘱内容，涉及继承人和债权人的权益，其应具备完全民事行为能力。被继承人可以在遗嘱中指定一位或者数位遗嘱执行人管理和分配其财产。遗嘱执行人既可以是法定继承人，又可以是法定继承人以外的自然人或法人。其二，没有遗嘱执行人的，继承人应当及时推选遗产管理人。没有遗嘱执行人的情形可能是被继承人未订立遗嘱、遗嘱中未指定遗嘱执行人、遗嘱执行人死亡或丧失管理能力等。此时，遗产继承人为遗产管理人，如果遗产继承人为数人的，则应当由全体继承人共同推选出一名或者数名遗产继承人为遗产管理人。其三，遗产继承人无法推选遗产管理人或者达成一致意见由全体遗产继承人共同管理遗产的，应由遗产继承人共同担任遗产管理人，开展管理被继承人遗产和分配工作，在决议遗产管理的具体事项时，以何种方式作出也应当由遗产继承人共同协商。其四，没有遗产继承人或者遗产继承人均放弃继承的，该遗产属于无人继承的遗产。根据《民法典》第1160条的规定，无人继承的遗产归国家所有，用于公益事业；被继承人生前是集体所有制组织成员的，遗产归所在集体所有制组织所有。该种情况下，应当由被继承人生前住所地的民政部门或者村民委员会担任遗产管理人，负责管理被继承人的遗产。

遗产管理人产生的四种方式之间具有顺位关系，在前顺位条件无法获得满足时，才能进入后续顺位。在对遗产管理人的确定产生争议时，利害关系人可以向人民法院申请指定遗产管理人。此时，申请人民法院指定的遗产管理人不宜受上述顺位限制。人民法院收到利害关系人的申请后，即应当审查核实案件事实，按照有利于遗产管理的原则指定遗产管理人。首先，遗产管理人应当具有履行其职责的民事行为能力，无民事行为能力人或限制民事行为能力人无法胜任遗产管理人的工作。其次，遗产管理人应当具备相应的管理能力，遗产管理人需履行清理遗产并制作遗产清单、向继承人报告遗产情况、采取必要措施防止遗产毁损灭失、处理被继承人的债权债务、按照遗嘱或者依照法律规定分割遗产、实施与管理遗产有关的其他必要行为等职责，这要求遗产管理人具备财会和法律知识，能够妥善管理和分配被继承人的遗产。最后，遗产管理人由遗嘱执行人、继承人、民政部门或村民委员会担任，人民法院在指定遗产管理人时应在充分尊重被继承人意思自治的基础上，根据最有利于被继承人遗产管理的原则选任。在人民法院审查期间，如果法律规定的适格主体明确拒绝或者确有不利于遗产管理的情形存在的，人民法院可以指定遗产管理人选任范围之外的自然人或者法人管理和分配被继承人的遗产。值得注意的是，人民法院在作出判决指定遗产管理人后，该遗产管理人应当及时履行职责，不得推诿拒绝，确保继承人和债权人的权益得到保护。

2. 遗产管理人的变更

人民法院指定的遗产管理人，应当具备完全民事行为能力和相应的财会法律知识，积极履行遗产管理职责，妥善管理和分配被继承人的遗产。在出现遗产管理人无法胜任或者未尽法定职责造成遗产价值损坏的情形时，人民法院可依申请变更遗产管理人。具体而言，根据《民诉法》第196条的规定，遗产管理人客观无法胜任工作的解任事由应当是遗产管理人死亡、终止、丧失民事行为能力，遗产管理人无法履行义务或者因不具备专业知识而无法胜任复杂的遗产管理事务。此外，遗产的利害关系人或被指定的遗产管理人可以向人民法院申请撤销遗产管理人的资格，另行指定遗产管理人。根据《民诉法》第197条的规定，遗产管理人滥用职权，严重损害遗产利害关系人权益的或者怠于履行法定职责致使遗产价值严重损害的，人民法院可依利害关系人的申请撤销遗产管理人的资格，并依法指定新的遗产管理人。

<table>
<tr><td rowspan="2">第五节</td><td>认定公民（自然人）无民事行为能力、</td></tr>
<tr><td>限制民事行为能力案件的审判程序</td></tr>
</table>

一、认定公民（自然人）无民事行为能力、限制民事行为能力的条件

（一）难度与热度

难度：☆☆　热度：☆☆☆☆

（二）基本理论与概念

认定公民（自然人）无民事行为能力和限制民事行为能力案件，是指人民法院根据利害关系人或者有关组织的申请，按照法定程序，对不能辨认或者不能完全辨认自己行为的成年人，判决宣告其为无民事行为能力人或者限制民事行为能力人的案件。

根据《民诉法》第198条的规定，申请认定自然人无民事行为能力或者限制民事行为能力，由利害关系人或者有关组织向该自然人住所地基层人民法院提出。申请书应当载明认定该自然人无民事行为能力或者民事行为能力受限的事实和根据。

（三）疑难点解析

1. 申请主体为利害关系人或者有关组织

根据《民法典》第24条的规定，利害关系人或者有关组织可以向人民法院申请认定不能辨认或者不能完全辨认自己行为的成年人为无民事行为能力人或者限制民事行为能力人。2021年《民诉法》修改时，为保障实体法的有效实施，立法机关将申请主体由近亲属或者其他利害关系人变更为利害关系人或者有关组织：一方面，将近亲属或者其他利害关系人修改为利害关系人，从字面上容易得出限缩了申请人范围的错误结论。虽然最高人民法院没有出台司法解释对利害关系人予以细化，但结合对于宣告失踪和宣告死亡案件利害关系人的规定，可以推断认定自然人民事行为能力案件申请主体中的利害关系人应包括近亲属。另一方面，增加有关组织作为申请主体，是对司法实践中人民法院长期受理居民委员会等组织申请自然人无民事行为能力或者限制民事行为能力案件作出的回应。[①] 有关组织包括居民委员会、村民委员会、学校、医疗机构、妇女联合会、残疾人联合会、依法设立的老年人组织、民政部门等。申请认定自然人行为能力不受顺序的限制，即利害关系人之间不存在申请顺序，这要求人民法院根据具体案件判断申请人与被申请人间有利害关系，其就是适格当事人。需要注意的是，利害关系人与有关组织之间在申请他人为无民事行为能力人或限制民事行为能力人时并无申请顺位上的要求，有关组织并非只有在利害关系人怠于申请或者没有利害关系人时才能进行申请。

2. 适用范围

在实体法层面，《民法通则》第19条规定：精神病人的利害关系人可以向人民法院申请宣告精神病人为无民事行为能力人或者限制民事行为能力人，该条将认定自然人行为能力案件的被申请人限于精神病人。然而，对精神病人有严格的医学认

---

① 江必新主编. 新民事诉讼法条文理解与适用：下. 北京：人民法院出版社，2022：889.

定标准，世界卫生组织发布的第十一版《国际疾病及相关健康问题的分类》和中华医学会修订的第三版《中国精神障碍分类和诊断标准》都在医学上对诊断是否患有精神病及患病程度和类型作出了详尽规定。2017 年修正的《民法总则》第 24 条将认定自然人行为能力的被申请人界定为不能辨认或者不能完全辨认自己行为的成年人，即适用范围由精神病人扩大至辨认能力有障碍的成年人，《民法典》延续了这一立场。就此，在理解时应注意两点：其一，被申请人应是成年人，对于不满 8 周岁的无民事行为能力人和年满 8 周岁不满 18 周岁的限制民事行为能力人，由法律规定其民事行为能力，无须人民法院认定；其二，适用范围的扩大可以避免过分强调精神疾病而忽略其他事件导致的自然人丧失辨认能力，如失能和失智老人或者因意外事件而意思表示能力欠缺的人。

二、认定公民（自然人）无民事行为能力、限制民事行为能力案件的审理

（一）难度与热度

难度：☆☆☆　热度：☆☆☆

（二）基本理论与概念

人民法院受理申请后，必要时应当对被请求认定为无民事行为能力或者限制民事行为能力的公民（自然人）进行鉴定；申请人已提供鉴定意见的，应当对鉴定意见进行审查。

（三）疑难点解析

1. 辨认能力

《民法典》延续了《民法总则》对认定自然人无民事行为能力或者限制民事行为能力案件适用范围的规定，被申请人是不能辨认或者不能完全辨认自己行为的成年人。对于辨认行为能力的认定，不能简单理解为对自己行为的认知能力或者辨别能力，其本质上是意思能力的体现。在实体法上，意思能力作为行为能力的基础[①]，是认识、判断和预见自己行为的能力。无民事行为能力人的认定以辨认能力的完全缺失为要素，无法理解、判断自己的行为且无法预见行为后果就属于意思能力的丧失，该类主体实施的民事行为应被认定为无效。限制民事行为能力人对于比较复杂的事物或者比较重大的行为缺乏应有的辨认能力而表现为意思能力不完备，只能独立实施与其心智及精神健康状态相适应的民事法律行为。

值得注意的是，自然人实施具体行为的意思能力与法律效力之间并非必然对应。行为能力、意思能力与法律效力之间的脱节主要存在两种情况：其一，具备完全行为能力的自然人因饮酒而短暂性丧失意思能力，可以通过诉讼程序对法律行为的效力作出判断；其二，认定自然人无民事行为能力或者限制民事行为能力的判决不具有溯及力，导致意思能力与民事行为效力的不统一。具体而言，认定自然人无民事行为能力或者限制民事行为能力案件应适用非讼程序，在诉讼活动中，不能申请对当事人的行为能力予以认定，即便诉讼当事人有一方出示足以证明意思能力缺乏或者不完备的证据，人民法院也无法在诉讼中直接认定诉讼当事人的行为能力，而应当中止诉讼程序，由受诉人民法院适用

---

① 王利明. 民法总则. 2 版. 北京：中国人民大学出版社，2020：101.

特别程序立案审理。

2. 人民法院认定民事行为能力的依据

一般而言，认定自然人是否能够辨认自己的行为或者辨认能力是否存在不完备的情况属于医学研究的范畴，人民法院需依据医学鉴定机构出具的鉴定结论作出判断，主要存在申请人主动向人民法院提供鉴定意见和人民法院受理后认为确有鉴定必要两种情况。关于申请人主动提供的鉴定结论，人民法院不可直接据其作出判决，应当对鉴定结论进行审查，包括"鉴定机构资质和作出鉴定结论程序的形式审查"以及"鉴定内容的实质审查"。人民法院经审查无疑义的，可以依据鉴定意见认定自然人无民事行为能力或者为限制民事行为能力人。人民法院认为鉴定意见存在问题的，应当指定鉴定部门重新进行鉴定并出具鉴定结论。因认定自然人行为能力案件的申请条件中并不要求提交鉴定意见证明被申请人无民事行为能力或者为限制民事行为能力人，依据申请人提供的医疗机构出具的就诊记录和诊断意见并询问被申请人本人及利害关系人或者知悉该自然人智力、精神健康状态的有关组织，人民法院无须鉴定即有权对自然人的行为能力作出判断。若无法依据申请人提交的材料判断自然人的辨认能力，或者审查证据材料后仍存有疑义的，应当指定鉴定机构对自然人的行为能力出具鉴定意见。

3. 人民法院裁判中的职权主义

人民法院经审理认定自然人确有辨认自己行为的能力丧失或者不完备的情况，应判决该自然人无民事行为能力或者为限制民事行为能力人；认定申请没有事实依据的，应当判决予以驳回。

与普通诉讼程序中严格当事人主义不同，非讼程序更多强调人民法院的职权主义，体现在自然人行为能力的认定案件中，就是人民法院作出的判决可以与申请人的申请事项不同。举例而言，如果申请人请求人民法院认定他人为限制民事行为能力人，但是根据人民法院认可的鉴定意见可以确定被申请人已经丧失辨认自己行为的能力，此时人民法院可以在申请人未变更请求事项的情况下，直接判决该自然人为无民事行为能力人。

三、无民事行为能力人、限制民事行为能力人的监护制度

（一）难度与热度

难度：☆☆☆　热度：☆☆☆

（二）基本理论与概念

当自然人被认定为无民事行为能力人或者限制民事行为能力人时，法律规定原则上应当按顺序确定监护人：（1）配偶；（2）父母、子女；（3）其他近亲属；（4）经被监护人住所地的居民委员会、村民委员会或者民政部门同意的，其他愿意担任监护人的个人或者组织。但是，如果被监护人事先已经通过协议为自己选定监护人，或者具有监护资格的人已经通过协议决定谁担任监护人，则不受上述法定顺位的影响。如果对担任监护人有争议，应当通过指定监护程序解决。

（三）疑难点解析

1. 认定行为能力程序与指定监护程序的关系

就认定行为能力程序与指定监护程序的关系而言，指定监护程序既非认定行为能力

程序的一个阶段或者组成部分，也不是人民法院作出认定自然人无民事行为能力或者为限制民事行为能力人的判决后必须经历的程序。但是，如果当事人之间就担任监护人存在争议，则利害关系人或者有关组织可以在申请认定自然人行为能力案件中提出指定监护人的请求，也可以在判决作出后直接向人民法院申请指定或者请求被监护人住所地居民委员会、村民委员会或者民政部门指定监护人。人民法院在审理认定自然人行为能力案件时，确认自然人不能辨认或者完全辨认自己的行为，若申请人没有提出指定监护人的请求，不可以依职权启动指定监护程序，因为指定监护仅在对担任监护人有争议时才适用。

认定自然人的行为能力是成年人监护出现的必要条件，不论是成年人监护法定顺序的确定还是完全民事行为能力成年人的意定监护，都要求该成年人丧失或者部分丧失民事行为能力。但是，将自然人认定为无民事行为能力人或者限制民事行为能力人，必须经人民法院适用特别程序加以审理。在司法实务中，如果利害关系人未经认定行为能力程序而直接向人民法院申请指定自己为监护人，人民法院应当判决驳回诉讼请求。①

2. 成年人监护制度的体系解构

成年人监护以尊重当事人的意思为前提，现行法律允许监护人之间通过协议确定监护人。具体而言，对我国《民法典》规定的成年人监护制度大致可作如下梳理。

首先，只要达成意定监护协议的双方当事人具有完备的意思能力，且意思表示真实，即可在该成年人丧失或者部分丧失民事行为能力时，由协议确定的监护人履行监护职责。完全民事行为能力人可以通过意定监护协议为自己选定监护人，从而达到排除依法具有监护资格的人担任该成年人监护人的效果，且不受法定监护顺序和指定监护中实现被监护人利益最大化要求的限制。

其次，具有监护资格的人之间可以协议确定监护人。换言之，当监护人之间达成监护合意时，可由顺序在后的人担任无民事行为能力人或者限制民事行为能力人的监护人，不同监护顺位的人也可以共同担任监护人。当然，如果自然人在不存在行为能力缺陷之前，已经通过协议与他人达成成年人监护协议，自然也应当尊重被监护人的意思表示。

最后，在监护人之间没有达成监护合意且具有监护资格的人就"谁担任监护人"产生争议时，当事人可以向有关部门申请指定监护人，对指定不服的，当事人也可向人民法院起诉；当事人一方也可以直接向人民法院起诉要求指定监护人。具体而言，在有关部门的指定程序中，被监护人住所地居民委员会、村民委员会或者民政部门在尊重法定监护顺序的前提下，应当尊重被监护人的真实意愿，参考"监护人与被监护人生活、情感联系的密切程度""监护人的监护能力、意愿、品行"等因素，按照最有利于被监护人的原则在具有监护资格的人中为无民事行为能力人或者限制民事行为能力人指定监护人，当事人对监护人的指定结果不服的，应当自接到指定通知之日起 30 日内向人民法院提出异议，经审理，指定确有不当的，人民法院应当判决撤销指定并另行指定监护人，指定并无不当的，裁定驳回异议。

---

① 参见北京市怀柔区人民法院（2022）京 0116 民特 54 号民事判决书。

第六节　认定财产无主案件的审判程序

一、认定财产无主案件的范围

(一) 难度与热度
难度：☆☆　热度：☆☆

(二) 基本理论与概念
认定财产无主案件，是指人民法院根据申请人的申请，通过一定的法律程序，判决宣布权利主体不明或者失去权利主体的财产为无主财产，并收归国家或者集体所有。

(三) 疑难点解析
就认定财产无主案件中的"财产"而言，其必须满足"权利主体不明或者已不存在"的要件，对此，理论界与实务界存在共识。但是，对无主财产的类型，理论界与实务界存在一定的争论。

首先，传统理论一般认为，此处的"财产"必须是有形财产，不能是无形财产或者精神财富。在现有法律框架内，暂无对数据、网络虚拟财产等无形财产提供认定无主的途径。在数字化时代，能否直接适用民事诉讼法规定的特别程序由人民法院依据认定财产无主案件的程序对无形财产作出判断，是值得思考的问题。就此，司法实务已有突破，例如，有基层人民法院就通过适用认定财产无主程序审理了请求认定著作权无主案件。[1]

其次，《民法典》规定拾得遗失物、漂流物、埋藏物及隐藏物，应当返还权利人，在权利主体不明确的情况下，公安等有关部门发布招领公告 1 年内无人认领的归国家所有。《民诉法》也有类似的规定，即自然人、法人或者其他组织可以向财产所在地基层人民法院申请认定遗失物、漂流物、埋藏物、隐藏物为无主物，经人民法院审查核实发出认领公告，公告满 1 年无人认领的，人民法院应当判决该财产无主并收归国家所有。就此，有观点主张，经公安机关发布招领公告期满后无人认领归国家所有的财产也属于此处的"无主物"。换言之，遗失物招领程序中的"无人认领财产"，也必须经认定财产无主程序才能收归国有。本书认为，认定财产无主程序和遗失物招领程序的目的都是结束财产无人管理、无人保护的不稳定状态，虽然两个程序之间具有一定的相似之处，但是宜认为它们之间互相独立，公安机关招领公告满 1 年后无人认领的遗失物等财产即可收归国家所有，无须再向人民法院申请认定该财产无主。

最后，除认定遗失物、漂流物、埋藏物及隐藏物无主外，人民法院同样可以认定所有人不明确或无人继承的财产为无主物。所谓财产所有人不明确，是自然人或者有关组织在发现财产后，根据财产外观无法判断财产所有权的归属。例如，如果海上搁浅的船舶没有任何权属证书或者身份标识，无法查明船舶的所有权及经营情况，发现船舶的自然人或者有关组织就有权向船舶发现地的海事人民法院申请认定该船舶为无

---

[1]　参见北京市西城区人民法院（2007）西民特字第 11692 号民事判决书：在该案中，群众出版社请求认定《我的前半生》为无主财产，人民法院经审查核实，通过登报的方式发布财产认领公告，后因公告期间有人对财产提出请求而裁定终结该特别程序。

主物，拍卖后所得价款在扣除公告、评估以及保存、拍卖费用后，收归国家所有。[①] 所谓无人继承财产，是无人继承且无人受遗赠的遗产，经人民法院审查核实公告满 1 年即可收归国家或者集体所有，收归集体所有的前提在于该财产所有人生前是集体所有制组织成员。

二、认定财产无主案件的审理

（一）难度与热度
难度：☆☆　热度：☆☆☆

（二）基本理论与概念
《民诉法》第 202 条规定："申请认定财产无主，由公民、法人或者其他组织向财产所在地基层人民法院提出。申请书应当写明财产的种类、数量以及要求认定财产无主的依据。"第 203 条规定："人民法院受理申请后，经审查核实，应当发出财产认领公告。公告满一年无人认领的，判决认定财产无主，收归国家或者集体所有。"第 204 条规定："判决认定财产无主后，原财产所有人或者继承人出现，在民法典规定的诉讼时效期间可以对财产提出请求，人民法院审查属实后，应当作出新判决，撤销原判决。"

（三）疑难点解析
1. 无人继承财产不被认定为无主物的例外情况

人民法院受理认定无人继承财产无主案件时，对继承人以外依靠被继承人扶养的人或者继承人以外对被继承人扶养较多的人请求人民法院分得遗产的，人民法院应当视情况适当分给遗产。例如，依法被收养的养子女对亲生父母的遗产不享有继承权，但其如果对亲生父母生前扶养较多，则能成为适当分得遗产的对象。就分得遗产的份额而言，人民法院一般会根据案件的实际情况予以考量。上海市杨浦区人民法院就曾在"陈某锡申请认定财产无主案"中，认为当财产价值不大时，收归国家或者集体所有并没有多大的实际意义，所以应当将遗产全部判决归申请人所有。[②] 如果遗产价值较大或者已经超越分给权利人遗产价值的，可将分割的遗产部分分给申请人，剩余部分收归国家或者集体所有，不可分割的不动产可以判决归申请人所有，但超出分给遗产部分由权利人支付房屋折价款并收归国家或者集体所有。

2. 认定财产无主的裁判及撤销

人民法院受理他人申请财产无主的案件时，应当发出财产认领公告，写明财产的种类、数量、所在地点，以及财产所有人未在公告期内认领的法律后果。在公告期间内，人民法院根据财产的具体情况可以指定他人看管或者代管，以防财产损坏或者被他人侵占，有人对财产提出请求的，人民法院应当裁定终结特别程序，告知申请人另行起诉。公告满 1 年无人认领的，人民法院应作出判决认定财产无主，收归国家或者集体所有。事后，若有权利人提出异议，人民法院可在审查属实后，作出新判决，撤销原有判决。

就此，有两个问题需要注意：其一，在公告期间内有人对财产提出请求的，人民法

---

① 最高人民法院发布 2017 年度十件海事审判典型案例之八：温州海事局申请认定财产无主案。
② 最高人民法院公报，1995（4）.

院应当对该请求进行形式审查。对主张财产归其所有或者享有财产的继承权等事宜，人民法院审查认为请求成立的，应当裁定终结特别程序；认为请求不成立的，应裁定驳回请求，并且不中断公告的时间。其二，判决的撤销适用诉讼时效的规定，即财产所有人及继承人自知道或者应当知道权利受到损害之日起 3 年内向人民法院提出异议，但自权利受到损害之日起超过 20 年的，人民法院不予保护；有特殊情况的，人民法院可以根据权利人的申请决定延长。

第七节　确认调解协议案件的审理程序

一、确认调解协议案件的适用范围与管辖法院

（一）难度与热度

难度：☆☆☆　热度：☆☆☆☆☆

（二）基本理论与概念

确认调解协议案件，又称司法确认案件，是指人民法院根据双方当事人的共同申请，对依法设立的调解组织调解达成的调解协议进行审查并确认法律效力的案件。

《民诉法》第 205 条规定，经依法设立的调解组织调解达成调解协议，申请司法确认的，由双方当事人自调解生效之日起 30 日内，共同向下列人民法院提出：（1）人民法院邀请调解组织开展先行调解的，向作出邀请的人民法院提出。（2）调解组织自行开展调解的，向当事人住所地、标的物所在地、调解组织所在地的基层人民法院提出；调解协议所涉纠纷应当由中级人民法院管辖的，向相应的中级人民法院提出。

（三）疑难点解析

1. 范围逐渐扩大

就司法确认案件的适用范围而言，2010 年出台的《人民调解法》明确规定人民调解协议可以成为司法确认的对象。2012 年《民诉法》首次规定了司法确认程序，并明确向人民法院申请司法确认的调解协议，既包括依照《人民调解法》经人民调解委员会调解达成的调解协议，也包括依据其他法律达成的调解。随后，为了保障调解协议司法确认制度的施行，最高人民法院于 2012 年发布《关于扩大诉讼与非诉讼相衔接的矛盾纠纷解决机制改革试点总体方案》，规定经行政机关、商事调解组织、行业调解组织或者其他具有调解职能的组织调解达成的协议，当事人申请确认其效力的，也可参照人民调解协议司法确认程序办理。现行《民诉法》在立法层面正式扩张了司法确认程序的适用范围，立法表述将"依照人民调解法等法律"达成的调解协议修改为"依法设立的调解组织"调解达成的调解协议，规定可以由双方当事人共同向有管辖权的人民法院申请司法确认。对此，本书认为为了达到争议多元化解之目标，应将此处的"依法"解释为最广泛意义上的"法律"，可申请司法确认的调解协议应包含以下四类。

其一，经人民调解组织调解达成的调解协议。具体而言，人民调解组织既包括由村民委员会和居民委员会设立的人民调解委员会，又包括在纠纷易发领域的行业性、专业

性人民调解组织，如医疗纠纷人民调解委员会。①

其二，经行政调解组织调解达成的调解协议。具体而言，在治安管理、社会保障、交通事故赔偿、医疗卫生、消费者权益保护、环境污染、知识产权等领域，可以设置行政调解组织并根据当事人申请或者依职权进行调解，如依托道交纠纷网上一体化处理平台，调解组织对受理的道路交通事故损害赔偿纠纷进行调解，当事人可运用平台在线申请司法确认。②

其三，经商事调解组织调解达成的调解协议。商事交易活动产生的纠纷在纠纷解决方面有着寻求高效便捷的价值追求，这类纠纷的调解还特别依赖调解人员对商事活动运营方式的了解。特别是在国际商事领域，应支持具备条件、在国际上享有良好声誉的国内调解机构、商事调解组织开展涉"一带一路"国际商事调解，为参与国当事人之间的跨境商事纠纷出具调解协议，并可以向人民法院申请司法确认获得强制执行力。③

其四，经行业调解组织调解达成的调解协议。具体而言，具备条件的商会、行业协会、调解协会、民办非企业单位等设立的行业调解组织，在投资、金融、保险、银行、知识产权等领域可开展调解活动，调解成功后双方均可申请人民法院确认所形成的调解协议的法律效力。如金融行业消费纠纷调解组织，在处理消费投诉过程中，可以向投诉人提出通过调解解决消费纠纷。④

2. 管辖法院多元化

对于人民法院委派或者邀请调解组织开展先行调解的，双方当事人应共同向作出委派或者邀请的人民法院申请确认调解协议。对于调解组织自行开展调解活动达成的调解协议，当事人申请司法确认的管辖法院在立法上历经三次实质修改。其一，2009 年最高人民法院在《衔接意见》中首次明确当事人向人民法院申请确认调解协议效力的，允许当事人在不违反专属管辖的前提下，书面约定向当事人住所地、调解协议履行地、调解协议签订地以及标的物所在地基层人民法院提出；如果当事人之间没有约定的，则除专属管辖的情形外，其余均应由当事人住所地或者调解协议履行地基层人民法院管辖。其二，2011 年最高人民法院在《司法确认规定》中明确当事人应当向主持调解的人民调解委员会所在地基层人民法院或者它派出的法庭申请确认调解协议效力，这一立场后为2012 年《民诉法》所吸收。其三，2021 年《民诉法》修改时，对调解组织自行开展调解的司法确认管辖法院作出了较大修改。在地域管辖方面，当事人住所地、标的物所在地、调解组织所在地人民法院均有管辖权；在级别管辖方面，调解协议所涉纠纷应由中级人民法院管辖的，可以突破特别程序由基层人民法院审理的限制，当事人应当向相应的中

---

① 《医疗纠纷预防和处理条例》第 32 条第 1 款规定："设立医疗纠纷人民调解委员会，应当遵守《中华人民共和国人民调解法》的规定，并符合本地区实际需要。医疗纠纷人民调解委员会应当自设立之日起 30 个工作日内向所在地县级以上地方人民政府司法行政部门备案。"《医疗纠纷预防和处理条例》第 39 条第 2 款规定："达成调解协议的，医疗纠纷人民调解委员会应当告知医患双方可以依法向人民法院申请司法确认。"

② 《道路交通事故损害赔偿纠纷"网上数据一体化处理"工作规范（试行）》第 26 条规定："经调解达成协议的，各方当事人可以依法自调解协议生效之日起三十日内，通过道交纠纷网上一体化处理平台在线申请司法确认。"

③ 参见《关于建立"一带一路"国际商事争端解决机制和机构的意见》。

④ 参见中国人民银行、中国银行保险监督管理委员会、中国证券监督管理委员会、国家外汇管理局《关于金融支持海南全面深化改革开放的意见》第 37 条。

级人民法院提出确认调解协议效力申请。①

二、确认调解协议案件的审理

（一）难度与热度

难度：☆☆☆　热度：☆☆☆

（二）基本理论与概念

《民诉法》第206条规定："人民法院受理申请后，经审查，符合法律规定的，裁定调解协议有效，一方当事人拒绝履行或者未全部履行的，对方当事人可以向人民法院申请执行；不符合法律规定的，裁定驳回申请，当事人可以通过调解方式变更原调解协议或者达成新的调解协议，也可以向人民法院提起诉讼。"

（三）疑难点解析

1. 确认调解协议案件的受理

人民法院收到确认调解协议效力的申请，应对当事人提交的材料予以审查并决定是否受理。司法确认程序的受理审查包括主体适格、申请期限、管辖权、案件类型等方面。

首先，就主体资格的审查而言，人民法院主要审查双方当事人是否就申请司法确认达成合意。具体而言，申请人民法院确认调解协议的效力，要求双方当事人或者代理人共同提出。在形式上，一方面，其表现为双方当事人共同提交书面申请，也包括同时到人民法院提出口头申请，由人民法院记入笔录，并由双方当事人签字、捺印或者盖章。另一方面，其也表现为一方当事人向人民法院提出书面或者口头申请，另一方当事人通过提交书面同意书等方式表示同意对调解协议的效力加以司法确认，此时视为双方当事人共同提出。

其次，就申请期限的审查而言，人民法院应当审查双方当事人提出司法确认的期限是否符合法定条件，即是否在调解协议生效之日起的30日内提起申请。

再次，就管辖权的审查而言，即人民法院应当核实当事人的申请是否属于人民法院

---

① 事实上，2021年《民诉法》关于这一问题的立场在修法过程中也有过争论。起初，全国人大常委会2021年10月23日发布的《民诉法（修正草案）》第16条，曾将确认调解协议效力的管辖法院根据调解协议调解机构的不同分为三类：其一，对于人民法院邀请调解组织、调解员开展先行调解形成的调解协议，当事人应向作出邀请的人民法院申请确认效力；其二，对于当事人申请由人民调解委员会调解形成的调解协议，当事人应当向人民调解委员会所在地基层人民法院提出确认调解协议效力的申请；其三，对当事人申请由其他依法设立的调解组织或者依法任职的调解员调解形成的调解协议，当事人应向当事人住所地、标的物所在地的基层人民法院提出。在此基础上，上述《民诉法（修正草案）征求意见》还规定如果调解协议所涉纠纷本身应当由中级人民法院、专门人民法院管辖，当事人应向相应的中级人民法院、专门人民法院提出。概言之，前述《民诉法（修正草案）》将司法确认程序的适用范围扩张为"经依法设立的调解组织和依法任职的调解员进行调解而达成的调解协议"，即允许存在调解组织和个人调解两种模式。在此基础上，对于人民调解委员会达成的调解协议延续以往的做法，仍由调解组织所在地人民法院受理调解协议效力的确认；其他调解组织或者调解员开展的调解活动，难以确定调解组织所在地或者不存在调解组织所在地的，可以向当事人住所地、标的物所在地人民法院申请司法确认。但是，在该草案的审议过程中，有观点提出调解协议经确认后具有强制执行力，适用范围的扩大应当严格、谨慎，故在2021年12月24日发布的《民诉法》删除了个人调解模式下依法任职调解员调解达成的调解协议可以申请司法确认的规定，将调解组织自行开展的调解的司法确认管辖法院统一规定为当事人住所地、标的物所在地、调解组织所在地人民法院，相较于2012年《民诉法》的规范为当事人提供了更多的选择，并为纠纷网上处理平台开展线上调解的司法确认提供了保障。

的受理范围。具体而言，如果是经仲裁庭组织调解并达成协议的，仲裁庭制作的调解书与裁决书具有同等法律效力，无须再向人民法院申请确认调解书效力；管辖审查还涉及收到申请的人民法院本身是否依法享有管辖权。值得注意的是，调解组织自行开展调解的，如果有多个调解组织参与，宜认定各调解组织所在地人民法院均有管辖权；如果双方当事人共同向数个有管辖权的人民法院申请确认调解协议效力，宜由最先立案的人民法院管辖。

最后，就案件类型的审查而言，主要指人民法院应当甄别是否存在身份关系、物权和知识产权确权或者应适用其他程序审理等不宜司法确认的情况。具体而言，身份关系中婚姻关系、亲子关系、收养关系确认无效、有效或者解除都涉及他人权益并会产生社会影响，无法通过调解的方式处理纠纷，当事人应借助诉讼或者法律明确规定的途径予以解决。物权和知识产权的确权案件因涉及当事人的重大利益并且专业性程度较高，不宜由人民法院适用特别程序确认调解协议效力，如不动产所有权分割、代持股权权属认定等确权类纠纷，应当通过诉讼程序解决。至于其他特别程序、公示催告程序、破产程序都具有各自的特点及适用范围，适用前述程序审理的案件与司法确认程序具有显著的区别而不宜混同。

2. 确认调解协议案件的审理

人民法院经审查决定受理案件的，应当向当事人送达受理通知书，指定一名审判员对调解协议进行审查，对于重大、疑难的案件应由审判员组成合议庭审理。人民法院在审理调解协议效力案件时，应当通知双方当事人同时到场进行核实；如果认为当事人的陈述或者提供的证明材料不充分、不完备或者存在疑点，可以要求当事人限期补充陈述或者证明材料。必要时，人民法院可以向调解组织核实有关情况。

对于调解协议效力的认定，人民法院应当审查调解协议是否符合法律规定，具体而言，如果调解协议存在下列情况之一，则不应当确定其具有法律约束力：（1）违反法律强制性规定；（2）损害国家利益、社会公共利益、他人合法权益；（3）违背公序良俗；（4）违反自愿原则；（5）内容不明确；（6）其他不能进行司法确认的情形。

3. 确认调解协议案件的裁定及救济程序

人民法院对双方当事人共同申请确认调解协议效力的案件，作出的裁定包含受理、不予受理、准许撤回申请、确认调解协议有效以及驳回申请等，当事人如果对裁定不服，则可依法申请救济。

其一，人民法院对确认调解协议效力的申请应当依法审查其是否符合案件受理条件，对于符合受理条件的，应及时向申请人送达受理通知书；如果人民法院发现存在不予受理情形，应作出不予受理的裁定并送达至申请人。对于不属于人民法院受理范围的，应当告知申请人向有权管辖的机关提出申请；如果不归收到申请的人民法院管辖或者应当由人民法院适用其他程序审理，则告知申请人向有管辖权的人民法院提出申请或者变更具体请求；对于案件类型不适宜调解的，应当告知申请人另行提起诉讼或者通过其他纠纷解决方式处理。申请人对不予受理裁定有异议的，应当在收到裁定之日起 15 日内向作出裁定的人民法院提出异议。

其二，在人民法院确认调解协议效力之前，如果当事人撤回申请，人民法院可以裁定准许。在人民法院要求当事人限期补充陈述或者补充证明材料而当事人无正当理由未按期补正或者拒不接受询问的情况下，人民法院可以按当事人撤回申请处理。人民法院在作出准许撤回申请的裁定后，当事人如果针对相同的调解协议再次提出司法确认申请，应在调解协议生效之日起 30 日内，由双方当事人共同向有管辖权的人民法院提出。

其三，人民法院受理案件后，如果发现存在依法本不应该予以受理的情形，则应当依法裁定驳回申请。具体而言，对于涉及身份关系或者物权、知识产权确权等不宜适用调解的方式解决的纠纷，当事人应向人民法院提起诉讼；对于其他被驳回申请的情形，当事人有权在变更原调解协议或者重新达成新的调解协议后，再向人民法院申请确认调解协议的效力，当事人也可以直接向人民法院提起诉讼以解决民事争议。当事人如果对人民法院作出的驳回申请裁定有异议，可以在收到裁定之日起 15 日内向作出裁定的人民法院提出异议。

其四，人民法院受理申请后，应对调解协议的合法性、自愿性和可执行性予以审查，符合法律规定的，应在立案之日起 30 日内作出确认调解协议有效的裁定①，一方当事人拒绝履行或者未全部履行的，对方当事人可以向人民法院申请强制执行。根据我国现行法律规定，裁定书一经送达即发生法律效力，当事人不得申请再审，未参与司法确认程序的案外人即使合法权益受损也不得提起第三人撤销之诉。但是，当事人和利害关系人有权向作出裁定的人民法院提出异议，其中，当事人有异议的，应当在收到裁定之日起 15 日内提出；利害关系人有异议的，自知道或者应当知道民事权益受到侵害之日起 6 个月内提出。

第八节　实现担保物权案件的审理程序

一、实现担保物权案件的范围与管辖法院

（一）难度与热度

难度：☆☆☆　热度：☆☆☆☆

（二）基本理论与概念

实现担保物权案件，是指债务人不履行到期债务，担保物权人及其他有权请求实现担保物权的人依法申请人民法院对担保标的物进行拍卖、变卖，并就拍卖、变卖款项有权优先受偿的案件。

《民诉法》第 207 条规定："申请实现担保物权，由担保物权人以及其他有权请求实现担保物权的人依照民法典等法律，向担保财产所在地或者担保物权登记地基层人民法院提出。"

---

① 关于司法确认案件的审限，《司法确认规定》第 5 条第 1 款规定："人民法院应当自受理司法确认申请之日起十五日内作出是否确认的决定。因特殊情况需要延长的，经本院院长批准，可以延长十日。"《民诉法》第 187 条规定："人民法院适用特别程序审理的案件，应当在立案之日起三十日内或者公告期满后三十日内审结。有特殊情况需要延长的，由本院院长批准。但审理选民资格的案件除外。"根据新旧法律使用规则，司法确认案件适用特别程序审理，审理期限应符合其规定。

（三）疑难点解析

1. 实现担保物权案件的范围

在前民法典时代，担保物权实现程序的实体法依据主要有《担保法》，其就抵押权实现规定抵押权人可以与抵押人协议通过折价或者拍卖、变卖抵押物方式实现，协议不成的，抵押权人可以向人民法院提起诉讼。《物权法》就担保物权实现规定抵押权人、出质人及财产被留置的债务人可以请求人民法院拍卖、变卖担保财产，且仅在抵押权实现部分采用了协议实现与申请人民法院实现并存的方式。之后，《民法典》对于担保物权的实现延续了《物权法》的规定，最高人民法院发布《担保制度解释》在非典型担保部分的所有权保留合同与融资租赁合同中规定可以参照适用担保物权实现程序，拍卖、变卖标的物及租赁物。

实现担保物权程序主要适用于法定担保物权的实现和非典型担保权的实现。法定担保物权是以支配特定财产的交换价值为内容，以确保债权实现为目的而设立的物权，包括抵押权、质权、留置权。具体而言，抵押权的实现是债务人不履行到期债务或者发生当事人约定实现抵押权的情形时，抵押权人或者抵押人可以请求人民法院拍卖、变卖抵押财产。实体法规范将有权申请实现担保物权程序的主体规定为抵押权人，最高人民法院基于满足实现担保物权条件时因抵押权人不及时向人民法院申请实现可能带来抵押物贬值及增加利息的影响，出台司法解释允许抵押人作为"其他有权请求实现担保物权的人"直接向人民法院申请实现担保物权。质权的实现是债务人不履行到期债务或者发生当事人约定实现质权的情况时，质权人有权就债务人或者第三人出质给其占有的财产优先受偿，质权人不及时与出质人达成协议以质押财产折价或者向人民法院申请实现质权的，出质人可以请求人民法院拍卖、变卖质押财产。留置权的实现是债务人在约定留置财产后的债务履行期限内未履行债务的，留置权人可以与债务人协商折价或者请求人民法院拍卖、变卖留置财产并就所得价款优先受偿，留置权人不及时行使的，债务人有权向人民法院申请实现担保物权。就非典型担保而言，融资租赁合同、所有权保留合同就是典型例子。

2. 实现担保物权案件的管辖法院

申请实现担保物权，应当向担保财产所在地或者担保物权登记地基层人民法院请求拍卖、变卖担保财产或者所有权保留的标的物、租赁物。在地域管辖方面，除特别程序的管辖均要求不违反专属管辖的规则外，还需注意以下四点。

其一，对管辖法院设置的法理应作如下理解：一方面，对于在动产、不动产上设定的担保权，认定担保财产所在地人民法院享有管辖权，有利于司法机关了解财产的情况并依当事人申请裁定采取保全措施；另一方面，认定担保物权登记地人民法院享有管辖权，主要是考虑到权利质权的特殊属性，即可能无法确定财产所在地且此类担保物权登记地的人民法院更方便了解财产权利的情况。

其二，就权利质权的实现而言，应当注意票据（汇票、本票及支票）、债券、存款单、仓单、提单设立质权的成立要件与其他权利质权存在差别，此类质权自权利凭证交付时设立，没有权利凭证的，于办理登记时设立。就实现此类质权的管辖法院而言，有权利凭证，应由持有人住所地人民法院管辖；没有权利凭证的，应由出质登记地的人民法院管辖。

其三，债权的多个担保物在不同地区时，当事人有权选择向其中任一有管辖权的人民法院提出请求，基于方便人民法院查封、扣押、冻结担保财产以及当事人实现担保物权的考量，应当允许当事人分别向有管辖权的人民法院申请实现担保物权。

其四，在级别管辖方面，实现担保物权案件应当由基层人民法院管辖，担保财产标的额超过基层人民法院管辖范围的，应当由受理案件的基层人民法院组成合议庭进行审查。需要注意的是，与司法确认案件可能由中级人民法院管辖不同，在实现担保物权案件中，即使担保财产的标的额超过基层人民法院管辖范围，也应当由基层人民法院管辖。从管辖规则的体系性角度来看，现行立法对此作如上划分，是否具有足够的法理依据，尚值进一步讨论。①

二、实现担保物权案件的审理程序

（一）难度与热度
难度：☆☆☆　热度：☆☆☆

（二）基本理论与概念
《民诉法》208 条规定："人民法院受理申请后，经审查，符合法律规定的，裁定拍卖、变卖担保财产，当事人依据该裁定可以向人民法院申请执行；不符合法律规定的，裁定驳回申请，当事人可以向人民法院提起诉讼。"

（三）疑难点解析
1. 实现担保物权案件的受理

当事人申请实现担保物权应当提交申请书、证明担保物权存在且实现担保物权条件成就的材料、担保财产现状的说明等材料，人民法院审查后认为符合受理条件的，应在 5 日内向被申请人送达；被申请人在收到申请书副本、异议权利告知书等文书后，如有异议，也应当在 5 日内向人民法院提出。在理解人民法院受理实现担保物权案件时应当注意两个问题。

其一，明确担保物权实现程序与实现担保物权的关系，即担保物权人是否只能通过非讼程序实现担保物权。诉讼模式以及非讼模式本身只是一个实现担保物权的程序选择，没有理由因为立法提供了非讼模式的法律依据，就否定当事人以诉讼程序实现担保物权的选择权。实践中有人民法院在担保物权人将主债务人与物上保证人作为共同被告提起诉讼要求实现主债权并享有优先受偿权时，以实现担保物权应适用特别程序为由裁定驳回起诉。② 然而，申请实现担保物权本质上即是为了实现主债权，同时起诉主债务人与物上保证人并无法理障碍。实现权利路径的选择是当事人意思自治的范畴，法无禁止即可行，司法实务对担保物权人选择如何实现自己权利的问题理应持不干涉的立场。对此，《担保制度解释》已予以确认。

其二，当事人申请实现担保物权是否以担保物权人与物上保证人协商为要件。法定

---

① 就《民诉法》规定应由中级人民法院管辖的第一审民事案件而言，其包含重大涉外案件、在本辖区内有重大影响的案件、最高人民法院确定由中级人民法院管辖的案件，其中重大涉外案件主要包括争议标的额大的案件、案情复杂的案件，或者一方当事人人数众多的案件。

② 参见辽宁省本溪市平山区人民法院（2019）辽 0502 民初 396 号民事裁定书。

担保物权实现的实体法规范中，在抵押权部分规定了协议实现方式之外的担保物权实现的程序路径，即抵押权人与抵押人未就抵押权实现方式达成协议的，抵押权人可以请求人民法院拍卖、变卖抵押财产。根据法条的字面表述，似乎抵押权人申请实现抵押权应以其与抵押人已经就如何实现抵押权进行过协商但并未达成协议为前提，但是，如同当事人对于非讼程序和诉讼程序的选择适用一样，抵押权人与抵押人协商实现抵押权或者直接向人民法院通过诉讼或者非讼程序请求实现，都是抵押权人对于实现权利路径的选择。

2. 实现担保物权案件的审查

人民法院通过询问当事人、被申请人、利害关系人或依职权调查相关事实的方式，就担保物权实现的条件以及是否损害他人合法权益的内容进行审查。其中担保物权实现的条件涉及主合同的效力、期限、履行情况，担保物权是否有效设立、担保财产的范围、被担保的债权范围、被担保的债权是否已届清偿期等事项。被申请人向人民法院提出异议的，人民法院应对异议进行审查，确实存在民事权益争议的或者有部分实质性争议的，不予支持申请人提出的有争议部分的请求。人民法院经审查发现被申请人异议不成立的，应驳回其异议。在申请人请求实现担保物权后，被申请人未提出异议或者积极配合的案件，人民法院应当注意审查是否存在损害他人合法权益的情况，必要时可以依职权调查担保财产的相关情况。

值得注意的是，担保物权实现程序应当如何与仲裁程序进行衔接。司法实务中，有人民法院根据地方人民法院出台的规范性文件认为担保合同中仲裁条款的约定排除了人民法院对案件的主管而驳回当事人的申请[1]，对此，最高人民法院在《担保制度解释》中明确规定，被申请人以担保合同约定仲裁条款为由向人民法院提出异议的，人民法院应当根据当事人对担保物权是否存在实质性争议而决定究竟是直接适用特别程序，还是在驳回申请后告知其向约定的仲裁机构提出仲裁申请。对此，本书倾向于认为，担保物权人与物上保证人已经达成仲裁条款的，应当尊重当事人对于纠纷解决方式的选择。而且，当事人对于担保物权有无实质性争议应当交由仲裁庭判断，并不属于法院审查的范围。

3. 实现担保物权案件的裁定与救济

当事人通过特别程序请求人民法院拍卖、变卖担保财产，旨在节省担保物权人实现担保物权的成本。特别程序作为非讼程序，本身不能对当事人间的实质争议进行审理，因此，实现担保物权案件的裁定依据当事人对担保物权是否有效设立、债权是否已届清偿期等事实是否存在争议而有所不同。具体而言，当事人对实现担保物权无实质性争议且实现担保物权条件成就的，人民法院应当裁定准许拍卖、变卖担保财产；当事人对实现担保物权存在部分实质性争议的，人民法院可以就无争议部分裁定准许拍卖、变卖；当事人对实现担保物权存在实质性争议的，应当裁定驳回申请并告知申请人向人民法院提起诉讼。当事人对准许拍卖、变卖担保财产裁定有异议的，应当在收到裁定之日起15日内向作出裁定的人民法院提出。利害关系人有异议的，自知道或者应当知道其民事权益受到侵害之日起6个月内提出异议。经人民法院审查，异议成立或者部分成立的，作出新裁定；异议不成立的，裁定驳回。当事人申请实现担保物权被人民法院裁定驳回申

---

[1] 参见重庆市合川区人民法院（2021）渝0117民特216号民事裁定书。

请后，可以向有管辖权的人民法院提起诉讼。若对于驳回申请的裁定存在异议，应适用准许实现担保物权裁定的异议程序，在收到裁定之日起 15 日内向作出裁定的人民法院提出异议。

值得注意的是，与担保财产存在利害关系的第三人对当事人实现担保物权有实质性争议的，如第三人对担保财产权属存在异议等情况，人民法院经审查核实，应当驳回申请。但同一财产设立多个担保物权的情况，登记在先的担保物权人提出异议的，人民法院继续适用特别程序审理并为登记在先的担保物权人保留其优先受偿部分即可。

本章实务案例研习

一、海西蒙古族藏族自治州生态环境局、青海盐湖能源有限公司申请司法确认调解协议案件[①]

案例考点：生态环境损害赔偿磋商协议的司法确认

（一）案情简介

青海盐湖能源有限公司自 2012 年入驻木里聚合更矿区七号井进行开采，至 2014 年根据政府要求对木里矿区生态环境进行整治时停止开采。其间该公司未取得探矿权证和采矿权证，井田面积为 5.09 平方千米。其中木里聚合更矿区七号井的 1 个采坑及 2 座渣山区域受损。

2021 年 3 月 24 日，海西蒙古族藏族自治州人民政府指定海西蒙古族藏族自治州生态环境局负责木里矿区 14 家企业的生态环境赔偿磋商、诉讼的具体工作。2021 年 12 月 6 日，海西蒙古族藏族自治州生态环境局作为甲方，青海盐湖能源有限公司作为乙方达成"生态环境损害赔偿与生态环境恢复治理协议"。协议内容为："一、乙方应向甲方支付生态环境损害赔偿费 95 000 000 元（大写：玖仟伍佰万元整），并于 2021 年 12 月 31 日前支付至甲方指定的银行账号。二、乙方应向甲方支付生态环境修复治理资金 100 000 000 元（大写：壹亿元整），并于 2022 年 12 月 31 日前支付至甲方指定的银行账号。三、如乙方未按本协议第一条规定时间足额付款，甲方有权要求乙方一次性支付生态环境损害赔偿费和生态环境修复治理资金共计人民币 195 000 000 元（大写：壹亿玖仟伍佰万元整）。四、本协议签订后，木里矿区聚合更七号井矿区生态环境修复治理与乙方无关，乙方不再承担任何有关木里矿区聚合更七号井矿区生态环境损害赔偿和生态环境修复治理责任。五、本协议在履行过程中如发生争议，双方友好协商解决，协商不成的，甲方有权就本协议第一、二、三条具体约定内容向人民法院申请执行。六、双方确认，在本协议签订之日起 30 日内共同向有管辖权的人民法院申请司法确认。七、本协议经双方签字盖章并经司法确认后生效，协议一式七份，甲乙双方各三份，报海西蒙古族藏族自治州人民政府一份，均具有同等法律效力。"

[①] 案例来源：青海省海西蒙古族藏族自治州中级人民法院（2021）青 28 民特 30 号民事裁定书。

（二）法院裁定

青海省海西蒙古族藏族自治州中级人民法院于 2021 年 12 月 27 日受理司法确认申请后依法组成合议庭进行了审查，于 2022 年 1 月 14 日在人民法院报对"生态环境损害赔偿磋商协议"进行了公告。经公告，至 2022 年 2 月 14 日止，无任何单位、组织、个人向法院书面告知该协议内容存在违反法律强制性规定、损害国家利益和社会公共利益的情形。法院于 2022 年 3 月 2 日对案件进行了公开开庭审理。

法院对协议内容审查后认为，双方达成的"生态环境损害赔偿磋商协议"是双方当事人的真实意思表示，符合司法确认调解协议的法定条件，遂裁定确认协议有效。一方当事人拒绝履行或者履行不完全的，对方当事人可以向人民法院申请强制执行。

（三）学理分析

《生态环境损害赔偿规定》第 20 条规定："经磋商达成生态环境损害赔偿协议的，当事人可以向人民法院申请司法确认。人民法院受理申请后，应当公告协议内容，公告期间不少于三十日。公告期满后，人民法院经审查认为协议的内容不违反法律法规强制性规定且不损害国家利益、社会公共利益的，裁定确认协议有效。裁定书应当写明案件的基本事实和协议内容，并向社会公开。"本案中，海西蒙古族藏族自治州人民政府指定海西蒙古族藏族自治州生态环境局负责青海盐湖能源有限公司开采造成生态环境损害的赔偿磋商工作，2021 年 12 月 6 日达成"生态环境损害赔偿磋商协议"并在 30 日内向法院申请确认协议效力。因涉案协议标的额超出基层人民法院受理范围，双方当事人共同向青海省海西蒙古族藏族自治州中级人民法院提出司法确认的申请，法院在受理后，因本案涉及生态环境破坏及修复且损害赔偿金额大，属于重大疑难的非讼案件，应由审判员组成合议庭进行审理。值得注意的是，不同于其他调解组织达成调解协议的司法确认程序，生态环境损害赔偿协议效力的确认应当由法院发出公告，其法理基础在于生态环境损害赔偿协议需明确生态损害的事实、程度、赔偿方式、环境修复的具体措施等事项，公告在接受社会广泛监督的同时旨在保护不特定公众的环境权益。但是，法院对案件进行了公开开庭审理且判决书载明双方当事人的委托诉讼代理人均到庭参加"诉讼"，这与司法确认案件作为非讼案件不开庭审理的原则相悖。

二、卢某某与徐某某、黄某某申请实现担保物权案件①

案例考点：实现担保物权案件中的异议审查程序

（一）案情简介

2014 年 3 月 25 日，被申请人徐某某、黄某某（夫妻关系）与申请人卢某某签订了书面借款合同，约定：徐某某、黄某某向卢某某借款 42 万元，借款期限 6 个月，还款日期为 2014 年 9 月 24 日，借款方如逾期不还，将从到期日起付日利息 1%。同时，双方签订了"房产抵押合同"，徐某某、黄某某以其位于某县某某小区 X 幢 Y 室的房屋作为抵押，抵押期限为 6 个月，自 2014 年 3 月 25 日至 9 月 24 日。当日，被申请人徐某某、黄某某向申请人卢某某出具借条一张，载明："今借到卢某某人民币现金 42 万元整，月息五

---

① 案例来源：安徽省无为县人民法院（2015）无民申担字第 00022 号民事裁定书、安徽省无为县人民法院（2015）无民申担字第 00028 号民事裁定书。

分。"次日，双方在房产登记部门办理了房屋抵押登记。合同约定的借款期满后，申请人卢某某多次向被申请人催讨还款，被申请人通过手机短信回复，请求宽延还款期限并偿还了部分利息。

（二）法院裁定

安徽省无为县人民法院于 2015 年 6 月 24 日立案受理申请人卢某某与被申请人徐某某、黄某某实现担保物权案件，依法由一名审判员适用特别程序进行审查，2015 年 7 月 8 日进行听证，申请人、被申请人的委托代理人均参加了听证。被申请人在听证中提出：虽然其与申请人签订了借款合同，出具了借条，但实际并没有收到申请人的借款；借条上的利率也是借条出具后申请人添加的，出具借条时并没有注明利率。

法院经审查认为：双方签订的合同和抵押合同是双方真实意思表示，被申请人提出没有收到借款和借条没有注明利息，未能提供相应的证据支持其主张，这既与其向申请人要求宽延还款期限和偿还部分借款利息的事实矛盾，也违背申请人贷款获取利息的目的，法院不予采信。同时，法院认为抵押合同约定的房屋抵押担保期限应为主合同借款期限，对担保物权的存续不具有约束力，抵押担保有效。综上，法院裁定对被申请人徐某某、黄某某所有的位于某县某某小区 X 幢 Y 室的房屋予以拍卖、变卖，所得款项在被申请人担保的范围内优先清偿申请人卢某某的债权，即本金 42 万元及利息（从借款之日起按银行同类贷款利率的四倍计算至借款偿还之日止，已付利息从中扣减）。

徐某某、黄某某对安徽省无为县人民法院 2015 年 7 月 20 日作出的准许实现担保物权的裁定不服，于 2015 年 8 月 5 日向安徽省无为县人民法院提出异议，法院立案受理后依法组成合议庭进行了审查。

法院经审查认为：异议人徐某某、黄某某对涉案借款合同约定的 42 万元借款的交付及借条上注明利息的真实性均予以否认，双方当事人的该争议涉及主合同效力，系双方民事权益争议，应视为对实现担保物权存在实质性争议，不属于人民法院对申请实现担保物权审查认定范围。裁定撤销安徽省无为县人民法院（2015）无民申担字第 00022 号民事裁定，驳回卢某某实现担保物权申请。

（三）学理分析

2015 年《民诉解释》第 371 条（2022 年《民诉解释》第 369 条）规定："人民法院应当就主合同的效力、期限、履行情况，担保物权是否有效设立、担保财产的范围、被担保的债权范围、被担保的债权是否已届清偿期等担保物权实现的条件，以及是否损害他人合法权益等内容进行审查。被申请人或者利害关系人提出异议的，人民法院应当一并审查。"本案被申请人徐某某、黄某某在听证中对主合同效力提出异议，法院审查中因被申请人没有提供证据证明未收到借款和借条没有注明利息的主张，认为被申请人异议不成立而裁定准许拍卖、变卖抵押财产。被申请人在收到裁定的法定期间内向作出裁定的法院提出异议，指出卢某某也未能提交证据证明已经向徐某某、黄某某交付了借款，且卢某某催讨利息及徐某某请求延期还款也并无证据支持，法院受理后另行组成合议庭进行审理，认为徐某某、黄某某的异议属于对实现担保物权有实质性争议，径行裁定准许实现担保物权确有错误。

本案的核心在于：法院对当事人或者利害关系人提出的异议是否需要审查以及应当怎样进行审查？首先，法院应当对案件审查阶段收到的异议予以审查，被申请人提出异议的期限不应限于收到法院送达申请书、异议权利告知书等文书后的 5 日内，本案中法院组织听证时被申请人提出的异议也应当予以审查。其次，法院的审查范围应是主合同效力、期限、履行情况，担保物权实现条件是否达成以及是否涉及他人合法权益，法院认为当事人及利害关系人就上述事实存在实质性争议的，应就有争议部分裁定驳回申请。同时，应注意被申请人滥用异议的权利，法院不得收到异议即终结实现担保物权程序，应当审查确认异议符合法定要件。如保证人提出银行在发放贷款时明知借款人将改变借款用途，银行放任放款的行为对到期贷款不能归还应负有责任，保证人以此为由提出应当免除保证责任，法院经审查认为该异议并非实质性争议，径行裁定准许拍卖、变卖抵押财产。[①] 最后，在非讼程序中法院应当依职权审查实现担保物权条件是否成就，本案中"房产抵押合同"明确抵押期限为 2014 年 3 月 25 日至 9 月 24 日，法院于 2015 年 6 月 24 日受理案件，保证期间作为除斥期限不适用中止、中断或者延长的规定。换言之，担保物权因抵押期间届满而丧失实现的条件，即便被申请人未向法院提出异议，法院也应当审查核实后驳回申请。

》 本章同步练习

一、选择题

1. 关于《民诉法》规定的特别程序的表述，下列哪一选项是正确的？（　　）
A. 适用特别程序审理的案件都是非讼案件
B. 起诉人或申请人与案件都有直接的利害关系
C. 适用特别程序审理的案件都是一审终审
D. 人民陪审员通常不参加适用特别程序案件的审理

2. 李某因债务人刘某下落不明申请宣告刘某失踪。法院经审理宣告刘某为失踪人，并指定刘妻为其财产代管人。判决生效后，刘父认为由刘妻代管财产会损害儿子的利益，要求变更刘某的财产代管人。关于本案程序，下列哪一说法是正确的？（　　）
A. 李某无权申请刘某失踪
B. 刘父应提起诉讼变更财产代管人，法院适用普通程序审理
C. 刘父应向法院申请变更刘妻的财产代管权，法院适用特别程序审理
D. 刘父应向法院申请再审变更财产代管权，法院适用再审程序审理

3. 甲起诉 A 公司，诉讼过程中甲遭遇车祸变成植物人，甲父主张撤诉，安心照顾儿子养病，甲的妻子主张必须继续进行诉讼。请问法院应当如何处理？（　　）
A. 终结诉讼
B. 由甲的妻子作为法定代理人继续诉讼
C. 由甲的妻子作为原告进行诉讼
D. 中止诉讼

---

① 参见河北省邯郸市邯山区人民法院（2016）冀 0402 民特 6 号民事裁定书。

4. 甲区 A 公司将位于丙市价值 5 000 万元的写字楼转让给乙区的 B 公司。后双方发生争议，经丁区人民调解委员会调解达成协议：B 公司在 1 个月内支付购房款。双方又对该协议申请法院作出了司法确认裁定。关于本案及司法确认的表述，下列哪些选项是不正确的？（　　）

（注明：假设题干所涉市、区均在同一省级行政辖区且中级人民法院管辖诉讼标的额为 1 亿元以上的第一审民商事案件）

A. 应由丙市中级人民法院管辖

B. 可由乙区法院管辖

C. 应由一名审判员组成合议庭，开庭审理司法确认申请

D. 本案的调解协议和司法确认裁定，均具有既判力

5. 康某不慎撞伤了王某，经人民调解委员会调解，双方达成协议：康某赔偿王某 1 万元。双方向 A 区法院申请司法确认。后来王某得知自己的伤残等级应当获得更多的赔偿，即以构成重大误解为由向 A 区法院申请撤销该调解协议。关于本案，法院的正确处理方式是？（　　）

A. 根据一事不再理原则，驳回王某的申请

B. 应适用特别程序审理

C. 应适用简易程序审理

D. 告知当事人向上一级人民法院申请再审

6. 李云将房屋出售给王亮，后因合同履行发生争议，经双方住所地人民法院调解委员会调解，双方达成调解协议，明确王亮付清房款后，房屋的所有权属于王亮。为确保调解协议的效力，双方约定向法院提出司法确认申请，李云随即长期出差在外。下列哪一说法是正确的？（　　）

A. 本案系不动产交易，应向房屋所在地法院提出司法确认申请

B. 李云长期出差在外，王亮向法院提出确认申请，法院可受理

C. 李云出差两个月后，双方向法院提出确认申请，法院可受理

D. 本案的调解协议内容涉及物权确认，法院不予受理

7. 甲公司与银行订立了标的额为 8 000 万元的贷款合同，甲公司董事长美国人汤姆用自己位于 W 市的三套别墅为甲公司提供抵押担保。贷款到期后甲公司无力偿还，银行向法院申请适用特别程序实现对别墅的抵押权。关于本案的分析，下列哪一项是正确的？（　　）

A. 由于本案标的金额巨大，且具有涉外因素，银行应向 W 市中院提交书面申请

B. 本案的被申请人只应为债务人甲公司

C. 如果法院经过审查，作出拍卖裁定，可直接移交执行庭进行拍卖

D. 如果法院经过审查，驳回银行申请，银行可就该抵押权益向法院起诉

8. 刘某与银行签订贷款合同，以刘某和王某各自的一套房屋作抵押，合同中约定如果发生争议提交某仲裁委员会解决。之后刘某无力归还贷款，银行申请实现抵押权。刘某没有异议，王某提出异议称抵押合同的系因欺诈订立。法院应当如何处理？（　　）

A. 裁定准许拍卖刘某的房屋

    B. 裁定准许拍卖王某的房屋

    C. 裁定驳回拍卖刘某房屋的申请，告知另行仲裁

    D. 裁定驳回拍卖王某房屋的申请，告知另行仲裁

    9. 根据我国民事诉讼法的规定，下列哪些案件的审理程序中公告是必经的程序？（　　）

    A. 甲在车祸中精神失常，其妻向法院申请认定甲为无民事行为能力人

    B. 2005 年 1 月乙被冲入大海后一直杳无音讯，2007 年 3 月其妻向法院申请宣告乙死亡

    C. 丙拿一张 5 万元的支票到银行兑现，途中遗失，丙向银行所在地的区法院提出申请公示催告

    D. 某施工单位施工时挖出一个密封的金属盒，内藏一本宋代经书，该施工单位向法院申请认定经书及盒子为无主财产

二、案例分析题

    甲与乙于 2022 年 6 月 15 日签订借款协议，约定甲向乙借款 500 万元，借款利息为该年度一年期贷款市场报价利率四倍，甲承诺于 2024 年 12 月 30 日前归还本金及利息，丙作为保证人将其位于某市某某小区的一栋别墅（价值 2 000 万元）作为抵押，并办理了房屋抵押登记。合同签订后，乙按约向甲发放了借款。约定的借款期满后，经甲查实乙没有还款能力，遂找丙承担保证责任。丙的儿子戊告知甲，丙于 2022 年 10 月 1 日外出后再无音讯，戊对丙为他人借款提供担保知情且还有债权人找过戊。之后，乙向法院申请宣告丙失踪，法院受理后发出公告，公告期满后判决宣告丙失踪，并指定戊作为财产代管人。

    请根据该案例回答下列问题：

    （1）在戊表示拒绝申请宣告丙失踪的情况下，乙能否直接向法院提出申请？为什么？

    （2）丙的父亲已提出，戊在很小的时候就被过继给他人，不适合代管丙的财产，应当更换财产代管人，其应如何主张？

    乙在后续程序中，应如何实现担保物权？

    （4）假设在法院审理过程中，乙因车祸被法院诊断为植物人状态，庚向法院出示乙在车祸前与其签署的经公证机关公证的书面监护协议，庚能否直接参与法院审理活动？辛作为乙的妻子提出不知晓监护协议，主张自己为乙的监护人，法院是否会支持？为什么？

    （5）在法院审理过程中，壬向法院主张自己对涉案房屋有登记在丙之前的担保物权，请求法院驳回丙的请求，法院是否会支持？为什么？

三、论述题

    1. 简要论述我国的成年人监护制度。

    2. 请比较实现担保物权案件与确认调解协议效力案件的管辖法院。

参考答案

一、选择题

1. C

解析：特别程序作为法院审理特殊类型案件适用的特殊审判程序，受理特殊争讼案件和非讼案件。其中，特殊争讼案件指的是选民资格案件，争议事项本质上属于宪法权益争议，因与非讼案件具有共性，在现阶段尚未规定宪法诉讼程序的情况下，规范于民事诉讼特别程序之中。因此，A 选项"都是非讼案件"的表述错误。在特别程序中，选民资格案件和认定财产无主案件不要求起诉人或者申请人与案件有直接利害关系，其法理基础在于选民是否具有资格接受社会的广泛监督，从而允许具有民事诉讼能力的公民作为起诉人向法院提起诉讼，认定财产无主案件申请人可能是拾得或者挖掘到物品而作为申请人向法院申请认定该财产无主，选项 B 错误。实行一审终审是特别程序的特点，即裁判文书一经送达即生效，不得上诉，也不得申请再审，选项 C 正确。在审理组织方面，除选民资格案件及重大疑难的非讼案件应由审判员组成合议庭审理外，应当由一名审判员独任审理，因此，D 选项"通常不参加"表述错误，应当是"不得参加"。

2. B

解析：《总则编解释》第 14 条规定，有权申请宣告失踪的利害关系人为被申请人的近亲属，代位继承人及对公婆（岳父母）尽主要赡养义务的丧偶儿媳（女婿）、债权人、债务人、合伙人等与被申请人有民事权利义务关系的民事主体，且上述利害关系人申请宣告自然人失踪没有顺位限制。题干中李某作为与刘某有债权债务关系的人，有权申请宣告李某失踪，选项 A 错误。法院在宣告刘某为失踪人时，指定刘妻为财产代管人，关于变更财产代管人的程序，应注意提起的主体不同。刘妻以自己无法胜任财产代管人职责等正当原因向法院提出变更的，法院应确认代管人提出的理由是否成立，适用特别程序审理；对于失踪人的其他利害关系人申请变更代管人的，属于对已经指定的代管人有争议，应当以原代管人为被告向法院提起诉讼，适用普通程序进行审理。因此，选项 B 正确，选项 C 错误。至于选项 D 中再审的问题：一方面，特别程序实行一审终审，宣告自然人失踪判决不得申请再审，以当事人或者利害关系人提出异议的方式予以救济；另一方面，法律仅规定失踪人重新出现的救济情形，对于财产代管人的变更不适用此途径，选项 D 错误。

3. D

解析：《民诉解释》第 347 条规定："在诉讼中，当事人的利害关系人或者有关组织提出该当事人不能辨认或者不能完全辨认自己的行为，要求宣告该当事人无民事行为能力或者限制民事行为能力的，应由利害关系人或者有关组织向人民法院提出申请，由受诉人民法院按照特别程序立案审理，原诉讼中止。"题干中，正在进行的诉讼中甲作为原告因意外事件出现不能辨认自己行为的情形，应当由申请人启动特别程序认定甲为无民事行为能力人，原诉讼程序中止，选项 D 正确。至于选项 BC，考点在于无民事行为能力人的监护人诉讼地位，《民法典》第 23 条规定："无民事行为能力人、限制民事行为能力人的监护人是其法定代理人。"经法院认定甲为无民事行为能力人后，甲的妻子应作为法定代理人参与诉讼。

4. ACD

解析：根据《民诉法》第 205 条的规定，调解组织自行开展调解的，向当事人住所地、标的物所在地、调解组织所在地基层人民法院提出，调解协议所涉纠纷应当由中级人民法院管辖的，向相应的中级人民法院提出。本题中，有管辖权的人民法院为甲区、乙区、丁区、房屋所在地基层人民法院，选项 B 正确。选项 A 中，因调解协议所涉纠纷由基层人民法院管辖，值得注意的是，如果所涉纠纷由中级人民法院管辖，正确答案为"可由丙市中级人民法院管辖"，"应由"的表述存在错误。关于审查组织和方式，司法确认案件中应由一名审判员独任审查，重大疑难案件由审判员组成合议庭进行审查。非讼程序不涉及各方当事人的争议，以书面审查为原则，不开庭审理，选项 C 错误。关于调解协议和司法确认裁定的效力问题，调解协议有合同效力而不具有既判力，至于司法确认裁定是否具有既判力，通说认为该裁定既没有先决事项约束此后其他诉讼中法官判断的积极效力，也不具备一事不再理的消极效力，这点在司法确认申请被驳回后，当事人可以变更原调解协议、达成新的调解协议或者向人民法院提起诉讼中得到了印证，即法院或调解组织不得以一事不再理为由不予受理当事人的起诉及调解申请。因此，选项 D 错误。

5. B

解析：《民诉解释》第 372 条规定："适用特别程序作出的判决、裁定，当事人、利害关系人认为有错误的，可以向作出该判决、裁定的人民法院提出异议。人民法院经审查，异议成立或者部分成立的，作出新的判决、裁定撤销或者改变原判决、裁定；异议不成立的，裁定驳回。对人民法院作出的确认调解协议、准许实现担保物权的裁定，当事人有异议的，应当自收到裁定之日起十五日内提出；利害关系人有异议的，自知道或者应当知道其民事权益受到侵害之日起六个月内提出。"本题中，王某对确认调解协议裁定有异议，应当向作出裁定的人民法院提出，适用特别程序审理，选项 B 正确。值得注意的是，特别程序的救济途径与通常诉讼程序的上诉、再审不同，允许当事人和利害关系人通过提出异议的方式予以救济。

6. D

解析：《民诉法》第 205 条规定，申请确认调解协议的，由双方当事人自调解协议生效之日起 30 日内，共同向有管辖权的人民法院提出。应当由双方当事人共同提出，一方当事人出差在外，另一方当事人不得独自提出申请。本案涉及确认房屋所有权归属问题。《民诉解释》第 355 条规定："当事人申请司法确认调解协议，有下列情形之一的，人民法院裁定不予受理：……（五）调解协议内容涉及物权、知识产权确权的……"涉及物权确权不予受理的法理基础在于：物权的归属、内容发生争议，请求确认物权的情况涉及当事人及利害关系人的重大利益，不宜由当事人达成调解协议后，法院适用特别程序形式审查予以处理，应当适用诉讼程序审理当事人间的争议。因此，选项 BC 错误，选项 D 正确。至于管辖法院，司法确认案件不适用不动产专属管辖规则，当事人住所地、标的物所在地、调解组织所在地法院均具有管辖权，选项A错误。

7. D

解析：《民诉解释》第367条规定："实现担保物权案件可以由审判员一人独任审查。担保财产标的额超过基层人民法院管辖范围的，应当组成合议庭进行审查。"由此，选项A错误，应当由基层人民法院受理后组成合议庭审理。关于实现担保物权案件的被申请人，应当是担保合同的相对人，即三套别墅的所有权人汤姆。至于债务人能否作为被申请人参与非讼程序，实践中担保物权人会将债务人和物上保证人都列为被申请人以便法院核实主合同的效力、期限和履行情况，若仅列物上保证人为被申请人，法院应依职权向债务人调查主合同的相关情况。因此，选项B中，被申请人应当为物上保证人。经法院审查，对于没有实质争议部分可以作出拍卖、变卖裁定，根据《民诉法》第208条的规定，当事人可依裁定向人民法院申请执行；对实现担保物权有实质性争议的，法院应当驳回申请，并告知向人民法院提起诉讼。选项D正确。选项C中，当事人对裁定的执行，应当依法提出申请。此外，关于移送执行，《执行规定》第17条第2款规定："发生法律效力的具有给付赡养费、扶养费、抚育费内容的法律文书、民事制裁决定书，以及刑事附带民事判决、裁定、调解书，由审判庭移送执行机构执行。"

8. AD

解析：《担保制度解释》第45条第2款规定："当事人依照民事诉讼法有关'实现担保物权案件'的规定，申请拍卖、变卖担保财产，被申请人以担保合同约定仲裁条款为由主张驳回申请的，人民法院经审查后，应当按照以下情形分别处理：（一）当事人对担保物权无实质性争议且实现担保物权条件已经成就的，应当裁定准许拍卖、变卖担保财产；（二）当事人对实现担保物权有部分实质性争议的，可以就无争议的部分裁定准许拍卖、变卖担保财产，并告知可以就有争议的部分申请仲裁；（三）当事人对实现担保物权有实质性争议的，裁定驳回申请，并告知可以向仲裁机构申请仲裁。"本题中，刘某对实现担保物权无实质性争议，法院审查实现担保物权条件已经成就的，应当裁定准许拍卖、变卖抵押财产，选项A正确；王某提出异议称抵押合同的订立系因欺诈属于对实现担保物权的实质性争议，应驳回申请并告知另行仲裁，选项D正确。

9. BCD

解析：非讼程序包括特别程序中除选民资格案件外其他案件适用的程序、督促程序和公示催告程序，其中规定公告为审理的必须程序的有宣告失踪、宣告死亡、认定财产无主、公示催告案件。选项A为认定自然人无民事行为能力案件，法院主要审查被申请人的辨认能力，无须进行公告。选项B为宣告自然人死亡案件，法院通过发出公告了解被申请人的生存状态，在公告期间被申请人或者知悉被申请人状态的自然人应当向受理法院报告，公告期届满自然人仍无音讯，判决宣告自然人死亡，达到推定其死亡的法理效果。选项C为公示催告案件，法院发出公告催促利害关系人向受理法院申报权利，公告期满无人申报或申报被驳回的，法院推定申请人为最后合法持票人，裁定宣告票据无效。选项D为认定财产无主案件，发出财产认领公告要求财产所有人向受理法院认领该财产，公告期满无人认领，法院作出判决推定涉案物品为无主物，收归国家或集体所有。

二、案例分析题

（1）能，乙作为失踪人丙的债权人符合申请宣告失踪的主体要求，且申请主体不受顺位限制，即便戊明确拒绝，在符合其他要件的情况下，乙也有权直接向法院提出申请。

（2）己应当提起诉讼变更财产代管人，法院适用普通程序进行审理。

（3）乙既可以向法院提起诉讼，也可以向法院申请实现担保物权。

（4）不能，应当先由法院通过特别程序认定乙已经属于无民事行为能力人，而后庚才能以监护人身份参加庭审；不会，乙在行为能力不存在缺陷时，通过协议与他人达成成年人监护协议，应当尊重被监护人的意思表示。

（5）不会，同一财产上设立多个担保物权，登记在先的担保物权尚未实现的，不影响后顺位的担保物权人向人民法院申请实现担保物权。

三、论述题

1. 根据《民法典》的规定，成年人监护中监护人的确定主要涉及被监护人意思表示、监护人之间的合意以及法定监护顺序等规则，整体上可以概括如下：

（1）完全民事行为能力人可以通过意定监护协议（成年人监护协议）为自己事先选定监护人，即可达到排除依法具有监护资格的人担任该成年人监护人的效果，且不受法定监护顺序和指定监护寻求被监护人利益最大化的限制。

（2）具有监护资格的人之间可以协议确定监护人。当监护人之间达成监护合意时，不同监护顺位的人可以共同担任监护人，也可由顺序在后的人担任无民事行为能力人或者限制民事行为能力人的监护人。

（3）在监护人之间没有达成监护合意且具有监护资格的人就"谁担任监护人"产生争议时，当事人可以向有关部门申请指定监护人，对指定不服时可向人民法院起诉；当事人一方也可以直接向人民法院起诉要求指定监护人。在有关部门的指定程序中，被监护人住所地居民委员会、村民委员会或者民政部门在尊重法定监护顺序的前提下，应当尊重被监护人的真实意愿，参考"监护人与被监护人生活、情感联系的密切程度""监护人的监护能力、意愿、品行"等因素，按照最有利于被监护人的原则在具有监护资格的人中为无民事行为能力人或者限制民事行为能力人指定监护人，对监护人的确定有争议的当事人对指定不服的，自接到指定通知之日起30日内向人民法院提出异议，经审理，指定确有不当的，判决撤销指定并由人民法院另行指定监护人，指定并无不当的，裁定驳回异议。

2.（1）对于确认调解协议效力的案件，其关系主要分为两方面。一方面，对于人民法院委派或者邀请调解组织开展先行调解的，双方当事人应该共同向作出委派或者邀请的人民法院提出。另一方面，对于调解组织自行开展调解活动达成的调解协议，在地域管辖方面，当事人住所地、标的物所在地、调解组织所在地人民法院均有管辖权；在级别管辖方面，调解协议所涉纠纷如果本身符合中级人民法院管辖条件，则当事人应当向相应的中级人民法院提出确认调解协议效力的申请。

（2）申请实现担保物权，应当向担保财产所在地或者担保物权登记地基层人民法院请求拍卖、变卖担保财产或者所有权保留的标的物、租赁物。此处地域管辖的设置，主要是考虑便于人民法院了解担保财产的情况并依当事人申请裁定采取保全措施；在级别管辖上，无论担保财产本身价值高低，都只能向基层人民法院提出申请。

（3）就这两类案件级别管辖的比较而言，立法未作统一规定，在法理上值得进一步探讨。具体而言，根据《民诉法》关于一般管辖原则的规定，重大涉外案件、在本辖区内有重大影响的案件、最高人民法院确定由中级人民法院管辖的案件，本身都应当由中级人民法院管辖。其中，标的额大小本身就属于"重大影响"的判断标准。《民诉法》就特别程序类案件，既然规定了确认调解协议效力案件应当根据标的额本身确定其是否应当由基层人民法院管辖，那么在担保物权案件实现中，就不宜只规定由基层人民法院管辖，因为两者同属特别程序，从法理上来看宜作同一规定，从而保障特别程序管辖法院的体系化。

第十七章 督促程序

》本章知识点速览

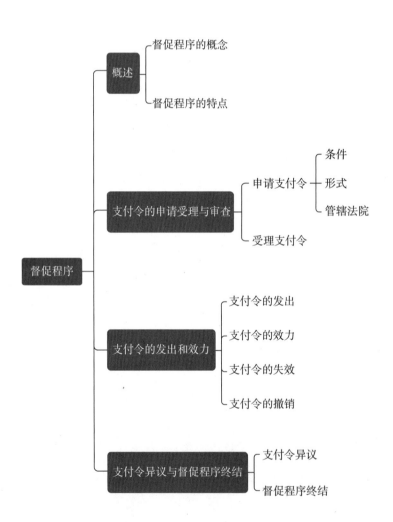

▶▶ 本章核心知识点解析

第一节　督促程序概述

一、督促程序的概念与性质

（一）难度与热度

难度：☆☆　　热度：☆☆

（二）基本理论与概念

督促程序，又称支付令程序，属于特别程序，是指法院根据债权人的申请，向债务人发出支付令，催促债务人限期履行给付金钱或者有价证券的义务，债务人在法定期间内未提出异议且不履行义务时，支付令发生强制执行力。

督促程序仅适用于请求给付金钱和有价证券的案件，具有迅捷高效的特点。督促程序的适用条件、程序规则等内容主要规定在《民诉法》第十七章、《海诉法》第八章第四节以及《民诉解释》第425~441条。与此同时，为引导当事人选择适用督促程序，《工会法》第44条规定，企事业单位、社会组织无正当理由拖延或拒不拨缴工会经费的，基层工会或者上级工会可以向当地人民法院申请支付令。《慈善法》第41条规定，捐赠人拒不交付捐赠财产的，慈善组织和其他接受捐赠的人可以向人民法院申请支付令。《劳动调解仲裁法》第16条规定，因支付拖欠劳动报酬、工伤医疗费、经济补偿或者赔偿金事项达成调解协议，用人单位在协议约定期限内不履行的，劳动者可以持调解协议书依法向人民法院申请支付令。

（三）疑难点解析

如何理解督促程序的性质？

在《案由规定》中，督促程序的案由名称是"申请支付令"。对于督促程序性质的认识，理论界并未达成一致，存在非诉讼程序说、略式诉讼程序说、诉讼程序说等观点。非诉讼程序说主张，督促程序始于债权人的申请而非起诉，同时，原则上由人民法院依据债权人提供的事实证据进行书面审理，因此督促程序属于非讼程序。[①] 略式程序说主张，略式程序仅适用于无实体权利义务争议的案件。略式程序与诉讼程序的本质属性相同，省略的是诉讼程序中的对审环节。从比较法上观察，督促程序在德国、日本、意大利等国家的民事诉讼法上均为"略式诉讼程序"[②]。诉讼程序说主张，督促程序的审查内容包括申请人是否具有当事人资格、债务是否到期且数额确定、债权是否合法等实体事项，因此，督促程序具有诉讼程序的特征，可视为与缺席判决类似的

---

① 江伟，肖建国主编. 民事诉讼法学. 8版. 北京：中国人民大学出版社，2018：416.
② 吴英姿. 督促程序性质重识与规则补正：由实践与规范脱节现象入手. 苏州大学学报（法学版），2021（3）.

诉讼程序。[1]

二、督促程序的特点

（一）难度与热度

难度：☆　热度：☆

（二）基本理论与概念

与民事诉讼中的其他审判程序比较，督促程序具有以下特点：

第一，适用范围特定。督促程序仅适用于债权人请求给付金钱和有价证券的案件。

第二，审查过程便捷。人民法院适用督促程序时，仅进行书面的形式审查，审判组织方面实行独任制，并且一审终审。

第三，程序适用可选择。对于要求债务人给付金钱或有价证券的案件，债权人可以自行选择是适用督促程序，还是普通诉讼程序。

第四，与诉讼程序衔接。支付令失效以后，法院经债权人同意，可以将案件转入诉讼程序进行审判。

第五，程序终结附期限。债务人在法定期限内不提出异议，支付令会发生强制执行的效力。

（三）疑难点解析

如何理解督促程序与简易程序、小额诉讼程序的差异（见表17-1）。

表17-1　督促程序与简易程序、小额诉讼程序的比较

程　序	适用对象	启动程序	审　限	诉讼费用
督促程序	债权人请求债务人给付金钱、有价证券的债权债务纠纷，当事人之间无其他债务纠纷	当事人主动申请；在审前准备环节，对于符合督促程序规定条件的，法院可以依职权转入督促程序	5日内通知债权人是否受理；受理之日起15日内发出支付令	普通程序诉讼费用的1/3
简易程序	事实清楚、权利义务关系明确、争议不大的简单的民事案件	当事人提起诉讼	3个月	普通程序诉讼费用的1/2
小额诉讼程序	事实清楚、权利义务关系明确、争议不大的简单金钱给付民事案件，标的额为各省、自治区、直辖市上年度就业人员年平均工资50%以下的；标的额超过各省、自治区、直辖市上年度就业人员年平均工资50%但在2倍以下的，当事人双方也可以约定	当事人提起诉讼	2个月	普通程序诉讼费用的1/2

---

[1]　白绿铉. 督促程序比较研究：我国督促程序立法的法理评析. 中国法学，1995（4）.

第二节　支付令的申请受理与审查

一、支付令的申请

(一) 难度与热度

难度：☆☆☆　热度：☆☆

(二) 基本概念

督促程序的启动方式是债权人向人民法院提出合法的申请，即申请支付令。根据《民诉法》第 225 条和《民诉解释》第 427 条的规定，支付令申请条件包括七个。

第一，请求给付的是金钱或者有价证券。其中，金钱是指作为流通手段和支付手段的货币，如我国的人民币等；有价证券包括汇票、本票、支票、股票、债券、国库券、可转让的存款单等。基层人民法院受理督促程序案件，不受债权金额的限制。

第二，请求给付的金钱或者有价证券已到期并且数额确定。

第三，债权人没有对待给付义务。对待给付是指债权人自己向债务人为给付后，债务人才有给付的义务，或者债权人与债务人应同时互为给付。

第四，符合送达支付令的条件。(1) 债务人在我国境内且未下落不明；(2) 支付令能够送达债务人。所谓能够送达债务人，一般是指以直接送达和留置送达方式能够将支付令实际送达给债务人。

第五，收到申请书的法院有管辖权。债权人申请支付令，适用《民诉法》第 22 条的规定，由债务人住所地基层人民法院管辖。同时，依据《民诉讼》第 36 条的规定，两个以上人民法院都有管辖权的，债权人可以向其中一个基层人民法院申请支付令。债权人向两个以上有管辖权的基层人民法院申请支付令的，由最先立案的人民法院管辖。

第六，债权人未向法院申请诉前保全。根据《民诉法》第 104 条的规定，债权人向人民法院申请诉前保全的，应当在人民法院采取保全措施后 30 日内依法提起诉讼（或者申请仲裁），否则，人民法院将解除保全。

第七，符合申请的形式要件。合法的申请形式是债权人须提交合法的申请书。合法的支付令申请书，是指记明下列主要事项的申请书：(1) 申请人和被申请人的基本情况，特别应当写明被申请人的住址；(2) 具体请求，即请求给付金钱或者有价证券的具体种类、确定数额等；(3) 请求所根据的事实和证据，即债权债务关系明确合法、债务履行期已到、无其他债务纠纷等事实及相关证据。

(三) 疑难点解析

如何认识督促程序的电子化改革？

近年来，随着我国科技在司法领域的应用与发展，理论界与实务界不断探索建立电子督促程序。有学者从比较法的视角分析了电子督促程序在德国、日本等国家发挥的重要作用。在德国，《德国民事诉讼法》第 703 条第 2 款规定了电子督促程序。[1] 自 2007 年 5

---

[1] 《德国民事诉讼法》第 703 条第 2 款规定：在以统一的机械方法办理督促程序有必要时，联邦司法部长有权以经联邦议院批准的命令制定督促程序的实施计划。德国民事诉讼法. 丁启明，译. 厦门：厦门大学出版社，2016：146.

月起，德国在 16 个联邦州实施督促程序的电子现代化，约 72% 的民商事纠纷通过电子督促程序审结。2009 年，德国以机读方式提出的支付令申请占比提高至 94.5%。欧盟以及其他成员国、韩国等借鉴德国的做法，要求支付令申请适用统一的表格，并对督促程序进行自动化改革，设立了电子督促程序，较大地减轻了基层法院的办案压力。[1] 2015 年，我国浙江省杭州市西湖区人民法院启动电子督促程序的试点。2016 年，西湖区人民法院共受理 102 件电子支付令申请，从立案到审查完毕平均期间为 11.51 天。[2] 在前述理论研究与实践探索的基础上，最高人民法院在《多元纠纷解决意见》中明确指出，要"创新在线纠纷解决方式"，建立"电子督促程序"。最高人民法院在《优化司法资源配置意见》中强调，要积极推广使用电子支付令。

二、支付令的受理与审查

(一)难度与热度

难度：☆☆　热度：☆☆

(二)基本概念

1. 对支付令申请的受理

根据《民诉法》第 226 条的规定，债权人提出申请后，人民法院应当对上述七项条件进行形式审查。经过审查，人民法院认为符合申请条件的，应当在 5 日内立案，并及时通知债权人。如果人民法院认为申请不符合条件，应当在 5 日内通知债权人不予受理，并说明理由。

人民法院受理支付令申请以后，应当由独任审判员对支付令案件进行审查。

2. 对支付令申请的审查

(1)审查方式。

法院对债权人申请的审查，主要采用书面方式，无须询问当事人，仅对债权人提出的申请书和相关证据进行审查即可。[3]

(2)审查的范围与内容。

人民法院的审查范围以债权人的诉讼请求为限。根据《民诉法》第 227 条第 1 款的规定，人民法院受理申请后，应通过审查债权人提供的事实、证据，着重分析当事人之间债权债务关系是否明确、合法。其中，债权债务关系明确，是指债权人和债务人之间的债权债务关系事实清楚、数额确定，双方之间没有实质性争议，债权的存在无须确认，债务人对债权人有给付的义务，而债权人对债务人没有对等的给付义务。债权债务关系合法，是指引起债权债务关系发生的法律事实以及债权债务的内容都不违反法律的规定，受到法律的保护。[4]

(3)审查后的处理。

人民法院经审查债权人提出的事实和证据，认为支付令申请符合法律规定的，应当

---

[1]　周翠. 电子督促程序：价值取向与制度设计. 华东政法大学学报，2011 (2).

[2]　周翠. 中国民事电子诉讼年度观察报告 (2016). 当代法学，2017 (4).

[3]　根据《民诉解释》第 143 条、第 295 条的规定，督促程序案件不适用调解；针对适用督促程序处理的案件提起第三人撤销之诉的，人民法院不予受理。

[4]　张卫平. 民事诉讼法. 5 版. 北京：法律出版社，2019：487.

在受理之日起 15 日内发出支付令。根据《民诉解释》第 428 条的规定，人民法院经审查，发现有下列情形之一的，应当在受理之日起 15 日内裁定驳回申请：申请人不具备当事人资格的；给付金钱或者有价证券的证明文件没有约定逾期给付利息或者违约金、赔偿金，债权人坚持要求给付利息或者违约金、赔偿金的；要求给付的金钱或者有价证券属于违法所得的；要求给付的金钱或者有价证券尚未到期或者数额不确定的。对驳回债权人支付令申请的裁定，债权人不得上诉或者申请复议，但可以提起诉讼或申请仲裁。

（三）疑难点解析

如何理解对支付令申请的实质审查？

为了限制债权人滥用督促程序，虽然我国采取了书面审查的方式，但是实际上人民法院要求申请人提供事实和证据进行实质审查。从比较法分析，德国法院对支付令申请的审查仅限于形式审查，即审查申请是否满足一般要件和特殊要件。其中，一般要件包括法院管辖权、当事人能力、当事人适格，给付请求权须为私法上的权利等。特殊要件包括请求与民法上的请求权相对应，即仅限于以给付一定金钱数额为标的的请求权，申请无须写明理由和证据。

第三节　支付令的发出和效力

一、支付令的发出

（一）难度与热度

难度：☆☆☆　热度：☆☆

（二）基本理论与概念

支付令是人民法院在督促程序中发布的限令债务人履行支付义务或者提出书面异议的法律文书。人民法院对支付令申请进行审查后，应当在受理申请之日起 15 日内向债务人发出支付令。支付令应当载明以下事项：（1）债权人、债务人姓名或名称等基本情况；（2）债务人应当给付的金钱、有价证券的种类和数量；（3）清偿债务或者提出异议的期限；（4）债务人在法定期间不提出异议的法律后果。支付令由审判员、书记员署名，并加盖法院印章。

二、支付令的效力与失效

（一）难度与热度

难度：☆☆☆　热度：☆☆☆

（二）基本理论与概念

1. 支付令的效力

关于支付令效力的效力，从立法与司法层面分析，支付令仅具有执行力，不具有既判力。所谓执行力，是指支付令生效以后就具有同生效判决一样的强制执行力，债权人自支付令生效之日起有权请求人民法院予以强制执行。从学理层面分析，支付令具有拘束力、督促力、确定力和执行力等法律效力。

所谓拘束力，是指人民法院非经法定程序不得变更或者撤销支付令。支付令一经宣告，即产生拘束力。对于违法或错误的支付令，可以通过债务人异议或人民法院依职权裁定撤销等途径使其失效。

所谓督促力，是指支付令具有督促债务人在法定期限内向债权人清偿债务的效力。督促力始于债务人收到支付令之日。

所谓确定力，是指支付令生效以后即确认了民事权利义务，债务人必须依据支付令向债权人清偿债务。其中，支付令一经宣告，就产生形式确定力，即当事人不得以上诉的方法请求上级人民法院将该支付令废弃或变更效力。支付令在具备如下法定条件时，才具有实质确定力（既判力）和执行力。这里的法定条件是，"债务人自收到支付令之日起在十五日内不提出书面异议或者异议被驳回"。债务人收到支付令后，未在法定期间内提出书面异议，而向其他人民法院起诉的，不影响支付令的效力。债务人超过法定期间提出异议的，视为未提出异议。

2. 支付令的失效

《民诉解释》第 430 条规定人民法院应当裁定终结督促程序导致支付令失效的情形有：人民法院受理支付令申请后，债权人就同一债权债务关系又提起诉讼的；人民法院发出支付令之日起 30 日内无法送达债务人的；债务人收到支付令前，债权人撤回申请的。此外，导致支付令失效的情形还包括：（1）支付令异议成立的（《民诉解释》第 435 条）；（2）生效支付令因确有错误而被法院裁定撤销的（《民诉解释》第 441 条）；（3）对设有担保的债务的主债务人发出的支付令，虽然对担保人没有拘束力，但是债权人就担保关系单独提起诉讼的，支付令自人民法院受理案件之日起失效（《民诉解释》第 434 条）。

（三）疑难点解析

比较法上发生效力的支付令是否具有既判力？

从比较法上观察，对于发生效力的支付令是否具有既判力，各国法律的规定存在差异。《法国新民事诉讼法典》第 1422 条第 2 款规定，法院作出的附有支付指令的民事裁定书生效后，即"产生对席判决的全部效力"[1]。在德国，支付令的申请程序为二阶段式：对于被申请人两周内未提出异议的，申请人向法院申请发布执行决定；执行决定送达被申请人后，如果其未提出申诉，则执行决定发生既判力。[2] 日本仅规定支付令具有执行力，对于进入执行阶段的支付令，债务人可提起债务人异议之诉。

第四节　支付令异议与督促程序终结

一、支付令异议成立的条件与效果

（一）难度与热度

难度：☆☆☆　热度：☆☆☆

---

① 吴英姿. 督促程序性质重识与规则补正：由实践与规范脱节现象入手. 苏州大学学报（法学版），2021（3）.
② ［德］汉斯-约阿希姆·穆泽拉克. 德国民事诉讼法基础教程. 周翠，译. 北京：中国政法大学出版社，2005：345.

（二）基本理论与概念

支付令异议，是指债务人就支付令所记载的债务，向发出支付令的人民法院书面提出不同意见。督促程序中，人民法院仅根据债权人一方提出的事实证据来发出支付令，因此，为在程序上平等地保护债务人，法律允许债务人提出支付令异议。

1. 支付令异议成立的条件

《民诉法》没有要求债务人提出异议须附实体理由（支付令异议所依据的事实证据和相应的实体法根据），仅需向人民法院作出反对支付令的书面意思表示即可。债务人提出支付令异议应具备必要的程序要件，否则异议不成立。

支付令异议必须同时具备以下成立要件：（1）债务人应在收到支付令之日起15日内，向作出支付令的人民法院提出异议。（2）债务人应以书面形式提出异议，口头异议无效。（3）债务人应当针对其债务本身或债权人的债权提出异议。债务人对债务本身没有异议，只是提出缺乏清偿能力、延缓债务清偿期限、变更债务清偿方式等异议的，不影响支付令的效力。

2. 支付令异议成立的效果

根据《民诉解释》第435条的规定，经形式审查，债务人提出的书面异议符合法定条件[①]，应当认定异议成立，人民法院裁定终结督促程序，支付令自行失效。为保证支付令制度的效果，债务人应当提供支持其异议的事实和证据，否则人民法院可裁定驳回异议。司法实践中，不同法院对于支付令异议的审查判断标准的理解与把握存在不一致的情况。[②]

（三）疑难点解析

债务人或第三人是否有权申请撤销发生法律效力的支付令？

《民诉解释》第295条和第378条规定，督促程序不适用第三人撤销之诉和再审程序。《民诉解释》第441条规定，人民法院院长发现本院已经发生法律效力的支付令确有错误，认为需要撤销的，应当提交本院审判委员会讨论决定后，裁定撤销支付令，驳回债权人的申请。根据上述规定，我国支付令错误发现途径较为单一，只有人民法院院长有权撤销具有法律效力的支付令。针对司法实践中存在的当事人虚构债权债务关系骗取支付令等情形，部分学者认为，我国法律规范层面直接否定债务人和第三人请求法院撤销支付令的做法有失正当，有必要拓宽支付令利益相关主体的救济渠道。[③]

二、督促程序终结的情形

（一）难度与热度

难度：☆☆　热度：☆☆

（二）基本理论与概念

1. 督促程序的终结

督促程序的终结情形主要有：（1）支付令申请因不具备申请条件或受理条件，人民

[①] 《民诉解释》第435条规定："经形式审查，债务人提出的书面异议有下列情形之一的，应当认定异议成立，裁定终结督促程序，支付令自行失效：（一）本解释规定的不予受理申请情形的；（二）本解释规定的裁定驳回申请情形的；（三）本解释规定的应当裁定终结督促程序情形的；（四）人民法院对是否符合发出支付令条件产生合理怀疑的。"

[②] 吴英姿. 督促程序性质重识与规则补正：由实践与规范脱节现象入手. 苏州大学学报（法学版），2021（3）.

[③] 许尚豪，欧元捷. 论督促程序的争讼性. 人民司法，2014（5）；高星阁. 利益平衡视角下我国督促程序之保障机制研究. 西南政法大学学报，2016（6）.

法院裁定不予受理或者被裁定驳回的；（2）支付令申请因不具备发出支付令的要件，被人民法院裁定驳回的；（3）在发出支付令前，债权人撤回申请的；（4）支付令失效的；（5）支付令发生法律效力的。

2. 督促程序终结后债权人另诉或转入诉讼程序

针对上述督促程序终结的第一种和第二种情形，人民法院未发出支付令，债权人可以提起诉讼（或申请仲裁）。对于上述第三种情形，债权人可以再次申请支付令（仅限于一次），也可以提起诉讼（或申请仲裁）。针对上述第四种情形，《民诉法》第 228 条第 2 款规定："支付令失效的，转入诉讼程序，但申请支付令的一方当事人不同意提起诉讼的除外。"

本章实务案例研习

中国工商银行股份有限公司登封支行与被申请人赵某某申请支付令案[①]

案例考点：支付令异议部分成立的效果

（一）案情简介

在申请人中国工商银行股份有限公司登封支行（以下简称"登封支行"）与被申请人赵某某申请支付令一案中，河南省登封市人民法院于 2020 年 8 月 7 日立案，2020 年 8 月 10 日发出（2020）豫 0185 民督 136 号支付令，限令被申请人赵某某在收到支付令之日起 15 日内给付申请人登封支行信用卡欠款本金 37 217.1 元、利息 2 323.58 元、违约金 1 677.75 元，合计 41 218.43 元［利息、违约金暂计算至 2020 年 4 月 6 日，之后按照"牡丹信用卡领用合约（个人卡）"的约定计算至欠款付清之日止］，或者向该院提出书面异议。被申请人赵某某收到支付令后，在法定期限内向该院提出书面异议，对申请人登封支行申请的违约金有异议，请求依法终结支付令。

该院经审查认为，申请人登封支行提出了本金、利息和违约金三项请求，被申请人赵某某对违约金部分提出的异议成立。

（二）法院裁定

终结该案中关于被申请人赵某某支付申请人登封支行违约金部分的督促程序。2020 年 8 月 10 日（2020）豫 0185 民督 136 号支付令中关于被申请人赵某某支付申请人登封支行违约金部分自行失效，该案涉及申请支付违约金部分转入诉讼程序。如申请人不同意提起诉讼，应当自收到终结督促程序裁定之日起 7 日内提出，申请费 16 元，由申请人登封支行负担；申请人登封支行自收到终结督促程序裁定之日起 7 日内未表明不同意提起诉讼的，视为向法院起诉，申请人登封支行应当按照《交费办法》补交案件受理费。

（三）学理分析

根据 2020 年《民诉解释》第 437 条（2022 年《民诉解释》第 435 条）的规定，支付令异议成立的效果是，人民法院裁定终结督促程序，支付令自行失效。同时，2020 年

---

① 案例来源：河南省登封市人民法院（2020）豫 0185 民督 136 号民事裁定书。

《民诉解释》第 434 条（2022 年《民诉解释》第 432 条）明确规定，债权人基于同一债权债务关系，在同一支付令申请中向债务人提出多项支付请求，债务人仅就其中一项或者几项请求提出异议的，不影响其他各项请求的效力。本案中，人民法院对申请人就支付令申请中针对违约金部分的异议进行审查，并认定该异议成立。在此基础上，该法院向双方当事人进行释明，根据 2017 年《民诉法》第 217 条（2023 年《民诉法》第 228 条）的规定，失效的支付令部分转入诉讼程序。同时，该法院进一步指出针对支付令转入诉讼程序的具体情形。如申请人不同意提起诉讼，应当自收到终结督促程序裁定之日起 7 日内提出，由申请人登封支行负担［2020 年《民诉解释》第 195 条第 1 款、第 440 条（2022 年《民诉解释》第 195 条第 1 款、第 438 条）］；如申请人登封支行自收到终结督促程序裁定之日起 7 日内未表明不同意提起诉讼，视为向法院起诉，申请人登封支行应当按照《交费办法》补交案件受理费［2020 年《民诉解释》第 195 条第 2 款、第 441 条（2022 年《民诉解释》第 195 条第 2 款、第 439 条）］。

》 本章同步练习

一、选择题

1. 黄某向法院申请支付令，督促陈某返还借款。送达支付令时，陈某拒绝签收，法官遂进行留置送达。12 天后，陈某以已经归还借款为由向法院提起书面异议。黄某表示希望法院彻底解决自己与陈某的借款问题。下列哪一说法是正确的？（　　　）

A. 支付令不能留置送达，法官的送达无效

B. 提出支付令异议的期间是 10 天，陈某的异议不发生效力

C. 陈某异议并未否认二人之间存在借贷法律关系，因而不影响支付令效力

D. 法院应将本案转为诉讼程序审理

2. 甲向乙借款 20 万元，丙是甲的担保人，现已到偿还期限，经多次催讨未果，乙向法院申请支付令。法院受理并审查后，向甲送达支付令。甲在法定期间未提出异议，但以借款不成立为由向另一法院提起诉讼。关于本案，下列哪一说法是正确的？（　　　）

A. 甲向另一法院提起诉讼，视为对支付令提出异议

B. 甲向另一法院提起诉讼，法院应裁定终结督促程序

C. 甲在法定期间未提出书面异议，不影响支付令效力

D. 法院发出的支付令，对丙具有拘束力

3. 高某向杨某借款 235 000 元，到期后一直没有归还。杨某于 2018 年 10 月 21 日向高某住所地 A 区法院申请支付令，并向法院提交了高某向杨某借款时出具的借条，要求高某偿还借款 235 000 元。在支付令异议期间，杨某觉得支付令不如法院判决稳妥，于是向自己住所地的 B 区法院起诉。关于本案，下列说法错误的是？（　　　）

A. 杨某向 A 区法院申请支付令

B. 杨某向 B 区法院起诉

C. 杨某向 B 区法院起诉，会导致支付令失效

D. 杨某未向发出支付令的法院起诉，不影响支付令的效力

4. 单某将八成新手机以 4 000 元的价格卖给卢某，双方约定手机交付卢某，卢某先付款 1 000 元，待试用 1 周没有问题后再付 3 000 元。试用期满卢某并未按约定支付余款，多次催款无果后单某向 M 法院申请支付令。M 法院经审查后向卢某发出支付令，但卢某拒绝签收，法院采取了留置送达。20 天后，卢某向 N 法院起诉，以手机有质量问题要求解除与单某的买卖合同，并要求单某退还 1 000 元。根据本案，下列哪些选项是正确的？（　　）

A. 卢某拒绝签收支付令，M 法院采取留置送达是正确的

B. 单某可以依支付令向法院申请强制执行

C. 因卢某向 N 法院提起了诉讼，支付令当然失效

D. 因卢某向 N 法院提起了诉讼，M 法院应当裁定终结督促程序

5. 甲公司购买乙公司的产品，丙公司以其房产为甲公司提供抵押担保。因甲公司未按约支付 120 万元货款，乙公司向 A 市 B 县法院申请支付令。法院经审查向甲公司发出支付令，甲公司拒绝签收。甲公司未在法定期间提出异议，而以乙公司提供的产品有质量问题为由向 A 市 C 区法院提起诉讼。关于本案，下列哪些表述是正确的？（　　）

A. 甲公司拒绝签收支付令，法院可采取留置送达

B. 甲公司提起诉讼，法院应裁定中止督促程序

C. 乙公司可依支付令向法院申请执行甲公司的财产

D. 乙公司可依支付令向法院申请执行丙公司的担保财产

二、案例分析题

关于申请人 A 物业管理服务有限公司与被申请人王某申请支付令一案，法院于 2024 年 11 月 13 日立案后，于 2024 年 11 月 14 日发出支付令，限令被申请人在收到支付令之日起 15 日内清偿债务，或者提出书面异议。被申请人王某于 2024 年 11 月 27 日向法院提出支付令异议：A 物业管理服务有限公司未及时维修排水管道，因而其拒绝交纳物业服务费。

问：本案中被申请人的异议是否成立？法院应如何处理？

三、论述题

申请支付令与债务人对支付令提出异议分别应当符合哪些条件？

参考答案

一、选择题

1. D

解析：A 项，《民诉解释》第 429 条规定，向债务人本人送达支付令，债务人拒绝接收的，人民法院可以留置送达。为了保障被申请人有提出异议的权利，禁止使用公告送达的方式送达支付令，但是不禁止留置送达。故 A 项错误。B 项，《民诉法》第 227 条规定，债务人应当自收到支付令之日起 15 日内清偿债务，或者向人民法院提出书面异议。

因此陈某 12 天后提出异议的行为仍然在法律规定的异议期间内。故 B 项错误。C 项，陈某提出借款已经全部归还，意在表明双方之间不存在债权债务关系，是对债务提出的明确异议，因此异议成立，支付令失效。故 C 项错误。D 项，根据《民诉法》第 228 条第 2 款的规定，支付令失效的，转入诉讼程序，但申请支付令的一方当事人不同意提起诉讼的除外。黄某希望彻底解决纠纷，因此视为其同意法院转为诉讼程序。故 D 项正确。

2. C

解析：根据《民诉解释》第 431 条的规定，债务人在收到支付令后，未在法定期间提出书面异议，而向其他人民法院起诉的，不影响支付令的效力。由于甲未向作出支付令的法院提出异议，因此原支付令仍然有效，故 AB 项错误，C 项正确。《民诉解释》第 434 条规定，对设有担保的债务的主债务人发出的支付令，对担保人没有拘束力，因此不对担保人丙发生效力，故 D 项错误。

3. D

解析：A 项：《民诉解释》第 23 条规定，债权人申请支付令，适用《民诉法》第 22 条规定，由债务人住所地基层人民法院管辖，因此杨某要向债务人高某所在 A 区法院申请支付令。故 A 项正确。B 项：《民诉解释》第 18 条规定，合同约定履行地点的，以约定的履行地点为合同履行地。合同对履行地点没有约定或者约定不明确，争议标的为给付货币的，接收货币一方所在地为合同履行地。杨某作为接受货币的一方，其住所地 B 区法院具有管辖权。故 B 项正确。《民诉解释》第 430 条第 1 项规定，人民法院受理支付令申请后，债权人就同一债权债务关系又提起诉讼的，人民法院应当裁定终结督促程序，已发出支付令的，支付令自行失效。因此即使杨某后来提起诉讼的法院不是申请支付令的法院，也会导致支付令失效。故 C 项正确，D 项错误。

4. AB

解析：A 项，《民诉解释》第 429 条规定，向债务人本人送达支付令，债务人拒绝接收的，人民法院可以留置送达。故 A 项正确。B 项，《民诉法》第 227 条规定：债务人应当自收到支付令之日起 15 日内清偿债务，或者向人民法院提出书面异议。债务人在前款规定的期间不提出异议又不履行支付令的，债权人可以向人民法院申请执行。卢某提出异议的时间已经超出 15 天且没有履行支付令，因此单某可以申请执行。故 B 项正确。CD 两项，根据《民诉解释》第 431 条的规定，债务人在收到支付令后，未在法定期间提出书面异议，而向其他人民法院起诉的，不影响支付令的效力。因此单某此前申请的支付令仍然有效，督促程序也没有终结。故 CD 两项错误。

5. AC

解析：A 项，支付令不可以公告送达但是可以留置送达。A 项正确。根据《民诉解释》第 431 条的规定，债务人在收到支付令后，未在法定期间提出书面异议，而向其他人民法院起诉的，不影响支付令的效力。C 区法院并不是作出支付令的法院，因此甲公司在 C 区法院提起的诉讼不得视为提出异议，不影响支付令效力，并不终结督促程序，因此乙公司可以申请执行。B 项错误，C 项正确。D 项，《民诉解释》第 434 条规定，对设有担保的债务的主债务人发出的支付令，对担保人没有拘束力。丙公司作为担保人，支付令不对其产生效力，因此不可以申请执行丙公司的财产。故D项错误。

二、案例分析题

本案中被申请人提出的异议不成立，法院应当驳回被申请人王某的支付令异议。

因被申请人不交纳物业费，物业公司向法院申请了支付令。被申请人应当围绕支付令中的债务提出异议。根据《民诉解释》第436条的规定，债务人对债务本身没有异议，只是提出缺乏清偿能力、延缓债务清偿期限、变更债务清偿方式等异议的，不影响支付令的效力。人民法院经审查认为异议不成立的，裁定驳回。

三、论述题

债权人申请支付令，符合下列条件的，基层人民法院应当受理，并在收到支付令申请书后5日内通知债权人：（1）请求给付金钱或者汇票、本票、支票、股票、债券、国库券、可转让的存款单等有价证券；（2）请求给付的金钱或者有价证券已到期且数额确定，并写明了请求所根据的事实、证据；（3）债权人没有对待给付义务；（4）债务人在我国境内且未下落不明；（5）支付令能够送达债务人；（6）收到申请书的人民法院有管辖权；（7）债权人未向人民法院申请诉前保全。

支付令异议的成立要件：（1）异议必须由债务人提出。即便是向其他人民法院起诉的，也不影响支付令的效力。（2）异议必须在法定期限内提出。债权人对支付令的异议必须在收到支付令之日起15日内提出。超过法定期限提出异议的，视为未提出异议。（3）异议必须以书面方式提出。口头异议是无效异议。（4）异议必须针对债权人的请求，即债务关系本身提出。债务人对债务本身没有异议，只是对清偿的能力、期限、方式等提出不同意见的，不影响支付令的效力。债务人在法定期间提出书面异议的，人民法院无须审查异议是否有理由，只要符合上述条件，异议即成立。

第十八章 公示催告程序

>> **本章知识点速览**

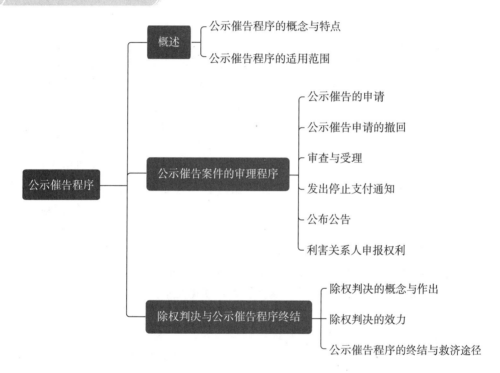

>> **本章核心知识点解析**

第一节 公示催告程序概述

一、公示催告程序的概念与特点

（一）难度与热度

难度：☆☆☆   热度：☆☆☆☆☆

（二）基本理论与概念

公示催告程序是指，票据持票人在丧失对票据的占有时，申请人民法院以公告的方式催促可能存在的票据利害关系人在法定期间内申报权利，逾期无人申报的，人民法院将依法宣告票据失权的一种非讼程序。公示催告程序分为公示催告和除权判决两个阶段，该制度的目的在于督促票据利害关系人在公告期间申报权利，以确定票据的真正合法权利人。具体而言，在公告期间内，有票据利害关系人申报权利的，人民法院审查核实后应裁定终结公示催告程序并告知申请人或者申报人可以向人民法院提起诉讼；公告期届满仍无人申报权利或者申报被驳回，人民法院应依失票人申请作出除权判决，宣告票据上的权利消灭，失票人可以依据除权判决依法要求付款人支付票款。

与诉讼程序相比较，公示催告程序主要有以下几个特点：申请人的限定性、适用范围的有限性、案件的非讼性、审理方式的特殊性、审理组织的特殊性。

（三）疑难点解析

就公示催告程序的特点，应从以下四个方面理解。

1. 申请人的限定性

公示催告程序的申请人是票据丧失前的最后合法持票人。对此，相关司法解释在表述上有所差异：其一，根据《票据规定》第25条的规定，"按照规定可以背书转让的票据在丧失票据占有以前的最后合法持票人"属于《票据法》第15条第3款规定的"可以申请公示催告的失票人"；其二，根据《民诉解释》第442条的规定，可以申请公示催告的人应当是"票据被盗、遗失或者灭失前的最后持有人"。那么，申请公示催告的最后持票人是否必须合法持有票据呢？本书认为，答案应当是肯定的，前述两个司法解释本质上并不存在矛盾。首先，人民法院在决定是否受理公示催告案件时，对申请人的资格仅作出形式审查，事实上，在票据利害关系人申报权利之前，人民法院也仅是推定申请人就是最后合法持有票据的主体；其次，从《民诉解释》第442条的表述来看，"票据被盗、遗失或者灭失前的最后持有人"就意味着此处的"最后持票人"并非出现于票据被盗、遗失等情形之后，这包含其必须是"合法取得票据"的内涵。

至于"最后合法持票人"的范围，本书认为，票据记载的收款人、依背书转让的最后被背书人、因继承或者赠与等方式合法取得票据的持票人、因受追索并履行了票据义务持有票据的被追索人、对票据享有质押权的持票人、出票人在完成票据记载和签章尚未交付票据之前丧失票据占有的出票人、付款人已经给付票款但尚未在票据上记载收讫或已付款字样便丧失实际占有的付款人等均应当包含在内。

2. 适用范围的有限性

根据《民诉法》第229条的规定，能够申请公示催告的事项主要包含两大类：其一，可以背书转让的票据的持有人，在票据被盗、遗失或者灭失后，有权向票据支付地的基层人民法院申请公示催告；其二，法律可以规定适用公示催告程序的其他事项，从我国现行法律来看，主要包括《公司法》第164条规定的"股票被盗、遗失或者灭失"以及《海诉法》第100条规定的"提单等提货凭证失控或者灭失"。

值得注意的是，票据、记名股票和提示提单作为公示催告程序中的客体都可以背书转让，人民法院通过发出公告催促利害关系人申报权利，避免票据等权利凭证被他人取得而导致失票人的权利无法实现。不能背书转让的权利凭证被盗、遗失或者灭失的，不会出现因他人冒领而损害失票人权利的情形，自然无须适用公示催告程序宣告权利凭证失权。由此也引申出一个问题，即当票据上记载了"不得转让"的字样时，该票据是否能通过公示催告程序来除权？对此，本书认为，根据《票据法》的规定，虽然出票人和背书人均有权在票据上记载"不得转让"的字样，但其法律效果有所区别。一方面，当出票人在票据上记载"不得转让"的字样时，该票据不得以背书方式流转，票据持有人背书转让的行为无效，被背书人（票据受让人）不能享有票据权利；换言之，该票据的背书转让因为违背出票人意思，已经失去法律效力，出票人和付款人不再对受让人承担票据责任，即使该票据的最后持有人丧失对票据的占有，票据也不存在被他人冒领的风险，因为除了收款人，任何票据持有人都无权主张票据权利。另一方面，当背书人在票据上记载"不得转让"字样时，其法律效果与出票人载明"不得转让"字样可对抗所有受让人不同，背书人的记载只能产生其不对后手的被背书人承担票据责任的法律后果，不影响其他票据义务人的票据责任；换言之，该票据的最后持票人，除了不能要求"不得转让"字样的记载人承担票据责任，仍有权要求付款人付款，所以，应当允许此类票据的最后合法持票人在票据丧失时申请适用公示催告程序实现其票据权利。

3. 案件的非讼性

公示催告程序依最后合法持票人的申请而启动，不存在明确的被申请人。票据的最后合法持有人因票据被盗、遗失或者灭失，而请求人民法院宣告票据无效以保障自己票据权利得以实现，并不涉及任何民事权益争议；人民法院在受理后发现涉及民事权益争议或者票据争议的，应裁定终结公示催告程序，告知当事人向人民法院提起诉讼。换言之，公示催告的申请事项应限于票据被盗、遗失或者灭失等不能确定票据丧失后的实际占有人的情形，如果票据合法持有人丧失对票据的占有非出于自己本意，但其知道非法占有票据的主体，此时失票人不得适用公示催告程序请求人民法院发出公告寻找其已经知晓的对方当事人，而应当向有管辖权的人民法院请求对方返还票据。与此同时，因为公示催告程序作为非讼程序，人民法院依据当事人提交的事实证据进行书面审理，不存在诉的合并、反诉、法庭辩论等制度，自然也不适用调解。

4. 审理方式和审理组织的特殊性

公示催告程序分为公示催告和除权判决两个阶段，它们在审理的方式和组织方面存在差异。在公示催告阶段，人民法院收到申请人的材料后，可由一名审判员书面审查事实证据，决定受理后应立即向付款人发出止付通知，并通过公告的方式确定利害关系人是否存在。公告期届满仍无人申报权利或者申报不合法被驳回的，人民法院不得直接作出判决宣告票据无效，而是必须由申请人在法定期限内再次提出票据除权申请，人民法院在接到申请后，应当组成合议庭审理是否满足作出除权判决的要件；最后合法持票人逾期未申请的，人民法院应裁定终结公示催告程序。

二、公示催告程序与票据丧失补救制度的关系

（一）难度与热度

难度：☆☆☆ 热度：☆☆☆

（二）基本理论与概念

票据丧失补救制度，是指为保障持票人票据权利能够实现，在持票人因非出于本意而丧失对票据实际占有的情况下，法律赋予持票人的救济制度。具体而言，票据丧失补

救制度包括挂失止付、公示催告和提起诉讼这三种救济措施。

（三）疑难点解析

1. 境外票据丧失补救制度的考察

境外的票据丧失补救制度，主要有公示催告和提起诉讼两种立法例。

大陆法系国家或地区通常采用公示催告的方式，如《德国票据法》第 90 条第 1 款规定："通过公示催告程序宣告丧失的或毁灭的票据无效。"《日本非讼案件程序法》第 114 条规定，可申请公示催告宣告无效的有价证券为"被盗取、遗失或灭失的有价证券中依法可认定为无效的有效证券"。

英美法系国家多肯定失票人可以通过诉讼的方式向票据债务人提起诉讼而实现票据权利，如《英国票据法》第 69 条规定：汇票在有效期限内丧失的，失票人可以请求出票人另行出具相同文义的汇票，失票人依出票人请求应向其提供担保，避免汇票重新出现时，出票人可能遭受的一切损失。如果出票人提出上述要求而拒绝出具汇票副本，可强制其补发汇票。《美国统一商法典》第 3-804 条规定：因损毁、被盗等原因丧失票据的，失票人以自己的名义向任何对票据承担责任的人提起诉讼主张实现票据价值，人民法院可以要求失票人提供担保，在对丧失票据发生其他权利主张时，补偿被告的损失。

2. 中国法上票据丧失补救制度的由来

根据《票据法》第 15 条的规定，我国的票据丧失补救制度既尊重挂失止付这一商业习惯，又采纳了大陆法系的公示催告程序和英美法系的诉讼程序这两种模式来解决失票人的票据权利保障问题。相关法律规范的历史最早可追溯至中国人民银行于 1988 年制定的《银行结算办法》，该办法对银行汇票和现金支票规定了挂失止付制度。为适应改革开放和发展社会主义商品经济的需要，1991 年《民诉法》对于票据被盗、遗失或者灭失的情况，首次规定票据持有人可以通过向人民法院申请公示催告程序来宣告票据无效从而保障自己的票据权利。1995 年《票据法（草案）》根据公示催告程序的适用情况和票据流通性、无因性等特征，在票据丧失补救制度中增加规定了普通诉讼程序保障失票人和付款人的权利义务。在草案征求意见的过程中，有观点提出无论是进行公示催告还是向人民法院起诉都无法避免在决定受理期间被他人冒领票款的风险，应保留传统的挂失止付补救方式。就此，最终通过的《票据法》构建了我国沿用至今的多元化票据丧失补救制度。1997 年中国人民银行发布《支付结算办法》，细化了挂失止付的适用规则，明确了适用范围、与其他补救方式的衔接和有效期限。

从票据丧失补救制度的延伸适用来看，1993 年制定的《公司法》最早拓展了公示催告程序的适用范围，明确规定记名股票丧失的，股东可以适用公示催告程序请求人民法院宣告股票失效并向公司申请补发股票。随后 1999 年发布的《海诉法》进一步扩张公示催告程序的范围，允许提单等提货凭证持有人，在提货凭证失控或者灭失的情况下，向货物所在地海事人民法院申请公示催告。

3. 公示催告程序与挂失止付

根据《票据法》第 15 条的规定，当票据的最后合法持有人非因本意丧失对票据的占有时，其既可以在票据丧失后直接向人民法院提起诉讼或申请公示催告，又可以在向票据义务人提交挂失止付通知后 3 日内提起诉讼或向人民法院申请公示催告。由此可知，挂失止付不是申请公示催告的前置程序。

在公示催告程序中，有管辖权的人民法院在审查失票人提交的申请材料并决定受理后，应当立即向付款人及代理付款人发出止付通知，并在 3 日内发出公告，督促可能存在的票据利害关系人申报票据权利；失票人在公示催告前已经向付款人发出挂失止付通知的，人民法院发出的止付通知替代挂失止付通知的效力，即挂失止付通知虽然失效，但付款人因收到人民法院的止付通知而持续负有暂停支付票款的义务直至公示催告程序终结。

具体而言，挂失止付是票据持有人在丧失票据占有后，为防止票据权利被他人行使而发生可能的损害，向票据义务人发出挂失止付通知，请求其暂停票据支付的临时补救措施。挂失止付的提起人为丧失票据实际占有的持票人（也称为失票人）；相对人是票据记载的付款人，如果票据载明的是代理付款人，则相对人应为代理付款人。如果票据未记载付款人或者无法明确付款人及其代理付款人，就意味着无法确定挂失止付程序中的相对人，失票人就无法请求启动该程序，事实上，此时票据没有被冒领的风险，也就无须挂失止付。根据中国人民银行《支付结算办法》第 48 条的规定，挂失止付适用于已经承兑的商业汇票、支票、填明"现金"字样和代理付款人的银行汇票以及填明"现金"字样的银行本票，对于未经承兑的商业汇票、转账的银行汇票及本票不得适用挂失止付。付款人或者代理付款人收到失票人向其提交的挂失止付通知书后，如查明挂失票据尚未付款，应立即暂停支付。也就是说，挂失止付的法律效力主要表现为付款人在收到失票人的挂失止付通知后，负有暂停支付票款的义务。在失票人已经通知付款人挂失止付后，如果付款人向其他持票人付款，仍不能免除付款人对失票人的付款责任。

值得注意的是，票据挂失止付作为临时救济措施，与记名式的存单、存折挂失止付可将持有人的权利恢复至遗失前的状态不同，失票人挂失止付仅具有防止票据权利被他人行使的法律效力，失票人应当在挂失止付后 3 日内向人民法院申请公示催告或者提起诉讼来达到实现票据权利的法律效果。根据中国人民银行《支付结算办法》第 50 条的规定，如果付款人或者代理付款人自收到失票人提交的挂失止付通知书之日起 12 日内未收到人民法院的止付通知，期限届满后次日付款人即可依其他持票人提示付款向其支付票款。

4. 公示催告程序与诉讼程序

根据《票据法》第 15 条的规定，在票据的最后合法持有人非因本意丧失对票据的占有后，其既可以在票据丧失后直接向人民法院提起诉讼或申请公示催告，也可以在向票据义务人提交挂失止付通知后 3 日内提起诉讼或申请公示催告。由此可知，公示催告程序与诉讼程序都是失票人保障票据权利的救济途径。

从法理上来看，诉讼程序与公示催告程序在制度理论基础层面存在显著区别，诉讼程序通常推定失票人为被丧失票据的权利人，通过积极审查其曾经持有票据、丧失票据的证据和担保财产的情况来认定失票人作为票据权利人可依法请求出票人补发票据或者要求付款人向其支付票款。公示催告程序推定失票人已经丧失票据权利，通过公告的消极方式，公告期限届满后仍无有效申报的，则推翻先前的推定，认定失票人为票据权利主体，其可依法要求付款人支付票款。

就诉讼程序的具体适用而言，依据《票据规定》第 34 条的规定，票据丧失后，票据权利时效届满前，失票人在提供相应担保的情况下，既有权请求出票人补发票据，也有权请求债务人付款；如果出票人拒绝补发票据或付款人拒绝付款，失票人可以向被告住所地或票据支付地人民法院提起诉讼。

值得注意的是，在公示催告程序中，人民法院因票据利害关系人申报权利而裁定终结公示催告程序后，失票人向人民法院起诉申报人为非法持有票据人并请求返还票据，此处的诉讼属于因票据权利主体产生纠纷的诉讼，与票据丧失补救制度中的诉讼截然不同，两者的请求权基础和具体适用规则均存在明显区别。

第二节　公示催告案件的审理程序

一、公示催告案件的受理

（一）难度与热度
难度：☆☆　热度：☆☆☆

（二）基本理论与概念
公示催告程序依申请人的申请启动，可以背书转让的票据在出现被盗、遗失或者灭失的情况时，票据的最后合法持有人可以向票据支付地基层人民法院递交书面申请，并载明票面金额、发票人、持票人、背书人等票据主要内容以及申请公示催告的事实理由。人民法院在收到公示催告的申请后，应当由一名审判员结合相关证据（票据存根、丧失票据的复印件、出票人关于签发票据的证明、申请人合法取得票据的证明、银行挂失止付通知书、报案证明等），决定是否受理。经审查，人民法院认为不符合受理条件的，应当在7日内裁定驳回申请人的申请；认为符合受理条件的，应当在受理的同时通知支付人停止支付，并在3日内发出公告，催促利害关系人申报权利。

（三）疑难点解析
1. 数字化背景下的票据丧失

传统的票据以纸质为介质，在流转和交易过程中容易发生票据被盗取、遗失及灭失等票据权利人丧失票据占有的情况，所以现行法律赋予了票据权利人申请启动公示催告程序或向人民法院提起诉讼等保障票据权利得以实现的权利，本质上在于将票据与票据权利相分离。

随着数字化信息技术在商事交易中的广泛普及，票据在形式上不再局限于纸质票据，中国人民银行于2009年批准建立电子商业汇票系统，出票人依托该系统通过数据电文形式委托付款人在指定日期无条件支付确定金额给收款人或者持票人。电子商业汇票的出票、承兑、背书、保证、提示付款和行使追索权等业务，都必须通过电子商业汇票系统办理。正是因为这一系统依托网络和计算机技术，在接受、储存和发送数据电文时会产生清晰的记录，经查询可知晓电子票据的基本信息、流转情况和最后持票人信息，系统内的电子票据由中国人民银行统一管理，不存在票据丧失被不特定的其他人拾得的可能，因此，电子票据不应适用公示催告程序。实践中有人民法院受理对电子银行承兑汇票公示催告的申请并发出公告催促利害关系人申报权利，忽视了电子票据不存在被盗、遗失和灭失情形。[①]

2. 人民法院决定受理公示催告程序的法律效果

当票据最后合法持有人的申请符合法定条件时，人民法院就会决定受理公示催告申请，根据《民诉法》第230条和《民诉解释》第446条的规定，此时人民法院应当立即通知付款人及代理付款人停止支付，并在受理申请后3日内在全国性报纸或者其他媒体刊登公告，于同日公布于人民法院公告栏内；人民法院所在地有证券交易所的，还应当同日在该交易所公布。通过多种途径发布公告，有助于利害关系人及时申报权利。在公示催告期间，相关票据行为将产生如下法律效果：

其一，人民法院的止付通知具有强制性，将产生与财产保全等同的法律效果。具体而言，支付人（票据上的付款人以及代理付款人）在收到人民法院发出的止付通知后，就应当停止支付票据款项，而不论支付条件本身是否已经满足；支付人如果在停止支付期间未经发出支付通知的人民法院许可擅自解付的，仍应当承担票据责任。

其二，在公示催告期间转让票据权利的行为无效。为了防止非法持票人利用票据流通性的特点转让票据，损害票据权利人的合法权益，提示受让人在受让票据时应核实票据是否存在被申请公示催告的情况，《民诉法》第231条对此作了明确规定。也就是说，在人民法院已经启动公示催告程序发出公告时，商事主体可以通过多种渠道查询票据的状态，此时转让票据权利的行为自然应当被认定为无效，这本质上相当于立法赋予了公告以公示的效力。显然，在票据权利人丧失对票据的占有至申请公示催告的期间，如果票据权利被转让，此时只要受让人是善意的，并不知道前手取得票据方式不合法，则根据票据的无因性和文义性，转让票据权利的行为仍应被认定为有效。值得注意的是，根据《票据规定》第33条的规定，在公告期间届满但人民法院尚未作出除权判决的期间，因质押、贴现而接受票据的持票人有权主张票据权利。此外，如果申请人本身并不具备申请启动公示催告程序的主体资格，仍然恶意申请的[②]，此时票据权利被转让的，该转让行为是否也应当根据《民诉法》第231条被认定为无效，殊值研究，因为这一公示催告程序本不该存在，将这类情形下的票据转让行为认定为有效似能更好地保护票据利害关系人的票据权利。

二、公示催告阶段的审理

（一）难度与热度

难度：☆☆☆ 热度：☆☆☆

（二）基本理论与概念

人民法院对于公示催告案件的审理通过发出公告，等待利害关系人向其主张票据权

[①] 浙江省天台县人民法院曾在《人民法院报》2016年5月17日第2版发布公告，内容是浙江康和机械科技有限公司就电子银行承兑汇票丧失向人民法院申请公示催告。

[②] 在司法实务中，此类情形多发生在票据后手不履行票据基础法律关系时。举例来说，当前手已经通过背书行为将票据转让给后手履行完付款义务时，如果后手在受让票据后已经将票据再次背书转让，但是并未履行合同义务，此时前手就很有可能暂不追究后手的违约责任，而会通过谎称票据被盗、已经遗失乃至灭失等方式恶意申请启动公示催告程序。从司法实践来看，在票据的民间贴现买卖中（也称为"倒票"），买家不付款时，卖家也经常通过此类违法的方式来维护所谓的"权益"。

利的方式进行。具体而言，人民法院发出公告是公示催告程序的必经阶段，公告中应载明公示催告申请人的姓名或者名称和票据的种类、票据号码、票面金额、出票人、背书人、持票人、付款期限等事项，以及其他可以申请公示催告的权利凭证的种类、号码、权利范围、权利人、义务人、行权日期等事项，还应当对申报权利的期间、利害关系人不申报的法律后果等事项加以说明。人民法院在利害关系人申报权利后，应就申报的合法性进行形式审查，一方面通知利害关系人向人民法院提交其所持票据，另一方面应当通知申请人在指定期间内查看利害关系人出示的票据，申请公示催告的票据与利害关系人出示的票据不一致的，人民法院应当裁定驳回利害关系人的申报；票据一致的，人民法院应当裁定终结公示催告程序，并通知申请人和支付人，此时申请人和利害关系人就票据产生的纠纷，可通过返还票据之诉等途径加以解决。

（三）疑难点解析

1. 公告期间

在司法实务中，对于公示催告程序的公告期间，法院需要结合票据付款日加以确定，不得少于最短期间。具体而言，根据《民诉解释》第 447 条和《票据规定》第 32 条的规定，该期间不得少于 60 日，公告期间的届满日不得早于票据付款日后 15 日。对此，应从三方面加以理解。

首先，公告期间与付款到期日为何相关。法律对票据的付款期限依据类型作出了不同规定：支票为见票即付、本票不得超过 2 个月、银行汇票为 1 个月、商业汇票则不得超过 6 个月。以商业汇票的丧失为例，如果票面记载的汇票到期日为出票日起的 6 个月，最后合法持票人在距到期日 5 个月丧失对票据的实际占有向人民法院申请公示催告，此时人民法院将公告期间设置为 60 日的固定期间，公告期限届满后无人申报权利，申请人立即向人民法院申请作出除权判决，即可依判决向付款人主张票据权利，由此会导致期前付款现象，同时容易引发当事人恶意申请公示催告损害合法持票人的权益。

其次，公告期间不得短于法定的最低期间。也就是说，人民法院发出公告的目的在于催促利害关系人及时申报权利，即便已临近票据付款日也不得缩短公告期间。值得注意的是，失票人向人民法院申请公示催告可中断丧失票据的付款期限，申请时付款期限尚未届满的，付款人不得以除权判决生效之日超过票面记载付款日期为由拒绝支付票款。

最后，为何规定为不得早于票据付款日后 15 日。在《票据法》中，票据记载的到期日与付款人实际支付票款可能存在时间差，定日付款、出票后定期付款或者见票后定期付款的汇票，应自到期日起 10 日内向承兑人提示付款，持票人在票面记载的到期日后 10 天内向付款人主张权利即可。若未在法定期间内提示付款，付款人并不当然免除责任，持票人作出说明后仍应继续对持票人承担付款责任。设定公告期间的截止日期主要是考虑到持票人提示付款期限的情形。

2. 利害关系人申报权利的条件

与公示催告案件具有利害关系的人应当在法定期间主动向人民法院申报权利以维护自身合法权益，申报权利应当符合以下四个条件：

其一，申报权利的利害关系人应是票据的实际占有人，票据权利作为证券性权利，证券书面所有权与证券权利除法定情形外具有不可分割的属性，即只有利害关系人取得票据才能享有票据权利。

其二，利害关系人应在公示催告期间申报权利，原则上应当在人民法院发布的公告期间内申报权利。对于公告期间届满后利害关系人向人民法院申报权利的，需结合公示催告程序所处的具体阶段加以理解。在公告期间届满但尚未作出除权判决的情况下，为保护利害关系人的权益，应允许其向人民法院申报权利以防止其因票据被宣告无效而丧失权利；在人民法院已经作出除权判决的情况下，利害关系人可在法定期限内请求撤销除权判决。

其三，利害关系人应当向受理公示催告案件的人民法院申报权利，向其他人民法院主张权利并不能发生申报权利的法律效果。因为如果利害关系人向其他人民法院申报权利，其他人民法院无法知晓案件的具体情况，且难以审查提供的票据与申请人主张丧失的票据是否一致。

其四，利害关系人应出示票据及其他证据材料，证明持有票据，其是否为票据的最后合法持有人不属公示催告程序的审查范围。一言以蔽之，公示催告程序中法院只就利害关系人的持票行为作形式审查，并不考虑持票行为本身的合法性。

3. 法院对利害关系人申报的具体审查

人民法院在收到利害关系人的申报后，应通知利害关系人向人民法院出示票据原件，并通知申请人在指定的期间查看该票据，如果申请人无正当理由明确拒绝核实票据情况，可视为其放弃对票据陈述意见的权利，人民法院应根据利害关系人提供的证据材料作出判断。如果被申请公示催告的票据与利害关系人出示的票据一致，人民法院应当裁定终结公示催告程序，并通知申请人和支付人，同时告知申请人和申报人有权就票据纠纷向人民法院提起诉讼；如果利害关系人提供的票据并非申请人丧失的票据，则应当裁定驳回利害关系人的申报。

当然，如果在公示催告期间内，申请人撤回申请，人民法院可径行裁定终结公示催告程序；在人民法院发出公示催告期间无人申报权利或者申报被驳回的，意味着公示催告阶段结束，申请人应在法定期限内向人民法院提出宣告票据无效的申请。

第三节　除权判决与公示催告程序终结

一、除权判决的作出与效力

（一）难度与热度

难度：☆☆☆　热度：☆☆☆

（二）基本理论与概念

除权判决，是指在公示催告期间无人申报权利，或者申报被驳回，人民法院依申请人的申请作出的宣告票据无效的判决。作出除权判决是公示催告程序的最后阶段，也是公示催告程序发挥其特有作用的必经程序。

人民法院作出除权判决后，应当进行公告，并通知支付人。除权判决自公告之日起生效，具有以下效力：（1）申请公示催告的票据失效，持票人不再享有票据权利。（2）除权判决生效后，申请人可以依据除权判决要求支付人支付票据上记载的金钱数额，支付人不得拒绝支付；支付人拒绝支付的，申请人可以向人民法院起诉，符合起诉条件的，人民法院应当受理。（3）终结公示催告程序。

（三）疑难点解析

1. 除权判决的作出

如果没有利害关系人在公示催告阶段申报权利，或者申报被驳回，人民法院应当根据申请人的申请判决宣告票据无效，此即除权判决。人民法院作出除权判决，有如下几点值得注意：

首先，人民法院发出公告是确认申请人为最后合法持票人的必要手段，其目的在于请求人民法院作出除权判决并依此实现票据权利。在公示催告期间，无有效申报，即可推定申请人为最后合法持票人。但是，根据私法自治和当事人的处分原则，人民法院不会在公告期届满后依职权作出除权判决，仍需申请人再次向受理公示催告案件的人民法院提出申请。如果失票人未在法定期间内申请人民法院作出除权判决，人民法院应当裁定终结公示催告程序。

其次，在审理组织方面，不同于公示催告阶段的审判员独任审查，除权判决阶段人民法院应组成合议庭进行审理。究其法理而言，公示催告阶段是形式审查，而除权判决阶段需要对票据是否能被宣告无效作出判断，涉及实际丧失票据占有的申请人和恶意申请公示催告情况下票据合法持有人的票据权利，相对而言更为复杂。

最后，在审查对象方面，合议庭作出除权判决应符合法定要件。一方面，没有利害关系人在公示催告期间申报权利或者申报被驳回。公示催告程序的价值就在于确定申请人为票据的权利主体，在利害关系人向人民法院申报权利并出示票据后，经公示催告申请人确认，受理公示催告案件的人民法院确认票据尚未丧失就意味着该程序的设立目标已经实现。另一方面，申请人应在公示催告期间届满之日起1个月内申请作出除权判决。

2. 除权判决的效力

就除权判决的法律效果而言，其在程序上意味着公示催告程序的终结，在实体上将产生票据失效和失票人恢复票据权利的法律后果。具体而言，人民法院作出除权判决宣告票据无效，无论后续取得该失权票据的持票人主观是否善意，其都不再享有要求付款人支付票款的付款请求权。与此同时，除权判决将作为失票人行使支付请求权的替代凭证，相当于申请人重新取得了票据。

值得讨论的是，申请人因除权判决而恢复的票据权利是否包括追索权。票据权利主要包含付款请求权和追索权，但根据当事人提交的材料和人民法院形式审查的要求，难以得出可以恢复追索权的结论。即便在票据丧失后通过普通诉讼的方式对票据争议进行实体审查，持票人也只能以出票人和付款人作为被告主张补发票据或者债务人付款，无法向其他票据义务人行使追索权。因此，申请人依除权判决被拒绝支付时，只能以付款人为被告向有管辖权的人民法院请求实现票据权利。

二、公示催告程序的终结与救济途径

（一）难度与热度

难度：☆☆☆　　热度：☆☆☆

（二）基本理论与概念

公示催告程序终结，是指发生法定的情形或者在人民法院作出除权判决后，结束公示催告程序。根据《民诉法》《民诉解释》的有关规定，公示催告程序终结有以下几种情形：自然终结、驳回申请终结、撤回申请终结、申报权利终结、未申请判决终结。

（三）疑难点解析

1. 公示催告程序中人民法院作出的裁定及其救济方式

在公示催告程序中，人民法院根据案件的具体情况会作出不同的裁定，大致包含如下四大类：

其一，驳回申请的裁定。人民法院在收到申请人递交的书面申请后，应当立即对票据的性质、票据丧失的情形、申请人的身份等事项予以审查，如出现票据因出票人载明不得转让字样或者属于电子商业汇票系统内电子票据、因胁迫或者欺诈等持票人丧失占有、申请人并非最后合法持票人等情况，人民法院应当于 7 日内裁定驳回申请。在此情况下，因票据无效而被驳回申请，当事人可以基于合同关系向直接前手主张给付对价；若能明确票据持有人，当事人还可以向人民法院提起诉讼请求非法持有人返还票据。

其二，撤回申请的裁定。申请人在人民法院发布公告前提出撤回申请的，人民法院应当裁定准许撤回申请；如果申请人在公示催告期间申请撤回，人民法院可以直接裁定终结公示催告程序。就申请撤回的理由而言，失票人可以基于找到票据或者其他正当理由撤回公示催告的申请，在人民法院裁定准许撤回申请或者终结程序后，针对同一票据再次出现基于丧失占有或者其他理由申请公示催告的，人民法院仍应依法审查是否符合受理条件。

其三，利害关系人申报权利的裁定。在除权判决作出前，票据的实际占有人可以向人民法院申报权利，经人民法院审查符合法定条件的，应裁定终结公示催告程序。申请人或者申报人可以向有管辖权的人民法院提起诉讼，具体而言，请求确认票据权利人或返还票据，应当适用票据纠纷的管辖规则，向票据支付地或者被告住所地人民法院起诉；请求赔偿损失等非票据纠纷应向被告住所地人民法院提起。

其四，未申请除权判决情形下的裁定。人民法院发出的公告期届满无人申报权利或者申报被驳回的，如申请人未在法定期间申请人民法院作出除权判决，则人民法院应当裁定终结公示催告程序，上述法定期间为不可变期间，不适用中止、中断或者延长的规定。值得讨论的是，在人民法院裁定终结公示催告程序后，失票人能否对相同票据再次申请公示催告。就此，司法实践存在不同认识，有判决认为再次申请不符合法律规定，所以直接裁定终结公示催告程序[①]；与此同时，也有人民法院对失票人再次申请公示催告予以受理。[②] 本书倾向于认为，公示催告申请人因正当理由无法在法定期间提出申请时，

[①] 参见新疆维吾尔自治区乌鲁木齐市新市区人民法院（2016）新 0104 民催 9 号民事裁定书。

[②] 参见安徽省宁国市人民法院（2019）皖 1881 民催 1 号民事裁定书、安徽省宁国市人民法院（2019）皖 1881 民催 3 号民事裁定书。

应当允许其再次申请公示催告；申请人对是否存在正当理由负有举证责任，人民法院审查发现提出的理由不成立，可视为失票人已经放弃申请人民法院作出除权判决的权利。

2. 公示催告程序中人民法院作出的判决及其救济方式

人民法院作出的除权判决可以恢复丧失票据占有持票人的票据权利，此时，符合申报权利条件的利害关系人有正当理由未在作出判决前向人民法院主张权利的，可以就票据纠纷向作出判决的人民法院提起诉讼。就此，应当从如下三方面加以理解：

首先，正当理由主要包括利害关系人的原因、公示催告程序瑕疵及其他客观事由。其一，利害关系人的原因存在发生意外事件或不可抗力导致其不具有知晓公告的可能性、利害关系人被限制人身自由无法知道公告事实或虽然知道但无法申报权利两种情形，前者如因意外事件处于昏迷状态，后者利害关系人应证明被限制人身自由确已达成无法知晓公告或者知道但无法申报权利的事实。其二，公示催告程序瑕疵主要包括案件不属于法定申请公示催告的情形、人民法院未予公告或者未按法定方式公告的情形。人民法院在受理审查和公告程序中应当严格按照法律规定进行，对于不属于受理条件的案件予以受理或公告方式和公告期间存在瑕疵都可能导致利害关系人的权益受到损害，应为利害关系人在除权判决生效后提供救济途径。其三，其他客观事由是足以影响利害关系人在申报期间未能向人民法院申报权利的客观事实，而非主观原因，且应达到无法知道或知道但无法申报权利的程度。

其次，利害关系人既可基于票据纠纷提起撤销之诉和确认之诉，也可以请求公示催告申请人承担侵权损害赔偿责任。具体而言，人民法院因涉案票据的真正权利人未在作出判决前申报权利而推定申请人为最后合法持票人，利害关系人在知道或者应当知道判决生效之日起1年内，可以向人民法院主张除权判决推定申请人的身份存在错误来提起撤销之诉，人民法院就利害关系人所持票据是否与判决宣告无效的票据一致并对利害关系人是否为最后合法持票人作出判断。在利害关系人仅提起确认之诉请求确认其为合法持票人的情形下，案件因涉及双方当事人的票据纠纷，应适用普通程序审理。即便利害关系人的诉讼请求未明确要求撤销除权判决，人民法院在确认其合法持票人身份的同时，意味着除权判决推定的事实错误，事实上已经达到了撤销的法律效果。为尊重当事人的处分权，人民法院不得在判项中明确撤销除权判决，而应在本院认为部分写明。此外，付款人依除权判决向申请人支付票款即获得付款免责的效力，除权判决被撤销，其也不再对持票人承担付款义务。因公示催告申请人的行为损害利害关系人合法权益的，可以向人民法院请求申请人承担损害赔偿责任。

最后，利害关系人向人民法院提出诉讼应满足持有票据和正当理由两个法定条件，利害关系人作为最后合法持票人的情形主要包括恶意申请公示催告情形下的最后合法持票人、在公示催告期间届满后作出除权判决前因质押或贴现而取得票据的持票人、票据丧失占有后至申请公示催告前已经合法取得票据的善意持票人。因原则上公示催告期间内票据的转让行为无效，应强调受让人在受让票据时的注意义务，法律规定的例外期间内票据的质押和贴现行为有效，可以合法取得票据。至于善意持票人的规定，应注意在公示催告前已经取得票据的情形，不应将受让票据的注意义务扩张至持有期间的义务。在法院尚未发布公告期间，持票人在取得票据时不存在恶意或者重大过失的，应肯定其最后合法持有人的身份。

本章实务案例研习

一、成都市温江区鑫祥瑞机械厂申请公示催告案[①]

案例考点：公示催告阶段法院的审查内容及处理

（一）案情简介

成都市温江区鑫祥瑞机械厂 2015 年 11 月 12 日向广州市天河区人民法院申请公示催告，申请人主张遗失了由广州广日电梯工业有限公司开出的中信银行广州分行账务中心银行承兑汇票 1 张。广州市天河区人民法院受理后，依法组成合议庭予以审理，并于 2015 年 12 月 3 日发出公告，催促利害关系人在 110 日内申报权利。

在公示催告期间内，中国民生银行股份有限公司成都分行向广州市天河区人民法院申报权利，法院通知申报人出示票据并通知申请人查看该票据，申请人对申报人出示的银行承兑汇票真实性及背书连续无异议，仅对申报人最后取得票据的时间有异议，认为申报人未提供证据证实其是在法院发出公示催告公告之前取得票据。

（二）法院裁定

经法院审查并通知申请人查看申报人出示的票据，可以证实申报人提供的银行承兑汇票与申请人申请公示催告的银行承兑汇票为同一份票据，本案不存在驳回申报人申报的事实及条件。至于申请人提出申报人未提供证据证实其是在法院发出公示催告公告之前取得票据的事宜，不属于本案的审查范围，应由申请人另循法律途径处理，裁定终结公示催告程序。

（三）学理分析

2015 年《民诉解释》第 451 条（2022 年《民诉解释》第 449 条）规定："利害关系人申报权利，人民法院应当通知其向法院出示票据，并通知公示催告申请人在指定的期间查看该票据。公示催告申请人申请公示催告的票据与利害关系人出示的票据不一致的，应当裁定驳回利害关系人的申报。"在本案中，中国民生银行股份有限公司成都分行作为实际持有票据的利害关系人，在法院发出公告期间内申报权利，经法院及申请人核实票据确为被申请公示催告的票据，意味着申请人主张丧失占有的票据已经找到，基于公示催告程序的非讼性，人民法院对申请人及申报人之间所涉票据纠纷无权处理，应当终结公示催告程序，并告知申请人或者申报人可以向人民法院就纠纷提起诉讼，由有管辖权的法院受理后，适用普通程序予以审理。

此外，2015 年《民诉解释》第 454 条（2022 年《民诉解释》第 452 条）规定："适用公示催告程序审理案件，可由审判员一人独任审理；判决宣告票据无效的，应当组成合议庭审理。"本案在公示催告阶段由三名审判员组成合议庭进行审理，说明在此阶段既可以由审判员独任审理，也可以依法组成合议庭。但值得注意的是，若法院发出的公告期限届满后，仍无人申报权利或者申报被驳回的，经申请人申请作出除权判决时，人民

[①] 案例来源：广东省广州市天河区人民法院（2015）穗天法立民催字第 203 号民事裁定书。

法院必须组成合议庭予以审理，不得由审判员独任审理。

二、杭州翔盛纺织有限公司诉余姚市圣凯五金厂票据损害责任纠纷案[①]

案例考点：除权裁决作出后最后持票人的救济

（一）案情简介

原告杭州翔盛纺织有限公司（以下简称"翔盛公司"）与案外人浙江恒远化纤集团有限公司（以下简称"恒远公司"）有买卖合同关系，2012 年 10 月 8 日，恒远公司以银行承兑汇票支付原告货款。汇票背面记载的被背书人依次为：绍兴县寺桥纺织有限公司、绍兴县宾驰纺织品有限公司、杭州澳兴纺塑有限公司、恒远公司、翔盛公司、杭州博利尔化工有限公司、江苏华昌化工股份有限公司、张家港保税区汇康国际贸易有限公司、河津市龙门炭黑有限公司、陕西三一工程设备有限公司，前述背书均未记载日期。

被告余姚市圣凯五金厂（以下简称"圣凯五金厂"）声称涉案票据遗失，向浙江省余姚市人民法院申请公示催告，2013 年 1 月 11 日，法院受理了申请并发出公告，公示催告期间届满仍无人申报权利，经申请于 2013 年 3 月 19 日作出（2013）甬余催字第 4 号判决除权。票据记载的最后持票人陕西三一工程设备有限公司委托招商银行股份有限公司咸阳支行收款，付款人告知该票据已由余姚市人民法院作出除权判决，且被告圣凯五金厂已经收取了票款。因付款人拒绝向陕西三一工程设备有限公司支付，该公司向票据载明的前手行使追索权，最后票据返还至原告翔盛公司。

原告翔盛公司主张其为合法持票人，因圣凯五金厂申请公示催告导致票据除权而无法实现其票据权利，以圣凯五金厂为被告向作出除权判决的余姚市人民法院请求圣凯五金厂承担损害赔偿责任。

（二）法院判决

除权判决依公示催告程序作出，利害关系人或真正的权利人提起票据诉讼时，其权利义务关系不应受除权判决约束。涉案汇票均未记载背书时间，在被告未能提供相反证据的情况下，原告翔盛公司取得汇票的时间可以认定为其向恒远公司出具收款收据的日期即 2012 年 10 月 8 日，原告在公示催告前取得该票据，系合法持票人。汇票在后手以票据被判决除权、银行拒付为由依次将该汇票退给原告，故原告翔盛公司是该汇票最后的合法持有人。

被告圣凯五金厂没有在案涉票据背书栏内签章，亦未向本院提供有效证据证明其合法取得票据。被告圣凯五金厂亦未向本院提交票据遗失的相关证据。相反，原告翔盛公司提交的本案讼争票据必要记载事项齐全、背书连续，且已在公示催告期间前合法持有该票据，故在无相反证据证明原告取得票据存在恶意或重大过失的情况下应认定原告享有票据权利。

被告圣凯五金厂并非票据的最后合法持有人，却依除权判决获得票据款项，客观上造成了原告的损失，对该损失，作为最后的合法持有人的原告理应获得赔偿。法院判决如下：（1）被告圣凯五金厂支付原告翔盛公司承兑汇票损失 200 000 元，并支付自 2014

---

① 案例来源：浙江省余姚市人民法院（2015）甬余商初字第 23 号民事判决书。

年 11 月 24 日起至判决确定的履行日止按中国人民银行同期同类贷款基准利率计算的利息损失；（2）驳回原告翔盛公司的其余诉讼请求。

（三）学理分析

票据持有人因非出于自身原因丧失票据的实际占有，向票据支付地的基层人民法院申请公示催告，法院在受理后发出公告催促利害关系人申报权利，公示催告期限届满仍无有效申报，法院依申请人申请作出除权判决，推定申请人为票据的合法持票人，可向付款人主张付款请求权。在票据真正权利人出现且具有足以推翻法院推定的事实时，应允许其获得救济。具体而言，在作出除权判决而付款人尚未付款的情况下，最后合法持票人可以在法定期限内请求法院撤销除权判决或确认其为合法持票人，票据恢复效力后再向付款人主张权利；在除权判决作出且付款人已经付款的情况下，最后合法持票人再提起撤销之诉或确认之诉已无法实现票据的付款请求权，可以向法院请求公示催告申请人承担侵权损害赔偿责任。

在本案中，主要从两个方面审查原告翔盛公司是否为最后合法持票人：一方面，起诉时是否合法持有票据。本案汇票记载的最后被背书人陕西三一工程设备有限公司因被付款人拒绝付款而享有向所有前手的追索权，原告作为受追索并履行票据义务而持有票据的被追索人应当具有最后持票人的资格。另一方面，商事活动交易时是否合法获得票据。因公示催告期间转让票据权利的行为无效，如果原告在此期间受让票据无法被认定为合法持票人。本案中，因票据未记载背书时间，在没有相反证据推翻的情况下，法院认定原告翔盛公司与其直接前手恒远公司出具收款收据的日期为受让票据的时间，即原告在公示催告前已经取得票据而认定受让行为有效。综上，原告在商事活动受让票据和被拒绝付款后因被追索而持有票据的行为均有效，应当认定其为票据实际权利人，因被告申请公示催告损害其权利请求被告承担侵权损害赔偿责任，人民法院应予以支持。

⟩⟩ 本章同步练习

一、选择题

1. 大界公司就其遗失的一张汇票向法院申请公示催告，法院经审查受理案件并发布公告。在公告期间，盘堂公司持被公示催告的汇票向法院申报权利。对于盘堂公司的权利申报，法院实施的下列哪些行为是正确的？（　　）

A. 应当通知大界公司到法院查看盘堂公司提交的汇票

B. 若盘堂公司出具的汇票与大界公司申请公示的汇票一致，则应当开庭审理

C. 若盘堂公司出具的汇票与大界公司申请公示的汇票不一致，则应当驳回盘堂公司的申请

D. 应当责令盘堂公司提供证明其对出示的汇票享有所有权的证据

2. 甲公司因遗失汇票，向 A 市 B 区法院申请公示催告。在公示催告期间，乙公司向 B 区法院申报权利。关于本案，下列哪些说法是正确的？（　　）

A. 对乙公司的申报，法院只能就申报的汇票与甲公司申请公示催告的汇票是否一致进行形式审查，不进行权利归属的实质审查

B. 乙公司申报权利时，法院应当组织双方当事人进行法庭调查与辩论

C. 乙公司申报权利时，法院应当组成合议庭审理

D. 乙公司申报权利成立时，法院应当裁定终结公示催告程序

3. 甲公司财务室被盗，遗失金额为 80 万元的汇票一张。甲公司向法院申请公示催告，法院受理后即通知支付人 A 银行停止支付，并发出公告，催促利害关系人申报权利。在公示催告期间，甲公司按原计划与材料供应商乙企业签订购货合同，将该汇票权利转让给乙企业作为付款。公示期满，无人申报，法院即组成合议庭作出判决，宣告该汇票无效。关于本案，下列哪些说法是正确的？（　　）

A. A 银行应当停止支付，直至公示催告程序终结

B. 甲公司将该汇票权利转让给乙企业的行为有效

C. 甲公司若未提出申请，法院可以作出宣告该票据无效的判决

D. 法院若判决宣告票据无效，应当组成合议庭

4. 下列哪一项表述符合公示催告程序的法律规定？（　　）

A. 公示催告程序只适用于基层人民法院

B. 公示催告程序仅适用于各种票据的公示催告

C. 除权判决应当宣告票据是否无效

D. 当事人不服法院的除权判决，可以提起上诉

5. 甲公司因票据遗失向法院申请公示催告。在公示催告期间届满的第 3 天，乙向法院申报权利。下列哪一说法是正确的？（　　）

A. 因公示催告期间已经届满，法院应当驳回乙的权利申报

B. 法院应当开庭，就失票的权属进行调查，组织当事人进行辩论

C. 法院应当对乙的申报进行形式审查，并通知甲到场查验票据

D. 法院应当审查乙延迟申报权利是否具有正当事由，并分情况作出处理

6. 海昌公司因丢失票据申请公示催告，期间届满无人申报权利，海昌公司遂申请除权判决。在除权判决作出前，家佳公司看到权利申报公告，向法院申报权利。对此，法院下列哪一做法是正确的？（　　）

A. 因公示催告期届满，裁定驳回家佳公司的权利申报

B. 裁定追加家佳公司参加案件的除权判决审理程序

C. 应裁定终结公示催告程序

D. 作出除权判决，告知家佳公司另行起诉

二、案例分析题

A 企业从银行取得了票面金额为 300 万元的承兑汇票，为了套现，其将承兑汇票以 292 万元的价格"贴现"卖给了自然人毕某，而后毕某将其作为货款支付给 B 企业（毕某未在票据上签字盖章，B 企业直接在 A 企业后面签章），B 企业签章后该票据依次背书转让给了 C、D、E 三家企业，现 E 企业为最后持票人。A 企业因为担心毕某不还钱，就虚构了票据遗失的事实向相关人民法院申请公示催告程序并已经取得除权判决文书，而后 E 企业走上了维权的道路。

关于该案，请回答如下问题：

（1）A 企业是否有权启动公示催告程序？为什么？

（2）A 企业可能承担何种法律责任？为什么？

（3）E 企业前往银行取款被拒绝付款后，可以通过哪些途径保障自己的合法权益？

（4）E 企业若向人民法院起诉 A 企业侵权，是否需要承担自己合法从 D 企业处取得承兑汇票的举证责任？为什么？

（5）在本案中，如果在法院发布公告的期限内，持票的 E 企业未能如期申报权利，其是否还有权向法院申报票据权利？

三、论述题

请简述公示催告程序与票据丧失补救制度的关系。

参考答案

一、选择题

1. AC

解析：《民诉解释》第 449 条规定："利害关系人申报权利，人民法院应当通知其向法院出示票据，并通知公示催告申请人在指定的期间查看该票据。公示催告申请人申请公示催告的票据与利害关系人出示的票据不一致的，应当裁定驳回利害关系人的申报。"盘堂公司作为被申请公示催告票据的持有人，应属于本条规定的利害关系人，选项 AC 正确。至于选项 B，申报人出示的票据与申请人申请公示催告的票据一致，公示催告程序即完成使命，受理法院不得适用非讼程序处理票据纠纷，即开庭审理表述错误，应当告知申报人或申请人另循法律途径处理。选项 D 中，受理公示催告法院只需核实申报票据与涉案票据一致即可，确定票据权利主体不属于其审查范围。

2. AD

解析：公示催告程序作为非讼程序不涉及票据权利义务的实体审查，法院确认申报票据与被公示催告票据一致，意味着申报权利成立，法院应当裁定终结公示催告程序，告知申报人或者申请人可以向人民法院提起诉讼，选项 AD 正确。选项 B 中，法院应当组织双方当事人查看票据，无须通过开庭审理的方式进行审查。由此，非讼程序不审查当事人间的纠纷，均不进行开庭审理。选项 C 考察公示催告程序中的审查组织，在公示催告阶段可以由审判员独任审查，除权判决阶段应当组成合议庭审理。本题中乙公司在公示催告期间向法院申报权利，在此阶段法院可以由审判员独任审查，而非组成合议庭。

3. AD

解析：《票据规定》第 30 条规定："付款人或者代理付款人收到人民法院发出的止付通知，应当立即停止支付，直至公示催告程序终结。非经发出止付通知的人民法院许可擅自解付的，不得免除票据责任。"选项 A 正确。《民诉法》第 231 条第 2 款规定："公示催告期间，转让票据权利的行为无效。"选项 B 错误，注意理解为何转让行为无效：转让人甲公司已经申请公示催告旨在宣告被盗汇票无效，属于恶意转让，受让人在受让票据时有注意义务，应当对票据是否被申请公示催告予以核查。《民诉法》第233条规定，公告期届满，没有人申报的，人民法院应当根据申请人的申请，作出判决，宣告票据无效。所以，在当事人没有申请票据除权的情况下，法院不得直接判决宣告票据除权，这是源于对当事人意思表示的尊重，选项C错误。《民诉解释》第452条规定："适用公示催告程序审理案件，可由审判员一人独任审理；判决宣告票据无效的，应当组成合议庭审理。"选项D正确。

4. A

解析：《民诉法》第229条规定，可以背书转让的票据持有人，因票据被盗、遗失或者灭失，可以向票据支付地的基层人民法院申请公示催告。选项A正确，然而，并非"各种票据"均可申请公示催告，法定不得转让或者出票人在出票时记载不得转让字样的票据，不可申请公示催告，选项B错误。至于除权判决的作出，产生宣告票据无效的法律效果，不可能作出判决认定票据有效。判决发出公告之日起生效，公示催告程序实行一审终审，不得上诉或申请再审，利害关系人认为除权判决侵害其权益的，可以在法定期间内向作出判决的人民法院提起诉讼，选项CD错误。

5. C

解析：《民诉解释》第448条规定，在申报期届满后，除权判决作出之前，利害关系人申报权利的，法院应当审查申报人出示的票据与涉案票据是否一致。换言之，只要法院尚未作出除权判决，利害关系人就可直接向受理法院申报权利，法院应当对申报进行形式审查。申报人出示的票据与被申请公示催告票据一致的，应裁定终结公示催告程序，就票据权属纠纷告知申请人向法院提起诉讼；申报人持有的票据与涉案票据不一致的，应裁定驳回利害关系人的申报，选项C正确。选项A中，法院应当对申报予以审查，不得直接驳回，错误。选项B中，公示催告不得审理票据权属等实体争议。选项D中，法院无须审查乙延迟申报的原因，此时乙依法有权进行申报。

6. C

解析：在除权判决作出前，利害关系人有权向受理公示催告的人民法院申报权利，经法院形式审查申报人出示的票据与涉案票据一致即可裁定终结公示催告程序，选项C正确。ABD选项中法院的处理方式错误。

二、案例分析题

（1）A企业无权申请启动票据公示催告程序，因为申请启动票据公示催告程序的票据持票人必须是票据的最后合法持票人，其只有在非因主观原因意外丧失对票据的占有时，才能提出申请。

（2）A企业恶意挂失票据，可能需要对合法持票人承担票据损害赔偿责任，也可能需要对B企业承担违约责任；除此之外，A企业虚构票据遗失的事实恶意启动公示催告程序，还涉嫌虚假诉讼罪、诈骗罪，应当依法承担相应刑事责任。

（3）E企业既可以起诉恶意挂失人A企业，要求其承担票据损害赔偿责任；也可以向B、C、D企业等前手行使追索权。

（4）E企业无须承担自己合法从D企业处取得承兑汇票的举证责任，因为票据是文义性和无因性证券，占有票据即可推定为合法持有。

（5）根据相关规定，E企业在申报期间过后能否继续向法院申报票据权利，需要根据人民法院是否已经作出除权判决加以区分。在除权判决作出之前，为了保障申报人票据权利，其仍有权申报权利。

三、论述题

（1）两者的内涵：票据丧失补救制度，是指为保障持票人票据权利能够实现，在持票人非出于自己本意丧失对票据的实际占有的情况下，法律赋予持票人的救济制度。公示催告程序是指，票据持票人非因主观原因意外丧失对票据的占有时，申请人民法院以公告的方式催促可能存在的票据利害关系人在法定期间内申报权利，逾期无人申报的，人民法院将依法宣告票据失权的一种非讼程序。

（2）公示催告程序与票据丧失补救制度的关系：公示催告程序是持票人在丧失票据占有后的法定补救措施，但并非唯一的补救措施。除公示催告程序外，失票人还能通过诉讼直接维权。

（3）挂票丧失补救制度与挂失止付的关系。失票人申请启动公示催告程序或者起诉均不以申请挂票的挂失止付为前提，其既可以在票据丧失后直接向人民法院提起诉讼或申请公示催告，又可以在向票据义务人提交挂失止付通知后3日内提起诉讼或向人民法院申请公示催告。

（4）诉讼程序与公示催告程序的关系。两者在制度理论基础层面存在显著区别，诉讼程序通常推定失票人为被丧失票据的权利人，通过积极审查其曾经持有票据、丧失票据的证据和担保财产的情况来认定失票人作为票据权利人可以依法请求出票人补发票据或者要求付款人向其支付票款。公示催告程序推定失票人已经丧失票据权利，通过公告的消极方式，于公告期间届满后仍无有效申报时推翻先前的推定，认定失票人为票据权利主体，可依法要求付款人支付票款。

第十九章　民事执行程序总论

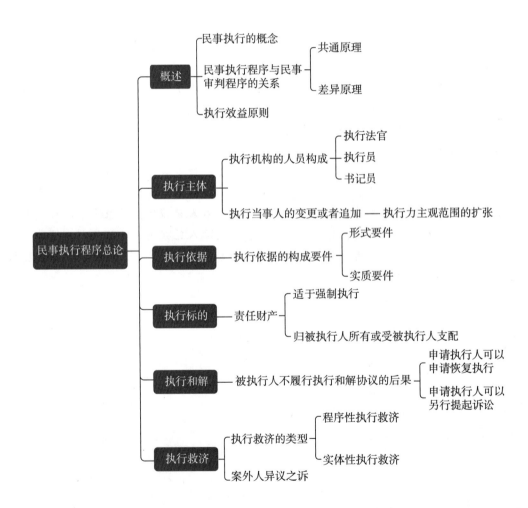

民事执行程序总论
- 概述
  - 民事执行的概念
  - 民事执行程序与民事审判程序的关系
    - 共通原理
    - 差异原理
  - 执行效益原则
- 执行主体
  - 执行机构的人员构成
    - 执行法官
    - 执行员
    - 书记员
  - 执行当事人的变更或者追加 —— 执行力主观范围的扩张
- 执行依据
  - 执行依据的构成要件
    - 形式要件
    - 实质要件
- 执行标的
  - 责任财产
    - 适于强制执行
    - 归被执行人所有或受被执行人支配
- 执行和解
  - 被执行人不履行执行和解协议的后果
    - 申请执行人可以申请恢复执行
    - 申请执行人可以另行提起诉讼
- 执行救济
  - 执行救济的类型
    - 程序性执行救济
    - 实体性执行救济
  - 案外人异议之诉

本章核心知识点解析

第一节　民事执行概述

一、民事执行的概念

（一）难度与热度

难度：☆☆☆　热度：☆☆

（二）基本理论与概念

民事执行，又称民事强制执行，是指法院的执行机构依照法定程序，运用国家强制力，强制被执行人履行生效法律文书确定的义务，以实现申请执行人民事权益的一种活动。

（三）疑难点解析

如何理解民事执行的基本概念？

可以从以下几个角度综合理解民事执行的概念[①]：

第一，民事执行的目的是实现民事权益。民事执行的目的在于实现执行依据载明的申请执行人享有的民事权益。尽管民事权益的实现并非一定需要启动民事执行程序，但民事执行程序是实现执行依据载明的民事权益不可或缺的制度设计。

第二，民事执行的启动主体是申请执行人。根据处分原则的要求，民事执行程序原则上需要由申请执行人申请启动。只有执行案件涉及国家利益或者社会公共利益时，民事执行程序才能由执行机关依职权启动或者由其他国家机关申请启动。

第三，民事执行的实施主体是人民法院。基于私法自治及人权保障的需要，只有法律规定的国家机关才能实施民事执行行为。在我国，只有人民法院有权实施民事执行行为。

第四，民事执行的依据是生效法律文书。生效法律文书，又称执行依据。民事执行以存在生效的法律文书为前提，没有生效的法律文书的民事执行构成违法执行。

第五，民事执行的权源是国家统治权。在现代文明社会中，公力救济是保护民事权益的主要手段，私力救济原则上被禁止。民事执行是运用国家强制力确保民事权益的实现，而国家之所以能够介入民事权益的实现过程，是因为国家享有统治权。

二、民事执行程序与民事审判程序的关系

（一）难度与热度

难度：☆☆☆☆☆　热度：☆☆☆

（二）基本理论与概念

民事执行程序与民事审判程序既有明显的区别，又有密切的联系。

[①]　肖建国主编. 民事执行法. 北京：中国人民大学出版社，2014：4 - 5.

1. 民事执行程序与民事审判程序的区别

（1）权力基础不同。民事执行程序以国家赋予的民事执行权为基础，民事审判程序以国家赋予的民事审判权为基础。

（2）任务不同。法院适用民事执行程序的任务是强制被执行人履行义务，实现生效法律文书确定的权利；法院适用民事审判程序的任务是查明案件事实，确认当事人之间的民事权利义务关系。

（3）价值取向不同。民事执行程序的价值取向是效益优先，民事审判程序的价值取向则是公正优先。

（4）程序类型不同。民事执行程序是单一类型的程序制度，民事审判程序由多种类型的程序制度构成。

2. 民事执行程序与民事审判程序的联系

（1）二者都属于民事程序法的范畴，在保护当事人的合法权益、维护社会秩序和经济秩序稳定的过程中，可以交叉适用。

（2）在通过诉讼解决民事纠纷的过程中，二者存在前后相继的关系：民事审判程序是民事执行程序的前提与基础，民事执行程序是民事审判程序的继续和保障。

（3）二者存在大量通用的制度与规则。民事执行程序中的许多制度和规则来源于民事审判程序，而且两种程序中存在大量通用的制度和规则。

（三）疑难点解析

1. 如何理解民事执行程序与民事审判程序的联系?[①]

民事诉讼包括民事审判程序和民事执行程序两种类型的司法程序，审判与执行历来被视为车之两轮、鸟之双翼，须臾不可分离。民事审判的任务在于确认发生争议的民事权利关系，给双方当事人一个"说法"，民事执行的使命则是运用国家的司法强制力保障生效法律文书确认的民事权利的最终实现，二者性质上同属民事权利的司法救济，均具有司法性的特点，是司法权作用于民事诉讼领域而呈现出的两种不同程序类型。是故，民事审判程序和民事执行程序都必须按照司法权固有的质的规定性予以制度上的安排，民事执行行为也必须依据司法权行使的一般规律进行调整。民事审判程序和民事执行程序具有三个共通性原理。

（1）程序启动的共通性。

民事审判活动的惯常机制是"不告不理"，民事审判程序的启动离不开权利人或特定机构的提请或诉求，审判者不能主动发动诉讼。民事执行程序的启动同样依赖于债权人的申请，原则上，当事人不申请执行即不开始执行；一旦申请执行，法院就应尽快进入执行程序。

（2）执行请求权与裁判请求权性质上的共通性。

大陆法系国家有公法与私法的划分，民事诉讼法属于调整国家与个人关系的公法，债权人的执行请求权与裁判请求权都是一种指向法院的公法上的请求权，不同于指向对方当事人的私法上的请求权。私法请求权人与义务人是平等的，而执行请求权与裁判请求权人与义务人之间无平等可言；私法请求权的内容是义务人的民事行为，而执行请求

---

① 本部分内容全部引自肖建国. 审执关系的基本原理研究. 现代法学，2004（5）。

权与裁判请求权的内容为公正的执行行为与审判行为；私法请求权遵循私法自治精神，当事人有权处分或者放弃，而执行请求权与裁判请求权不能任意处分，即使实施了处分行为也归于无效，不能放弃或抛弃，即使抛弃，也不产生预期效力；债权人撤回执行申请和诉讼申请，债权人与债务人达成诉讼和解或执行和解协议，也不妨碍其执行请求权与裁判请求权的行使。执行请求权与裁判请求权的公法性决定了法律对它们保护的力度要达到超越民事权利的程度。

（3）保护民事实体权利上的共通性。

首先，保护对象具有同一性、同源性。民事审判和民事执行是为实现民法等实体法上的权利而设置的，只要存在实体权利，民事诉讼法就应按照权利的内容、期限、形态、责任财产的范围保障它的实现。在许多情况下，审判和执行在保护阶段上还具有相继性：民事诉讼通过判决，明确当事人之间的权利及法律关系；当义务人不履行义务时，就强制性地实现该裁判的内容。

其次，当事人有实体处分权。从民事诉讼的处分权主义出发，为尊重当事人自治，保护私权，应承认对于债权的分割请求。尤其是在现代社会中，由于分期付款合同纠纷和大规模侵权纠纷的发生愈来愈频繁，特别是在侵权损害赔偿诉讼中，虽然赔偿数额不易确定，但对于医疗费、误工补贴等能够直接特定化的请求应允许受害人先诉请法院解决，而对于余额赔偿请求则可以另行起诉。执行债权的实现与否、实现的程度大小、在执行中是否作出妥协或让步、是否进行执行和解，同样取决于债权人的意志。

最后，二者统一适用诉讼时效，赋予被告或被执行人以实体抗辩权。大陆法系对于诉讼中的权利主张与执行债权一体看待，认为其都属于民法上的请求权，统一适用消灭时效制度。而且，由于执行债权已获得有权机关的确认，故在大陆法系国家，执行债权的消灭时效期间要远远长于诉讼中有争议的债权。债权人于一定期间不行使权利，其权利（请求权、诉权）归于消灭。

2. 如何理解民事执行程序与民事审判程序的区别[①]

在民事执行法律关系中，用于调整申请执行人与执行法院、申请执行人与被执行人之间关系的法律规则，与民事审判法律关系中调整原告与法院、原告与被告之间的关系的准则，具有高度的一致性，所谓审执关系的共通性原理即建立在这两层关系之上。然而，执行法律关系中法院与被执行人之间关系的准则，与审判法律关系中法院与被告之间的关系有天壤之别，所谓审执分立的原理即与这一层关系的法律规制有关，具体表现为八个方面。

（1）民事执行的单向性与审判的多向性、互动性。

执行机构针对被执行人采取的执行行为，无论是查封、扣押、冻结等控制性执行行为，还是拍卖、变卖、分配等处分性执行行为，均以被执行人的责任财产为执行标的，均以限制或禁止被执行人处分执行物、最终满足债权的清偿为目的。尤其是控制性执行行为，体现的是执行机构的强力和意志，而被执行人的人身自由、财产自由和意志自由会受到限制。审判权是消极的、被动的权力，在审判中始终存在着原、被告双方的协商、交涉、辩论、辩驳、质证、对抗，诉讼信息不停地在法院、双方当事人之间交流，司法

---

① 本部分内容全部引自肖建国. 审执关系的基本原理研究. 现代法学，2004（5）。

者所作的裁判，必须是在受判决直接影响的有关各方参与下，通过提出证据并进行理性的说服和辩论，以此为基础作出的。

（2）民事执行的不平等性与审判的平等性。

民事执行以保护执行债权人的债权为己任，奉行债权人与债务人不平等原则。债务人只有接受或忍受强制执行的义务，没有拒绝执行的权利，也无资格要求在民事执行中与债权人地位平等。这一点不同于民事审判程序中的当事人权利平等原则。

（3）民事执行主体的主动性与审判主体的中立性。

在审判中，审判人员必须保持中立、不偏不倚，否则，审判人员离开中立立场，僭越权限，就会丧失所固有的要求，而执行就像打仗，执行人员须审时度势、随机应变、伺机出击，充分发挥执行的主动性。如果说审判人员像裁判员的话，那么执行人员就像猎人。

（4）民事执行的形式化与审判活动的实体判断性。

大陆法系执行理论中有执行的形式化原则，意思是：只要债权人依生效法律文书提出执行申请，执行人员就视为申请人有实体权，只能依申请机械地执行。不涉及任何实体问题，不允许执行人员听取债务人的任何申辩，听了也没有用。但在审判活动中，审判人员需要查明事实、确定与之有关的法律，以及就事实适用有关的法律，即对权利主张、争论和争议加以断定。

（5）民事执行的强制性与审判的和平性。

强制性在法律上有其特殊的含义，是指人们在一特定的场合，不能依其想要选择的方式作为或不作为，它包括对现实行为的直接控制或对行为后果的间接威吓两种形式。执行必须采取物理性强制力量，民事执行法是"咬人"的法律。与执行不同的是，尽管审判以国家强制力作为后盾，但它采取非暴力的、和平的、理性的方式来解决当事人双方之间的纷争，具有和平性，反映了文明社会的特点。

（6）民事执行的职权主义与审判的当事人主义。

民事执行属于单方行为、主动行为，必然带有强烈的职权主义色彩。尤其在被执行人财产的调查、查封、扣押和冻结方面，执行的职权主义不仅不能削弱，反而还应当加强。在我国当前进行的执行工作改革中，民事执行职能不断强化，执行机构也形成了统一管理、上下联动的态势，这也反映出执行的职权主义的内核。审判活动中则奉行当事人主义，当事人决定诉讼程序的开始和结束；当事人对自己权利所为的处分行为，对法院产生约束力；法院认定案件事实的有关诉讼资料只能由当事人提出，否则不能作为法院裁判的根据。

（7）民事执行的效率取向与审判的公正取向。

民事执行以快速、及时、不间断地实现生效法律文书中所确认的债权为己任，在价值取向上注重效率；而审判以公平地解决双方的纷争为基点，在价值取向上以追求程序公正和实体公正为其基本使命。

（8）民事执行的时间、场所、环境不同于审判。

民事审判是在一个预先设计好的封闭的环境中进行的：庄严的法庭、高高的审判台、法袍、法槌等道具，足以使进入法庭者心怀敬意，产生心灵上的震撼。而民事执行的环境却是执行机构难以预知的，也是无法控制的。民事执行行为主要发生在财产所在地或被执行人所在地，会产生许多突发事件，在异地执行时执行人员可能人身安全都难以得到保障。至于往返奔波、风餐露宿、风雨兼程也是家常便饭。更不用说要千方百计寻找、调查被执行人下落、被执行人的财产线索，协调与方方面面的关系了。因此，民事执行行为需要有充足的激励机制才能提高效率、实现债权。

三、执行效益原则

（一）难度与热度
难度：☆☆☆　　热度：☆☆

（二）基本理论与概念
执行效益原则，是指民事执行工作应当尽量降低执行成本，争取以最小的代价取得最大执行成果。具体内容包括：（1）坚持执行机构只对执行依据进行形式审查，不审查实质内容，使执行工作及时开展；（2）迅速、及时、连续地采取相应的执行措施，非依法律规定不得停止执行；（3）坚持对被执行人的财产按现金、动产、其他财产权利、不动产的顺序执行的原则，尽量减少在执行工作中各项费用的支出、降低执行成本；（4）控制执行行为对当事人的生产经营活动及日常生活可能产生的不必要的损失和影响，降低执行的间接成本。

（三）疑难点解析
如何理解执行效益原则中"迅速、及时、连续地采取相应的执行措施，非依法律规定不得停止执行"的内容？

已如前述，民事执行与民事审判之间具有诸多差异性原理。由于民事执行与民事审判之间存在显著的原理差异，因此民事执行法律关系中执行机关与被执行人之间的关系构造不同于民事审判法律关系中法院与被告之间的关系构造、负责民事执行的机关的构成不同于负责民事审判的机关的构成。以德国、日本为代表的大陆法系国家，正是从民事执行与民事审判的差异性原理入手，将执行机关与审判机关分离。

执行机关与审判机关分离的宗旨是：一方面，应当除去执行机关通过执行来实现的权利存在的判定负担，且执行机关不能干涉对于通过执行来实现的权利存在的判定；另一方面，执行机关应当以通过执行来实现的权利存在为前提，为其实现而集中努力。[①]

因此，追求效率是民事执行的最高追求。为此，执行机构在行使强制执行权时，要奉行执行及时、不间断原则，执行程序的各个节点要环环相扣、尽量缩短甚至避免出现时间间隔，尤其在控制性执行程序之间、处分性执行程序之间，以及二者相互之间，在无相反法律规定时，应当迅速推进执行程序的进行，不得采用"停一停、看一看"的方式执行。即便是执行异议、异议之诉等法定的执行救济程序，原则上也不能妨碍、阻止执行程序的继续进行。其目的就是要贯彻执行程序立法的本旨，尽可能迅速满足经由生效法律文书确定的执行债权人的权益。[②]

---

① ［日］三ケ月章. 民事执行法. 东京：弘文堂，1981：41.
② 肖建国. 执行程序修订的价值共识与展望：兼评《民事诉讼法修正案》的相关条款. 法律科学（西北政法大学学报），2012（6）.

第二节　执行主体

一、执行机构的人员构成

（一）难度与热度
难度：☆☆☆　热度：☆☆☆

（二）基本理论与概念
我国现行的执行机构由执行法官、执行员、书记员、司法警察等人员构成。其中，执行员是履行执行实施职责的专门人员，书记员是记录执行过程的专门人员。理论上普遍认为，我国执行机构应当由三种身份的人员构成：（1）履行执行命令、执行裁判、执行内部监督、执行指导、执行协调职责的执行法官；（2）履行执行实施职责的执行员；（3）履行记录职责的书记员。

（三）疑难点解析
如何理解执行机构一般由执行法官、执行员和书记员构成？

在我国，执行机构有权行使民事执行权。民事执行权包括执行实施权和执行审查权，执行审查权即理论上所谓的执行裁决权。此外，执行实施权可以进一步界分为执行命令权和实施事务权。其中，处理执行当事人的变更和追加、执行异议复议、不予执行仲裁裁决、执行担保、执行和解、执行回转、第三人到期债权的异议、暂缓执行、中止执行、终结执行等事项的权力是执行裁决权；作出查封、扣押、冻结、拍卖、变卖、以物抵债、参与分配等裁定的权力是执行命令权；具体实施有权机关行使执行命令权作出的裁定所载明事项的权力或者说具体实施查封、扣押、冻结、拍卖、变卖、以物抵债、参与分配等事项的权力是实施事务权。我国审执分离改革的重要内容，是将执行裁决权、执行命令权从执行权中剥离，将其定位为审判权。[①] 因执行裁决权、执行命令权是审判权，故只能由具有审判资质的执行法员行使。因实施事务权不具有判断性，故宜由执行员行使。此外，执行程序的顺利进行还需要书记员的辅助。因此，执行机构一般由执行法官、执行员和书记员构成。

二、执行当事人的变更或者追加

（一）难度与热度
难度：☆☆☆　热度：☆☆☆

（二）基本理论与概念
执行当事人原则上应当是生效法律文书确定的权利人和义务人。但是，基于债的可移转性以及生效法律文书效力的扩张性等实体上和程序上的原因，生效法律文书确定的权利人和义务人之外的主体，也可能进入执行程序，成为执行当事人。这就涉及执行当事人的变更或者追加。

---

① 肖建国. 民事审判权与执行权的分离研究. 法制与社会发展，2016（2）.

1. 申请执行人的变更或者追加

生效法律文书确定的债权依法由他人继受后，继受人向执行机构申请执行或者申请变更、追加为申请执行人的，经审查许可，该继受人就可被变更、追加成为申请执行人。一般来说，申请执行人的变更或者追加是在权利内容不变但权利主体发生变更的情况下形成的。

2. 被执行人的变更或者追加

基于法定原因，生效法律文书确定的被执行人之外的主体进入执行程序，代替生效法律文书确定的被执行人或者与其共同履行生效法律文书确定的义务，会导致被执行人的变更或者追加。其中，据以执行的生效法律文书确定的被执行人完全退出执行程序，其他自然人、法人或者其他组织代替原被执行人履行义务的，称为被执行人的变更；据以执行的生效法律文书确定的被执行人不退出执行程序，新的主体加入执行程序，与原被执行人共同履行生效法律文书确定的债务的，称为被执行人的追加。

（三）疑难点解析

生效法律文书确定的权利人和义务人之外的主体可以被变更、追加为执行当事人的理论基础是什么？

因具有给付内容的生效法律文书具有执行力，故生效法律文书可以作为民事执行的依据。由于生效法律文书所确定的实体请求权具有相对性，因此执行力也具有相对性，通常情形下仅及于生效法律文书中所载明的当事人，而不及于生效法律文书中所载明的当事人以外的第三人。基于此，通常情形下，只有生效法律文书中所载明的债权人可以申请强制执行，只能对生效法律文书中所载明的债务人实施强制执行。不过，在某些情形下，法律上和法理上允许和承认判决的执行力突破相对性原则的限制，对生效法律文书中所载明的当事人之外的第三人发生作用，这就是执行力相对性原则的例外，在执行力理论上被称为"执行力主观范围的扩张"。于执行力发生扩张的情形下，即使不是生效法律文书中所载明的当事人，也要受到生效法律文书执行力的拘束。基于此，生效法律文书确定的债权人之外的主体可以被变更、追加为申请执行人，进而申请强制执行；生效法律文书确定的债务人之外的主体可以被变更、追加为被执行人，进而履行生效法律文书中所载明的义务。

执行力主观范围扩张的情形有两种：一是因既判力主观范围扩张而发生的执行力主观范围的扩张，二是自行独立的扩张。"在执行力主观范围与既判力主观范围的关系上，存在'同一说'和'不同说'两种观点。'同一说'认为，既判力的主观范围与执行力主观范围是一致的，确定执行当事人适格的范围必须以既判力主观范围的射程为准。'不同说'则认为，执行力与既判力是两种不同的制度，即既判力对双方当事人均有作用，但执行力主要针对败诉的被告而言的，至于胜诉原告，则拥有强制执行请求权，在没有法律明文规定的情况下，不得任意转让、放弃。因此，在确定执行力主观范围时，不宜简单以既判力主观范围为限。本书认为，虽然既判力的主观范围是执行力主观范围的基础，但由于既判力与执行力制度分别发挥着不同的作用与功能、既判力和执行力在执行依据中的分布不同、执行力对第三人的扩张存在着有别于既判力扩张的实质正当性要素、既判力扩张与执行力扩张的内容不同，因此执行力的主观范围已经不完全以既判力的主观范围为基础，而有其自身独立的存在价值，执行力的主观范围及其扩张与既判力的主观范围及其扩张是有区别的。"①

既判力主观范围的扩张，包括对特定第三人的既判力扩张和对一般第三人的既判力扩张。其中，对特定第三人的既判力扩张包括对口头辩论终结后的诉讼的承继人、诉讼担当时的利益归属人、诉讼请求标的物的持有人、退出诉讼的人的扩张；对一般第三人的既判力扩张，包括家事（人事）法律关系诉讼的既判力扩张和团体法律关系诉讼中的既判力扩张。② 基于此，执行力主观范围的扩张也包括对特定第三人的执行力扩张和对一般第三人的执行力扩张。对特定第三人的执行力扩张包括对口头辩论终结后的诉讼的承继人、诉讼担当时的利益归属人、诉讼请求标的物的持有人、退出诉讼的人的扩张；对一般第三人的执行力扩张，包括家事（人事）法律关系诉讼的执行力扩张和团体法律关系诉讼中的执行力扩张。口头辩论终结后的诉讼的承继人等上述主体可以被变更、追加为执行当事人。

执行力的自行独立的扩张分为两种情形：一是具有既判力的裁判的执行力的主观范围在随既判力主观范围扩张的范围之外的再扩张；二是不具有既判力的生效法律文书的执行力主观范围在一定条件下的自行扩张。执行力的自行独立扩张，需要考量"第三人与执行依据载明的当事人之间实体权利关系的依存性、实体利益归属的一致性，以及执行依据中未载明的第三人获得程序保障的必要性、权利人对特定债务人享有权利的高度盖然性和迅速实现民事权利的重要性"等因素。③ 基于这些要素考量，一般认为，对于民法上合伙的执行，允许执行力及于合伙人；对于分公司的执行，允许执行力及于总公司；对于连带债权人中的一人提出的给付请求，执行力及于判决利益所及的其他连带债权人；对于连带债务人一人判决债务的执行，如该判决非基于该债务人个人关系，则执行力及于其他连带债务人；对于承当诉讼的辅助参加人的执行，执行力及于因参加人承当诉讼而脱离诉讼的当事人。总公司等上述主体可以被变更、追加为执行当事人。

第三节　执行依据

（一）难度与热度

难度：☆☆☆　热度：☆☆☆

（二）基本理论与概念

执行依据是一种法律文书，但不是一般的法律文书。法律文书要成为执行依据，必须具备一定的条件，这些条件就是执行依据的构成要件。一般认为，执行依据的构成要件分为形式要件和实质要件两个方面。其中，执行依据的形式要件就是法律文书成为执行依据在形式上必须具备的条件，实质要件则是法律文书成为执行依据在内容上必须具备的条件。

从形式上看，法律文书要成为执行依据，必须具备下列三个条件：（1）必须是公文书，仲裁文书不是公文书；（2）必须有明确的权利义务主体，即权利人和义务人；（3）必

---

① 肖建国，刘文勇. 论执行力主观范围的扩张及其正当性基础. 法学论坛，2016（4）.

② 张卫平. 既判力相对性原则：根据、例外与制度化. 法学研究，2015（1）.

③ 肖建国，刘文勇. 论执行力主观范围的扩张及其正当性基础. 法学论坛，2016（4）.

须具有明确的给付内容，如在判决书中要求继续履行合同，应当具有明确的继续履行合同的内容。

从内容上看，法律文书要成为执行依据，必须具备下列四个条件：（1）法律文书已经生效；（2）法律文书确定的给付内容具有可执行性；（3）法律文书确定的给付内容属于民事执行的事项范围；（4）义务人履行义务的条件已经成就。

（三）疑难点解析

如何理解执行依据的构成要件中关于"给付"的构成要件，即如何理解"必须具有明确的给付内容""法律文书确定的给付内容具有可执行性""法律文书确定的给付内容属于民事执行的事项范围"？

以权利的作用为划分标准，亦即以"法律上之力"的性质为划分标准，可以将权利区分为支配权、请求权、抗辩权和形成权四类。[①] 因请求权构成给付之诉的诉讼标的，且只有请求权具有执行力，故只有给付之诉的胜诉确定判决可以作为执行依据，确认之诉、形成之诉的胜诉确定判决不能作为执行依据。又因判决主文对应原告在起诉状中提出的诉讼请求，而请求权是指权利人得请求他人给付金钱、给付特定物或者为特定行为（作为、不作为）的权利或者说是指权利人请求给付的权利，以请求权为诉讼标的的给付之诉的诉讼请求也指向权利人请求他人给付金钱、给付特定物或者为特定行为（作为、不作为），故给付之诉的胜诉确定判决也具有给付内容。事实上，因强制执行程序是国家运用公权力强制被执行人履行义务的程序，故只有命被执行人履行给付义务的生效法律文书才能成为执行依据，确认或变更某种法律关系的生效法律文书自生效时起即产生确认或变更的法律效果，不具有执行力，不能作为执行依据。

执行机关的任务是按照法定程序强制实现生效法律文书确定的内容。基于此，只有执行依据所确认的给付内容具体、明确，执行机关才能有效地实施民事执行行为，实现执行依据所载明的申请执行人的债权。"所谓具体，是指执行依据对于债务人应为的给付，必须具体标明债务的种类、范围、数量等内容；命令债务人作为或不作为时，则须写明行为的具体内容。所谓明确，是指债务人应为的给付，其内容自始确定，或至少可以根据上下文或其他已确定的条件确定。如果法律文书中规定的给付内容不明确，且无法确定，例如，命被告将其财产的三分之一交付给原告，作为子女的生活教育费用，却没有指明财产的种类和数量，或者命被告赔偿原告的经济损失，却没有明确损失的数额等，都属于无法确定的给付内容，执行机关是不能据此执行的。"[②]

此外，法律文书确定的给付内容还需要具有可执行性以及属于民事执行的事项范围，否则，执行机关也不能有效地实施民事执行行为，实现执行依据所载明的申请执行人的债权。法律文书确定的给付内容需要具有可执行性，即执行依据的内容必须具有给付的客观可能。给付内容发生客观给付不能的情况时，无论是事实上的不能还是法律上的不能，相应执行依据均无法得到执行。当然，如果执行依据中包含的内容可以由其他类型的给付替代，则仍应理解为具有给付的客观可能。法律文书确定的给付内容还应属于民事执行的事项范围，即执行依据的内容必须是民事执行事项而非行政、

① 梁慧星. 民法总论. 5 版. 北京：法律出版社，2017：72.
② 肖建国主编. 民事执行法. 北京：中国人民大学出版社，2014：119.

刑事执行事项。无论是行政执行事项还是刑事执行事项，相应执行依据均无法得到民事执行机关的执行。

第四节　执行标的

（一）难度与热度

难度：☆☆　热度：☆☆

（二）基本理论与概念

财产，是指由具有经济价值的权利构成的集合体，是可用金钱衡量的物质利益。财产可以是有体物，也可以是无体物。在执行活动中，执行的对象大多数是财产，即被执行人按照生效法律文书确定的财产种类、数量等要求交付给申请执行人，因此，财产是执行标的的最基本类型。

作为执行标的的财产，必须同时具备两个条件：一是适于强制执行，不适于强制执行的财产不能成为执行标的；二是归被执行人所有或者受被执行人支配。

在实践中，被执行人现有的财产、将来可以取得的财产、恶意处分的财产，都可以成为执行标的。下列财产不得成为民事执行标的：（1）法律禁止转让的财产，如土地所有权、武器、弹药、毒品等；（2）性质上不适于强制执行的财产，如专属于被执行人所有或者与被执行人身份不可分割的财产、强制执行有违公序良俗的财产等；（3）执行豁免的财产。

（三）疑难点解析

如何理解责任财产须归被执行人所有或者受被执行人支配？

德国、日本、韩国等大陆法系国家的执行标的理论均认为，只有属于被执行人所有或受其支配，而得用以实现申请执行人实体法上请求权的物或权利，才能构成执行标的。[①] 之所以强调执行标的的须为被执行人所有或受其支配，是因为执行依据所确定的实体请求权具有相对性，除执行力主观范围扩张的法定例外情形外，申请执行人只能申请执行被执行人的财产。[②] 换言之，因申请执行人经过权益判定程序取得的执行依据，只能在申请执行人和被执行人之间产生执行力[③]，故申请执行人只能申请执行被执行人的财产，而不能通过执行案外人的财产实现权利。执行力主观范围扩张时，因执行法院追加、变更被执行人应当出具裁定书，而该裁定书属于新的执行依据，故被追加、变更为被执行人的第三人在该新执行依据的视野下，已转化为被执行人，其被执行法院采取执行措施的财产仍然得解释为被执行人的责任财产。[④]

值得注意的是，对于债务人未来能够取得的财产通常仅为期待权的范畴，原则上不

---

① ［日］和田吉弘. 民事执行法·民事保全法. 东京：弘文堂，2007：64；［德］弗里茨·鲍尔，霍尔夫·施蒂尔纳，亚历山大·布伦斯. 德国强制执行法：上册；王洪亮，郝丽燕，李云琦，译. 北京：法律出版社，2019：441；［韩］姜大成. 韩国民事执行法. 朴宗根，译. 北京：法律出版社，2010：129；赖来焜. 强制执行法总论. 台北：元照出版有限公司，2007：405.

② 肖建国主编. 民事执行法. 北京：中国人民大学出版社，2014：95.

③ ［日］田中康久. 新民事执行法的解说. 金融财政事情研究会，1979：95.

④ 黄忠顺. 论执行当事人变更与追加的理论基础. 北京科技大学学报（社会科学版），2013（2）.

列入责任财产的范畴，但在以下情形下，应当将债务人未来可以取得的财产列入责任财产：（1）请求权已经发生，仅因条件尚未成就或者期限尚未届满而不能立即为请求者，执行机关可以对该财产采取控制性执行措施，在其实现条件成就或履行期限届满后采取处分性执行措施；（2）债务人依自己之意思即可取得之财产，债务人竟不为该意思表示者，该财产可以根据代位执行原理予以执行，其典型就是对到期债权的执行；（3）即将成熟的自然孳息，在与其母体分离之前，自然孳息并不属于独立之物，在债务人对尚未分离之自然孳息（如果实）享有权益但却对其母体（如果树）不享有权益的情形下，基于自然孳息系根据自然规律必然取得之物，对其采取控制性执行措施并待其成熟后再予以变价契合法理，即使母体与孳息均属于债务人所有，对母体的执行可能构成超额执行，而对其即将成熟的执行较为符合比例原则的，也应当容许对即将成熟的自然孳息采取控制性执行措施，并在其成熟、分离后采取处分性执行措施。[①]

第五节　执行和解

（一）难度与热度
难度：☆☆☆　　热度：☆☆☆

（二）基本理论与概念
在执行程序中，经自愿、平等协商，执行当事人就变更执行依据确定的义务履行主体、履行标的、期限、地点和方式等达成协议，从而结束执行程序的活动，称为执行和解。执行当事人达成的以结束执行程序为目的的协议，称为执行和解协议。根据《执行和解规定》第1条第2款的规定，执行和解协议一般采用书面形式；达成和解协议后，执行机构可以裁定中止执行。中止执行后，申请执行人申请解除查封、扣押、冻结的，执行机构可以准许。和解协议履行完毕的，执行机构作结案处理。申请执行人因被执行人迟延履行、瑕疵履行遭受损害的，可以向执行法院另行提起诉讼。根据《民诉法》第241条第2款、《执行和解规定》第9条的规定，被执行人一方不履行执行和解协议的，申请执行人可以申请恢复执行原生效法律文书，也可以就履行执行和解协议向执行法院提起诉讼。

（三）疑难点解析
如何理解"被执行人一方不履行执行和解协议的，申请执行人可以申请恢复执行原生效法律文书，也可以就履行执行和解协议向执行法院提起诉讼"？

关于执行和解的法律性质，存在私法行为说、诉讼行为说、一行为两性质说三种不同观点。"持私法行为说者认为，执行过程中的和解仅仅是私法上的法律行为，和解协议的达成只具有民法上的效力，因此，执行和解的成立、生效、无效、可撤销都应当依照合同法的相应规则来处理。执行和解的达成虽然对双方当事人具有约束力，但是并不直接约束人民法院或对执行程序的进行产生影响。持诉讼行为说者认为，执行和解发生的是民事诉讼法上规定的诉讼效果，因此其效力直接约束人民法院，且其要件亦由民事诉

---

① 肖建国主编. 民事执行法. 北京：中国人民大学出版社，2014：99.

讼法直接规定。持一行为二性质说者认为，执行和解是具有双重属性的特殊行为，一方面是当事人之间在执行程序中达成的私法上的和解契约，另一方面是当事人之间以及当事人与人民法院之间在执行程序中存在的诉讼行为。在执行和解协议的订立、履行、效力等方面不仅要按照私法上的规定来判断，而且当事人在执行程序中达成的和解还必须满足其作为诉讼行为应具备的要件。"[①] 其中，私法行为说内部还存在实践合同说、附生效条件民事行为说、附解除条件民事法律行为说、新债清偿说等学说。[②]

本书认为，我国现行法律、司法解释规定的执行和解应当理解为新债清偿制度的运用。所谓新债清偿，也称为新债抵偿、间接给付或为清偿之给付，是指因清偿债务而为异于原定给付之给付，因债权人就新给付之实行受满足，而使旧债务消灭。在新债清偿适用的情况下，原债权与新成立之债权并存，也就是债权人有两个债权，却只有同一目的，如果债务人履行新债务，则等同于同时履行了旧债务；如果债务人不为新债务之清偿，债权人仍可以行使旧债权。具体到执行和解而言，原生效法律文书所确认的债务为旧债务，而执行和解协议所成立的债务为新债务，新债务成立并不能使得旧债务消灭。债权人在享有原生效法律文书所确定债权的同时，享有执行和解协议所成立的债权，两者先后发生、客观并存、目的相同，但是，它们之间并不处于平等地位，而是存在着债权满足的次序安排，即：先履行新债务（和解债务），新债务未履行或未全部履行或瑕疵履行的，则回归旧债务（执行债务）的执行程序。此外，尽管新债清偿制度一般仅适用于债权人和债务人之间，但是，学界通说认为，由于法律没有明文限制，对于第三人因清偿债务而对债权人负担新债务时，亦应推定旧债务不因而即消灭，即新债清偿制度的适用范围可以涵盖引入第三人的执行和解协议。[③]

因执行和解协议的性质是新债清偿，债权人在享有原生效法律文书所确定的债权的同时，享有执行和解协议所成立的债权，两者先后发生、客观并存、目的相同，故被执行人一方不履行执行和解协议的，申请执行人可以申请恢复执行原生效法律文书，也可以就履行执行和解协议向执行法院提起诉讼。

第六节　执行救济

一、执行救济的类型

（一）难度与热度
难度：☆☆　　热度：☆☆

（二）基本理论与概念
在理论上，根据救济的方式和内容不同，一般将执行救济分为程序性执行救济和实体性执行救济两种类型。我国现行法律和司法解释将执行救济具体化为当事人、利害关系人异议，案外人异议，分配方案异议，执行复议，案外人异议之诉，许可执行之诉，

---

① 刘哲玮. 回归与独立：执行和解的私法解释考辨. 法商研究，2021（6）.
② 肖建国，黄忠顺. 执行和解协议的类型化分析. 法律适用，2014（5）.
③ 肖建国主编. 民事执行法. 北京：中国人民大学出版社，2014：188.

分配方案异议之诉等具体类型。

（三）疑难点解析

如何理解程序性执行救济和实体性执行救济的类型划分？

根据审执分离原则，民事审判权的任务在于确认发生争议的民事权利义务关系，给双方当事人一个"说法"，民事执行权的使命则是运用国家的司法强制力保障生效法律文书中所确认的民事权利的最终实现。[①] "基于此，执行程序中的实体性争议应由民事审判庭遵循审级保障下的诉讼程序作出终局性、实质性、发生既判力的判断，而执行程序中的程序性问题应由执行裁决庭遵循形式化审查原则和执行效率至上的价值取向作出形式判断。执行救济中的审执分离则体现在：针对执行机关的违法执行行为，当事人、利害关系人应提出执行行为异议；针对执行程序中的实体性争议，当事人、案外人应通过诉的方式寻求救济。我国现行法基本遵循审执分离的原理，将执行救济区分为程序上的执行救济和实体上的执行救济。"[②] 前者是通过声请、声明异议、抗告等方法维护当事人、利害关系人的程序性权益，比如当事人、利害关系人执行异议；后者是通过异议之诉的方式使当事人、案外人的实体性权益得到救济，比如案外人异议之诉。

二、案外人异议之诉

（一）难度与热度

难度：☆☆☆☆　　热度：☆☆☆☆☆

（二）基本理论与概念

案外人异议之诉，是指在执行程序中，案外人为维护自己的合法权益，向执行法院提出的对有关执行标的实体法律关系进行审理与裁判，以纠正执行错误的请求。

根据《民诉法》第 238 条的规定，案外人提起异议之诉应当符合三个条件：（1）在主体上，只能由案外人提起。（2）在内容上，必须以不服执行机构对案外人异议所作裁定为前提，与作为执行依据的判决、裁定无关。（3）在时间上，必须在执行机构对案外人异议作出的裁定送达之日起 15 日内提起。《民诉解释》第 303 条将上述第二个条件细化为两个条件：第一，案外人的执行异议申请已经被执行机构裁定驳回；第二，有明确的排除对执行标的的执行的诉讼请求，且诉讼请求与原判决、裁定无关。

法院审理案外人异议之诉的目的，是解决案外人与执行当事人之间因执行标的产生的实体权利义务纠纷，因此，案外人异议之诉必须以案外人和执行当事人为诉讼主体。具体来说，案外人异议之诉的原告是案外人，被告应当是申请执行人。被执行人反对案外人对执行标的的所主张的实体权利的，申请执行人和被执行人为共同被告。法院适用普通程序对案外人异议之诉进行审理和裁判。经审理，案外人异议之诉的理由不成立的，法院判决驳回其诉讼请求；案外人异议之诉理由成立的，法院判决不准对执行标的的进行执行。案外人在提起异议之诉时，同时提出确认其权利的诉讼请求的，法院可以在判决中一并作出裁判。法院判决支持案外人的诉讼请求，即判决不得对执行标的的进行执行的，执行异议裁定失效。当事人对裁判不服的，依法享有上诉权，可以向上一级人民法院提

---

① 肖建国. 民事审判权与执行权的分离研究. 法制与社会发展, 2016（2）.

② 庄诗岳. 论被执行人实体权利救济的路径选择. 河北法学, 2018（10）.

起上诉。在案外人异议之诉的诉讼期间，执行机构不得对执行标的进行处分。申请执行人请求继续执行并提供相应担保的，法院可以准许。案外人请求停止执行，请求解除查封、扣押、冻结，或者申请执行人请求继续执行有错误，给对方当事人造成损失的，应当予以赔偿。

（三）疑难点解析

如何理解提起案外人异议之诉的"诉讼请求与原判决、裁定无关"的条件？

根据《民诉法》第238条、《民诉解释》第303条的规定，案外人提起异议之诉应当具备诉讼请求与原判决、裁定无关的条件。因诉讼请求与原判决、裁定无关的表述较为概括，缺乏更加细致的内容，故如何判断诉讼请求与原判决、裁定无关，成为困扰司法实践的一个难题。

在讨论诉讼请求与原判决、裁定无关的判断标准之前，需要说明的是，现行法何以要将诉讼请求与原判决、裁定无关作为案外人异议之诉的起诉要件之一。本书认为，原因有二：一是案外人异议之诉旨在处理因执行机关的不当执行行为引发的纠纷，且该纠纷与申请执行人据以申请强制执行的执行依据所涉及的纠纷毫无关联，是一个全新的纠纷，案外人提起异议之诉的诉讼请求当然与原判决、裁定无关；二是《民诉法》第238条采取了案外人异议之诉与审判监督程序（本节简称"再审程序"）的程序分流机制，为了实现程序分流，有效区分案外人异议之诉与案外人申请再审程序，立法者将诉讼请求与原判决、裁定无关设为案外人异议之诉的起诉要件之一，将原判决、裁定错误设为案外人申请再审程序的适用前提。

具体而言，申请执行人、被执行人和执行机关之间的三面关系，通常被称作"执行法律关系"，其中，执行机关与被执行人之间的法律关系，被称作干涉关系。在干涉关系中，执行机关基于国家公权力可以根据执行依据载明的实体法上的请求权强制执行被执行人的财产以满足申请执行人的权利，被执行人负有忍受的义务。不过，此种干涉只能根据法律规定的方式、程序、措施进行。其中，关于被执行人的财产的查明，奉行形式化原则。但因形式物权、权利外观与实质物权、真实权利并非完全一致，故执行机关与被执行人之间的干涉关系可能发生偏离，即干涉关系的承受客体可能由被执行人的财产变成案外人的财产。问题是，因执行依据载明的实体法上的请求权具有相对性，故只有属于被执行人所有或受其支配，而得用以实现申请执行人实体法上请求权的财产，才能构成执行标的。换言之，申请执行人只能申请执行被执行人的财产，而不能通过执行案外人的财产实现权利。此时，关于执行机关得否执行特定执行标的物即会产生争议，而大陆法系国家和地区赋予案外人的救济路径是异议之诉。因此，案外人异议之诉所要处理的纠纷，是执行机关错误干涉案外人的财产的不当执行行为引发的关于执行行为或者执行法律关系的纠纷，与申请执行人据以申请强制执行的执行依据所涉及的纠纷，即因当事人的侵权、违约等私法行为引发的关于民事权益或者实体法律关系的纠纷截然不同，是一个全新的纠纷。既然案外人异议之诉所要处理的纠纷与申请执行人据以申请强制执行的执行依据所涉及的纠纷毫无关联，案外人异议之诉的诉讼请求当然与原判决、裁定无关。

案外人异议之诉的诉讼请求与原判决、裁定无关，本应是一个不言自明的法理。但为了部分弥补刺激虚假诉讼的辩论主义之不足、减少二次纠纷出现的概率、净化民事诉讼环境、纯化民事诉讼秩序、鼓励诚信诉讼，我国确立了案外人申请再审程序。案外人申请再审程序的理论基础，是既判力相对性原则的弱化以及既判力主观范围对案外人的扩张。基于此，如何在执行程序中，划定案外人异议之诉与案外人申请再审程序各自的适用范围，有效区分案外人异议之诉与案外人申请再审程序，便成为立法者必须面对和解决的问题。由于再审程序是为了纠正已经生效裁判的错误而对案件再次进行审理的程序，再审程序所要处理的纠纷是原诉所涉及的纠纷，再审程序是在例外情况下允许既判力被冲破的程序，因此立法者将原判决、裁定错误作为案外人申请再审程序的适用前提。由于案外人异议之诉所要处理的纠纷是因执行机关错误干涉案外人的财产的不当执行行为引发的全新的纠纷，与申请执行人据以申请强制执行的执行依据所涉及的纠纷毫无关联，且是以尊重执行依据的裁判结果、承认申请执行人的权利为前提的，即案外人异议之诉既不挑战执行依据的既判力，也不废弃执行依据的执行力，而只涉及执行依据对案外人主张民事实体权益的特定执行标的物是否具有执行力，因此立法者将诉讼请求与原判决、裁定无关作为案外人异议之诉的起诉要件之一。

明确了《民诉法》第238条何以要将诉讼请求与原判决、裁定无关作为案外人异议之诉的起诉要件以后，这一要件的判断标准也就随之明确了。由于案外人异议之诉所要处理的纠纷只是执行机关错误干涉案外人的财产的不当执行行为引发的全新的纠纷，因此，案外人应当仅是请求法院对其对特定执行标的物享有的民事权益是否足以排除执行机关对特定执行标的物的不当执行行为进行裁判。所谓诉讼请求与原判决、裁定无关，是指案外人完全尊重作为执行依据的原判决、裁定的裁判结果尤其是尊重原判决、裁定关于申请执行人享有特定民事权益的认定，其提起的异议之诉的诉讼请求与申请执行人据以申请强制执行的作为执行依据的原判决、裁定所涉及的由当事人的侵权、违约等私法行为引发的关于民事权益或者实体法律关系的纠纷无关。

案外人认为原判决、裁定错误的表现是对原判决、裁定已经处理完毕的纠纷再起争执。在申请执行人不享有优先受偿权的金钱请求权执行程序中，由于原判决、裁定所涉及的诉讼标的物与执行标的物并不相同，且案外人的目的是排除对特定执行标的物的执行，因此通常不会触及原判决、裁定已经处理完毕的纠纷。但在物之交付请求权执行程序、申请执行人享有优先受偿权的金钱请求权执行程序中，由于原判决、裁定所涉及的诉讼标的物与执行标的物完全相同，因此如果案外人否定原判决、裁定关于申请执行人对标的物享有相应民事权益的认定，则必然触及原判决、裁定已经处理完毕的纠纷。由此可知，原判决、裁定错误的典型情形有二：一是原判决、裁定错误地判令被执行人将案外人所有的特定物交付给申请执行人，二是原判决、裁定错误地将无须承担担保责任的案外人的财产作为担保财产并判令申请执行人对担保财产享有优先受偿权。在物之交付请求权执行程序、申请执行人享有优先受偿权的金钱请求权执行程序中，如果案外人并未否定原判决、裁定关于申请执行人对标的物享有相应民事权益的认定且原判决、裁定确无错误，则不会触及原判决、裁定已经处理完毕的纠纷，案外人得提起异议之诉。

本章实务案例研习

一、某银行申请变更民政部门为被执行人案①

案例考点：执行当事人的变更

（一）案情简介

2017年3月6日，张某与某银行分别签订"个人综合授信额度合同"及补充协议、"个人综合授信额度最高额抵押合同"。2017年3月9日，北京市中信公证处（以下简称"中信公证处"）针对前述两份合同，分别出具公证书。2017年3月13日，张某将其名下房屋（以下简称"涉案房屋"）抵押给某银行。2017年3月21日，张某与某银行签订"个人借款合同"，同日，某银行按照合同约定向张某发放贷款2 000 000元。因张某未按期还款，某银行向中信公证处申请出具执行证书。2019年1月15日，中信公证处出具执行证书，确认：张某偿还某银行贷款本金1 937 425.24元及利息、罚息、复利等。

2019年4月3日，某银行向北京市大兴区人民法院申请强制执行。涉案房屋的首封法院是北京市丰台区人民法院（以下简称"丰台法院"），因执行案件的申请执行人某银行是第一抵押权人，丰台法院将涉案房屋的处置权移送北京市大兴区人民法院。2020年5月26日，北京市大兴区人民法院依法拍卖涉案房屋，拍卖款共计2 895 000元。

执行过程中，被执行人张某死亡。张某生前没有指定遗产执行人。张某的第一顺位继承人为配偶、女儿、父亲、母亲。北京市大兴区人民法院依法传唤他们到庭询问，他们均表示放弃继承。张某的第二顺位继承人祖父母、外祖父母都已去世，且张某无兄弟姐妹。张某生前的住所地为北京市×××房屋，住所地对应的民政部门为某民政局。在以上背景下，某银行向北京市大兴区人民法院申请变更某民政局为被执行人。

（二）法院判决

法院认为，本案审查的重点是被执行人张某死亡后，其继承人均放弃继承的情况下，应当如何确定变更后的被执行人。

第一，从实体法的角度来看，根据《民法典》第1145条的规定，继承开始后，遗嘱执行人为遗产管理人；没有遗嘱执行人的，继承人应当及时推选遗产管理人；继承人未推选的，由继承人共同担任遗产管理人；没有继承人或者继承人均放弃继承的，由被继承人生前住所地的民政部门或者村民委员会担任遗产管理人。因此，继承开始后，无论被继承人是否在遗嘱中指定了遗嘱执行人、有无继承人、继承人是否放弃继承，都会存在遗产管理人。

第二，从程序法的角度来看，根据《变更追加规定》第10条的规定，作为被执行人的自然人死亡或被宣告死亡，申请执行人申请变更、追加该自然人的遗产管理人、继承人、受遗赠人或其他因该自然人死亡或被宣告死亡取得遗产的主体为被执行人，在遗产范围内承担责任的，人民法院应予支持，即是说，被执行人在执行过程中死亡的，在遗

---

① 案例来源：北京市大兴区人民法院（2021）京0115执异112号执行裁定书。

产分割前，即便继承人放弃继承或者受遗赠人放弃受遗赠，法院也应变更遗产管理人为被执行人。只是在不同情形下，被变更主体分别为遗嘱执行人、继承人推选的遗产管理人、共同继承人、民政部门或者村民委员会。

第三，本案中，张某生前并没有指定遗嘱执行人，继承人也没有推选遗产管理人，且共同继承人均明确放弃继承，此时应当由张某生前住所地的民政部门作为遗产管理人，并在执行程序中作为被执行人。张某生前住所地为北京市×××房屋，对应的民政部门为某民政局，故本院变更某民政局为执行案件的被执行人。

综上所述，某银行关于变更某民政局为被执行人的请求，本院予以支持。依照《民法典》第 1145 条、《变更追加规定》第 10 条的规定，裁定如下：变更某民政局为（2019）京 0115 执 4599 号案件的被执行人。

（三）学理分析

《民法典》1145 条规定："继承开始后，遗嘱执行人为遗产管理人；没有遗嘱执行人的，继承人应当及时推选遗产管理人；继承人未推选的，由继承人共同担任遗产管理人；没有继承人或者继承人均放弃继承的，由被继承人生前住所地的民政部门或者村民委员会担任遗产管理人。"《民法典》第 1145 条确立了遗产管理人制度，尤其是明确了民政部门应当作为没有继承人或者继承人均放弃继承的被继承人的遗产管理人后，基于既判力以及执行力的扩张理论，执行依据的既判力和执行力将向作为一般继受人的民政部门发生扩张，民政部门为执行力所及。基于此，《变更追加规定》第 10 条第 1 款规定："作为被执行人的自然人死亡或被宣告死亡，申请执行人申请变更、追加该自然人的遗产管理人、继承人、受遗赠人或其他因该自然人死亡或被宣告死亡取得遗产的主体为被执行人，在遗产范围内承担责任的，人民法院应予支持。"本案中，法院裁定变更某民政局为（2019）京 0115 执 4599 号案件的被执行人，既符合《民法典》第 1145 条、《变更追加规定》第 10 条第 1 款的规定，又具备理论正当性，即本案存在执行力主观范围扩张的情形。

二、王某光诉中天建设集团有限公司、白山和丰置业有限公司案外人执行异议之诉案[①]

案例考点："诉讼请求与原判决、裁定无关"的认定

（一）案情简介

2016 年 10 月 29 日，吉林省高级人民法院就中天建设集团有限公司（以下简称"中天公司"）起诉白山和丰置业有限公司（以下简称"和丰公司"）建设工程施工合同纠纷一案作出（2016）吉民初 19 号民事判决：和丰公司支付中天公司工程款 42 746 020 元及利息，设备转让款 23 万元，中天公司可就春江花园 B1、B2、B3、B4 栋及 B 区 16、17、24 栋折价、拍卖款优先受偿。判决生效后，中天公司向吉林省高级人民法院申请执行前述判决，该院裁定由吉林省白山市中级人民法院执行。2017 年 11 月 10 日，吉林省白山市中级人民法院依中天公司申请作出（2017）吉 06 执 82 号（之五）执行裁定，查

---

① 案例来源：最高人民法院（2019）最高法民再 39 号民事裁定书。

封春江花园 B1、B2、B3、B4 栋的 11××—×× 号商铺。

王某光向吉林省白山市中级人民法院提出执行异议，吉林省白山市中级人民法院于 2017 年 11 月 24 日作出（2017）吉 06 执异 87 号执行裁定，驳回王某光的异议请求。此后，王某光以其在查封上述房屋之前已经签订书面买卖合同并占有使用该房屋为由，向吉林省白山市中级人民法院提起案外人执行异议之诉，请求法院判令：依法解除查封，停止执行王某光购买的春江花园 B1、B2、B3、B4 栋的 11××—×× 号商铺。

2013 年 11 月 26 日，和丰公司（出卖人）与王某光（买受人）签订"商品房买卖合同"，约定：出卖人以出让方式取得位于吉林省白山市星泰桥北的土地使用权，出卖人经批准在上述地块上建设商品房春江花园；买受人购买的商品房为预售商品房……买受人按其他方式按期付款，其他方式为买受人已付清总房款的 50％以上，剩余房款 10 日内通过办理银行按揭贷款的方式付清；出卖人应当在 2014 年 12 月 31 日前按合同约定将商品房交付买受人；商品房预售的，自该合同生效之日起 30 天内，由出卖人向产权处申请登记备案。

2014 年 2 月 17 日，贷款人（抵押权人）招商银行股份有限公司、借款人王某光、抵押人王某光、保证人和丰公司共同签订"个人购房借款及担保合同"，合同约定抵押人愿意以其从售房人处购买的该合同约定的房产的全部权益抵押给贷款人，作为偿还该合同项下贷款本息及其他一切相关费用的担保。2013 年 11 月 26 日，和丰公司向王某光出具购房收据。白山市不动产登记中心出具的不动产档案查询证明显示：抵押人王某光以房产为招商银行股份有限公司通化分行设立预购商品房抵押权预告。2013 年 8 月 23 日，涉案商铺在产权部门取得商品房预售许可证，并办理了商品房预售许可登记。2018 年 12 月 26 日，吉林省电力有限公司白山供电公司出具历月电费明细，显示春江花园 B1－4 号门市 2017 年 1 月至 2018 年 2 月用电情况。

白山市房屋产权管理中心出具的"查询证明"载明："经查询，和丰公司 B1、B2、B3、B4 栋在 2013 年 8 月 23 日已办理商品房预售许可登记。没有办理房屋产权初始登记，因开发单位未到房屋产权管理中心申请办理。"

（二）法院判决

最高人民法院认为，根据王某光在再审中的主张，本案再审审理的重点是王某光提起的执行异议之诉是否属于 2017 年《民诉法》第 217 条（2023 年《民诉法》第 238 条）规定的案外人的执行异议"与原判决、裁定无关"的情形。

根据 2017 年《民诉法》第 217 条（2023 年《民诉法》第 238 条）规定的文义，该条法律规定的案外人的执行异议"与原判决、裁定无关"是指案外人提出的执行异议不含有其认为原判决、裁定错误的主张。案外人主张排除建设工程价款优先受偿权的执行与否定建设工程价款优先受偿权权利本身并非同一概念。前者是案外人在承认或至少不否认对方权利的前提下，对两种权利的执行顺位进行比较，主张其根据有关法律和司法解释的规定享有的民事权益可以排除他人建设工程价款优先受偿权的执行；后者是从根本上否定建设工程价款优先受偿权权利本身，主张诉争建设工程价款优先受偿权不存在。简而言之，当事人主张其权益在特定标的的执行上优于对方的权益，不能等同于否定对方权益的存在；当事人主张其权益会影响生效裁判的执行，也不能等同于其认为生效裁判错误。根据王某光提起案外人执行异议之诉的请求和具体理由，其并没有否定原生效判决确认的中天公司所享有的建设工程价款优先受偿权，王某光提起案外执行异议之诉意在请求法院确认其对案涉房屋享有可以排除强制执行的民事权益；如果一、二审法院支持王某光关于执行异议的主张也并不动摇生效判决关于中天公司享有建设工程价款优先受偿权的认定，仅可能影响该生效判决的具体执行。王某光的执行异议并不包含其认为已生效的（2016）吉民初19号民事判决存在错误的主张，属于2017年《民诉法》第217条（2023年《民诉法》第238条）规定的案外人的执行异议"与原判决、裁定无关"的情形。二审法院认定王某光作为案外人对执行标的物主张排除执行的异议实质上是对上述生效判决的异议，应当依照审判监督程序办理，据此裁定驳回王某光的起诉，属于适用法律错误，再审法院予以纠正。鉴于二审法院并未作出实体判决，根据具体案情，再审法院裁定撤销二审裁定，指令二审法院继续审理本案。

（三）学理分析

2017年《民诉法》第217条（2023年《民诉法》第238条）规定："执行过程中，案外人对执行标的提出书面异议的，人民法院应当自收到书面异议之日起十五日内审查，理由成立的，裁定中止对该标的的执行；理由不成立的，裁定驳回。案外人、当事人对裁定不服，认为原判决、裁定错误的，依照审判监督程序办理；与原判决、裁定无关的，可以自裁定送达之日起十五日内向人民法院提起诉讼。"2015年《民诉解释》第305条（2022年《民诉解释》第303条）规定："案外人提起执行异议之诉，除符合民事诉讼法第一百一十九条（2023年《民诉法》第122条——引者注）规定外，还应当具备下列条件：（一）案外人的执行异议申请已经被人民法院裁定驳回；（二）有明确的排除对执行标的的执行的诉讼请求，且诉讼请求与原判决、裁定无关；（三）自执行异议裁定送达之日起十五日内提起。人民法院应当在收到起诉状之日起十五日内决定是否立案。"根据以上规定可知，案外人提起异议之诉需要具备"诉讼请求与原判决、裁定无关"的要件。

由于案外人异议之诉所要处理的纠纷只是执行机关错误干涉案外人的财产的不当执行行为引发的全新的纠纷，因此，案外人应当仅是请求法院对其对特定执行标的物享有的民事权益是否足以排除执行机关对特定执行标的物的不当执行行为进行裁判。所谓诉讼请求与原判决、裁定无关，是指案外人完全尊重作为执行依据的原判决、裁定的裁判结果，尤其是尊重原判决、裁定关于申请执行人享有特定民事权益的认定，其提起的异议之诉的诉讼请求与申请执行人据以申请强制执行的作为执行依据的原判决、裁定所涉及的当事人的侵权、违约等私法行为引发的关于民事权益或者实体法律关系的纠纷无关。

前述案例的裁判理由指出："案外人主张排除建设工程价款优先受偿权的执行与否定建设工程价款优先受偿权权利本身并非同一概念。前者是案外人在承认或至少不否认对方权利的前提下，对两种权利的执行顺位进行比较，主张其根据有关法律和司法解释的规定享有的民事权益可以排除他人建设工程价款优先受偿权的执行；后者是从根本上否定建设工程价款优先受偿权权利本身，主张诉争建设工程价款优先受偿权不存在。"对此，本书完全赞同。案外人主张排除建设工程价款优先受偿权的执行，旨在解决执行机关的不当执行行为引发的纠纷，与申请执行人据以申请强制执行的执行依据所涉及的纠纷毫无关联，法官只需审理案外人对诉争标的物是否享有民事权益以及案外人享有的民事权益是否足以对抗申请执行人享有的民事权益，不涉及对申请执行人是否享有民事权益的认定。此时，属于诉讼请求与原判决、裁定无关的情形。前述案例也指出："王某光提起案外执行异议之诉意在请求法院确认其对案涉房屋享有可以排除强制执行的民事权益；如果一、二审法院支持王某光关于执行异议的主张也并不动摇生效判决关于中天公司享有建设工程价款优先受偿权的认定，仅可能影响该生效判决的具体执行。"而否定建设工程价款优先受偿权权利本身，显然触及了执行依据所涉及的当事人之间关于申请执行人是否享有优先受偿权的纠纷，有可能动摇生效判决关于中天公司享有建设工程价款优先受偿权的认定，此时，属于原判决、裁定错误的情形。

本章同步练习

一、选择题

1. 2023 年 5 月 12 日，张某与王某签订了借款协议，张某向王某借款 10 万元，定于 2024 年 5 月 12 日返还。协议书经公证处公证。公证书上写明：如果债务人不履行义务，届时可申请强制执行。合同签订后，王某如实履行了合同义务。但是，2024 年 5 月 12 日张某没有还款。王某以张某未履行合同义务为由，向法院申请执行。本案可由哪一法院执行？（　　）

  A. 公证处所在地人民法院

  B. 张某住所地人民法院

  C. 王某住所地人民法院

  D. 张某住所地或王某住所地人民法院

2. 下列关于执行的说法，哪个是正确的？（　　）

  A. 执行程序都是因当事人的申请而开始的

  B. 申请执行的期限，双方或一方当事人是公民的为 1 年，双方是法人或其他组织的为 6 个月

  C. 作为执行根据的法律文书具有确定性和给付性的特点

  D. 具有执行力的裁判文书由作出该裁判文书的法院负责执行

3. 如果在执行开始前据以执行的法律文书被撤销，人民法院应当作出怎样的裁定？（　　）

  A. 不予执行　　　　　　　　　　B. 终结执行

  C. 中止执行　　　　　　　　　　D. 执行回转

4. B 县人民法院受理王某诉周某海名誉侵权纠纷一案，判令周某海在判决生效后 1 个月内赔偿王强 2 万元，并在《A 市日报》登报赔礼道歉。周某海不服，提起上诉。A 市中级人民法院经审理作出二审判决，维持原判。判决送达后，周某海向王某交付了 2 万元赔偿款，但未按期赔礼道歉。王某申请强制执行，法院多次催促周某海履行判决，但周某海拒绝赔礼道歉。根据以上情况，请回答下列问题：

（1）王某申请强制执行的期限为多长？（　　）

A. 3 个月　　　　B. 6 个月　　　　C. 1 年　　　　D. 2 年

（2）本案应由哪个法院负责执行？（　　）

A. B 县人民法院

B. A 市中级人民法院

C. A 市中级人民法院委托 B 县人民法院执行

D. 既可以由 B 县人民法院负责执行，也可以由 A 市中级人民法院负责执行，王某可以向其中一个法院申请执行

（3）假设法院执行过程中王某与周某海自行达成口头协议，约定周某海可不赔礼道歉，但须另付王某 1 万元赔偿款。法院得知后应当如何办理？（　　）

A. 不允许，继续执行生效判决

B. 不允许，但不予过问，也不继续执行生效判决

C. 允许，将协议内容记入笔录，由双方当事人签名或者盖章

D. 允许，根据当事人协议的内容制作调解书

二、案例分析题

2023 年 5 月 6 日，某市甲区人民法院对银河公司诉大明公司返还别克轿车一案作出一审判决。大明公司对判决不服，向该市中级人民法院提起上诉。该市中级人民法院经审理后维持原判决，责令大明公司在判决后 10 日内返还银河公司轿车，并赔偿其经济损失 20 万元、承担本案诉讼费用。大明公司在交纳了诉讼费用后便拒不返还别克轿车，亦未赔偿银河公司 20 万元经济损失。

2023 年 10 月 12 日，银河公司向人民法院申请强制执行，人民法院指派执行人员李东负责该案的执行。李东召集双方进行调解，并且说服双方达成和解协议：1 个月内由大明公司返还别克轿车并赔偿银河公司经济损失 15 万元。李东遂以人民法院名义裁定中止执行。

至 2023 年 12 月 3 日，大明公司仅支付银河公司经济损失 15 万元，但始终未予返还别克轿车。银河公司遂于 2023 年 12 月 22 日再次向人民法院申请强制执行，人民法院因此恢复执行，并作出执行双方和解协议的裁定，责令大明公司于 2024 年 2 月 5 日前返还银河公司的别克轿车，并赔偿经济损失 20 万元。

请根据该案例分析下列问题：

（1）银河公司应当向哪个人民法院申请强制执行？

（2）李东应否主持调解？

（3）双方的执行和解协议已经部分履行，如果恢复执行，应当如何处理？

（4）人民法院作出的执行双方的和解协议的裁定是否正确？

三、论述题

1. 论述民事执行的基本原则。

2. 论述执行依据的构成要件。

参考答案

一、选择题

1. B

解析：《民诉法》第235条规定："发生法律效力的民事判决、裁定，以及刑事判决、裁定中的财产部分，由第一审人民法院或者与第一审人民法院同级的被执行的财产所在地人民法院执行。法律规定由人民法院执行的其他法律文书，由被执行人住所地或者被执行的财产所在地人民法院执行。"本案的执行依据是公证债权文书或者说是法律规定由人民法院执行的其他法律文书，故执行案件应当由被执行人张某的住所地或者被执行的财产所在地人民法院执行，B选项正确。

2. C

《执行规定》第17条第2款规定："发生法律效力的具有给付赡养费、扶养费、抚育费内容的法律文书、民事制裁决定书，以及刑事附带民事判决、裁定、调解书，由审判庭移送执行机构执行。"执行程序的启动方式包括申请执行和移送执行，故A选项错误。《民诉法》第250条第1款规定："申请执行的期间为二年。申请执行时效的中止、中断，适用法律有关诉讼时效中止、中断的规定。"申请执行的期间为2年，故B选项错误。《民诉解释》第461条规定："当事人申请人民法院执行的生效法律文书应当具备下列条件：（一）权利义务主体明确；（二）给付内容明确。法律文书确定继续履行合同的，应当明确继续履行的具体内容。"作为执行根据的法律文书具有确定性和给付性的特点，故C选项正确。《民诉法》第235条第1款规定："发生法律效力的民事判决、裁定，以及刑事判决、裁定中的财产部分，由第一审人民法院或者与第一审人民法院同级的被执行的财产所在地人民法院执行。"具有执行力的裁判文书由第一审人民法院或者与第一审人民法院同级的被执行的财产所在地人民法院执行，故D选项错误。

3. 答案：B

《民诉法》第268条规定："有下列情形之一的，人民法院裁定终结执行：（一）申请人撤销申请的；（二）据以执行的法律文书被撤销的；（三）作为被执行人的公民死亡，无遗产可供执行，又无义务承担人的；（四）追索赡养费、扶养费、抚养费案件的权利人死亡的；（五）作为被执行人的公民因生活困难无力偿还借款，无收入来源，又丧失劳动能力的；（六）人民法院认为应当终结执行的其他情形。"据此，B选项正确。值得注意的是，据以执行的法律文书被撤销的时间是执行开始前，故不适用执行回转。

4.

（1）D

《民诉法》第250条第1款规定："申请执行的期间为二年。申请执行时效的中止、中断，适用法律有关诉讼时效中止、中断的规定。"申请执行的期间为2年，故D选项正确。

（2）A

《民诉法》第 235 条第 1 款规定："发生法律效力的民事判决、裁定，以及刑事判决、裁定中的财产部分，由第一审人民法院或者与第一审人民法院同级的被执行的财产所在地人民法院执行。"具有执行力的裁判文书由第一审人民法院或者与第一审人民法院同级的被执行的财产所在地人民法院执行，B 县人民法院是第一审人民法院，故 A 选项正确。

（3）C

《民诉法》第 241 条规定："在执行中，双方当事人自行和解达成协议的，执行员应当将协议内容记入笔录，由双方当事人签名或者盖章。申请执行人因受欺诈、胁迫与被执行人达成和解协议，或者当事人不履行和解协议的，人民法院可以根据当事人的申请，恢复对原生效法律文书的执行。"据此，C 选项正确。

二、案例分析题

（1）《民诉法》第 235 条第 1 款规定："发生法律效力的民事判决、裁定，以及刑事判决、裁定中的财产部分，由第一审人民法院或者与第一审人民法院同级的被执行的财产所在地人民法院执行。"本案执行依据是发生法律效力的民事判决，故银河公司应当向第一审人民法院或者与第一审人民法院同级的被执行的财产所在地人民法院申请执行，即向某市甲区人民法院或者与某市甲区人民法院同级的被执行的财产所在地人民法院申请执行。

（2）法院调解，又称诉讼调解，是指在人民法院审判人员的主持下，双方当事人就他们之间发生的民事权益争议，通过自愿、平等地协商，互谅互让，达成协议，解决纠纷的诉讼活动和结案方式。因当事人之间的民事权利义务纠纷已经被生效判决确定，故不存在通过法院调解解决纠纷的可能，执行人员李东不应主持双方当事人的调解。

（3）《民诉解释》第 465 条规定："一方当事人不履行或者不完全履行在执行中双方自愿达成的和解协议，对方当事人申请执行原生效法律文书的，人民法院应当恢复执行，但和解协议已履行的部分应当扣除。和解协议已经履行完毕的，人民法院不予恢复执行。"据此，只能责令大明公司支付未履行的 5 万元，即生效判决中确定的 20 万元减去已经支付的 15 万元。

（4）《民诉法》第 241 条规定："在执行中，双方当事人自行和解达成协议的，执行员应当将协议内容记入笔录，由双方当事人签名或者盖章。申请执行人因受欺诈、胁迫与被执行人达成和解协议，或者当事人不履行和解协议的，人民法院可以根据当事人的申请，恢复对原生效法律文书的执行。"据此，人民法院作出的执行双方的和解协议的裁定不正确。

三、论述题

1. 民事执行的基本原则，是指在民事执行活动的整个过程、各个阶段都起指导作用的行为规则。它体现了我国民事执行的性质、指导思想和民事执行工作的总体要求。认真贯彻民事执行的基本原则，对完成执行工作任务和保护当事人的合法权益，均有重要意义。它具体包括以下原则：

（1）依法执行原则。

依法执行原则，是指民事执行必须严格按照法律规定的程序和方式进行，每一个环节都必须符合法律的规定。这是因为民事执行是一项关系到当事人的实体权益、政策性强且影响面大的工作。依法执行原则的要求是：民事执行必须以生效的法律文书为依据；民事执行必须严格依法定的方式启动；民事执行必须严格依法定的程序进行和结束，不得逾越任何法定的步骤、阶段或者过程，没有法定的原因不得中止或者结束执行；民事执行必须严格依法适用执行措施，不得采取法律和司法解释没有规定的措施强制被执行人履行义务。

（2）执行标的有限原则。

执行标的，即执行对象。执行标的有限原则，是指民事执行标的应当仅限于被执行人的财产和行为，被执行人的人身不能作为执行目的；对被执行人的财产进行执行时，也有一定的限制。其具体包括：执行标的由执行依据确定，执行标的限于被执行人的财产与行为，法律规定豁免的财产不得作为执行标的，不得以羁押人身的方式迫使或者替代被执行人履行义务。

（3）全面保护当事人合法权益原则。

全面保护当事人合法权益原则，是指在执行中既要保护申请执行人的合法权益，使其权利得以实现，又要保护被执行人的合法权益，尽量减少执行工作给其带来的不利影响，更不能使其因执行而无法生存，此外，还要公平地对待不同类型、不同地域的执行当事人，平等地保护其合法权益。全面保护当事人合法权益原则是法律面前人人平等原则在执行程序中的体现与要求，也是维护法律权威的重要保障。

（4）强制执行与说服教育相结合原则。

强制执行与说服教育相结合原则，是指民事执行机构应当以强制执行为后盾，尽量通过说理和教育促使被执行人自觉履行其义务，以降低执行成本，提高执行效益。

强制是民事执行的特点，离开了强制，生效法律文书就很难得到实现，因此，法院对于拒绝履行其义务的被执行人，应当坚决、果断、及时地采取强制执行措施，迫使其履行义务，以体现和维护国家法律的严肃性与权威性。但是，强调民事执行的强制性，并不意味着执行机构可以简单地完全依赖强制执行措施。否则，不仅难以收到良好的执行效果，有时还会造成当事人的对立情绪，给执行工作带来不利，甚至事与愿违。这是因为在实践中，被执行人拒绝履行其义务的情形比较复杂，原因较多。例如，有的被执行人因生活困难，无力履行其义务；有的被执行人的法治观念淡薄；有的生效法律文书确有错误；等等。因此，在执行的过程中，执行机构和执行人员在采取强制措施之前，应了解被执行人拒绝履行义务的原因，尽量做好被执行人的说服和教育工作，促使其自觉履行义务。通过做思想工作，被执行人无正当理由仍拒绝履行其义务的，可以对其采取相应的执行措施，强迫被执行人履行义务。

在执行活动中，强制执行与说服教育是互为补充、相辅相成的。强制执行是说服教育的有力后盾，说服教育是强制执行的有效辅助手段。

（5）执行效益原则。

执行效益原则，是指民事执行工作应当尽量降低执行成本，争取以最小的代价取得最大执行成果。其具体内容包括：坚持执行机构只对执行依据进行形式审查，不审查实质内容，使执行工作及时开展；迅速、及时、连续地采取相应的执行措施，非依法律规定不得停止执行；坚持对被执行人的财产按现金、动产、其他财产权利、不动产的顺序执行的原则，尽量减少在执行工作中各项费用的支出、降低执行成本；控制执行行为对当事人的生产经营活动及日常生活可能产生的不必要的损失和影响，降低执行的间接成本。

2. 执行依据是一种法律文书，但不是一般的法律文书。法律文书要成为执行依据，必须具备一定的条件，这些条件就是执行依据的构成要件。一般认为，执行依据的构成要件分为形式要件和实质要件两个方面。其中，执行依据的形式要件就是法律文书成为执行依据在形式上必须具备的条件，实质要件则是法律文书成为执行依据在内容上必须具备的条件。

从形式上看，法律文书要成为执行依据，必须具备下列三个条件：（1）必须是公文书，仲裁文书不是公文书；（2）必须有明确的权利义务主体，即权利人和义务人；（3）必须具有明确的给付内容，如在判决书中要求继续履行合同，应当具有明确的继续履行合同的内容。

从内容上看，法律文书要成为执行依据，必须具备下列四个条件：（1）法律文书已经生效；（2）法律文书确定的给付内容具有可执行性；（3）法律文书确定的给付内容属于民事执行的事项范围；（4）义务人履行义务的条件已经成就。

为了确保执行权有序、高效地运行，防止执行权的不必要的耗费，实践中执行机构通常应当首先审查执行依据是否符合形式要件，确定符合形式要件后，再审查是否符合实质要件。

第二十章　民事执行程序分论

本章知识点速览

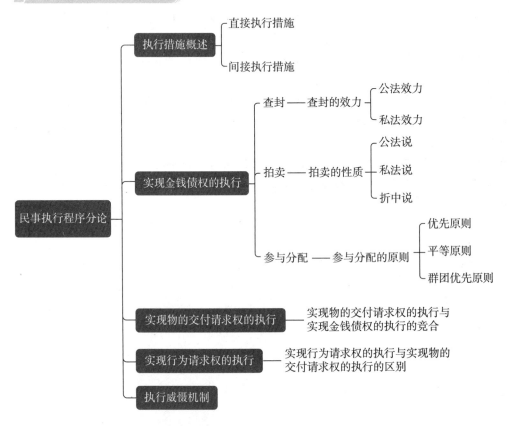

本章核心知识点解析

第一节　执行措施概述

（一）难度与热度

难度：☆☆☆　　热度：☆☆☆

（二）基本理论与概念

根据执行机构的执行行为是否直接作用于执行标的，可以将执行措施分为直接执行措施和间接执行措施。直接执行措施，是指直接对执行标的采取的执行行为。例如，执行机构将被执行人的财产查封后，直接交付给申请执行人等。间接执行措施，是指不直接对执行标的采取执行行为，而是通过对被执行人施加压力，迫使其自动履行义务的方法和手段。例如，被执行人拒绝履行生效法律文书规定的赔礼道歉的义务，执行机构决定被执行人每逾期一日赔礼道歉，就得向申请执行人支付迟延履行金 100 元，这就是间接执行措施。直接执行措施的执行标的一般是财产，间接执行措施的执行标的一般是行为。

（三）疑难点解析

直接执行措施和间接执行措施之间是什么关系？

德国学说和立法认为，金钱债权应当通过直接强制的方法予以执行，间接执行仅适用于特殊的行为债权的执行，即奉行间接执行补充性原则。[①] "但在我国基本解决执行难及切实解决执行难的背景下，拘传、罚款、拘留、限制出境、信用惩戒、限制消费等间接执行方法的强化，成为切实提高执行效率的主要途径。在传统执行方法之外，形成一套成熟而完整的、能够促使当事人自觉履行债务的间接执行方法体系的必要性，已经不容置疑。间接执行方法通常表现为，在执行债务之外，向债务人的人身或财产施加额外的不利益，迫使其为了保全更重要的财产利益或人身利益而履行执行债务。在金钱债权执行中，对责任财产采取控制性或处分性执行措施通常属于直接执行的范畴。但是，执行法院对特定财产采取的控制性执行措施，其真实目的不局限于通过变价该财产以直接实现执行债权，还可能是迫使债务人通过其他财产履行债务。一方面，有些财产虽不能采取处分性执行措施，但立法机关仍然允许执行法院对其采取控制性执行措施，以迫使债务人通过其他财产履行债务；另一方面，债务人无权要求通过其指定的特定财产实现债权，执行法院可以根据债权人的选择或依职权同时或先后对不同的责任财产采取执行措施，执行法院可以查封、扣押、冻结对债务人具有重要经济或纪念价值的财产，以迫使债务人主动通过其他财产履行债务。即使债务人可供执行的财产不具有可选择性，鉴于我国民事执行法向来强调说服教育与强制相结合的原则，除非执行标的是现金或者存款等可以直接扣划的财产，执行法院应当在采取控制性执行措施后，再次给予债务人筹集资金以履行债务的合理期限。这实际上也隐含了间接执行原理。因此，直接执行与间接执行之间并非泾渭分明，相同的执行方法在不同情形下可能分别或同时属于直接执行和间接执行。间接执行虽然强调通过给予执行债务人一定的心理压力来诱发债务人自动履行，但间接执行不局限于拘传、拘留、监禁等限制或剥夺债务人人身自由的方法，因而，间接执行不等于对人执行，限制对人执行的理由不足以成为限制间接执行的正当性基础。既然直接执行与间接执行在理论上不存在孰优孰劣之分，立法机关在制定'民事强制执行法'时就应当平等对待直接执行与间接执行两种方法，而不能简单以间接执行补充性原则为由，反对间接执行之强化。"[②]

---

① 孔令章，梁平. 民事间接强制执行制度比较研究. 重庆大学学报（社会科学版），2012 (5).
② 黄忠顺. 论直接执行与间接执行的关系：以金钱债权的间接执行为中心. 东岳论丛，2020 (6).

第二节　实现金钱债权的执行

一、查　封

（一）难度与热度

难度：☆☆☆　热度：☆☆

（二）基本理论与概念

查封，是指执行机构对被执行人的有关财产就地封存，禁止被执行人转移和处分的执行措施。查封主要适用于不动产或者体积较大且难以移动的动产。查封一般就地进行，在查封的财产上加贴封条，不便加贴封条的，应当张贴公告。对有产权证照的动产或不动产的查封，应当向有关机关发出协助执行通知书，要求其不得办理查封财产的转移过户手续。同时，可以责令被执行人将有关财产的产权证照交执行机构保管。被查封的财产，可以指令由被执行人负责保管。如果由被执行人继续使用被查封的财产，对其价值无重大影响，可允许继续使用。被执行人保管或使用的过错造成的损失，由被执行人承担。被执行人拒绝保管和继续使用的，执行机构可以委托他人保管，保管费用由被执行人承担。

（三）疑难点解析

查封具有什么样的效力？

查封具有双重效力，即公法效力和私法效力。其中，公法效力，包括财产所有人、占有人在内的所有行政相对人都不得再行处分或移转查封财产的效力，以及其他国家机关不得重复查封处置相关标的物的效力。[①] 私法效力包括对人的效力和对物的效力，其中，对人的效力包括：第一，对被执行人的效力。被执行人对查封财产的处分不得对抗申请执行人；除执行法院指定被执行人保管查封财产外，不得占有、使用查封财产；被执行人不得收取查封财产的天然孳息。第二，对申请执行人的效力。申请执行人在一定情形下享有优先受偿的权利；申请执行人作为保管人时应妥善保管查封财产并不得使用查封财产。第三，对案外第三人的效力。案外第三人未经执行法院准许不得占有查封财产以及不得实施其他有碍执行的行为；案外第三人作为保管人时应妥善保管查封财产并不得使用查封财产。对物的效力包括：第一，查封的效力及于查封的从物和天然孳息；第二，查封地上建筑物的效力及于该地上建筑物使用范围内的土地使用权，查封土地使用权的效力及于地上建筑物，但土地使用权与地上建筑物的所有权分属被执行人与他人的除外；第三，查封财产灭失或者毁损的，查封的效力及于该财产的替代物、赔偿款。

二、拍　卖

（一）难度与热度

难度：☆☆☆☆☆　热度：☆☆☆

（二）基本理论与概念

拍卖，是指以公开竞价的方式，将查封、扣押、冻结的财产或者财产权利转让给最

---

① 刘哲玮. 论民事司法查封的效力. 国家检察官学院学报，2019（4）.

高应价者的执行措施。民事执行程序中的拍卖不同于商事拍卖，实践中通常以司法拍卖或者执行拍卖指称民事执行程序中的拍卖。根据《民诉法》第 258 条和《民诉解释》第 486 条的规定，执行机构在执行中需要拍卖被执行人的财产，可以由执行机构自行组织拍卖，也可以交由具有资质的拍卖机构拍卖。交拍卖机构拍卖的，执行机构应当对拍卖活动进行监督。应当说，执行机构自行拍卖被执行人的财产，既与执行拍卖的性质相符合，又更有利于维护当事人的合法权益。根据我国现行法律和司法解释的规定，在司法实践中，执行拍卖一般要经过价格评估、确定拍卖保留价、进行拍卖公告与通知、实施拍卖等几个主要环节。

（三）疑难点解析

如何理解司法拍卖的性质？

关于司法拍卖的性质，学界观点不一，存在私法说、公法说、折中说三种学说。一是私法说，该说认为司法拍卖是私法上买卖契约的一种，即以拍卖公告为买卖的要约引诱，应买申请是买卖要约，拍定表示则是买卖的承诺，司法拍卖的效果同于私法买卖，因此拍定人自是继受取得拍卖物所有权，对出卖人享有瑕疵担保请求权，同时承受拍卖物上负担。二是公法说，该说认为司法拍卖是公法上的处分行为，其虽以买卖的方式进行，但其法律效果并不当然适用民法上买卖契约的原则，执行机构作为拍卖人依其职权将拍卖物拍卖于拍定人，拍定人原始取得拍卖物所有权。三是折中说，该说认为司法拍卖既是公法上的强制处分，又具有私法上买卖的性质及效果，执行机构为出卖人，拍定人为买受人，拍定人继受取得拍卖物所有权，当拍卖物属于第三人所有时，拍定人即无法取得拍卖物所有权，拍定人有瑕疵担保请求权，承受拍卖物上之负担。[①] 可见，私法说与折中说直接将司法拍卖视为民事买卖，公法说则否认司法拍卖是民事买卖，认为司法拍卖是公法上的处分行为。

本书认为：对司法拍卖性质的认识和定位，应该从司法拍卖制度设置的目的中去求解。第一，为了最大限度地实现标的物中所蕴含的经济价值，司法拍卖在底价确定、减价拍卖、价金和拍卖标的物交付、拍卖物所有权转移等方面都有特殊的规则。如果将司法拍卖完全等同于民法上的拍卖，上述这些特殊的制度设计将无从达成。第二，从执行行为的性质来看，司法拍卖应该属于公法行为。司法拍卖与查封一样，均为国家执行机关基于公权力而实施的执行行为。第三，将司法拍卖视同私法上特殊买卖的观点，还存在着无法圆满地解释何人应作为司法拍卖的出卖人、司法拍卖中标的物所有权非因法律行为而移转等复杂的理论问题。因此，将执行程序中的司法拍卖定位为公法上的处分行为，在理论上更能自圆其说，在实践中更有利于执行目的的实现。[②]

事实上，《物权编解释一》第 7 条、《民诉解释》第 491 条、《网拍规定》第 1 条已经体现出司法拍卖的公法性质。[③]

---

① 陈桂明，侍东波. 民事执行法中拍卖制度之理论基石：强制拍卖性质之法律分析. 政法论坛，2002 (5)；肖建国. 论民事诉讼中强制拍卖的性质和效力. 北京科技大学学报（社会科学版），2004 (4).

② 肖建国主编. 民事执行法. 北京：中国人民大学出版社，2014，236.

③ 肖建国，庄诗岳. 论民事执行权与行政权的冲突与协调. 东岳论丛，2020 (6).

三、参与分配

(一) 难度与热度

难度：☆☆☆☆　热度：☆☆☆☆

(二) 基本理论与概念

参与分配，是指在实现金钱债权的执行案件中，被执行人的全部或者主要财产已经被执行机构查封、扣押或者冻结，在该财产或者该财产变价所得金额交付申请执行人之前，该被执行人的其他债权人请求就该财产或者该财产变价所得金额受偿，以实现各自的金钱请求权，执行机构将执行所得金额在全体申请执行人之间进行分配。它是解决金钱债权执行竞合的一种方法。

根据《民诉解释》第506条的规定，申请参与分配应当具备下列条件：（1）被执行人是自然人或者其他组织；（2）申请参与分配的债权人已经取得执行依据且发现被执行人的财产不能清偿所有债权，或者尚未取得执行依据但对查封、扣押、冻结的财产享有优先权、担保物权而主张优先受偿权；（3）正在执行的和申请参与分配的债权都是金钱债权。

根据《民诉解释》第508条的规定，在参与分配的执行中，执行所得价款扣除执行费用并清偿应当优先受偿的债权后，对于普通债权，原则上按照其占全部申请参与分配的债权数额的比例受偿。清偿后的剩余债务，被执行人应当继续清偿。申请执行人发现被执行人有其他财产的，可以随时请求执行机构执行。

(三) 疑难点解析

如何理解参与分配程序中的分配原则？

关于数个普通债权人申请参与分配时的分配顺序和分配额，有优先原则、平等原则、群团优先原则三种立法例。优先原则，是指对普通债权人根据申请查封或者参与分配的时间确定分配顺序，先申请者先受偿。德国是采优先原则的典型国家，《德国民事诉讼法》规定：对于动产或债权执行，扣押债权人取得扣押质权；对于不动产执行，扣押债权人取得强制抵押权；扣押在先的债权人优先于扣押在后的债权人受偿。[1] 此外，英国普通法和衡平法分别通过债权人交付执行令状的时间、裁定设定担保权益，亦达到了使部分债权人优先受偿的目的；美国法则创造了司法担保权益制度。[2] 平等原则，是指普通债权人按照其债权占全部申请参与分配的债权数额的比例受偿。日本系采平等原则的典型国家，《日本强制执行法》规定：应依据民法、商法以及其他法律的规定确定分配顺位及分配额[3]，即日本并未通过《日本强制执行法》创设程序性优先受偿权，债权人除享有实体法规定之优先受偿权外不能取得优先顺位。群团优先原则，是指将普通债权人按一定的时间标准分成若干群团，前一群团的债权人优先于后

---

[1] 《德国民事诉讼法》第804、805、867条//德国民事诉讼法. 丁启明，译. 厦门：厦门大学出版社，2016：178 - 179，207.

[2] 肖建国. 民事诉讼程序价值论. 北京：中国人民大学出版社，2000：649.

[3] 《日本强制执行法》第85、142、166条//日本民事诉讼法典. 曹云吉，译. 厦门：厦门大学出版社，2017：342，357，364.

一群团的债权人受偿，同一群团的债权人之间按债权额比例平等受偿。瑞士系采群团优先原则的典型国家，瑞士《联邦债务执行与破产法》规定：以债务人的财产受查封时起 30 日内请求附带查封的债权人为第一群团，其次的 30 日为第二群团，第一群团的债权人优先于第二群团的债权人受偿，同一群团的债权人均以同一顺位资格按债权额比例分配。①

通常认为，优先原则的根据在于给予勤勉的债权人以奖励，平等原则的根据在于实体法上的债权平等原则。群团优先原则是优先原则与平等原则的混合物，且群团的间距越短越接近于优先原则，间距越长越接近于平等原则。② 其中，优先原则与平等原则在债权人之间的公平、对债务人利益的保护、执行效率的减损、虚假债权的产生等问题上针锋相对、僵持不下。本书认为，脱离了参与分配与破产程序的关系，空谈优先原则与平等原则孰优孰劣，无异于无源之水、无本之木。

有限破产主义之下，破产法并非适用于所有民事主体，通常只适用于商人，对非商人仍适用强制执行程序。问题是破产与强制执行程序的功能截然不同，非商人发生破产原因时，严格适用强制执行程序必然完全违背债权平等原则。鉴于此，只能由与破产程序构造表面相似的参与分配程序为各债权人提供一条平等受偿的路径。并且，为尽可能地保护各平等债权公平地受清偿，参与分配适用破产程序中的分配原则，参与分配与破产程序的适用要件趋同，参与分配程序的功能由"个别执行"转变为"小型破产"。因此，参与分配程序采平等原则。事实上，我国即是采"有限破产主义＋参与分配平等原则"的典型国家。从比较法来看，因法国 1673 年《陆上商事条例》、1807 年《商法典》采商人破产主义③，故其旧民事诉讼法关于参与分配程序采彻底的平等原则；而日本 1890 年《商法》系以当时的法国法为蓝本④，采商人破产主义，故其旧法亦采彻底的平等原则。

一般破产主义之下，破产法适用于所有民事主体，无须参与分配程序发挥平等清偿的功能。此时，参与分配与破产程序分别在个别执行和一般执行两个场域发挥不同功能，二者适用的界限是债务人是否发生破产原因。⑤ 适用参与分配程序时，因债务人未发生破产原因、有履行能力，故无论采何种分配原则，各债权人的债权均可得到清偿。只不过采平等原则时各债权人受偿的时间相同，采优先原则时查封或申请在先的债权人优先受偿。一般破产主义之下，虽然参与分配程序采何种分配原则并不影响各债权人之债权的最终受偿，但采优先原则更加契合参与分配的程序本质。一方面，参与分配属于强制执行程序的一部分，而强制执行以效率为至高价值追求。若采平等原则，因债权人于执行程序终结前可以随时申请参与分配，执行机关需要不断调整分配比例，并可能引发分配方案异议和分配方案异议之诉，允许尚未取得执行依据的债权人申请参与分配时，还可能引发参与分配异议和参与分配异

---

① 肖建国主编. 民事执行法. 北京：中国人民大学出版社，2014：41.
② 肖建国主编. 民事执行法. 北京：中国人民大学出版社，2014：41.
③ 范健，王建文. 破产法. 北京：法律出版社，2009：6.
④ ［日］山本和彦. 日本倒产处理法入门. 金春，等译. 北京：法律出版社，2016：8.
⑤ 许德风教授亦持相同观点. 许德风. 破产法论：解释与功能比较的视角. 北京：北京大学出版社，2015：19.

议之诉，这会使参与分配程序过分复杂，强制执行程序难以迅速终结。[①] 而优先原则因遵循"时间第一"的规则，执行机关无须不断调整分配比例，参与分配程序更为简化。另一方面，优先原则体现了效率之下的程序公平。若采平等原则，分配顺序需以实体法的规定为根据，体现出"实体法公平观"。而优先原则考虑到查封或申请在先的债权人通常需要付出相当数量的时间、金钱、精力，且需承受案外人提出异议之诉的应诉风险，因此，通过程序法赋予其优先受偿权，体现了"程序公平观"。显然，后者更能体现司法程序的独立地位和价值。

从比较法来看，现代破产制度最为显著的发展趋势是由商人破产主义趋向一般破产主义。一般破产主义为近代英国、德国破产立法所倡，目前已推广普及至世界大多数国家，甚至对商人破产主义推崇备至的法国也于 1967 年改采一般破产主义。[②] 同样，日本根据本国经济发展的需要，借鉴德国破产法，于 1922 年改采一般破产主义。[③] 与此同时，强制执行（个别执行）与破产（一般执行）相分立、参与分配平等原则向优先原则转化也成为执行制度发展的趋势。比如，法国现行法仅对动产执行，贯彻平等原则；对于不动产执行，则可依裁判上之抵押权，以确保优先受偿权；对于债权执行，则不问有无执行依据，以查封命令后有效确认程序之"有效宣告判决"为准，于此之前参加的债权人，按其债权额比例平等受偿，于此之后则几乎不允许债权人参与分配。[④] 日本现行法虽仍采平等原则，但维持平等原则的原因并非所谓的公平问题，而是碍于立法传统，考虑到由平等原则骤然转向优先原则会在商界引起混乱。[⑤] 不过，日本现行法通过严格限制债权人申请参与分配的终期以及参加方法，使其事实上已经非常接近于优先原则。比如，对于不动产执行，《日本强制执行法》第 49 条将申请参与分配的终期限制在执行程序的早期阶段，由此阻却部分债权人申请参与分配；第 51 条规定无债务名义正本时，只有被登记的假扣押债权人才可提出分配要求。此外，关于动产执行、债权执行，《日本强制执行法》亦作了相应限制。[⑥]

通过上述分析，基于参与分配与破产程序的关系，可以建构两种功能互补的理论模式，即"有限破产主义＋参与分配平等原则"和"一般破产主义＋参与分配优先原则"。这两种模式并无孰优孰劣之分，均是符合实际的可行方案。不过，后一模式是世界破产和强制执行立法的趋势和潮流。在我国因现行破产法采有限破产主义，故参与分配程序采平等原则。但将来若改采一般破产主义，则需重新考虑。[⑦]

① 在准许无执行依据债权人参与分配的立法例中，就该债权人的参与分配资格，法律设有参与分配异议和参与分配异议之诉。而在只许有执行依据债权人参与分配的立法例中，虽然不存在前述对参与分配主体资格的异议，但也可能发生对分配债权、分配顺序、分配比例及金额等事项的争议，故立法上设置分配方案异议和分配方案异议之诉。丁亮华. 参与分配：解析与检讨. 法学家，2015（5）.
② 邹海林. 破产法：程序理念与制度结构解析. 北京：中国社会科学出版社，2016：17.
③ ［日］山本和彦. 日本倒产处理法入门. 金春，等译. 北京：法律出版社，2016：8.
④ 张登科. 强制执行法. 台北：三民书局，2013：494.
⑤ 葛行军，刘文涛. 关于执行财产分配的立法思考. 法学研究，2001（2）.
⑥ 日本《强制执行法》第 49、51、125、133、140、154、165 条//日本民事诉讼法典. 曹云吉，译. 厦门：厦门大学出版社，2017：342，357，364.
⑦ 肖建国，庄诗岳. 参与分配程序：功能调整与制度重构：以一般破产主义为基点. 山东社会科学，2020（3）.

第三节　实现物的交付请求权的执行

（一）难度与热度

难度：☆☆☆　热度：☆☆☆

（二）基本理论与概念

实现物的交付请求权执行的标的与实现金钱债权执行的标的发生重合的，就会形成各申请执行人之间的权利冲突。理论上称为实现物的交付请求权执行与实现金钱债权执行的竞合。它是各种执行竞合形态中权利冲突最为激烈的一种。合理解决这种执行竞合，是实现顺利执行的重要保障。

在理论上和其他法域的立法中，关于解决实现物的交付请求权执行与实现金钱债权执行竞合的方法有两种。一种是依申请先后决定受偿。无论是实现物的交付请求权执行还是实现金钱债权执行，先申请执行的优先受偿：实现物的交付请求权的执行申请在先的，按照实现物的交付请求权执行方法执行，即将标的物强制交付申请执行人；实现金钱债权的执行申请在先的，按照实现金钱债权执行的方法执行，即对标的物进行变价，将变价所得交付申请执行人。另一种是按照物权优先的原则处理。无论申请先后，根据物权优先于债权的原理，应满足实现物的交付请求权的申请执行人的权利，将标的物强制交付申请执行人，而不能将该标的物进行变价以满足实现金钱债权的申请执行人的权利。

根据有关司法解释的规定，对于实现物的交付请求权与实现金钱债权执行竞合，我国实行物权优先原则，即优先满足实现物的交付请求权执行的申请执行人的请求。

（三）疑难点解析

如何理解"对于实现物的交付请求权执行与实现金钱债权执行竞合，我国实行物权优先原则"？

物权系权利人直接支配特定物而享受其利益的财产权，具有对客体的直接支配性与排他的保护绝对性，基于此二项特性，衍生出物权的排他效力、优先效力、追及效力及物权的物上请求权（含物权标的物的返还请求权、物权标的物的妨害排除请求权与物权标的物的妨害预防请求权）效力。所谓优先效力，又称物权的优先权，系指一物上若有物权与债权竞合而无法相容（或两立）时，无论物权是否成立于债权之前，其原则上具有优先于债权的效力。之所以如是，盖因如前所述，物权系权利人直接支配特定物的权利，故其客体仅限于独立的特定物，而债权系为债权人得请求债务人为一定行为或不为一定行为的权利，故其客体为债务人的特定行为，即债务人的应为一定行为或不为一定行为的债务。这其中，债务人的应为一定行为若以物的给付为内容，则债权人需透过债务人给付物的行为方能达到对物的支配的目的。概言之，债权不具有直接支配物的权能或功能。物权乃对物的直接支配权、绝对权，债权仅为透过债务人的行为而间接支配物的请求权、相对权，于二者发生冲突时，物权的效力乃应优先于债权，也就是说物权原则上具有优先于债权的效力。[①]

《执行规定》第55条规定："多份生效法律文书确定金钱给付内容的多个债权人分别

[①]　陈华彬. 论物权优先于债权原则及其例外情形. 财经法学，2021（5）.

对同一被执行人申请执行，各债权人对执行标的物均无担保物权的，按照执行法院采取执行措施的先后顺序受偿。多个债权人的债权种类不同的，基于所有权和担保物权而享有的债权，优先于金钱债权受偿。有多个担保物权的，按照各担保物权成立的先后顺序清偿。一份生效法律文书确定金钱给付内容的多个债权人对同一被执行人申请执行，执行的财产不足清偿全部债务的，各债权人对执行标的物均无担保物权的，按照各债权比例受偿。"其中，"多个债权人的债权种类不同的，基于所有权和担保物权而享有的债权，优先于金钱债权受偿"的规定，虽然使用了"基于所有权和担保物权而享有的债权"的用语，但实际上指向实现物的交付请求权的执行标的与实现金钱债权的执行标的发生重合时，实现物的交付请求权的执行优先于实现金钱债权的执行。这一规则源自前述实体法上的物权优先效力。

第四节　实现行为请求权的执行

（一）难度与热度

难度：☆☆　热度：☆☆

（二）基本理论与概念

实现行为请求权执行与实现物的交付请求权执行的区别有以下三点：

1. 标的不同

实现行为请求权执行的标的是行为，包括作为与不作为；实现物的交付请求权执行的标的是物，包括财产和票证。

2. 措施不同

实现行为请求权的执行一般只能采取间接执行措施，只有转化为实现金钱债权的执行时，才采取查封、扣押、冻结、拍卖、变卖、交付等直接执行措施。实现物的交付请求权的执行一般采取直接执行措施，但通常只采取查封、扣押、交付等执行措施，只有在特殊情况下转化为实现金钱债权的执行时，才采取拍卖、变卖等直接执行措施。

3. 程序不同

实现行为请求权的执行分为可替代完成行为的执行和不可替代完成行为的执行、积极作为的执行和消极不作为的执行。不同类型执行的程序均有所不同，实现物的交付请求权的执行程序相对简单一些。

（三）疑难点解析

如何理解实现行为请求权执行与实现物的交付请求权执行的区别？

实现物的交付请求权执行，是指执行机构为了实现申请执行人请求被执行人交付物的请求权，而转移该物的占有的执行程序。因实现物的交付请求权的执行标的指向"物"，故被执行人拒绝交付物时，执行机构可以直接采取查封、扣押、交付等执行措施，无须被执行人积极配合。实现行为请求权执行，是指执行机构依生效法律文书，强制实现申请执行人要求被执行人为一定行为（作为或者不作为）的请求权的程序。因实现行为请求权的执行标的指向"行为"，且有些情况下被执行人的配合是必不可少的，故被执行人拒绝为一定行为（作为或者不作为）时，执行机构无法直接采取查封、扣押、交付等执行措施，只能根据申请执行人要求被执行人所为的行为是否可以替代而采取不同的执行措施。对于可替代行为的执行，使用的是代替履行的方法；对于不可替代行为，原则上只能采取间接执行措施，也就是说，在这种情况下，执行机构并不能通过自己的执行行为直接达到使申请执行人债权获得清偿的效果，此时，被执行人的协作是必不可少的。

第五节　执行威慑机制

（一）难度与热度

难度：☆☆　热度：☆☆

（二）基本理论与概念

执行威慑机制是指人民法院实施限制消费、限制出境、在征信系统记录和通过媒体公布不履行义务信息等行为，对被执行人产生威慑，使其能够自觉履行执行依据所载的义务，这一过程所包含的一系列的制度构造。[①]

（三）疑难点解析

执行威慑机制在我国是如何生成的？

"执行威慑机制理论明确出处可溯于最高人民法院 2004 年 12 月 5 日召开的主题为'建立执行威慑机制，构筑社会信用体系'的座谈会，会上首次提出执行威慑机制，并明确被执行人在未完全履行生效法律文书确定的给付义务之前，其向金融机构的融资申请将受到各种限制，其法定代表人或是高管的个人消费行为甚至会受到影响。随后，中央政法委于 2005 年下发《关于切实解决人民法院执行难问题的通知》，明确了通过建立国家执行威慑机制，采取限制或禁止被执行人融资、置产、出境、日常消费等手段，推动生效法律文书的被执行人自觉履行法律义务。执行威慑机制提出后，随着执行工作难度的增加，该机制越来越被人民法院所重视，该机制理论也逐渐成为人民法院限制消费、限制出境、在征信系统记录和通过媒体公布不履行义务信息等行为的重要理论支撑。执行威慑属于'执行激励与惩戒'的内容之一，隶属于执行工作长效机制之一，执行长效机制在执行工作管理中发挥着基础性、根本性的作用。"[②]

》 本章实务案例研习

一、南漳县丙房地产开发有限责任公司被明显超标的额查封执行监督案[③]

案例考点：禁止超标的额查封

（一）案情简介

2015 年 5 月 26 日，襄阳市甲小额贷款股份有限责任公司（以下简称"甲小贷

---

① 刘贵祥，林莹.《关于修改〈关于限制被执行人高消费的若干规定〉的决定》的理解与适用. 人民司法（应用），2016（1）.
② 宋春龙. 限制高消费的制度嬗变与法理辨析. 交大法学，2021（4）.
③ 案例来源：最高人民检察院第二十一批指导性案例检例第 79 号。

公司"）、襄阳市乙工程总公司（以下简称"乙公司"）向湖北省襄阳市樊城区人民法院提起民事诉讼，请求判令南漳县丙房地产开发有限责任公司（以下简称"丙公司"）、南漳县丁建筑安装工程有限责任公司（以下简称"丁公司"）、洪某生偿还借款 5 589 万元及利息，并申请对价值6 671 万元的房产进行保全。同日，樊城区人民法院立案受理并作出财产保全裁定，查封丙公司、丁公司及洪某生的房产共计210 套。丙公司认为查封明显超出标的额，于 2015 年 6 月提出异议，但樊城区人民法院未书面回复。

2015 年 7 月至 2016 年 10 月期间，樊城区人民法院对当事人双方的多起借款纠纷作出民事判决，判令丙公司、丁公司、洪某生偿还乙公司、甲小贷公司借款合计 5 536.2万元及利息约 438 万元。在本案执行阶段，丙公司向执行法院提出房产评估申请，经执行法院同意，由丙公司委托鉴定机构进行评估，评估结果为查封的房产市场价值为 1.21亿元。丙公司提出执行异议，但樊城区人民法院审查后认定，丙公司提出的执行异议依据不充分，且未在法定期限内申请复议，故不予支持。由于丙公司已建成的 210 套商品房均被执行法院查封，无法正常销售，企业资金断流，经营陷入困境。

（二）检察机关监督情况

1. 受理情况

2016 年 12 月 27 日，丙公司、丁公司以樊城区人民法院明显超标的额查封为由，向樊城区人民检察院申请监督。该院予以受理审查。

2. 审查核实

樊城区人民检察院对案件线索依法进行调查核实：询问了申请人丙公司；前往樊城区人民法院查阅了审判与执行案卷，收集相关法律文书、价格鉴定报告与其他书证；实地前往被查封楼盘进行现场勘查。经审查核实发现，相关裁判文书确定的债务总额为5 974 万元，且甲小贷公司、乙公司申请查封的标的额仅为 6 671 万元，而执行法院实际查封的房产价值为 1.21 亿元，存在明显超标的额查封的问题。

3. 监督意见

樊城区人民检察院认为，樊城区人民法院查封的 210 套房产价值为 1.21 亿元，查封财产价值明显超出生效裁判文书确定的债务数额，违反 2012 年《民诉法》第 242 条（2023 年《民诉法》第 253 条）、2008 年《查封规定》第 21 条（2020 年《查封规定》第19 条）的规定，存在明显超标的额查封被执行人财产的违法行为。2017 年 3 月 20 日，樊城区人民检察院向樊城区人民法院发出检察建议，建议对超标的额查封的违法行为予以纠正。

4. 监督结果

收到检察建议书后，樊城区人民法院认定本案确系超标的额查封，于 2017 年 4 月 17日发出协助执行通知书，通知某县住房保障管理局解除对被执行人先期查封的 210 套商品房中 109 套的查封。解封后，丙公司得以顺利出售商品房，回收售楼款，改善资金困境，积极协商偿还本案剩余债务。

（三）学理分析

2012 年《民诉法》第 242 条（2023 年《民诉法》第 253 条）规定："被执行人未按执行通知履行法律文书确定的义务，人民法院有权向有关单位查询被执行人的存款、债券、股票、基金份额等财产情况。人民法院有权根据不同情形扣押、冻结、划拨、变价被执行人的财产。人民法院查询、扣押、冻结、划拨、变价的财产不得超出被执行人应当履行义务的范围。人民法院决定扣押、冻结、划拨、变价财产，应当作出裁定，并发出协助执行通知书，有关单位必须办理。"2008 年《查封规定》第 21 条（2020 年《查封规定》第 19 条）规定："查封、扣押、冻结被执行人的财产，以其价额足以清偿法律文书确定的债权额及执行费用为限，不得明显超标的额查封、扣押、冻结。发现超标的额查封、扣押、冻结的，人民法院应当根据被执行人的申请或者依职权，及时解除对超标的额部分财产的查封、扣押、冻结，但该财产为不可分物且被执行人无其他可供执行的财产或者其他财产不足以清偿债务的除外。"据此，执行机构采取查封措施，应当遵循比例原则，保持执行目的与执行手段之间的基本平衡，不得明显超标的额查封。在本案中，执行依据确定的债务总额为 5 974 万元，甲小贷公司、乙公司申请查封的标的额仅为 6 671 万元，而执行法院实际查封的房产价值为 1.21 亿元，存在明显超标的额查封的问题。

二、甲公司与周某执行参与分配方案异议之诉案[①]

案例考点：参与分配程序的分配原则

(一) 案情简介

周某向一审法院申请诉前财产保全，请求查封彭某名下 A 房产，并提供了相应担保，一审法院作出民事裁定书对该房产采取了保全措施。

周某因民间借贷纠纷起诉彭某至一审法院，一审法院于 2014 年 7 月 18 日作出（2014）桂阳法民初字第 639 号民事判决书，判令"被告彭某于本判决生效后十日内偿还原告周某借款本金 200 000 元及利息，利息从 2013 年 1 月 8 日起计算至债务履行完毕之日止，月利率按中国人民银行同期贷款利率的四倍计算"。

2018 年 1 月 23 日，湖南省郴州市北湖区人民法院就原告甲公司诉被告彭某、第三人乙公司追偿权纠纷一案作出（2017）湘 1002 民初 3020 号民事判决书，判令"被告彭某偿还原告甲公司 394 967.23 元，该款限被告彭某于本判决生效之日起十日内付清"。

周某与彭某民间借贷纠纷一案进入执行阶段后，一审法院对被执行人彭某名下 A 房产进行了拍卖，拍卖所得价款为 654 477.8 元，甲公司依据已生效的（2017）湘 1002 民初 3020 号民事判决书向一审法院申请参与执行分配。2019 年 12 月 5 日，一审法院制作了"湖南省桂阳县人民法院执行财产分配方案"，方案明确在扣除评估费、公告费等费用后，在剩余可供分配的 592 907.8 元中，酌情先拿出 20％供申请执行人周某领取，余款 474 326.24 元由周某、甲公司按债权比例予以分配，具体为：周某参与分配金额 584 813.33 元，分配比例为 57.99％，分配金额 275 075 元；甲公司参与分配金额 423 608 元，分配比例为 42.01％，分配金额 199 250 元。甲公司不服，向一审法院提出执行异议，一审法院经审理认为，甲公司提出的异议申请，系对一审法院作出的（2018）

---

① 案例来源：湖南省郴州市中级人民法院（2020）湘 10 民终 1399 号民事判决书。

湘 1021 执恢 77 号"湖南省桂阳县人民法院执行财产分配方案"中保留款项以及参与分配金额的异议，根据 2008 年《执行解释》第 26 条（2020 年《执行解释》第 18 条）的规定，依法通知周某、彭某，彭某因下落不明未对该案提出反对意见，周某明确表示反对甲公司所提出的执行异议申请，遂于 2020 年 1 月 17 日作出（2020）湘 1021 执异 3 号执行裁定书，裁定"驳回甲公司的异议请求"，甲公司就此向一审法院提起执行异议之诉。

（二）法院判决

法院认为，本案系执行参与分配方案异议之诉。当事人二审中的争议焦点是：一审法院在涉案执行财产分配中先拿出 20％执行款由周某领取是否正确。

2008 年《执行规定》第 88 条（2020 年《执行规定》第 55 条）第 1 款规定："多份生效法律文书确定金钱给付内容的多个债权人分别对同一被执行人申请执行，各债权人对执行标的物均无担保物权的，按照执行法院采取执行措施的先后顺序受偿。"2015 年《民诉解释》第 516 条（2022 年《民诉解释》第 514 条）规定："当事人不同意移送破产或者被执行人住所地人民法院不受理破产案件的，执行法院就执行变价所得财产，在扣除执行费用及清偿优先受偿的债权后，对于普通债权，按照财产保全和执行中查封、扣押、冻结财产的先后顺序清偿。"本案中，周某在 2014 年 6 月申请诉前财产保全，并提供了财产担保，使一审法院及时对彭某的涉案房产采取了财产保全措施。双方的民间借贷纠纷判决后，周某及时申请强制执行，积极配合法院评估拍卖查封房产，使被查封房产经两次拍卖在 2019 年成功出售变现为可供执行的款项，而甲公司是在被查封房产评估拍卖后才申请参与执行分配的。对涉案执行房产的首封债权人周某来说，其在执行过程中付出了大量的劳动、时间、人力成本，承担了一定的诉讼成本和法律风险。基于此，参照上述法律规定，一审法院在执行实务中，奖励性地给予首封债权人周某优先分配 20％的执行财产，这样可以鼓励债权人积极维护自身合法权益，以及主动配合法院工作，具有一定合理性，本院予以确认。

（三）学理分析

2015 年《民诉解释》第 510 条（2022 年《民诉解释》第 508 条）规定："参与分配执行中，执行所得价款扣除执行费用，并清偿应当优先受偿的债权后，对于普通债权，原则上按照其占全部申请参与分配债权数额的比例受偿。清偿后的剩余债务，被执行人应当继续清偿。债权人发现被执行人有其他财产的，可以随时请求人民法院执行。"2015 年《民诉解释》第 516 条（2022 年《民诉解释》第 514 条）规定："当事人不同意移送破产或者被执行人住所地人民法院不受理破产案件的，执行法院就执行变价所得财产，在扣除执行费用及清偿优先受偿的债权后，对于普通债权，按照财产保全和执行中查封、扣押、冻结财产的先后顺序清偿。"根据以上规定可知，除存在当事人不同意移送破产或者被执行人住所地人民法院不受理破产案件的情形应当采取优先原则外，参与分配原则上遵循平等原则，即普通债权按照其占全部申请参与分配的债权数额的比例受偿。本案中，因不存在当事人不同意移送破产或者被执行人住所地人民法院不受理破产案件的情形，且周某、甲公司享有的债权均为普通债权，故周某、甲公司所享有的债权应当按照其占全部申请参与分配的债权数额的比例受偿。虽然奖励性地给予首封债权人周某优先分配 20％的执行财产可以鼓励债权人积极维护自身合法权益，以及主动配合法院工作，具有一定合理性，并且周某在执行过程中确实付出了大量的劳动、时间、人力成本，承担了一定的诉讼成本和法律风险，但这有违 2015 年《民诉解释》第 510 条（2022 年《民诉解释》第 508 条）的规定。

本章同步练习

一、选择题

1. 在执行过程中，强制被执行人迁出房屋或者强制其退出土地的公告应当由谁签发？（　　）

A. 当地人民政府　　　　　　　B. 房屋或者土地管理部门

C. 执行员　　　　　　　　　　D. 人民法院院长

2. 住在郊区的杨某在邻居王某家的进出要道上修建了一间临时库房，给王某及其家人的出入造成了极大不便。王某向法院起诉并胜诉，但杨某并未按照判决的要求及时拆除该临时库房，王某遂向法院申请强制执行。执行员在多次说服无效的情况下，决定请施工队强行拆除该库房。那么施工费用应当由谁承担？（　　）

A. 杨某和王某共同承担　　　　B. 人民法院承担

C. 杨某承担　　　　　　　　　D. 王某承担

3. 执行程序的参与分配制度对适用条件作了规定。下列哪一选项不属于参与分配适用的条件？（　　）

A. 被执行人的财产无法清偿所有的债权

B. 被执行人为法人或其他组织而非自然人

C. 有多个申请人对同一被申请人享有债权

D. 参与分配的债权只限于金钱债权

4. 兴源公司与郭某签订钢材买卖合同，并书面约定本合同一切争议由中国国际经济贸易仲裁委员会仲裁。兴源公司支付 100 万元预付款后，因郭某未履约依法解除了合同。郭某一直未将预付款返还，兴源公司遂提出返还货款的仲裁请求，仲裁庭适用简易程序审理，并作出裁决，支持该请求。

由于郭某拒不履行裁决，兴源公司申请执行。郭某无力归还 100 万元现金，但可以收藏的多幅字画提供执行担保。担保期满后郭某仍无力还款，法院在准备执行该批字画时，朱某向法院提出异议，主张自己才是这些字画的所有权人，郭某只是代为保管。

请回答下列题目：

（1）针对本案中郭某拒不履行债务的行为，法院采取的正确的执行措施是：（　　）。

A. 依职权决定限制郭某乘坐飞机二等以上舱位

B. 要求郭某报告当前的财产情况

C. 强制郭某加倍支付迟延履行期间的债务利息

D. 根据郭某的申请，对拖欠郭某货款的金康公司发出履行通知

（2）如果法院批准了郭某的执行担保申请，驳回了朱某的异议。那么，关于执行担保的效力和救济，下列选项正确的是：（　　）。

A. 批准执行担保后，应当裁定终结执行

B. 担保期满后郭某仍无力偿债，法院根据兴源公司申请方可恢复执行

C. 恢复执行后，可以执行作为担保财产的字画

D. 恢复执行后，既可以执行字画，也可以执行郭某的其他财产

（3）关于朱某的异议和处理，下列选项正确的是：（   ）。

A. 朱某应当以书面方式提出异议

B. 法院应当自收到书面异议之日起 6 个月内审查

C. 如果朱某对驳回异议的裁定不服，可以提出执行标的异议之诉

D. 如果朱某对驳回异议的裁定不服，可以申请再审

二、案例分析题

范某与高某系好友，一日范某向高某提出借款 1.5 万元用于购买背投彩电，双方在借条中约定范某应当于 2 个月内向高某偿还全部借款。但是，在高某将钱借给范某 3 个月以后，范某仍没有还款。高某多次催要未果，遂向法院起诉，要求范某还款。法院查明案情后判令范某限期还款。其后，范某一直拒绝还钱，并声称自己没有财产可以用来偿还欠款。法院随后查明，范某所借款项并未用于购买背投彩电，而是用于挥霍，现范某确无财产可供执行。后知情人余某提供信息，范某对詹某享有 2 万元的到期债权。

请根据上述情况回答下列问题：

（1）法院可否要求詹某履行到期债务？

（2）履行到期债务的通知应当包含哪些内容？

（3）如果詹某接到法院的履行到期债务的通知后，对其内容存在异议，应怎样提出异议？

（4）对于詹某的异议，法院应当如何处理？

三、论述题

1. 多个债权人对一个债务人申请执行时，人民法院应该如何处理？

2. 查封、扣押应当遵循哪些原则？具有怎样的法律效力？

参考答案

一、选择题

1. D

解析：《民诉法》第 261 条第 1 款规定："强制迁出房屋或者强制退出土地，由院长签发公告，责令被执行人在指定期间履行。被执行人逾期不履行的，由执行员强制执行。"因此，D 选项正确。

2. C

解析：《民诉法》第 263 条规定："对判决、裁定和其他法律文书指定的行为，被执

行人未按执行通知履行的，人民法院可以强制执行或者委托有关单位或者其他人完成，费用由被执行人承担。"因此，C选项正确。

3. B

解析：《民诉解释》第506条规定："被执行人为公民或者其他组织，在执行程序开始后，被执行人的其他已经取得执行依据的债权人发现被执行人的财产不能清偿所有债权的，可以向人民法院申请参与分配。对人民法院查封、扣押、冻结的财产有优先权、担保物权的债权人，可以直接申请参与分配，主张优先受偿权。"因此，B选项当选。

4.

(1) ABCD

解析：《限制高消费规定》第1条规定："被执行人未按执行通知书指定的期间履行生效法律文书确定的给付义务的，人民法院可以采取限制消费措施，限制其高消费及非生活或者经营必需的有关消费。纳入失信被执行人名单的被执行人，人民法院应当对其采取限制消费措施。"《限制高消费规定》第3条规定："被执行人为自然人的，被采取限制消费措施后，不得有以下高消费及非生活和工作必需的消费行为：（一）乘坐交通工具时，选择飞机、列车软卧、轮船二等以上舱位；（二）在星级以上宾馆、酒店、夜总会、高尔夫球场等场所进行高消费；（三）购买不动产或者新建、扩建、高档装修房屋；（四）租赁高档写字楼、宾馆、公寓等场所办公；（五）购买非经营必需车辆；（六）旅游、度假；（七）子女就读高收费私立学校；（八）支付高额保费购买保险理财产品；（九）乘坐G字头动车组列车全部座位、其他动车组列车一等以上座位等其他非生活和工作必需的消费行为。被执行人为单位的，被采取限制消费措施后，被执行人及其法定代表人、主要负责人、影响债务履行的直接责任人员、实际控制人不得实施前款规定的行为。因私消费以个人财产实施前款规定行为的，可以向执行法院提出申请。执行法院审查属实的，应予准许。"因此，A选项正确。《民诉法》第252条规定："被执行人未按执行通知履行法律文书确定的义务，应当报告当前以及收到执行通知之日前一年的财产情况。被执行人拒绝报告或者虚假报告的，人民法院可以根据情节轻重对被执行人或者其法定代理人、有关单位的主要负责人或者直接责任人员予以罚款、拘留。"因此，B选项正确。《民诉法》第264条规定："被执行人未按判决、裁定和其他法律文书指定的期间履行给付金钱义务的，应当加倍支付迟延履行期间的债务利息。被执行人未按判决、裁定和其他法律文书指定的期间履行其他义务的，应当支付迟延履行金。"因此，C选项正确。《民诉解释》第499条规定："人民法院执行被执行人对他人的到期债权，可以作出冻结债权的裁定，并通知该他人向申请执行人履行。该他人对到期债权有异议，申请执行人请求对异议部分强制执行的，人民法院不予支持。利害关系人对到期债权有异议的，人民法院应当按照民事诉讼法第二百三十四条规定处理。对生效法律文书确定的到期债权，该他人予以否认的，人民法院不予支持。"因此，D选项正确。

(2) CD

解析：《民诉法》第242条规定："在执行中，被执行人向人民法院提供担保，并经申请执行人同意的，人民法院可以决定暂缓执行及暂缓执行的期限。被执行人逾期仍不履行的，人民法院有权执行被执行人的担保财产或者担保人的财产。"因此，CD选项正确。

（3）AC

解析：《民诉法》第238条规定："执行过程中，案外人对执行标的提出书面异议的，人民法院应当自收到书面异议之日起十五日内审查，理由成立的，裁定中止对该标的的执行；理由不成立的，裁定驳回。案外人、当事人对裁定不服，认为原判决、裁定错误的，依照审判监督程序办理；与原判决、裁定无关的，可以自裁定送达之日起十五日内向人民法院提起诉讼。"据此可知，朱某应当以书面方式提出异议，法院应当自收到书面异议之日起15日内审查。另外，朱某的异议内容与原裁决无关，因此，其对驳回其异议裁定不服的，可以提出执行标的异议之诉，而不是申请再审。因此，AC选项正确，BD选项错误。

二、案例分析题

（1）《执行规定》第45条第1款规定："被执行人不能清偿债务，但对本案以外的第三人享有到期债权的，人民法院可以依申请执行人或被执行人的申请，向第三人发出履行到期债务的通知（以下简称履行通知）。履行通知必须直接送达第三人。"因此，本案中执行法院可以向詹某发出履行通知，但前提是有高某或者范某本人的申请。

（2）《执行规定》第45条第2款规定："履行通知应当包含下列内容：（1）第三人直接向申请执行人履行其对被执行人所负的债务，不得向被执行人清偿；（2）第三人应当在收到履行通知后的十五日内向申请执行人履行债务；（3）第三人对履行到期债权有异议的，应当在收到履行通知后的十五日内向执行法院提出；（4）第三人违背上述义务的法律后果。"

（3）《执行规定》第46条规定："第三人对履行通知的异议一般应当以书面形式提出，口头提出的，执行人员应记入笔录，并由第三人签字或盖章。"

（4）《执行规定》第47条规定："第三人在履行通知指定的期间内提出异议的，人民法院不得对第三人强制执行，对提出的异议不进行审查。"

三、论述题

1. 首先应当区分两种情况：如果多个债权人申请强制执行的标的是债务人的同一特定财产，就会产生执行竞合的情况；如果多个债权人申请强制执行的标的并非同一特定财产，就不属于执行竞合。

于前一种情形，即产生执行竞合的情况，显然属于终局执行之间的竞合，法院自然应当根据《民诉法》及司法解释规定的精神，区分有无优先权、债务人能否清偿全部债务等不同情形来具体处理。

于后一种情形，即不属于执行竞合的情况，由于不会出现不同债权人的请求相互排斥的状态，法院可以分别针对各执行依据具体执行。如果出现债务人资不抵债、无法清偿全部债务的情况，债权人还可以申请参与分配或者参加债务人的破产分配程序，按照债权比例受偿。

2. 查封、扣押均适用于对公民、法人以及其他组织的执行，执行机关实施查封、扣押应当遵循以下原则：

第一，公示原则。公示原则是指执行机关在对被执行人的财产采取查封、扣押措施时，应当根据该财产的属性，按照法律规定的方法将查封、扣押的情形公之于众，以使被执行人、案外人以及其他法院的执行机构知晓该财产已被查封、扣押的事实。根据民事实体法的物权公示主义的要求，对于动产和不动产应当采取不同的公示方式。不动产物权以登记主义为原则，动产物权以移转占有为公示方式。公示原则对于维护执行秩序、解决执行争议和维护社会交易安全具有重要意义。

第二，价值相当原则。该原则是指执行机关查封、扣押被执行人的有关财产的价值应当与被执行人应当履行的债务的价值相当。应当注意，这里的被执行人应当履行的债务不仅包括生效法律文书所确定的债务，还包括执行中支出的必要费用以及因迟延履行产生的利息、迟延履行金。

第三，禁止重复查封、扣押的原则。该原则是指执行机关依法对被执行人的财产查封、扣押之后，任何单位包括其他法院不得再行查封、扣押该财产，否则一律无效。这里的禁止是绝对的，不论先行采取执行措施的法院查封、扣押后被执行人是否还有足够的余额可供后行法院执行。

第四，查封、扣押豁免原则。该原则是指执行机关对被执行人的某些财产不得采取查封、扣押等执行措施。这一原则的依据是，被执行人的生存权高于债权人的债权，被执行人的精神利益高于债权人的物质利益，公序良俗高于对私人利益的维护。

查封、扣押作为国家公权力的作用形式，一经作出便具有公法上的效力，任何机关、组织和个人都必须予以尊重。具体来说，查封、扣押措施具有下列效力：一方面，查封、扣押行为限制了债务人对该财产的处分权、用益权；另一方面，查封、扣押措施还可能对执行程序外的一般债权人以及对被查封、扣押的财产享有担保物权或优先权的人的权利产生影响。对于一般债权，如果被执行人的财产不能清偿全部债务，全部一般债权人可以参照破产程序平等受偿。至于享有担保物权、优先权的债权人，当然可以优先受偿。

第二十一章 涉外民事诉讼程序的特别规定

本章知识点速览

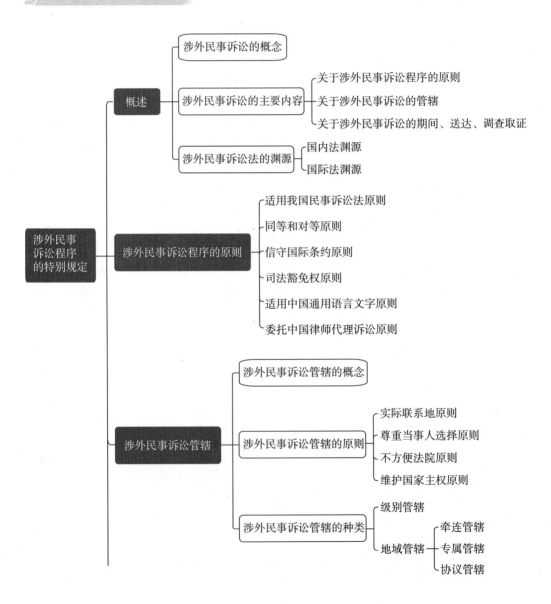

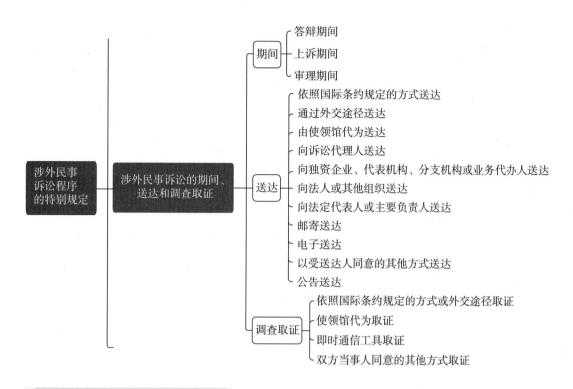

本章核心知识点解析

第一节　涉外民事诉讼程序概述

一、涉外民事诉讼程序的概念和特征

（一）难度与热度

难度：☆☆☆　热度：☆

（二）基本理论与概念

涉外民事诉讼，是指法院在当事人及其他诉讼参与人的参加下，对涉外民事案件进行审理并作出裁判的一种活动。从国际私法的角度来说，涉外民事诉讼又称为国际民事诉讼。涉外民事诉讼包括诉讼主体涉外、诉讼客体涉外或者诉讼内容涉外引发的诉讼。

涉外民事诉讼程序，是指法院受理、审判和执行涉外民事案件所适用的法定程序，包括涉外争讼程序、涉外非讼程序和涉外执行程序。涉外民事诉讼程序具有以下四个特征：一是涉及维护国家主权，二是涉及外国法律或者国际条约的适用，三是涉及在国外完成送达、调查取证等诉讼行为，四是某些具体的程序与国内民事诉讼有所不同。

（三）疑难点解析

对涉外民事诉讼涉外因素的理解。

《民诉解释》第 520 条规定："有下列情形之一，人民法院可以认定为涉外民事案件：（一）当事人一方或者双方是外国人、无国籍人、外国企业或者组织的；（二）当事人一方或者双方的经常居所地在中华人民共和国领域外的；（三）标的物在中华人民共和国领域外的；（四）产生、变更或者消灭民事关系的法律事实发生在中华人民共和国领域外的；（五）可以认定为涉外民事案件的其他情形。"根据前述规定，认识涉外因素可以从以下三个方面展开。

首先，诉讼主体具有涉外因素，诉讼主体是否涉外可以从国籍和经常居所地进行认定。主体的国籍涉外，是指当事人一方或者双方是外国人、无国籍人、外国企业或者外国组织；主体的经常居所地涉外，是指当事人一方或者双方的经常居所地在国外，例如，被告是美国人或者经常居所地在美国。应注意的是，经常居所地是指自然人在涉外民事关系产生或者变更、终止时已经连续居住 1 年以上且作为其生活中心的地方，但就医、劳务派遣、公务等情形除外。

其次，诉讼客体具有涉外因素，是指诉讼标的物在我国领域外，例如，当事人要求继承的遗产在外国领域。

最后，诉讼内容具有涉外因素，是指引起当事人民事法律关系产生、变更或者消灭的法律事实在我国领域外，例如当事人之间的买卖合同在外国签订或履行。

二、我国涉外民事诉讼的法律渊源

（一）难度与热度
难度：☆☆　热度：☆

（二）基本理论与概念
涉外民事诉讼的法律渊源，是指涉外民事诉讼程序应适用的法律规范，包括国内法渊源和国际法渊源。国内法渊源是指国内法关于涉外民事诉讼程序的特殊规定，主要有《民诉法》及《民诉解释》。国际法渊源主要是指国际条约中关于涉外民事诉讼程序的规定，包括多边条约和双边条约，前者例如《纽约公约》，后者例如 1979 年《中美贸易关系协定》。

（三）疑难点解析
涉外民事诉讼程序国内法渊源与国际法渊源的适用顺序问题。

根据《民诉法》第 271 条的规定，中国缔结或者参加的国际条约同民事诉讼法有不同规定的，适用该国际条约的规定，但中国声明保留的条款除外。可见，在我国涉外民事诉讼程序中法律适用的顺序上，国际法渊源原则上优先于国内法渊源。

第二节　涉外民事诉讼程序的原则

（一）难度与热度
难度：☆☆☆　热度：☆☆

（二）基本理论与概念
涉外民事诉讼程序的原则，是指根据我国民事诉讼法规定的基本原则，以及我国缔结或参加的国际条约，对涉外民事诉讼具有指导作用的行为准则，主要包括适用我国民事诉讼法原则、同等和对等原则、信守国际条约原则（优先适用国际条约原则）、司法豁免权原则、使用中国通用语言文字原则和委托中国律师代理诉讼原则。

（三）疑难点解析

涉外民事诉讼程序的原则体现了涉外民事诉讼的特殊性，一方面确立了我国涉外民事诉讼中诉讼法规范选择适用的标准，另一方面也确立了我国涉外民事诉讼中法院和当事人应当遵守的诉讼原则。[①]

1. 适用我国民事诉讼法原则

适用我国民事诉讼法原则，是指我国人民法院在审理和执行涉外民事案件时，必须适用我国民事诉讼法的有关规定，即适用"法院地法"，除非我国缔结或者参加的国际条约另有规定。这具体体现在以下三个方面：一是外国人、无国籍人、外国企业或者组织在我国领域内进行民事诉讼，必须遵守我国的民事诉讼法；二是专属于我国人民法院管辖的涉外民事案件，均由我国享有管辖权的法院进行审判；三是外国法院的生效裁判和外国仲裁机构的生效裁决，必须经过我国人民法院的审查才能予以承认和执行。

2. 同等和对等原则

根据我国《民诉法》第5条的规定，同等原则是指在我国人民法院起诉、应诉的外国人、无国籍人、外国企业和组织与我国当事人享有同等的诉讼权利义务；对等原则是指外国法院对我国公民、法人和其他组织的民事诉讼权利加以限制的，我国人民法院对该国公民、企业和组织的民事诉讼权利也采取相应的措施，加以限制。

同等和对等原则是国际法上国民待遇原则和平等互惠原则的具体体现。一方面，外国人在我国境内享有同等的民事诉讼地位，其诉讼权利不因其是外国人而受到限制，其诉讼义务也不因其是外国人而承担更多；另一方面，平等的诉讼权利必须在对等的基础上给予，如果外国对我国当事人的诉讼权利加以限制，那么我国也有权对该国当事人的权利作出同样的限制。

3. 优先适用国际条约原则

在涉外民事诉讼法领域，为了涉外民事诉讼程序的顺利进行，各国缔结或者加入了大量有关涉外民事诉讼程序的国际条约，对此缔约国应当在涉外民事诉讼活动中予以遵守。我国加入的主要国际条约包括：1986年加入的《纽约公约》、1991年加入的《海牙送达公约》、1997年加入的《海牙取证公约》。以上公约是我国在涉外民商事诉讼中应予遵守的，在我国人民法院审理涉外民事案件的规范适用中应当优先于国内法适用，除非我国对该条款声明保留。

4. 司法豁免权原则

司法豁免权是指免除司法管辖的权利，分为刑事司法豁免权、民事司法豁免权。刑事司法豁免权是完全的和绝对的，而民事司法豁免权是有限制的。民事司法豁免应根据我国缔结和参加的国际条约的有关规定、《外国国家豁免法》《外交特权与豁免条例》《领事特权与豁免条例》等法律法规办理。

具体而言，享有司法豁免权的外国国家，在下列情形下的民事司法豁免权被排除：（1）外国国家明示就特定事项或者案件接受中华人民共和国的法院管辖的；（2）作为原告向中华人民共和国的法院提起诉讼；（3）作为被告参加中华人民共和国的法院受理的

---

① 江伟，肖建国主编. 民事诉讼法. 8版. 北京：中国人民大学出版社，2018：526.

诉讼，并就案件实体问题答辩或者提出反诉；（4）作为第三人参加中华人民共和国的法院受理的诉讼；（5）在中华人民共和国的法院作为原告提起诉讼或者作为第三人提出诉讼请求时，由于与该起诉或者该诉讼请求相同的法律关系或者事实被提起反诉；（6）外国国家与包括中华人民共和国在内的其他国家的组织或者个人进行的商业活动，在中华人民共和国领域内发生，或者虽然发生在中华人民共和国领域外但在中华人民共和国领域内产生直接影响的，对于该商业活动引起的诉讼；（7）外国国家为获得个人提供的劳动或者劳务而签订的合同全部或者部分在中华人民共和国领域内履行的，对于因该合同引起的诉讼；（8）对于外国国家在中华人民共和国领域内的相关行为造成人身伤害、死亡或者造成动产、不动产损失引起的赔偿诉讼；（9）该外国国家对位于中华人民共和国领域内的不动产的任何权益或者义务；（10）该外国国家对动产、不动产的赠与、遗赠、继承或者因无人继承而产生的任何权益或者义务；（11）在管理信托财产、破产财产或者进行法人、非法人组织清算时涉及该外国国家的权益或者义务；（12）确定该外国国家受中华人民共和国法律保护的知识产权归属及相关权益；（13）该外国国家在中华人民共和国领域内侵害受中华人民共和国法律保护的知识产权及相关权益等。

享有司法豁免权的外交代表，在下列情形下的民事司法豁免权被排除：（1）其派遣国政府明确表示放弃司法豁免权的；（2）以私人身份进行的遗产继承的诉讼；（3）在中国境内从事公务范围以外的职业或者商业活动的诉讼；（4）向我国人民法院主动提起诉讼引起的反诉等。

享有司法豁免权的领事，在下列情形下的民事司法豁免权被排除：（1）其派遣国政府明确表示放弃司法豁免权的；（2）向我国人民法院主动提起诉讼引起的反诉；（3）涉及未明示以派遣国代表身份所订的契约的诉讼；（4）涉及在中国境内的私有不动产的诉讼；（5）以私人身份进行的遗产继承的诉讼；（6）因车辆、船舶或者航空器在中国境内造成的事故涉及损害赔偿的诉讼等。

5. 使用中国通用语言文字原则

使用中国通用语言文字原则，既是维护我国主权和尊严的体现，也是国际上通行的做法。根据该原则，在涉外民事诉讼中，当事人参与法庭辩论、法庭调查时应当使用汉语，使用外语的应当同时由翻译人员进行翻译；提交书面材料应当提交中文，若提交的文件为外文，应当同时提交中文翻译件。

6. 委托中国律师代理诉讼原则

律师制度是一国司法制度的重要组成部分，只能在本国领域内适用，不能延伸至其他国家的领域。一国律师的资格是依据本国的法律赋予的，一国律师只有在本国内才能以律师资格接受委托担任当事人的诉讼代理人，也只能在本国执业，外国律师不具有中国的律师资格，不能在中国执业，因此，在涉外民事诉讼中，外国人、无国籍人、外国企业和组织在我国起诉、应诉，需要委托律师进行诉讼的，必须委托我国的律师。在我国领域内无住所的外国人、无国籍人、外国企业和组织若需委托我国的律师代理诉讼，其授权委托书一般需要办理公证、认证等手续，以保证其真实性。为了便利涉外民事诉讼的外国人、无国籍人、外国企业和组织签署授权委托书，根据我国《民诉解释》第523条、第524条的规定，授权委托书经过我国人民法院法官的见证或者公证机构公证的，均为有效。

第三节　涉外民事诉讼管辖

一、涉外民事诉讼管辖的原则

（一）难度与热度
难度：☆☆☆　热度：☆☆

（二）基本理论与概念

涉外民事诉讼管辖的原则是我国在确定涉外民事案件管辖时应当遵循的基本准则，主要包括维护国家主权原则、案件与法院所在地有适当联系原则、尊重当事人选择原则以及不方便法院原则。

（三）疑难点解析

对不方便法院原则的理解。

不方便法院原则是一国法院根据国内法和国际条约的规定，对于涉外案件享有管辖权的情况下，考虑案件审理中诸多不方便因素，由其他国家法院审理更加方便，而拒绝行使管辖权。不方便法院原则主要是英美法系民事诉讼中的一项原则，我国《民诉法》于2023年修改之前并未明确规定该项原则，《民诉解释》第530条规定了不方便法院原则。我国以往的司法实践中，对于我国人民法院本享有管辖权，但审理案件非常困难，又与我国国家和公民、法人或者其他组织的利益无关的情形，曾以不方便法院原则放弃行使管辖权。例如，最高人民法院曾在佳华国际有限公司、锐享有限公司诉永侨企业有限公司、中侨国货投资有限公司股东权益纠纷案中，从不方便法院原则出发，最终驳回了原告的起诉。

从司法主权的角度来看，各国都在一定条件下扩大了自己对于司法案件的管辖权。由于我国实体经济的发展，国际民商事纠纷不断增多，司法领域中的管辖权争议不断产生。英美法系中的不方便法院原则系基于国际管辖权的礼让原则而产生，在一定程度上解决了国家之间关于司法主权的不可调和性，通过运用该原则，主动实施管辖权的礼让，法院可以从一些无益的管辖权消极冲突中解脱出来，避免冲突的升级，营造互惠的氛围。但应当注意的是，在适用不方便法院原则时仍应坚持从严把握的标准，防止司法主权受到破坏。

我国《民诉法》2023年修改时正式确立了不方便法院原则，《民诉法》第282条规定："人民法院受理的涉外民事案件，被告提出管辖异议，且同时有下列情形的，可以裁定驳回起诉，告知原告向更为方便的外国法院提起诉讼：（一）案件争议的基本事实不是发生在中华人民共和国领域内，人民法院审理案件和当事人参加诉讼均明显不方便；（二）当事人之间不存在选择人民法院管辖的协议；（三）案件不属于人民法院专属管辖；（四）案件不涉及中华人民共和国主权、安全或者社会公共利益；（五）外国法院审理案件更为方便。裁定驳回起诉后，外国法院对纠纷拒绝行使管辖权，或者未采取必要措施审理案件，或者未在合理期限内审结，当事人又向人民法院起诉的，人民法院应当受理。"根据该规定，当涉外民事案件可由我国人民法院行使管辖权，因人民法院审理案件和当事人参加诉讼均明显不方便，又不涉及我国主权、安全或者社会公共利益时，法院可以裁定驳回起诉，告知原告向审理案件更为方便的外国法院提起诉讼。对于不方便法院原则的把握，还应注意以下几点：一是法院应当在审前准备阶段进行审查，并且以被告提出管辖异议为前提；二是当事人之间不存在选择人民法院管辖的协议；三是案件不属于人民法院专属管辖。人民法院应综合考虑影响案件审理的各种因素，判断是否有必要让渡司法管辖权。此外，为了保障当事人的合法权益以及我国的司法主权，如果人民法院以不方便法院裁定驳回原告的起诉后，外国法院对纠纷拒绝行使管辖权，或者未采取必要措施审理案件，或者未在合理期限内审结，当事人又向人民法院起诉的，人民法院应当受理并进行审理。

二、涉外民事诉讼管辖的种类

（一）难度与热度

难度：☆☆☆　　热度：☆☆

（二）基本理论与概念

涉外民事诉讼管辖，是指我国人民法院审判涉外民事案件的分工与权限，解决的是涉外民事案件是否由我国人民法院进行审判的问题。涉外民事诉讼管辖分为级别管辖和地域管辖，地域管辖还可以具体分为牵连管辖、专属管辖及协议管辖等。

（三）疑难点解析

1. 涉外民事纠纷专属管辖的范围

专属管辖，是指法律强制规定某类案件只能由特定法院管辖，其他法院无权管辖，也不允许当事人协议变更。涉外民事诉讼程序的专属管辖是指根据我国国内法和国际条约的规定，某些具有特别性质的民事案件只能由我国人民法院行使独占的、排他的管辖权而不承认其他任何国家法院对这类案件享有管辖权。除了我国《民诉法》第34条规定的不动产纠纷、港口作业纠纷、继承遗产纠纷实行专属管辖外，为维护我国的司法主权，我国《民诉法》第279条还特别规定以下三类涉外民事纠纷由我国人民法院专属管辖：一是因在中华人民共和国领域内设立的法人或者其他组织的设立、解散、清算，以及该法人或者其他组织作出的决议的效力等纠纷提起的诉讼；二是因与在中华人民共和国领域内审查授予的知识产权的有效性有关的纠纷提起的诉讼；三是因在中华人民共和国领域内履行中外合资经营企业合同、中外合作经营企业合同、中外合作勘探开发自然资源合同发生纠纷提起的诉讼。对于前述几类专属管辖案件，当事人不能协议选择外国法院管辖，只能由我国人民法院管辖。

2. 涉外牵连管辖中适当联系的理解

2023年《民诉法》的修改扩大了我国人民法院对涉外民事案件的管辖权。《民诉法》第276条规定："因涉外民事纠纷，对在中华人民共和国领域内没有住所的被告提起除身份关系以外的诉讼，如果合同签订地、合同履行地、诉讼标的物所在地、可供扣押财产所在地、侵权行为地、代表机构住所地位于中华人民共和国领域内的，可以由合同签订地、合同履行地、诉讼标的物所在地、可供扣押财产所在地、侵权行为地、代表机构住所地人民法院管辖。除前款规定外，涉外民事纠纷与中华人民共和国存在其他适当联系的，可以由人民法院管辖。"根据该规定，涉外民事纠纷仅排除了身份关系诉讼，大大扩展了我国法院对涉外民事纠纷的管辖范围。"适当联系地管辖"的保护性管辖规则，有助于我国企业、公民和其他组织回归国内诉讼。只要涉外民事纠纷与中华人民共和国存在适当联系，我国人民法院即对案件享有管辖权，适当联系不限于位于中华人民共和国领域内的合同签订地、合同履行地、诉讼标的物所在地、可供扣押财产所在地、侵权行为地、代表机构住所地。

3. 涉外协议管辖与应诉管辖的理解

2012 年《民诉法》第 34 条规定，在不违反级别管辖和专属管辖规定的情况下，合同纠纷或者其他财产权益纠纷的当事人可以书面协议选择被告住所地、合同履行地、合同签订地、原告住所地、标的物所在地等与争议有实际联系地点的人民法院管辖。2007 年《民诉法》第 242 条与 2012 年《民诉法》第 34 条相似。同时，2012 年《民诉法》删除了 2007 年《民诉法》第 242 条。这意味着我国协议管辖制度内外有别的双轨制被废除，从而统一了涉外纠纷和国内纠纷的协议管辖制度。协议管辖以法院与争议有实际联系为前提，一般而言，实际联系可以分为两类：一类是联系的客观标准即争议与被选择的法院具有某种客观存在的外在联系；另一类是联系的主观标准即由于当事人在合同中主观选择适用某国法律，被选择国因此成为实际联系的一个连接点，形成有效的协议管辖。① 对于客观标准，应注意的是 2012 年《民诉法》第 34 条列举了 5 个特定的连接点，但这并不意味着连接点仅限于明示列举的几个连接点，只要是与争议有实际联系的法院，当事人均可协议选择，由此充分保证当事人在协议管辖问题上的意思自治，对于协议外国法院管辖也应作此理解。如此既能防止当事人刻意制造实际联系的地点，也更适应协议管辖制度宽松化的发展趋势。②

值得重点分析的是主观标准，《民诉法》及其司法解释没有明确该项标准是不是有效的连接点。对该问题，最高人民法院在相关案例中的观点前后并不一致。例如在 2002 年的"中化江苏连云港进出口公司诉中东海星综合贸易公司买卖合同管辖权异议案"中，最高人民法院在函复江苏省高级人民法院时认为该案双方当事人在合同中选择了适用瑞士法，从而使瑞士法成为处理本案合同关系的准据法，这一事实足以表明瑞士与该案的争议有"实际的联系"。而在 2011 年的"德力西能源私人有限公司与东明中油燃料石化有限公司国际货物买卖合同管辖权纠纷再审案"中，最高人民法院认为英国法院与案件无实际客观联系，仅当事人约定适用特定国外法并不足以认定该国外法院"与争议有实际联系"，涉案管辖协议应认定为无效。对此结合 2012 年《民诉法》的修改，当事人选择适用法律地的法院作为协议管辖的法院时，应认为该连接点与争议有实际联系具有妥当性，以充分尊重和保障当事人协议管辖上的意思自治。当事人通过合意确定了合同纠纷所适用的法律，则有关合同的成立、变更、中止、转让、终止、生效、履行、违约责任等问题的争议，都须依据该准据法来解决。双方当事人选择适用该第三国法律作为准据法这一事实本身，就使得该国法律与当事人之间的合同履行乃至合同纠纷的解决具有了内在的紧密联系，这种内在的实质联系决定该国与本案具有了实际联系。③

---

① 刘晓红，周祺. 协议管辖制度中的实际联系原则与不方便法院原则：兼及我国协议管辖制度之检视. 法学，2014 (12).

② 林欣宇. 涉外协议管辖中实际联系原则的理性思辨与实践探索. 法律适用（司法案例），2018 (24).

③ 杜焕芳. 涉外民事诉讼协议管辖条款之检视：兼评最高人民法院（2009）民三终字第 4 号裁定书. 法学论坛，2014 (4).

2023年《民诉法》修改进一步扩大了涉外协议管辖的范围，并明确了涉外应诉管辖，旨在鼓励当事人以协议形式选择我国人民法院管辖。《民诉法》277条规定："涉外民事纠纷的当事人书面协议选择人民法院管辖的，可以由人民法院管辖。"《民诉法》第278条规定："当事人未提出管辖异议，并应诉答辩或者提出反诉的，视为人民法院有管辖权。"根据上述规定，涉外协议管辖不再要求当事人协议管辖的法院与争议有实际联系，只要是当事人书面协议选择我国人民法院管辖的，我国人民法院即享有对案件的管辖权。与此相适应的是涉外应诉管辖也没有限制，只要当事人没有提出管辖异议并且应诉答辩或者提出反诉的，我国人民法院对案件即享有管辖权。

4. 涉外协议管辖的种类及效力

管辖协议可以分为排他性管辖协议和非排他性管辖协议。当事人签订排他性管辖协议的，只能就约定的管辖法院起诉；当事人签订非排他性管辖协议的，除了可以向约定的管辖法院起诉，还可以向具有法定管辖权的其他法院起诉。根据2022年《全国法院涉外商事海事审判工作座谈会会议纪要》第1条的规定，当事人签订的涉外管辖协议虽明确约定由一国法院管辖，但未约定该管辖协议为非排他性管辖协议的，推定该管辖协议为排他性管辖协议。由此可见，当事人若想约定涉外非排他性管辖协议，应当有明确的意思表示。

就涉外管辖协议的效力而言，根据《全国法院涉外商事海事审判工作座谈会会议纪要》的有关规定，其有以下三点方面的特殊性：第一，当事人可以就涉外协议管辖作出不对称的约定，即约定一方当事人可以从一个以上国家的法院中选择某国法院提起诉讼，而另一方当事人仅能向一个特定国家的法院提起诉讼，对于该管辖协议原则上当事人不能以显失公平为由主张管辖协议无效，除非该管辖协议涉及消费者、劳动者等的权益。第二，网络电商平台使用格式条款与消费者订立跨境网购合同，未采取合理方式提示消费者注意合同中包含的管辖条款，消费者可以主张该管辖条款不成为合同内容；同时，网络电商平台虽已尽到合理提示消费者注意的义务，但该管辖条款约定在消费者住所地国以外的国家法院诉讼，不合理加重消费者寻求救济的成本，消费者可以主张该管辖条款无效。对于涉外格式管辖条款，为了更好地保障消费者合法权益，从信息控制和内容控制的角度予以规制。第三，当事人的主合同和担保合同分别约定不同国家或者地区的法院管辖，且约定不违反民事诉讼法专属管辖规定的，法院应当依据管辖协议的约定分别确定管辖法院。这与《担保制度解释》规定的国内民事诉讼中债权人一并起诉债务人和担保人应根据主合同确定管辖协议有所不同，此时涉外民事诉讼的当事人可以根据管辖协议的约定向主合同或者担保合同确定的管辖法院提起诉讼。

三、涉外民事诉讼管辖的重复诉讼

（一）难度与热度

难度：☆☆☆　热度：☆☆☆

（二）基本理论与概念

在涉外民事诉讼程序中，重复诉讼是指同一涉外民事纠纷由两个以上国家的法院受理并作出判决的情形。重复诉讼来源于国际法上的平行管辖，平行管辖是指某类涉外民事案件有两个以上国家主张自己享有管辖权，同时也不否认外国法院的管辖权，当事人可以选择其中一国的法院起诉。重复诉讼包括平行诉讼和对抗诉讼两种情形。平行诉讼是指同一涉外民事纠纷可由两个国家的法院管辖时，双方当事人分别向自己国家的法院起诉并受理；对抗诉讼是指同一涉外民事纠纷，一方当事人在一国提起诉讼后，另一方当事人以不同的事实和理由在他国法院起诉。

（三）疑难点解析

涉外民事诉讼管辖中诉讼竞合的理解。

诉讼竞合，又称为重复诉讼，是指相同的当事人基于同一纠纷事实在两个以上国家的法院进行诉讼的情形。诉讼竞合只能存在于非专属管辖的情形，因为对于一国专属管辖的案件，是排除任何外国法院的管辖的。只有在受诉的两个以上国家的法院均对案件具有管辖权的情况下，当事人同时进行诉讼才是合法有效的。诉讼竞合分为两种基本形式，即原告、被告共同型（又称平行诉讼）和原告、被告逆转型（又称对抗诉讼）。前者是指不同诉讼中某方当事人始终作为原告，而另一方当事人始终作为被告。后者是指在不同的诉讼中，原、被告双方的诉讼地位存在逆转。

诉讼竞合的存在在一定程度上是有其合理性的。例如，平行诉讼有利于克服原告胜诉后因判决在他国无法承认、执行而落空的弊端；对抗诉讼则有利于制约原告选择对被告极为不利或不便的管辖法院的做法，充分平衡双方的权利、义务。但是，诉讼竞合可能产生如下弊端：一是就同一纠纷可能作出两个以上相互矛盾的判决，使当事人民事权益的实现产生冲突；二是若作出两个以上的判决，原告多次胜诉而多次受偿，被告需多次赔偿并且被多次拉入诉讼，这对被告不公；三是造成当事人诉讼资源和法院审判资源的浪费；四是阻碍国际私法协助，特别是判决的承认与执行，带来诸多问题。[①]

对于诉讼竞合现象，各国的做法大致可以分为四种类型。第一种做法是本国法院拒绝行使管辖权或中止诉讼。采纳该观点有如下方面的理由：一是以不方便法院为由拒绝管辖（这主要是英美法系的做法，又称"利益衡量说"）；二是因承认首先诉讼国家法院的管辖权而中止本国之诉讼，即以外国法院的判决将被国内法院承认为前提而中止本国的诉讼（这以日本为代表，又称为"承认预测说"）。第二种做法是在发生诉讼竞合时，禁止在外国进行的诉讼。第三种做法是对于诉讼竞合，本国法院允许当事人自行选择审判法院。第四种做法是准许竞合之诉讼继续进行。

我国《民诉解释》第531条规定了重复诉讼的处理规则，2023年《民诉法》修改时正式规定了重复诉讼的处理规则，于第280条规定："当事人之间的同一纠纷，一方当事人向外国法院起诉，另一方当事人向人民法院起诉，或者一方当事人既向外国法院起诉，又向人民法院起诉，人民法院依照本法有管辖权的，可以受理。当事人订立排他性管辖协议选择外国法院管辖且不违反本法对专属管辖的规定，不涉及中华人民共和国主权、安全或者社会公共利益的，人民法院可以裁定不予受理；已经受理的，裁定驳回起诉。"《民诉法》第281条规定："人民法院依据前条规定受理案件后，当事人以外国法院已经先于人民法院受理为由，书面申请人民法院中止诉讼的，人民法院可以裁定中止诉讼，但是存在下列情形之一的除外：（一）当事人协议选择人民法院管辖，或者纠纷属于人民法院专属管辖；（二）由人民法院审理明显更为方便。外国法院未采取必要措施审理案

---

① 邵明. 我国涉外民事诉讼程序之完善. 中国人民大学学报，2012（4）.

件，或者未在合理期限内审结的，依当事人的书面申请，人民法院应当恢复诉讼。外国法院作出的发生法律效力的判决、裁定，已经被人民法院全部或者部分承认，当事人对已经获得承认的部分又向人民法院起诉的，裁定不予受理；已经受理的，裁定驳回起诉。"根据前述规定，对我国的重复诉讼规则应作如下理解。首先，针对当事人之间同一纠纷的平行诉讼或者对抗诉讼，人民法院对案件有管辖权的原则上可以受理原告的起诉。符合下列条件的，人民法院可以裁定不予受理或者驳回起诉：一是当事人订立排他性管辖协议选择外国法院管辖，二是案件不属于人民法院专属管辖，三是不涉及中华人民共和国主权、安全或者社会公共利益的。

其次，如果人民法院已经受理了平行诉讼或者对抗诉讼，当事人以外国法院已经先于人民法院受理为由，书面申请人民法院中止诉讼的，人民法院原则上可以裁定中止诉讼，除非符合以下情形之一：一是当事人协议选择人民法院管辖，二是纠纷属于人民法院专属管辖，三是由人民法院审理明显更为方便。此外，如果外国法院未采取必要措施审理案件或者未在合理期限内审结，人民法院应当依当事人的书面申请恢复诉讼，继续审理。

最后，如果外国法院作出的发生法律效力的判决、裁定，已经被人民法院全部或者部分承认，当事人对已经获得承认的部分又向人民法院起诉的，人民法院应当裁定不予受理或者驳回起诉。

综上所述，我国民事诉讼法关于重复诉讼的处理规则规定得较为全面，包括重复诉讼案件的受理、重复诉讼案件的审理以及重复诉讼案件的承认等全过程。民事诉讼法的规定一方面可以减少乃至避免涉外民事争议的重复诉讼，另一方面也能够维护我国的司法主权，较为妥当。

第四节　涉外民事诉讼的期间、送达和调查取证

一、涉外民事诉讼的期间

（一）难度与热度
难度：☆☆　　热度：☆☆

（二）基本理论与概念
与国内民事诉讼期间相比，涉外民事诉讼期间较长，这是因为居住在境外的当事人对诉讼文书的送达、委托手续的办理等事项都需要较长的时间。具体而言，对于不在我国境内居住的当事人，适用特别的期间，包括答辩期间、上诉期间和审理期间等。

（三）疑难点解析
对涉外民事诉讼期间特别规定的理解。

根据我国民事诉讼法的规定，对于在我国境内没有住所的当事人，其一审和二审答辩期间为30日，上诉期间也为30日，较国内民事诉讼的答辩期间和上诉期间均较长，并且当事人还可以向法院申请延长。其中外国国家作为当事人的，答辩期间和上诉期间更长，均为3个月。此外，法院在审理一审和二审涉外民事案件（包括再审审查期间）

时，没有审限的约束，以便法院有更多的时间和精力审理涉外民事案件，并应对各种可能出现的情况。

二、涉外民事诉讼的送达

（一）难度与热度
难度：☆☆　热度：☆☆

（二）基本理论与概念

涉外民事诉讼的送达方式与国内民事诉讼的送达方式存在一定的差异。关于涉外民事诉讼的送达，首先应区分受送达人是否在我国境内有住所，若受送达人在我国境内有住所，法院可以采用各种国内送达方式完成送达，例如外国人或者外国企业、组织的代表人、主要负责人在中国领域内，法院可以直接向该自然人或者外国企业、组织的代表人、主要负责人（包括企业、组织的董事、监事和高级管理人员等）送达。

其次，受送达人在我国境内无住所时，可以采用下列方式送达：一是依照受送达人所在国与中华人民共和国缔结或者共同参加的国际条约中规定的方式送达；二是通过外交途径送达；三是对具有中华人民共和国国籍的受送达人，可以委托中华人民共和国驻受送达人所在国的使领馆代为送达；四是向受送达人在本案中委托的诉讼代理人送达；五是向受送达人在中华人民共和国领域内设立的独资企业、代表机构、分支机构或者有权接受送达的业务代办人送达；六是受送达人为外国人、无国籍人，其在中华人民共和国领域内设立的法人或者其他组织担任法定代表人或者主要负责人，且与该法人或者其他组织为共同被告的，向该法人或者其他组织送达；七是受送达人为外国法人或者其他组织，其法定代表人或者主要负责人在中华人民共和国领域内的，向其法定代表人或者主要负责人送达；八是受送达人所在国的法律允许邮寄送达的，可以邮寄送达，自邮寄之日起满三个月，送达回证没有退回，但根据各种情况足以认定已经送达的，期间届满之日视为送达；九是采用能够确认受送达人收悉的电子方式送达，但是受送达人所在国法律禁止的除外；十是以受送达人同意的其他方式送达，但是受送达人所在国法律禁止的除外；十一是公告送达，自发出公告之日起，经过 60 日，即视为送达，其前提是不能采用其他送达方式。

最后，对于作为当事人的外国国家，向其送达诉讼文书可以通过以下方式：一是该外国国家与中华人民共和国缔结或者共同参加的国际条约规定的方式；二是该外国国家接受且中华人民共和国法律不禁止的其他方式；三是通过上述方式无法完成送达的，可以通过外交照会方式送交该外国国家外交部门，外交照会发出之日视为完成送达。

（三）疑难点解析

1. 通过外交途径送达的条件及效果

涉外民事诉讼程序中，法院采取外交途径送达的方式需满足以下两个条件：一是受送达人所在国与我国尚未签订司法协助条约，也没有共同参加有关国际条约；二是受送达人所在国与我国必须是建交国，有外交关系。这意味着在涉外民事诉讼程序中，如果能够依照国际条约规定的方式向当事人送达诉讼文书，则一般无须通过外交途径送达；

而未与我国建交的国家，无法通过外交途径送达诉讼文书。我国人民法院采用外交途径送达的，自我国有关机关将诉讼文书转递受送达人所在国有关机关之日起满 6 个月，如果未能收到送达与否的证明文件，且根据各种情形不足以认定已经送达诉讼文书的，视为不能用外交途径送达。

2. 涉外民事诉讼中视为送达的情形

一般而言，只有受送达人签收了诉讼文书，才能认为送达完成，例如法院向受送达人邮寄送达司法文书，邮件被退回，且注明原因为"该地址查无此人""该地址无人居住"等情形的，视为不能用邮寄方式送达。但是受送达人有如下行为的，可以视为送达：一是受送达人书面向我国人民法院提到了送达诉讼文书的内容，二是受送达人已经按照送达文书的内容履行，三是其他可以视为已经送达的情形。由此可见，受送达人进行与诉讼活动有关的行为时，可以认定其已知晓相关送达文书内容，产生送达的效果。

三、涉外民事诉讼的调查取证

（一）难度与热度

难度：☆☆　热度：☆☆☆

（二）基本理论与概念

法院的调查取证权属于一国的司法主权，未得到证据所在国同意时，外国法院不能在证据所在国进行任何的调查取证行为，因此我国人民法院的调查取证往往通过证据所在国与中华人民共和国缔结或者共同参加的国际条约中规定的方式，或者通过外交途径进行。此外，在尊重一国司法主权和当事人同意的基础上，根据《民诉法》第284条第2款的规定，在所在国法律不禁止的情况下，人民法院可以采用下列方式调查取证：一是对具有中华人民共和国国籍的当事人、证人，可以委托中华人民共和国驻当事人、证人所在国的使领馆代为取证；二是经双方当事人同意，通过即时通信工具取证；三是以双方当事人同意的其他方式取证。

（三）疑难点解析

对涉外民事诉讼中人民法院调查取证方式的理解。

《民诉法》第284条人民法院调查取证系2023年《民诉法》修改时新增加的规定，其中，第1款规定的通过国际条约或者外交途径的方式调查取证是历来国外调查取证的主要方式，而第2款的规定是为了适应近年来涉外民事纠纷增加、互联网等科技的发展新增加的调查取证方式。其中对具有中华人民共和国国籍的当事人、证人，人民法院委托中华人民共和国驻当事人、证人所在国的使领馆代为取证，能够获得当事人陈述、证人证言以及书证、物证等各种证据，这对法院查明案件事实具有重要的作用。而采用即时通信工具等方式取证，则是为了克服调查取证空间上的障碍。随着科技的发展，即时通信工具产生或者保存的电子数据以及电子化材料日益成为民事诉讼中重要的证据，对人民法院拓展调查取证的方式、查明案件事实也具有重要的意义。前述几种调查取证方式需要在证据所在国法律不禁止和当事人同意的基础上进行，这既充分保障了当事人的合法权益，也尊重了所在国的司法主权。

⟫ 本章实务案例研习

一、甲公司与乙公司借款合同纠纷案①

案例考点：不方便法院原则的适用条件

（一）案情简介

甲公司、乙公司均系在中国香港注册成立的公司。2011 年 1 月 17 日，甲公司与案外人丙公司签订了公司股东协议，其中贷款与融资部分第 5.1 款约定，甲公司应向乙公司提供金额相当于人民币 1 900 万元的外部借款。甲公司和乙公司在关于法律适用及管辖部分约定："本契约受香港法律管辖并根据香港法律解释，因执行本契约引起的任何索赔，双方在此不可撤销地接受香港法院的非排他性司法管辖权。"2011 年 1 月 18 日，丙公司从香港上海汇丰银行电汇乙公司 2 882 281 美元。天津市第一中级人民法院受理原告甲公司与乙公司借款纠纷一案后，被告乙公司在提交答辩状期间对管辖权提出异议，认为原告诉请的依据是股东协议，实际借款人是丙公司，该公司注册地在中国香港，且丙公司已经就此笔借款诉至香港高等法院，香港高等法院亦已作出终局判决，天津市第一中级人民法院不应再受理此案。

（二）法院判决

天津市第一中级人民法院经审理认为：根据当事人注册地，本案属于涉香港特别行政区案件，依据 2015 年《民诉解释》第 551 条（2022 年《民诉解释》第 549 条）之规定，可以参照适用涉外民事诉讼的特别规定审理。本案双方当事人均系在中国香港注册成立的公司，双方在股东协议中约定："本契约受香港法律管辖并根据香港法律解释，因执行本契约引起的任何索赔，双方在此不可撤销地接受香港法院的非排他性司法管辖权。"其中关于"非排他性"管辖权的约定虽然不排除其他有管辖权的法院行使管辖权，但据此亦可认定，双方不存在选择中国内地法院管辖的协议。同时借款案件不属于中华人民共和国专属管辖，借款行为的实施地亦在中国香港特别行政区，香港特别行政区法院审理该案件更加方便。综上，裁定驳回原告甲公司的起诉。

宣判后，甲公司向天津市高级人民法院提起上诉。天津市高级人民法院经审理认为，2015 年《民诉解释》第 532 条（2022 年《民诉解释》第 530 条）确定了不方便法院原则，具体到本案，该原则是指内地法院在本具有管辖权，因审理该案件非常困难，又与内地公民、法人或者其他组织的利益无关的情况下，放弃行使管辖权。故该条款适用存在必要前提，一是内地法院对于案件本身具有管辖权，二是本条规定的各种条件必须同时满足。在原审法院对于本案具有管辖权的前提下，应重点审查本案是否同时满足该解释中的几项前提条件。首先，涉案股东协议签订的背景系为解决甲公司的投资问题，甲公司与案外人丁公司签订合资合同，在内地成立戊公司。后甲公司作为戊公司的股东，持有该公司 49% 的股权，故本案的处理涉及戊公司的利益。其次，虽然甲公司与乙公司

---

① 案例来源：天津市第一中级人民法院（2015）一中民五初字第 112 号民事裁定书、天津市高级人民法院（2016）津高民终 45 号民事裁定书。

均系在香港特别行政区注册成立的法人，涉案款项系由丙公司经香港上海汇丰银行电汇至乙公司，但从案件证据的取得、证人出庭作证、准据法的查明及审理中使用的语言等方面考量，前述因素尚不足以构成内地法院重大、明显的不方便管辖因素，案件在认定事实和适用法律方面并不存在重大困难。因此，乙公司以不方便管辖为由主张原审法院不应行使管辖权的主张不能成立，二审法院不予支持。综上，裁定：（1）撤销天津市第一中级人民法院（2015）一中民五初字第 0112 号民事裁定；（2）本案由天津市第一中级人民法院审理。

（三）学理分析

一般而言，对于不方便法院原则的审查标准主要有两个方面，一为受诉法院对于案件享有管辖权，二为被告提出管辖权异议且法院认为案件审理存在不方便因素。该原则的确立主要考虑诉讼上的不便利会使当事人的诉讼权利严重失衡，从而影响一方所期待的判决结果之实质正义。作为一项基于国际礼让原则发展而来的诉讼原则，如果受诉法院对于案件本身不享有管辖权，则案件既为无权管辖，也不存在是否方便的问题，故受诉法院享有管辖权应该作为适用该原则的首要前提，人民法院在审查案件是否需要让渡管辖权时应该根据我国民事诉讼法的规定审查是否享有管辖权。关于不方便法院的考量因素，确定一国法院是否为不方便法院，各国在立法上没有明确的标准，在司法实践中形成的做法也不尽一致，一般情况下各国法院会综合与诉讼有关的各种因素，对之进行通盘考虑和细致分析，以权衡利弊。2015 年《民诉解释》第 532 条（2023 年《民诉法》第 282 条）对不方便法院原则的适用规定了相应的条件，该规定对于不方便法院原则进行了全面的规制，实践中可以直接予以适用。其中对于被告提出管辖异议、当事人不存在选择人民法院管辖的协议、案件不属于我国人民法院专属管辖的审查易于掌握，审查的重点和难点问题在于：案件不涉及中华人民共和国主权、安全或者社会公共利益；案件争议的基本事实不是发生在中华人民共和国领域内，人民法院审理案件和当事人参加诉讼均明显不方便；外国法院审理案件更为方便等几个方面。对此，上述问题的审查应考量以下主要因素：（1）当事人及证人便利的平衡；（2）证人分布情况及出庭作证的便利程度；（3）使用的语言证据记载的文字是否需要翻译；（4）送达通知的程序是否烦琐；（5）采取财产保全等执行措施的可行性和有效性；（6）对可能适用的外国法律查明的难易程度。通过对上述因素的综合考虑，结合其对案件审理的实质性影响，最终判断是否适用不方便法院原则而让渡管辖权。

就本案而言，乙公司在管辖权异议中提出，双方当事人均为香港特别行政区法人，借款事实发生于香港特别行政区，内地法院管辖本案不方便。对于乙公司的上述主张，虽然在当事人的层面具备了不方便法院原则的要求，但是对于案件审理的实质性影响要件应严格依照 2015 年《民诉解释》第 532 条（2023 年《民诉法》第 282 条）规定的条件进行审查，并且在审查时应该要求所有条件同时具备方能适用不方便法院原则。其中重点审查的内容为待审理案件是否涉及中华人民共和国主权、安全或者社会公共利益，人民法院审理案件和当事人参加诉讼是否明显不方便。虽然甲公司与乙公司均系在香港特别行政区注册成立的法人，涉案款项系经香港上海汇丰银行电汇至乙公司，但从案件证据的取得、证人出庭作证、准据法的查明及审理中使用的语言等方面考量，上述因素尚不足以构成内地法院重大、明显的不方便管辖因素，案件在认定事实和适用法律方面并不存在重大困难。而且，股东协议签订的背景系为解决乙公司的投资问题，乙公司作为戊公司的股东，持有该公司49％的股权，本案最终的处理结果必将涉及戊公司的利益，而该公司作为注册登记在我国内地的法人，其合法权益将受到司法判断的影响，该因素的存在使我国人民法院不能让渡管辖权。

二、吴某与K先生房屋租赁合同纠纷执行案[①]

案例考点：涉司法豁免权外国人案件执行的法律适用

（一）案情简介

权利人吴某因房屋租赁合同纠纷向闵行区人民法院提起诉讼。吴某诉称其与义务人K先生订立房屋租赁合同，双方就租赁期间租金数额、支付方式及违约条款等约定明确，吴某按约履行了合同义务，而K先生经吴某多次催讨租金，一直未履行付款义务。吴某遂委托律师出具律师函，告知K先生因其违约，吴某解除双方签订的房屋租赁合同，并要求K先生办理退租事宜，但K先生始终未支付任何租金也没有任何答复。吴某遂诉诸法院要求义务人K先生交还房屋，并支付所欠租金、房屋使用费、违约金。一审法院经审理查明，吴某出租其位于上海市闵行区的一处房屋给K先生，双方订立了房屋租赁合同。合同到期后，双方又共同签署声明，由K先生续租房屋。此后，K先生既不愿向吴某支付租金也不愿搬离承租场所，吴某遂通过委托律师出具律师函，告知K先生解除租约。庭审过程中，经法院合法传唤，K先生无正当理由拒不到庭，属放弃相应的诉讼权利，由此产生的法律后果由K先生自行承担。一审法院通过审查、确认相关证据，查明案件事实，判决支持了吴某的诉讼请求。宣判后，K先生不服一审判决，向上海市第一中级人民法院提起上诉。上海市第一中级人民法院经审理判决驳回上诉，维持原判。判决生效后，作为外籍公民的K先生，拒绝向吴某支付租金、履行迁离义务，吴某遂向法院提出执行申请。依照吴某的申请，执行法院立案强制执行。

（二）法院执行

上海市闵行区人民法院受理案件后，向K先生发出执行（督促履行）通知书，但文书未能签收，仅留置于本案中其向吴某租赁的房屋内。执行过程中，吴某向法院表示，K先生实际已不在该房屋居住，但始终未履行付款义务。吴某曾多次向K先生索要房租，皆被K先生强行赶出房屋。法院终审判决以后，K先生仍强占房屋，拒不交还。吴某无奈通过自助行为收回房屋，并将被执行人个人物品留置于某承租房屋中。为此，吴某坚决要求法院对K先生所有物品进行查封、拍卖变卖，以清偿K先生所欠房租。因K先生为外籍公民，采取强制措施涉及文书送达等问题。当法院要求吴某提供K先生的其他联系方式和居住地址时，吴某表示，K先生的妻子在G国领事馆工作，可以通过领事馆进行联系。

法院通过与G国领事馆联系，确认K先生的妻子在G国领事馆工作。经沟通，K先生的妻子表示自己及丈夫的物品已被申请执行人留置，请求法院予以协调，顺利地解决案件纠纷，并主动表示代K先生接受相应的法律传唤文书。经G国领事馆核实，K先生

---

① 案例来源：上海市第一中级人民法院（2013）闵执字第1191号民事判决书。

的妻子为领事官员身份，持外交护照。K 先生的妻子表示，K 先生被留置于房屋内的物品是通过外交途径运至中国，都是免除关税的，有清单可以核实。据此，法院告知吴某，K 先生的上述物品不得实施查封。2013 年 1 月 28 日，双方当事人至法院谈话，K 先生表示暂无能力一次性完全履行付款义务，并表示希望通过法院责令吴某返还被留置物品。法院告知 K 先生，对被留置物品法院未予查封，并征求吴某意见。吴某则表示留置行为系自助行为，该行为与本案执行无关。双方就案件纠纷的解决未能达成一致。

2013 年 2 月 22 日，双方当事人再次至法院谈话，K 先生始终表示自己暂无能力履行全部义务，要求吴某在返还全部被留置物品后，自己一次性支付小部分钱款了结案件纠纷；或延长履行周期，但物品必须先返还。吴某拒绝 K 先生提出的履行方案，认为自己的权利无法得到保障。K 先生表示自己有豁免权，要求吴某立即返还被留置物，否则将通过外交途径解决，并无视法庭纪律，当场离开。K 先生的妻子及代理人继续参与此后的执行谈话。吴某则当庭向法院申请，要求对 K 先生实施曝光。法院告知双方当事人，K 先生虽属领事官员配偶，但法院的执行程序、结果，除涉国家、商业秘密以及个人隐私以外，应当予以公开。经法院协调，K 先生的妻子最终表示愿代被执行人履行相应付款义务，但表示个人被留置物品尚未确认完好。法院告知相应钱款可先付至法院，待被留置物品确认完好后，再由法院发还申请执行人。双方确定了具体的履行方案，在指定期限内均履行到位，至此，案件全部执行完毕。

（三）学理分析

本案执行过程中的争议焦点主要围绕被执行人配偶的领事特权与豁免权，被执行人始终认为其作为领事官员的配偶享有特权和豁免，可拒不履行生效法律文书。而申请执行人认为判决已经生效，可以通过强制执行实现权利。本案关于领事特权与豁免应依据我国《领事特权与豁免条例》进行判断和分析。

首先，关于领事官员配偶的财产可否作为强制执行标的问题。

依照《领事特权与豁免条例》第 13 条第 3 款的规定，领事官员的财产不受侵犯，但第 14 条规定除外。《领事特权与豁免条例》第 14 条规定了领事官员执行职务的行为享有司法豁免权；而对于其他事项的豁免，以我国与派遣国的双边条约、协定为依据。此外，四种情况下不适用于司法管辖的豁免：其一，涉未明示以派遣国代表身份订立的契约诉讼；其二，涉中国境内不动产诉讼，但明示代表身份为领馆使用不动产不在此限；其三，以私人身份进行的遗产继承诉讼；其四，车辆、船舶、航空器于境内事故涉赔偿诉讼。而领事官员配偶是否就财产享有司法管辖豁免？虽然《领事特权与豁免条例》第 21 条未赋予领事官员配偶这项特权，但依照我国婚姻法的相关规定，婚姻关系存续期间，领事官员配偶的财产，可能为夫妻共同财产。由此，对领事官员配偶的财产也可能适用《领事特权与豁免条例》第 13 条、第 14 条的规定。本案中，被执行人的物品被申请执行人留置，这些物品能否被强制执行是本案的焦点。对于司法管辖的豁免，我国与被执行人配偶的派遣国并无领事特权的双边条约、协定。而与申请执行人订立房屋租赁合同的始终为被执行人，因此法院对案件具有执行管辖权。本案中，如被执行人配偶所述，被留置物品皆通过外交途径被运至本国，依法免纳关税。而《领事特权与豁免条例》明确规定，只有自用物品予以免除关税。基于所留置物品为被执行人及配偶的自用物品，法院明确告知申请执行人，对留置物品不予查封。当然，若被留置的物品为被执行人非生活所需，应属于可以强制执行的财产范畴。

其次，关于对领事官员配偶可否采取强制措施的问题。

对领事官员配偶的人身保护是公约和条约对领事官员保护的一种延伸。依照《领事特权与豁免条例》第12条第2款的规定，领事官员不受逮捕或者拘留，但有严重犯罪情形，依照法定程序予以逮捕或者拘留的不在此限。只有在犯罪情形，并且是严重的罪行，才可以对领事官员实施拘留或逮捕。但该条规定的豁免特权是否及于领事官员的配偶？依照《领事特权与豁免条例》第21条的规定，领事官员配偶的特权和豁免权包括：(1) 行动、旅游的自由；(2) 部分纳税义务的豁免；(3) 公共劳务及军事义务的豁免；(4) 相对关税豁免及入关免检。其中并不包括因司法管辖而免于对领事官员配偶采取拘留或逮捕强制措施的特权。民事强制措施不仅限于限制人身自由一种，除此之外，还有罚金、在征信系统记录以及通过媒体公布不履行义务的信息等。只要义务人不享有司法管辖的豁免权，法院就可以采取相应的强制措施。而如上所述，领事官员除执行职务以外的行为一般不享有管辖豁免权，除非派遣国和接受国之间有双边条约或协定等。依照《领事特权与豁免条例》的规定，领事官员配偶完全不具有管辖豁免的特权。因此，本案中申请执行人要求对被执行人采取公开曝光的强制措施，符合法律规定。

》 本章同步练习

一、选择题

1. 关于涉外民事诉讼管辖的表述，下列哪一选项是正确的？（ ）

A. 凡是涉外诉讼与我国法院所在地存在适当联系的，我国人民法院都有管辖权，体现了诉讼与法院所在地适当联系原则

B. 当事人在不违反级别管辖和专属管辖的前提下，可以约定各类涉外民事案件的管辖法院，这体现了尊重当事人原则

C. 中外合资经营企业与其他民事主体的合同纠纷，专属于我国人民法院管辖，体现了维护国家主权原则

D. 重大的涉外案件由中级以上级别的法院管辖，体现了便于当事人诉讼原则

2. 我国《民诉法》以及司法解释对涉外民事诉讼作出了一些特殊规定。下列说法不正确的是？（ ）

A. 我国人民法院和外国法院都有管辖权的案件，一方当事人向外国法院起诉，另一方当事人向人民法院起诉的，人民法院可以受理

B. 申请人向人民法院申请执行我国涉外仲裁机构的裁决，应当提交书面申请书，并附裁决书正本。如果申请人为外籍当事人一方，其申请书可以使用本国语言

C. 涉外民事诉讼的外籍当事人，可以委托本国人为诉讼代理人，也可以委托本国律师以非律师身份担任诉讼代理人

D. 涉外民事诉讼中，经调解双方达成协议的，应当制作调解书；当事人要求根据调解协议的内容制作判决的，可以准许

3. 外国驻华使领馆官员，受本国公民的委托可以以下列哪种名义担任诉讼代理人，

但在诉讼中不享有外交特权和豁免权？（　　　）

　　A. 以国家的名义　　　　　　　　B. 以本国律师的名义

　　C. 以驻华使、领馆官员的名义　　D. 以个人名义

4. 中国甲市公民李虹（女）与美国留学生琼斯（男）在中国甲市登记结婚，婚后两人一直居住在甲市 B 区。婚后不久，李虹提起离婚诉讼，甲市 B 区法院受理了该案件，适用普通程序审理。关于本案，下列哪些表述是正确的？（　　　）

　　A. 本案的一审审理期限为 6 个月

　　B. 法院送达诉讼文书时，对李虹与琼斯可采取同样的方式

　　C. 不服一审判决，李虹的上诉期为 15 天，琼斯的上诉期为 30 天

　　D. 美国驻华使馆法律参赞可以个人名义作为琼斯的诉讼代理人参加诉讼

5. 我国公司 A 与某外国公司 B 签订了一份合作勘探开发我国某地铁矿资源的合同，后双方发生了合同纠纷。双方当事人的下列做法中合法的是哪些？（　　　）

　　A. 双方书面协议选择某外国法院管辖

　　B. 双方书面协议选择某外国仲裁机构进行裁决

　　C. 双方在中国法院进行诉讼

　　D. 双方书面协议选择国内仲裁机构裁决

二、案例分析题

有一起一方为中国公司，另一方为营业所位于 A 国的外国公司的合同纠纷，当事人在 A 国签订了合同，并书面协议选择中国公司营业所所在地的中国法院作为管辖法院。合同缔结后，双方发生纠纷，中国公司在双方约定的中国某市基层人民法院起诉。

请根据该案例回答下列问题：

(1) 中国的法院是否具有管辖权？

(2) 如果双方并没有协议选择法院，中国哪些法院可以行使管辖权？

(3) 本案中中国与 A 国都加入了《海牙送达公约》，中国法院向 A 国该公司的送达请求程序如何？

三、论述题

1. 确定涉外民事诉讼管辖权的指导思想是什么？

2. 论述涉外民事诉讼程序的原则。

参考答案

一、选择题

1. A

解析：选项 A 正确。我国民事诉讼法确定的涉外民事诉讼管辖权原则包括：（1）诉讼与法院所在地适当联系原则；（2）尊重当事人原则；（3）维护国家主权原则。其中案件与法院所在地适当联系原则是指凡是诉讼与我国人民法院所在地存在一定实际联系的，我国人民法院都有管辖权。

选项 B 错误。尊重当事人原则，是指无论当事人一方是否为中国公民、法人和其他组织，在不违反级别管辖和专属管辖的前提下，都可以选择与争议有实际联系地点的法院管辖。

选项 C 错误。维护国家主权原则，是指司法管辖权是国家主权的重要组成部分，对涉外民事诉讼案件行使专属管辖权，充分体现了维护国家主权的原则。在我国境内成立的中外合资经营企业是我国的企业法人，应当适用我国的民事诉讼法，体现了民事诉讼法的对人效力而不是维护国家主权原则。

选项 D 错误。重大的涉外案件由中级以上级别的法院管辖，主要是为了保证各级人民法院负担的均衡。

2. B

解析：根据《民诉解释》第 531 条的规定，A 项正确，不当选。根据《民诉解释》第 526 条的规定，C 项正确，不当选。根据《民诉解释》第 528 条的规定，D 项正确，不当选。根据《民诉解释》第 538 条的规定，申请书只能使用中文，因此 B 项当选。

3. D

解析：《民诉解释》第 526 条规定，涉外民事诉讼中的外籍当事人，可以委托本国人为诉讼代理人，也可以委托本国律师以非律师身份担任诉讼代理人；外国驻华使领馆官员，受本国公民的委托，可以以个人名义担任诉讼代理人，但在诉讼中不享有外交或者领事特权和豁免，因此应选 D。

4. BD

解析：选项 A 错误：《民诉法》第 287 条规定，人民法院审理涉外民事案件的期间，不受本法第 152 条（一审审限——引者注）、第 183 条（二审审限——引者注）规定的限制。据此可知，本案一审的审理期限不一定是 6 个月。

选项 B 正确：根据《民诉法》第 283 条的规定，人民法院对在中华人民共和国领域内没有住所的当事人送达诉讼文书的，应采用涉外方式送达。本题中，李虹与琼斯自 2012 年登记结婚后一直居住在甲市 B 区直至 2014 年 2 月，因此，琼斯在中华人民共和国领域内是有住所的。法院在送达诉讼文书时，对李虹与琼斯可采取同样的方式。

选项 C 错误：根据《民诉解释》第 536 条的规定，不服第一审人民法院判决、裁定的上诉期，对在中华人民共和国领域内有住所的当事人，上诉期限为 15 日；对在中华人民共和国领域内没有住所的当事人，上诉期限为 30 日。当事人的上诉期均已届满没有上诉的，第一审人民法院的判决、裁定即发生法律效力。据此可知，在中国领域内没有住所的当事人的上诉期限是 30 日。本题中，琼斯在中国领域内有住所，其上诉期限与李虹一样，都是 15 天，而非 30 天。

选项 D 正确：《民诉解释》第 526 条规定，涉外民事诉讼中的外籍当事人，可以委托本国人为诉讼代理人，也可以委托本国律师以非律师身份担任诉讼代理人；外国驻华使领馆官员，受本国公民的委托，可以以个人名义担任诉讼代理人，但在诉讼中不享有外交或者领事特权和豁免。

5. BCD

解析：本题考查中外合作勘探开发自然资源合同的争议解决方式。根据《民诉法》第 279 条第 3 项的规定，因在中华人民共和国履行中外合资经营企业合同、中外合作经营企业合同、中外合作勘探开发自然资源合同发生纠纷提起的诉讼，由中华人民共和国人民法院专属管辖。根据《民诉解释》第 529 条第 2 款的规定，属于中华人民共和国人民法院专属管辖的案件，当事人不得协议选择外国法院管辖，但是当事人可以协议选择仲裁。本题为中外合作勘探开发自然资源合同纠纷，据此选择 BC 两项。选项 D 符合有效仲裁协议的条件。

二、案例分析题

（1）中国某市基层人民法院可以行使管辖权。《民诉法》第 35 条规定："合同或者其他财产权益纠纷的当事人可以书面协议选择被告住所地、合同履行地、合同签订地、原告住所地、标的物所在地等与争议有实际联系的地点的人民法院管辖，但不得违反本法对级别管辖和专属管辖的规定。"因此，当事人约定的原告住所地法院有管辖权。

（2）《民诉法》第 276 条规定："因涉外民事纠纷，对在中华人民共和国领域内没有住所的被告提起除身份关系以外的诉讼，如果合同签订地、合同履行地、诉讼标的物所在地、可供扣押财产所在地、侵权行为地、代表机构住所地位于中华人民共和国领域内的，可以由合同签订地、合同履行地、诉讼标的物所在地、可供扣押财产所在地、侵权行为地、代表机构住所地人民法院管辖。除前款规定外，涉外民事纠纷与中华人民共和国存在其他适当联系的，可以由人民法院管辖。"根据上述规定，本案的合同纠纷可以由我国国内的合同签订地、合同履行地、诉讼标的物所在地、可供扣押财产所在地或者代表机构住所地以及其他存在适当联系的法院管辖。

（3）根据最高人民法院、外交部、司法部《关于执行〈关于向国外送达民事或商事司法文书和司法外文书公约〉有关程序的通知》，我国人民法院若请求公约成员国向该国公民或第三国公民或无国籍人送达民事或商事司法文书，有关法院应将请求书和所送司法文书送有关高级人民法院转最高人民法院，由最高人民法院送司法部转送给该国指定的中央机关；必要时，也可由最高人民法院送我国驻该国使馆转送给该国指定的机关。

三、论述题

1. 各国对于涉外民事诉讼管辖权并没有统一的立法，各国确定涉外民事管辖权的指导思想可以被概括为三种主要倾向：（1）依据国家主义的保护态度，决定有无管辖权，这是德、日等国家曾经的主导立法和司法思想；（2）依据国际法上的对人主权及领土主权，决定有无管辖权；（3）依国际主义立场，决定有无涉外管辖权。采取极端的国家主义与采取对人主权及领土主权的决定标准，无法兼顾双方诉讼当事人之间的公平与法院审判的迅速、便利，并不利于各国之间积极地解决涉外管辖权争议。因此，随着全球化趋势的不断加强，越来越多的学者主张应当依据国际主义的标准，根据最有利于解决民商事纠纷、平等保护双方当事人的原则，确定涉外管辖权。

我国向来强调国家在司法领域的对外主权，普遍认为涉外民事管辖权直接关系到国家的主权。因此，在相当长的时间里，在涉外民事司法方面，特别是管辖权的确定问题上，我国采取比较坚决的保护主义立法和司法态度，以求加强对我国国家和公民合法权益的保护。但是，随着我国不断融入国际社会，在涉外民事司法领域继续坚持传统的指导思想，显然已经不符合加强国际交流合作、促进经济社会持续快速发展的时代要求。因此，我们应当从下列三个方面重新确定涉外民事诉讼管辖权的指导思想。首先，要有利于维护国家主权。凡应当由我国人民法院专属管辖的案件，绝不能够放弃。同时，我国还主张尊重他国司法主权，反对任意拓宽涉外民事诉讼管辖范围。其次，要有利于当事人诉讼活动和法院审判活动的顺利进行。这既是及时解决涉外民商事纠纷、保护当事人合法权益、促进国际民商事交往的要求，也是提高我国涉外民事司法的公正性、透明性、高效性的要求。最后，要有利于维护我国当事人的合法权益。同一个案件由不同国家的法院适用不同的法律审理往往会得出不同的结论，从而造成当事人权利义务的天壤之别，因此，应当合理确定我国人民法院的涉外民事管辖权，充分保护我国当事人的合法权益。

2. 涉外民事诉讼程序的原则，是根据我国民事诉讼法的基本原则以及我国缔结或参加的国际条约，结合我国涉外民事诉讼的特殊情况而制定的，当事人在进行涉外民事诉讼以及人民法院在适用涉外民事诉讼程序审理案件时，除应遵守民事诉讼法的基本原则外，还应当遵守的涉外民事诉讼程序的一般原则。

涉外民事诉讼直接关系到一国的主权，因此，国家主权原则是各国规定涉外民事诉讼程序的基本出发点。涉外民事诉讼程序的一般原则都是以国家主权原则为基础，体现了国家主权原则的要求。具体来说，涉外民事诉讼的一般原则包括：适用我国民事诉讼法原则、同等和对等原则、信守国际条约原则、司法豁免权原则、使用中国通用语言文字原则、委托我国律师代理诉讼原则。

第一，适用我国民事诉讼法原则，是指人民法院审理涉外民事案件原则上适用法院所在地（我国）民事诉讼法。

第二，同等和对等原则。同等原则是指在我国人民法院起诉、应诉的外国人、无国籍人、外国企业和组织与我国当事人享有同等的诉讼权利义务；对等原则是指外国法院对我国公民、法人和其他组织的民事诉讼权利加以限制的，我国人民法院对该国公民、企业和组织的民事诉讼权利也采取相应的措施，加以限制。

第三，信守国际条约原则，是指人民法院审理涉外民事案件时，如果国际条约规定的有关程序和民事诉讼法不一致的，应当以该国际条约优先，但我国声明保留的条款除外。

第四，司法豁免权原则，是指人民法院审理涉外民事案件时，遇有涉案当事人属于豁免范围的，应当按照中华人民共和国缔结或者参加的国际条约和《外国国家豁免法》《外交特权与豁免条例》《领事特权与豁免条例》等法律法规办理。

第五，使用中国通用语言文字原则，是指人民法院审理涉外民事案件时，应当使用中华人民共和国通用的语言、文字；当事人要求提供翻译的，可以提供，费用由当事人承担。

第六，委托我国律师代理诉讼原则，是指外国人、无国籍人、外国企业和组织在人民法院起诉、应诉，如需要委托律师代理诉讼，只能委托中华人民共和国的律师。

第二十二章　司法协助

本章知识点速览

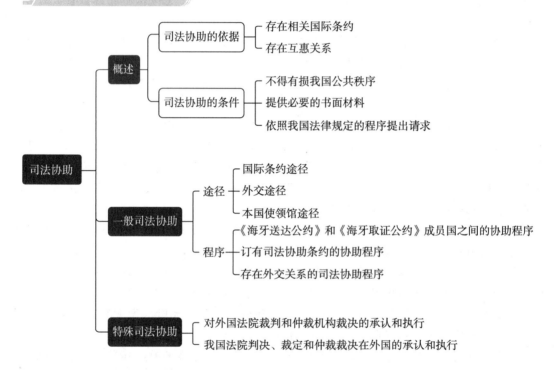

本章核心知识点解析

第一节　司法协助概述

（一）难度与热度

难度：☆☆　　热度：☆☆

（二）基本理论与概念

司法协助，是指不同国家的法院之间，根据本国缔结或参加的国际条约或按照互惠原则，互相协助代为实施一定诉讼行为的制度。基于主权原则，国家有权排斥他国的司法行为，所以进行司法协助要有一定的依据。一般来说，司法协助的依据应存在相关国际条约及存在互惠条件。

（三）疑难点解析

我国向外国提供司法协助，除了要符合一般依据外，还应当同时具备以下条件：第一，委托司法协助的事项不得有损于我国的公共秩序。公共秩序是指我国的主权、安全或者社会公共利益，是我国法律的基本原则、国家核心利益和社会公共利益。我国的核心利益包括国家主权、国家安全、领土完整、国家统一、中国宪法确立的国家政治制度和社会大局稳定、经济社会可持续发展的基本保障。[①] 我国的社会公共利益包括劳动者权益保护、食品或公共卫生安全、环境安全、外汇管制等金融安全、反垄断、反倾销等。[②] 第二，提供必要的书面材料。第三，依照我国法律规定的程序提出请求。

第二节 一般司法协助

（一）难度与热度

难度：☆☆　热度：☆☆

（二）基本理论与概念

一般司法协助，也称普通司法协助，是指我国法院和外国法院之间按照国际条约或者互惠关系相互委托，代为送达诉讼文书、调查取证和其他诉讼行为。

（三）疑点与难点

一般司法协助的途径及程序。

一般司法协助的途径主要有三种，包括国际条约途径、外交途径以及本国使领馆途径。一般司法协助的程序包括三类：一为《海牙送达公约》和《海牙取证公约》成员国之间的协助程序，二为订有司法协助条约的协助程序，三为存在外交关系的司法协助程序。

第三节 特殊司法协助

（一）难度与热度

难度：☆☆☆☆　热度：☆☆☆☆

（二）基本理论与概念

特殊司法协助，是指我国法院与外国法院之间按照国际条约或者互惠关系，相互承认并执行对方法院作出的生效裁判和仲裁机构作出的仲裁裁决的司法活动。特殊司法协助包括两方面的内容：第一，对外国法院的生效裁判和仲裁机构的裁决在我国的承认和执行。第二，我国法院的裁判和仲裁机构的裁决在境外的承认与执行。

（三）疑点与难点

1. 对外国法院裁判和仲裁机构裁决的承认和执行

对外国法院裁判的承认与执行包括三方面内容。第一，承认与执行外国法与裁判需

---

① 2011年国务院新闻办公室发布的《中国的和平发展》白皮书。
② 最高人民法院《关于适用〈中华人民共和国涉外民事关系法律适用法〉若干问题的解释（一）》第8条。

以当事人所在国或者请求法院所在国与我国订有司法协助协定或者共同缔结和参加的国际条约或存在互惠关系。第二，承认与执行外国法与裁判需满足四个条件，即请求承认和执行的外国法院裁判已生效、制作该裁判的外国法院对该事项有管辖权、外国法院裁判的制作程序合法、外国法院裁判不违反我国法律的基本原则或有损国家主权、安全、社会公共利益。第三，需经历特定的承认与执行外国法院裁判的程序，包括申请或请求、审查与处理两部分。

外国仲裁裁决的承认与执行包括三方面内容。第一，承认与执行《纽约公约》缔结国作出的仲裁裁决。第二，承认与执行与我国有双边条约的国家作出的仲裁裁决。第三，承认与执行与我国没有有关条约关系的其他国家作出的仲裁裁决。

2. 我国法院判决、裁定和仲裁裁决在外国的承认和执行

我国法院判决、裁定在外国的承认和执行的条件有以下几个为：第一，我国与外国存在有关条约或者互惠关系。第二，须是确定或生效的判决、裁定或仲裁裁决。第三，被执行人或被执行财产在外国。第四，须由当事人申请或者我国法院请求有管辖权的外国法院承认和执行。第五，须具备我国与外国共同参加的相关条约及外国法律要求的其他条件。

我国仲裁裁决在外国的承认和执行主要有三种情况。第一，我国仲裁裁决在《纽约公约》缔约国执行。第二，我国仲裁裁决在非《纽约公约》缔约国但同中国有双边条约或者协定的国家执行。第三，我国仲裁裁决在非《纽约公约》缔约国又没有与中国签订条约或者协定的国家执行。

本章实务案例研习

高尔集团股份有限公司（本案简称"高尔集团"）申请承认和执行新加坡高等法院民事判决案[①]

案例考点：依据互惠原则承认和执行外国判决

（一）案情简介

高尔集团系在瑞士成立的股份有限公司，其于 2016 年 6 月向江苏省南京市中级人民法院申请称，其与江苏省纺织工业集团进出口有限公司因买卖合同产生纠纷，双方达成和解协议。因纺织工业集团进出口有限公司未履行和解协议，高尔集团依据和解协议中的约定管辖条款向新加坡高等法院提起诉讼，该院作出了生效判决。因纺织工业集团进出口有限公司及其财产在中国境内，故请求江苏省南京市中级人民法院对新加坡判决予以承认和执行。

纺织工业集团进出口有限公司陈述意见称，中国和新加坡签署的《关于民事和商事司法协助的条约》并没有关于相互承认和执行法院判决和裁定的规定，根据 2012 年《民诉法》第 282 条（2023 年《民诉法》第 299 条）的规定，应驳回高尔集团的申请。

---

① 案例来源：2017 年最高人民法院发布的第二批涉"一带一路"建设典型案例五。

江苏省南京市中级人民法院查明，纺织工业集团进出口有限公司经新加坡高等法院合法传唤未到庭，新加坡高等法院于 2015 年 10 月 22 日作出缺席判决，判令纺织工业集团进出口有限公司偿付高尔集团 35 万美元及利息、费用。纺织工业集团进出口有限公司亦收到了该判决。2014 年 1 月，新加坡高等法院曾承认和执行江苏省苏州市中级人民法院作出的民事判决。

（二）法院判决

江苏省南京市中级人民法院认为，案涉民事判决系新加坡高等法院作出。中国与新加坡之间虽并未缔结或者共同参加关于相互承认和执行生效民商事裁判文书的国际条约，但由于新加坡高等法院曾对中国法院的民事判决予以执行，根据互惠原则，中国法院可以对符合条件的新加坡法院的民事判决予以承认和执行。经审查，案涉判决亦不违反中国法律的基本原则或者有损国家主权、安全、社会公共利益，故依照 2012 年《民诉法》第 282 条（2023 年《民诉法》第 299 条）的规定，于 2016 年 12 月 9 日裁定承认和执行新加坡共和国高等法院于 2015 年 10 月 22 日作出的 O13 号民事判决。

（三）学理分析

该案系中国法院首次承认和执行新加坡法院商事判决。《民诉法》规定承认和执行外国法院判决的依据为国际条约或互惠原则，目前中国尚未与所有"一带一路"沿线国签订相互承认和执行民商事判决的司法协助条约，因此认定两国之间是否存在互惠关系，对沿线国法院的商事判决能否在中国法院得到承认和执行十分关键。该案根据新加坡法院承认和执行中国法院判决的先例，首次认定中新两国之间存在互惠关系，进而依据互惠原则承认和执行新加坡法院商事判决，不仅对中新商事判决的相互承认和执行具有里程碑的意义，还将有力推进"一带一路"沿线国之间在民商事判决承认和执行领域的司法合作实践。

本章同步练习

一、选择题

1. 中国天宇公司与甲国阿莱德公司的农产品贸易合同产生争议，天宇公司将争议诉诸中国某法院，该案需要从甲国调取证据。甲国是《海牙取证公约》的缔约国。依该公约，下列哪一选项是正确的？（　　）

A. 天宇公司的律师可依上述公约请求甲国法院调取所需的证据

B. 应以请求书的方式提出调取证据的请求

C. 应通过我国外交部转交甲国的中央机关转交调取证据的请求书

D. 中国驻甲国的领事代表如在向中国籍当事人取证时被拒，可采取强制措施。

2. 中国香港甲公司与内地乙公司签订商事合同，并通过电子邮件约定如发生纠纷由香港法院管辖。后因履约纠纷，甲公司将乙公司诉至香港法院并胜诉。判决生效后，甲公司申请人民法院认可和执行该判决。关于该判决在内地的认可与执行，下列哪一选项是正确的？（　　）

A. 电子邮件不符合"书面"管辖协议的要求，故该判决不应被认可与执行

B. 如乙公司的住所地与财产所在地分处两个中级人民法院的辖区，甲公司不得同时向这两个人民法院提出申请

C. 如乙公司在内地与香港均有财产，甲公司不得同时向两地法院提出申请

D. 如甲公司的申请被人民法院裁定驳回，它可直接向最高人民法院申请复议

二、案例分析题

原告宋某诉被告钱某要求离婚。北京市朝阳区法院曾与钱某取得联系，钱某口头表示已于 90 年代与宋某在国外办理离婚手续，后钱某经本院合法传唤未到庭应诉。宋某否认双方已在国外离婚。双方均未提交外国法院离婚判决及经过我国法院承认的裁定。

试分析宋某和钱某的婚姻是否存续？宋某是否可以向我国法院起诉离婚？

三、论述题

1. 对外国法院裁判承认与执行的途径。
2. 我国法院判决、裁定和仲裁裁决在外国的承认和执行的条件。

参考答案

一、选择题

1. B

解析：A 项：根据《海牙取证公约》第 1 条的规定，每一缔约国的司法机关均可以根据该国的法律规定，通过请求书的方式，请求另一缔约国主管机关调取证据，或履行某些其他司法行为。律师不能请求调取证据，因此，A 项错误。

B 项：《海牙取证公约》中多条都规定了有关取证的请求应当通过请求书的方式提出，B 项正确。

C 项：依《海牙取证公约》第 1 条及第 2 条关于每一缔约国应指定一个中央机构负责接收来自另一缔约国司法机构的请求书的相关规定，公约仅在请求国的司法机关和被请求国的中央机关之间建立提出请求和接受请求的通道，C 项错误。

D 项：关于领事取证制度，依《海牙取证公约》第 15 条的规定，我国驻甲国的领事代表可以向居住在当地的中国公民取证，但不得采取强制性措施，D 项错误。

综上所述，本题答案为 B 项。

2. B

解析：A 项：书面管辖协议中的"书面形式"是指合同书、信件和数据电文（包括电报、电传、传真、电子数据交换和电子邮件）等可以有形地表现所载内容、可以调取以备日后查用的形式。电子邮件符合"书面"管辖协议的要求，故 A 项错误。

BC 项：被申请人住所地、经常居住地或者财产所在地在内地不同的中级人民法院辖区的，申请人应当选择向其中一个人民法院提出认可和执行的申请，不得分别向两个或者两个以上人民法院提出申请。被申请人的住所地、经常居住地或者财产所在地，既在内地又在香港特别行政区的，申请人可以同时分别向两地法院提出申请。故 B 项正确，

C 项错误。

D 项：当事人对认可和执行与否的裁定不服的，在内地可以向上一级人民法院申请复议，在香港特别行政区可以提出上诉。甲公司不能直接向最高人民法院申请复议。故 D 项错误。

综上所述，本题答案为 B 项。

二、案例分析题

原告宋某与被告钱某在中国婚姻状态仍为婚姻关系存续，虽钱某表示双方已在国外离婚，但外国法院作出的发生法律效力的判决、裁定需要经我国法院承认，钱某就此未提供任何证据，双方未在中国办理过离婚手续，应判决准予原告宋某和被告钱某离婚。

三、论述题

1. 对外国法院裁判的承认与执行包括三方面内容：（1）承认与执行外国法与裁判需以当事人所在国或者请求法院所在国与我国订有司法协助协定或者共同缔结和参加的国际条约或存在互惠关系。（2）承认与执行外国法与裁判需满足四个条件，即请求承认和执行的外国法院裁判已生效、制作该裁判的外国法院对该事项有管辖权、外国法院裁判的制作程序合法、外国法院裁判不违反我国法律的基本原则或损害国家主权、安全、社会公共利益。（3）需经历特定的承认与执行外国法院裁判的程序，包括申请或请求、审查与处理两部分。

外国仲裁裁决的承认与执行包括三方面内容：（1）承认与执行《纽约公约》缔结国作出的仲裁裁决。（2）承认与执行与我国有双边条约的国家作出的仲裁裁决。（3）承认与执行与我国没有有关条约关系的其他国家作出的仲裁裁决。

2. 我国法院判决、裁定在外国的承认和执行的条件包括：（1）我国与外国存在有关条约或者互惠关系。（2）须是确定或生效的判决、裁定或仲裁裁决。（3）被执行人或被执行财产在外国。（4）须由当事人申请或者我国法院请求有管辖权的外国法院承认和执行。（5）须具备我国与外国共同参加的相关条约及外国法律要求的其他条件。

图书在版编目（CIP）数据

民事诉讼法学核心知识点精解/ 肖建国主编.
北京：中国人民大学出版社，2025.5. --（法学核心课
程系列辅助教材）. -- ISBN 978-7-300-33617-6

Ⅰ.D925.101

中国国家版本馆 CIP 数据核字第 20250Q15P7 号

法学核心课程系列辅助教材
民事诉讼法学核心知识点精解
主　编　肖建国
副主编　黄忠顺
Minshi Susong Faxue Hexin Zhishidian Jingjie

出版发行	中国人民大学出版社		
社　　址	北京中关村大街 31 号	**邮政编码**	100080
电　　话	010 - 62511242（总编室）		010 - 62511770（质管部）
	010 - 82501766（邮购部）		010 - 62514148（门市部）
	010 - 62511173（发行公司）		010 - 62515275（盗版举报）
网　　址	http://www.crup.com.cn		
经　　销	新华书店		
印　　刷	天津中印联印务有限公司		
开　　本	787 mm×1092 mm　1/16	**版　　次**	2025 年 5 月第 1 版
印　　张	31.75 插页 1	**印　　次**	2025 年 5 月第 1 次印刷
字　　数	745 000	**定　　价**	88.00 元

《　　　　　》※任课教师调查问卷

为了能更好地为您提供优秀的教材及良好的服务，也为了进一步提高我社法学教材出版的质量，希望您能协助我们完成本次小问卷，完成后您可以在我社网站中选择与您教学相关的 1 本教材作为今后的备选教材，我们会及时为您邮寄送达！如果您不方便邮寄，也可以申请加入我社的**法学教师 QQ 群：436438859（申请时请注明法学教师）**，然后下载本问卷填写，并发往我们指定的邮箱（cruplaw@163.com）。

邮寄地址：北京市海淀区中关村大街 59 号文化大厦 1202 室收

邮　　编：100080

再次感谢您在百忙中抽出时间为我们填写这份调查问卷，您的举手之劳，将使我们获益匪浅！

基本信息及联系方式：※

姓名：＿＿＿＿＿＿　性别：＿＿＿＿＿＿　课程：＿＿＿＿＿＿＿＿

任教学校：＿＿＿＿＿＿＿＿＿＿＿　院系（所）：＿＿＿＿＿＿＿

邮寄地址：＿＿＿＿＿＿＿＿＿＿＿　邮编：＿＿＿＿＿＿＿＿＿

电话（办公）：＿＿＿＿＿＿　手机：＿＿＿＿＿＿　电子邮件：＿＿＿＿＿

调查问卷：※

1. 您认为图书的哪类特性对您选用教材最有影响力?（　　）（可多选，按重要性排序）

　　A. 各级规划教材、获奖教材　　　B. 知名作者教材

　　C. 完善的配套资源　　　　　　　D. 自编教材

　　E. 行政命令

2. 在教材配套资源中，您最需要哪些?（　　）（可多选，按重要性排序）

　　A. 电子教案　　　　　　　　　　B. 教学案例

　　C. 教学视频　　　　　　　　　　D. 配套习题、模拟试卷

3. 您对于本书的评价如何?（　　）

　　A. 该书目前仍符合教学要求，表现不错将继续采用

　　B. 该书的配套资源需要改进，才会继续使用

　　C. 该书需要在内容或实例更新再版后才能满足我的教学，才会继续使用

　　D. 该书与同类教材差距很大，不准备继续采用了

4. 从您的教学出发，谈谈对本书的改进建议：＿＿＿＿＿＿＿＿＿＿＿

＿＿＿＿＿＿＿＿＿＿＿＿＿＿＿＿＿＿＿＿＿＿＿＿＿＿＿＿＿＿＿＿

＿＿＿＿＿＿＿＿＿＿＿＿＿＿＿＿＿＿＿＿＿＿＿＿＿＿＿＿＿＿＿＿

选题征集：如果您有好的选题或出版需求，欢迎您联系我们：

联系人：黄　强　**联系电话：**010-62515955

索取样书：书名：＿＿＿＿＿＿＿＿＿＿＿＿＿＿＿＿＿＿＿＿

　　　　　　书号：＿＿＿＿＿＿＿＿＿＿＿＿＿＿＿＿＿＿＿＿

备注：※ 为必填项。